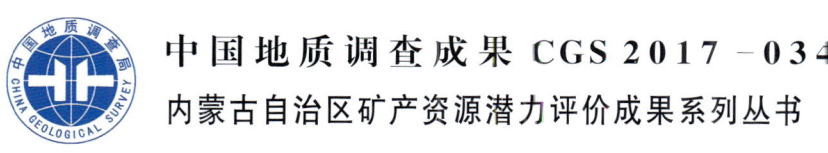

中国地质调查成果 CGS 2017-034

内蒙古自治区矿产资源潜力评价成果系列丛书

内蒙古自治区重要矿产预测研究

NEIMENGGU ZIZHIQU ZHONGYAO KUANGCHAN YUCE YANJIU

张彤 许立权 闫洁 等著

中国地质大学出版社
ZHONGGUO DIZHI DAXUE CHUBANSHE

图书在版编目(CIP)数据

内蒙古自治区重要矿产预测研究/张彤等著.—武汉:中国地质大学出版社,2018.12
(内蒙古自治区矿产资源潜力评价成果系列丛书)
ISBN 978-7-5625-4472-2

Ⅰ.①内…
Ⅱ.①张…
Ⅲ.①矿产资源-资源预测-研究-内蒙古
Ⅳ.①F426.1

中国版本图书馆CIP数据核字(2018)第298220号

内蒙古自治区重要矿产预测研究			张 彤 许立权 闫洁 等著
责任编辑:周 豪 王凤林		选题策划:毕克成 刘桂涛	责任校对:郑济飞
出版发行:中国地质大学出版社(武汉市洪山区鲁磨路388号)			邮编:430074
电 话:(027)67883511		传 真:(027)67883580	E-mail:cbb@cug.edu.cn
经 销:全国新华书店			http://cugp.cug.edu.cn
开本:880毫米×1230毫米 1/16		字数:927千字 印张:26.5	插页:1 附图:19
版次:2018年12月第1版		印次:2018年12月第1次印刷	
印刷:湖北睿智印务有限公司		印数:1—900册	
ISBN 978-7-5625-4472-2			定价:248.00元

如有印装质量问题请与印刷厂联系调换

《内蒙古自治区矿产资源潜力评价成果》
出版编撰委员会

主　　任：张利平

副 主 任：张　宏　赵保胜　高　华

委　　员：（按姓氏笔画排序）

　　　　　于跃生　王文龙　王志刚　王博峰　乌　恩　田　力
　　　　　刘建勋　刘海明　杨文海　杨永宽　李玉洁　李志青
　　　　　辛　盛　宋　华　张　忠　陈志勇　邵和明　邵积东
　　　　　武　文　武　健　赵士宝　赵文涛　莫若平　黄建勋
　　　　　韩雪峰　褚立国　路宝玲

项目负责：许立权　张　彤　陈志勇

总　　编：宋　华　张　宏

副 总 编：许立权　张　彤　陈志勇　赵文涛　苏美霞　吴之理
　　　　　方　曙　任亦萍　张　青　张　浩　贾金富　陈信民
　　　　　孙月君　杨继贤　田　俊　杜　刚　孟令伟

《内蒙古自治区重要矿产预测研究》

主　　编：张　彤　许立权

编写人员：张　彤　许立权　闫　洁　柳永正　贺　锋　贺宏云
　　　　　郭仁旺　李英雷　李　杨　张　明　康小龙　许　展
　　　　　韩宗庆　张玉清　张永清　贾和义　魏雅玲　张婷婷
　　　　　胡　雯　李雪娇　安艳丽　佟　卉　高清秀　孙月君
　　　　　赵文涛　苏美霞　贾金福　张　青　张　皓

技术顾问：陈毓川　叶天竺　王全明　肖克炎

项目负责单位：中国地质调查局　内蒙古自治区国土资源厅

编撰单位：内蒙古自治区国土资源厅

主编单位：内蒙古自治区地质调查院
　　　　　内蒙古自治区煤田地质局
　　　　　内蒙古自治区地质矿产勘查院
　　　　　内蒙古自治区第十地质矿产勘查开发院
　　　　　内蒙古自治区国土资源勘查开发院
　　　　　内蒙古自治区国土资源信息院
　　　　　中化地质矿山总局内蒙古自治区地质勘查院

序

2006年，国土资源部为贯彻落实《国务院关于加强地质工作决定》中提出的"积极开展矿产远景调查评价和综合研究，科学评估区域矿产资源潜力，为科学部署矿产资源勘查提供依据"的精神要求，在全国统一部署了"全国矿产资源潜力评价"项目，"内蒙古自治区矿产资源潜力评价"项目是其子项目之一。

"内蒙古自治区矿产资源潜力评价"项目2006年启动，2013年结束，历时8年，由中国地质调查局和内蒙古自治区人民政府共同出资完成。为此，内蒙古自治区国土资源厅专门成立了以厅长为组长的项目领导小组和技术委员会，指导监督内蒙古自治区地质调查院、内蒙古自治区地质矿产勘查开发局、内蒙古自治区煤田地质局以及中化地质矿山总局内蒙古自治区地质勘查院等7家地勘单位的各项工作。我作为自治区聘请的国土资源顾问，全程参与了该项目的实施，亲历了内蒙古自治区新老地质工作者对内蒙古自治区地质工作的认真与执着。他们对内蒙古自治区地质的那种探索和不懈追求精神，给我留下了深刻的印象。

为了完成"内蒙古自治区矿产资源潜力评价"项目，先后有270多名地质工作者参与了这项工作，这是继20世纪80年代完成的《内蒙古自治区地质志》《内蒙古自治区矿产总结》之后集区域地质背景、区域成矿规律研究，物探、化探、自然重砂、遥感综合信息研究以及全区矿产预测、数据库建设之大成的又一巨型重大成果。这是内蒙古自治区国土资源厅高度重视、完整的组织保障和坚实的资金支撑的结果，更是内蒙古自治区地质工作者8年辛勤汗水的结晶。

"内蒙古自治区矿产资源潜力评价"项目共完成各类图件万余幅，建立成果数据库数千余个，提交结题报告百余份。以板块构造和大陆动力学理论为指导，建立了内蒙古自治区大地构造构架。研究和探讨了内蒙古自治区大地构造演化及其特征，为全区成矿规律的总结和矿产预测奠定了坚实的地质基础。其中提出了"阿拉善地块"归属华北陆块，与拉山岩群、集宁岩群的时代及其对孔兹岩系归属的认识，索伦山-西拉木伦河断裂厘定为华北板块与西伯利亚板块的界线等，体现了内蒙古自治区地质工作者对内蒙古自治区大地构造演化和地质背景的新认识。项目对内蒙古自治区煤、铁、铝土矿、铜、铅锌、金、钨、锑、稀土、钼、银、锰、镍、磷、硫、萤石、重晶石、菱镁矿等矿种，划分了矿产预测类型；结合全区重力、磁测、化探、遥感、自然重砂资料的研究应用，分别对其资源潜力进行了科学的潜力评价，预测的资源潜力可信度高。这些数据有力地说明了内蒙古自治区地质找矿潜力巨大，寻找国家急需矿产资源，内蒙古自治区大有可为，成为国家矿产资源的后备基地已具备了坚实的地质基础，同时也极大地增强了内蒙古自治区地质找矿的信心。

"内蒙古自治区矿产资源潜力评价"是内蒙古自治区第一次大规模对全区重要矿产资源现状及潜力进行摸底评价，不仅汇总整理了原 1∶20 万相关地质资料，还系统整理补充了近年来 1∶5 万区域地质调查资料和最新获得的矿产、物化探、遥感等资料。期待着"内蒙古自治区矿产资源潜力评价"项目形成的系统的成果资料在今后的基础地质研究、找矿预测研究、矿产勘查部署、农业土壤污染治理、地质环境治理等诸多方面得到广泛应用。

2017 年 3 月

前　言

为了贯彻落实《国务院关于加强地质工作的决定》中提出的"积极开展矿产远景调查和综合研究,科学评估区域矿产资源潜力,为科学部署矿产资源勘查提供依据"的要求和精神,国土资源部部署了全国矿产资源潜力评价工作,内蒙古自治区矿产资源潜力评价是其下的工作项目,项目下设成矿地质背景研究、成矿规律、矿产预测、物探、化探、遥感、自然重砂应用、综合信息集成、煤炭资源潜力评价6个课题。工作起止年限为2006—2013年,本书是该项目的系列成果之一。

矿产预测是矿产资源潜力评价工作的最终目的,其工作方法是应用已有地质工作积累的资料(地质、矿化、物探、化探、遥感和有关科研成果),在分析工作区的地质背景、研究总结成矿规律、划分成矿区(带)、建立区域的(或矿田、矿床的)成矿模式或矿床成矿模型的基础上,进行成矿信息提取与综合,建立区域评价预测模型和数字找矿模型。根据相似类比原则和"求异"理论,利用科学的预测方法,圈定不同类别的预测区,估算资源量,划定资源量级别,并提出地质找矿工作部署建议。

项目采用矿床模型综合地质信息体积法,全过程应用空间数据库及GIS技术,在圈定成矿预测区的基础上,利用地质体积法估算潜在资源量。理论基础是岩石建造控矿理论、矿床成矿系统理论及成矿地质体,影响体积法估算精度的参数有含矿地质建造、体积参数、含矿系数。基于综合地质信息成矿地质体体积法的实施过程,合理地圈定一个矿床成矿系统内的成矿地质体的边界,计算该成矿地质体的体积,并与勘探程度高的地区的相似成矿规模的地质体进行类比,最后估算出资源量。该方法通过综合研究成矿地质体与矿床的空间关系,逐个计算每一个预测区的面积、深度、相似系数等,通过对模型区和预测区进行地质、矿化、物探、化探、遥感、自然重砂等全部信息的综合对比,使用证据权法或专家打分法来确定各最小预测区的相似系数。最后根据含矿系数、相似系数、体积等求得每一个预测区的资源量。该方法的优点是方法简单,参数可控,能够充分发挥地质专家的优势。体积法采用类比外推的方法,与基于勘探钻孔信息圈定块段,再通过体积、品位推测得到的资源储量是不同的,该方法得到的资源量的级别较低,属预测资源量。

全区共开展了铁、铝、金、铜、铅锌、钨、稀土、锑、磷、银、铬、锰、镍、锡、钼、硫、萤石、菱镁矿、重晶石、煤等21个矿种的矿产资源潜力评价工作,完成各矿种典型矿床深部、外围预测,进而确定相关系数,圈定、优选最小预测区,估算预测工作区资源量,并分别按预测精度、预测深度、预测方法类型、最小预测区类别、可信度进行内蒙古自治区单矿种资源量汇总,进行单矿种未来勘查工作部署。

内蒙古自治区共划分了14个Ⅲ级成矿区(带),34个Ⅳ级成矿亚带,预测成果研究工作以Ⅲ级成矿区(带)为单元进行综合汇总研究。在单矿种最小预测区预测成果、预测工作区预测成果、归并最小预测区预测成果的基础上,对全区各矿种预测类型、最小预测区及归并区成果、资源量成果进行统计分析;按照Ⅲ级成矿带建立重要矿种预测评价模型,总结多矿种综合预测预测区特征,提出多矿种综合靶区部署建议。

内蒙古自治区地质矿产局原总工程师邵和玥为项目顾问,中国地质科学院陈毓川院士、内蒙古自治区国土资源厅张宏总工程师对项目进行了多次指导,在保证工作成果质量上起到了重要作用,在此致以诚挚的谢意!

著　者

2018年12月

目 录

第一章 概 述 ……………………………………………………………………………（1）
 第一节 矿产预测工作背景 …………………………………………………………（1）
 第二节 矿产预测工作方法 …………………………………………………………（2）
 第三节 预测工作相关术语解释 ……………………………………………………（5）

第二章 矿产预测成果数据基础 ………………………………………………………（6）
 第一节 矿产预测类型及预测工作区 ………………………………………………（6）
 第二节 单矿种预测成果 ……………………………………………………………（19）

第三章 觉罗塔格-黑鹰山成矿带（Ⅲ-1）预测成果 …………………………………（22）
 第一节 区域成矿背景 ………………………………………………………………（22）
 第二节 重要矿种预测评价模型 ……………………………………………………（28）
 第三节 预测成果及综合预测区特征 ………………………………………………（32）
 第四节 多矿种综合靶区部署建议 …………………………………………………（36）

第四章 磁海-公婆泉成矿带（Ⅲ-2）预测成果 ………………………………………（38）
 第一节 区域成矿背景 ………………………………………………………………（38）
 第二节 重要矿种预测评价模型 ……………………………………………………（45）
 第三节 预测成果及综合预测区特征 ………………………………………………（53）
 第四节 多矿种综合靶区部署建议 …………………………………………………（62）

第五章 阿拉善（台隆）成矿带（Ⅲ-3）预测成果 ……………………………………（64）
 第一节 区域成矿背景 ………………………………………………………………（64）
 第二节 重要矿种预测评价模型 ……………………………………………………（70）
 第三节 预测成果及综合预测区特征 ………………………………………………（76）
 第四节 多矿种综合靶区部署建议 …………………………………………………（82）

第六章 河西走廊成矿带（Ⅲ-4）预测成果 …………………………………………（84）
 第一节 区域成矿背景 ………………………………………………………………（84）
 第二节 重要矿种预测评价模型 ……………………………………………………（87）
 第三节 预测成果及综合预测区特征 ………………………………………………（89）
 第四节 多矿种综合靶区部署建议 …………………………………………………（90）

第七章　新巴尔虎右旗(拉张区)成矿带(Ⅲ-5)预测成果 …………………………………… (92)
第一节　区域地质背景 ……………………………………………………………………… (92)
第二节　重要矿种预测评价模型 …………………………………………………………… (99)
第三节　预测成果及综合预测区特征 ……………………………………………………… (114)
第四节　多矿种综合靶区部署建议 ………………………………………………………… (126)

第八章　东乌珠穆沁旗-嫩江成矿带(Ⅲ-6)预测成果 …………………………………… (129)
第一节　区域成矿背景 ……………………………………………………………………… (129)
第二节　重要矿种预测评价模型 …………………………………………………………… (136)
第三节　预测成果及综合预测区特征 ……………………………………………………… (144)
第四节　多矿种综合靶区部署建议 ………………………………………………………… (159)

第九章　白乃庙-锡林郭勒成矿带(Ⅲ-7)预测成果 ……………………………………… (161)
第一节　区域成矿背景 ……………………………………………………………………… (161)
第二节　重要矿种预测评价模型 …………………………………………………………… (167)
第三节　预测成果及综合预测区特征 ……………………………………………………… (177)
第四节　多矿种综合靶区部署建议 ………………………………………………………… (188)

第十章　突泉-翁牛特成矿带(Ⅲ-8)预测成果 …………………………………………… (191)
第一节　区域成矿背景 ……………………………………………………………………… (191)
第二节　重要矿种预测评价模型 …………………………………………………………… (200)
第三节　预测成果及综合预测区特征 ……………………………………………………… (208)
第四节　多矿种综合靶区部署建议 ………………………………………………………… (242)

第十一章　松辽盆地成矿区(Ⅲ-9)预测成果 ……………………………………………… (249)
第一节　区域地质背景 ……………………………………………………………………… (249)
第二节　重要矿种预测评价模型 …………………………………………………………… (254)
第三节　预测成果及综合预测区特征 ……………………………………………………… (256)
第四节　多矿种综合靶区部署建议 ………………………………………………………… (259)

第十二章　华北陆块北缘东段成矿带(Ⅲ-10)预测成果 ………………………………… (261)
第一节　区域成矿背景 ……………………………………………………………………… (261)
第二节　重要矿种预测评价模型 …………………………………………………………… (267)
第三节　预测成果及综合预测区特征 ……………………………………………………… (273)
第四节　多矿种综合靶区部署建议 ………………………………………………………… (281)

第十三章　华北陆块北缘成矿带(Ⅲ-11)预测成果 ……………………………………… (283)

第一节	区域成矿背景	(283)
第二节	重要矿种预测评价模型	(290)
第三节	预测成果及综合预测区特征	(309)
第四节	多矿种综合靶区部署建议	(338)

第十四章 鄂尔多斯西缘成矿带(Ⅲ-12)预测成果 (344)

第一节	区域成矿背景	(344)
第二节	重要矿产预测评价模型	(348)
第三节	预测成果及综合成矿区特征	(352)
第四节	多矿种综合靶区部署建议	(356)

第十五章 山西(断隆)成矿带(Ⅲ-14)预测成果 (358)

第一节	区域地质背景	(358)
第二节	重要矿种预测评价模型	(361)
第三节	预测成果及综合预测区特征	(362)
第四节	多矿种综合靶区部署建议	(365)

第十六章 内蒙古自治区预测成果汇总分析 (366)

第一节	重要矿种矿产预测类型统计分析	(366)
第二节	预测区成果统计分析	(373)
第三节	预测资源量成果统计分析	(381)

结束语 (393)

主要参考文献 (399)

附图1　觉罗塔格黑鹰山石膏成矿带(Ⅲ-1-1)区域地质矿产图

附图2　觉罗塔格-黑鹰山石膏成矿带(Ⅲ-1)化探综合异常图

附图3　磁海-公婆泉成矿带(Ⅲ-2)区域地质矿产图

附图4　磁海-公婆泉成矿带(Ⅲ-2)化探综合异常图

附图5　阿拉善(台隆)成矿带(Ⅲ-3)区域地质矿产图

附图6　阿拉善(台隆)成矿带(Ⅲ-3)化探综合异常图

附图7　新巴尔虎右旗(拉张区)成矿带(Ⅲ-5)化探综合异常图

附图8　新巴尔虎右旗(拉张区)成矿带(Ⅲ-5)区域地质矿产图

附图9　东乌珠穆沁旗-嫩江成矿带(Ⅲ-6)区域地质矿产图

附图10　东乌珠穆沁旗-嫩江成矿带(Ⅲ-6)化探综合异常图

附图11　白乃庙-锡林郭勒成矿带(Ⅲ-7)区域地质矿产图

附图 12　白乃庙-锡林郭勒成矿带(Ⅲ-7)化探综合异常图

附图 13　突泉-翁牛特成矿带(Ⅲ-8)区域地质矿产图

附图 14　突泉-翁牛特成矿带(Ⅲ-8)化探综合异常图

附图 15　松辽盆地石油、天然气、铀成矿区(Ⅲ-9)区域地质矿产图

附图 16　华北陆块北缘东段成矿带(Ⅲ-10)区域地质矿产图

附图 17　华北陆块北缘东段成矿带(Ⅲ-10)化探综合异常图

附图 18　华北陆块北缘成矿带(Ⅲ-11)区域地质图

附图 19　华北陆块北缘成矿带(Ⅲ-11)化探综合异常图

第一章 概 述

第一节 矿产预测工作背景

为了贯彻落实《国务院关于加强地质工作的决定》中提出的"积极开展矿产远景调查和综合研究 科学评估区域矿产资源潜力,为科学部署矿产资源勘查提供依据"的要求和精神,国土资源部部署了全国矿产资源潜力评价工作,并将该项工作纳入国土资源大调查项目。内蒙古自治区矿产资源潜力评价为该计划项目下的一个工作项目[项目编号:10813005(2006—2008年);1212010881609(2009—2010年);1212011121003(2011—2013年)],工作起止年限为2007—2013年。项目自2006年起开始部署,由内蒙古自治区国土资源厅负责,承担单位为内蒙古自治区地质调查院,参加单位有内蒙古自治区地质矿产勘查开发局、内蒙古自治区地质矿产勘查院、内蒙古自治区第十地质矿产勘查开发院、内蒙古自治区煤田地质局、内蒙古自治区国土资源信息院、中化地质矿山总局内蒙古自治区地质勘查院。项目下设成矿地质背景研究,成矿规律与矿产预测,物探、化探、遥感、自然重砂应用,综合信息集成、煤炭及综合管理6个课题。

一、项目工作任务

(1)在现有地质工作基础上,充分利用我国基础地质调查和矿产勘查工作成果和资料,充分应用现代矿产资源预测评价的理论方法和GIS评价技术,开展内蒙古自治区铁、铝、金、铜、铅锌、稀土、钨、锑、磷、银、铬、锰、镍、锡、钼、硫铁矿、萤石、菱镁矿、重晶石等矿产的资源潜力评价,基本摸清矿产资源潜力及其空间分布。

(2)开展内蒙古自治区成矿地质背景、成矿规律、物探、化探、遥感、自然重砂、矿产预测等项工作的研究,编制各项工作的基础和成果图件,建立内蒙古自治区矿产资源潜力评价相关的地质、矿产、物探、化探、遥感、自然重砂空间数据库。

(3)培养一批综合型地质矿产人才。

二、矿产预测工作任务

(1)开展21个矿种典型矿床、预测工作区研究,确定预测要素,编制典型矿床、预测工作区预测要素图和预测模型图,并根据数据模型建立数据库。

(2)全面开展内蒙古自治区铁、铝、金、铜、铅锌、稀土、钨、锑、磷、银、铬、锰、镍、锡、钼、硫铁矿、萤石、菱镁矿、重晶石等矿产资源潜力评价各项工作，完成21个矿种典型矿床深部、外围预测，进而确定相关系数，圈定、优选最小预测区，估算预测工作区资源量。

（3）分别按预测精度、预测深度、预测方法类型、最小预测区类别、可信度进行自治区单矿种资源量汇总，进行单矿种未来勘查工作部署，完成自治区21个单矿种预测成果图、未来勘查工作部署图、未来开发基地预测图等相关图件，并根据数据模型建立数据库。

（4）在单矿种矿产预测成果、成矿规律课题划分成矿系列成果的基础上，根据最小预测区空间位置、所属成矿系列分别圈定综合预测区。按照Ⅲ级成矿带建立重要矿种预测评价模型，总结多矿种综合预测区特征，提出多矿种综合靶区部署建议。编制Ⅲ级成矿带综合矿产预测成果图、综合矿产预测成果图、综合矿产未来勘查工作部署图。

第二节　矿产预测工作方法

一、矿产预测理论研究现状

矿产预测理论方面，矿床学家认为相似类比理论是最基本的矿产预测理论，即在相似地质环境下应有相似的矿床产出，相同的地质范围内应有等同或相近的资源量。相似类比理论在寻找同类型的矿床上具有一定的作用，但对不同类型矿床的寻找与勘查则显得有些不足。

20世纪90年代以来，赵鹏大等（1991）倡导以"求异"原理为基础，提出地质异常致矿的成矿预测理论，认为在物质组成、结构、构造或成因序次上与周围环境具有显著差异的地质体或地质体组合部位是矿床产出的最有利地段，从一定程度上弥补了相似类比理论的不足。为适应新的找矿形势，张均等（1998）提出了应用成矿场理论和矿化时空结构分析方法进行隐伏矿体定位预测的基本思路，认为成矿场是成矿物质存在形式及本质属性的综合体现，工业矿体常常产出于成矿场的某些特定部位，其空间定位与场结构变异有密切的内在成生联系和对应匹配关系，具有相应的时空构型和特征参数。王世称（2010）在多年矿产资源预测的科研实践中，基于地质、物探、化探、遥感等综合信息解译、有机关联的基础上，提出了综合信息矿产预测理论，通过综合信息找矿模型的建立，圈定最佳找矿有利地段。

在成矿预测方法上，矿床模型预测方法一直占据重要地位，成矿预测方法的发展主要体现在模型的发展上。早期的概念模型和经验模型以相似类比理论为基础，是结合矿床学和成矿学的相关理论而建立起来的成矿预测模型。概念模型预测方法亦称矿床模型法，它以矿床模型为驱动，在实际预测评价中，通过与一个或多个矿床模型的对比，确定与模型的地质特征和成矿环境相类似的远景区，然后详细研究远景区的地质特征，以圈出与模型地质特征更相近的找矿靶区，最后利用统计方法和已知矿床的资源量等有关信息，预测未发现的矿床数量和资源量。

该方法有代表性的研究工作主要有Cox、Singer、Hondgs、Wyborn以及美国地质调查局（USGS）1996年对美国境内距地表1km以上范围内的金、银、铜、铅、锌等矿产的估计。概念模型预测方法的典型代表是"三部式"矿产资源评价方法，该方法是在20世纪80年代开始的美国固体矿产资源评价计划，由美国矿床学家D. A. Singer等经过10多年的研究和实践而提出来的。"三部式"矿产资源评价方法紧紧围绕矿床模型这个核心，通过构造标准矿床模型，使成矿条件相似类比思想贯穿整个矿产资源评价过程，最后利用统计方法及该类型矿床已发现的矿床个数、矿床资源量等信息建立矿床品位-吨位模型，对研究区内未发现的矿床个数及总资源量做出定量预测。经验模型预测方法又称多源信息综合评价方法，该方法以勘查数据为驱动，主要研究区域矿床与多元地质找矿信息之间的关系，通过定量分析方法，特别是地理信息系统的应用,建立起区域成矿有利度和资源量与多元地质信息之间的统计规律,形成经验模型,实现资源潜力的定量估计。

2001年,在系统总结我国成矿区划以来矿产预测的实践经验的基础上,中国地质调查局组织有关专家编写了一套矿产预测方法指南体系,主要包括固体矿产预测评价方法技术、全国(分省)矿产资源调查评价综合编图指南、区域成矿学研究方法指南、矿产资源预测的MRAS系统等。在此基础上,由叶天竺等(2004)编制出版了《固体矿产预测评价方法技术》。该专著集当前国内外矿产预测理论与方法之长,归纳总结了20多年来我国重点成矿远景区(带)科研攻关以及全国成矿区划的实践经验,建立了基于GIS的综合地质信息预测评价技术方法体系,提出了按照以地质构造精细研究为基础,综合地球物理、地球化学、遥感地质解译信息、矿产等找矿信息,开展预测工作的具体方法和程序。该方法是将概念模型方法和经验模型方法有机结合起来,强调找矿信息、找矿经验和找矿理论的融合(翟裕生,2001),利用地质、地球物理、地球化学、遥感以及矿床(点)的分布特征、矿床勘探历史等多源信息,以矿床模型为前提,建立区域成矿与多元地质信息的定量预测模型,进行资源潜力的定量预测。

该方法体系在现在开展的全国矿产资源潜力评价项目中得以全面推广,并在应用研究中将该方法体系正式确立为矿床模型综合地质信息预测技术。本次工作采用矿床模型综合地质信息预测方法进行了白云鄂博群金矿的资源量预测。

二、矿产资源定量化预测GIS软件

矿产预测的数据空间分析及其信息决策主要是通过一系列基于GIS平台开发的软件来完成。美国地质调查局(USGS)建成了规模巨大的多个局域网互联的Internet地学信息网络,并形成了信息产业。加拿大研制成功的SPANSGIS系统可以直接标定成矿远景区。澳大利亚Wybom等开发了基于GIS平台的成因概念模型矿产资源预测评价系统,Bonham Carter成功研制了基于GIS平台上的多源信息综合评价系统。由加拿大约克大学教授、中国地质大学(武汉)GFMR国家重点实验室主任成秋明领导的创新团队经过10年的艰辛努力,开发的矿产资源评价系统(GeoDAS)包括大型地学信息处理和矿产资源勘查评价软件系统,目前已广泛应用于复杂数据处理、隐蔽信息提取、多元信息综合、空间决策分析、非线性过程模拟、矿产资源定量预测和环境灾害定量评价等方面。

目前在国内矿产资源评价领域,以中国地质大学(武汉)胡光道开发的金属矿产资源评价分析系统(MORPAS),中国地质大学池顺都开发的集地质异常分析、找矿有利度分析、金属矿产经验预测、找矿有利地段圈定、成矿强度广度定量分析和矿产资源潜力评价于一体的资源分析评价系统,长春科技大学王世称开发的综合信息矿产资源预测系统(KCYC)及中国地质科学院肖克炎开发的矿产资源评价系统(MRAS)等为代表,本次工作应用肖克炎研究员开发的MRAS 2.0软件进行矿产预测工作。

三、矿床模型综合地质信息预测资源量的估算方法

本次矿产资源潜力评价单矿种资源量预测工作是利用矿床模型综合地质信息预测技术,全过程应用空间数据库及GIS技术,在圈定成矿预测区的基础上利用地质体积法估算潜在资源量(叶天竺等,2007;肖克炎等,2007),即矿床模型综合地质信息体积法。矿床模型综合地质信息体积法资源量估算的理论基础是岩石建造控矿理论、矿床成矿系统理论及成矿地质体,影响体积法估算精度的参数有含矿地质建造、体积参数、含矿系数。基于综合地质信息成矿地质体体积法的实施过程,首先是合理地圈定一个矿床成矿系统内的成矿地质体的边界,计算该成矿地质体的体积,并与勘探程度高的地区相似成矿规模的地质体进行类比,最后估算出资源量(肖克炎,2010)。该方法通过综合研究成矿地质体与矿床的空

间关系,逐个计算每一个预测区的面积、深度、相似系数等,通过对模型区和预测区进行地质、矿化、物探、化探、遥感、自然重砂等全部信息的综合对比,使用证据权法或专家打分法来确定各最小预测区的相似系数。最后根据含矿系数、相似系数、体积等求得每个预测区的资源量,并对各单矿种的预测资源量按深度、精度、可信度、可利用性等方面进行汇总。各单矿种的预测资源量可参见本套丛书的单矿种资源潜力评价成果。

四、预测成果综合研究汇总工作方法

内蒙古自治区矿产资源潜力评价工作共开展了 21 种矿产(铁、铝、铜、金、铅锌、钨、锑、稀土、银、钼、镍、锰、铬、锡、磷、硫铁矿、萤石、重晶石、菱镁矿、煤炭等)的预测工作。分别对各单矿种进行了资源量估算。

预测成果汇总研究以Ⅲ级成矿区(带)为单元进行,内蒙古自治区共划分了 14 个Ⅲ级成矿区(带),34 个Ⅳ级成矿亚带,全区的预测成果研究工作以Ⅲ级成矿区(带)为单元进行综合汇总研究。在单矿种最小预测区预测成果、预测工作区预测成果、归并最小预测区预测成果的基础上,对全区各矿种预测类型、最小预测区及归并区成果、资源量成果进行统计分析;按照Ⅲ级成矿带建立重要矿种预测评价模型,总结多矿种综合预测区特征,提出多矿种综合靶区部署建议。

五、成果综合研究汇总的技术流程

总结内蒙古自治区矿产预测工作的技术路线、所涉及的矿种及预测工作区范围,对用于汇总和综合研究的数据基础、数据质量进行评述。基于上述总结与评述结果,对全区各矿种矿产预测成果进行统计分析,具体情况如下。

(1)全区重要矿种矿产预测类型统计分析。在内蒙古自治区Ⅲ级成矿区(带)划分的基础上编制矿产预测类型谱系表,内容重点强调成矿时代和所属成矿区(带)以及主要预测要素。编制综合矿种预测类型统计图表,综合分析各预测类型所占比重。

(2)预测区成果统计分析。预测区统计主要内容包括:①最小预测区(1级)汇总。对内蒙古自治区最小预测区总数及 A 类、B 类、C 类数量进行统计;对各Ⅲ级成矿区(带)最小预测区总数及 A 类、B 类、C 类数量进行统计;按照矿产预测类型统计最小预测区总数、A 类数量、B 类数量、C 类数量。②2 级预测区成果汇总。对内蒙古自治区 2 级预测区总数及 A 类、B 类、C 类数量进行统计;对各Ⅲ级成矿区(带)2 级预测区总数及 A 类、B 类、C 类数量进行统计。③预测工作区汇总。对内蒙古自治区预测工作区总数及各Ⅲ级成矿区(带)中预测工作区总数,不同矿产预测类型预测工作区数量进行统计。

(3)预测资源量成果统计分析。资源量统计主要内容包括:①对内蒙古自治区查明资源储量(截至2010 年)及新发现矿床资源储量进行汇总;②预测资源量汇总。内蒙古自治区预测资源量,包括 500m以浅、1000m 以浅和 2000m 以浅;Ⅲ级成矿区(带)预测资源量,包括 500m 以浅、1000m 以浅和 2000m以浅;内蒙古自治区不同地质可靠程度,334-1,334-2,334-3 预测资源量(不分深度),内蒙古自治区不同矿产预测类型预测资源量(不分深度);内蒙古自治区不同可信度预测资源量(不分深度);内蒙古自治区不同可利用性预测资源量(不分深度)。此外还要统计各综合预测区各矿种预测资源量。

在以上成果统计分析中,要配备必要的图表和相应的图件,并通过图表的分析,总结预测成果的统计规律。

第三节 预测工作相关术语解释

1. 预测区级别

(1) 1级预测区：又叫最小预测区，是指在矿产预测过程中，依据现有资料所圈定的不能再进一步分割的区域，其面积一般小于50km^2，个别类型（如沉积型矿产）面积可放宽至200km^2。根据成矿条件有利程度及资源潜力的大小，可分为A类预测区、B类预测区和C类预测区。

(2) 2级预测区：是指从全省的角度对同一矿种的1级预测区进行归并所形成的区域，其面积约在几百平方千米，一般小于1000km^2。

2. 累计查明资源储量

累积查明资源储量是指在一个矿床（区）或地区内，自开始工作至统计截止日上报的资源储量总和，不扣除矿山的开采量和地下的损失量。

3. 预测资源量级别

(1) 预测资源量334-1：具有工业价值的矿产地（或已知矿床）的深部及外围的预测资源量，该资源量预测依据的资料精度须大于1∶5万。该具有工业价值的矿产地（或已知矿床）必须是通过勘查工作已经提交了333以上（含333）资源量的矿产地。

(2) 预测资源量334-3：最小预测单元内可信度较低的一类预测资源量。工作中符合以下条件的即可划入本类别：①预测资料精度小于或等于1∶20万；②只有间接找矿标志。

(3) 预测资源量334-2：介于以上两者之间的为334-2预测资源量。

4. 预测区类别

A类预测区：1级预测区的一类。该区成矿地质条件优越，找矿标志明显，与区域预测模型中的必要及重要二级要素匹配程度较高，分布于已知矿田内或区内分布有已知工业矿床，具有大型以上规模的预测资源量。

B类预测区：1级预测区的一类。该区成矿地质条件比较优越，具有较好的矿化信息，区内分布有已知矿点，或同时具备直接找矿标志和间接找矿标志，与区域预测模型中的必要及重要二级要素基本匹配，具有中型以上规模的预测资源量。

C类预测区：1级预测区的一类。具有一定的成矿地质条件，区内无已知矿点分布，与区域预测模型的必要及重要二级要素匹配程度较低，具有小型以上规模的预测资源量。

第二章　矿产预测成果数据基础

第一节　矿产预测类型及预测工作区

内蒙古自治区矿产预测工作共开展了 20 种矿产（除煤外）的预测评价工作，分别为铁、铝、铜、金、铅、锌、钨、锑、稀土、银、钼、镍、锰、铬、锡、磷、硫铁矿、萤石、重晶石、菱镁矿。

矿床预测类型划分是本次矿产预测的基础，是贯穿预测全过程的主线。凡是由同一地质作用形成的成矿要素和预测要求基本一致，且可以在同一张预测底图上完成预测工作的矿床、矿点和矿化点可以归为同一矿床预测类型。同一矿种存在多种矿床预测类型，不同矿种组合可能为同一类型，同一成因类型可能有多种预测类型，而不同成因类型组合可能为同一预测类型。进而在矿产地分布图上标明不同矿床预测类型，然后根据不同预测类型分布区参照大地构造单元特征，确定相应的预测工作区范围。

一、矿产预测类型

根据全国统一技术要求，矿产预测方法类型共有以下 6 种。

(1)沉积型矿产预测方法类型：受严格的地层层位岩相控制，预测底图选择岩相古地理图或沉积建造古构造图，包括通常预测模型中的外生沉积型矿产，喷流-沉积型（SEDEX 型）、砂岩型铅锌矿、铜矿、铀矿等内生热卤水成因矿产以及部分海相火山岩型无法区分火山机构的矿产，进一步可划分为沉积岩型、沉积内生型和第四纪沉积型。在示范区中如贵州务正道地区海相沉积型铝土矿、广西苹果式岩溶堆积型铝土矿、湖南宁乡式海相沉积型铁矿。

(2)侵入岩体型矿产预测方法类型：岩浆岩构造作为预测评价的必要条件，岩体直接控制矿床的分布。由成矿侵入体时空定位的矿产，底图选择侵入岩浆岩构造图，包括岩浆型、斑岩型、矽卡岩型、高温热液型、伟晶岩型等矿产。根据预测重要因素和资源预测潜力估算方法，进一步可划分为岩浆型和侵入岩体接触带型。在示范区中如四川攀枝花式岩浆型铁矿、青海祁曼塔格地区肯德可克式矽卡岩型铁矿。

(3)火山岩型矿产：由成矿火山作用时空定位的矿产，底图选择火山岩性岩相构造图，包括陆相火山岩型和部分海相火山岩型。在示范区中如新疆东天山雅满苏式海相火山岩型铁矿、安徽庐枞地区泥河式陆相火山岩型铁矿。

(4)变质型矿产：由成矿变质作用时空定位的矿产，底图选择变质建造构造图，包括变质型铁矿、变质型铜矿和部分绿岩带金矿。在示范区中如辽宁鞍山式沉积变质型铁矿、河北冀东沉积变质型铁矿。

(5)复合内生型矿产：由地质建造、变形构造、侵入岩浆作用综合因素时空定位的矿产，底图选择构造建造图。代表性预测地质模型有胶东金矿、小秦岭金矿等。

(6)层控内生型矿产：由特定地层建造时空定位的矿产，底图选择沉积建造构造图，在沉积建造构造图上圈定预测区。

根据任务要求和实际地质情况,本次工作需要划分矿床预测类型,编制矿床预测类型分布图,确定预测工作区范围和预测比例尺。

二、预测工作区划分

本次开展预测工作的 20 个矿种(除煤外)共圈定 177 个预测工作区,其中铁矿 27 个、铝矿 1 个、铜矿 19 个、铅锌矿 15 个、金矿 22 个、钨矿 5 个、稀土矿 4 个、锑矿 1 个、钼矿 15 个、银矿 8 个、镍矿 10 个、锡矿 7 个、锰矿 5 个、铬铁矿 6 个、磷矿 6 个、萤石矿 17 个、硫铁矿 7 个、重晶石矿 1 个、菱镁矿 1 个(表 2-1,图 2-1~图 2-4)。

表 2-1 内蒙古自治区预测工作分布一览表

矿种	预测工作区编号	预测工作区	预测工作区范围
金矿	1511201001	毕力赫式侵入岩体型金矿毕力赫预测工作区	E113°15′—115°00′;N41°50′—42°40′
	1511202001	小伊诺盖沟式侵入岩体型金矿小伊诺盖沟预测工作区	E119°05′—119°45′;N50°20′—50°40′
	1511202002	小伊诺盖沟式侵入岩体型金矿八道卡预测工作区	E121°00′—121°50′;N52°50′—53°10′
	1511202003	小伊诺盖沟式侵入岩体型金矿兴安屯预测工作区	E119°45′—120°45′;N51°10′—51°30′
	1511203001	碱泉子式侵入岩体型金矿碱泉子预测工作区	E99°45′—101°30′;N39°20′—40°10′
	1511204001	巴音杭盖式侵入岩体型金矿巴音杭盖预测工作区	E106°30′—108°00′;N42°00′—42°30′
	1511205001	三个井式侵入岩体型金矿三个井预测工作区	E100°00′—100°30′;N40°40′—42°10′
	1511301001	新地沟式变质型金矿新地沟预测工作区	E111°30′—112°30′;N40°50′—41°30′
	1511401001	四五牧场式火山岩型金矿四五牧场预测工作区	E118°30′—120°00′;N49°20′—50°20′
	1511402001	古利库式火山岩型金矿古利库预测工作区	E124°15′—126°00′;N50°20′—51°20′
	1511403001	陈家杖子式火山岩型金矿陈家杖子预测工作区	E118°15′—118°45′;N41°20′—41°40′
	1511501001	朱拉扎嘎式层控内生型金矿朱拉扎嘎预测工作区	E104°45′—105°00′;N40°10′—40°20′
	1511502001	浩尧尔忽洞式层控内生型金矿浩尧尔忽洞预测工作区	E108°30′—109°30′;N41°27′—42°00′
	1511503001	赛乌苏式层控内生型金矿赛乌苏预测工作区	E109°00′—110°30′;N41°20′—42°00′
	1511504001	十八顷壕式层控内生型金矿十八顷壕预测工作区	E109°00′—110°30′;N41°20′—42°00′
	1511505001	老硐沟式层控内生型金矿老硐沟预测工作区	E99°00′—100°30′;N41°00′—41°20′

续表 2-1

矿种	预测工作区编号	预测工作区	预测工作区范围
金矿	1511601001	乌拉山式复合内生型金矿乌拉山预测工作区	E109°15′—111°30′; N40°30′—41°10′
	1511601002	乌拉山式复合内生型金矿卓资县预测工作区	E112°00′—113°00′; N40°40′—41°00′
	1511602001	巴音温都尔式复合内生型金矿巴音温都尔预测工作区	E113°15′—114°30′; N43°30′—44°00′
	1511602002	巴音温都尔式复合内生型金矿红格尔预测工作区	E111°25′—112°15′; N44°30′—45°06′
	1511603001	白乃庙式复合内生型金矿白乃庙预测工作区	E112°15′—113°30′; N42°00′—42°20′
	1511604001	金厂沟梁式复合内生型金矿金厂沟梁预测工作区	E117°50′—120°30′; N41°15′—42°50′
铝土矿	1516101001	城坡式滨海潟湖相胶体化学沉积型铝土矿预测工作区	E111°10′—111°56′; N39°22′—39°58′
铅锌矿	1506101001	东升庙式沉积型铅锌矿乌拉特中旗预测工作区	E106°30′—110°35′; N40°55′—41°35′
	1506201001	查干敖包式侵入岩体型锌矿查干敖包预测工作区	E117°—120°; N45°30′—46°50′
	1506202001	天桥沟式侵入岩体型铅锌矿天桥沟预测工作区	E118°—122°; N42°20′—43°10′
	1506203001	阿尔哈达式侵入岩体型铅锌银矿阿尔哈达预测工作区	E117°—120°; N45°30′—46°50′
	1506204001	长春岭式中温岩浆热液型铅锌矿香山-长春岭预测工作区	E120°—122°; N44°—46°10′
	1506205001	拜仁达坝式中低温热液型银铅锌矿拜仁达坝预测工作区	E116°—120°30′; N43°20′—45°20′
	1506206001	孟恩陶勒盖式侵入岩体型铅锌矿孟恩陶勒盖预测工作区	E120°—122°; N44°—46°10′
	1506207001	白音诺尔式侵入岩体型铅锌矿白音诺尔预测工作区	E116°—120°30′; N43°20′—45°20′
	1506208001	余家窝铺式侵入岩体型铅锌矿余家窝铺预测工作区	E118°—122°; N42°20′—43°10′
	1506401001	比利亚谷式火山岩型铅锌矿比利亚谷预测工作区	E118°50′—122°; N50°—51°40′
	1506402001	扎木钦式火山岩型铅锌矿扎木钦预测工作区	E120°—122°; N44°—46°10′
	1506603001	李清地式复合内生型铅锌矿李清地预测工作区	E112°30′—114°00′; N40°30′—41°20′
	1506404001	甲乌拉式侵入岩体型铅锌床甲乌拉预测工作区	E115°30′—117°30′; N47°40′—49°50′
	1506601001	花敖包特式复合内生型铅锌矿花敖包特预测工作区	E116°—120°30′; N43°20′—45°20′
	1506602001	代兰塔拉式侵入岩体型铅锌矿代兰塔拉预测工作区	E106°35′—107°10′; N39°10′—40°10′

续表 2-1

矿种	预测工作区编号	预测工作区	预测工作区范围
锑矿	1513201001	阿木乌苏式侵入岩体型锑矿阿木乌苏预测工作区	E99°11′25″—99°14′43″；N40°50′52″—40°52′55″
铁矿	1501101001	白云鄂博式沉积型铁矿白云鄂博预测工作区	E109°30′—111°；N41°—42°00′
	1501102001	霍各乞沉积型铁矿霍各乞预测工作区	E106°00′—107°15′；N40°52′—41°20′
	1501103001	雀儿沟式沉积型铁矿乌海预测工作区	E106°30′—107°30′；N39°12′—39°54′
	1501103002	雀儿沟式沉积型铁矿清水河预测工作区	E111°00′—112°10′；N39°20′—40°00′
	1501104001	温都尔庙式火山岩型铁矿二道井预测工作区	E112°30′—113°30′；N42°20′—43°20′
	1501104002	温都尔庙式火山岩型铁矿脑木根预测工作区	E111°—111°30′；N42°40′—43°20′
	1501104003	温都尔庙式火山岩型铁矿苏尼特左旗预测工作区	E113°—115°；N43°20′—43°52′
	1501105001	黑鹰山式火山岩型铁矿黑鹰山预测工作区	E97°20′—99°50′；N42°00′—42°45′
	1501106001	谢尔塔拉式火山岩型铁矿谢尔塔预测工作区	E118°30′—123°；N48°—50°00′
	1501301001	壕赖沟式沉积变质型铁矿壕赖沟预测工作区	E108°00′—114°00′；N40°00′—42°00′
	1501302001	三合明式沉积变质型铁矿三合明预测工作区	E108°00′—114°00′；N40°00′—42°00′
	1501303001	贾格尔其庙式沉积变质型铁矿贾格尔其庙预测工作区	E117°00′—123°00′；N41°00′—43°00′
	1501303002	贾格尔其庙式沉积变质型铁矿集宁-包头预测工作区	E108°00′—114°00′；N40°00′—42°00′
	1501303003	贾格尔其庙式沉积变质型铁矿迭布斯格预测工作区	E105°00′—108°00′；N39°00′—41°00′
	1501201001	梨子山式侵入岩型铁矿梨子山预测工作区	E118°30′—123°；N47°—50°
	1501202001	朝不楞式侵入岩型铁矿朝不楞预测工作区	E117°00′—120°00′；N45°00′—47°00′
	1501203001	黄岗梁式侵入岩型铁矿黄岗梁预测工作区	E117°—120°；N43°—45°
	1501204001	额里图式侵入岩型铁矿额里图预测工作区	E114°42′—116°30′；N41°30′—42°40′
	1501205001	哈拉火烧式侵入岩型铁矿哈拉火烧预测工作区	E120°—123°；N42°—43°
	1501206001	克布勒式侵入岩型铁矿克布勒预测工作区	E104°—106°；N40°—41°
	1501207001	卡休他他式侵入岩型铁矿卡休他他预测工作区	E100°30′—102°00′；N39°00′—40°00′
	1501208001	乌珠尔嘎顺式侵入岩型铁矿乌珠尔嘎顺预测工作区	E98°02′—100°29′27″；N42°00′—42°19′43″

续表 2-1

矿种	预测工作区编号	预测工作区	预测工作区范围
铁矿	1501209001	索索井式侵入岩型铁矿索索井预测工作区	E97°20′—99°50′；N42°00′—42°45′
	1501210001	神山式侵入岩型铁矿神山预测工作区	E120°—123°；N45°—48°00′
	1501601001	马鞍山式复合内生型铁矿马鞍山预测工作区	E120°—123°；N45°—48°00′
	1501602001	地营子式复合内生型铁矿地营子预测工作区	E116°08′—121°30′；N49°00′—51°30′
	1501603001	百灵庙式复合内生型铁矿百灵庙预测工作区	E109°30′—111°；N41°00′—42°00′
铜矿	1504101001	霍各乞式沉积型铜矿乌拉特中旗预测工作区	E116°30′—110°15′；N40°55′—41°35′
	1504102001	查干哈达庙式沉积型铜矿查干哈达庙预测工作区	E108°35′—110°38′；N42°15′—42°30′
	1504102002	查干哈达庙式沉积型铜矿别鲁乌图预测工作区	E115°30′—116°15′；N45°10′—45°50′
	1504103001	白乃庙式沉积型铜多金属矿白乃庙预测工作区	E112°15′—113°30′；N42°—42°20′
	1504201001	乌努格吐式侵入岩体型铜钼矿乌努格吐预测工作区	E118°30′—123°；N48°—50°00′
	1504202001	敖瑙达巴式侵入岩体型铜钼矿敖瑙达巴预测工作区	E119°15′—120°；N44°10′—44°50′
	1504203001	车户沟式侵入岩体型铜钼矿车户沟预测工作区	E117°51′—118°45′；N42°00′—42°30′
	1504204001	小南山式侵入岩体型铜镍矿小南山预测工作区	E107°—111°45′；N41°30′—41°50′
	1504205001	珠斯楞式侵入岩体型铜矿珠斯楞预测工作区	E101°15′—103°；N41°30′—42°20′
	1504206001	亚干式侵入岩体型铜镍钴矿亚干预测工作区	E103°15′—103°45′；N41°40′—42°
	1504401001	奥尤特式火山岩型铜矿奥尤特预测工作区	E115°30′—116°15′；N45°10′—45°50′
	1504402001	小坝梁式火山岩型铜矿小坝梁预测工作区	E116°15′—117°45′；N44°40′—45°30′
	1504601001	欧布拉格式复合内生型铜矿欧布拉格预测工作区	E106°18′44″—106°19′53″；N41°12′55″—41°13′34″
	1504602001	宫胡洞式复合内生型铜矿宫胡洞预测工作区	E110°28′—110°31′；N41°45′—41°46′
	1504607001	盖沙图式复合内生型铜矿盖沙图预测工作区	E106°—106°30′；N40°30′—41°
	1504603001	罕达盖式复合内生型铜多金属矿罕达盖预测工作区	E118°30′—122°15′；N47°—48°20′
	1504604001	白马石沟式复合内生型铜矿白马石沟预测工作区	E118°—122°；N42°20′—43°10′
	1504605001	布敦花式复合内生型铜矿布敦花预测工作区	E118°30′—123°；N47°—50°
	1504606001	道伦达坝式复合内生型铜矿道伦达坝预测工作区	E116°—120°30′；N43°20′—45°10′

续表 2-1

矿种	预测工作区编号	预测工作区	预测工作区范围
钨矿	1508201001	沙麦式侵入岩体型钨矿沙麦预测工作区	E116°00′—118°00′; N45°40′—46°40′
	1508202001	白石头洼式侵入岩体型钨矿白石头洼预测工作区	E112°30′—117°00′; N41°20′—43°00′
	1508203001	七一山式侵入岩体型钨矿七一山预测工作区	E99°—100°30′; N41°—42°00′
	1508204001	大麦地式侵入岩体型钨矿大麦地预测工作区	E121°00′—121°45′; N42°20′—42°40′
	1508205001	乌日尼图式侵入岩体型钨矿乌日尼图预测工作区	E111°23′—112°30′; N44°20′—45°06′
稀土矿	1514101001	白云鄂博式沉积型稀土矿白云鄂博预测工作区	E109°30′—111°40′; N41°32′—41°55′
	1514201001	巴尔哲式侵入岩体型稀土矿巴尔哲预测工作区	E119°30′—122°00′; N44°40′—46°20′
	1514301001	桃花拉山式变质型稀土矿桃花拉山预测工作区	E100°45′—101°30′; N39°00′—39°20′
	1514601001	三道沟式复合内生型稀土矿三道沟预测工作区	E112°30′—114°08′; N40°00′—41°00′
银矿	1512201001	拜仁达坝式侵入岩体型银多金属矿拜仁达坝预测工作区	E116°00′—120°30′; N43°20′—45°20′
	1512401001	孟恩陶勒盖式侵入岩体型银铅锌矿孟恩陶勒盖预测工作区	E118°45′—122°00′; N50°00′—51°40′
	1512601001	李清地式复合内生型银铅锌矿李清地预测工作区	E112°30′—114°00′; N40°30′—41°20′
	1512602001	吉林宝力格式复合内生型银矿吉林宝力格预测工作区	E117°24′—118°30′; N45°45′—46°20′
	1512603001	额仁陶勒盖式复合内生型银矿额仁陶勒盖预测工作区	E115°30′—117°45′; N47°40′—49°55′
	1512604001	官地式复合内生型银金矿官地预测工作区	E117°15′—119°30′; N41°30′—43°10′
	1512605001	花敖包特式复合内生型银铅锌矿花敖包特预测工作区	E116°00′—120°30′; N43°20′—45°20′
	1512606001	比利亚谷式复合内生型银铅锌矿比利亚谷预测工作区	E120°00′—122°00′; N44°00′—46°10′
锡矿	1509601001	毛登式复合内生型锡矿毛登-林西预测工作区	E116°15′—118°45′; N43°20′—44°30′
	1509601002	毛登式复合内生型锡矿太平林场预测工作区	E120°00′—121°15′; N51°20′—52°00′
	1509207001	黄岗式侵入岩体型铁锡矿黄岗预测工作区	E117°00′—120°00′; N43°00′—45°00′
	1509201001	朝不楞式侵入岩体型铁多金属矿朝不楞预测工作区	E118°30′—118°44′20″; N46°27′30″—46°36′30″
	1509202001	孟恩陶勒盖式侵入岩体型多金属矿孟恩陶勒盖式预测工作区	E120°00′—122°00′; N44°00′—46°10′

续表 2-1

矿种	预测工作区编号	预测工作区	预测工作区范围
锡矿	1509203001	大井子式侵入岩体型锡矿克什克腾旗-巴林左旗预测工作区	E117°00′—120°00′; N43°00′—45°00′
	1509204001	千斤沟式侵入岩体型锡矿太仆寺旗预测工作区	E115°15′—115°47′; N41°36′—42°10′
镍矿	1507201001	白音胡硕式侵入岩体型镍矿浩雅尔洪克尔预测工作区	E115°30′—117°15′; N44°05′—45°10′
	1507201002	白音胡硕式侵入岩体型镍矿哈登胡硕预测工作区	E118°00′—119°15′; N44°40′—45°20′
	1507202001	小南山式侵入岩体型镍矿小南山预测工作区	E111°15′—111°40′; N41°40′—41°50′
	1507202002	小南山式侵入岩体型镍矿乌拉特后旗预测工作区	E106°45′—107°00′; N41°00′—41°30′
	1507202003	小南山式侵入岩体型镍矿乌拉特中旗预测工作区	E107°30′—109°45′; N41°10′—41°50′
	1507203001	达布逊式侵入岩体型镍矿达布逊预测工作区	E107°00′—108°00′; N42°10′—42°30′
	1507204001	亚干式侵入岩体型钴镍矿亚干预测工作区	E103°15′—103°45′; N41°40′—42°00′
	1507205001	哈拉图庙式侵入岩体型镍矿二连浩特北部预测工作区	E111°45′—112°15′; N43°50′—44°00′
	1507101001	元山子式沉积(变质)型镍矿元山子预测工作区	E105°30′—105°55′; N37°45′—38°20′
	1507101002	元山子式沉积(变质)型镍矿营盘水北预测工作区	E104°00′—105°00′; N37°35′—38°10′
钼矿	1510201001	乌兰德勒式侵入岩体型钼矿乌兰德勒预测工作区	E111°24′—114°00′; N44°00′—45°06′
	1510202001	乌努格吐山式侵入岩体型铜钼矿乌努格吐预测工作区	E115°47′—119°45′; N50°20′—48°30′
	1510203001	太平沟式侵入岩体型钼矿太平沟预测工作区	E123°00′—125°18′; N48°00′—49°40′
	1510203002	太平沟式侵入岩体型钼矿原林林场预测工作区	E121°00′—123°15′; N49°20′—50°50′
	1510204001	敖仑花式侵入岩体型钼矿孟恩陶勒盖预测工作区	E120°00′—122°00′; N44°00′—45°10′
	1510205001	曹家屯式侵入岩体型钼矿拜仁达坝预测工作区	E116°00′—120°30′; N43°20′—45°20′
	1510206001	大苏计式侵入岩体型钼矿凉城-兴和预测工作区	E111°45′—114°00′; N40°20′—41°20′
	1510207001	小狐狸山式侵入岩体型钼矿甜水井预测工作区	E107°30′—100°30′; N42°10′—42°50′
	1510208001	小东沟式侵入岩体型钼矿克什克腾旗-赤峰预测工作区	E117°00′—120°30′; N42°10′—43°20′
	1510209001	比鲁甘干式侵入岩体型钼矿阿巴嘎旗预测工作区	E114°15′—115°00′; N44°00′—44°30′
	1510210001	查干花式侵入岩体型钼矿查干花预测工作区	E107°00′—107°45′; N41°40′—42°00′

续表 2-1

矿种	预测工作区编号	预测工作区	预测工作区范围
钼矿	1510211001	岔路口式侵入岩体型钼矿岔路口预测工作区	E121°00′—124°15′; N50°40′—51°40′
	1510601001	梨子山式复合内生型钼铁矿梨子山预测工作区	E118°30′—123°00′; N47°00′—50°00′
	1510602001	元山子式沉积(变质)型钼矿元山子预测工作区	E105°30′—105°55′; N37°45′—38°20′
	1510602002	元山子式沉积(变质)型钼矿营盘水北预测工作区	E104°00′—105°00′; N37°35′—38°10′
锰矿	1502601001	额仁陶勒盖式复合内生型银锰矿新巴尔虎右旗预测工作区	E115°30′—117°45′; N47°40′—49°55′
	1502401001	西里庙式火山岩型锰矿西里庙预测工作区	E110°30′—111°30′; N42°55′—43°10′
	1502301001	东加干式变质型锰矿东加干预测工作区	E106°47′—108°30′; N42°03′—42°30′
	1502302001	乔二沟式变质型锰矿乔二沟预测工作区	E108°47′—110°08′; N41°00′—41°25′
	1502602001	李清地式复合内生型银锰多金属矿李清地预测工作区	E112°30′—114°00′; N40°30′—41°20′
铬矿	1503201001	呼和哈达式海相侵入岩体型铬矿呼和哈达预测工作区	E121°00′—123°00′; N46°00′—46°50′
	1503202001	柯单山式侵入岩体型铬铁矿柯单山预测工作区	E117°00′—118°00′; N43°00′—43°10′
	1503203001	赫格敖拉式侵入岩体型铬铁矿二连浩特北部预测工作区	E111°45′—112°45′; N44°00′—43°40′
	1503203002	赫格敖拉式侵入岩体型铬铁矿浩雅尔洪克尔预测工作区	E115°30′—117°15′; N44°05′—45°10′
	1503203003	赫格敖拉式侵入岩体型铬铁矿哈登胡硕预测工作区	E118°00′—119°15′; N44°40′—45°20′
	1503204001	索伦山式侵入岩体型铬铁矿预测工作区	E107°30′—110°30′; N42°10′—42°30′
磷矿	1518101001	正目观-崔子窑沟式沉积型磷矿预测工作区	E105°00′—106°00′; N38°—39°00′
	1518102001	哈马胡头沟-夹沟式沉积型磷矿预测工作区	E100°30′—102°00′; N38°30′—39°30′
	1518103001	炭窑口-东升庙式沉积型磷矿预测工作区	E106°00′—108°00′; N40°40′—41°20′
	1518104001	布龙图-百灵庙式沉积型磷矿预测工作区	E108°00′—111°00′; N41°00′—42°00′
	1518601001	盘路沟-保安乡式复合内生型磷矿预测工作区	E112°00′—112°30′; N40°20′—41°00′
	1518602001	三道沟-旗杆梁式复合内生型磷矿预测工作区	E112°30′—114°00′; N40°20′—41°00′
菱镁矿	1517201001	索伦山预测工作区	E107°30′—110°30′; N42°10′—42°30′

续表 2-1

矿种	预测工作区编号	预测工作区	预测工作区范围
硫铁矿	1519301001	东升庙-甲生盘硫铁矿预测工作区	E106°30′—110°15′; N40°20′—41°35′
	1519101001	房塔沟-榆树湾硫铁矿预测工作区	E111°10′—111°56′; N 省南边界-39°58′
	1519102001	别鲁乌图-白乃庙硫铁矿预测工作区	E112°15′—113°20′; N42°—42°40′
	1519401001	六一-十五里堆硫铁矿预测工作区	E119°30′—120°30′; N49°10′—50°00′
	1519601001	朝不楞-霍林河硫铁矿预测工作区	E117°—120°; N45°—47°
	1519201001	拜仁达坝-哈拉白旗硫铁矿预测工作区	E116°—120°30′; N43°20′—45°20′
	1519402001	驼峰山-孟恩套力盖硫铁矿预测工作区	E119°—122°; N43°20′—45°20′
萤石矿	1522214001	哈达汗-诺敏山萤石预测工作区	E122°45′—123°15′; N50°00′—50°20′
	1522213001	昆库力-旺石山萤石预测工作区	E120°00′—121°15′; N49°10′—50°20′
	1522215001	协林-六合屯萤石矿预测工作区	E121°45′—122°30′; N46°00′—46°20′
	1522210001	苏达勒-乌兰哈达萤石矿预测工作区	E118°45′—120°45′; N43°30′—44°50′
	1522216001	白音锡勒牧-水头萤石矿预测工作区	E116°25′—118°30′; N43°30′—44°00′
	1522209001	跃进萤石矿预测工作区	E115°30′—116°25′; N43°30′—44°00′
	1522206001	白音脑包-赛乌苏萤石矿预测工作区	E111°30′—112°15′; N43°20′—34°00′
	1522501001	苏莫查干敖包-敖包吐萤石矿预测工作区	E111°20′; N43°00′—43°12′
	1522212001	白杖子-陈道沟萤石矿预测工作区	E119°45′—120°45′; N42°00′—42°30′
	1522208001	东井子-太仆寺东郊萤石矿预测工作区	E115°30′; N41°40′—42°00′
	1522204001	库伦敖包-刘满壕萤石矿预测工作区	E108°30′—109°45′; N41°10′—42°00′
	1522211001	大西沟-桃海萤石矿预测工作区	E118°15′—119°15′; N41°20′—42°00′
	1522205001	黑沙图-乌兰布拉格萤石矿预测工作区	E109°45′—110°15′; N41°50′—42°10′
	1522202001	东七一山萤石矿预测工作区	E90°00′—100°00′; N41°00′—41°40′
	1522207001	白彦敖包-石匠山萤石矿预测工作区	E112°15′—114°30′; N41°30′—42°10′
	1522203001	哈布达哈拉-恩格勒萤石矿预测工作区	E104°00′—106°00′; N40°10′—40°40′
	1522201001	神螺山萤石矿预测工作区	E98°15′—98°53′; N40°03′—40°52′
重晶石	1523201001	巴升河预测工作区	E121°00′—121°30′; N47°40′—48°

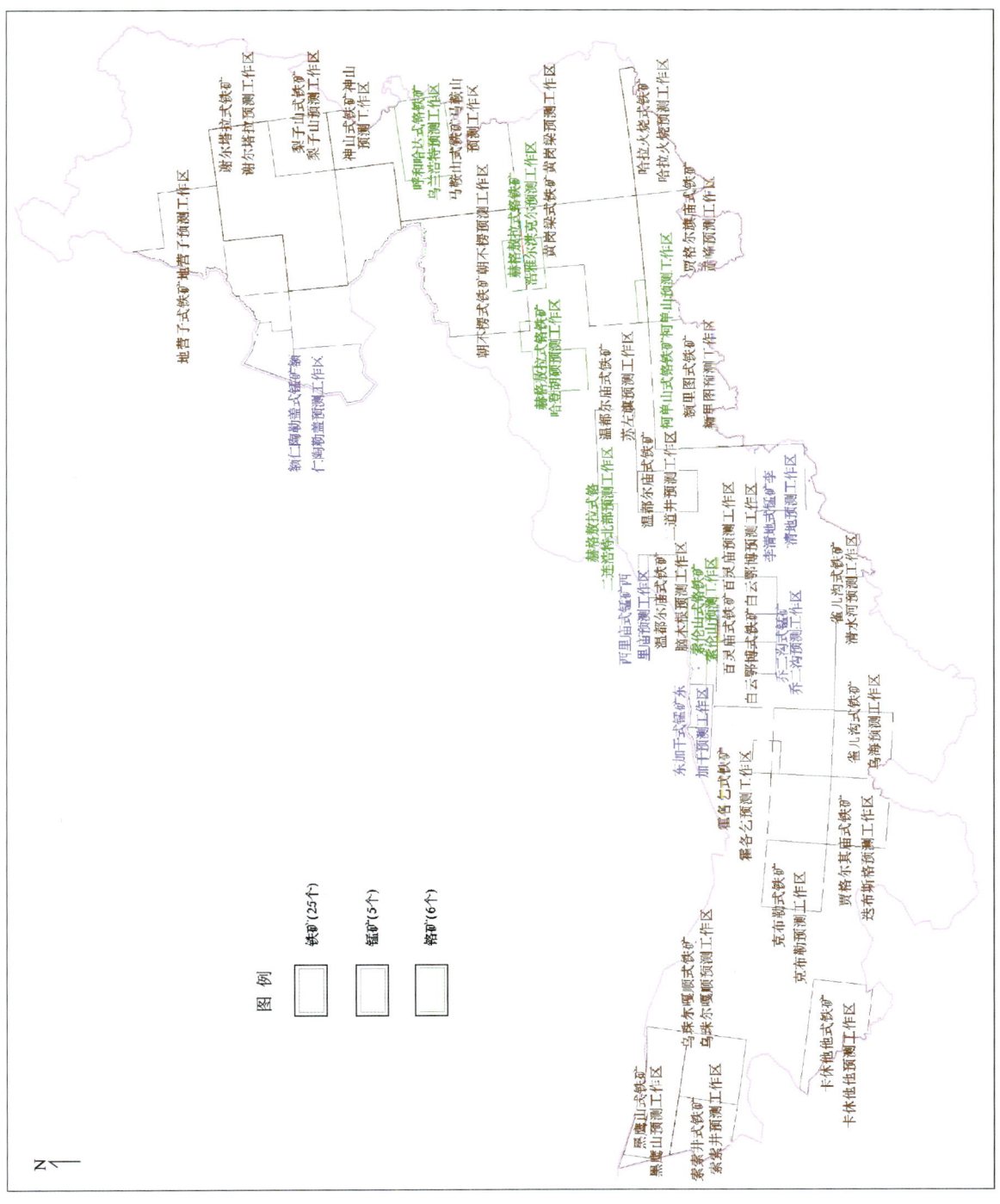

图 2-1 内蒙古自治区黑色金属矿预测工作区分布简图

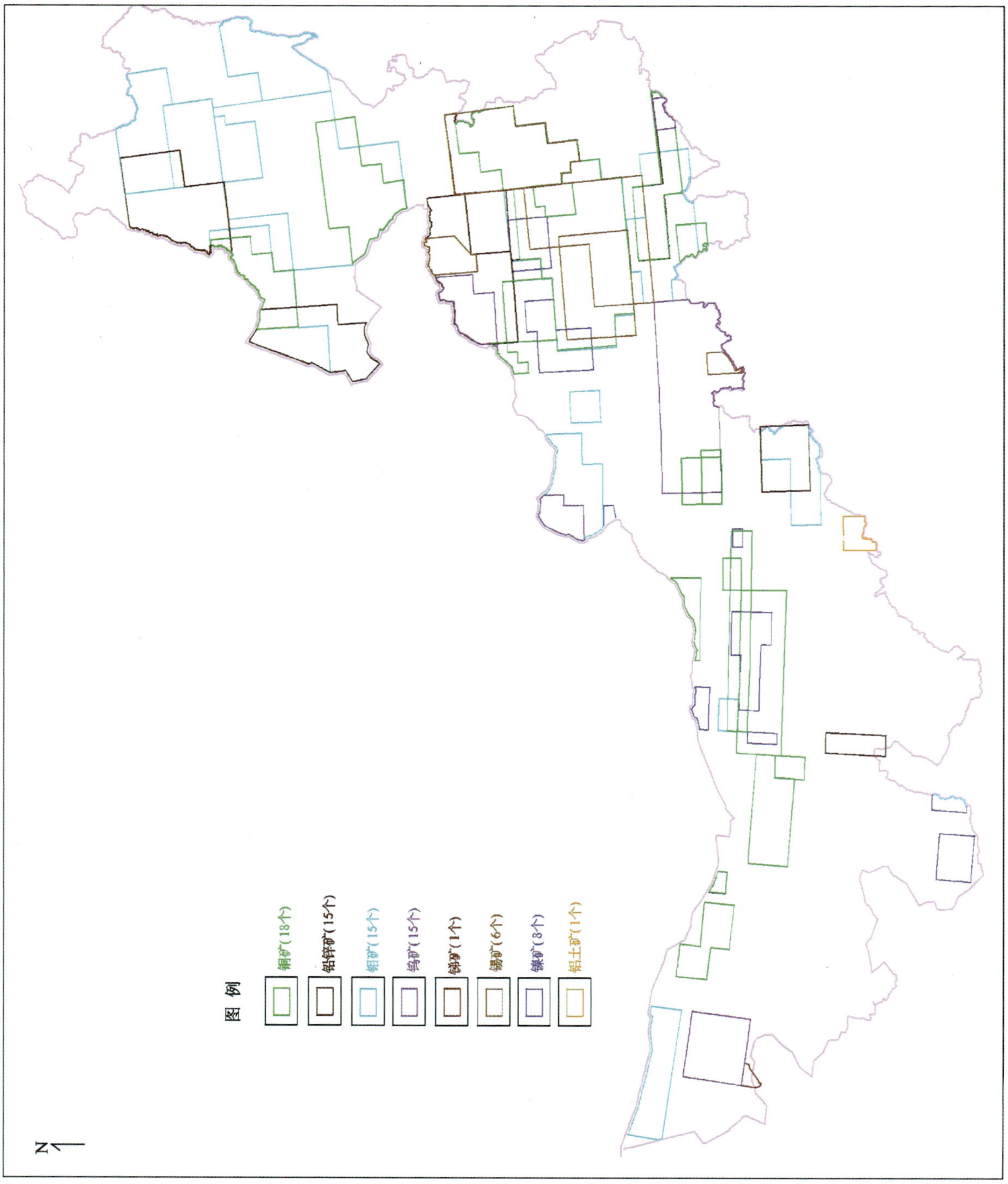

图 2-2 内蒙古自治区有色金属矿预测工作区分布简图

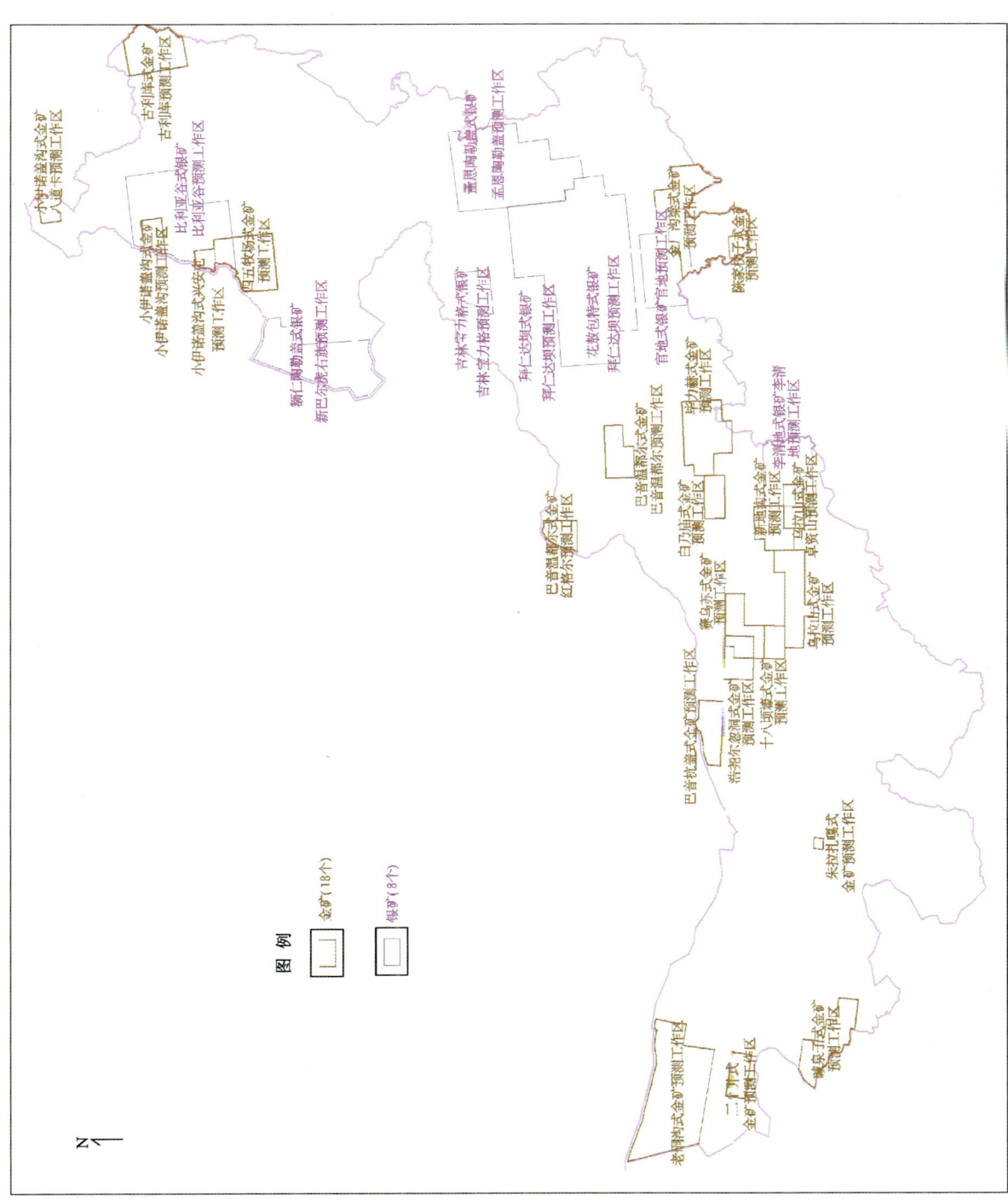

图 2-3 内蒙古自治区贵金属矿预测工作区分布简图

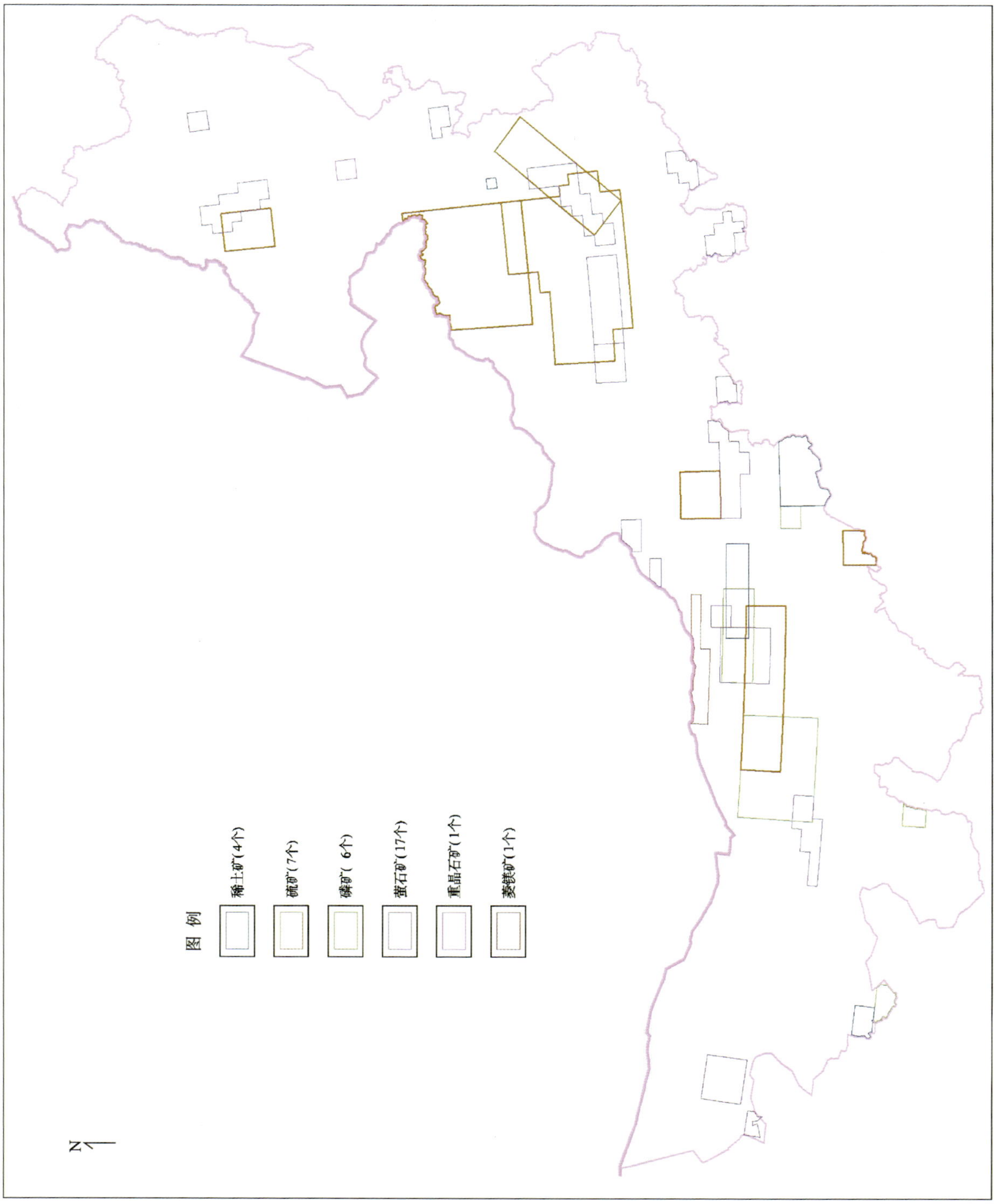

图 2-4 内蒙古自治区稀土矿及非金属矿预测工作区分布简图

第二节 单矿种预测成果

本次工作从 2007 年开始由全国矿产资源潜力评价项目组进行技术培训,到 2012 年 8 月底汇交铁、铝、金、铜、铅、锌、钨、稀土、锑、磷、银、铬、锰、镍、锡、钼、硫铁矿、萤石、菱镁矿、重晶石 20 个矿种的最终成果数据,历时 6 年的时间,经过了技术培训、铁铝资源量估算、估算方法技术培训、铁铝资源量核查、其他矿种资源量估算等过程,尤其是铁矿先后采用了德尔菲法、地质体积法、磁性体积法分别进行资源量估算。在全国矿产资源潜力评价项目组矿产预测汇总组的直接指导下,在内蒙古自治区矿产资源潜力评价项目组矿产预测课题成员的共同努力下,在工作中不断摸索、学习预测方法,最终应用综合信息地质体积法完成了全区 20 个矿种的资源量估算工作。工作中力求做到估算参数客观,使得资源量估算更精准,根据预测成果有理有据地提出未来勘查工作部署建议,为内蒙古自治区中长期矿产勘查规划提供依据。

一、单矿种预测资源量

本次工作首次估算了全区铁、铝、金、铜、铅、锌、钨、稀土、锑、磷、钼、银、镍、锰、锡、铬、萤石、硫铁矿、重晶石、菱镁矿 20 个矿种的资源量(表 2-2),预测了 20 种矿产的未查明资源量及其地下 2km 以上空间分布情况。

表 2-2 内蒙古自治区最小预测区数及预测资源量一览表

矿种	最小预测区(个)				预测资源量			
	A 类	B 类	C 类	总计	A 类	B 类	C 类	总计
铁矿	226	385	717	1328	258 437.3×10⁴t	174 549.3×10⁴t	156 218.3×10⁴t	589 204.9×10⁴t
铝矿	3	5	7	15	148.1×10⁴t	81.1×10⁴t	132.1×10⁴t	361.3×10⁴t
铜矿	93	193	243	529	5 349 516t	2 736 526t	4 266 842t	12 352 884t
金矿	137	273	386	796	326 027kg	324 475kg	261 036kg	911 538kg
铅矿	120	215	261	596	8 032 863t	3 381 993t	2 153 432t	13 568 288t
锌矿	120	215	261	596	21 908 436t	7 515 650t	4 578 967t	34 003 052t
钨矿	17	48	51	116	161 680t	158 571t	98 998t	419 249t
锑矿	1	2	6	9	1144t	5430t	2596t	9171t
稀土矿	5	7	21	33	235 579 305t	10 953 660t	12 023 390t	258 556 355t
银矿	90	143	217	450	43 630t	17 417t	13 119t	74 165t
钼矿	48	112	161	321	2 949 890t	2 810 128t	2 470 107t	8 230 125t
锰矿	13	32	64	109	991.1×10⁴t	1 378.4×10⁴t	1 497.8×10⁴t	3 867.3×10⁴t

续表 2-2

矿种	最小预测区(个)				预测资源量			
	A类	B类	C类	总计	A类	B类	C类	总计
镍矿	16	37	38	91	265 874t	211 806t	129 548t	607 228t
锡矿	32	57	95	184	1 164 427t	439 482t	250 062t	1 853 971t
铬矿	24	28	39	91	412.1×10^4t	302.9×10^4t	163.5×10^4t	878.4×10^4t
磷矿	12	36	105	153	$5 645.8 \times 10^4$t	$3 534.7 \times 10^4$t	$43 380.4 \times 10^4$t	$60 108.1 \times 10^4$t
菱镁矿	1	2	4	7	257.3×10^4t	117.5×10^4t	16.5×10^4t	391.4×10^4t
硫铁矿	25	30	54	109	$52 931.3 \times 10^4$t	$21 184.9 \times 10^4$t	$7 123.1 \times 10^4$t	$81 239.3 \times 10^4$t
萤石	46	84	153	283	$8 406.1 \times 10^4$t	508.3×10^4t	$1 143.2 \times 10^4$t	$10 057.7 \times 10^4$t
重晶石	1	2	4	7	1.6×10^4t	2.7×10^4t	1.4×10^4t	5.7×10^4t
煤炭	136				$17 623 276 \times 10^4$t	$28 893 020 \times 10^4$t	$26 851 617 \times 10^4$t	$73 367 913 \times 10^4$t

二、预测汇总工作应用的成果数据

1. 报告

(1)内蒙古自治区 20 个单矿种(组)预测资源量估算说明书。
(2)内蒙古自治区 20 个单矿种(组)资源潜力评价成果报告。

2. 图件

(1)内蒙古自治区 20 个单矿种矿产预测类型分布图。
(2)149 个典型矿床成矿要素图(包括典型矿床成矿模式图)。
(3)149 个典型矿床预测要素图(包括典型矿床预测模型图)。
(4)177 个预测工作区区域成矿要素图(包括区域成矿模式图)。
(5)177 个预测工作区区域预测要素图(包括区域预测模型图)。
(6)内蒙古自治区 20 个单矿种(组)区域成矿规律图。
(7)内蒙古自治区成矿规律图。
(8)177 个预测工作区矿产预测类型预测成果图。
(9)内蒙古自治区 20 个单矿种(组)预测成果图。
(10)内蒙古自治区 20 个单矿种(组)勘查工作部署图。
(11)内蒙古自治区 20 个单矿种(组)未来矿产开发基地预测图。

3. 数据库

(1)20 个单矿种矿产预测类型最小预测区数据表(挂靠内蒙古自治区单矿种最小预测区预测成果图)。
(2)矿产预测类型最小预测区共(伴)生矿产数据表(Excel 数据表)。

(3) 149个典型矿床深部及外围预测成果数据表(挂靠典型矿床预测要素图)。

(4) 典型矿床深部及外围共(伴)生矿产数据表(Excel 数据表)。

(5) 20 个单矿种成矿区(带)预测成果汇总数据表(挂靠内蒙古自治区单矿种预测成果图)。

(6) 内蒙古自治区 20 个单矿种(组) 2 级预测区成果数据表(挂靠内蒙古自治区单矿种预测成果图)。

(7) 内蒙古自治区 2 级预测区共(伴)生预测成果数据表(Excel 数据表)。

(8) 内蒙古自治区 20 个单矿种(组)预测工作区预测成果数据表(挂靠内蒙古自治区单矿种预测成果图)。

(9) 内蒙古自治区 20 个单矿种(组)勘查工作部署建议数据表(挂靠内蒙古自治区单矿种勘查工作部署建议图)。

(10) 内蒙古自治区 20 个单矿种(组)未来矿产开发基地预测数据表(挂靠内蒙古自治区单矿种未来开发基地预测图)。

(11) 内蒙古自治区 20 个单矿种(组)已有工作程度数据表(工作部署建议图)。

第三章 觉罗塔格-黑鹰山成矿带(Ⅲ-1)预测成果

第一节 区域成矿背景

一、成矿地质条件

1. 区域地质背景

该成矿带构造单元属于天山-兴蒙造山系(Ⅰ)额济纳旗-北山弧盆系(Ⅰ-9),分布于明水-旱山地块北侧,为从奥陶纪到泥盆纪长期发育的岛弧和弧内、弧前陆坡盆地等构造环境的一个构造单元。

出露的地层主要有奥陶系咸水湖组安山岩、英安岩、流纹岩等,其两侧为罗雅楚山组细砂岩、粉砂岩、硅质岩。志留纪早期为园包山组砂岩、粉砂岩、泥页岩,中晚期为公婆泉组安山岩、英安岩、流纹岩等,中晚期为碎石山组砂岩、粉砂岩、粉砂质泥岩夹硅质岩。泥盆系雀儿山组安山玄武岩、安山岩、流纹岩、凝灰熔岩。石炭系白山组安山岩、英安岩、流纹岩、流纹质、英安质凝灰岩,绿条山组长石砂岩、粉砂岩、粉砂质泥岩夹灰岩。还有中二叠统金塔组英安岩、流纹岩、大理岩及晚二叠世陆相火山岩。

本成矿带岩浆活动强烈,侵入岩分布广泛,从深成相到浅成相,从超基性岩、基性岩到中性岩、酸性岩均有分布,其中以中酸性侵入岩为主,形成时代主要为石炭纪和二叠纪,其分布受区域构造控制,总体上呈近东西向带状展布。

本成矿带主控断裂为近北西—北西西向展布的甜水井-六驼山区域性深大断裂带,该断裂带由多组互相平行的向北逆冲断层、劈理带、韧性剪切带等构造形迹组成,形成有强弱变形域交织而成的宽度达数千米乃至数十千米的构造网络带,断裂延伸方向与地层的走向相近。

本成矿带志留纪—泥盆纪岛弧火山建造具备形成斑岩铜矿的有利背景;石炭纪—二叠纪具备形成海相火山沉积型铁矿、热液型铜矿的有利背景;中生代古陆壳活化重熔型花岗岩具有形成钨钼金属矿的有利背景。

2. 矿产分布特征

带内主要涉及铁、金、钼等矿种,共9处矿产地,优势矿种为铁、铜矿。已知有与早石炭世海相基性—中酸性火山岩相关的铁矿和钼矿及含矿化带,铁矿有黑鹰山、碧玉山;铁铜矿床有乌珠尔嘎顺;钼矿有流沙山斑岩型钼矿床、小狐狸山钼铅锌矿。近年,额勒根乌兰乌拉发现有斑岩型铜矿化,甜水井发现有金矿化带。因此,该成矿带将是寻找金、铜、钼资源极有远景的地区。

成矿带内石炭纪裂谷带内火山-沉积岩系中形成了黑鹰山式铁矿床,与白山组密不可分。裂谷在石炭纪晚期闭合,二叠纪初再次拉张,本区形成与陆壳重熔侵入杂岩体有关的乌珠尔嘎顺式矽卡岩型铁矿,斑岩型流沙山钼矿、额勒根钼铜矿。本区钼矿床为共生和伴生矿床,独立钼矿床很少,且多为小型矿床及矿(化)点,产于流沙山—小狐狸山一带。

3. 成矿区(带)及成矿系列划分

该成矿带已知矿床类型主要有:斑岩型钼铅锌矿、海相火山岩型铁铬矿、矽卡岩型铁铅铜矿,共划分了2个成矿系列,3个成矿亚系列(表3-1,附图1)。

表 3-1 觉罗塔格-黑鹰山石膏成矿带(Ⅲ-1)成矿系列划分及矿床类型一览表

矿床成矿系列	矿床成矿亚系列	成矿元素	矿床	类型	矿床式
与印支期中酸性花岗岩活动有关的钼、铅、锌矿床成矿系列		钼、铅锌	小狐狸山铅锌铜矿	斑岩型	小狐狸山式
与海西期超基性—基性—中酸性岩浆活动有关的铁、铁铅铜、钼铜矿床成矿系列	与海西期中酸性岩浆活动有关的钼铜铁金成矿亚系列	钼、铜	额勒根钼铜矿、流沙山钼金矿	斑岩型	额勒根式
		金、铜	三个井金矿	岩浆热液型	三个井式
		铁、铅、铜	乌珠尔嘎顺铁铜矿	接触交代型	乌珠尔嘎顺式
	与石炭纪海底火山喷发有关的铁铅铜成矿亚系列	铁	黑鹰山铁矿、碧玉山铁矿	海相火山岩型	黑鹰山式
	与海西期超基性岩浆有关的铬铁矿成矿亚系列	铬、铁	碧玉山铬铁矿	岩浆型	碧玉山式

二、区域地球化学特征

(一)元素区域分布特征

该成矿区(带)内主要的组合异常元素及氧化物有 Au、As、Sb、Cu、Mo、Gr、Ni、Fe_2O_3 等,异常元素在成矿区(带)内均有分布。

(1)Cu、Mo 元素异常在成矿区(带)内分布较多,尤其是 Cu 元素在成矿区(带)内异常面积较大。Cu、Mo 元素异常主要对应的地质体有奥陶纪和二叠纪火山岩、白垩系新民堡组及石炭系。

(2)Au、As、Sb 元素在成矿区(带)内分布较广,面积较大,异常相互套合较好。Au 元素范围较大的异常主要分布在成矿区(带)西部甜水井一带。异常对应的地质体有元古宇、奥陶纪和二叠纪火山岩、古元古界北山群、白垩系新民堡组及石炭系。

(3)Fe_2O_3、Ni、Cr 异常分布多与断裂构造有关,多分布在断裂构造发育的地区,多呈近东西向或北西向展布。异常间相互套合较好。异常主要对应的岩体主要有石炭纪辉长岩和超基性岩体。

(二) 综合异常特征

根据异常元素相互间的组合关系,并结合异常所处的地质特征和已知矿床(点)空间分布特征,在成矿区(带)内共圈定了24处综合异常(附图2)。按综合异常元素组合,将综合异常分为以Cu、Mo元素异常为主的综合异常,以Au、As、Sb元素异常为主的综合异常和以Fe_2O_3、Ni、Cr异常为主的综合异常。下面将各类综合异常进行简单的分述。

1. 以Cu、Mo元素异常为主的综合异常

该类综合异常主要分布在成矿区(带)中部和东部,分布范围较大,包括的异常较多,有$Ⅲ_1$-Z-8、$Ⅲ_1$-Z-9、$Ⅲ_1$-Z-10、$Ⅲ_1$-Z-11、$Ⅲ_1$-Z-12、$Ⅲ_1$-Z-14、$Ⅲ_1$-Z-15、$Ⅲ_1$-Z-16、$Ⅲ_1$-Z-17、$Ⅲ_1$-Z-18、$Ⅲ_1$-Z-19、$Ⅲ_1$-Z-20、$Ⅲ_1$-Z-21、$Ⅲ_1$-Z-22、$Ⅲ_1$-Z-23、$Ⅲ_1$-Z-24。

异常区出露的地层主要有奥陶系白云山组、罗雅楚山组、咸水湖组。所不同的是,在$Ⅲ_1$-Z-14、$Ⅲ_1$-Z-17综合异常范围内除了奥陶系,还有志留系园包山组,且志留系园包山组在异常区内出露最大;$Ⅲ_1$-Z-22中出露的地层主要是元古宇北山群。异常区侵入岩不甚发育,岩性主要有石炭纪花岗岩、花岗闪长岩,脉岩主要为石炭纪辉长岩脉。构造以断裂为主,主要是北西向断裂,其次为北东向断裂。

该类综合异常的元素或氧化物组合以Cu、Mo为主,其次有Au、As、Sb、Cr、Fe_2O_3、Ni等。异常范围个别较大,多数为中等。异常形态多为不规则状。Cu、Mo元素异常强度较高,具有明显的浓度分带。其中$Ⅲ_1$-Z-17综合异常范围较大,异常元素组合以Cu、Mo为主,并伴有Au、As、Sb、Fe_2O_3、Ni等异常,异常形态呈不规则状。Cu、Mo、Fe_2O_3、Ni异常范围较大,异常形态相似,套合较好。异常范围内分布有小狐狸山典型钼铅锌矿床,另外还分布有1个铜矿点、1个铜钼矿点。

2. 以Au、As、Sb元素异常为主的综合异常

该类综合异常主要分布在成矿区(带)西部地区,包括$Ⅲ_1$-Z-1、$Ⅲ_1$-Z-2、$Ⅲ_1$-Z-3、$Ⅲ_1$-Z-7、$Ⅲ_1$-Z-13。主要集中分布在甜水井一带。

异常区出露的地层主要有石炭系绿条山组、白垩系新民堡组,且两套地层相间分布。异常区侵入岩比较发育,岩性主要是石炭纪二长花岗岩,$Ⅲ_1$-Z-3、$Ⅲ_1$-Z-7综合异常内侵入岩所占面积较大,地层出露面积较小。构造以断裂为主,主要有北西向和东西向两组断裂。

该类综合异常范围中等,异常多呈不规则状分布。异常元素组合比较简单,以Au为主,并伴有As、Sb等元素异常。Au元素异常范围较大,浓度分带明显。且该区域内分布有已知的金矿化点,因此推测该类综合异常所处区域是寻找金矿的有利地区。

3. 以Fe_2O_3、Ni、Cr异常为主的综合异常

该类综合异常多分布在成矿区(带)西部、构造发育的地段,包括$Ⅲ_1$-Z-4、$Ⅲ_1$-Z-5、$Ⅲ_1$-Z-6。

异常区出露的地层主要有志留系碎石山组、石炭系绿条山组和二叠系金塔组。在$Ⅲ_1$-Z-6中侵入岩比较发育,有石炭纪超基性岩和石炭纪辉绿岩。构造以断裂为主,异常区分布有两条北西向断裂。

该类综合异常范围中等,形态多呈不规则状。异常元素或氧化物组合比较简单,以Fe_2O_3、Cr、Ni为主,并伴有Cu、Mo、As、Sb等元素异常。Fe_2O_3、Cr、Ni异常形态相似,异常套合较好。在$Ⅲ_1$-Z-6综合异常范围内分布有百合山铁、铬矿,碧玉山铁矿,在综合异常外围还分布有黑山铁矿,另外在综合异常内和综合异常外围还分布有多个铁矿点。

综合以上地质和地球化学特征,认为该组综合异常所处地质条件相似,异常元素组合特征相似,与已知的矿床(点)吻合较好,因此推测该组综合异常是寻找铁、铜等多金属矿床(点)的有利地区。

（三）找矿方向研究

通过对铜、钼综合异常的研究，并结合其所处的地质条件可知，铜钼异常多对应奥陶系。通过对成矿区（带）内已知的铜、钼矿床（点）的研究，发现成矿区（带）内已知的铜、钼矿床（点）主要分布在奥陶系咸水湖组，并且分布在断裂构造发育的地区，推测该区铜、钼成矿可能与奥陶系有关，且与断裂构造关系密切，故推测该成矿区（带）内奥陶系有可能是寻找铜、钼等多金属矿床（点）的有利地区。

三、重力特征

布格重力异常总体呈东部高南西低的趋势，在东西跨度约 200km 范围内，下降 $76 \times 10^{-5} \text{m/s}^2$。这主要与地幔深度变化有关，东部是幔凸区，地幔深度约 50km，向南西逐步变深，最深处 53km，区域上形成北西向的幔坡带，显然布格重力异常的总体变化趋势受地幔深度变化制约，布格重力异常走向同时也受区域构造控制，总体呈北西西向。南西部重力低值区同时也是构造岩浆岩带分布区，该岩浆岩带受区域性深大断裂控制。

该区域等值线形态复杂，多处形成密集的梯级带或发生同向扭曲变形，这与该区域北西西向的区域性大断裂及北东向、北西向断裂发育有关。中西部区存在北西西向布格重力异常梯级带，并伴有断续分布的窄条状磁异常，该梯级带与区域性大断裂有关。另外由于东西部工作比例尺不同，西部区布格重力异常的细部反映更明显，比如等值线的转弯处、疏密变化等。

剩余重力异常图（图 3-1）显示该区域的正异常多呈长条状，部分异常受断裂构造影响沿长轴发生扭曲。在大部分剩余重力正异常区内主要出露奥陶系、志留系、石炭系、二叠系南部有元古宙地层出露，可见该区正异常主要与前中生代基底隆起有关。异常形态呈不规则状、等轴状且等值线相对较稀疏的负异常多与中酸性侵入岩有关。部分负异常形态较规整，呈条带状，且边部等值线密集，推断其为中新生代坳陷盆地引起。

区内铁金多金属矿点主要分布于布格重力异常梯级带上或等值线变形部位，剩余重力正异常边部或正负异常交替带上。尤其在西部清河口 F 蒙-0023 断裂形成的北西西向梯级带上及其折曲部位，矿点分布更集中，可见断裂对成矿活动有明显的控制作用。综上所述，在剩余重力正异常区边部应注意铁金多金属矿的寻找，正负异常交替带上应注意铜铅锌多金属矿的寻找，比如剩余重力正异常 G 蒙-852、G 蒙-842、G 蒙-874、G 蒙-860 等。

四、航磁特征

成矿带内航磁 ΔT 化极等值线整体上沿北西向展布（图 3-2），异常幅值范围 $-350 \sim 300$nT 之间，以平静的负异常为背景，中部有一面积较大的条带状磁异常，呈北西向，北侧伴生有幅值较高的椭圆形负异常，梯度变化明显；在其展布方向上分布有椭圆形磁异常，正负相间，梯度变化大。在航磁 ΔT 化极等值线平面图上，成矿带内以大片的负异常为主，负异常幅值较高，中部分布着圆形及椭圆形正磁异常，呈北西向展布，最高值 200nT，梯度变化大。

五、区域遥感特征

在 ETM741 影像图上，由于是裸露区，色彩十分丰富（图 3-3）。该成矿带的线性构造以北西向断裂

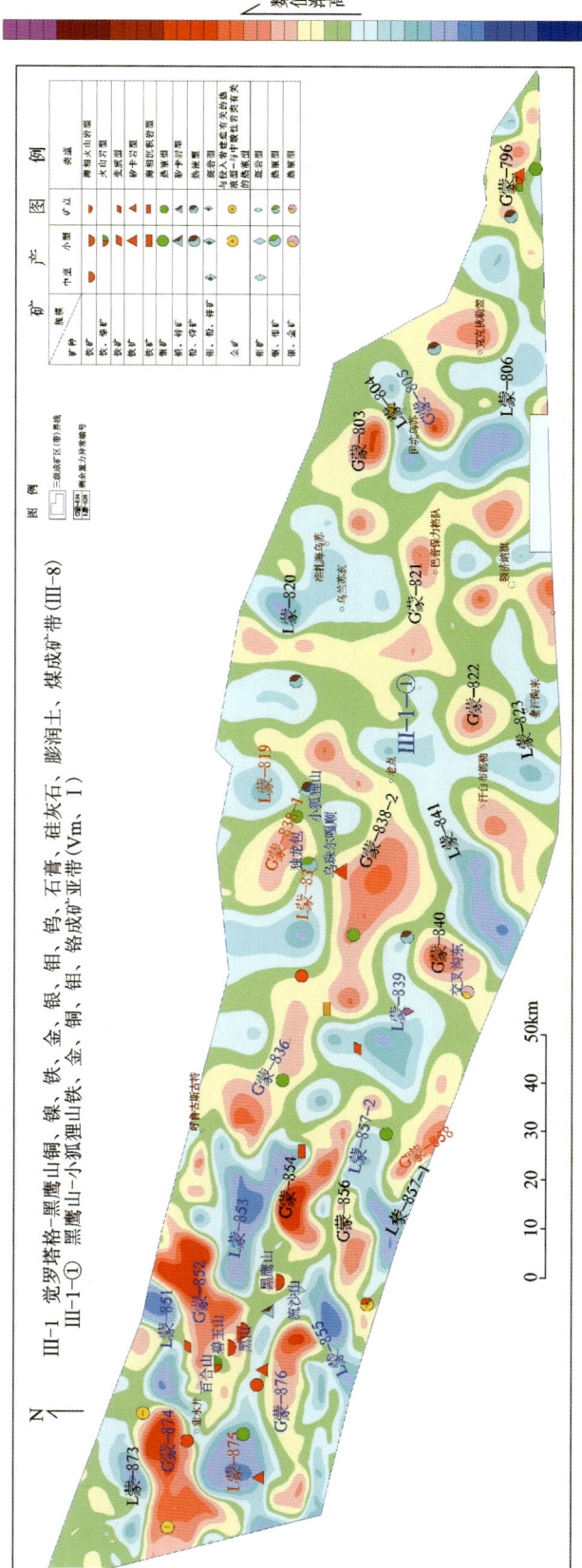

图 3-1 觉罗塔格-黑鹰山石膏成矿带（Ⅲ-1）剩余重力异常图

第三章 觉罗塔格-黑鹰山成矿带（Ⅲ-1）预测成果

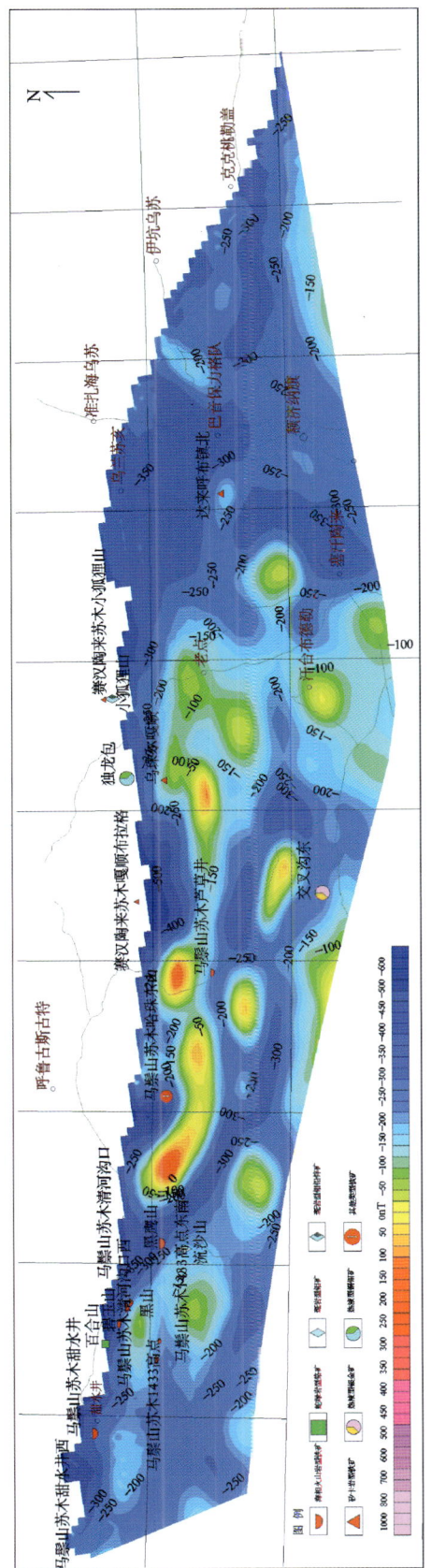

图 3-2 觉罗塔格-黑鹰山石膏成矿带（Ⅲ-1）航磁 ΔT 化极等值线平面图

注：1. 成图采用中国地质调查局航空物探遥感中心栅格化处理威中心小栅格化的 2 km × 2 km 航磁网格数据，其实测序列布剖面数据，工作年限截止时间为 1957—2001 年；2. 心理方法 采用 GeoProbe 软件程序进行，采用全区顺倾角化极，12°地磁偏角 61.21°，地磁偏角 6.66°，3. 化极参数：列方位角 0°，行方位角 0°，扩充测网度 90°，扩充测点距 5.65°；地磁偏角-5.65°，地磁倾角 61.21°，42°地磁倾角为 111°，第一标准纬度 38°，第二标准纬度 52°，投影原点纬度 37°35′；6. 等值线间距 25nT；7. 成图为 MapGIS6.6 软件

带为主,北东向断裂带与之交会,而流沙山钼矿、黑鹰山铁矿、碧玉山铁矿、乌珠尔嘎顺铁铜矿、甜水井铜金矿点、小狐狸山钼矿、三个井金矿等则与这些断裂带以及异常特征密切相关。

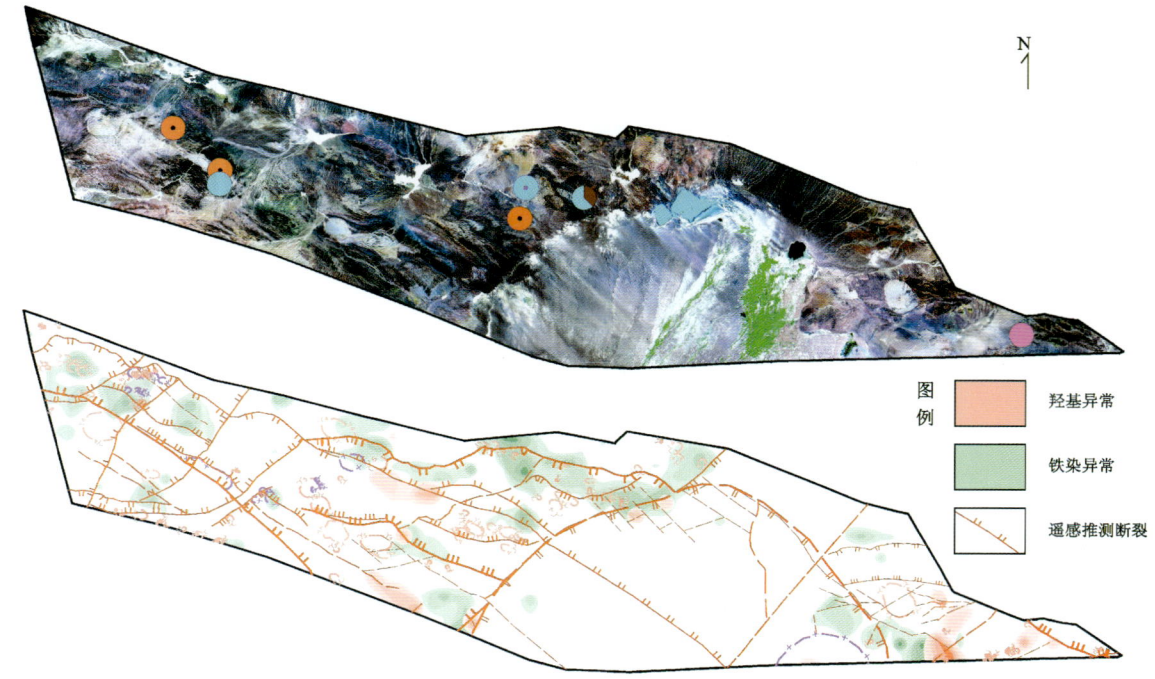

图 3-3 觉罗塔格-黑鹰山石膏成矿带(Ⅲ-1)遥感影像图(上)和综合异常图(下)

第二节 重要矿种预测评价模型

成矿带涉及矿种主要有铁(铬)矿、钼矿、铅锌矿、铜(镍)矿、金银矿,共划分了2个成矿系列。

一、与印支期中酸性花岗岩活动有关的钼铅锌矿床成矿系列预测评价模型

该系列在成矿带中矿产预测类型只有斑岩型一种,以小狐狸山钼铅锌矿、流沙山钼矿为代表(表3-2)。预测模型图以地质剖面图为基础,叠加区域航磁、重力以及化探剖面图而形成,简要表示预测要素内容及其相互关系,以及时空展布特征(图3-4),矿体分布在布格重力梯度带上,主要成矿元素Mo、As、Sb、Au呈现宽缓异常且套合较好。

表3-2 与印支期深成花岗岩有关的斑岩型钼铅锌矿预测要素表

区域成矿要素		描述内容	要素类别
地质环境	大地构造位置	Ⅰ天山-兴蒙造山系,Ⅱ额济纳旗-北山弧盆系,Ⅲ园包山岩浆弧东端	必要
	成矿区(带)	Ⅰ-1古亚洲成矿域;Ⅱ-2准噶尔成矿省;Ⅲ-1觉罗塔格-黑鹰山铜、镍、铁、金、银、钼、钨、石膏成矿带;Ⅲ-1-①黑鹰山-雅干铁、金、铜、钼成矿亚带(Vm);Ⅲ-8-①Ⅴ-1小狐狸山钼铅锌远景区	必要
	区域成矿类型及成矿期	侵入岩体型;三叠纪	必要

续表 3-2

区域成矿要素		描述内容	要素类别
控矿地质条件	赋矿地质体	奥陶系咸水湖组及石炭系绿条山组；主要岩性有边缘相中细粒似斑状花岗岩和过渡相中粗粒似斑状黑云母花岗岩(分布于矿区北部)	重要
	控矿侵入岩	海西晚期酸性—超酸性铝过饱和花岗岩	必要
	主控矿构造	北西向及北东向两组断裂，其控制着含矿岩体的分布	重要
区域成矿类型及成矿期		印支期斑岩型铅锌钼矿	必要
区内相同类型矿产		矿床(点)23个，中型2个，小型1个	重要
物探、化探特征	重力	剩余重力正异常及正负异常交替带是找矿的有利部位	重要
	航磁	航磁为 $-50 \sim 50$ nT	次要
	化探	区域化探综合异常以 W、Sn、Pb、Li、Mo、Nb、Ta 7个元素为主。矿区异常区内元素组合齐全，强度高，面积大，连续性好，主要成矿元素 Mo、As、Bi、Zn、Pb 及伴生元素 Ag、Sb、W 异常强度高，浓度分带明显，浓集中心与已知矿化(点)吻合	必要

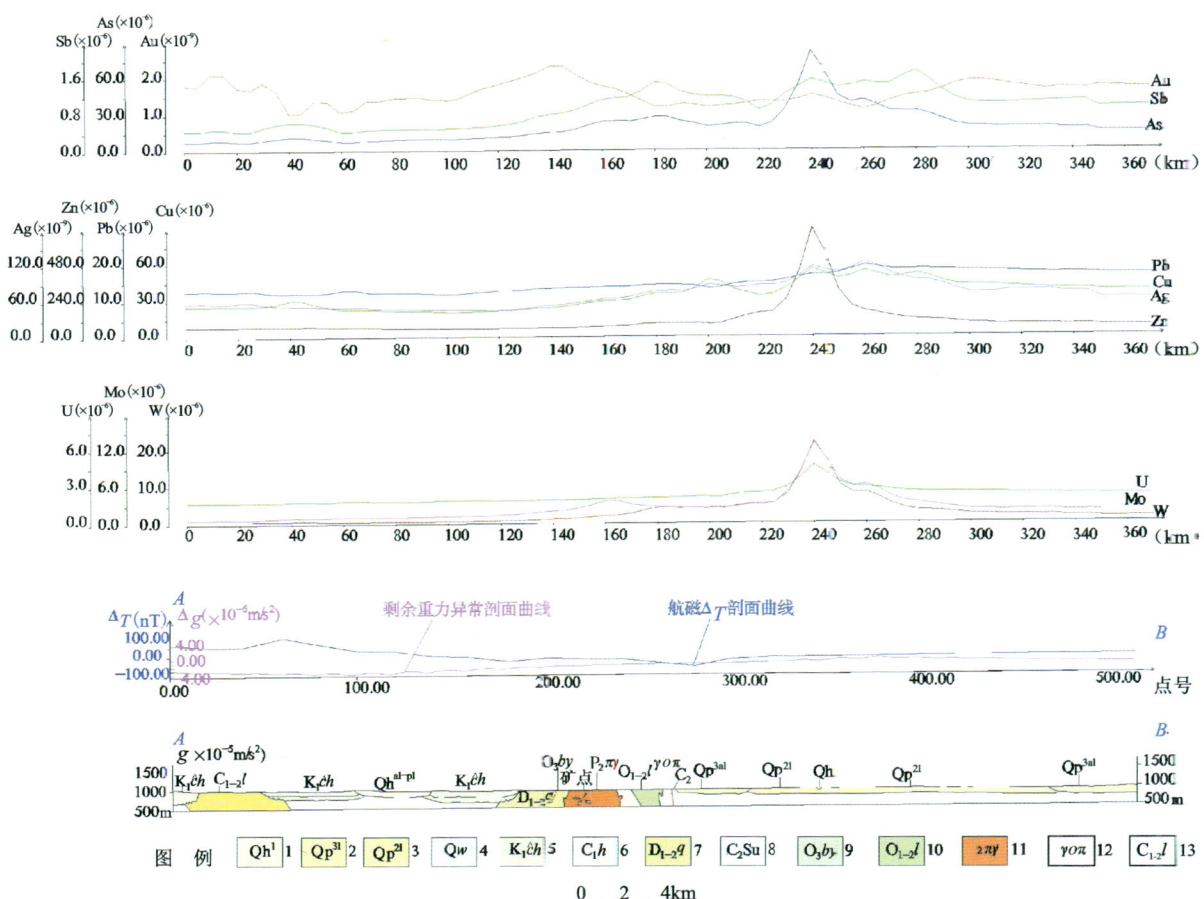

图 3-4　与印支期深成花岗岩有关的斑岩型钼铅锌矿预测模型图

1.湖积层：灰白色盐碱化土；2.上更新统：马兰黄土，粉细砂；3.中更新统：赤峰，宁城黄土；4.第四系水体；5.赤金堡组；6.红水泉组：板岩、灰黑夹凝灰岩；7.雀儿山组：上部灰黄色、黄绿色变砂岩；8.闪长玢岩脉；9.白云山组：紫红色、深灰色粉砂岩；10.罗雅楚山组：长石石英砂岩；11.二叠纪花岗岩；12.英云花岗斑岩脉；13.绿条山组

二、与海西期基性—中酸性岩浆活动有关的铁、铁铅铜、钼铜矿床成矿系列预测评价模型

该系列在成矿带中的主要矿产预测类型有接触交代型(矽卡岩型)和海相火山岩型。

1. 接触交代型(矽卡岩型)铁铅铜矿预测评价模型

该成矿带中接触交代型(矽卡岩型)矿床以乌珠尔嘎顺铁铅铜矿为代表(表3-3),从该系列的矽卡岩型铁铅铜矿预测评价模型图(图3-5)上可以看出,成矿有利地段位于重力梯度带及航磁正异常地段。

表3-3 与海西期基性—中酸性岩浆活动有关的接触交代型(矽卡岩型)铁铅铜矿预测要素表

区域成矿要素		描述内容	要素类别
地质环境	大地构造位置	Ⅰ天山-兴蒙造山系,Ⅰ-9额济纳旗-北山弧盆系	重要
	成矿区(带)	Ⅰ-1古亚洲成矿域;Ⅱ-2准噶尔成矿省;Ⅲ-1觉罗塔格-黑鹰山铜、镍、铁、金、银、钼、钨、石膏成矿带;Ⅲ-1-①黑鹰山-雅干铁、金、铜、钼成矿亚带(Vm)	重要
	区域成矿类型及成矿期	接触交代型(矽卡岩型);海西中期	必要
控矿地质条件	赋矿地质体	中奥陶统咸水湖群火山岩组与石炭纪二长花岗岩、花岗正长岩、英云闪长岩和英云闪长斑岩侵入形成的接触带	重要
	控矿侵入岩	石炭纪二长花岗岩、花岗正长岩、英云闪长岩和英云闪长斑岩	重要
	主控矿构造	北东向构造破碎带是铁矿体的主要控矿构造,近东西向裂隙是次一级控矿构造	重要
物、化探特征	重力	重力梯度带	次要
	航磁	航磁正异常	重要

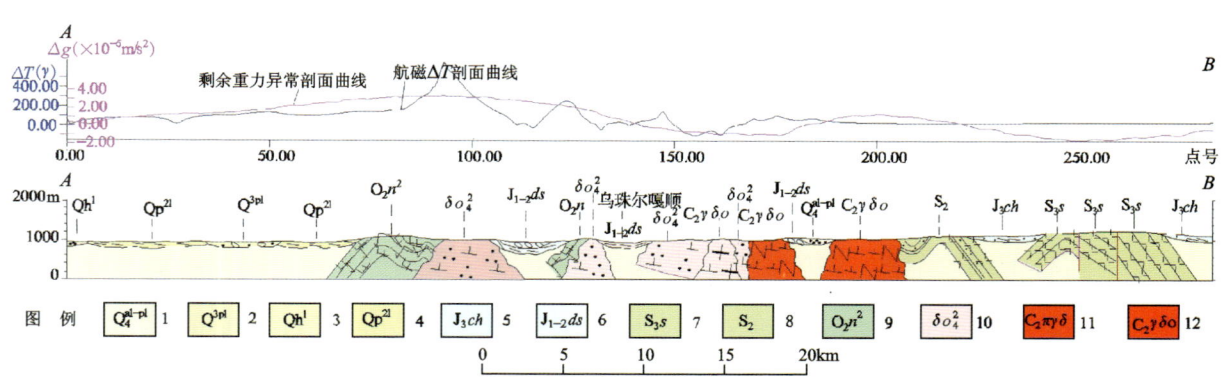

图3-5 与海西期基性—中酸性岩浆活动有关的矽卡岩型铁铅铜矿预测模型图
1.冲积层;2.上更新统洪积层;3.湖积层;4.中更新统;5.赤金堡组;6.大石寨组;7.碎石山组;8.中志留统;9.南阳河组;10.石英闪长玢岩脉;11.灰白—浅肉红色中粗粒似斑状花岗闪长岩;12.灰白色中粗粒英云闪长岩

2. 海相火山岩型铁(铬)矿预测评价模型

该成矿带中火山沉积岩型矿床以黑鹰山铁矿、碧玉山铁矿、黑山铁矿、百合山铁(铬)矿为代表(表3-4)。火山沉积岩型铁(铬)矿预测模型图以地质剖面图为基础,叠加区域航磁、重力剖面图而形成(图3-6),矿床位于剩余重力起始值在$(2\sim6)\times10^{-5}m/s^2$之间及航磁正异常(>100nT)地段。

表3-4 与海西期基性—中酸性岩浆活动有关的海相火山岩型铁(铬)矿预测要素表

区域成矿要素		描述内容	要素类别
地质环境	大地构造位置	Ⅰ天山-兴蒙造山系、Ⅰ-9额济纳旗-北山弧盆系	必要
	成矿区(带)	Ⅰ-1古亚洲成矿域;Ⅱ-2准噶尔成矿省;Ⅲ-1觉罗塔格-黑鹰山铜、镍、铁、金、银、钼、钨、石膏成矿带;Ⅲ-1-①黑鹰山-雅干铁、金、铜、钼成矿亚带(Vm)	必要
	区域成矿类型及成矿期	海相火山岩型;海西期	必要
控矿地质条件	赋矿地质体	石炭系白山组	必要
	控矿侵入岩	中石炭世辉长岩	必要
	主控矿构造	断层	重要
物、化探特征	重力	剩余重力矿点分布区的起始值在$(2\sim6)\times10^{-5}m/s^2$之间	重要
	航磁	航磁ΔT化极异常强度起始值为100nT,但因地表覆盖物的增厚,地表异常值会降低	重要

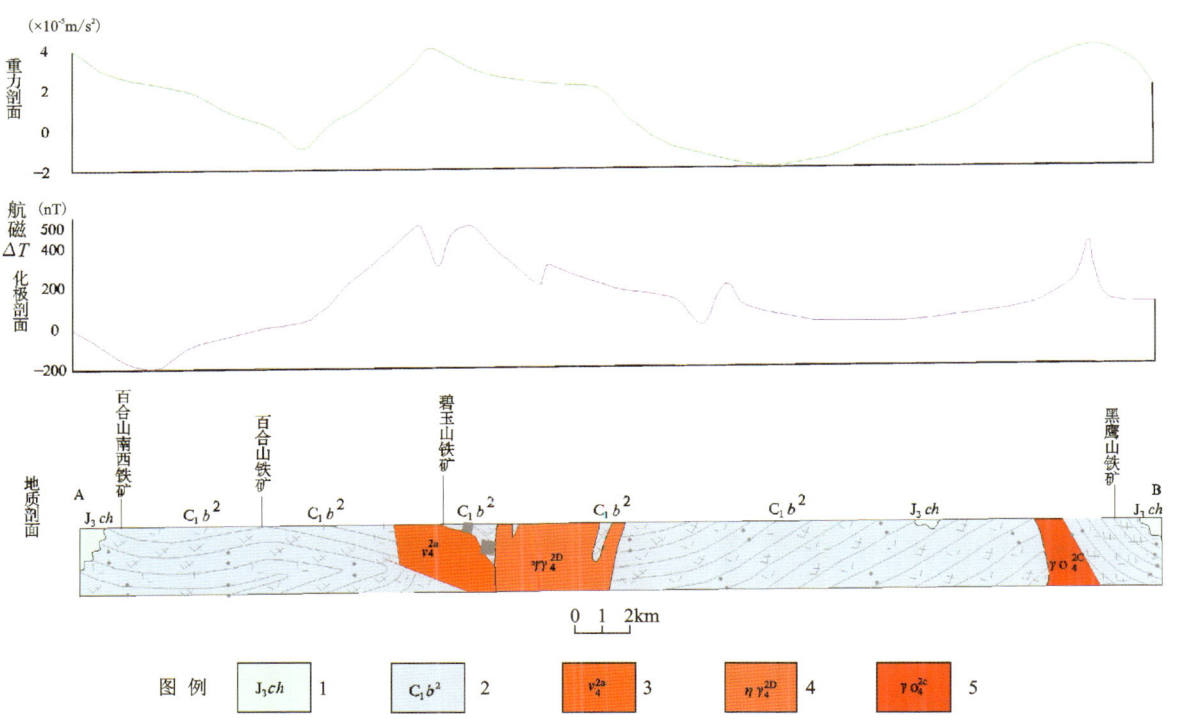

图3-6 与海西期基性—中酸性岩浆活动有关的火山岩型铁(铬)矿预测模型图
1.赤金堡组:灰绿色钙质泥岩、粉砂岩、粉砂质泥岩叉砂质灰岩;2.中酸性火山岩段:灰绿色安山岩、流纹岩、中酸性火山凝灰熔岩;3.辉长岩;4.黑云母二长花岗岩;5.黑云母斜长花岗岩

第三节　预测成果及综合预测区特征

本成矿带共划分了2个成矿系列,按成矿系列共圈定22个多矿种综合预测区,主要预测矿种为钼、铁、铜、金。共预测钼资源量 24.14×10^4 t,铁资源量 $54\,575 \times 10^4$ t,铜资源量 9673t,金资源量 4390kg。按成矿系列分述如下。

一、与印支期深成花岗岩有关的钼、铅、锌矿床成矿系列综合预测区的划分

该成矿系列共圈定了6个综合预测区,主要预测矿种均为斑岩型钼矿,综合预测区集中分布于成矿带中西部(图 3-7),下面针对每一个综合预测区分别叙述。

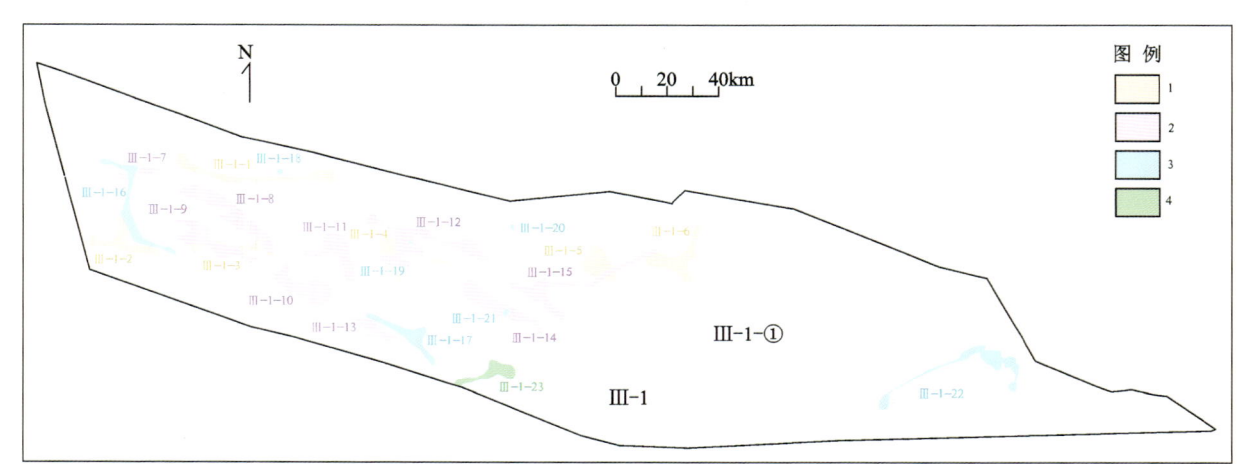

图 3-7　Ⅲ-1 综合预测区分布

1. 与印支期深成花岗岩有关的钼、铅、锌矿床成矿系列综合预测区;2. 与海西期基性—中酸性岩浆活动有关的铁、铁铅铜、钼铜矿床成矿系列综合预测区;3. 与海西期中酸性岩浆活动有关的金、铅、铜、锑、萤石矿床成矿系列综合预测区;4. 与燕山期中酸性岩浆活动有关的钨钼锡锑矿床成矿系列预测区

1. Ⅲ-1-1 百合山北综合预测区

综合预测区面积约 177.17km², 预测钼资源量为 12 420.09t。区内出露的岩体为中粗粒二长花岗岩,受北东向断裂影响,剩余重力异常值范围在 $(-10 \sim -2) \times 10^{-5}$ m/s² 之间,化探异常明显,且具有一定规模,异常值在 $(1.3 \sim 7.6) \times 10^{-6}$ 之间。有一定的找矿前景。

2. Ⅲ-1-2 断条山西综合预测区

综合预测区面积约 151.00km², 预测钼资源量为 22 775.96t。区内出露的岩体为中粗粒二长花岗岩,且规模较大,剩余重力异常值范围在 $(-10 \sim 4) \times 10^{-5}$ m/s² 之间,化探异常不甚明显,低于 $(1.3 \sim 2.9) \times 10^{-6}$,个别区域化探异常较高,在 $(2.9 \sim 3.4) \times 10^{-6}$ 之间。区域发育北西向断裂。有一定的找矿前景。

3. Ⅲ-1-3 流沙山综合预测区

综合预测区面积约 168.16km², 预测钼资源量为 54 858.41t。该区内有一个中型矿床,区内有北

东、北西向断裂通过,其中北东向断裂为主要构造线断裂,规模较大,区内出露的岩体为中粗粒二长花岗岩,剩余重力异常值主要在$(-2\sim8)\times10^{-5}\mathrm{m/s^2}$之间,有一定的化探异常,异常值在$(1.3\sim7.6)\times10^{-6}$之间,航磁异常值主要在$-100\sim450\mathrm{nT}$之间,个别区域异常值较高,在$500\sim800\mathrm{nT}$之间。找矿前景较大。

4. Ⅲ-1-4 额勒根南综合预测区

综合预测区面积约$154.16\mathrm{km^2}$,预测钼资源量为$50\ 119.96\mathrm{t}$。区内出露的地质体为中粗粒花岗岩,剩余重力异常值主要在$(-2\sim3)\times10^{-5}\mathrm{m/s^2}$之间,有一定的化探异常,异常值在$(1.3\sim7.6)\times10^{-6}$之间,航磁异常值一般在$-50\sim400\mathrm{nT}$之间,区内无断裂通过。有一定的找矿前景。

5. Ⅲ-1-5 独龙包综合预测区

综合预测区面积约$128.70\mathrm{km^2}$,预测钼资源量为$77\ 439.64\mathrm{t}$。该区内有一个小型矿床,剩余重力异常值主要在$(0\sim3)\times10^{-5}\mathrm{m/s^2}$之间,航磁异常一般,异常值在$-100\sim50\mathrm{nT}$之间,区内出露的地质体为中细粒似斑状花岗闪长岩,化探异常值为$(1.3\sim2.9)\times10^{-6}$,区内有较小规模的北东向断裂通过。找矿潜力较大。

6. Ⅲ-1-6 小狐狸山综合预测区

综合预测区面积约$164.89\mathrm{km^2}$,预测钼资源量为$23\ 774.70\mathrm{t}$。该区有一中型钼矿,出露的地质体为中细粒似斑状花岗闪长岩,区内有一定规模的北西向断裂通过,有一定的化探异常,异常值在$(1.3\sim3.4)\times10^{-6}$之间,航磁异常值主要集中在$-100\sim50\mathrm{nT}$之间,剩余重力异常值在$(-1\sim5)\times10^{-5}\mathrm{m/s^2}$之间。找矿潜力较大。

二、与海西期基性—中酸性岩浆活动有关的铁、铁铅铜、钼铜矿床成矿系列综合预测区的划分

该成矿系列共划分了9个综合预测区,主要预测矿种为铁矿,包括接触交代型(矽卡岩型)和海相火山沉积型两种矿产预测类型。综合预测区集中分布于成矿带西半部(图3-7),综合预测区分述如下。

1. Ⅲ-1-7 甜水井北综合预测区

综合预测区面积约$34.47\mathrm{km^2}$,预测铁资源量为$13\ 439.00\mathrm{t}$。含矿地层主要为下石炭统白山组,岩性主要为安山质凝灰熔岩、安山岩、英安岩、英安质凝灰岩、硅质岩及灰岩等。地质情况复杂,东西向与北东向断裂构造在该最小预测区集中交会,而且北西向褶皱构造也为成矿提供了有利空间。航磁化探异常没有涉及本最小预测区,最小预测区剩余重力异常值为$(-2\sim5)\times10^{-5}\mathrm{m/s^2}$,重力异常非常明显。具有很大的找矿潜力。

2. Ⅲ-1-8 百合山-黑鹰山综合预测区

综合预测区面积约$200.14\mathrm{km^2}$,预测铁资源量为$144\ 571.90\mathrm{t}$。含矿地层主要为下石炭统白山组,岩性主要为安山质凝灰熔岩、安山岩、英安岩、英安质凝灰岩、硅质岩及灰岩等。地质情况复杂,东西向与北东向断裂构造在该最小预测区集中交会,而且北西向褶皱构造也为成矿提供了有利空间。航磁化极异常值为$-200\sim500\mathrm{nT}$,剩余重力异常值为$(-5\sim5)\times10^{-5}\mathrm{m/s^2}$,航磁异常及重力异常非常明显,且

套合好,该区内有大—中型矿产地4处,具有极大的找矿潜力。

3. Ⅲ-1-9 红柳峡综合预测区

综合预测区面积约160.20km², 预测铁资源量为39 260.00t。含矿地层主要为下石炭统白山组,岩性主要为安山质凝灰熔岩、安山岩、英安岩、英安质凝灰岩、硅质岩及灰岩等。地质情况复杂,东西向与北东向断裂构造在该最小预测区集中交会,而且北东向褶皱构造也为成矿提供了有利空间。航磁化极异常值为-100～100nT,剩余重力异常值为(-2～5)×10^{-5}m/s², 航磁异常及重力异常非常明显。具有极大的找矿潜力。

4. Ⅲ-1-10 哈珠南综合预测区

综合预测区面积约167.57km², 预测铁资源量为42 534.00t。含矿地层主要为下石炭统白山组,岩性主要为安山质凝灰熔岩、安山岩、英安岩、英安质凝灰岩、硅质岩及灰岩等。北西向、北东向断裂构造比较发育,并且在该最小预测区交会,航磁化极异常值为-100～600nT,剩余重力异常值为(-4～4)×10^{-5}m/s², 异常等值线比较密集。航磁异常及重力异常也比较明显。具有较大的找矿潜力。

5. Ⅲ-1-11 哈珠综合预测区

综合预测区面积约168.65km², 预测铁资源量为66 963.00t。含矿地层主要为下石炭统白山组,岩性主要为安山质凝灰熔岩、安山岩、英安岩、英安质凝灰岩、硅质岩及灰岩等。东西向与北东向断裂构造比较发育。地质情况复杂,并且外围环形构造明显发育,最小预测区应该位于火山机构的中心位置。航磁化极异常值为-400～700nT,剩余重力异常值为(-5～14.65)×10^{-5}m/s², 航磁异常及重力异常非常明显。具有较大的找矿潜力。

6. Ⅲ-1-12 红梁子综合预测区

综合预测区面积约245.51km², 预测铁资源量为91 197.30t。该区有奥陶系咸水湖群出露,并有石炭纪花岗闪长岩侵入,形成石榴石矽卡岩、石榴石矽卡岩化英安岩等,存在剩余重力异常,等值线起始值在(-1～2)×10^{-5}m/s²之间。具一定的找矿潜力。

7. Ⅲ-1-13 红旗山西综合预测区

综合预测区面积约71.67km², 预测铁资源量为24 936.00t。含矿地层主要为下石炭统白山组,岩性主要为安山质凝灰熔岩、安山岩、英安岩、英安质凝灰岩、硅质岩及灰岩等。地质情况复杂,北西向与北东向断裂构造在该最小预测区集中交会。剩余重力异常值为(2～5)×10^{-5}m/s², 重力异常非常明显。具有找矿潜力。

8. Ⅲ-1-14 千沟头综合预测区

综合预测区面积约187.21km², 预测铁资源量为55 829.20t。该区有奥陶系咸水湖群出露,并有石炭纪英云闪长花岗斑岩侵入,形成石榴石矽卡岩、石榴石矽卡岩化英安岩,含矿地层主要为下石炭统白山组,岩性主要为安山质凝灰熔岩、安山岩、英安岩、英安质凝灰岩、硅质岩及灰岩等。东西向与北东向断裂构造比较发育,已发现小型矿床及矿点,剩余重力异常等值线起始值在(-3～3)×10^{-5}m/s²之间,航磁化极异常值为-200～100nT,航磁异常及重力异常比较明显。具有较大的找矿潜力。

9. Ⅲ-1-15 乌珠尔嘎顺综合预测区

综合预测区面积约189.05km²，预测铁资源量为67 018.40t。该区有奥陶系咸水湖群出露，并有石炭纪花岗闪长岩侵入，形成岩体与围岩接触带，形成石榴石矽卡岩、石榴石矽卡岩化英安岩等，已知该区存在小型矿床及矿点、北东向断层，剩余重力异常值在$(-1 \sim 2) \times 10^{-5} \mathrm{m/s^2}$之间。具较好的找矿潜力。

三、与海西期中酸性岩浆活动有关的金、金铅、铜、锑、萤石矿床成矿系列综合预测区的划分

该成矿系列涉及七一山式热液脉型钨矿、珠斯楞海尔罕式热液型铜矿2个预测工作区，范围主要分布于Ⅲ-2成矿带，只有少数最小预测区跨入本成矿带，共划分出1个铜矿综合预测区，6个金矿综合预测区，金矿位于成矿带西部，铜矿位于成矿带东部，各综合预测区分述如下。

1. Ⅲ-1-16 甜水井金综合预测区

综合预测区面积约141.48km²，预测金资源量为1 649.61kg。该区出露的地质体主要为下中石炭统绿条山组，其周围出露晚石炭世英云闪长岩；处于北东向断裂与近东西向断裂的交会部位。区内剩余重力异常值为$(-2 \sim 10) \times 10^{-5} \mathrm{m/s^2}$，剩余重力正异常值最高可达$13 \times 10^{-5} \mathrm{m/s^2}$；区内有Au、As、Sb、W组合异常，存在多处Au元素化探异常的浓集中心，异常值为$(1.2 \sim 395.2) \times 10^{-9}$。有一定找矿潜力。

2. Ⅲ-1-17 红旗山金综合预测区

综合预测区面积约109.79km²，预测金资源量为1 237.41kg。该区出露的地质体主要为早中石炭世白山组中酸性火山岩、晚石炭世英云闪长岩，区内有北西西向断层，航磁化极异常值为$-200 \sim 100 \mathrm{nT}$，剩余重力异常值为$(-5 \sim 5) \times 10^{-5} \mathrm{m/s^2}$，处于Au元素化探异常的浓集中心，异常值为$(2.3 \sim 395.2) \times 10^{-9}$。有多处Au元素化探较弱异常的浓集中心。有一定的找矿潜力。

3. Ⅲ-1-18 碧玉山北东金综合预测区

综合预测区面积约3.97km²，预测金资源量为572.02kg。该区出露的地质体主要为早中石炭世白山组酸性火山岩、晚白垩世赤金堡组砂质泥岩、砂砾岩及晚石炭世英云闪长岩；处于北北西向断裂与北北东向断裂的交会部位。区内剩余重力异常值为$(6 \sim 8) \times 10^{-5} \mathrm{m/s^2}$，处于两个正异常的鞍部；该区处于Au元素化探异常的浓集中心，异常值为$(2.3 \sim 395.2) \times 10^{-9}$。

4. Ⅲ-1-19 红梁子金综合预测区

综合预测区面积约1.04km²，预测金资源量为100.36kg。该区出露的地质体主要为奥陶纪晚期咸水湖组安山岩-安山质凝灰熔岩及晚石炭世花岗闪长岩，其周围西侧出露晚石炭世英云闪长岩。区内航磁化极异常值为$-100 \sim 100 \mathrm{nT}$，北东侧有中心达600nT的较小范围的正异常，剩余重力异常值为$(-1 \sim 1) \times 10^{-5} \mathrm{m/s^2}$，处于正负异常的过渡区；该区处于Au元素化探较弱异常的浓集中心旁侧，异常值为$(2.3 \sim 4.2) \times 10^{-9}$。

5. Ⅲ-1-20 园包山北东金综合预测区

综合预测区面积约 $1.91 km^2$,预测金资源量为 183.61 kg。该区出露的地质体主要为晚石炭世石英二长闪长岩及中志留世公婆泉组斜长流纹岩,其周围东侧出露晚石炭世英云闪长岩;区内有北西西向断层 1 条。区内剩余重力异常值为 $(-3\sim1)\times10^{-5} m/s^2$,处于正负异常的过渡区;该区处于 Au 元素化探较弱异常的浓集中心,异常值为 $(1.5\sim2.9)\times10^{-9}$,其东侧有中心异常值为 5.8×10^{-9} 的稍强异常浓集中心。

6. Ⅲ-1-21 千沟头金综合预测区

综合预测区面积约 $3.85 km^2$,预测金资源量为 647.45 kg。该区出露的地质体主要为晚石炭世白山组中酸性火山岩,其周围北侧出露晚石炭世英云闪长岩;区内有北西西向断层 1 条。区内航磁化极只有北半部分有数据,异常值范围为 0~200nT,剩余重力异常值为 $(-3\sim1)\times10^{-5} m/s^2$,处于正负异常的过渡区;该区处于 Au 元素化探异常的浓集中心,异常值为 $(1.5\sim395.2)\times10^{-9}$。

7. Ⅲ-1-22 洪果尔吉乌拉铜综合预测区

综合预测区面积约 $171.20 km^2$,预测铜资源量为 9 672.74 t。出露地层为中泥盆统伊克乌苏组、上奥陶统白云山组、上二叠统金干塔组。侵入岩为石炭纪闪长花岗岩、斜长花岗岩、二长花岗岩,志留纪闪长岩;区内北西向构造发育,珠斯楞铜矿位于该区。剩余重力异常表现为重力低的特征,异常值为 $(-170\sim-100)\times10^{-5} m/s^2$;Cu 元素异常浓度分带明显,Cu 元素化探异常值为 $(14\sim61)\times10^{-6}$。

第四节 多矿种综合靶区部署建议

成矿带共划分了 8 个综合勘查部署区,面积均较大。其中百合山-流沙山勘查部署区已有黑鹰山铁矿、百合山铁(铬)矿、碧玉山铁矿、流沙山钼矿等成型矿山,工作程度较高,其外围可进一步安排中大比例尺的地质、物化探工作进行普查,必要时可采用槽探、井探、钻探等手段,寻找隐伏的工业矿体;其余 7 个勘查部署区工作程度较低,只能部署预查工作,系统地安排中小比例尺的和基础的地质、物探、化探、遥感等工作,缩小找矿靶区。各综合勘查部署区划分及预测资源量分别按成矿系列进行统计(图 3-8,表 3-5)。

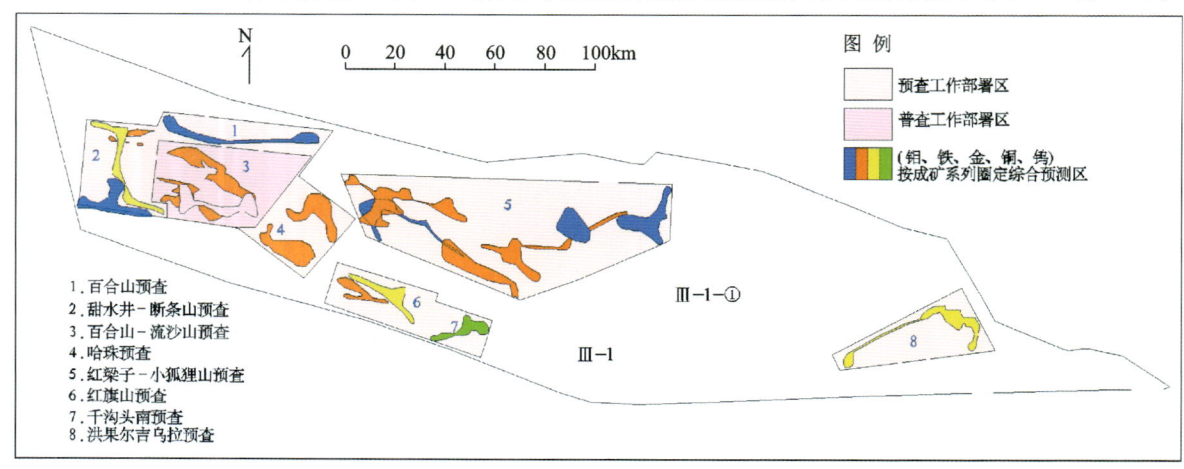

图 3-8 Ⅲ-1 成矿带综合勘查部署区与按成矿系列圈定综合预测区相关图

表 3-5 Ⅲ-1 成矿带综合勘查部署区预测资源量统计表

序号	编号	名称	等级	涉及矿种	预测资源量	勘查工作部署建议
1	Ⅲ-1-1	百合山北	预查	钼	12 420.09	本区未开展1:5万区域地质调查工作,应先进行基础地质调查,查明本区基本地质情况;系统地安排中小比例尺的和基础的地质、物探、化探、遥感等工作,缩小找矿靶区
				金	572.02	
2	Ⅲ-1-2	甜水井-断条山	预查	钼	22 775.96	本区未开展1:5万区域地质调查工作,应先进行基础地质调查,查明本区基本地质情况;系统地安排中小比例尺的和基础的地质、物探、化探、遥感等工作,缩小找矿靶区
				金	1 649.61	
				铁	13 439	
3	Ⅲ-1-3	百合山-流沙山	普查	钼	54 858.41	本区已开展黑鹰山幅的1:5万区域地质调查工作,应先在未开展1:5万调地区开展基础地质调查工作,查明本区基本地质情况;外围可进一步安排中大比例尺的地质、物化探工作进行普查-必要时可采用槽探、井探、钻探等手段,寻找隐伏的工业矿体
				铁	183 831.9	
4	Ⅲ-1-4	哈珠	预查	铁	109 497	本区未开展1:5万区域地质调查工作,应先进行基础地质调查,查明本区基本地质情况;系统地安排中小比例尺的和基础的地质、物探、化探、遥感等工作,缩小找矿靶区
5	Ⅲ-1-5	红梁子-小狐狸山	预查	钼	151 334.3	本区未开展1:5万区域地质调查工作,应先进行基础地质调查,查明本区基本地质情况;系统地安排中小比例尺的和基础的地质、物探、化探、遥感等工作,缩小找矿靶区
				金	931.42	
				铁	214 044.9	
6	Ⅲ-1-6	红旗山	预查	金	1 237.41	本区未开展1:5万区域地质调查工作,应先进行基础地质调查,查明本区基本地质情况;系统地安排中小比例尺的和基础的地质、物探、化探、遥感等工作,缩小找矿靶区
				铁	24 936	
7	Ⅲ-1-7	千沟头南	预查	钨	2 070.4	
8	Ⅲ-1-8	洪果尔吉乌拉	预查	铜	9 672.74	

注:预测资源量单位,金为kg,其他矿种为t。

第四章　磁海-公婆泉成矿带（Ⅲ-2）预测成果

第一节　区域成矿背景

一、成矿地质条件

1. 区域地质背景

该成矿带根据成矿作用、主导控矿因素、成矿类型及矿种组合等特征，进一步划分为3个成矿亚带。

（1）Ⅲ-2-①石板井-东七一山钨、钼、铜、铁、萤石成矿亚带。受甜水井-六驼山深大断裂、白云石-月牙山-湖西新村断裂带及银额盆地边界断裂围限。大地构造属于天山-兴蒙造山系（Ⅰ）额济纳旗-北山弧盆系（Ⅰ-9）。

该成矿亚带基底岩系由中-新太古代黑云斜长变粒岩、石英岩、斜长角闪混合岩、黑云斜长片麻岩等变质建造以及古元古代北山岩群黑云石英片岩、绢云石英片岩、石英岩、大理岩等变质建造组成。其上为中元古界长城系古硐井群，中、新元古界蓟县系—青白口系圆藻山群，下寒武统双鹰山组，中寒武统至下奥陶统西双鹰山组及中下奥陶统罗雅楚山组，中上奥陶统锡林柯博组和白云山组。志留系出露中下志留统园包山组、中上志留统公婆泉组和中上志留统碎石山组。石炭系出露白山组和绿条山组。

区内岩浆-火山活动频繁，志留纪、石炭纪、二叠纪均有俯冲岩浆活动，三叠纪为后碰撞岩浆侵入，侏罗纪至早白垩世为后造山岩浆杂岩侵入的伸展构造环境。

（2）Ⅲ-2-②阿木乌苏-老硐沟金、钨、锑、萤石成矿亚带，北东以白云石-月牙山-湖西新村断裂带及银额盆地边界断裂为界。大地构造属于塔里木陆块区敦煌陆块柳园裂谷（Ⅲ-2-1）。

本区基底为长城系古硐井群、蓟县系平头山组及部分青白口系大豁落山组，局部出露有太古宇—古元古界的敦煌杂岩。中新元古代至寒武纪，为稳定的被动陆缘陆棚碎屑岩和碳酸盐岩台地环境，属于敦煌陆块盖层性质的沉积。石炭纪和二叠纪发育有裂谷中心的双峰式火山岩（玄武岩和流纹岩），裂谷边缘则有浅海相的石英岩、粉砂岩、页岩、碳酸盐岩组合。

三叠纪以后，本区进入盆山构造体系。三叠纪为断陷盆地和后碰撞岩浆杂岩的侵入活动。侏罗纪、白垩纪为后造山岩浆杂岩侵入的板内伸展构造环境。

（3）Ⅲ-2-③珠斯楞-乌拉尚德铜、金、镍、煤成矿亚带，东侧为隆起区，西侧为中新生代的银额盆地。大地构造属天山-兴蒙造山系（Ⅰ）额济纳旗-北山弧盆系（Ⅰ-9）珠斯楞海尔罕陆缘弧（Ⅰ-9-5）。

基底出露主要有古元古界北山岩群黑云角闪斜长片麻岩、变粒岩岩石组合。中元古代至泥盆纪为相对稳定的被动陆缘的构造环境，出露有中元古界古硐井群、中新元古界圆藻山组、中寒武统至下奥陶统西双鹰山组、中上奥陶统白云山组、上奥陶统至下志留统班定陶勒盖组、下志留统园包山组、上志留统碎石山组、中下泥盆统伊克乌苏组、中上泥盆统卧驼山组、西屏山组，石炭纪白山组、绿条山组，下二叠统双堡塘组、中二叠统金塔组、上二叠统哈尔苏海组。

本区岩浆活动从石炭纪进入活动陆缘阶段，发育石炭纪和二叠纪的陆缘火山弧和俯冲岩浆杂岩岩石构造组合。三叠纪以后，本区发育陆内断隆盆地和少量后碰撞、后造山构造岩浆侵入活动。中生代之后总体以形成近东西向和北东—北北东向断陷盆地和隆起相伴的格局为特征。

该成矿带在新元古代古陆裂解初期具有形成与基性、超基性岩有关的岩浆型铜镍矿的有利背景（亚干铜镍矿）；早古生代被动陆缘浅海一次深海具有形成磷、钒、铀、锰等沉积型矿产的有利背景；奥陶纪洋盆及弧后盆地具备形成与海相火山-沉积岩系有关的铜矿的有利背景；志留纪—泥盆纪岛弧火山建造具备形成斑岩型铜矿的有利背景（珠斯楞铜矿）；石炭纪岛弧具备形成海相火山沉积铁矿、与侵入杂岩有关的铜矿的有利背景；中生代古陆壳活化重熔型花岗岩具有形成钨、钼、锡、锑、萤石等矿产的有利背景。

2. 矿产分布特征

本成矿带内分布金、铁、铜、钨、锑、镍、萤石等矿种，共16处矿产地，其中优势矿种为铁、铜、金。

成矿带内与红石山裂谷海西期陆壳重熔侵入杂岩体有关的矿床有下陶勒盖矽卡岩型铜铁矿、热液型三个井金矿、珠斯楞海尔罕铜矿床。柳园裂谷内与陆壳重熔型花岗岩类有关的神螺山、玉石山萤石矿。

中生带古陆壳活化重熔型花岗岩类具有形成铁、钨、钼、锡、锑金属矿的有利背景，如热液型阿木乌苏锑矿、热液型鹰嘴红山钼矿、矽卡岩型索索井铁矿。

本成矿带内红石山裂谷北东端具备形成与震旦纪古陆裂解阶段基性—超基性岩有关的岩浆型铜镍矿的有利背景，如亚干铜镍矿。

已知矿床类型有：矽卡岩型索索井铁铜矿床，老硐沟金多金属矿，七一山钨钼矿床，亚干岩浆熔离型铜镍矿以及与海西期中酸性岩浆活动有关的金、金铅、铜、锑、萤石矿等。

3. 成矿区（带）及成矿系列划分

该成矿带位于内蒙古自治区西北部，呈近东西向分布。成矿单元属于古亚洲成矿域（Ⅰ-1），塔里木成矿省（Ⅱ-4），有3个Ⅳ级成矿带：石板井-东七一山钨、锡、铷、钼、铋、铁、金、铬、萤石成矿亚带（C、V）（Ⅲ-2-①）、阿木乌苏-老硐沟金、钨、锑、萤石成矿亚带（Ⅲ-2-②）、珠斯楞-乌拉尚德铜、金、镍、煤成矿亚带（Ⅲ-2-③）。

该成矿带已知矿床类型主要有：岩浆热液型钨钼锑铜金矿床、接触交代型（矽卡岩型）铁矿床、热液充填型萤石矿床、岩浆熔离型铜镍矿床。划分出4个成矿系列（表4-1，附图3）。

表4-1 磁海-公婆泉成矿带（Ⅲ-2）成矿系列及矿床类型一览表

矿床成矿系列	矿床成矿亚系列	成矿元素（矿物）	代表性矿床	类型	矿床式	成矿时代	备注
与燕山期中酸性岩浆活动有关的钨钼锡锑矿床成矿系列		W、Mo、Sn	七一山	热液型	七一山式	燕山晚期（钠长石化花岗岩）	
		Sb	阿木乌苏	热液型	阿木乌苏式	燕山期早白垩世二长花岗岩	
与印支期深成花岗岩有关的铁矿床成矿系列		Fe	索索井铁矿	矽卡岩型	索索井式	三叠纪钾长花岗岩、斑状花岗岩	

续表 4-1

矿床成矿系列	矿床成矿亚系列	成矿元素（矿物）	代表性矿床	类型	矿床式	成矿时代	备注
与海西期中酸性岩浆活动有关的金、金铅铜锑、萤石矿床成矿系列	与海西中晚期中酸性岩浆活动有关的金铅铜锑萤石矿床成矿系列	Cu	珠斯楞铜矿床	热液型	珠斯楞海尔罕式	海西期花岗闪长岩	
		Au、Pb	老硐沟	热液-氧化淋滤型	老硐沟式	海西晚期（闪长玢岩），K-Ar测年211.6Ma（西安地质研究所）	
		萤石、Sb	阿木乌苏、神螺山	热液充填型	神螺山式	海西期（二叠纪）	
	与海西中期中酸性岩浆活动有关的金萤石矿床成矿亚系列	萤石	东七一山	热液充填型	东七一山式	海西中期（石炭纪）	
		Au	三个井金矿	热液型	三个井式	石炭纪晚期英云闪长岩	预测区少部分位于Ⅲ-2成矿带内
与新元古代基性、超基性侵入岩有关的铜镍矿床成矿系列		Cu、Ni	亚干铜镍矿	岩浆熔离型	亚干式	新元古代辉长岩	

二、地球化学特征

（一）元素区域分布特征

该成矿带位于内蒙古自治区西部地区，主要的组合异常元素或氧化物有 Cu、Au、Pb、Zn、W、Sn、Fe_2O_3、Mn、V、U 等，异常元素主要分布在成矿带东部和西部，分组叙述如下。

1. Cu、Au、Pb、Zn

Cu、Au 元素异常在该成矿带分布较广，面积较大，尤其是 Au 元素异常分布较多。异常主要对应新太古界，古元古界北山群，奥陶系咸水湖组、白云山组等。Pb、Zn 异常较 Cu、Au 异常分布较少，主要分布在成矿带中西部、东部地区，主要对应奥陶系咸水湖组、白云山组，二叠系金塔组，侏罗系芨芨沟组。

2. Fe_2O_3、Mn、V

Fe_2O_3、Mn、V 异常在成矿带内均有分布，规模较大的异常主要分布在构造发育的地区。异常多呈近东西向和北西向展布，对应的地质体主要有石炭纪超基性岩、辉长岩。

3. W、Sn

W、Sn 异常在成矿区（带）内规模较小，多分布在构造交会部位。异常多对应蓟县系、奥陶系、二叠系及石炭系。

4. U

U 元素异常在成矿带内分布较分散,在西部地区异常面积较小,在东部地区呈大面积分布。U 元素异常与该区(带)内其他的元素异常吻合度较小,主要对应二叠系方山口组、白垩系巴音戈壁组。

(二)综合异常特征

根据异常元素相互间的组合关系,并结合异常所处的地质特征和已知矿点、矿床点特征,在成矿带内共圈定了 22 个综合异常(附图 4)。按综合异常特征,将综合异常分为以 Au 元素异常为主的综合异常,以 Cu、Fe_2O_3 异常为主的综合异常,以 W、Mo 元素异常为主的综合异常。下面将各类综合异常进行简单的分述。

1. 以 Au 异常为主的综合异常

该类综合异常在成矿带内分布较多,是该成矿带内主要的综合异常,综合异常范围较大。该类综合异常所处区域出露的地层较简单,主要是古元古界北山群、中元古界长城系古硐井群、蓟县系—青白口系、二叠系、白垩系。异常所处区域断裂构造较发育,分布有北东向和北西向两组断裂。异常区内侵入岩主要有石炭纪和二叠纪花岗闪长岩。

该类综合异常范围较大,异常形态多呈近椭圆状,异常元素以 Au 为主,并伴有 Cu、Pb、Zn、W、Sr 等元素异常。其中 Au 元素异常范围较大,强度较高。在 III_2-Z-14 综合异常范围内分布有老硐沟金铜矿,其矿体赋存于中元古界长城系古硐井群上岩组。因此推测元古界可能是金矿的主要赋矿地层,是寻找金矿的有利地区。

2. 以 Cu、Fe_2O_3 异常为主的综合异常

该组综合异常主要分布在成矿带中部地区。区域出露的地层较简单,在成矿带西部大面积出露下古生界奥陶系包尔汉图群、罗雅楚山组、咸水湖组、白云山组等。另外还零星出露有二叠系金塔组、侏罗系芨芨沟组。在成矿带东部出露的地层以二叠系为主,有二叠系金塔组、方山口组等;在 III_2-Z-16 中还分布有中元古界长城系古硐井群。另外还零星出露有白垩系巴音戈壁组。异常区侵入岩不甚发育,且出露较少。在 III_2-Z-8、III_2-Z-11 中出露有石炭纪辉长岩和石炭纪超基性岩。该组综合异常所处区域断裂构造较发育,主要的断裂构造有北西向和北东向两组。

该类综合异常范围在西部多属中等,在东部较大。异常形态多呈近椭圆形,异常组合以 Cu、Fe_2O_3、Mn、V 为主,并伴有 Pb、Zn 等元素异常。其中 Cu、Fe_2O_3、Mn、V 异常形态相似,异常套合较好。

该组综合异常范围内分布有多个铁、铜、铁铜、铅锌金属矿点、矿化点。因此推测该组综合异常可能是寻找铁、铜、铅锌等多金属的有利地区。

3. 以 W、Sn 元素异常为主的综合异常

该类综合异常在成矿带内分布较少,异常区出露的地层有志留系公婆泉组、白垩系赤金堡组、新近系苦泉组等。综合异常范围中等,呈椭圆状分布,异常元素除 W、Sn 之外,还有 Cu、Au、Pb、Zn、Fe_2O_3、Mn、V 等异常。异常范围内分布有东七一山钨矿、七一山钨钼矿。

三、区域重力场特征

该区域只在西北角完成了一小部分1:20万重力测量,大部分地区只开展了1:100万重力测量工作,中东部巴丹吉林沙漠区为重力测量空白区。由于该区重力工作程度较低,所以重力场特征只能大致反映区域构造格架及基底起伏变化情况。

成矿带布格重力异常总体呈北西西向展布,由北东至南西呈降低趋势,在东西跨度约200km范围内,下降幅度为80×10^{-5}m/s^2。地幔深度由北东约50km,至南西逐步降低到54km,该区域为北西向幔坡带的南段,布格重力异常的总体变化趋势受地幔深度制约。布格重力异常走向同时也受北西西向展布的区域构造控制。

该区域存在多处布格重力异常局部高值区,是元古宙—古生代形成的古老基底的客观反映。又由于中新生代构造运动的影响,总体形成近东西向和北东—北北东向隆起与断陷盆地相伴的格局。剩余重力正负异常亦表现为近东西向和北东—北北东向相间分布的特点(图4-1)。伴随深大断裂活动有强烈的岩浆活动,沿断裂形成北西向的构造岩浆岩带。该区剩余重力负异常为断陷盆地和侵入岩体引起;正异常主要与古老基底有关,此外基性岩亦是形成正异常的重要因素。

该区矿点多集中分布于板块结合部的断裂两侧附近的局部正异常区边部。另外在额济纳旗断裂两侧剩余重力正异常边部矿点分布也较集中。这是由于该区成矿活动不仅与断裂活动有关,而且太古宙—元古宙地层是重要的矿源层。

综上所述,认为在断裂带两侧附近的正异常区,特别是推断的隐伏、半隐伏基底隆起区是成矿的有利地区,尤其在推断与基性岩有关的G蒙-844、G蒙-846、G蒙-865等异常区注意铜镍多金属矿的寻找。该区的构造岩浆岩与钨矿成矿关系密切,所以在推断与中酸性侵入岩有关的负异常区注意钨多金属矿的寻找。

四、航磁特征

3个成矿亚带的航磁特征不尽相同(图4-2),分述如下。

(1)Ⅲ-2-①石板井-东七一山钨、钼、铜、铁、萤石成矿亚带。

在航磁ΔT等值线平面图上,成矿带内以平静的负磁异常为主,异常幅值主要在$-75\sim-25$nT之间,最低值-200nT。在与石板井-东七一山钨、钼、铜、铁、萤石成矿亚带分界处有一椭圆形正磁异常,最高值125nT,北西向展布;强度较高的负磁异常集中在南部成矿带分界线附近,北西向延展。在航磁ΔT化极等值线平面图上,成矿带内以幅值较大的负磁异常为主,东南部有一椭圆形正磁异常,北西向层布,与等值线平面图相对应。

(2)Ⅲ-2-②阿木乌苏-老硐沟金、钨、锑成矿亚带。

在航磁ΔT等值线平面图上,成矿带内主要为平缓的负异常,磁异常值在$-150\sim75$nT之间,只在成矿带北部有一孤立的椭圆形正磁异常,梯度变化不大,异常面积较小。化极后正磁异常范围相对变小,南侧的负异常更突出。成矿带内负异常幅值增大,东部出现了明显的片状负磁异常。

(3)Ⅲ-2-③珠斯楞-乌拉尚德铜、金、镍、煤成矿亚带。

在航磁ΔT等值线平面图上,成矿带内为大面积的负异常,异常变化较平缓,在成矿带北部木吉湖附近有一椭圆形正磁异常,北东向,最高值75nT;其东北部有一片状低缓正磁异常,梯度变化小。航磁ΔT化极等值线平面图上,成矿带内分布着大面积的负异常,西南部负异常较平缓。

第四章 磁海－公婆泉成矿带（Ⅲ-2）预测成果

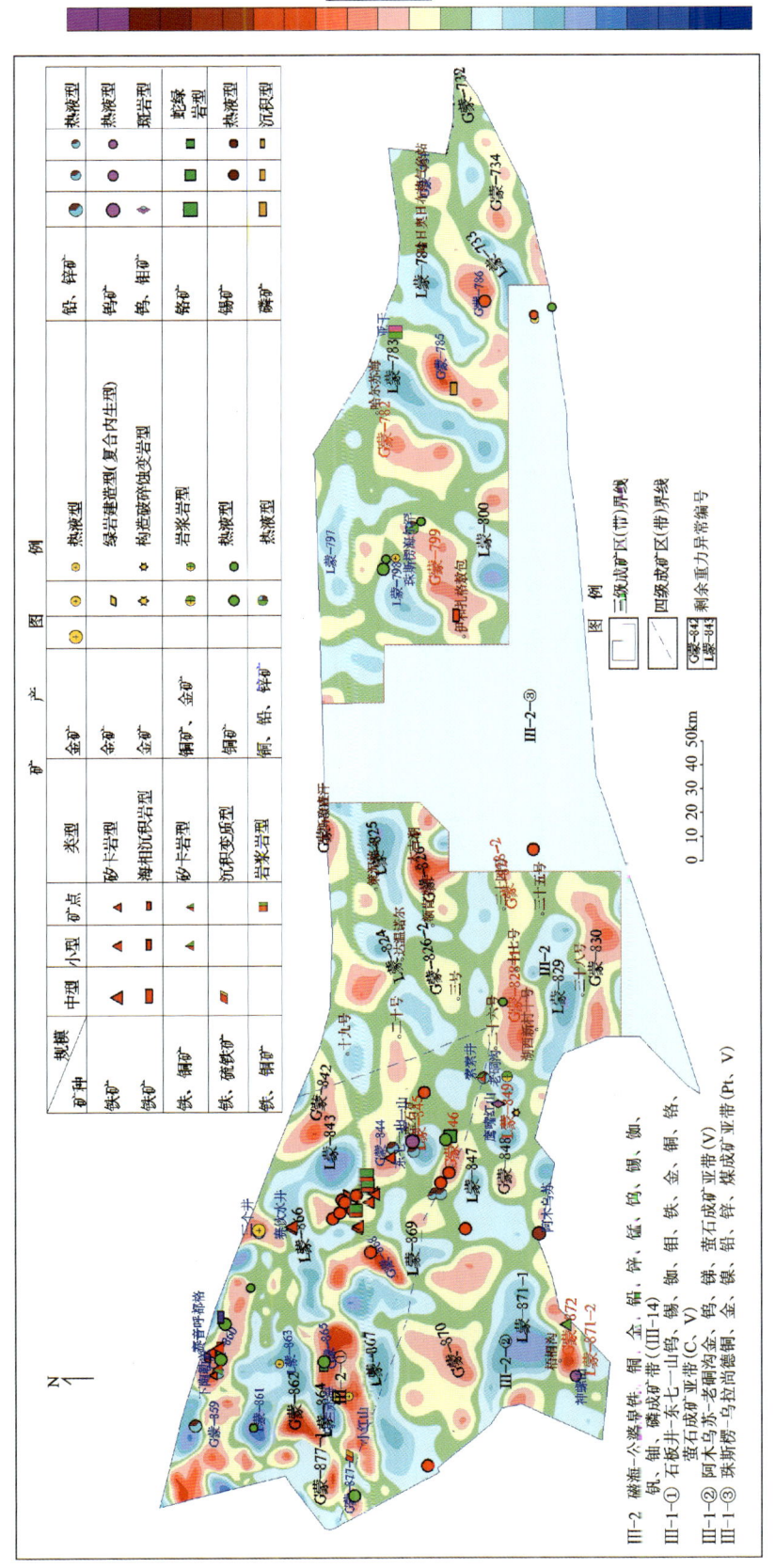

图 4-1 磁海－公婆泉成矿带（Ⅲ-2）剩余重力异常图

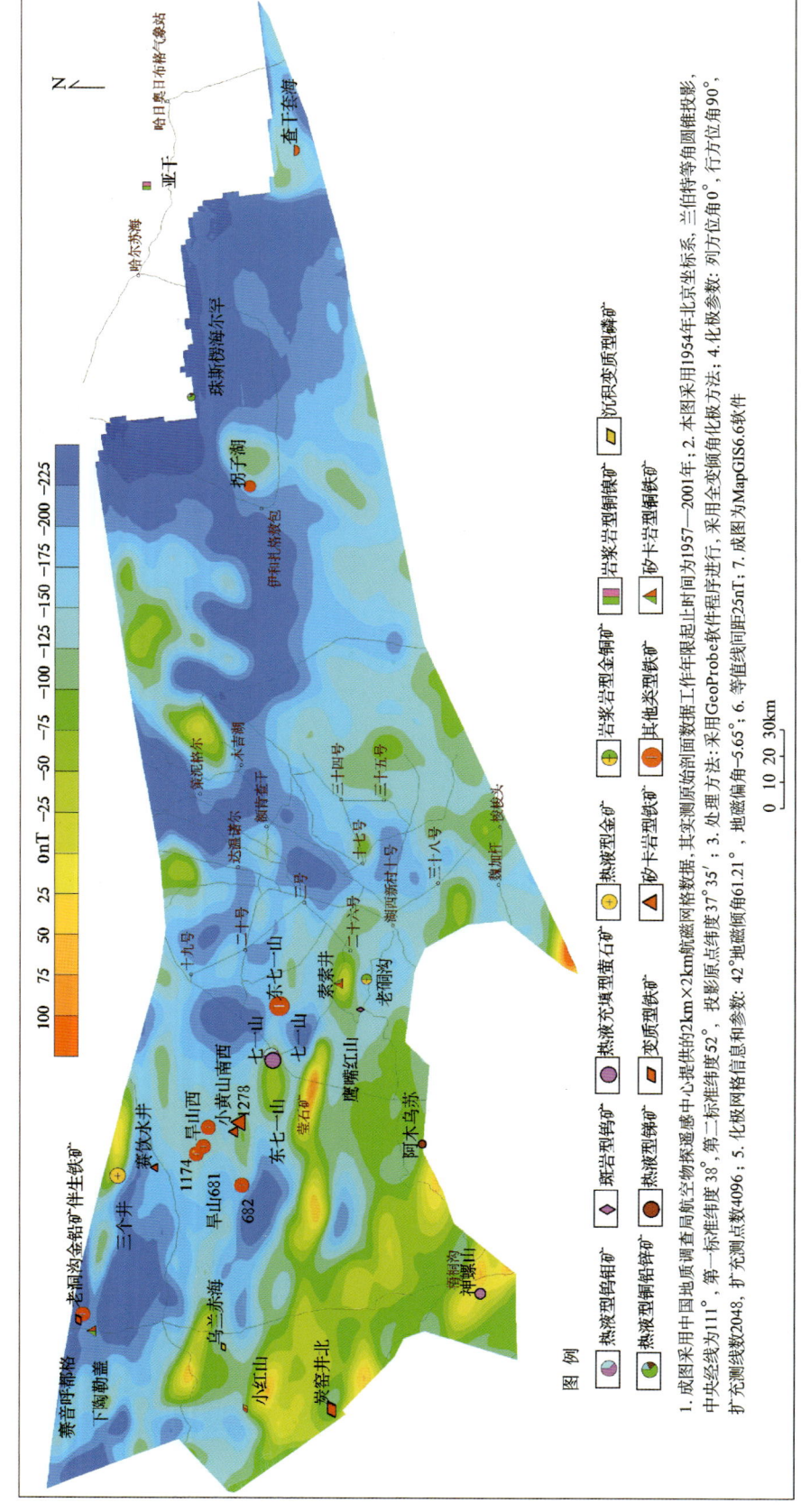

图 4-2 磁海—公婆泉成矿带（Ⅲ-2）航磁化极 ΔT 等值线平面图

五、区域遥感特征

成矿带东部区以巴丹吉林沙漠北缘为界,是一个发育在早古生代岛弧之上的石炭纪弧间型裂谷盆地。遥感影像特征表现深大断裂构造是以北西向为主,羟基、铁染异常分布范围广,与成矿有直接联系的是亚干铜镍多金属矿。

成矿带中部区是建立在古老变质基底岩系之上的岩浆弧,在遥感影像上反映出大型山前冲积扇。

成矿带西部区是一个发育中新元古界—下寒武统稳定大陆边缘之上的岛弧。遥感影像中线性构造十分发育。已探明的矿床(点)与这些断裂构造以及羟基、铁染异常信息有关(图4-3)。

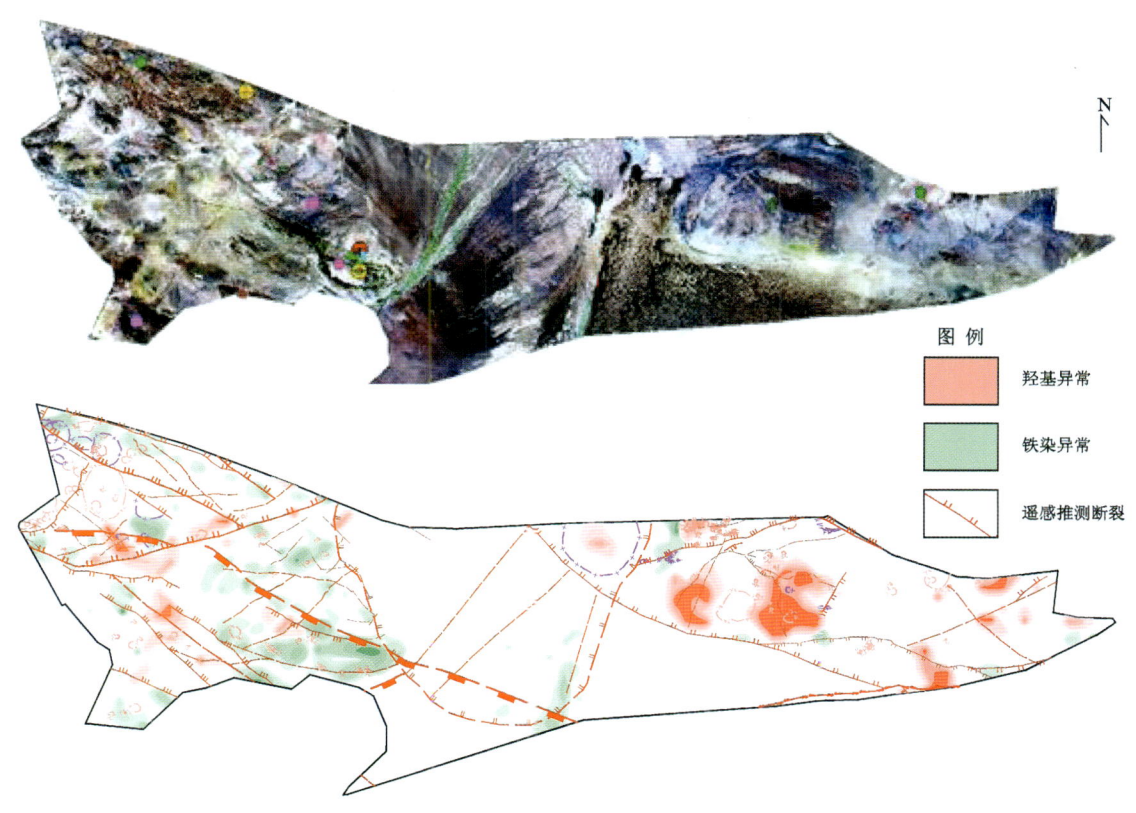

图4-3 磁海-公婆泉成矿带(Ⅲ-2)遥感影像图(上)和综合信息图(下)

第二节 重要矿种预测评价模型

该成矿带涉及矿种主要有金矿、钨矿、锑矿、铁矿、萤石矿、铜(镍)矿等,主要有5种矿产预测类型:热液型、矽卡岩型、热液-氧化淋滤型、热液充填型及岩浆熔离型,共划分了4个成矿系列,按成矿系列建立预测评价模型分述如下。

一、与燕山期中酸性岩浆活动有关的钨钼锡锑矿床成矿系列预测评价模型

该系列只有热液型一种矿产预测类型，矿种为钨矿和锑矿，以七一山式钨矿为代表，涉及七一山式热液脉型钨矿预测工作区和阿木乌苏锑矿预测工作区（表 4-2）。

表 4-2　与燕山期中酸性岩浆活动有关的热液型钨矿预测要素表

区域成矿要素		描述内容	要素类别
地质环境	大地构造位置	Ⅰ天山-兴蒙构造系西南缘、Ⅲ塔里木陆块区东北缘，Ⅰ-9 额济纳旗-北山弧盆系南缘，Ⅲ-2 敦煌陆块北缘，Ⅰ-9-4 公婆泉岛弧（O—S），矿区位于向斜核部。总体构造形态为一近东西向的复式向斜构造，并在向斜轴线显示向南凸出的弧形构造	必要
	成矿区（带）	Ⅱ-4 塔里木成矿省，Ⅲ-14 磁海-公婆泉铁、铜、金、铅、锌、钨、锡、铷、钒、磷成矿带，Ⅳ141 石板井-东七一山钨、钼、铜、铁、萤石成矿亚带	必要
	区域成矿类型及成矿期	热液脉型；燕山期	必要
控矿地质条件	赋矿地质体	志留系为主要控制地层，其次为侏罗系	必要
	控矿侵入岩	燕山期花岗岩体边部以及岩体内的裂隙构造	重要
	主要控矿构造	断裂构造控制着燕山期花岗岩体与和岩体有关的矿体属控矿构造，由此构造所产生的次一级复杂的网状裂隙是主要的含矿构造裂隙	重要
区内相同类型矿产		所属成矿区（带）内有 1 处中型钨矿床、1 处钨矿点	重要
物、化探特征	航磁	预测区磁场较平缓，在预测区北部和南部分别有一条带状高值异常，轴向近东西向，北侧伴生负异常。七一山钨矿位于预测区中南部，椭圆状高值异常附近	重要
	重力	预测区区域重力场总体反映东北部重力高，西南部重力低的特点。在剩余重力图中反映出剩余重力正、负异常相间排列，近东西向展布的特点。预测区东部重力相对高区域重力等值线稀疏，在剩余重力异常图中反映为近东西向的条带状正、负重力异常相间排列。预测区西部等值线相对密集并向北西向延伸，在剩余重力异常图中表现为近东西向展布呈串珠状正、负异常	重要
	化探	预测区西部主要分布有 Au、Cu、Zn、Cd、Mo 等元素异常，南部分布有 As、Sb、Pb、Zn、W、Mo 等元素异常，W 元素浓集中心明显，异常强度高	重要
遥感特征		环要素（推测隐伏岩体）	重要

预测模型图(图4-4)以地质剖面图为基础,叠加区域航磁、重力以及化探剖面图而形成,简要表示预测要素内容及其相互关系,以及时空展布特征。

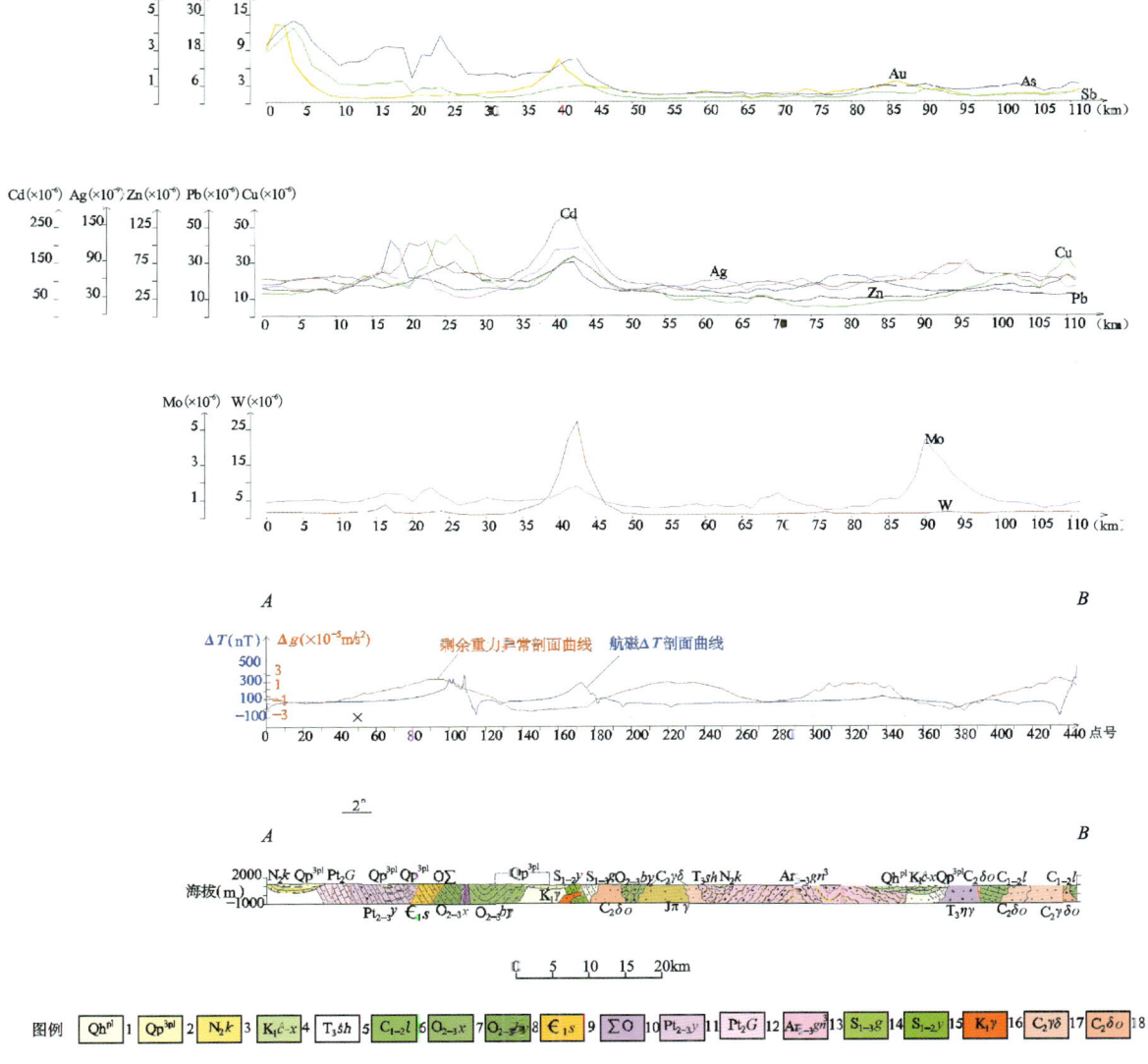

图4-4 与燕山期中酸性岩浆活动有关的热液型钨矿预测模型图

1.全新统冲积层;2.上更新统冲积;3.苦泉组;4.赤金堡组、下沟组并层;5.珊瑚井组;6.绿条山组;7.咸水湖组;8.白云山组;9.寒武系;10.超基性岩;11.圆藻山群;12.古硐井群;13.中新太古代片麻岩;14.志留系公婆泉组;15.志留系园宝山组;16.早白垩世花岗岩;17.晚石炭世花岗闪长岩;18.晚石炭世闪长岩

二、与印支期深成花岗岩有关的铁矿床成矿系列预测评价模型

该系列只有矽卡岩型一种矿产预测类型,矿种为铁矿,以索索井式铁矿为代表,只涉及索索井式矽卡岩型铁矿索索井预测工作区(表4-3)。

表 4-3 与印支期深成花岗岩有关的矽卡岩型铁矿预测要素表

区域成矿要素		描述内容	要素类别
地质环境	大地构造位置	天山-兴蒙造山系、额济纳旗-北山弧盆系	必要
	成矿区（带）	古亚洲成矿域,塔里木成矿省,磁海-公婆泉铁、铜、金、铅、锌、钨、锡、铷、钒、铀、磷成矿带,马鬃山-索索井铁成矿亚带	必要
	区域成矿类型及成矿期	岩浆期后矽卡岩型铁矿床;三叠纪	必要
控矿地质条件	赋矿地质体	青白口系大豁落山群	必要
	控矿侵入岩	三叠纪中粗粒似斑状花岗岩、花岗岩	必要
	主控矿构造	北东向、北西向、东西向断裂,以及北东向、北西向的褶皱构造	重要
物、化探特征	重力	剩余重力矿点分布区的起始值在$(3.2\sim5)\times10^{-5}\mathrm{m/s^2}$之间	重要
	航磁	航磁ΔT化极异常强度起始值为$100\sim800\mathrm{nT}$	重要

矽卡岩型铁铅铜矿预测模型图（图 4-5）以地质剖面图为基础,叠加化极剖面、重力剖面图而形成,成矿有利地段位于重力梯度及化极正异常地段。

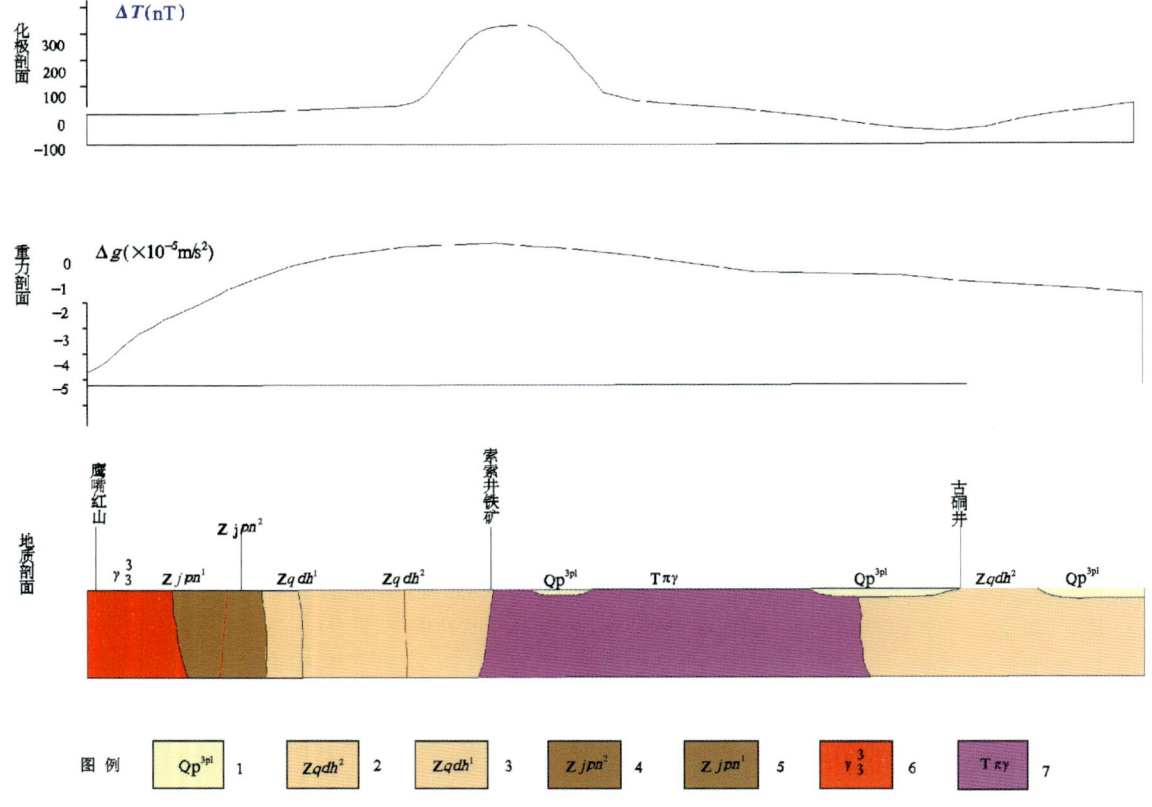

图 4-5 与印支期深成花岗岩有关的矽卡岩型铁矿预测模型图

1.第四纪沉积物;2.上岩组:灰岩、碎屑灰岩夹大理岩、白云质大理岩;3.下岩组:变质钙质石英砂岩、石英岩及浅粒岩;4.上岩组:泥质粉砂岩、粉砂质板岩、变质石英砂岩及板岩;5.下岩组:细晶大理岩、白云质大理岩及硅化大理岩;6.花岗岩;7.三叠纪肉红色中粗似斑状花岗岩

三、与海西期中酸性岩浆活动有关的金、金铅、铜、锑、萤石矿床成矿系列预测评价模型

该系列包括热液型、热液-氧化淋滤型、热液充填型3种矿产预测类型,涉及铜矿、金矿、萤石矿等矿种,涉及珠斯楞铜矿预测工作区、老硐沟金矿预测工作区和神螺山萤石矿预测工作区,分述如下。

1. 热液型铜矿预测评价模型

该成矿带热液型矿床以珠斯楞铜矿为代表(表4-4),预测模型图(图4-6)以地质剖面图为基础,叠加区域航磁、重力以及化探剖面图而形成,简要表示预测要素内容及其相互关系,以及时空展布特征,预测区铜异常分带明显,异常下限值为$18×10^{-6}$,已知铜矿点均位于异常区内,布格重力异常值在$(-168 \sim -154)×10^{-5}m/s^2$之间,遥感特征显示具有一级铁染异常。

表 4-4 与海西期中酸性岩浆活动有关的热液型铜矿预测要素表

区域成矿要素		描述内容	要素类别
地质环境	大地构造位置	天山-兴蒙造山带,额济纳旗-北山弧盆系,园包山(中蒙边界)岩浆弧(O—D)和恩格尔乌苏蛇绿混杂岩带(C)	必要
	成矿区(带)	古亚洲成矿域(Ⅰ级),准噶尔成矿省(Ⅱ级),觉罗塔格-黑鹰山铜、镍、铁、金、银、钼、钨、石膏成矿带(Ⅲ级),黑鹰山-雅干金、铜、钼成矿亚带(Ⅳ级),流沙山-咸水湖铜矿集区(Ⅴ级)	必要
	区域成矿类型及成矿期	热液型铜矿;石炭纪—二叠纪	重要
控矿地质条件	赋矿地质体	泥盆纪粉砂岩、钙质粉砂岩,滨浅海相陆源碎屑岩-碳酸盐岩建造,海西期闪长玢岩、花岗闪长岩、花岗斑岩	重要
	控矿侵入体	海西期闪长玢岩、花岗闪长岩、花岗斑岩	重要
	主控矿构造	以北西向断裂为主,断裂构造走向呈北西-南东向,以北东倾向为主	重要
区内相同类型矿产		预测工作区内有相同类型的铜矿点5处	重要
物、化探特征	航磁	具低缓磁异常,化极后异常值在$0 \sim 100nT$之间	次要
	重力	布格重力异常值在$(-168 \sim -154)×10^{-5}m/s^2$之间	重要
	化探	铜异常分带明显,异常下限$18×10^{-6}$,已知铜矿点均位于异常区内	重要
遥感特征		一级铁染异常	次要

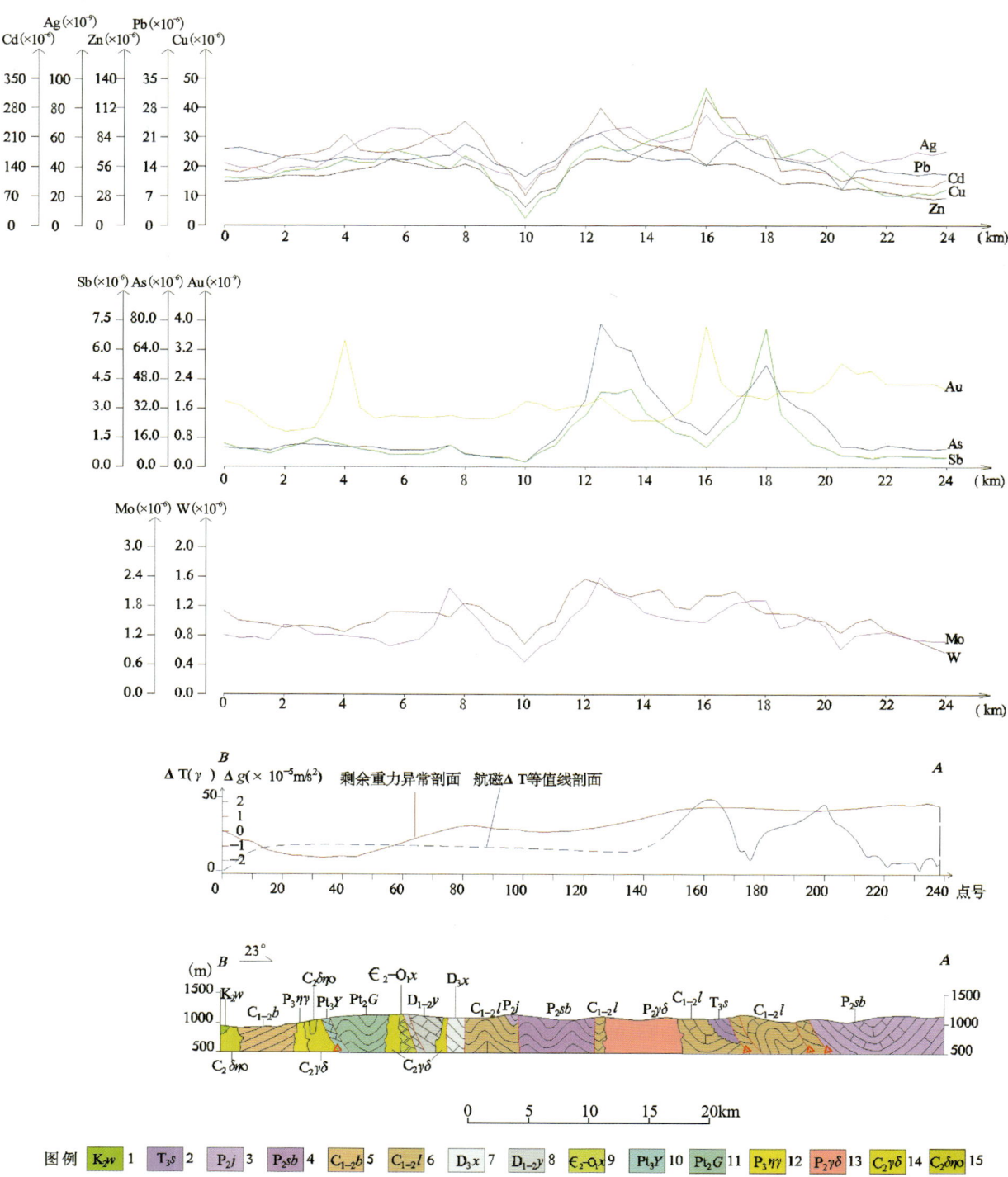

图 4-6 与海西期中酸性岩浆活动有关的热液型铜矿预测模型图

1.基性—中酸性熔岩;2.灰白色—黄褐色中粒二长花岗岩;3.石英砂岩-粉砂岩-泥岩建造;4.灰褐色中粗粒花岗闪长岩;5.长石石英砂岩;6.结晶灰岩-硅质条带灰岩-硅质岩;7.灰色—红灰色中粗粒花岗闪长岩;8.绿条山组杂砂岩-石英砂岩-粉砂岩-泥岩;9.伊克乌苏组

2. 热液-氧化淋滤型金、铅矿预测评价模型

该成矿带热液型矿床以老硐沟金矿为代表（表 4-5，图 4-7）。

表 4-5 与海西期中酸性岩浆活动有关的热液-氧化淋滤型金矿预测要素表

区域成矿要素		描述内容	要素类别
地质环境	大地构造位置	阴山-天山纬向构造体系中的古硐井-英雄山东西向褶断构造破碎带	必要
	成矿区（带）	Ⅰ-1 古亚洲成矿域，Ⅱ-4 塔里木成矿省；Ⅳ142 阿木乌苏-老硐沟金、钨、锑成矿亚带，Ⅴ142-2 老硐沟金矿集区（Ⅵ）；老硐沟金矿（Ⅵ）	必要
	区域成矿类型及成矿期	岩浆热液型；海西晚期或印支期	重要
控矿地质条件	赋矿地质体	蓟县系下岩组钙质白云石大理岩、白云石大理岩，在断裂破碎带上控制主要金铅矿体及矽卡岩型含金-铜铁矿体	重要
	控矿侵入岩	似斑状黑云二长花岗岩和花岗闪长岩	必要
	主控矿构造	①近东西向 F_1 断裂及次级平行断裂；北北西向断裂常控制金铅矿脉及与成矿有关的闪长玢岩脉展布。②铁铜矿体受斑状花岗闪长岩与白云石大理岩接触带控制，尤其在岩支发育拐弯处，产状由陡变缓部位。在岩株内及与岩脉接触带生成小的铜矿体，金铜、金铅矿体。③古溶洞控矿	必要
区内相同类型矿产		可见有索索井铁铜矿床、老硐沟铜铁金多金属砷矿床等	次要
物、化探特征	重力	重力低负异常，剩余重力起始值多在 $(-8\sim 7)\times 10^{-5}\mathrm{m/s^2}$ 之间	次要
	航磁	预测区航磁 ΔT 化极异常强度起始值多在 $-2800\sim 1800\mathrm{nT}$ 之间	重要
	化探	铅多金属矿的元素组合特征：若铅矿中含 Mn 高时，往往 Ag 也高，而不利于 Au 的富集。若铅矿中含 As 高时，则含 Au 就高。预测区异常值在 $(2\sim 395.2)\times 10^{-6}$ 之间	必要
遥感特征		共圈出 2 个由中生代花岗岩类引起的环形构造和 5 个由古生代花岗岩类引起的环形构造。划出了 1 条板块缝合带和若干条大、中、小型断裂构造	次要

3. 热液充填型萤石矿、锑矿预测评价模型

该成矿带热液型矿床以神螺山萤石矿为代表（图 4-8，表 4-6）。

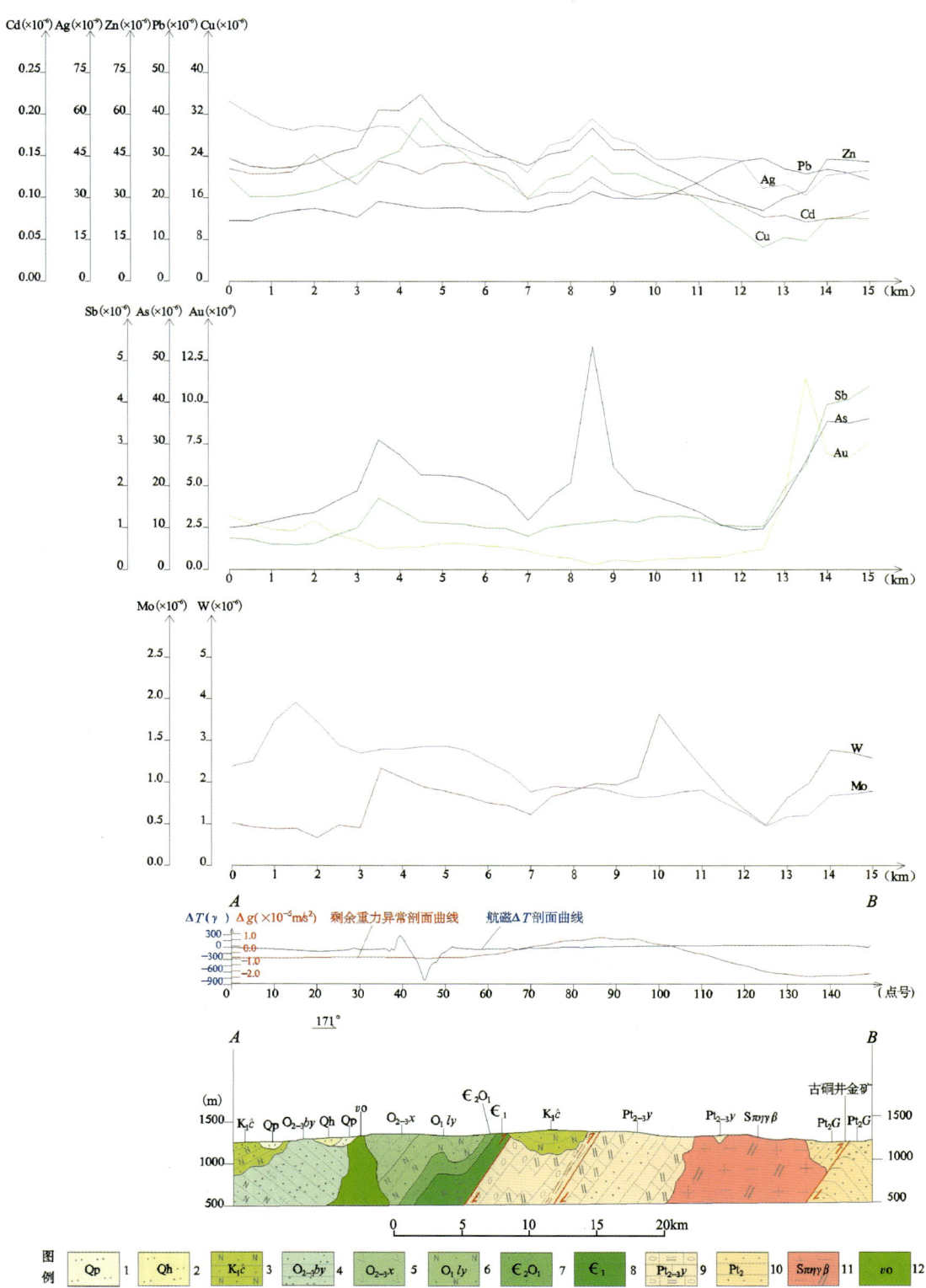

图 4-7　与海西期中酸性岩浆活动有关的热液-氧化淋滤型金矿预测模型图

1.上更新世洪积:砂、砾、碎石;2.洪积层:松散而不具分选的砂、砾及砂土夹砂层透镜体;3.赤金堡组、下沟组并层:紫红色、灰绿色砾岩;4.南阳河组:青灰色、黄灰色粉砂质板岩,片理化粉砂岩;5.裸河组:变质砂岩、板岩、变泥岩、千枚状粉砂岩;6.馒头组:以紫红色泥岩、页岩为主,夹有薄层灰岩、泥云岩、砂岩;7.苏中组:灰白色、深灰色结晶灰岩夹黑色页岩;8.中基性杂岩;9.英云闪长岩;10.二长花岗岩;11.辉长岩

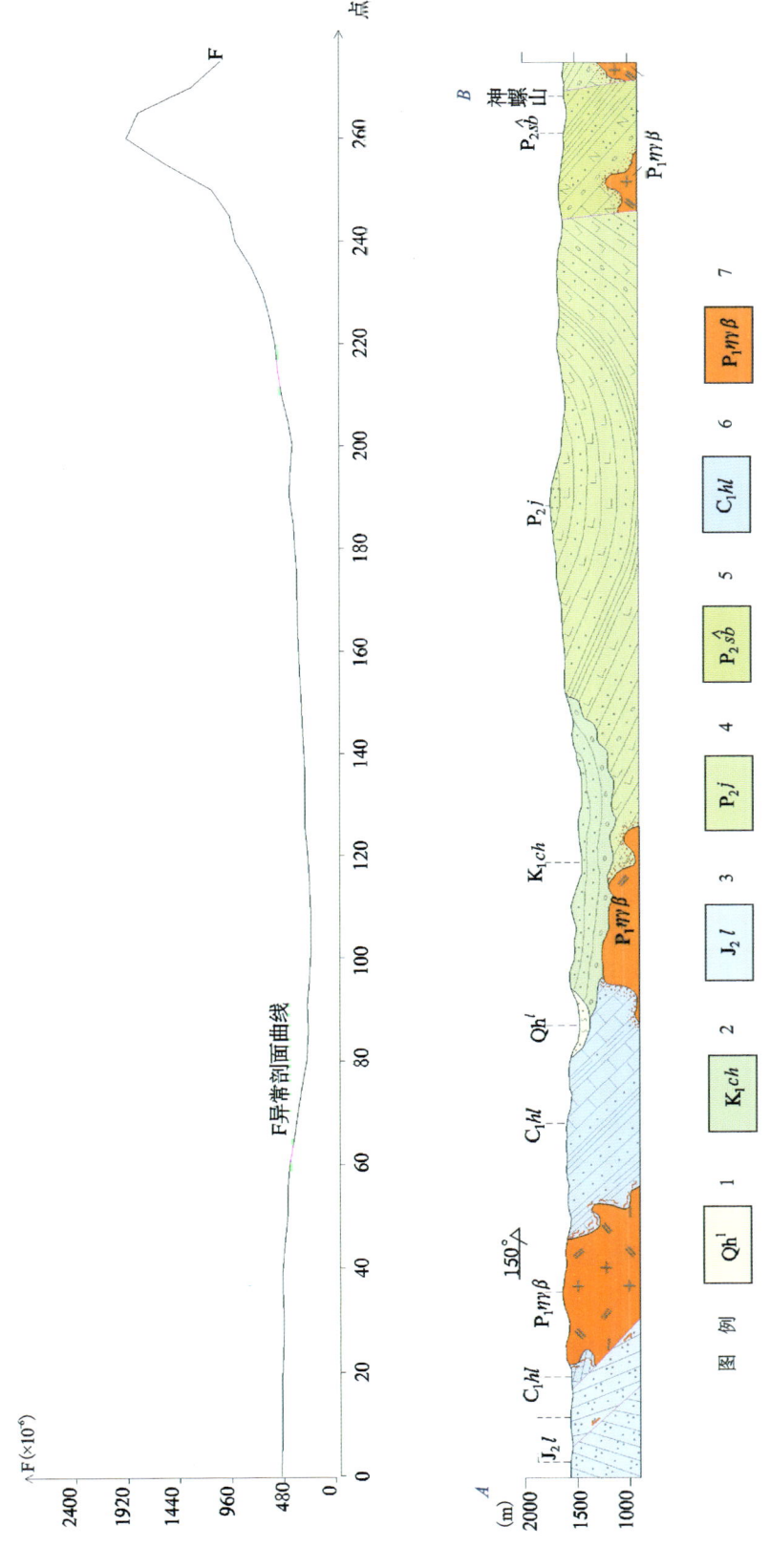

图 4-8 与海西期中酸性岩浆活动有关的热液充填型萤石矿"预测模型图

1. 湖积淤泥亚砂土; 2. 赤金堡组; 3. 龙凤山组; 4. 金塔组; 5. 双堡塘组; 6. 红柳园组; 7. 淡肉红色中粒黑云母二长花岗岩

表 4-6 与海西期中酸性岩浆活动有关的热液充填型萤石矿预测要素表

区域成矿要素		描述内容	要素类别
特征描述		热液充填型萤石矿床	
地质环境	大地构造位置	塔里木陆块区(Ⅲ),敦煌陆块(Ⅲ-2),柳园裂谷(Ⅲ-2-1)	必要
	成矿区(带)	Ⅰ-1古亚洲成矿域、Ⅱ-2塔里木成矿省、Ⅲ-2磁海-公婆泉铁、铜、金、铅、锌、钨、锡、铷、钒、铀、磷成矿带、Ⅲ-2-③神螺山-玉石山萤石成矿亚带	必要
	成矿环境	断裂构造发育,SiO_2气水溶液贯入,形成石英脉,其后断裂构造进一步活动,给晚期含CaF_2溶液的贯入提供了空间部位,进而形成萤石矿脉	必要
	含矿岩体	二叠纪正长花岗岩体与哲斯组地层内、外接触带	必要
	成矿时代	二叠纪	必要
矿床特征	矿体形态	不规则脉状、脉状	次要
	岩石类型	砾岩、砂岩、英安质层状凝灰岩、凝灰质砂岩、萤石矿脉、石英脉	重要
	岩石结构	砾状结构、砂状结构、凝灰结构	次要
	矿物组合	矿石矿物为萤石;脉石矿物为石英、石髓、石膏	次要
	结构构造	结构:以粗粒自形晶结构为主,次为细粒自形—半自形结构;构造:条带状构造、角砾状构造、同心圆状构造、块状构造、梳状构造	次要
	蚀变特征	高岭土化、硅化、褐铁矿化	必要
	控矿条件	矿体产于二叠纪正长花岗岩体与哲斯组地层内、外接触带。萤石矿脉的形态受北北东向、近南北向及北北西向断裂构造破碎带控制,产状与破碎带一致,呈陡倾斜产出	必要
区内相同类型矿产		成矿区(带)内有1个小型矿床	重要
重力特征		预测区东侧边部存在近东西向延伸的剩余重力正异常带,编号为G蒙-872	重要
地球化学特征		F异常呈条带状,北部和东部未封闭,近南北向分布。异常面积较小者为一级异常,异常面积较大者多为三级异常	重要

四、与新元古代基性—超基性侵入岩有关的铜镍矿床成矿系列预测评价模型

该系列只有岩浆熔离型一种矿产预测类型,矿种为铜镍矿,以亚干铜镍矿为代表,涉及亚干预测工作区(表4-7)。

预测模型图以地质剖面图为基础,叠加区域航磁、重力以及化探剖面图而形成,简要表示预测要素内容及其相互关系,以及时空展布特征,预测模型图详见图4-9,预测区中赋矿地质体为新元古代辉长岩及橄榄辉石岩,化探出现As、Cd、Au以及Sb、Hg、Ag、Ba、Mo等组合异常。

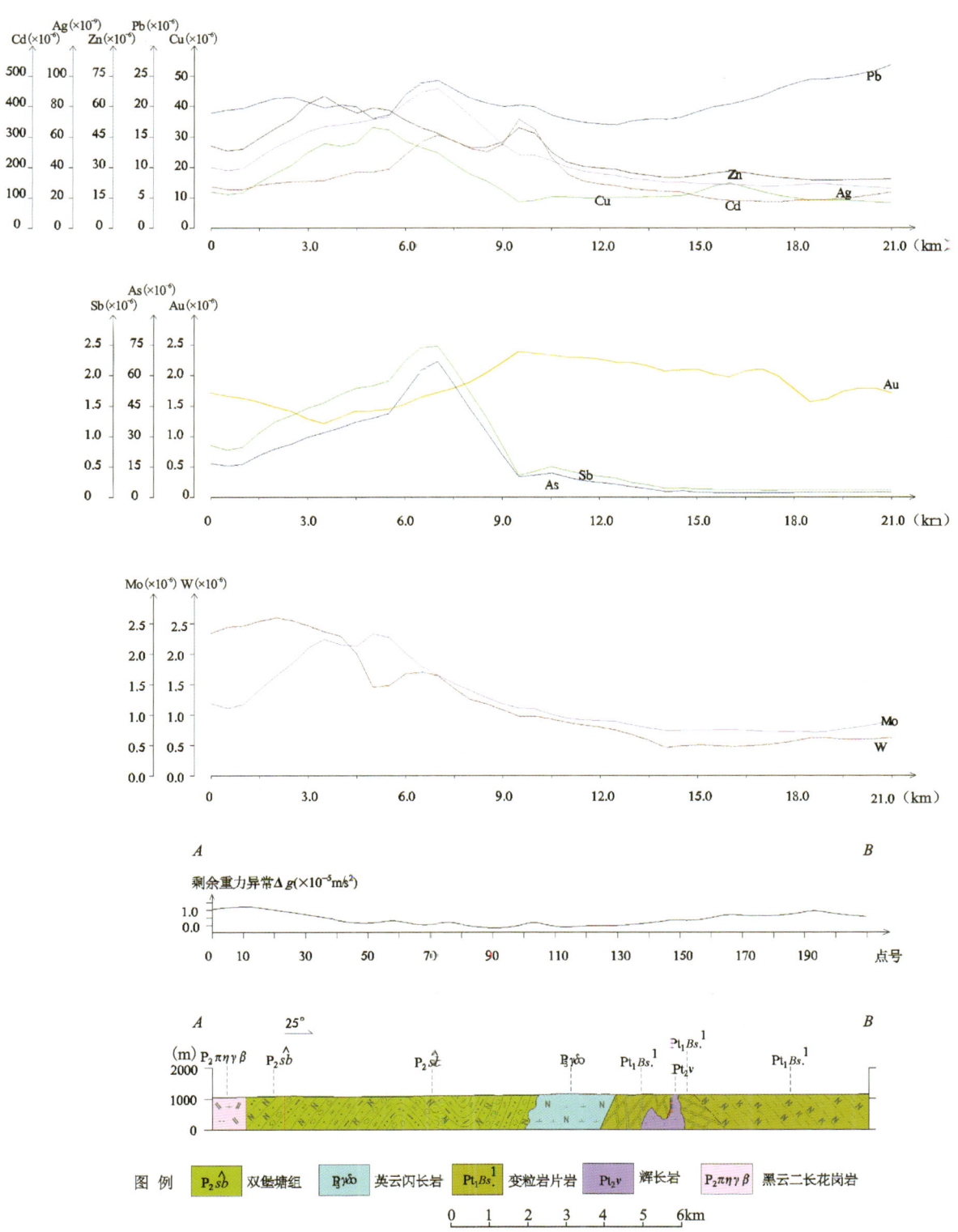

图 4-9　与新元古代基性—超基性侵入岩有关的岩浆熔离型铜镍矿预测模型图

表 4-7 与新元古代基性—超基性侵入岩有关的铜镍矿预测要素表

区域成矿要素		描述内容	要素类别
地质环境	大地构造位置	天山-兴蒙造山系,额济纳旗-北山弧盆系,红石山裂谷	必要
	成矿区(带)	磁海-公婆泉铁、铜、金、铅、锌、钨、锡、铷、钒、铀、磷成矿带,珠斯楞-乌拉尚德铜、金、铅、锌成矿亚带(Ⅳ级)	必要
	区域成矿类型及成矿期	基性—超基性侵入岩型;新元古代	必要
控矿地质条件	赋矿地质体	新元古代辉长岩及橄榄辉石岩	重要
	控矿侵入岩	新元古代辉长岩及橄榄辉石岩	重要
	主控矿构造	北西向断裂	重要
区内相同类型矿产		成矿区(带)内有 1 个铜矿点	重要
重力特征		重力正异常,剩余重力起始值$(0\sim4)\times10^{-5}/s^2$	必要
地球化学特征		隐伏铜镍矿上方没有明显的 Cu、Ni 异常,但出现 As、Cd、Au 以及 Sb、Hg、Ag、Ba、Mo 等组合异常	次要
遥感特征		遥感解译线性构造、环形构造发育	次要

第三节 预测成果及综合预测区特征

本成矿带共划分了 4 个成矿系列,按成矿系列共圈定 36 个综合预测区,主要预测矿种为铜、金、铁、钨、镍、萤石、锑等。共预测铜资源量 22.41×10^4 t,金 2.541t,镍 16.19×10^4 t,铁 $15\,086\times10^4$ t,钨 3.68×10^4 t,萤石 122×10^4 t,锑 9171t。按成矿系列分述如下。

一、与燕山期中酸性岩浆活动有关的钨钼锡锑矿床成矿系列综合预测区划分

该成矿系列共划分 13 个综合预测区,包括钨矿和锑矿两个主要预测矿种(图 4-10)。

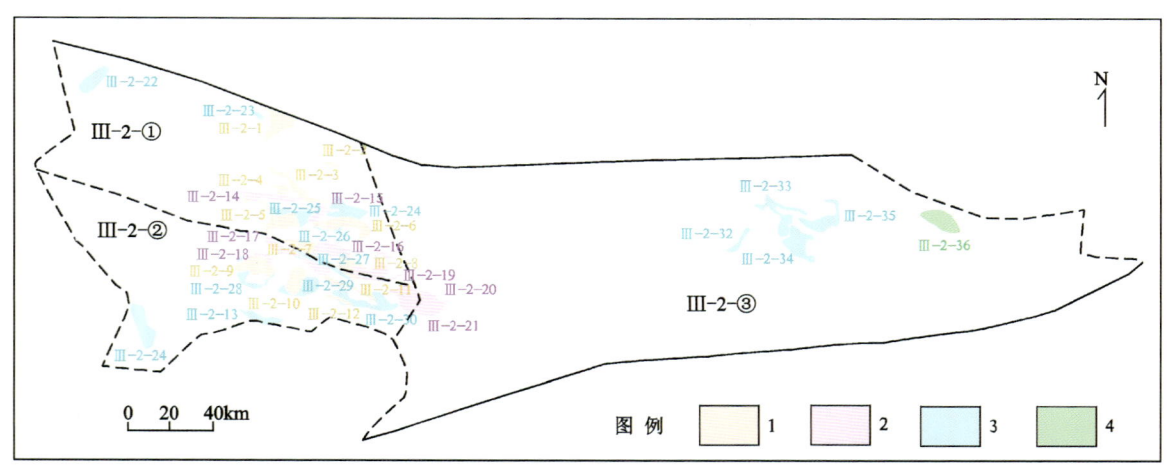

图 4-10 Ⅲ-2 综合预测区分布图

1.与燕山期中酸性岩浆活动有关的钨钼锡锑矿床成矿系列综合预测区;2.与印支期深成花岗岩有关的铁矿床成矿系列综合预测区;3.与海西期中酸性岩浆活动有关的金、金铅、铜、锑、萤石矿床成矿系列综合预测区;4.与新元古代基性—超基性侵入岩有关的铜镍矿床成矿系列综合预测区

1. 1310 高地南钨综合预测区（Ⅲ-2-1）

预测区面积为 192.09km²，预测钨资源量为 1 923.92t。出露白垩纪花岗岩岩株，区内断裂发育，主要为北西-南东向，预测区位于重力异常中心部位及二级重砂异常带内。W 元素化探异常起始值大于 $1.7×10^{-6}$。

2. 1100 高地南西钨综合预测区（Ⅲ-2-2）

预测区面积为 25.61km²，预测钨资源量为 327.30t。预测区 W 元素化探异常起始值大于 $1.7×10^{-6}$，区内断裂发育，区内有一级重砂异常。

3. 1220 高地钨综合预测区（Ⅲ-2-3）

预测区面积为 126.77km²，预测钨资源量为 547.20t。预测区 W 元素化探异常起始值大于 $1.7×10^{-6}$，零星分布，出露白垩纪花岗岩岩株，位于重力异常中心部位。区内有三级重砂异常，区内遥感解译异常及遥感环状构造发育，断裂发育。

4. 1258 高地钨综合预测区（Ⅲ-2-4）

预测区面积为 77.18km²，预测钨资源量为 877.2t。出露的地层为公婆泉组，出露白垩纪花岗岩岩株，区内有三级重砂异常，预测区位于重力异常边部。区内遥感解译异常及遥感环状构造发育，断裂发育。

5. 1354 高地钨综合预测区（Ⅲ-2-5）

预测区面积为 176.70km²。预测钨资源量为 1 043.84t。出露的地层为公婆泉组及园包山组，出露白垩纪花岗岩岩株，W 元素化探异常起始值大于 $1.7×10^{-6}$，预测区位于重力异常中心部位。区内断裂十分发育。区内矽卡岩化、硅化、角岩化蚀变发育。

6. 七一山钨综合预测区（Ⅲ-2-6）

预测区面积为 198.78km²，预测钨资源量为 21 482.01t。出露的地层为公婆泉组与园包山组，出露岩体为白垩纪花岗岩岩株，W 元素化探异常起始值大于 $3.7×10^{-6}$，预测区位于重力异常北东向边部。区内断裂较发育，遥感解译异常明显，磁异常明显。

7. 1442 高地钨综合预测区（Ⅲ-2-7）

预测区面积为 131.75km²，预测钨资源量为 1 316.56t。区内断裂发育，一条大断裂贯穿预测区，W 元素化探异常起始值大于 $1.7×10^{-6}$，预测区位于重力异常中心部位，且预测区内磁异常明显，遥感解译蚀变发育。

8. 1201 高地钨综合预测区（Ⅲ-2-8）

预测区面积为 198.58km²，预测钨资源量为 1 107.55t。预测区 W 元素化探异常起始值大于 $2.5×10^{-6}$，区内断裂发育，一条大断裂贯穿预测区，预测区位于重力异常边部，区内磁异常明显，有一遥感解译异常。

9. 1604 高地钨综合预测区（Ⅲ-2-9）

预测区面积为 178.88km²，预测钨资源量为 2 118.72t。预测区 W 元素化探异常起始值大于

3.7×10^{-6}，预测区位于重力异常中心部位，区内有两个遥感解译异常及遥感环状构造。

10. 1356 高地钨综合预测区（Ⅲ-2-10）

预测区面积为 122.38 km²，预测钨资源量为 2 644.36 t。预测区 W 元素化探异常起始值大于 3.7×10^{-6}，预测区位于较大断裂南侧，区内有一重力异常，指示有隐伏岩体存在。预测区位于重力异常中心部位，有两个遥感解译异常及遥感环状构造。

11. 1367 高地南东钨综合预测区（Ⅲ-2-11）

预测区面积为 89.02 km²，预测钨资源量为 3 157.6 t。区内出露白垩纪二长花岗岩，W 元素化探异常起始值大于 3.7×10^{-6}，预测区位于重力异常边部，区内断裂十分发育，发育一条大断裂。区内遥感解译环状构造明显，指示有隐伏岩体存在。

12. 1242 高地钨综合预测区（Ⅲ-2-12）

预测区面积为 30.75 km²，预测钨资源量为 228.96 t。预测区 W 元素化探异常起始值大于 1.7×10^{-6}，预测区位于重力异常边部，有一遥感解译蚀变，断裂较发育。

13. 阿木乌苏钨综合预测区（Ⅲ-2-13）

预测区面积为 85.25 km²，预测锑资源量为 9 048.46 t。区内有多条锑矿脉、金塔组火山岩、早白垩世花岗岩、北西向断层等重要的有利条件，重力剩余异常起始值为 $(0 \sim 3) \times 10^{-5}$ m/s²，航磁化极起始值为 $0 \sim 350$ nT，化探综合异常 Sb 起始值为 $(0.67 \sim 217.6) \times 10^{-6}$。

二、与印支期深成花岗岩有关的铁矿床成矿系列综合预测区划分

该成矿系列共划分出 8 个综合预测区（图 4-10）。

1. 望京山北综合预测区（Ⅲ-2-14）

预测区面积为 117.70 km²，预测铁资源量为 $2 036.90 \times 10^4$ t。矿床主要赋存于三叠纪钾长花岗岩、斑状花岗岩侵入青白口系大豁落山群上岩段钙质白云石大理岩所形成的矽卡岩中，侵入体与围岩接触部位矽卡岩化、蛇纹石大理岩化、硅化、绢云母化及高岭土化均比较发育，并伴有黄铁矿化、黄铜矿化等。近东西向断裂构造发育，为成矿提供了有利空间。航磁化极异常为 $0 \sim 300$ nT，重力异常为 $(1 \sim 5) \times 10^{-5}$ m/s²，航磁异常及重力异常非常明显。预测区内有大—中型矿产地 3 处。

2. 东七一山北西综合预测区（Ⅲ-2-15）

预测区面积为 76.88 km²，预测铁资源量为 $1 433.90 \times 10^4$ t。矿床主要赋存于海西中期的石英闪长岩侵入上奥陶统白云山组细碎屑岩夹灰岩的接触部位，侵入体与围岩接触部位矽卡岩化、硅化、绿帘石化及高岭土化均比较发育，并伴有黄铁矿化、黄铜矿化等。北西向与北东向断层构造交错发育，为成矿提供了有利空间。航磁异常明显，区内有中型矿产地 1 处。

3. 洗肠井综合预测区（Ⅲ-2-16）

预测区面积为 153.68 km²，预测铁资源量为 16.10×10^4 t。矿床主要赋存于三叠纪斑状花岗岩、钾长花岗岩及辉绿岩侵入青白口系大豁落山群上岩段钙质白云石大理岩的接触部位，地质情况复杂，侵入

体与围岩接触部位矽卡岩化、硅化、绿帘石化及高岭土化均比较发育,并伴有黄铁矿化、黄铜矿化等。北西向与北东向断层构造交错发育,为成矿提供了有利空间。航磁化极异常为200~400nT,航磁异常明显。

4. 望旭山综合预测区(Ⅲ-2-17)

预测区面积为159.52km^2,预测铁资源量为2 446.90×10^{4}t。矿床主要赋存于三叠纪斑状花岗岩、钾长花岗岩侵入青白口系大豁落山群上岩段钙质白云石大理岩的接触部位,地质情况复杂,侵入体与围岩接触部位矽卡岩化、硅化、绿帘石化及高岭土化均比较发育,并伴有黄铁矿化、黄铜矿化等。东西向与北东向断层构造交错发育,为成矿提供了有利空间。航磁化极异常为0~200nT,航磁异常明显。

5. 盘驼山北综合预测区(Ⅲ-2-18)

预测区面积为23.81km^2,预测铁资源量为141.50×10^{4}t。地层出露青白口系大豁落山群上岩段钙质白云石大理岩,地质情况复杂,东西向与北东向断层构造在该最小预测区集中交会,而且北东向褶皱构造也为成矿提供了有利空间,具有一定的找矿潜力。

6. 圆锥山综合预测区(Ⅲ-2-19)

预测区面积为167.41km^2,预测铁资源量为3 572.10×10^{4}t。矿床主要赋存于三叠纪辉绿岩侵入青白口系大豁落山群上岩段钙质白云石大理岩的接触部位,地质情况复杂,侵入体与围岩接触部位矽卡岩化、硅化、绿帘石化及高岭土化均比较发育,并伴有黄铁矿化、黄铜矿化等。北西向与北东向断层构造交错发育,为成矿提供了有利空间。航磁化极异常为0~400nT,航磁异常明显。该最小预测区内有大型矿产地1处。

7. 青山头综合预测区(Ⅲ-2-20)

预测区面积为146.78km^2,预测铁资源量为2 645.90×10^{4}t。地表零星出露及钻孔揭露第四系下伏为青白口系大豁落山群上岩段钙质白云石大理岩,航磁化极异常为0~300nT,重力异常为(0~6)×10^{-5}m/s^2,航磁异常及重力异常非常明显,侵入体与围岩接触部位矽卡岩化、硅化、绿帘石化及高岭土化均比较发育,并伴有黄铁矿化、黄铜矿化等。北东向褶皱及北北东向断层构造交错发育,北东向背斜褶皱构造也为成矿提供了有利空间。

8. 青山头东山综合预测区(Ⅲ-2-21)

预测区面积为169.03km^2,预测铁矿资源量为2 792.90×10^{4}t。矿床主要赋存于海西中期辉绿岩侵入青白口系大豁落山群上岩段钙质白云石大理岩的接触部位,地质情况复杂,侵入体与围岩接触部位矽卡岩化、硅化、绿帘石化及高岭土化均比较发育,并伴有黄铁矿化、黄铜矿化等。北西向与北东向断层构造交错发育,为成矿提供了有利空间。航磁异常明显。该最小预测区西邻预测区内有大型矿产地1处。

三、与海西期中酸性岩浆活动有关的金、金铅、铜、锑、萤石矿床成矿系列综合预测区的划分

该成矿系列包括3个主要预测矿种,分别为金矿、萤石矿和铜矿,共划分出14个综合预测区(图4-13)。

1. 1547高地南金综合预测区(Ⅲ-2-22)

预测区面积为125.86km^2,预测金资源量为270.18kg。出露地质体主要为中志留世公婆泉组流红

岩,其周围南侧出露晚石炭世英云闪长岩。区内剩余重力异常值$(-2\sim1)\times10^{-5}$ m/s^2,处于正、负异常的过渡区;区内有Au、As、Sb、W组合异常,Au元素化探异常梯度较平缓,异常值$(2.3\sim2.9)\times10^{-9}$。

2. 三个井金综合预测区(Ⅲ-2-23)

预测区面积为12.92km^2,预测金资源量为6 202.0kg。出露地层主要为下中石炭统绿条山组砂砾岩、千枚岩,其周围北侧出露晚石炭世英云闪长岩。区内见硅化蚀变带标志,有北西西向断层2条,有三个井典型矿床。区内航磁化极异常值0~100nT,北东侧有高达600nT的正异常,剩余重力异常值$(1\sim4)\times10^{-5}$ m/s^2,处于正、负异常的过渡区;区内有Au、As、Sb、W组合异常,处于Au元素化探异常的浓集中心,异常值为$(1.2\sim395.2)\times10^{-9}$。

3. 1108高地萤石综合预测区(Ⅲ-2-24)

预测区面积为178.35km^2,预测萤石资源量为5.816×10^4 t。出露地层为北山群片岩、大理岩、石英岩和志留系公婆泉组安山岩、安山玄武岩等,中部零星出露白云山组。区内发育大面积石炭纪斜长花岗岩和侏罗纪花岗岩。

4. 1108高地萤石综合预测区(Ⅲ-2-25)

预测区面积为185.91km^2,预测萤石资源量为4.839×10^4 t。出露地层为志留纪公婆泉组安山岩、安山玄武岩、流纹岩、凝灰岩夹灰岩等。区内发育大面积石炭纪斜长花岗岩。

5. 东七一山萤石综合预测区(Ⅲ-2-26)

预测区面积为87.93km^2,预测萤石资源量为37.729×10^4 t。预测区北部出露大面积的石炭纪斜长花岗岩及志留纪公婆泉组安山岩、安山玄武岩、流纹岩、凝灰岩夹灰岩;南部出露苦泉组;西南部出露部分白垩系赤金堡组,土黄色、灰色、深灰色砾岩、砂岩、泥岩夹石膏、菱铁矿及煤线。

6. 1488高地萤石综合预测区(Ⅲ-2-27)

预测区面积为157.65km^2,预测萤石资源量为45.991×10^4 t。预测区北部出露寒武系西双鹰山组结晶灰岩、白云质灰岩、硅质灰岩、硅质板岩,呈北西向展布;南部出露震旦系洗肠井群冰碛砾岩、泥砾岩、板岩、白云质灰岩和蓟县系—青白口系圆藻山群大理岩、结晶灰岩、白云质灰岩、白云岩。区内断裂构造十分发育,多呈北西向展布。

7. 炮台山西1592高地金综合预测区(Ⅲ-2-28)

预测区面积为196.66km^2,预测金资源量为6 394.40kg。矿床主要赋存于中元古界长城系古硐井群上岩组(Pt_2ChG^2),及东西向断裂带上,矿体呈透镜状、层状产于大理岩、矽卡岩中。矿石矿物为磁黄铁矿、黄铁矿等,脉石矿物主要为铁闪石、方解石、石英、阳起石、透闪石,其次为石榴石、绿泥石等。局部形成工业矿体。航磁化极等值线起始值在40nT以上,剩余重力异常起始值在15nT以上;有重砂异常、遥感铁染异常。区内有1个已知小型矿床和1个矿化点。

8. 炮台山西1440高地金综合预测区(Ⅲ-2-29)

预测区面积为175.74km^2,预测金资源量为2 930.30kg。矿床主要赋存于中元古界长城系古硐井群上岩组(Pt_2ChG^2)。航磁化极等值线起始值在160nT以上,剩余重力异常起始值在20nT以上。

9. 老硐沟金综合预测区(Ⅲ-2-30)

预测区面积为198.79km^2,预测金资源量为9 421.67kg,萤石资源量为6.191×10^4 t。矿床主要赋存于中元古界长城系古硐井群上岩组（Pt_2ChG^2），矿体呈透镜状、层状产于大理岩、灰岩、矽卡岩中，矿石矿物主要有自然金、金铅铜矿石、金铅铁矿石，少量磁黄铁矿、黄铁矿、赤铁矿，局部见星点浸染状黄铜矿和方铅矿。脉石矿物主要为铁闪石、方解石、石英、阳起石、透闪石，其次为石榴石、绿泥石、黑云母、角闪石等。局部形成工业矿体。区内有金铅矿化点1处。预测区局部及下游存在重砂异常，航磁化极等值线起始值在0nT以上，重力剩余异常起始值在$-2×10^{-5}m/s^2$以上。

10. 神螺山萤石综合预测区（Ⅲ-2-31）

预测区面积为176.87km²，预测萤石资源量为$21.216×10^4$t。预测区北部出露小面积侏罗系夏芨沟组，灰白色、黄褐色砾岩、砂岩、砂质页岩夹煤线和石炭系红柳园组砾岩、砂岩、页岩夹灰岩，见小部分二叠纪花岗岩侵入；中部出露大面积白垩系赤金堡组，土黄色、灰色、深灰色砾岩、砂岩、泥岩夹石膏、菱铁矿及煤线；南部出露大面积二叠系金塔组灰绿色玄武岩、凝灰岩、火山角砾岩、凝灰质砂岩夹页岩、硅质岩与灰岩。区内发育北西向断裂构造。

11. 辉森乌拉铜综合预测区（Ⅲ-2-32）

预测区面积为47.53km²，预测铜资源量为2 078.74t。出露地层主要为中下石炭统绿条山组杂砂岩-石英砂岩-粉砂岩-泥岩-灰岩建造。侵入岩为晚三叠世二长花岗岩和中三叠世花岗闪长岩，大面积出露分布。区内航磁化极表现为低缓正磁异常，剩余重力异常为重力低，异常值$(-160～-155)×10^{-5}m/s^2$；局部Cu元素异常浓度分带明显，Cu元素化探异常值$(28～61)×10^{-6}$。

12. 单面山铜综合预测区（Ⅲ-2-33）

预测区面积为155.71km²，预测铜资源量为12 194.39t。出露地层为上泥盆统西屏山组，主要岩性为长石石英砂岩夹灰岩透镜体、砾岩，中二叠统双堡塘组杂砂岩-复成分砾岩，侵入岩为侏罗纪二长花岗岩。有2个铜矿点位于该区内。区内航磁化极为低背景下的正磁异常，异常值$-100～0$nT；区内表现为剩余重力低异常，异常值$(0～160)×10^{-5}m/s^2$；Cu元素异常三级浓度分带明显，Cu元素化探异常值$(18～42)×10^{-6}$。遥感显示有铁染异常。

13. 珠斯楞铜综合预测区（Ⅲ-2-34）

预测区面积为184.15km²，预测铜资源量为9 476.56t。出露地层为中泥盆统伊克乌苏组，主要岩性为陆相-浅海相碎屑岩夹碳酸盐岩，上泥盆统西屏山组，主要岩性为长石石英砂岩夹灰岩透镜体、砾岩。侵入岩为石炭纪闪长花岗岩、斜长花岗岩、二长花岗岩，志留纪闪长岩。区内北西向构造发育，珠斯楞铜矿位于该区。区内表现为剩余重力低异常，异常值为$-160×10^{-5}m/s^2$；Cu元素异常三级浓度分带明显，Cu元素化探异常值$(28～61)×10^{-6}$。

14. 额成黑综合预测区（Ⅲ-2-35）

预测区面积为155.96km²，预测铜资源量为5 405.65t。出露地层主要为中下石炭统及二叠系。区内表现为剩余重力低异常，Cu元素异常浓度分带较明显，异常值低。

四、与新元古代基性—超基性侵入岩有关的铜镍矿床成矿系列综合预测区划分

该成矿系列包括两个主要预测矿种：铜矿和镍矿，共划分出1个综合预测区（图4-10），即亚干综合预测区（Ⅲ-2-36）。

预测区面积为 172.57km², 预测铜资源量为 234 358.90t, 镍矿资源量为 161 894.55t。出露地层为古元古界北山岩群变质岩, 岩浆岩为新元古代辉长岩。断裂主要以北东向和近北西向为主。区内有亚干铜矿 1 处, 形成于新元古代辉长岩。区内有明显的重力异常及重力异常推断的隐伏基性岩体, 在亚干铜矿北侧有 Cu 元素化探异常。

第四节 多矿种综合靶区部署建议

该成矿区(带)内包括钨矿、锑矿、铁矿、金矿、萤石矿、铜矿和镍矿 7 个主要预测矿种, 共划分出 8 个综合勘查区: 1547 高地南金矿综合勘查区; 三个井金矿、钨矿综合勘查区; 七一山钨矿、萤石矿、铁矿综合勘查区; 老硐沟金矿、铁矿、钨矿、萤石矿综合勘查区; 神螺山萤石矿综合勘查区; 阿木乌苏锑矿综合勘查区; 珠斯楞铜矿综合勘查区和亚干铜镍矿综合勘查区(图 4-11)。

图 4-11 磁海-公婆泉成矿带(Ⅲ-2)多矿种综合靶区部署建议图

在亚干铜镍综合勘查区、阿木乌苏锑矿综合勘查区、神螺山萤石矿综合勘查区内已分别有亚干铜镍矿、阿木乌苏锑矿和神螺山萤石矿, 工作程度较高, 其外围可进一步安排中大比例尺的地质、物探、化探工作进行普查, 必要时可采用槽探、井探、钻探等手段, 寻找隐伏的工业矿体。其余综合勘查区面积都较大, 地质工作程度普遍不高, 根据已有资料只能达到预查程度, 需要进一步安排中大比例尺的和基础的地质、物探、化探、遥感等工作, 缩小找矿靶区(表 4-8)。

表 4-8 磁海-公婆泉成矿带(Ⅲ-2)多矿种综合勘查区部署建议一览表

序号	综合勘查部署区					勘查部署建议
	编号	名称	面积 (km²)	等级	预测矿种及资源量	
1	Ⅲ-2-1	1547 高地南金矿综合勘查区	265.49	预查	金矿 270.18kg	本区未开展 1∶5 万区调工作, 应先进行基础地质调查, 查明本区基本地质情况; 必要的中大比例尺填图和化探、物探工作
2	Ⅲ-2-2	三个井金矿、钨矿综合勘查区	1 048.6	预查	金矿 6 202.0kg, 钨矿 2 251.22t	本区未开展 1∶5 万区调工作, 应先进行基础地质调查, 查明本区基本地质情况; 必要的中大比例尺填图和 F 元素化探工作

续表 4-8

综合勘查部署区						勘查部署建议
序号	编号	名称	面积（km²）	等级	预测矿种及资源量	
3	Ⅲ-2-3	七一山钨矿、萤石矿、铁矿综合勘查区	2 224.75	预查	钨矿 23 950.25t，萤石矿 48.384×10⁴t，铁矿 3 470.80×10⁴t	本区未开展1∶5万区域地质调查工作，应先进行基础地质调查，查明本区基本地质情况；进行中大比例尺填图、物探、化探工作，在七一山地区可进行必要的槽探和钻探工作
4	Ⅲ-2-4	老硐沟金矿、铁矿、钨矿、萤石矿综合勘查区	3 767.87	预查	金矿 18 746.37kg，萤石矿 52.182×10⁴t，钨矿 10 573.75t，铁矿 11 615.40×10⁴t	本区未开展1∶5万区域地质调查工作，应先进行基础地质调查，查明本区基本地质情况；进行中大比例尺填图工作，建议采用重力、磁法、电法勘探等，建议开展 As、Sb、W、Cu、Pb、Zn、Ag、W、Mo、Bi 10 种元素的化探工作，在老硐沟地区可进行必要的槽探和钻探工作
5	Ⅲ-2-5	神螺山萤石矿综合勘查区	301.57	普查	萤石矿 21.216×10⁴t	本区未开展1∶5万区域地质调查工作，应先进行基础地质调查，查明本区基本地质情况；进行中大比例尺填图和F元素化学勘探工作，进行必要的重力勘探和钻探工作
6	Ⅲ-2-6	阿木乌苏锑矿综合勘查区	228.21	普查	锑矿 9 048.46t	本区未开展1∶5万区域地质调查工作，应先进行基础地质调查，查明本区基本地质情况；建议开展重力、磁法及电法勘探工作，以地表槽探、浅井及大量钻探工作为主
7	Ⅲ-2-7	珠斯楞铜矿综合勘查区	1 705.15	预查	铜矿 29 155.34t	本区未开展1∶5万区域地质调查工作，应先进行基础地质调查，查明本区基本地质情况；建议开展重力、磁法及电法勘探工作，对12种元素进行调查，以地表槽探、浅井及少量钻探工作为主
8	Ⅲ-2-8	亚干铜镍矿综合勘查区	346.11	普查	铜矿 234 358.90t，镍矿 161 894.55t	本区未开展1∶5万区域地质调查工作，应先进行基础地质调查，查明本区基本地质情况；地面高精度磁测、磁法勘探，Cu、Zn、As、Pb、Sn、Ag、Au、Co、Cr、Fe、Mn、Ni、Ti、V 等38个元素采样分析

第五章　阿拉善(台隆)成矿带(Ⅲ-3)预测成果

第一节　区域成矿背景

一、成矿地质条件

1. 区域地质背景

根据成矿作用控制、主导控矿因素、矿田分布区及矿化富集区的成矿作用特征，成矿带可进一步划分为以下4个成矿亚带。

1) Ⅲ-3-①碱泉子-卡休他他金、铁成矿亚带

大地构造单元属于(Ⅰ)天山-兴蒙造山系(Ⅰ-9)额济纳旗-北山弧盆系(Ⅰ-9-6)哈特布其岩浆弧的西南端。

本成矿亚带位于恩格尔乌苏蛇绿混杂岩带之南，是一个在古老变质基底之上发育的晚古生代火山弧。石炭纪发育有超基性岩、辉长岩、闪长岩、花岗闪长岩、花岗岩等岩石构造组合。二叠纪向南的俯冲作用，在石炭纪岩浆弧之上形成二叠纪双堡塘组、大红山组火山-沉积建造，二叠纪陆缘弧岩浆岩带。

自太古代以来，本区遭受了多次构造变动，其中最主要的是东西向褶皱、断裂和走向北西的隆起。以东西向构造带为主体，相伴有北东向、北西向及南北走向次一级多种构造形态。以黑山井-红墩子构造构成北带，南带为库和乌拉东西向构造带，南北两带几乎平行分布于区内。北西向、北东向次一级构造多以张性正断层构成，北东向以压扭性逆断层为主。褶皱和断裂的存在给岩浆期后热液活动提供了运移通道，给矿液富集提供了空间。

2) Ⅲ-3-②龙首山元古代铜、镍、铁、稀土成矿亚带

大地构造属于华北陆块区(Ⅱ)阿拉善陆块(Ⅱ-7)龙首山基底杂岩带(Ⅱ-7-2)。

变质基底岩系由古元古代二道洼群低角闪岩相-高绿片岩相变质建造组成，原岩为一套中基性火山岩、中酸性火山岩和正常碎屑岩建造、富镁碳酸盐岩建造。其上不整合覆盖有中元古代被动陆缘陆棚碎屑岩盆地的墩子沟岩群。震旦系草大坂组、烧火筒沟组为陆表海碳酸盐岩、碎屑岩和冰碛砾岩、粉砂岩、千枚岩沉积。两者均为盖层性质沉积。下石炭统为碎屑岩陆表海盆地石英砂岩、灰岩组合。中生代本区进入盆山构造体系阶段，形成侏罗纪—白垩纪中型断陷盆地。盆地内为河湖相砂砾岩、粉砂岩、黏土

质页岩、含煤碎屑岩组合。

岩浆活动有中元古代俯冲岩浆杂岩英云闪长岩侵入。寒武纪发育有裂谷性质的层状基性—超基性杂岩；志留纪为高钾质碱性俯冲岩浆杂岩岩石构造组合。

区内分布有桃花拉山铌稀土矿、宽湾井铁矿及哈马胡头沟磷矿等。

3）Ⅲ-3-③阿拉腾敖包-沙拉西别铂-铜-铅-铁-萤石成矿亚带

大地构造属于华北陆块区狼山-阴山陆块、狼山-白云鄂博裂谷。

本区为发生在华北陆块古老结晶基底岩系之上的陆缘裂谷带，在本成矿亚带内主要由渣尔泰山群构成。增隆昌组是与成矿有关的主要地层。晚石炭世石英闪长岩侵入该地层，在接触带处岩石不同程度地发生接触变质和热力变质作用，由接触带向外产生矽卡岩、角岩及角岩化千枚岩，组成了含矿矽卡岩，矿床主要赋存于外接触带中。

自早古生代以来，本区一直处于隆起状态。区内北北东—近东西向断裂比较发育，为后期岩浆活动、成矿组分的运移提供了通道。北北东—近东西向断裂构造为成矿前构造，对控矿有一定的影响，北西向断裂构造为成矿后构造。

4）Ⅲ-3-④图兰泰-朱拉扎嘎金、盐、芒硝、石膏成矿亚带

大地构造属于华北陆块区阿拉善陆块迭布斯格岩浆弧（Ⅱ-7-1）。

区域内出露的地层主要有中元古界渣尔泰山群增隆昌组、阿古鲁沟组浅变质碎屑岩，白垩系乌兰苏海组泥岩、砂砾岩，第三系（古近系＋新近系）清水营组砂岩、粉砂岩。

区域内岩浆活动强烈，延续时间长，从元古宙吕梁期一直到中生代燕山晚期，其中以海西晚期岩浆活动最强烈，且岩浆岩分布广泛，岩性从超基性岩到酸性岩均有，以酸性岩为主。

区内断裂构造发育，主要有朱拉扎嘎毛道一带的北东向和北北西向断裂，在平面上形成了"入"字形。区内分布的褶皱构造主要为巴彦西别-朱拉扎嘎毛道宽缓背斜，褶皱轴呈北西西向、北西向分布。在朱拉扎嘎金矿西北部乌兰内哈沙一带发育推覆构造。

2. 矿产分布特征

该区已发现铁、铜、金、铅锌、稀土、磷、萤石等矿种，共19处矿产地，其中以接触交代型铁铜矿床（沙拉西别）、铁矿床（克布勒）和沉积-热液改造型金矿床（朱拉扎嘎）为主，优势矿种为铁矿、铜矿、金矿。

其分布具有以下特征：与渣尔泰山群阿古鲁沟组有关的层控改造型金矿分布在中元古代裂谷带内；与层控有关的稀土矿、铁矿及磷矿主要分布在与甘肃交界的龙首山基底杂岩带内。与晚古生代侵入杂岩有关的矽卡岩型、热液型矿床主要分布在陆块北缘古生代火山弧岩浆岩带内。

3. 成矿区（带）及成矿系列划分

该Ⅲ级成矿带位于内蒙古自治区西部，呈近东西向不规则状分布。成矿单元属于古亚洲成矿域（Ⅰ-1），华北（陆块）成矿省（Ⅱ-14），划分4个Ⅳ级成矿带：碱泉子-卡休他他金、铁成矿亚带（Ⅲ-3-①）、龙首山元古宙铜、镍、铁、稀土成矿亚带（Ⅲ-3-②）、阿拉腾敖包-沙拉西别铂、铜、铅、铁、萤石成矿亚带（Ⅲ-3-③）、图兰泰-朱拉扎嘎金、盐、芒硝、石膏成矿亚带（Ⅲ-3-④）。

该Ⅲ级成矿带划分了5个成矿系列，4个成矿亚系列（表5-1，附图5）。

表 5-1 阿拉善（台隆）成矿带（Ⅲ-3）成矿系列、矿床类型一览表

矿床成矿系列	矿床成矿亚系列	成矿元素	矿床	类型	矿床式	成矿时代
与印支期深成花岗岩有关的萤石矿床成矿系列	与印支期花岗岩有关的铌、钽、铯、铍、白云母矿床成矿亚系列	萤石	哈布达哈拉萤石矿	热液充填型	哈布达哈拉式	印支期中粗粒花岗岩、黑云二长花岗岩
与中元古代基性—中酸性火山作用有关的金、铁、铅、锌、铜、硫、铁矿床成矿系列	与中元古代海相基性—中酸性火山喷流-沉积作用有关的铁、金矿床成矿亚系列	Au	朱拉扎嘎金矿、哈尧尔哈尔金矿、乌兰呼都格金矿	沉积-热液改造型	朱拉扎嘎式	Sm-Nd法：1293～1187Ma；中元古界渣尔泰山群阿古鲁沟组
与古生代基性—中酸性岩浆作用有关的铁、金、铅锌矿床成矿系列	与晚古生代基性岩浆作用有关的铁（金）矿床成矿亚系列	Fe(Au)	卡休他他铁矿	矽卡岩型	卡休他他式	晚石炭世
	与晚古生代岩浆活动有关的铁、铜、铅、锌、金矿床成矿亚系列	Fe、Au、Pb、Zn	沙拉西别、克布勒铁金铅锌矿	矽卡岩型	沙拉西别式	晚石炭世闪长岩
		Au	碱泉子金矿、特拜金矿	热液型	碱泉子式	海西期
与古元古代岩浆岩作用有关的铜、铁、稀土矿床成矿系列		REE、Nb	桃花拉山铌稀土矿	沉积变质型铌稀土矿	桃花拉山式	古元古代
与新元古代冰水沉积作用有关的铁、磷矿床成矿系列		Fe	宽湾井铁矿	沉积型	宽湾井式	新元古代
		P	青井子磷铁矿、爽沟磷铁矿、哈马胡头沟磷铁矿	沉积型	青井子式	新元古代

二、地球化学特征

（一）元素区域分布特征

该成矿区（带）内主要的组合异常元素或氧化物有 Cu、Fe_2O_3、Ni、La、Nb、Y、Th 等元素，异常元素主要分布在该带西部和东部地区，中部地区异常元素分布较少，异常元素多分布在断裂构造两侧，与断裂构造关系密切。对应的地层主要有太古宇、元古宇、二叠系、石炭系；对应的岩体主要有太古宙和石炭纪辉长岩、石炭纪超基性岩等岩体。

（二）综合异常特征

根据异常元素组合特征，成矿区（带）内共圈定了 11 处综合异常（附图 6）。根据综合异常特征，并结合异常所处区域地质环境，以及分布的矿点、矿化点等特征，将综合异常分为以 Au、Cu、Fe_2O_3、Ni 为主的综合异常和以 La、Th、Y、Nb 为主的综合异常。

1. 以 Au、Cu、Fe_2O_3、Ni 为主的综合异常

该组综合异常在成矿区(带)内均有分布,对应的地层多为太古宇和元古宇等老地层。具体对应的地层有太古宇乌拉山岩群、古元古界二道洼群、长城系书记沟组和增隆昌组、蓟县系阿古鲁沟组。异常区构造发育,主要发育大的断裂构造。

综合异常中的组合异常元素和氧化物有 Cu、Au、Fe_2O_3、Ni、La、Y、Th、Nb,其中主要的异常元素和氧化物为 Cu、Au、Fe_2O_3、Ni,且各异常元素形态十分相似,异常间呈相互吻合的状态。

成矿区(带)内分布有多个金、铁、铜矿床(点)及矿化点,已查明的金矿床均位于综合异常范围内。

综合以上信息推测,该区太古宇、元古宇等老地层和断裂构造发育的地区可能是寻找金矿床的有利地区。

2. 以 La、Th、Y、Nb 为主的综合异常

该组综合异常多与该区分布的酸性岩体有关,区域出露的地层有二叠系大石寨组、白垩系巴音戈壁组以及第四系。异常区侵入岩发育,且出露面积较大,出露的侵入岩体有石炭纪花岗闪长岩、二叠纪花岗岩、三叠纪花岗岩。

综合异常中的异常组合元素和氧化物有 La、Y、Th、Nb、Cu、Au、Fe_2O_3、Ni,异常元素以 La、Y、Th、Nb 为主,元素异常范围较大,元素间相互套合较好。

三、区域重力场特征

成矿带位于狼山-贺兰山西缘巨型梯级带以西地区。区域重力场自西向东由北西逐渐转为近东西向。布格重力异常总体展布方向受区域构造格架控制。Ⅲ-3 成矿带东界北东向布格重力异常梯级带,对应狼山-贺兰山深大断裂,北界为物探推断的由北西向转为近东西向的喇嘛井-雅布赖深大断裂。

成矿带为区域布格重力异常低值区,多处叠加局部重力低异常。局部重力异常等值线多处呈密级带状分布或发生同向扭曲,布格重力异常的复杂形态,是该区域强烈的岩浆活动和普遍发育的断裂构造的客观反映。

在剩余重力异常图上(图 5-1),基底隆起区对应形成明显的剩余重力正异常。尤其在东界对应元古宙基底隆起区形成一明显的北北东向展布的剩余重力异常带。在其西侧边部伴有串珠状展布的正磁异常,是由伴随深大断裂(狼山-贺兰山断裂)形成基性物质的聚集引起。在大规模早古生代酸性岩分布区和太古宙—元古宙坳陷区,对应形成明显的剩余重力负异常。各成矿亚带航磁特征(图 5-2)简述如下:

(1)Ⅲ-3-①碱泉子-卡休他他金、铜、铁、铂成矿亚带。在航磁 ΔT 等值线平面图上,主要有 3 处异常,位于成矿亚带中部及南部,异常主要呈条带状,东西向展布,北侧伴生负异常,强度高,梯度变化较大;北部则为低缓负磁异常。

(2)Ⅲ-3-②龙首山元古宙铜、镍、铁、稀土成矿亚带。该成矿亚带面积较小,在航磁 ΔT 等值线平面图上,成矿带内主要为平缓的负异常。

(3)Ⅲ-3-③沙拉西别铜、铁、铂成矿亚带。在航磁 ΔT 等值线平面图上,成矿亚带内主要分为 2 处面积较大的正磁异常,东北部正异常幅值不高,变化平缓,西南部磁异常由 4 个圆形磁异常组成,强度高,梯度大。北侧伴生负异常。2 处异常中间及两侧为负异常。

(4)Ⅲ-3-④图兰泰-朱拉扎嘎金、盐、芒硝、石膏成矿亚带。在航磁 ΔT 等值线平面图上,成矿亚带内以平缓负异常为背景,异常范围在 $-250\sim325$ nT 之间,正磁异常主要集中在中南部,呈不规则椭圆形及带状,沿北东向展布,变化相对平缓,北部为幅值较大的负异常。

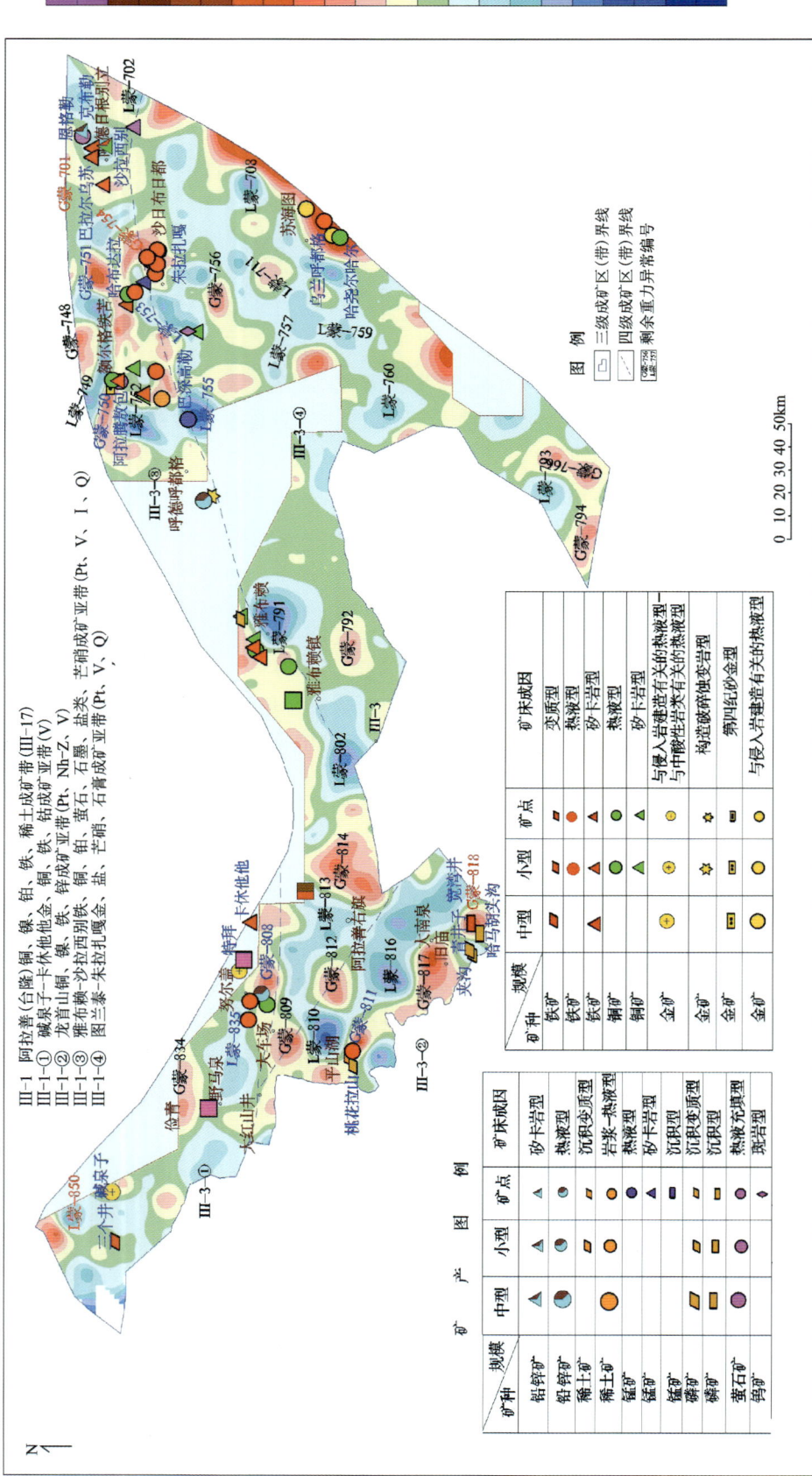

图 5-1 阿拉善（台隆）成矿带（Ⅲ-3）剩余重力异常图

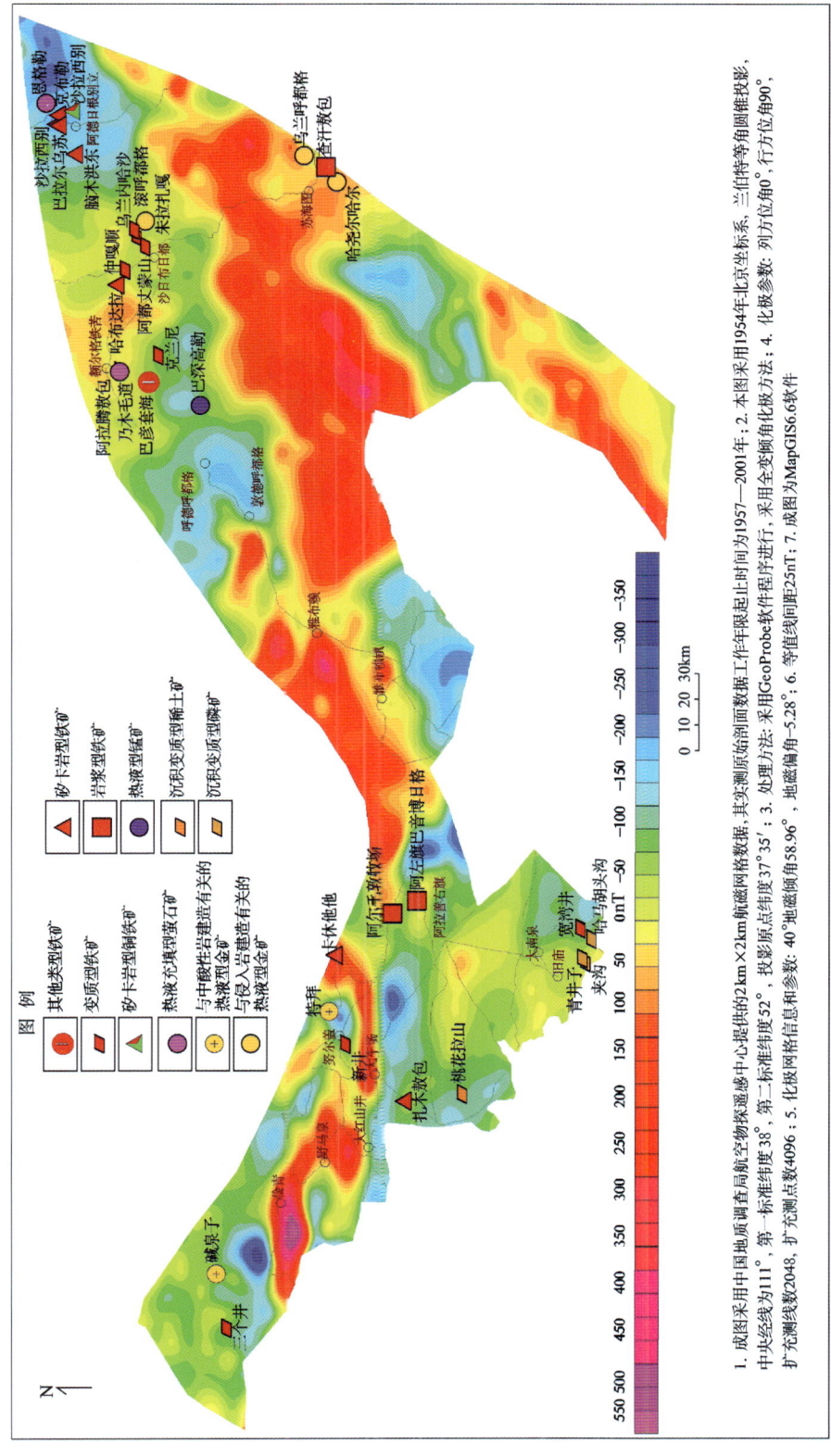

图 5-2 阿拉善（台隆）成矿带（Ⅲ-3）航磁 ΔT 等值线平面图

四、区域遥感特征

遥感影像特征如图 5-3 所示,成矿带内断裂构造不十分发育,主要以北东向和北东东向两组断裂控制,而该区域的矿产也主要分布在这两组断裂带上,与此相应的羟基、铁染异常分布特征也与断裂相关。该区已知的矿产如碱泉子金矿、特拜金矿、卡休他他铁多金属矿、朱拉扎嘎金矿、哈尧尔哈尔金矿、乌兰呼都格金矿等均与羟基、铁染异常的分布密切相关。

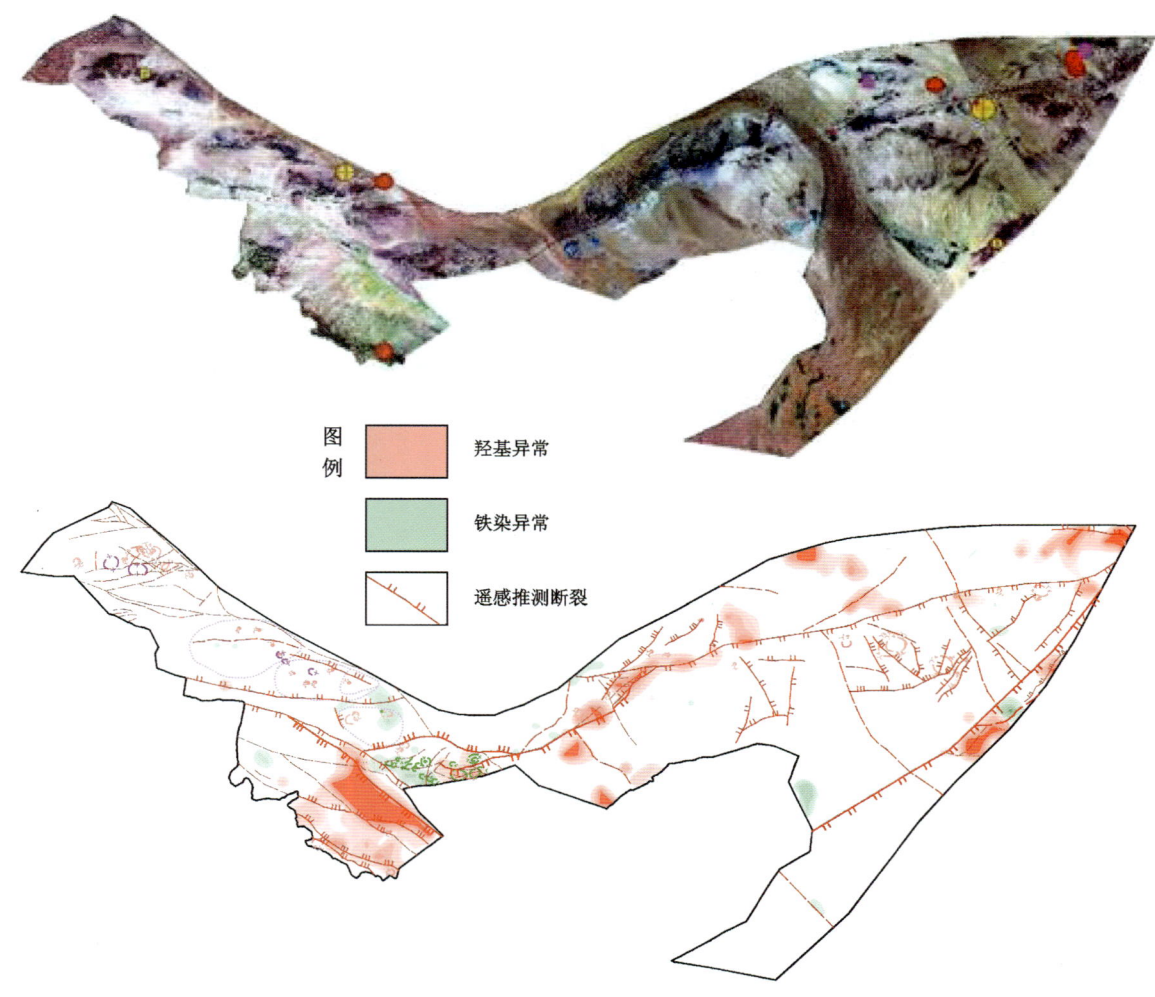

图 5-3 阿拉善(台隆)成矿带(Ⅲ-3)遥感影像图(上)及综合信息图(下)

第二节 重要矿种预测评价模型

该成矿带涉及矿种主要有金矿、铁矿、萤石矿、磷矿、稀土矿,主要有 4 种矿产预测类型:热液型、矽卡岩型、沉积-热液改造型、沉积变质型,共划分了 5 个成矿系列。

一、与印支期深成花岗岩有关的萤石矿床成矿系列预测评价模型

该系列只有热液充填型一种矿产预测类型(表5-2),矿种为萤石矿,以哈布达哈拉式热液充填型萤石矿为代表,涉及哈布达哈拉-恩格勒萤石矿预测工作区。

预测模型图(图5-4)以地质剖面图为基础,叠加区域航磁、重力和化探剖面图而形成,简要表示预测要素内容及其相互关系,以及时空展布特征,萤石矿处于区域F地球化学异常高值区,矿床F地球化学异常值高于806×10^{-6},异常最高起始值为1003×10^{-6},区域剩余重力异常显示为平稳的负异常区,剩余重力值范围为$(-2\sim-1)\times10^{-5}\mathrm{m/s^2}$。

表5-2 与印支期深成花岗岩有关的热液充填型萤石矿预测要素表

区域成矿要素		描述内容	要素类别
特征描述		热液充填型萤石矿床	
地质环境	大地构造位置	华北陆块区(Ⅱ),阿拉善陆块(Ⅱ-7),迭布斯格-阿拉善右旗陆缘岩浆弧(Ⅱ-7-1)	重要
	成矿区(带)	古亚洲成矿域(Ⅰ-1),华北西部(地台)成矿省(Ⅱ-14),阿拉善(台隆)铜、镍、铂、铁、稀土、磷、石墨、芒硝、盐成矿亚带(Pt、Pz、Kz)(Ⅲ-3),碱泉子-卡休他他-沙拉西别金、铜、铁、铂成矿亚带(C、Vm、Q)(Ⅲ-3-①)	重要
	成矿环境	印支期含矿热液沿构造裂隙侵入	重要
	含矿岩体	印支期中粗粒花岗岩、黑云二长花岗岩为成矿提供热液,似斑状二长花岗岩与碱长花岗岩同为矿体形成的母岩	重要
	成矿时代	印支期	必要
控矿地质条件	控矿侵入岩	印支期花岗岩、黑云二长花岗岩、似斑状二长花岗岩和碱长花岗岩	必要
	主控矿构造	受南北向断裂构造控制	必要
	围岩蚀变	硅化、绢云母化、高岭土化	重要
区内相同类型矿产		成矿区(带)内有1个小型矿床、1个中型矿床	重要
物、化探特征	重力	萤石矿所在区域剩余重力异常显示为平稳的负异常区,剩余重力值范围为$(-2\sim-1)\times10^{-5}\mathrm{m/s^2}$	
	化探	萤石矿处于区域F地球化学异常高值区,矿床F地球化学异常值高于806×10^{-6},异常最高起始值为1003×10^{-6}	

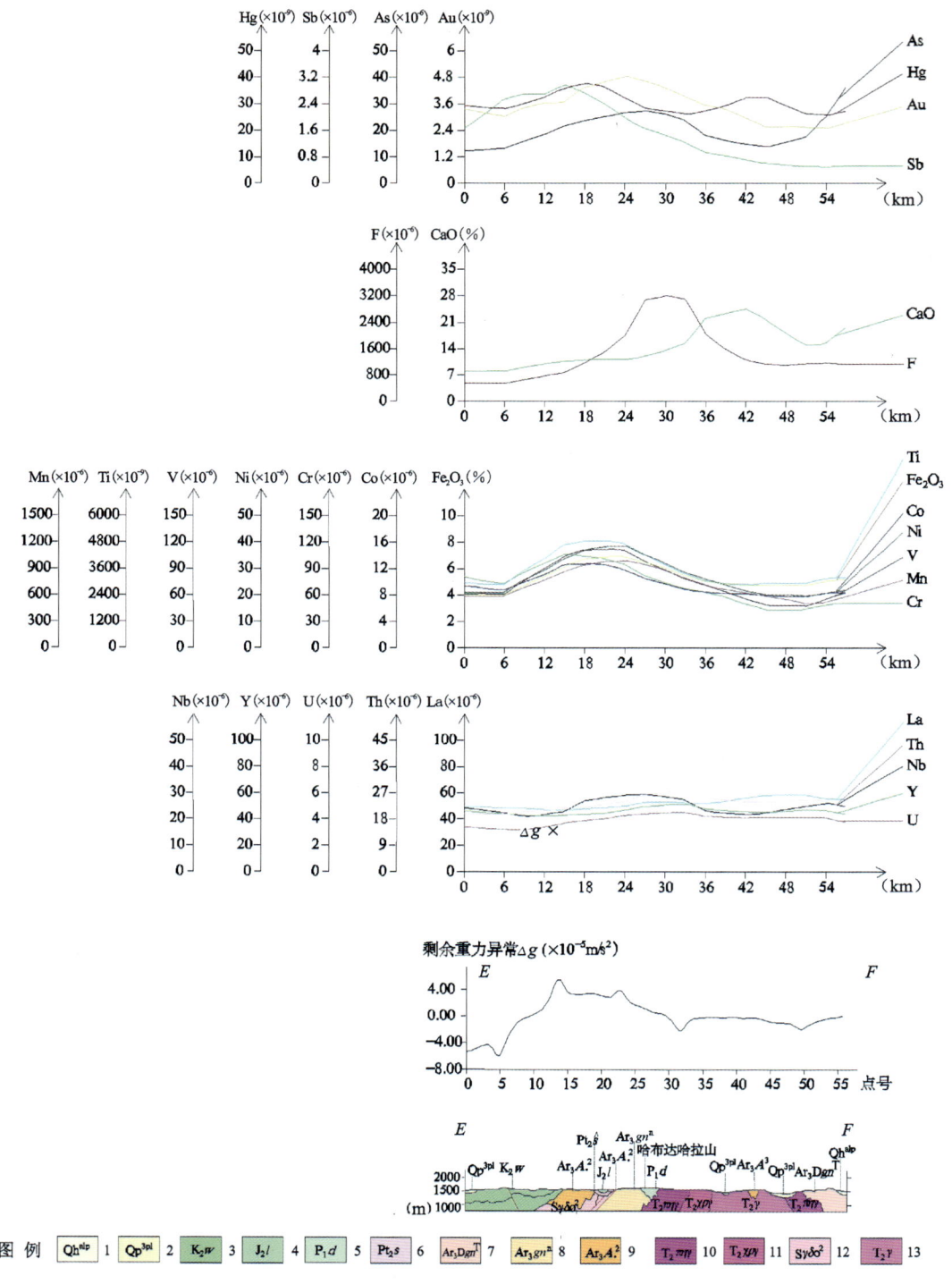

图 5-4 与印支期深成花岗岩有关的热液充填型萤石矿预测模型图

1.第四系全新统；2.第四系更新统；3.乌兰苏海组；4.龙凤山组；5.大红山组；6.中元古界；7.新太古界；
8.新太古代片麻岩；9.阿拉善岩群二岩段；10.二长花岗岩；11.碱长花岗岩；12.英云闪长岩；13.花岗岩

二、与中元古代基性—中酸性火山作用有关的金铁铅锌铜硫铁矿床成矿系列预测评价模型

该系列产出金铁等沉积-热液改造型矿床,以朱拉扎嘎金矿为代表,总结该系列预测评价模型(表5-3)。

表5-3 与中元古代基性—中酸性火山作用有关的沉积-热液改造型金矿预测要素表

区域成矿要素		描述内容	要素类别
地质环境	大地构造位置	华北陆块区,阿拉善陆块,迭布斯格-阿拉善右旗陆缘岩浆弧	必要
	成矿区(带)	古亚洲成矿域,华北西部(地台)成矿省,阿拉善(台隆)铜、镍、铂、铁、稀土、磷、石墨、芒硝、盐成矿亚带,朱拉扎嘎金矿集区	必要
	区域成矿类型及成矿期	层控内生型;晚元古代	必要
控矿地质条件	赋矿地质体	中元古界渣尔泰山群阿古鲁沟组一段中部(Pt_2a^1)变质钙质粉砂岩、变质钙质石英粉砂岩	必要
	控矿侵入岩	隐伏岩体的存在不仅提供了成矿热源,也是引起矿区内岩(矿)石发生蚀变的主要原因	重要
	主控矿构造	位于近北北西向叠加褶皱构造的轴部,褶皱、断裂构造十分发育。这些断裂构造与金矿化有着密切的关系。成矿前的断裂构造对矿液的运移和富集起着主要的作用,而成矿后的断裂构造对矿体有破坏作用	重要
区内相同类型矿产		成矿区(带)内有1个金矿点	重要
物、化探特征	重力	剩余重力起始值大于$4\times10^{-5}m/s^2$	次要
	航磁	航磁化极值大于0nT	重要
	化探	①Au元素异常具有面积大,强度高,浓集中心明显,反映了强地球化学作用下的地球化学异常特征。 ②A类起始值大于5.8×10^{-9},B类起始值大于3.5×10^{-9},C类起始值大于2.3×10^{-9},并提取Au、As、Sb、W综合异常	必要
遥感特征		环状要素(推测隐伏岩体)	次要

预测模型图(图5-5)以地质剖面图为基础,叠加区域航磁、重力以及化探剖面而形成,简要表示预测要素内容及其相互关系,以及时空展布特征。赋矿地质体受中元古界控制明显,Au元素异常具有面积大、强度高、浓集中心明显的特点,并具有Au、As、Sb、W综合异常,反映了强地球化学作用下的地球化学异常特征。

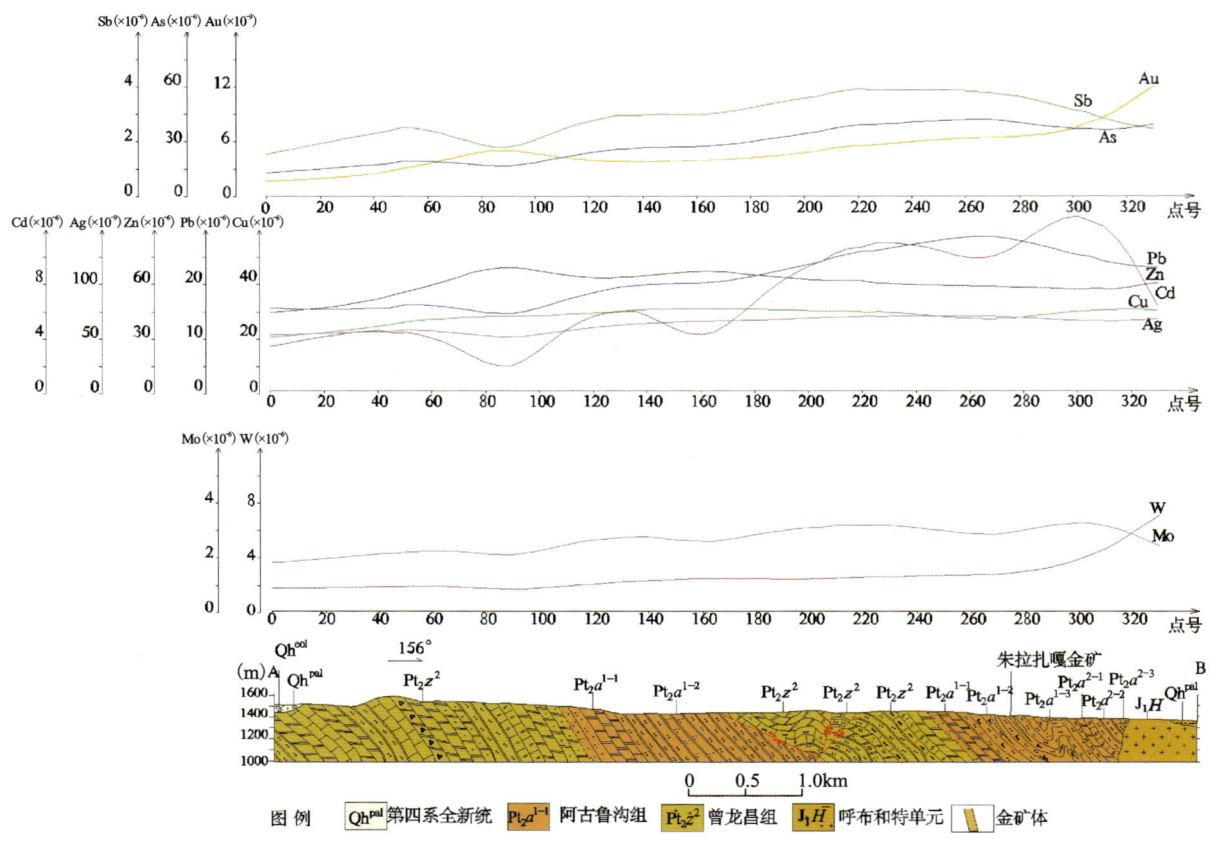

图 5-5　与中元古代基性—中酸性火山作用有关的沉积-热液改造型金矿预测模型图

三、与古生代基性—中酸性岩浆作用有关的铁金铅锌矿床成矿系列预测评价模型

该系列包括矽卡岩型和热液型 2 种矿产预测类型（表 5-4），矿种为金矿、铁矿等，涉及碱泉子预测工作区、卡休他他预测工作区和克布勒预测工作区，以碱泉子金矿为代表。

表 5-4　与古生代基性－中酸性岩浆作用有关的热液型金矿预测要素表

区域成矿要素		描述内容	要素类别
地质环境	大地构造位置	天山-兴蒙造山系,额济纳旗-北山弧盆系,哈特布其岩浆弧的西南端	必要
	成矿区（带）	Ⅲ-18 阿拉善（台隆）铜、镍、铂、铁、稀土、磷、石墨、芒硝、盐成矿亚带（Pt、Pz、Kz），Ⅳ181 碱泉子金、铁成矿亚带（C、Vm），Ⅴ181 碱泉子金矿集区（Vm）	必要
	区域成矿类型及成矿期	侵入岩体型；海西晚期	重要
控矿地质条件	赋矿地质体	古元古界龙首山群上亚群黑云角闪斜长片岩与震旦系韩母山群墩子沟组绢云母石英千枚岩等	重要
	控矿侵入岩	海西中晚期侵入岩	重要
	主控矿构造	近东西向、北西向层间挤压破碎带（断裂）	重要

续表 5-4

区域成矿要素		描述内容	要素类别
区内相同类型矿产		碱泉子小型金矿床、特拜小型金矿床	重要
物化探特征	重力	预测区内异常在中东部呈近东西向展布，西部转为北西向，矿床所在地区剩余重力异常值为$(-1\sim1)\times10^{-5}\,m/s^2$	重要
	航磁	预测区内磁场总体表现为低缓的负磁场，中部及东南部存在近东西向条带状的正磁场，矿床均位于航磁ΔT等值线起始值在$-300\sim100$nT之间	重要
	化探	Au元素化探异常范围小，浓集中心不明显	重要
		综合化探异常为以Au为主的Au、As、Sb、W综合异常，异常面积大，强度较高，异常内有金矿床，其余特征不明显	
遥感特征		矿床附近遥感解译均有断裂存在	次要

预测模型图(图5-6)以地质剖面图为基础，叠加区域航磁、重力和化探剖面图而形成，简要表示预测要素内容及其相互关系，以及时空展布特征。综合化探异常是以Au元素为主的Au、As、Sb、W综合异常，异常面积大，强度较高。

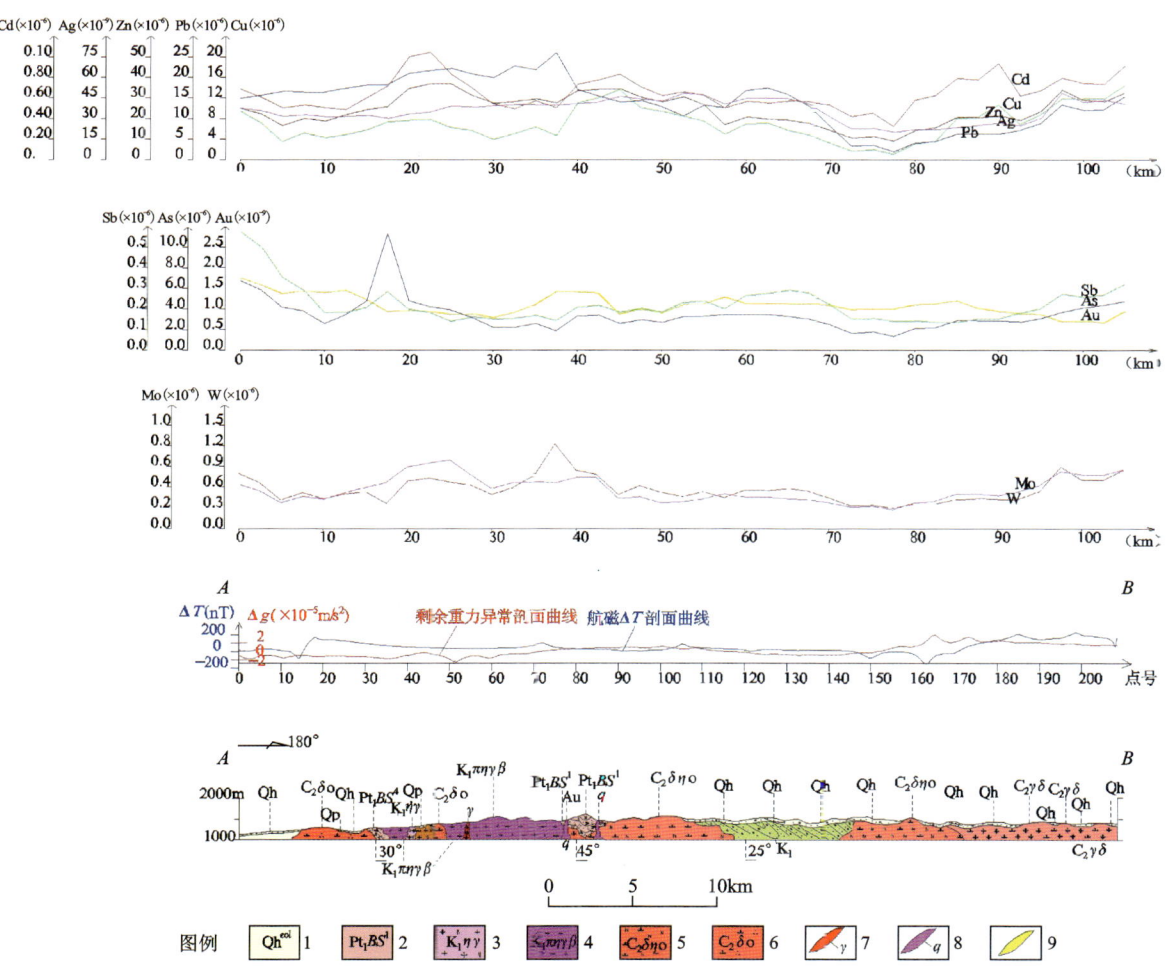

图 5-6　与古生代基性—中酸性岩浆作用有关的热液型金矿预测模型图

1.第四系全新统；2.北山群一段；3.早白垩世二长花岗岩；4.早白垩世黑云母二长岩；5.晚石炭世石英二长闪长岩；6.晚石炭世石英闪长岩；7.花岗岩脉；8.石英脉；9.金矿体

四、与古元古代岩浆作用有关的铜铁稀土矿床成矿系列预测评价模型

该系列只有沉积变质型 1 种矿产预测类型,涉及矿种为稀土、铜、铁等矿产,以桃花拉山稀土矿为代表总结出本成矿系列的预测要素(表 5-5)及预测模型(图 5-7)。

表 5-5 与古元古代岩浆作用有关的沉积变质型稀土矿预测要素表

区域预测要素		描述内容	要素类别
地质环境	大地构造位置	华北陆块区,Ⅱ-7 阿拉善陆块,Ⅱ-7-2 龙首山基底杂岩带	必要
	成矿区(带)	Ⅱ-5 华北西部(地台)成矿省,Ⅲ-18 阿拉善(台隆)铜、镍、铂、铁、稀土、磷、石墨、芒硝、盐成矿亚带(Pl、Pz、Kz),Ⅳ 龙首山元古宙铜、镍、铁、稀土成矿亚带(Pl、Nh—Z),Ⅴ 桃花拉山铌稀土矿集区(Pl)	必要
	区域成矿类型及成矿期	沉积变质型古元古代	必要
控矿地质条件	赋矿地质体	条带状大理岩夹角闪片岩、薄层状钙质片岩	必要
	主控矿构造	成矿前 310°~315°的冲断层,大体呈"S"形,中间近东西向,为控矿的主要构造	重要
区内相同类型矿产		区内 1 个同类型矿点	重要
地球物理特征	重力	预测区总体反映重力低区域重力场,由 3 个局部重力低异常组成,相对东部的重力低局部异常位于阿拉善右旗南,呈宽带状,走向北西,向南东延出预测区;在预测区西部,主要有 2 个等轴状的局部重力低异常,中间被 1 个局部重力高异常所隔。根据物性资料和地质出露分析,推断位于阿拉善右旗南的局部重力低异常是中新生代盆地的反映,其余两个等轴状的局部重力低异常是中性—酸性岩体的表现。两个等轴状局部重力低异常中间的局部重力高异常上(鞍部)推断是元古宙地层的反映	重要
	磁法	据 1∶50 万航磁化极等值线平面图显示,磁场总体表现为低缓的负磁场,没有异常的出现	重要
遥感特征		遥感环状要素及遥感解译断层	重要

五、与新元古代冰水沉积作用有关的铁、磷矿床成矿系列预测评价模型

该系列只有沉积型一种矿产预测类型,矿种为磷矿、铁矿,涉及哈马胡头沟-夹沟预测工作区,以哈马胡头沟-夹沟磷矿为代表,由于该预测区在本成矿区(带)面积较小,所以暂不总结其预测模型。

第三节 预测成果及综合预测区特征

本成矿带共划分了 5 个成矿系列,按成矿系列共圈定 24 个多矿种综合预测区,主要预测矿种为金、磷、铁、稀土、萤石等。共预测金资源量 75.83t,预测磷资源量 $1572×10^4$ t,铁 $20\,063×10^4$ t,稀土 $18.16×10^4$ t,萤石 $176×10^4$ t。按成矿系列分述如下。

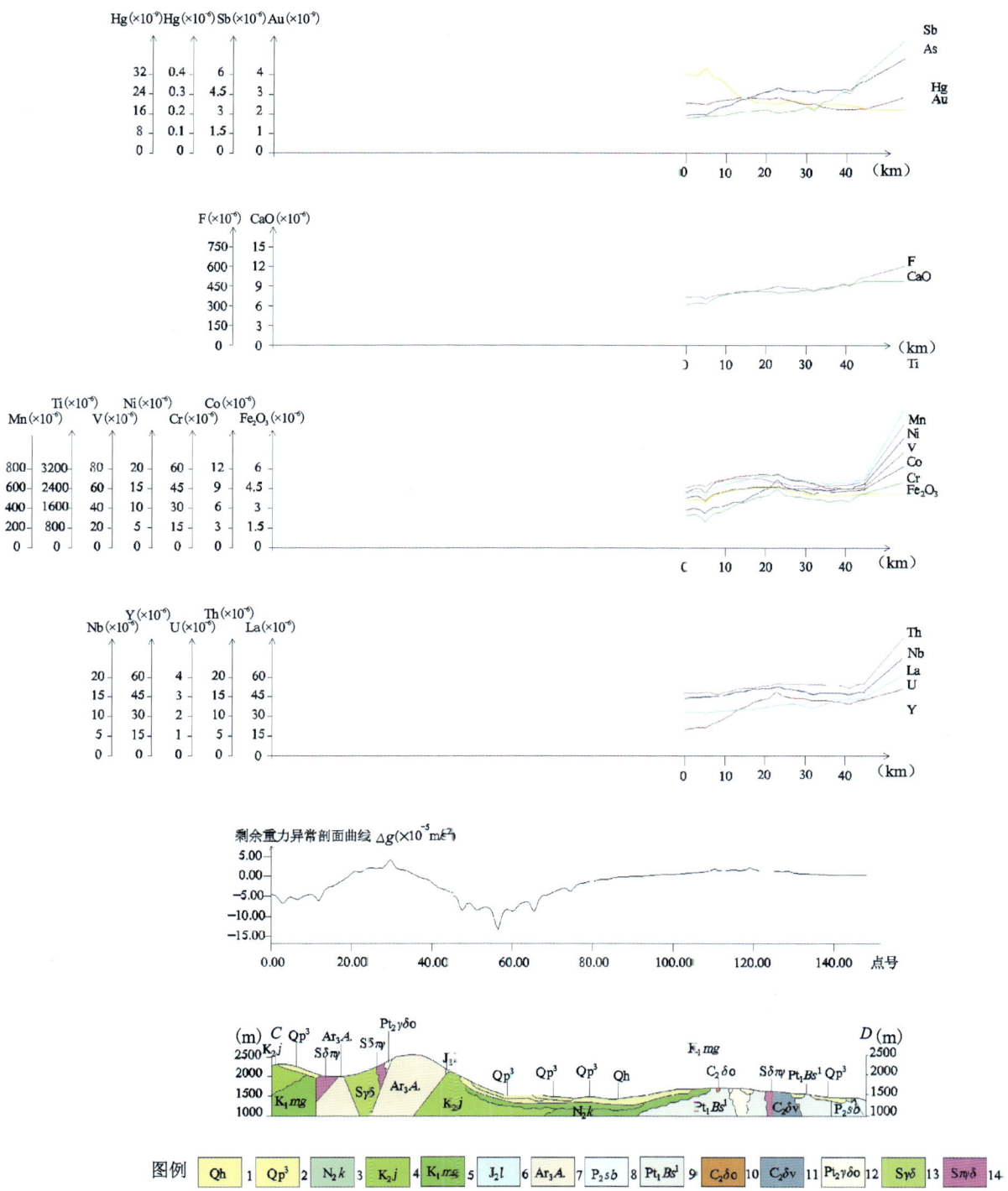

图 5-7　与古元古代岩浆作用有关的沉积变质型稀土矿预测模型图

1.第四系全新统；2.第四系更新统；3.苦泉组；4.金刚泉组；5.庙沟组；6.龙凤山组；7.新太古界阿拉善岩群；8.双堡塘组；9.北山群；10.晚石炭世石英闪长岩；11.晚石炭世闪长辉岩；12.中元古代英云闪长岩；13.志留纪花岗岩；14.志留纪斑状花岗闪长岩

（一）与印支期深成花岗岩有关的萤石矿床成矿系列综合预测区划分

该成矿系列共划分出 4 个综合预测区，包括萤石矿 1 个预测矿种（图 5-8）。

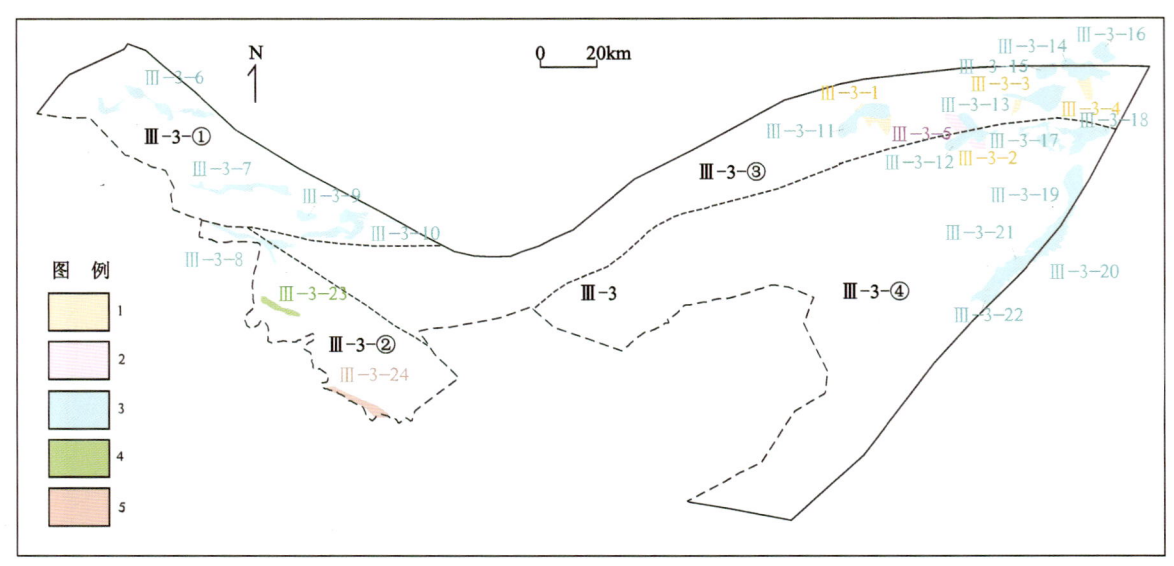

图 5-8 Ⅲ-3 综合预测区分布图

1. 与印支期深成花岗岩有关的萤石矿床成矿系列综合预测区；2. 与中元古代基性—中酸性火山作用有关的金多金属矿床成矿系列多矿种综合预测区；3. 与古生代基性—中酸性岩浆作用有关的铁金铅锌矿床成矿系列多矿种综合预测区；4. 与古元古代岩浆作用有关的铜、铁、稀土矿床成矿系列综合预测区；5. 与新元古代冰水沉积作用有关的铁、磷矿床成矿系列综合预测区

1. 哈布达哈拉综合预测区（Ⅲ-3-1）

预测区面积为 132.35km²，预测萤石资源量为 77.496×10⁴t。出露的地层主要为太古宇乌拉山岩群、二叠系大红山组，侵入岩见志留纪和三叠纪花岗岩。预测区中异常元素有 Au、Y、Th，其中 Y、Th 异常元素相互套合较好，Au 异常元素分布范围较大，但分布较分散。该区布格重力异常总体呈北东向，由西向东布格重力异常值呈升高趋势，变化范围 $\Delta g(-191.41\sim-170)\times10^{-5}$m/s²，可能是花岗岩等酸性岩体的反映。预测区西侧边部的 G 蒙-750，极值 10.50×10^{-5}m/s²，推测为太古宙地层基底隆起所致。

2. 1536 高地综合预测区（Ⅲ-3-2）

预测区面积为 16.73km²，预测萤石资源量为 32.732×10⁴t。出露的地层为元古宇书记沟组、增隆昌组、阿古鲁沟组。布格重力异常总体呈北东向，由西向东布格重力异常值呈升高趋势，变化范围 $\Delta g(-180\sim-170)\times10^{-5}$m/s²，可能是花岗岩等酸性岩体的反映。预测区中主要异常元素或氧化物为 Cu、Au、Fe_2O_3、Ni，各元素或氧化物间相互套合较好。异常分布与区（带）内已知铜、金、铁矿床（点）相对应。预测区剩余重力异常呈近北东向展布，存在 G 蒙-754 号异常点，异常值为 9.45×10^{-5}m/s²，推测为元古宇长城系增隆昌组、蓟县系阿古鲁沟组的反映。

3. 苏亥图南综合预测区（Ⅲ-3-3）

预测区面积为 27.41km²，预测萤石资源量为 32.995×10⁴t。预测区出露元古宇书记沟组、白垩系巴音戈壁组，侵入岩见石炭纪闪长岩、二叠纪花岗岩。区内发育两条北东向断裂构造。该区布格重力异常总体呈北东向，由西向东布格重力异常值呈升高趋势，异常值为 $(-170\sim-160)\times10^{-5}$m/s²，可能是元古宙地层的反映。预测区中主要的异常元素为 La、Th、Nb，元素分布范围较小且较分散，对应的地层主要为元古宇书记沟组。对应的岩体主要为二叠纪和三叠纪花岗岩等酸性岩体。预测区内剩余重力异常为近南北向展布,呈近椭圆状,异常值为 $4.00\times10^{-5}\mathrm{m/s^2}$,推测为元古宙书记沟组的反映。

4. 恩格勒综合预测区(Ⅲ-3-4)

预测区面积为 $79.86\mathrm{km^2}$,预测萤石资源量为 $32.920\times10^4\mathrm{t}$。出露的地层为太古界乌拉山岩群、增隆昌组;侵入岩见二叠纪花岗岩和三叠纪花岗岩,南部出露面积较大的太古宙变质深成侵入体。区内北部发育一条北东东向断裂,中部发育一条北西向断裂。该区布格重力异常总体呈北东向,由西向东布格重力异常值呈升高趋势,变化范围为 $(-177.09\sim-160)\times10^{-5}\mathrm{m/s^2}$,异常等值线从北到南逐渐加密,可能是太古界乌拉山岩群的反映。预测区的主要异常元素为 Cu、Au、La、Th,元素分布较集中,各元素间相互套合较好,异常分布与区(带)内已知铜、金、铁矿床(点)相对应。预测区剩余重力异常为北东向展布,呈近圆状,异常值为 $-7.42\times10^{-5}\mathrm{m/s^2}$,推测为酸性岩体的反映。

(二)与中元古代基性—中酸性火山作用有关的金铁铅锌铜硫铁矿床成矿系列综合预测区划分

该成矿系列即朱拉扎嘎综合预测区(Ⅲ-3-5),包括金矿 1 个预测矿种(图 5-8)。预测区面积为 $171.72\mathrm{km^2}$,预测金资源量为 60 099.28kg。出露的地质体为阿古鲁沟组一段中部 Pt_2a^{1-2},Au 元素化探异常起始值大于 5.8×10^{-9}。区内有一条规模较大、与成矿有关的北北西向断层,西南及东南方向各有 1 处闪长岩体出露,西南方向有一遥感环状要素,指示隐伏岩体的存在。

(三)与古生代基性—中酸性岩浆作用有关的铁金铅锌矿床成矿系列综合预测区划分

该成矿系列共划分出 17 个综合预测区,包括金矿和铁矿 2 个预测矿种(图 5-8)。

1. 碱泉子综合预测区(Ⅲ-3-6)

预测区面积为 $198.84\mathrm{km^2}$,预测金资源量为 6 189.05kg。该最小预测区位于石炭纪石英二长闪长岩与古元古界龙首山群上亚群地层的外接触带,含有碱泉子小型金矿床,区内有 Au 元素化探异常 1 处,并处在 Au、As、Sb、W 综合化探异常中,区内有近东西向断裂。

2. 查干陶鲁盖综合预测区(Ⅲ-3-7)

预测区面积为 $147.31\mathrm{km^2}$,预测金资源量为 2 554.21kg。该最小预测区内有石炭纪花岗闪长岩与古元古界龙首山群上亚群地层分布,区内有 Au 元素化探异常。该区布格重力异常总体呈北西向,由北向南布格重力异常值呈降低趋势,由北部向南部等值线逐渐密集。在北西侧推断有北西向断裂存在。

3. 照壁山综合预测区(Ⅲ-3-8)

预测区面积为 $129.79\mathrm{km^2}$,预测金资源量为 483.68kg,铁资源量为 $2 676.80\times10^4\mathrm{t}$。该最小预测区内有震旦系韩母山群烧火筒组千枚岩与二叠纪二长花岗岩分布,区内有 Au 元素化探异常,并处在 Au、As、Sb、W 综合化探异常中,有近东西向断裂。该区内有矿点 1 处,航磁化极等值线起始值在 0nT 以上,剩余重力异常起始值在 $2\times10^{-5}\mathrm{m/s^2}$ 以上。

4. 额肯夏日赛尔综合预测区(Ⅲ-3-9)

预测区面积为 $43.38\mathrm{km^2}$,预测金资源量为 1 608.46kg。该最小预测区内有石炭纪石英闪长岩与古元古界龙首山群上亚群地层分布,区内有 Au 元素化探异常,并处在 Au、As、Sb、W 综合化探异常中,有近东西向断裂。

5. 特拜综合预测区（Ⅲ-3-10）

预测区面积为199.37km²，预测金资源量为4 898.51kg，铁资源量为6 288.09×10⁴t。该预测区内有震旦系韩母山群烧火筒组千枚岩与石炭纪石英闪长岩、二叠纪黑云母花岗岩与二长花岗岩出露，侵入体与围岩接触部位主要发生了矽卡岩化，其次是角岩化、绿泥石化等。矽卡岩呈透镜状、不规则条带状分布于侵入岩的外接触带，矽卡岩带内发育有磁铁矿，其次斜方砷钴矿、辉钴矿、镍质辉钴矿、钴毒砂为主要含钴矿物；脉石矿物主要为透辉石、石榴石、阳起石、绿泥石等。局部形成工业矿体，含有特拜小型金矿床，处在 Au、As、Sb、W 综合化探异常中，区内有北西向断裂，深部具有工业价值。航磁化极等值线起始值在200nT以上，重力剩余异常起始值在1×10^{-5}m/s²以上，预测区下游存在重砂三级铁异常。

6. 哈布达哈拉山综合预测区（Ⅲ-3-11）

预测区面积为192.66km²，预测铁资源量3 191.02×10⁴t。出露地层主要为增隆昌组长石石英砂岩、白云质灰岩、硅质条带结晶灰岩、硅质板岩、粉砂质板岩等。侵入岩有三叠纪花岗岩及燕山期花岗斑岩脉等。在接触带形成矽卡岩型矿点2处。区内近东西向断裂构造发育。成矿地质条件有利。磁异常呈椭圆形，覆盖该区西部，航磁化极异常低缓；重力异常由南向北呈现由低到高的趋势。

7. 勒陶勒盖南综合预测区（Ⅲ-3-12）

预测区面积为177.98km²，预测铁资源量为2 663.26×10⁴t。预测区大面积出露增隆昌组长石石英砂岩、白云质灰岩、硅质条带结晶灰岩、粉砂质板岩等，侵入岩有三叠纪黑云母花岗岩、燕山期闪长岩等。区内北北东向、北东东向断裂构造极其发育。成矿地质条件较为有利。该区重力高；航磁化极异常低，最小值为-100nT。

8. 沙拉西别综合预测区（Ⅲ-3-13）

预测区面积为196.44km²，预测铁资源量为122.416×10⁴t。该区呈北东—北东东向条带状分布，增隆昌组为与成矿有关的地层，主要为长石石英砂岩、白云质灰岩、硅质条带结晶灰岩、硅质板岩、粉砂质板岩等。晚石炭世石英闪长岩侵入使该地层边部发生接触变质和热力变质，由接触带向外产生矽卡岩、角岩及角岩化岩石，组成了含矿矽卡岩带。矿床主要赋存在外接触带中。已知矿床1处。北东向断裂构造密集分布。具低缓的航磁化极异常，重力高。

9. 德斯特乌拉北综合预测区（Ⅲ-3-14）

预测区面积为167.05km²，预测铁资源量为3 375.443×10⁴t。出露地层为增隆昌组长石石英砂岩、白云质灰岩、硅质条带结晶灰岩、硅质板岩、粉砂质板岩等。侵入岩主要为二叠纪黑云母花岗岩类，该区北东东向断层极发育，成矿地质条件有利。具低缓的航磁化极异常，重力高。

10. 克克北综合预测区（Ⅲ-3-15）

预测区面积为69.45km²，预测铁资源量为1 410.73×10⁴t。该区零星出露的地层有增隆昌组长石石英砂岩、白云质灰岩、硅质条带结晶灰岩、硅质板岩、粉砂质板岩等，以及书记沟组石英岩、石英片岩、浅粒岩、板岩、千枚岩、白云岩；侵入岩有石炭纪石英闪长岩、英云闪长岩。北东向构造发育，成矿地质条件有利。重力高。石英闪长岩分布区具有强的航磁化极异常，呈圆形，最大值为400nT。

11. 道都乌兰德南综合预测区（Ⅲ-3-16）

预测区面积为79.10km²，预测铁资源量为1 339.380×10⁴t。仅小面积出露二叠纪花岗岩，大部分地段被新生界掩盖。具低缓的航磁化极异常，重力低。

12. 迭布斯格东综合预测区（Ⅲ-3-17）

预测区面积为 $107.22 km^2$，预测铁资源量为 $14.765 \times 10^4 t$。矿床主要赋存于推断的中太古界乌拉山岩群哈达门沟岩组角闪斜长片麻岩组合中，航磁化极等值线起始值在 $-200nT$ 以上；剩余重力异常起始值在 0 以上。

13. 哈乌拉山综合预测区（Ⅲ-3-18）

预测区面积为 $179.30 km^2$，预测铁资源量为 $31.261 \times 10^4 t$。矿床主要赋存于推断的中太古界乌拉山岩群哈达门沟岩组角闪斜长片麻岩组合中。航磁化极等值线起始值在 $-100nT$ 以上，剩余重力异常起始值在 $-1 \times 10^{-5} m/s^2$ 以上。

14. 陶勒西综合预测区（Ⅲ-3-19）

预测区面积为 $198.11 km^2$，预测铁资源量为 $19.645 \times 10^4 t$。矿床主要赋存于中太古界乌拉山岩群哈达门沟岩组角闪斜长片麻岩组合中，局部存在推断的矿致航磁异常。航磁化极等值线起始值在 $-100nT$ 以上，剩余重力异常起始值在 $5 \times 10^{-5} m/s^2$ 以上。

15. 哈尔乌珠尔综合预测区（Ⅲ-3-20）

预测区面积为 $137.13 km^2$，预测铁资源量为 $110.463 \times 10^4 t$。矿床主要赋存于推断的中太古界乌拉山岩群哈达门沟岩组角闪斜长片麻岩组合中，局部存在推断的矿致航磁异常。航磁化极等值线起始值在 $0nT$ 以上，剩余重力异常起始值在 $5 \times 10^{-5} m/s^2$ 以上。

16. 巴彦乌拉山综合预测区（Ⅲ-3-21）

预测区面积为 $199.63 km^2$，预测铁资源量为 $157.227 \times 10^4 t$。矿床主要赋存于中太古界乌拉山岩群哈达门沟岩组角闪斜长片麻岩组合中，分布于推断的矿致航磁异常区内。航磁化极等值线起始值在 $-100nT$ 以上，剩余重力异常起始值在 0 以上，局部有三级重砂铁异常。

17. 达尔茨格-陶勒盖铁矿综合预测区（Ⅲ-3-22）

预测区面积为 $144.59 km^2$，预测铁资源量为 $112.558 \times 10^4 t$。矿床主要赋存于中太古界乌拉山岩群哈达门沟岩组角闪斜长片麻岩组合中，有两处推断的矿致航磁异常区，航磁化极等值线起始值在 $0nT$ 以上，剩余重力异常起始值在 $2 \times 10^{-5} m/s^2$ 以上。

（四）与古元古代岩浆作用有关的铜、铁、稀土矿床成矿系列综合预测区划分

该成矿系列即桃花拉山稀土矿综合预测区（Ⅲ-3-23），包括稀土矿 1 个预测矿种（图 5-8）。预测区面积为 $62.35 km^2$，预测稀土矿资源量为 $181\ 615.44t$。预测区中部发育古元古界二道洼群和白垩系庙沟组、金刚泉组，侵入岩见志留纪花岗岩。预测区总体反映重力低区域重力场，在预测区西部主要有两个等轴状的局部重力低异常，中间被一个局部重力高异常所隔，局部重力低异常幅度约 $12 \times 10^{-5} m/s^2$。推断低异常是中新生代盆地的反映，其余两个等轴状的局部重力低异常是中性—酸性岩体的表现。航磁异常总体表现为低缓的负磁场，没有正异常的出现。遥感特征：主要提取环要素，用于推测隐伏岩体。

（五）与新元古代冰水沉积作用有关的铁、磷矿床成矿系列综合预测区划分

该成矿系列即哈马胡头沟-夹沟磷矿综合预测区（Ⅲ-3-24），包括磷矿 1 个预测矿种（图 5-8）。预测

区面积为 114.54km², 预测磷资源量为 1 256.33×10⁴t。预测区内主要发育震旦系韩母山群; 下部烧火筒组为冰碛砾岩、含砾粉砂质板岩; 上部草大坂组为结晶灰岩、白云岩。北东部和南西部发育蓟县系墩子沟群。该区布格重力异常总体呈近北西向,由北向南布格重力异常值呈降低趋势,在东南部存在两个重力异常高极值点。向北等值线较密集,北部存在一个低极值点,在北西侧推断有北西向大断裂存在。剩余重力异常呈北西向展布,正异常区内零星出露有基性岩及元古宙地层。预测区磁异常幅值范围为 −200～800nT,大部分磁异常平缓,东南部有一不规则的条带状磁异常,北侧伴生负异常,推测正异常为元古宙地层引起,负异常为中新生代正常碎屑沉积和中酸性岩体的反映。

第四节 多矿种综合靶区部署建议

成矿带包括 5 个预测矿种,分别为萤石矿、金矿、铁矿、稀土矿和磷矿,共划分出 10 个综合勘查区:碱泉子金矿综合勘查区;查干陶鲁盖金矿综合勘查区;特拜金矿、铁矿综合勘查区;桃花拉山稀土矿综合勘查区;哈马胡头沟-夹沟磷矿综合勘查区;哈布达哈拉萤石矿、铁矿综合勘查区;朱拉扎嘎金矿、铁矿、萤石矿综合勘查区;沙拉西别铁矿、萤石矿综合勘查区;哈乌拉山铁矿综合勘查区;巴彦乌拉山铁矿综合勘查区(图 5-9)。

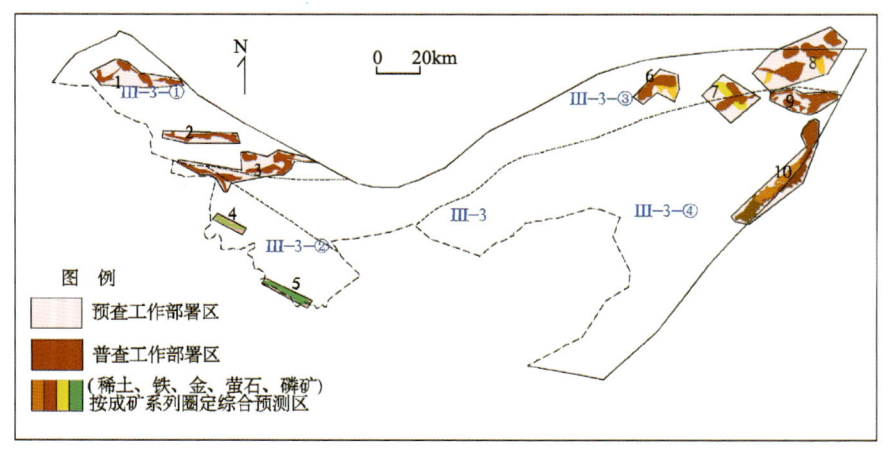

图 5-9 按成矿系列划分多矿种综合靶区部署建议图

在桃花拉山稀土矿综合勘查区、哈马胡头沟-夹沟磷矿综合勘查区内已有桃花拉山稀土矿和哈马胡头沟磷矿,工作程度较高,其外围可进一步安排中大比例尺的地质、物探、化探工作进行普查,必要时可采用槽探、井探、钻探等手段,寻找隐伏的工业矿体。其余综合勘查区面积都较大,地质工作程度普遍不高,根据已有资料,只能达到预查程度,需要进一步安排中小比例尺的和基础的地质、物探、化探、遥感等工作,缩小找矿靶区(表 5-6)。

表 5-6 按成矿系列划分多矿种综合靶区部署建议

综合勘查部署区						勘查部署建议
序号	编号	名称	面积(km²)	等级	预测矿种及资源量	
1	Ⅲ-3-1	碱泉子	687.78	预查	金矿 6 189.05kg	本区未开展 1:5 万区域地质调查工作,应先进行基础地质调查,查明本区基本地质情况;开展必要的中大比例尺填图和物、化探工作,以地表槽探、浅井及大量钻探工作为主

续表 5-6

综合勘查部署区						勘查部署建议
序号	编号	名称	面积（km²）	等级	预测矿种及资源量	
2	Ⅲ-3-2	查干陶鲁盖	384.51	预查	金矿 2 554.21kg	本区未开展1:5万区域地质调查工作,应先进行基础地质调查,查明本区基本地质情况;中大比例尺填图和物、化探工作
3	Ⅲ-3-3	特拜	999.27	预查	金矿 6 990.65kg,铁矿 8 964.89×10⁴t	本区未开展1:5万区域地质调查工作,应先进行基础地质调查,查明本区基本地质情况,进行中大比例尺填图及物、化探工作,在特拜地区可进行必要的槽探和钻探工作
4	Ⅲ-3-4	桃花拉山	118.82	普查	稀土矿 181 615.44t	本区未开展1:5万区域地质调查工作,应先进行基础地质调查,查明本区基本地质情况;进行大比例尺填图,建议采用重力、磁法、电法勘探等,以及地表槽探、浅井及大量钻探工作
5	Ⅲ-3-5	哈马胡头沟-夹沟	191.32	普查	磷矿 1 256.33×10⁴t	本区未开展1:5万区域地质调查工作,应先进行基础地质调查,查明本区基本地质情况;进行大比例尺填图及物、化探工作,局部开展地表槽探、浅井及少量钻探工作
6	Ⅲ-3-6	哈布达哈拉	425.46	预查	萤石矿 77.496×10⁴t,铁矿 3 191.02×10⁴t	本区已开展查干通格幅的1:5万区域地质调查工作,应先在未开展1:5万区域地质调查地区开展基础地质调查工作,查明本区基本地质情况;建议开展重力、磁法及电法勘探工作,进行F元素化探工作
7	Ⅲ-3-7	朱拉扎嘎	675.85	预查	铁矿 2 663.26×10⁴t,金矿 60 099.28kg,萤石矿 32.732×10⁴t	本区已开展宗嘎顺查、干格德幅的1:5万区域地质调查工作,应先在未开展1:5万区域地质调查地区开展基础地质调查工作,查明本区基本地质情况;建议开展重力、磁法及电法勘探工作,化学勘探,地表槽探、浅井及少量钻探工作
8	Ⅲ-3-8	沙拉西别	1 550.87	预查	铁矿 6 247.969×10⁴t,萤石矿 65.915×10⁴t	本区已开展额仁陶勒盖、红古尔玉林公社、波罗苏滩等幅的1:5万区域地质调查工作,应先在未开展1:5万区域地质调查地区开展基础地质调查工作,查明本区基本地质情况;建议开展重力、磁法及电法勘探工作,地表槽探、浅井等工作
9	Ⅲ-3-9	哈乌拉山	545.36	预查	铁矿 46.026×10⁴t	本区未开展1:5万区域地质调查工作,应先进行基础地质调查,查明本区基本地质情况;建议开展重力、磁法及电法勘探工作,地表槽探、浅井等工作
10	Ⅲ-3-10	巴彦乌拉山	1 178.11	预查	铁矿 399.893×10⁴t	本区未开展1:5万区域地质调查工作,应先进行基础地质调查,查明本区基本地质情况;建议开展重力、磁法及电法勘探工作,地表槽探、浅井等工作

第六章　河西走廊成矿带（Ⅲ-4）预测成果

第一节　区域成矿背景

一、成矿地质条件

1. 区域地质背景

本区大地构造位置属于Ⅳ秦祁昆造山系，Ⅳ-1北祁连弧盆系，Ⅳ-1-1走廊弧后盆地（O—S）。该成矿带区域地质矿产特征见图6-1。

本区中寒武统香山群、张夏组和下中奥陶统米钵山组为近陆弧后盆地沉积环境。中寒武统为浅海—半深海相的硅质泥岩、硅质岩和硅质碳酸盐岩组合；下中奥陶统为滨浅海相石英砂岩、长石砂岩、泥岩组合，厚度较大。

泥盆纪本区结束弧后盆地发展历史，进入陆内或海陆交互相沉积环境。泥盆系石峡沟组、老君山组为断陷盆地冲积扇—河湖相砾岩、砂砾岩、砂岩、粉砂岩组合。石炭系—下二叠统为海陆交互相砂岩、页岩、含煤碎屑岩组合。中二叠统至下白垩统均为坳陷盆地河流相、湖泊相砂砾岩、长石石英砂岩、粉砂岩、泥岩组合。下侏罗统为含煤碎屑岩组合。

区内断裂构造较发育，呈北东向及北西向展布。断裂构造对矿区的地层及矿层有一定的控制和破坏作用，尤其是北东向及北西向断裂严格地控制了矿（体）层的边界。

区内岩浆岩不发育，分布有少量海西期中酸性侵入岩。

2. 矿产分布特征

该成矿带的优势矿种只涉及钼、镍、铁矿，共3处矿床及10余处矿（化）点，早古生代沉积型钼镍矿分布在北祁连弧盆系走廊弧后盆地沉积岩内，如元山子式沉积（变质）型钼镍矿。晚古生代北祁连山褶皱带内中酸性侵入岩控制了阎地拉图式热液型铁矿床分布。

成矿带内代表性矿产为元山子式沉积变质型钼镍矿，成矿时代为晚寒武世。本区寒武系—奥陶系中度蚀变、矿化比较普遍，但多集中在寒武系—奥陶系的下部。石英脉与黄铁矿、黄铜矿、方铅矿等矿化关系密切，表现为碳酸盐化、硅化、绿泥石化、绢云母化、赤铁矿化、磁黄铁矿化、黄铜矿化等。

3. 成矿区（带）及成矿系列划分

该Ⅲ级成矿带位于内蒙古自治区西部，成矿单元属于秦祁昆成矿域（Ⅰ-2）、阿尔金-祁连成矿省（Ⅱ-4），有1个Ⅳ级成矿带，即阎地拉图铁成矿亚带（Vm）（Ⅲ-4-①）。

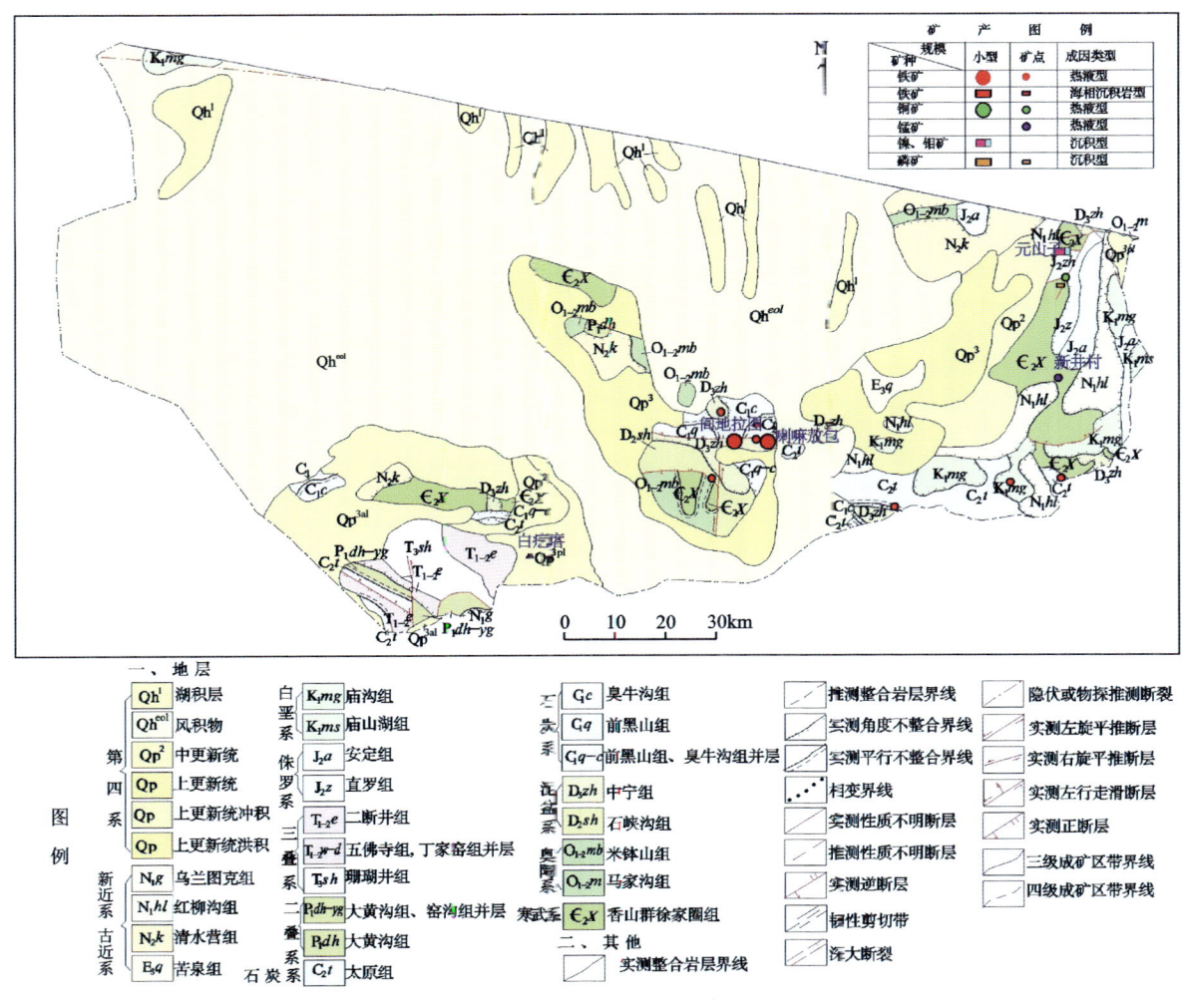

图 6-1　河西走廊成矿带（Ⅲ-4）区域地质矿产图

本成矿带划分了 2 个成矿系列（表 6-1）。

表 6-1　河西走廊成矿带（Ⅲ-4）成矿系列、矿床类型一览表

矿床成矿系列	矿床成矿亚系列	成矿元素	矿床	类型	矿床式	成矿时代
与寒武纪同生沉积作用有关的钼镍成矿系列	与寒武纪沉积变质岩系有关的准同生沉积钼镍矿亚系列	Mo、Ni	元山子钼镍矿	沉积型	元山子式	晚寒武世
与海西期中酸性岩浆作用有关的铁矿床成矿系列		Fe	阎地拉图铁矿	热液型	阎地拉图式	晚古生代

二、重力特征

布格重力异常为区域上的低值区，呈北东高、南西低的变化趋势，反映了基底起伏的变化趋势。该区北侧形成北西西向展布的等值线密集区，与区域性深大断裂（腾格里断裂）对应。区内剩余重力异常总体走向明显受区域断裂控制，呈北西西向，但局部异常受次级断裂控制，呈北东向。正、负异常反映了

盆地区的基底隆起和凹陷的轮廓,负异常区为凹陷区,正异常区为隆起区,北东部对应正异常区地表多有寒武系奥陶系出露,南西部为第四系风成砂覆盖(图6-2)。

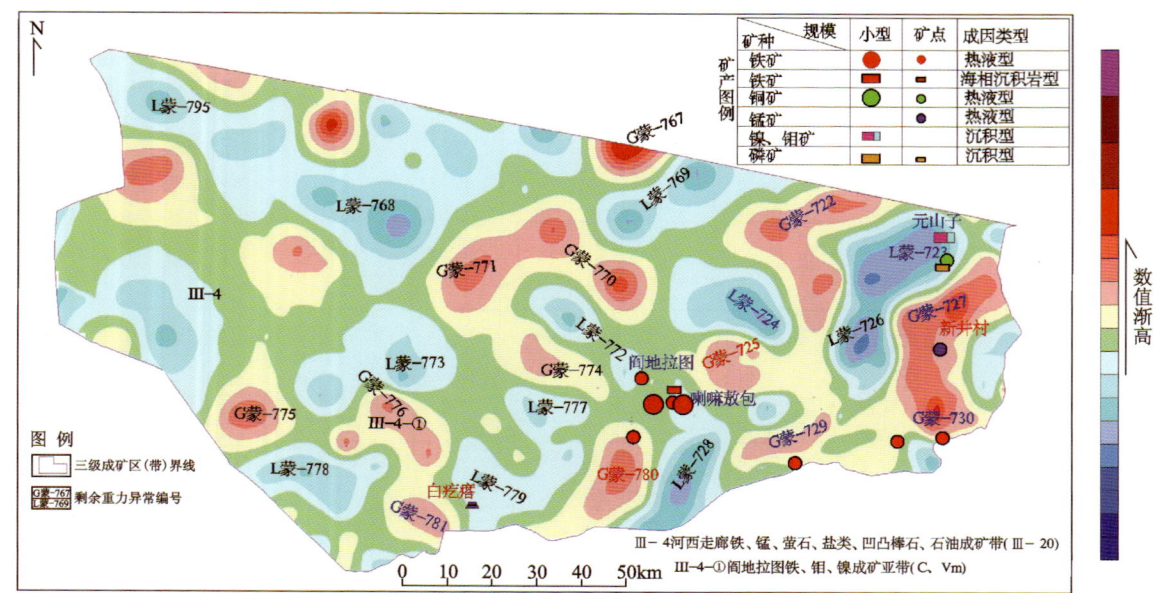

图6-2 河西走廊成矿带(Ⅲ-4)剩余重力异常图

综合分析认为,在重力推断的断裂构造附近、剩余重力正异常区注意钼镍铁多金属矿的寻找。在盆地区注意与蒸发沉积作用有关的天然碱、芒硝、石膏等矿床的寻找。

三、航磁特征

成矿带位于内蒙古自治区西南一隅,面积较小。在航磁 ΔT 等值线平面图上,成矿带内均为负异常,范围在 $-75\sim0\mathrm{nT}$ 之间。化极后磁异常幅值增加,范围在 $-50\sim75\mathrm{nT}$ 之间,磁异常平缓(图6-3)。

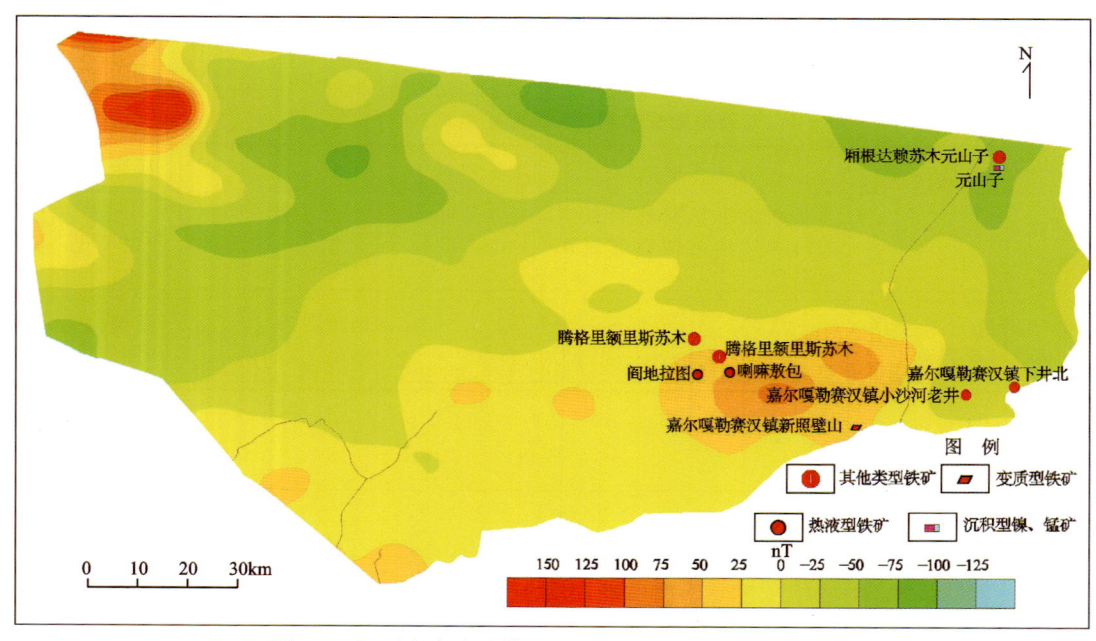

图6-3 河西走廊成矿带(Ⅲ-4)航磁 ΔT 等值线平面图

四、遥感特征

根据遥感影像特征及解译,该成矿带断裂构造不发育,铁染异常分布范围较广,与热液型铁矿相对应,羟基异常分布很少,区内地质环境相对稳定,岩浆活动较少(图6-4)。

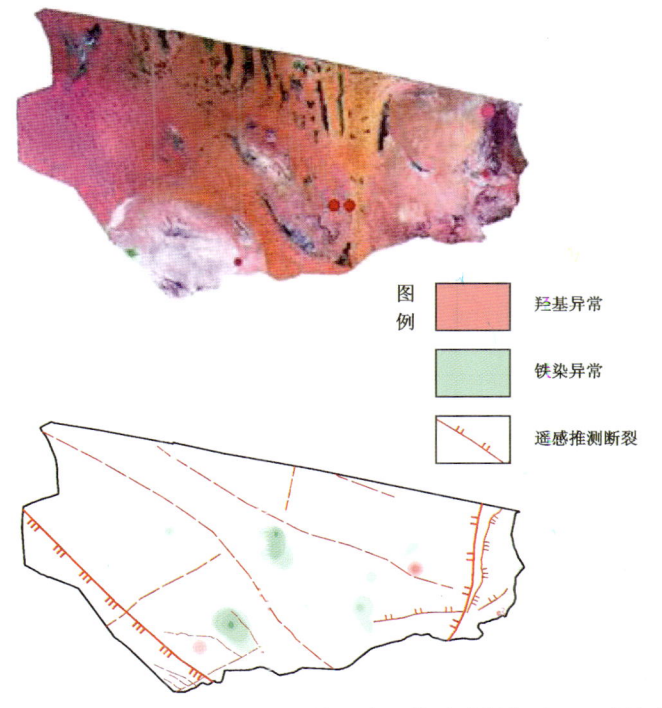

图6-4　Ⅲ-4 河西走廊铁、锰、萤石、盐、凹凸棒石成矿带遥感影像图(上)及综合异常图(下)

第二节　重要矿种预测评价模型

该成矿带涉及的矿产主要有沉积(变质)型钼镍矿、热液型铁矿,共划分了2个成矿系列,其中以与寒武纪同生沉积作用有关的钼镍成矿系列为主,与海西期中酸性岩浆作用有关的铁矿床成矿系列在本成矿带内无成矿远景,仅对沉积(变质)型钼镍矿总结预测评价模型(表6-2)。

表6-2　Ⅲ-4 成矿带沉积型钼镍矿预测要素表

区域成矿要素		描述内容	要素类别
区域成矿地质环境	大地构造单元	秦祁昆造山系,走廊弧后盆地	重要
	主要控矿构造	北东向及北西向断裂带	次要
	主要赋矿地层	寒武系香山群徐家圈组	重要
	控矿沉积建造	滨浅海相黑色石英石墨绢云母千枚岩建造	重要
	区域变质作用及建造	千枚岩相-绢云母岩相区域变质作用,千枚岩建造	次要

续表 6-2

区域成矿要素		描述内容	要素类别
区域成矿特征	区域成矿类型及成矿期	寒武纪海相沉积(变质)型(镍、钼、硫铁矿)	重要
	含矿建造	含碳或夹石英绢云母千枚岩建造；黑色(含 Ni、Mo 等元素)含碳石英绢云母千枚岩建造	重要
	围岩蚀变	硅化、绢云母化、透闪石化、钠长石化	重要
	矿床式	元山子式沉积(变质)型	重要
	矿点	同类型镍钼矿(化)点 0 个	重要
地球物理、化学、遥感特征	化探	铜异常三级浓度分带，异常值在$(18\sim278.8)\times10^{-6}$之间	重要
	重力	重力异常低背景区，剩余重力异常值为$-12\times10^{-5}\,\mathrm{m/s^2}$，重力异常梯级带，剩余重力异常值在$(7\sim9)\times10^{-5}\,\mathrm{m/s^2}$之间	次要
	航磁	低缓负磁异常中的局部正磁异常区，异常值 $30\sim80\gamma$，走向为北西向	次要
	遥感	一级遥感铁染及羟基异常	次要

预测模型图(图 6-5)以地质剖面图为基础，叠加区域航磁、重力剖面图而形成，简要表示预测要素内容及其相互关系，以及时空展布特征。预测区属于重力异常低背景区，剩余重力异常值为$-12\times10^{-5}\,\mathrm{m/s^2}$，重力异常梯级带，剩余重力异常值在$(7\sim9)\times10^{-5}\,\mathrm{m/s^2}$之间。

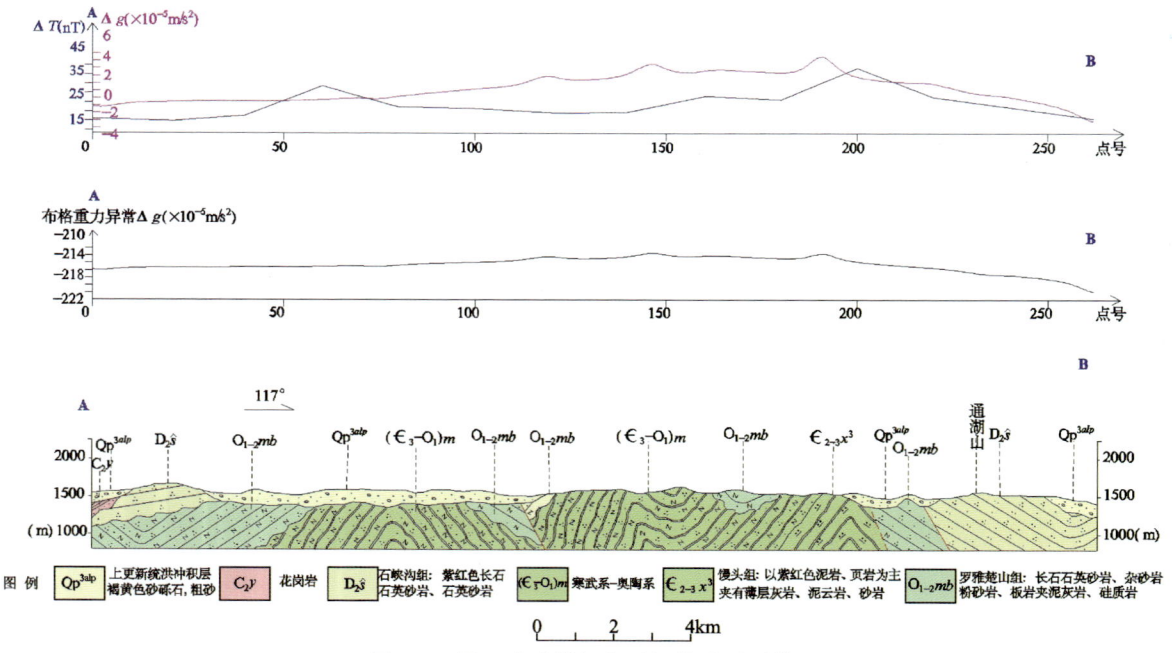

图 6-5　Ⅲ-4 成矿带沉积型钼镍矿预测模型图

第三节　预测成果及综合预测区特征

该成矿带仅对与寒武纪同生沉积作用有关的钼镍成矿系列开展了预测评价工作,共划分出 5 个综合预测区(图 6-6),预测钼资源量为 8820t,预测镍资源量为 1.93×10^4t,分述如下。

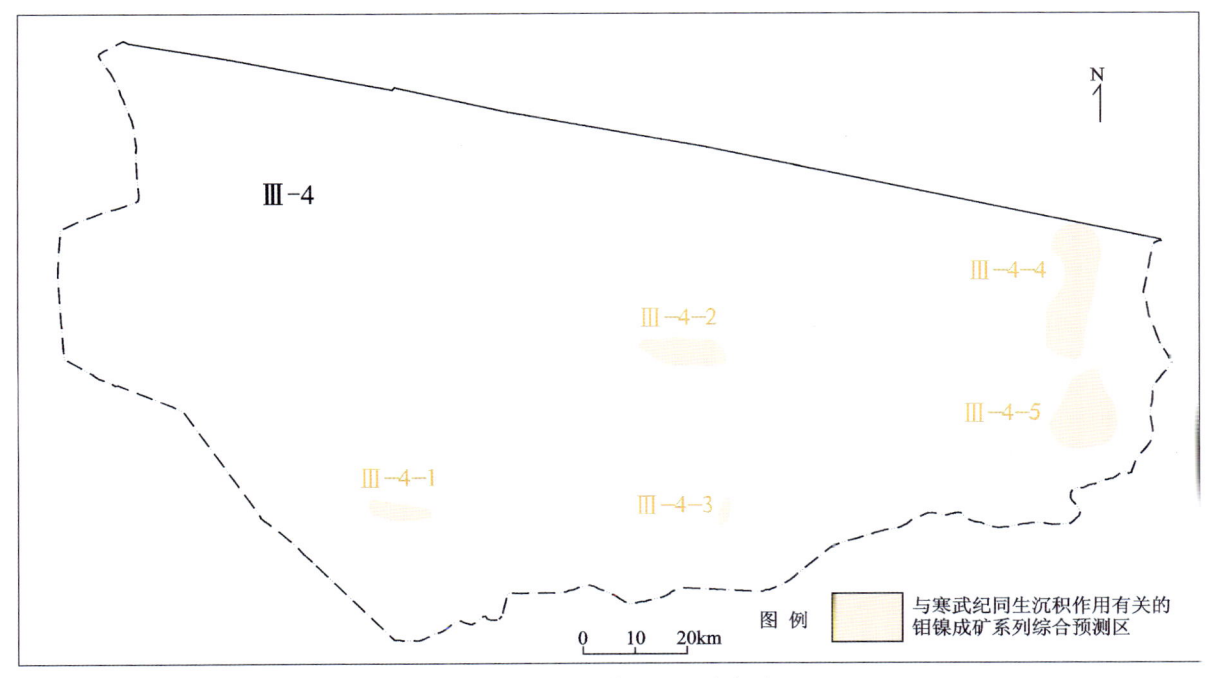

图 6-6　Ⅲ-4 综合预测区分布图

1. 大黑梁北综合预测区(Ⅲ-4-1)

预测区面积为 39.11km²,预测钼资源量为 1 558.91t,镍资源量为 375.00×10^4t。出露地层为香山群徐家圈组二段灰绿色绢云千枚岩、绢云石英千枚岩、绢云石英板岩及灰黑色含石墨绢云石英千枚岩夹玄武岩,第四系主要为辉绿岩。区内有东西向断层 1 条,区内航磁化极为低背景下的高正磁异常,异常值 100~2000nT,剩余重力异常为重力低,异常值 $(-2 \sim 1) \times 10^{-5}$m/s²。

2. 黑疙瘩北综合预测区(Ⅲ-4-2)

预测区面积为 78.90km²,预测钼资源量为 1 231.54t,镍资源量为 380.20×10^4t。出露地层为中元古界阿古鲁沟组、增隆昌组、书记沟组及中下侏罗统五当沟组。区内有北东向断层 2 条,东升庙铅锌硫铁矿位于该区,共生铜矿资源量约 43 073t。区内航磁化极为低背景下的高正磁异常,异常值 100~1000nT,位于重力异常梯度带上,剩余重力异常为重力高,异常值 $(10 \sim 18) \times 10^{-5}$m/s²;Cu 元素异常浓度分带不明显,Cu 元素化探异常值 $(0 \sim 18) \times 10^{-6}$。

3. 瑞家圈综合预测区(Ⅲ-4-3)

预测区面积为 10.42km²,预测钼资源量为 627.75t,镍资源量为 193.80×10^4t。出露地层为香山群徐家圈组二段灰绿色绢云千枚岩、绢云石英千枚岩、绢云石英板岩及灰黑色含石墨绢云石英千枚岩夹玄武岩,第四系主要为辉绿岩;区内航磁化极为低背景下的正磁异常,异常值 $100\sim400\text{nT}$;位于重力异常梯度带上,剩余重力异常为重力高,异常值 $(8\sim19)\times10^{-5}\text{m/s}^2$;Cu 元素异常三级浓度分带明显,Cu 元素化探异常值 $(18\sim115.4)\times10^{-6}$。

4. 元山子综合预测区(Ⅲ-4-4)

预测区面积为 199.24km^2,预测钼资源量为 $3\,533.29\text{t}$,镍资源量为 $568.571\times10^4\text{t}$。出露地层为寒武系香山群徐家圈组千枚岩含矿建造。区内有 1 条规模较大、与成矿有关的北东向断层。剩余重力起始值大于 $-7\times10^{-5}\text{m/s}^2$,航磁 ΔT 化极起始值大于 -10nT。区内有元山子镍钼矿。

5. 前石盆子梁综合预测区(Ⅲ-4-5)

预测区面积为 149.38km^2,预测钼资源量为 $2\,013.30\text{t}$,镍资源量为 $453.077\times10^4\text{t}$。出露地层为寒武系香山群徐家圈组千枚岩含矿建造,区内有 1 条规模较大、与成矿有关的北西向断层。剩余重力起始值大于 $-7\times10^{-5}\text{m/s}^2$,航磁 ΔT 化极起始值大于 -10nT。

第四节　多矿种综合靶区部署建议

该区(带)内包括钼矿和镍矿 2 个主要预测矿种,共划分出 4 个综合勘查区,分别为大黑梁北钼镍矿综合勘查区、黑疙瘩北钼镍矿综合勘查区、瑞家圈钼镍矿综合勘查区、元山子钼镍矿综合勘查区。

在亚干铜镍矿综合勘查区内已有矿山亚干铜镍矿,工作程度较高,其外围可进一步安排中大比例尺的地质、物化探工作,必要时可采用槽探、井探、钻探等手段,寻找隐伏的工业矿体,详见图 6-7 和表 6-3。

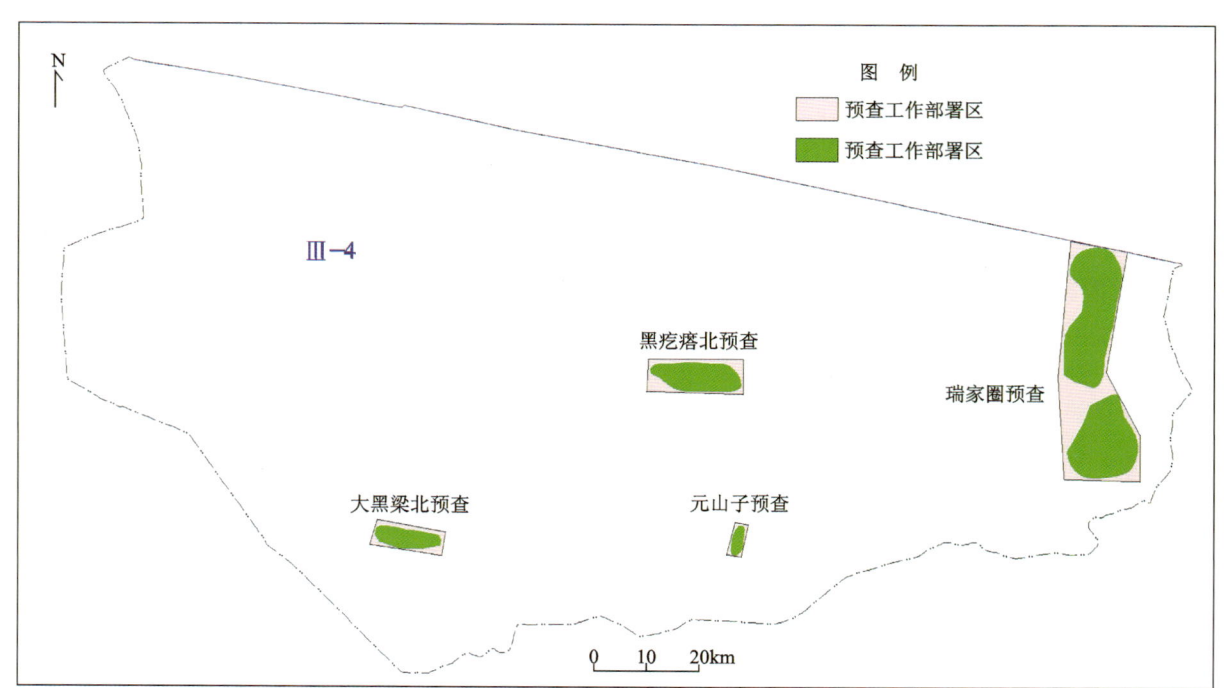

图 6-7　Ⅲ-4 成矿区(带)综合勘查工作部署区

表 6-3　Ⅲ-4 成矿区(带)综合勘查区部署建议一览表

部署区序号	部署区编号	部署区名称	面积(km²)	等级	预测矿种及资源量	勘查部署建议
1	Ⅲ-4-1	大黑梁北	65.37	预查	钼矿 1 558.91t，镍矿 375.00×10⁴t	本区未开展 1：5 万区域地质调查工作，应先进行基础地质调查，查明本区基本地质情况；建议开展 1：1 万的填图工作，采用重力、磁法、电法勘探等，建议开展 Mo、Sb、W、Cu、Pb、Zn、Ag、W、As、Bi 10 种元素的化探工作，地表槽探、浅井及少量钻探
2	Ⅲ-4-2	黑疙瘩北	118.2	预查	钼矿 1 231.54t，镍矿 380.20×10⁴t	本区未开展 1：5 万区域地质调查工作，应先进行基础地质调查，查明本区基本地质情况；建议开展 1：1 万的填图工作，采用重力、磁法、电法勘探等，建议开展 Mo、Sb、W、Cu、Pb、Zn、Ag、W、As、Bi 10 种元素的化探工作，地表槽探、浅井及少量钻探
3	Ⅲ-4-3	瑞家圈	17.87	预查	钼矿 627.75t，镍矿 193.80×10⁴t	本区已开展土井子、前古城子、马夫峡子的 1：5 万区域地质调查工作，应先在未开展 1：5 万区域地质调查，查明本区基本地质情况；建议开展 1：1 万的填图工作，采用重力、磁法、电法勘探等，建议开展 Mo、Sb、W、Cu、Pb、Zn、Ag、W、As、Bi 10 种元素的化探工作，地表槽探、浅井及少量钻探
4	Ⅲ-4-4	元山子	523.04	预查	钼矿 5 546.59t，镍矿 1 021.648×10⁴t	本区已开展白土井幅的 1：5 万区域地质调查工作，应先在未开展 1：5 万区域地质调查，查明本区基本地质情况；建议开展 1：1 万的填图工作，采用重力、磁法、电法勘探等，建议开展 Mo、Sb、W、Cu、Pb、Zn、Ag、W、As、Bi 10 种元素的化探工作，地表槽探、浅井及大量钻探

第七章 新巴尔虎右旗(拉张区)成矿带(Ⅲ-5)预测成果

第一节 区域成矿背景

本成矿带北西侧与俄罗斯、蒙古国接壤,北东端延入黑龙江省,西南延入蒙古国,东南界以伊列克得-鄂伦春断裂与东乌珠穆沁旗-嫩江铜、钼、铅、锌、金、钨、锡、铬成矿带(Ⅲ-6)为邻。本区属额尔古纳岛弧和海拉尔-呼玛弧后盆地2个三级大地构造单元,二者以得尔布干断裂带为界。

额尔古纳岛弧发育南华系佳疙瘩组岛弧环境碎屑岩-中基性火山岩组合、震旦系额尔古纳河组弧后盆地亚相碎屑岩-碳酸盐岩组合。寒武纪之后,由于海拉尔-呼玛弧后盆地的出现,其远离了东乌旗-多宝山岛弧。除中二叠世外,其古生代大地构造相主要以陆壳性质体现。在岛弧中出露前南华纪基底地块,包括古元古代岛弧兴华渡口群绿片岩-(云母)石英片岩-大理岩组合和风水山片麻岩-石英二长质-花岗质片麻岩组合。

海拉尔-呼玛弧后盆地位于额尔古纳岛弧与东乌旗-多宝山岛弧之间,北东向展布,其初始裂开于中元古代南华纪—震旦纪时期,额尔古纳岛弧与东乌旗-多宝山岛弧还紧挨在一起,在新元古代晚期—寒武纪逐渐裂开,在吉峰林场、环宇、环二库、稀顶山北东向分布有蛇绿混杂岩。沉积了早—中奥陶世海相火山岩、复理石建造,泥盆纪为陆源碎屑沉积建造及海相中性—酸性火山岩建造,早石炭世早期为海相基性火山岩-沉积建造,晚期为陆源碎屑岩、碳酸盐岩夹凝灰岩的沉积建造。

本成矿带内,中生代受鄂霍次克洋、古太平洋俯冲及其后的伸展作用影响,形成大面积分布的含煤碎屑岩建造、中酸性火山岩建造。

区内吕梁期、晋宁期、海西期、印支期及燕山期构造岩浆活动强烈。吕梁期为岛弧花岗岩组合,岩石类型为辉长岩、闪长岩、石英闪长岩、花岗闪长岩组合,为低钾钙碱性岩石系列;晋宁期花岗岩为同造山环境形成的巨斑状黑云母二长花岗岩、正长花岗岩组合,为高钾钙碱性岩石系列;印支期花岗岩为后碰撞-同碰撞花岗闪长岩-二长花岗岩组合;燕山期为陆内造山环境下形成的二长花岗岩-正长花岗岩-钾长花岗岩组合,为高钾钙碱性花岗岩-偏碱性花岗岩系列。

区内最重要的构造是北北东向得尔布干深断裂带,其不仅控制本区的不同时代地质单元的分布,而且与燕山期成矿有着极为密切的关系。

一、矿产分布特征

该Ⅲ级成矿带是铜、钼、铅、锌、银、金、萤石、煤(铀)等矿种的成矿富集带,已发现的金属矿产有金、钼、铁、铅、锌、铜、银、砂金等，非金属矿产有萤石、硫铁矿等，共 36 处矿产地，其中优势矿种为铁、铜、铅锌、银、钼、锡、硫铁矿。

矿床的分布严格受构造的控制，本区矿床沿深断裂带两侧呈线形带状分布；得尔布干及鄂伦春-伊列克得深断裂带两侧分布着不同时代、不同矿床类型、不同矿种及不同矿床规模的矿床；得尔布干深断裂带西北侧分布有中生代斑岩型铜钼矿床（乌努格吐山、八八一、八大关），火山热液型铅锌银矿床（三河、二道河、下护林、甲乌拉、查干布拉根、比利亚谷），热液型银矿床（额仁陶勒盖），热液型金矿床（小伊诺盖沟）；矿床分布在隆起区与坳陷区过渡带靠隆起区一侧，或坳陷区内的局部隆起上。例如乌努格吐山斑岩型铜钼矿床和岔路口斑岩型钼多金属矿床，分布在隆起区边部。四五牧场金矿床分布在隆起区的中生代火山盆地中；与海相中基性—中酸性火山-侵入岩有关的铁、铁锌矿床分布于晚古生代的海相中基性—中酸性火山岩中，例如谢尔塔拉铁锌矿床和六一硫铁（铜）矿床；晚古生代矿床集中分布在前中生代古海盆边缘与中生代隆起带重叠部位。得尔布干断裂西侧实际是古生代海盆边缘与晚中生代断隆带重叠部位。

二、地球化学特征

（一）元素区域分布特征

该成矿区（带）位于内蒙古自治区东北部，主要组合异常元素有 Au、Cu、Mo、Ag、Pb、Zn、U 等。根据元素的组合共生规律，将元素分为以下几组分别叙述元素的区域分布特征。

1. Au、Cu、Mo 元素异常

该异常在成矿区（带）内分布较多，异常范围较大，异常间相互套合较好。主要对应元古宇、侏罗系满克头鄂博组、塔木兰沟组、玛尼吐组、白音高老组，对应的岩体主要为二叠纪、石炭纪、侏罗纪酸性岩体。

2. Ag、Pb、Zn 元素异常

该异常在成矿区（带）内分布较广，面积较大，异常相互套合较好。主要对应元古宇、侏罗系满克头鄂博组、塔木兰沟组、玛尼吐组、白音高老组，对应的岩体主要为二叠纪、石炭纪、侏罗纪酸性岩体。

3. U 元素异常

U 元素异常在成矿区（带）内分布较多，异常范围较大，且异常强度也较高，高值区呈连续分布的状态。其主要对应侏罗系满克头鄂博组、塔木兰沟组、玛尼吐组、白音高老组，对应的岩体主要为侏罗纪中酸性岩体。虽然 U 元素异常在成矿区（带）分布较多，但是与其他元素异常套合一般。

（二）综合异常特征

根据异常元素相互间的组合关系，并结合异常所处的地质特征和已知矿点、矿床点特征，在成矿区（带）内共圈定了 148 处综合异常（附图 7）。按综合异常特征，将综合异常分为以 Au、Cu、Mo 元素异常为主的综合异常、以 Ag、Pb、Zn 元素异常为主的综合异常。下面将各类综合异常进行简单的分述。

1. 以 Au 元素异常为主的综合异常

以 Au 元素异常为主的综合异常主要分布在成矿区(带)北部地区,得尔布干断裂带北西。

该组综合异常元素以 Au、Cu 为主,并伴有 Mo、Ag、Pb、Zn 等元素异常。综合异常范围个别较大,其余多为中等。异常形态多呈不规则状,其中 Au、Cu 元素异常范围较大,强度较高。异常元素间呈相互套合的状态。综合异常所对应的地层主要有古元古界兴华渡口群,异常对应的岩体有元古宙花岗岩、石英正长岩、正长花岗岩,以及元古宙中基性杂岩。该类综合异常主要分布在成矿区(带)北部恩河以北地区,综合异常多呈不规则状,异常元素以 Au、Cu、Mo 为主,并伴有 Ag、Pb、Zn 等元素异常。对应的地质体主要有元古宇,侏罗系满克头鄂博组、塔木兰沟组、玛尼吐组、白音高老组;岩体主要为二叠纪、石炭纪、侏罗纪酸性岩体。该类综合异常与区(带)内已知的金、铜矿床(点)相对应。

该组综合异常所在的区域分布有多个金矿(化)点。金矿(化)点分布主要与元古宙地层以及元古宙侵入岩体和中基性杂岩体有关。推测该组综合异常可能是寻找金多金属矿的有利地区。

2. 以 Ag、Pb、Zn、Cu、Mo 元素异常为主的综合异常

该组综合异常在成矿区(带)内分布最广,综合异常范围大小不等,异常多呈不规则状。异常元素有 Ag、Pb、Zn、Cu、Mo,异常元素形态相似,相互间套合较好。异常对应的地层有侏罗系满克头鄂博组、塔木兰沟组、玛尼吐组、白音高老组;对应的岩体主要为二叠纪、石炭纪、侏罗纪酸性岩体。

成矿区(带)北东地区,多数综合异常范围中等,异常元素有 Mo、Cu、Ag、Pb、Zn,对应的地层有侏罗系玛尼吐组,对应的岩体主要有石炭纪花岗岩,分布有已知的岔路口超大型钼矿,以上综合异常相似的区域可能是寻找钼等金属的有利地区。

成矿区(带)北部,得尔布干断裂带的两侧,异常元素以 Ag、Pb、Zn 为主,并伴有 Cu、Mo、Au 等元素异常,其中 Ag、Pb、Zn 异常范围较大,强度较高。元素异常形态相似,相互间套合较好。Cu、Mo、Au 元素异常范围较小,呈星散状分布,并且套合一般。异常对应的地层主要是侏罗系满克头鄂博组、塔木兰沟组、玛尼吐组;异常区出露岩体较少,且主要分布在得尔布干断裂带的两侧地层中,因此异常区北东向断裂构造发育。该处分布有已知的矿床——比利亚谷、三河、得耳布尔镇二道河子铅锌矿,以及卡米奴什克铜矿。通过对典型矿床的研究和对比,推测与以上综合异常相似的区域可能是寻找铜、铅锌等多金属矿的有利地区。

成矿区(带)南西地区,综合异常范围较大,异常形态多呈不规则状。异常元素有 Mo、Cu、Ag、Pb、Zn、Au。异常对应的地层有侏罗系满克头鄂博组、塔木兰沟组、玛尼吐组。异常区侵入岩比较发育,主要是侏罗纪及二叠纪的花岗岩;异常所处的区域断裂构造比较发育,有北东向和北西向两组断裂,推测与该组异常相似的综合异常区域是寻找铜、钼、铅锌、银等多金属矿的有利地区。

三、成矿区(带)及成矿系列划分

本成矿带划分了 5 个 Ⅳ 级成矿亚带:Ⅲ-5-①莫尔道嘎铁、铅、锌、银、铜成矿亚带、Ⅲ-5-②八大关-陈巴尔虎旗铜、钼、铅、锌、银、锰成矿亚带、Ⅲ-5-③根河-甘河钼、铅、锌、银成矿亚带(Y)、Ⅲ-5-④额尔古纳金、铁、锌、硫、萤石成矿亚带(V、Y)、Ⅲ-5-⑤海拉尔盆地煤、油气成矿亚带。

该成矿带已知主要矿床有斑岩型铜钼矿、(次)火山热液型金银铜铅锌(锰)矿、隐爆角砾岩型金矿、热液型铁萤石矿及火山沉积-热液型铁硫矿,按矿床成矿系列划分,可分为 3 个成矿系列,4 个成矿亚系列(表 7-1,附图 8)。

表 7-1　新巴尔虎右旗(拉张区)成矿带(Ⅲ-5)成矿系列及矿床类型一览表

矿床成矿系列	矿床成矿亚系列	矿种/氧化物	矿床	类型	矿床式	成矿时代
与第四纪冲积沉积作用有关的金矿床成矿系列		砂金	吉拉林	砂矿型	吉拉林式	第四纪
与燕山期中酸性火山-侵入岩浆活动有关的铜(钼)、金、银、铅、锌矿床成矿系列	与燕山早期酸性火山-侵入杂岩岩浆活动有关的铜(钼)、金(银)矿床成矿亚系列	铜(钼)	乌努格吐山、八大关、八八一	斑岩型	乌努格吐山式	早侏罗世—晚侏罗世 K-Ar法：183.5±1.7Ma 辉钼矿的Re-Os去等时线年龄：155±17Ma，165±20Ma
		金(银)	小伊诺盖沟、小干沟、下吉宝沟、四五牧场	火山热液型隐爆角砾岩型	小伊诺盖沟式、四五牧场式	
	与燕山晚期超浅成—浅成中酸性火山-侵入岩浆活动有关的铜、铅、锌、银、钼、萤石矿床成矿亚系列	铜、钼、铅、锌、银	甲乌拉、查干布拉根、岔路口	次火山热液型斑岩型	甲乌拉式、岔路口式	早白垩世K-Ar法：英安岩全岩121.7Ma；辉钼矿Re-Os：146.97±0.79Ma(岔路口)；石英斑岩全岩年龄117~116Ma，花岗斑岩全岩年龄109.9Ma；Rb-Sr等时线年龄120±6Ma
		铅、锌(银)、萤石	三河、二道河、下护林、额仁陶勒盖、比利亚谷、旺石山	火山热液型次火山热液型	三河式、额仁陶勒盖式、比利亚谷式、旺石山式	
与海西期基性—中酸性岩浆活动有关的铁(锌)、铜、硫矿床成矿系列	与海西期海相基性—中酸性火山活动有关的铁(锌)、硫(铜)矿床成矿亚系列	铁(锌)	谢尔塔拉	火山-沉积型	谢尔塔拉式	早石炭世
		硫(铜)	六一牧场	火山-沉积型	六一牧场式	中泥盆世—晚泥盆世早期
	与海西晚期中酸性侵入岩有关的铁矿床成矿亚系列	铁	于里亚河、毕拉河	热液型	毕拉河式	二叠纪
			地营子	热液型	地营子式	石炭纪

四、重力特征

区内布格重力异常总体展布方向受区域构造控制，呈北东向。北段异常形态较舒缓，局部重力异常形态不规则；南段异常等值线密集，梯度较陡，重力高与重力低呈窄条状相间分布。在剩余重力异常图上表现为北东向正、负异常相间分布的特点，表明该区基底岩系在其形成过程中，受到北西-南东向的强烈挤压作用，形成北东向紧密线性褶皱。布格重力异常等值线密集带、同向扭曲部位推断为断裂构造。该区域布格重力异常等值线多处呈线性密集展布或同向扭曲、重力异常轴向发生明显错断，这正是对区内极其发育的北东向、北西向断裂构造的客观反映。

1. Ⅲ-5-①莫尔道嘎铁、铅、锌、银、金成矿亚带

区域重力高异常区叠加有不规则面状分布的重力低异常,剩余重力异常图(图7-1)上,负异常成片成带分布,正异常零星呈串珠状展布。在牛尔河镇—西牛河镇一带及西牛河镇以北沿国境线一带、得耳布尔以西一带形成局部重力高值区。该区域大面积出露中酸性侵入岩,其间零星出露古元古界兴华渡口岩群、新元古界佳疙瘩组,沿得尔布干断裂附近火山岩成片分布。反映了该区是一个元古宙基底的隆起区,受北东向深大断裂影响,岩浆活动强烈,形成规模较大的侵入岩及火山沉积盆地,对应成片成带分布的重力低异常,局部重力高为元古宙基底隆起区。

该成矿亚带铁铅锌金矿床、矿点主要位于布格重力异常边部梯级带上,剩余重力正异常边部或正负异常交替带上。在成矿亚带北段的金铅锌银矿主要位于以元古宇为基底的断隆区边缘,南段的铁矿则位于以古生界为基底的断隆区边缘。该区域G蒙-6、G蒙-10、G蒙-15剩余重力异常为推断的半隐伏元古宙基底隆起区,在其边部注意金铅锌银矿的寻找。G蒙-44为推断的半隐伏古生代地层隆起区,在其异常边部区域注意铁多金属矿的寻找。

2. Ⅲ-5-②八大关-陈巴尔虎旗铜、钼、铅、锌、银、锰成矿亚带

紧邻得尔布干断裂西侧,形成该区域较明显的呈北东向带状延伸的重力高值区,对应形成剩余重力正异常,伴有航磁正异常。地表局部地段有新元古界佳疙瘩组出露,显然重磁异常与元古宙基底隆起及沿深大断裂基性物质富集有关,推断该区域可能有隐伏基性—超基性岩体。该区域化探以Cu、Mo、Ag、Au、Cd多金属组合元素异常为主,矿床以铜钼金属矿为主,矿床(点)均位于重力异常边部梯级带上或转弯处。

在元古宙隆起区西侧局部重力高异常多呈北东向窄条状或带状展布,梯度变化大,其间局部重力低异常范围较大,呈带状或不规则面状展布。剩余重力异常图上表现为窄条状或串珠状正异常分布于负异常区,负异常多宽缓,形态不规则,部分负异常呈条带状,边部等值线密集。该区域地表以晚侏罗世火山岩为主,局部有震旦纪、早寒武世及晚古生代地层出露,中酸性侵入岩广泛发育。反映该区是一个新元古代—古生代基底隆起区,局部重力低异常主要由中酸性侵入岩和火山沉积盆地引起,火山盆地对应的多是条带状剩余重力负异常。区内北东向、北西向断裂构造发育。该区域铜钼铅锌银锰多金属矿多位于局部重力高异常边部梯级带上,受次一级的北东向、北西向构造控制明显。

在该区域G蒙-55、G蒙-83、G蒙-110、G蒙-115、G蒙-127为重力推断的半隐伏新元古代、古生代基底隆起区,在重力异常边部注意多金属矿的寻找。

3. Ⅲ-5-③根河-甘河钼、铅、锌、银成矿亚带,Ⅲ-5-④额尔古纳金、铁、锌、硫、萤石成矿亚带

该区域布格重力异常表现为相对高值区,变化幅度较小。在相对平稳的重力场区,形成多处局部重力异常,异常形态较杂乱。剩余重力负异常成片成带分布,正异常范围较小。地表以晚侏罗世火山岩为主,局部有元古宙、古生代地层出露,其间北东向断裂发育,反映该区前古生代基底凹凸相间、以凹为主的特点。低凹处形成火山岩盆地,对应重力低异常,凸起处为元古宙、古生代地层隆起区,对应重力高,即剩余重力正异常,局部地段因断裂活动使等值线发生同向扭曲或轴向错动。已知矿点多位于剩余重力正异常边部梯级带或转弯处,部分钼多金属矿位于剩余重力负异常的边部梯级带上。

4. Ⅲ-5-⑤海拉尔盆地煤、油气成矿亚带

该区域属海拉尔盆地,但恰好位于幔隆区,所以布格重力异常值相对周边地区总体较高。但布格重力异常特征又明显受盆地制约,从外到内呈降低趋势,边部及外围附近重力高,盆地中央相对较低。盆地边缘向内重力异常高、低呈条带状相间分布,梯度变化较大,等值线密集。盆地中央布格重力异常等值线较宽缓稀疏,变化梯度小。对应的剩余重力异常特征与布格重力异常相似,边部条带状正、负异常

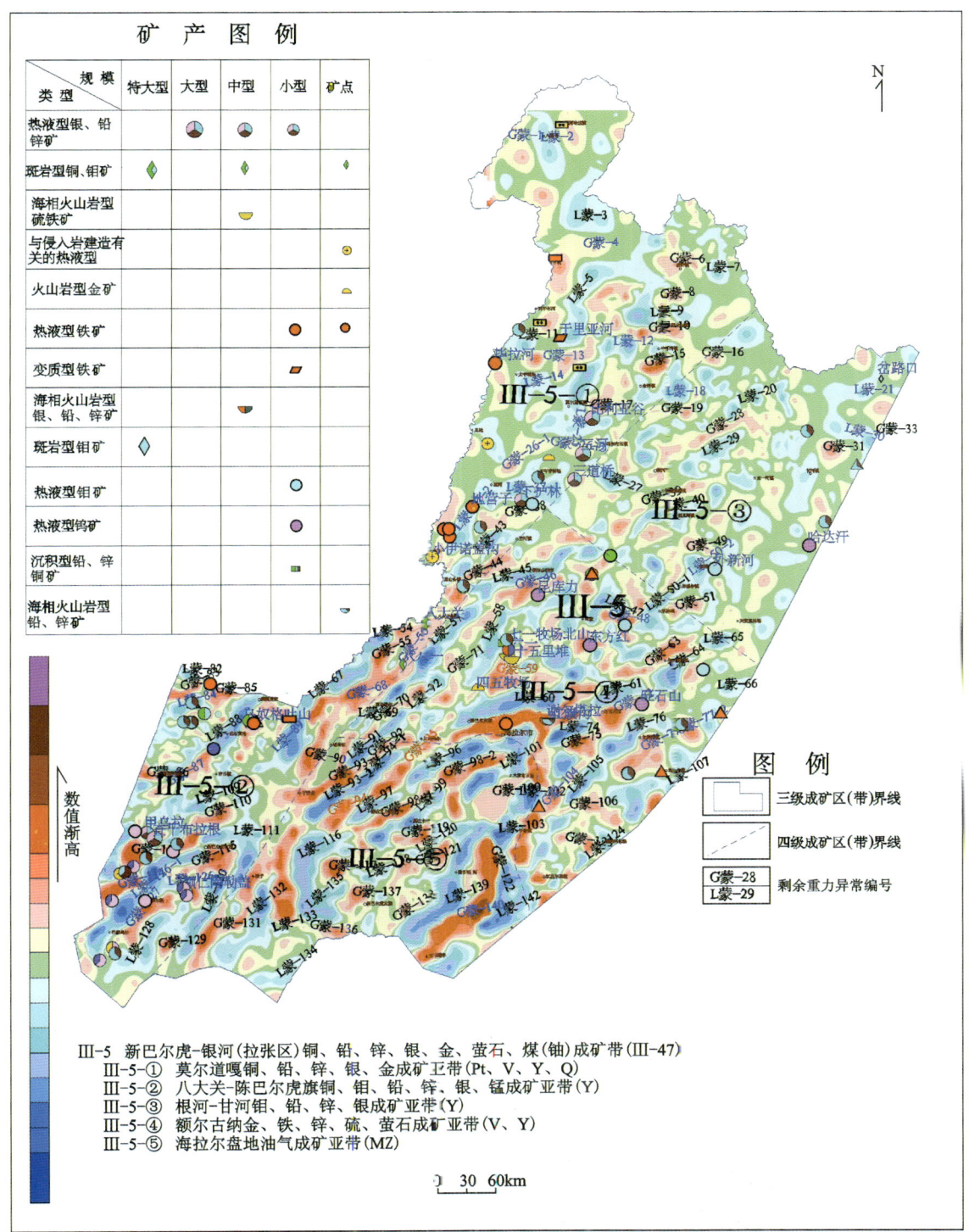

图 7-1 新巴尔虎右旗(拉张区)成矿带(Ⅲ-5)剩余重力异常图

相间分布,梯度变化大,中央区域宽缓的剩余重力正异常呈半环状围绕中间的负异常分布。该区域是在中生代陆相火山喷发基础上发展起来的陆相坳陷盆地,地表第四系广布,盆地基底物质组成为泥盆纪—石炭纪变质地层和海西期、燕山期花岗岩。前述重力场特征正是盆地基底构造的客观反映:盆地边部基底起伏变化较大,可能是受区域北西-南东向的强烈挤压作用,形成隆、坳相间的格局,以致形成高、低相间分布且梯度变化较大的重力场分布特征。盆地中央基底相对稳定,但总体较边部明显下降。

该区域呈窄条状展布,且边部等值线密集的负异常区及盆地中央区域应是盆地基底的坳陷区,亦是中新生代沉积厚度较大的区域,这些区段被认为是寻找能源矿产(煤及铀矿等)的重点地区。

五、航磁特征

1. Ⅲ-5-①莫尔道嘎铅、锌、银、金成矿亚带

在航磁 ΔT 等值线平面图(图 7-2)上,成矿带以平缓磁异常为背景,其间分布着紧密相连的椭圆形正磁异常,强度高,梯度大,轴向沿北东向展布,负异常伴生其间;航磁 ΔT 化极等值线平面图上,正磁异常更加突出,强度增大,梯度变化明显。

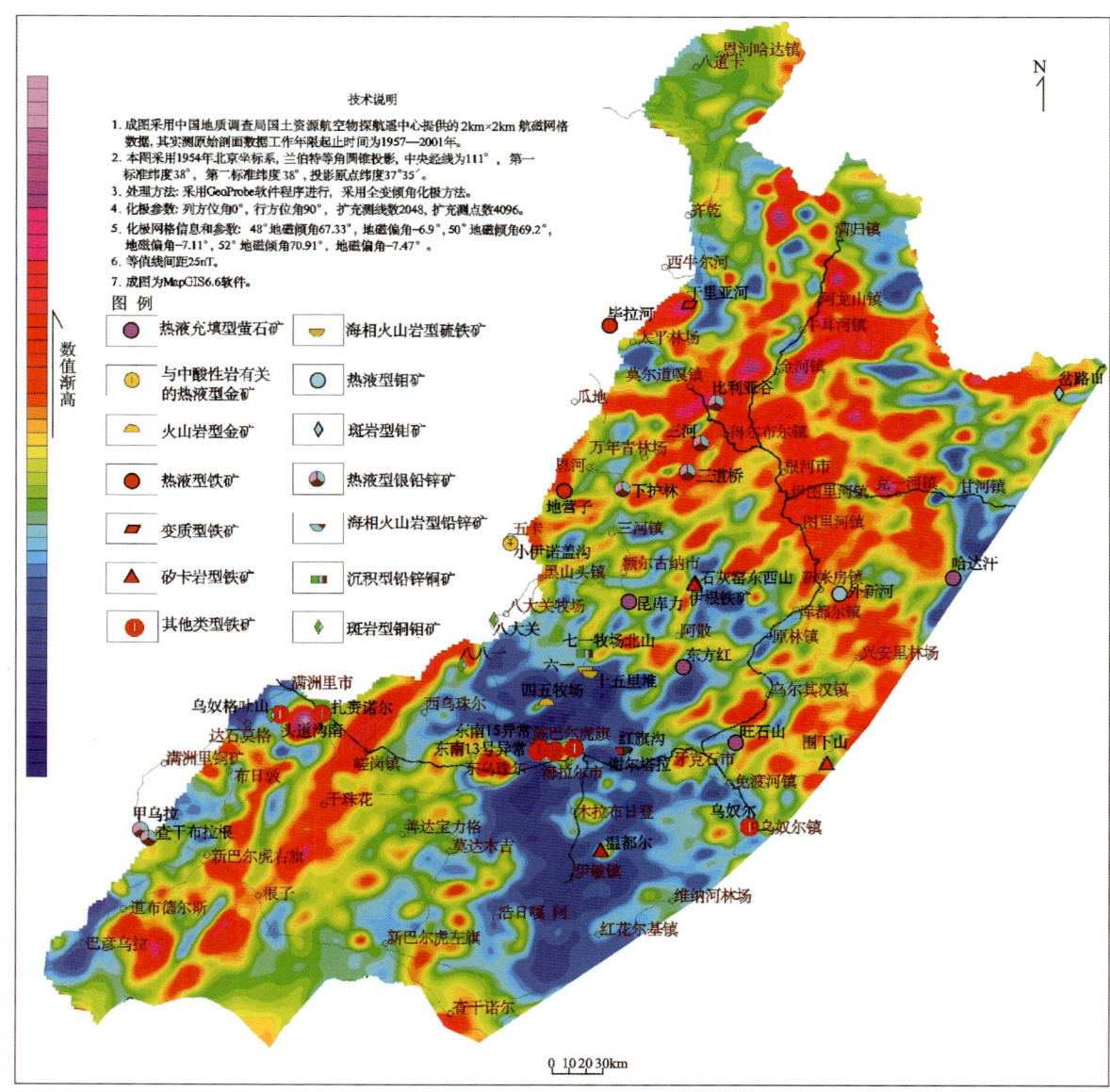

图 7-2 新巴尔虎右旗(拉张区)成矿带(Ⅲ-5)航磁 ΔT 化极等值线平面图

2. Ⅲ-5-②八大关-新巴尔虎右旗铜、钼、铅、锌、银成矿亚带

在航磁 ΔT 等值线平面图上，成矿带以平缓负异常为背景，遍布正磁异常，多呈带状及椭圆形，沿北东向展布，正、负相间，强度高，梯度变化大；航磁 ΔT 化极等值线平面图上，北东向的条带状磁异常幅值增大，负异常更加明显。

3. Ⅲ-5-③根河钼、铅、锌、银成矿亚带

在航磁 ΔT 等值线平面图上，成矿带内分布大面积正磁异常，多呈片状分布，异常幅值较高，梯度变化不大。航磁 ΔT 化极等值线平面图上，成矿带以正磁异常为主，形状不太规则，多呈圆形、椭圆形，幅值较高，整体呈北东走向，正磁异常周围出现低缓负异常。

4. Ⅲ-5-④额尔古纳金、铁、锌、萤石成矿亚带

在航磁 ΔT 等值线平面图上，成矿带北部磁异常以低缓异常为背景，正磁异常多呈椭圆形镶嵌其中，连接紧密，强度高，正、负相间，北东向展布。南部以负异常为主，负磁场值较大。航磁 ΔT 化极等值线平面图上，成矿带内负异常突出，北部正磁异常幅值降低，正、负异常相间明显。南部则为大面积负磁场，且强度高。

5. Ⅲ-5-⑤海拉尔盆地煤、油气成矿亚带

在航磁 ΔT 等值线平面图上，成矿带内磁异常形态规则，西部分布有串珠状正磁异常，椭圆形，北东向展布，正、负相间。东部主要为负异常，面积较大，幅值较高。航磁 ΔT 化极等值线平面图上，成矿带东北部为大面积的负异常，强度较高，西南部主要为平缓的负异常，分布着椭圆形和圆形的正磁异常。

六、区域遥感特征

在遥感影像图(图7-3)上，得尔布干断裂呈清晰的线性影像，该断裂隶属于蒙古中部深断裂系的东段，延入新巴尔虎右旗后，经呼伦湖东、八大关、黑山头，沿得耳布尔河谷，经牛耳河、满归，向北进入黑龙江省，长约600km，总体走向为北东43°左右，属于超岩石圈断裂。在其两侧分布有较明显的线性影像及羟基、铁染异常，推测在大型深断裂的活动方向及力学性质上不同时期曾有过多次转换，并形成了不同层级的次级断裂，主断裂及次级断裂为岩浆活动提供了运移通道，由于后期岩浆-火山活动，形成了较强的羟基、铁染异常。各断裂交会处及羟基、铁染异常分布区是寻找铅锌、银、铜、钼、银等矿床的有利区域。

第二节 重要矿种预测评价模型

成矿带涉及矿种主要有铜(钼)矿、铁矿、硫铁矿、金矿、银矿、铅锌矿、萤石矿，共划分了3个成矿系列，其中与第四纪冲积沉积作用有关的金矿床成矿系列在本次工作中未建立预测评价模型。

一、海西期成矿系列预测评价模型

该系列矿床在Ⅲ-5成矿带中较发育，主要有火山沉积-热液型铁(锌)硫(铜)矿及热液型铁矿两种(表7-1)。

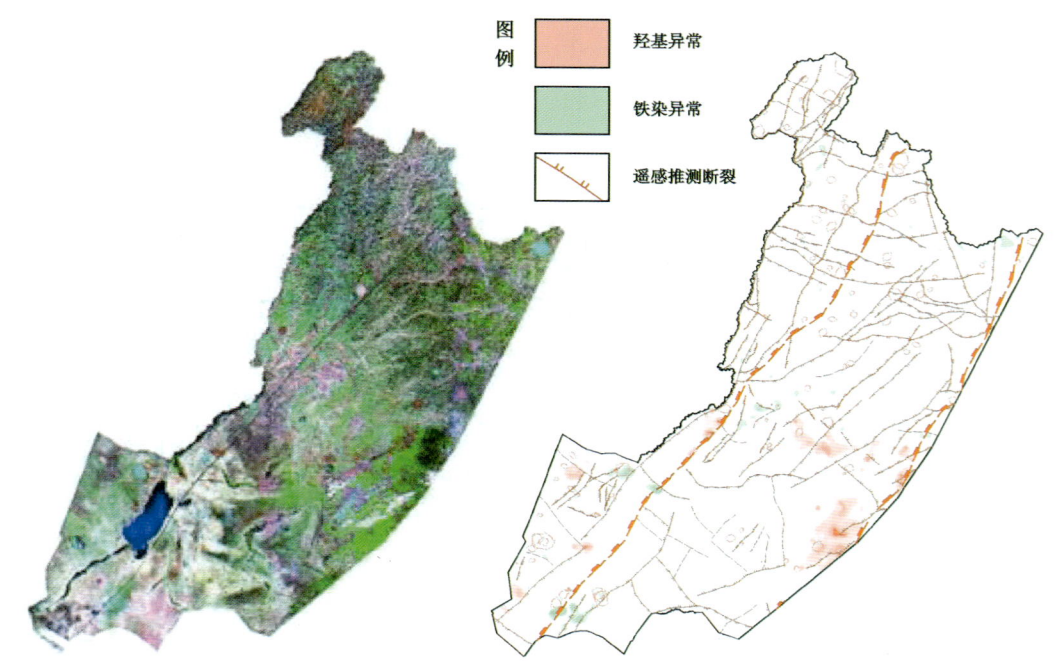

图 7-3　新巴尔虎右旗(拉张区)成矿带(Ⅲ-5)遥感影像图(左)及综合信息图(右)

(一)热液型铁矿预测评价模型

本系列热液型矿床以地营子铁矿为代表(表 7-2),总结该成矿系列热液型铁矿的预测评价模型。

表 7-2　与海西期基性—中酸性岩浆活动有关的热液型铁矿预测要素表

区域成矿要素		描述内容	要素类别
地质环境	大地构造位置	额尔古纳-呼伦优地槽褶皱带,额尔古纳岛弧(Pz),得尔布干断裂带北西侧中段(内蒙古自治区部分)	必要
	成矿区(带)	位于大兴安岭成矿省(Ⅱ),额尔古纳铜、钼、铅、锌、银、金、萤石成矿带(Ⅲ),莫尔道嘎金、铁、铅、锌成矿亚带(Ⅳ)	必要
	成矿类型及成矿期	热液型;海西晚期—燕山早期	必要
控矿地质条件	赋矿地质体	寒武系额尔古纳群	必要
	控矿侵入岩	海西期及燕山期花岗岩均有侵入	重要
	主控矿构造	受次级北西向断裂带与北东向断裂控制	重要
区内相同类型矿产		所属区(带)内有 6 个相同类型的铁矿点、矿化点	重要
地球物理特征	重力	重力起始值范围:东部$(-78\sim-62)\times10^{-5}m/s^2$,西部$(-92\sim-84)\times10^{-5}m/s^2$	次要
	航磁	航磁异常范围,大于$-100nT$	必要
遥感特征		铁染分布为一级铁染异常区	次要

由于预测区所在地理位置处于俄罗斯及内蒙古自治区的边界，重力、航磁数据在靠近国境线部分有缺失，而已知的地营子铁矿离国境线较近，在建立预测模型时，重力-航磁数据显示为一条较平直的曲线，因此用预测区的剖析图作为补充，从宏观上反映成矿综合信息（图7-4）。

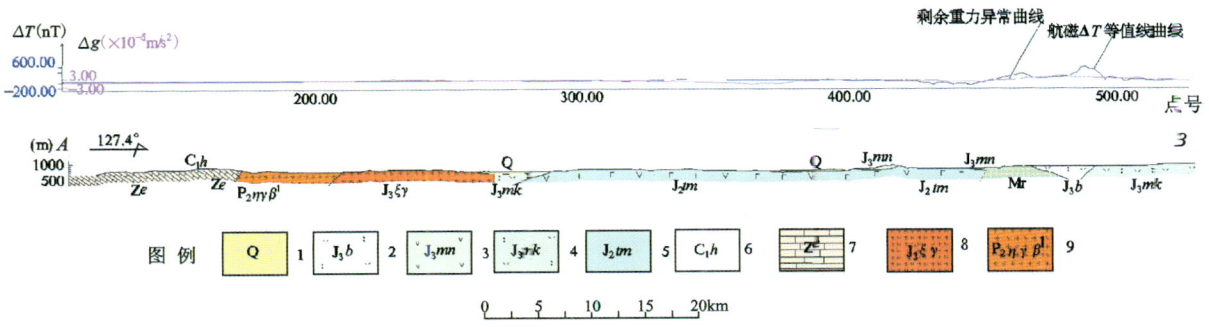

图7-4　与海西期基性—中酸性岩浆活动有关的热液型铁矿预测模型图

1.第四纪冲积；2.白音高老组流纹岩、酸性凝灰岩、凝灰砂岩、凝灰砂砾岩；3.玛尼吐组英安岩、安山岩、英安质凝灰熔岩、中性含角砾岩屑凝灰岩；4.满克头鄂博组流纹岩、酸性晶屑玻屑熔结凝灰岩、凝灰砂岩、砂砾岩；5.塔木兰沟组玄武岩、粗安岩夹火山凝灰岩及砂泥岩；6.红水泉组砂砾岩；7.震旦系额尔古纳组；8.正长花岗岩；9.黑云母二长花岗岩

纵观地营子预测工作区磁场特征：上侏罗统的地层磁性高于中侏罗统的，其中英安岩相对磁性较高，花岗岩磁性较弱。本区磁异常都与北东东向和北东向断裂有关，火山构造的边缘多有磁异常显示。该预测区内没有甲类航磁异常，乙类已知矿航磁异常有如下特征：异常走向绝大多数为北东向，异常均处在较低磁异常背景上，相对异常形态较为规则，多数为孤立异常、两翼对称。异常极值大多数都不高，异常多处在磁测推断的北东向断裂带上或其西侧的次级断裂上。

地营子铁矿位于北北东向展布的重力梯级带上，其西侧是布格重力异常，与元古宙基底隆起有关，东侧为低值区，因酸性岩引起。梯级带应是岩体与地层的分界线，在剩余重力异常图上地营子铁矿位于正负剩余异常的交接带上。

（二）火山沉积-热液型铁、硫铁矿预测评价模型

本系列火山沉积-热液型矿床以谢尔塔拉铁矿为代表（表7-3）。预测模型图反映谢尔塔拉铁矿位于航磁相对较高及重力梯度带上（图7-5）。

二、燕山期成矿系列预测评价模型

该系列矿床在Ⅲ-5成矿带最发育，主要有斑岩型铜钼矿、次火山热液金银铜铅锌（锰）矿、隐爆角砾岩型金矿及热液型铁萤石矿（表7-1）。

表 7-3 与海西期基性—中酸性岩浆活动有关的火山沉积-热液型铁矿预测要素表

区域成矿要素		描述内容				要素类别
		储量	7 033.6×10⁴ t	平均品位	TFe:34.51%	
		特征描述		海相火山岩型铁矿床		
地质环境	大地构造位置	Ⅰ-1 大兴安岭弧盆系，Ⅰ-Ⅰ-3 海拉尔-呼玛弧后盆地				必要
	成矿区（带）	（Ⅱ）大兴安岭成矿省，（Ⅲ）陈巴尔虎旗-根河金、铁、锌、萤石成矿亚带				必要
	区域成矿类型及成矿期	海相火山岩型；早石炭世				必要
控矿地质条件	主控矿构造	褶皱控矿，后期断裂对矿体有破坏作用				次要
	赋矿地质体	下石炭统莫尔根河组				必要
	控矿侵入岩	海西期侵入岩对矿体的富集可能起一定作用				次要
区内相同类型矿产		成矿区（带）内 2 个矿点				重要
物、化探特征	重力	剩余重力正异常				重要
	航磁	航磁高异常				重要

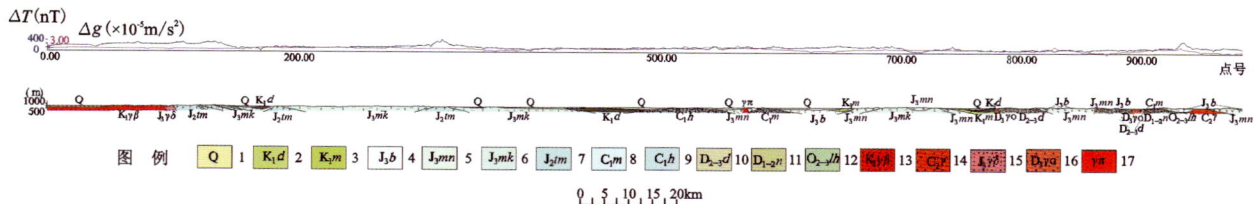

图 7-5 与海西期基性—中酸性岩浆活动有关的火山沉积-热液型铁矿预测模型图

1.第四纪沉积物；2.大磨拐河组；3.梅勒组；4.白音高老组；5.玛尼吐组；6.满克头鄂博组；7.塔木兰沟组；8.莫尔根河组；9.红水泉组；10.大民山组；11.泥鳅河组；12.裸河组；13.黑云母花岗岩；14.花岗岩；15.花岗闪长岩；16.斜长花岗岩；17.花岗斑岩脉

（一）斑岩型铜、钼矿预测评价模型

本系列斑岩型矿床以乌努格吐山铜钼矿及岔路口钼矿为代表，分属燕山早期成矿亚系列及燕山晚期成矿亚系列。

1. 燕山早期成矿亚系列斑岩型铜钼矿

乌努格吐山铜钼矿是该亚系列斑岩型矿床的代表。区域预测要素表（表 7-4）及预测模型图（图 7-6）反映含矿岩体处航磁、重力无明显异常，但化探多种元素含量较高，特别是铜、钼、钨的区域。

表 7-4 与燕山早期中酸性火山-侵入岩浆活动有关的斑岩型铜钼矿预测要素表

区域成矿要素		描述内容	要素类别
地质环境	大地构造位置	Ⅰ天山-兴蒙造山系，Ⅰ-1 大兴安岭弧盆系，Ⅰ-1-2 额尔古纳岛弧(Pz_1)、Ⅰ-1-3 海拉尔-呼玛弧后盆地(Pz)	必要
	成矿区(带)	Ⅲ-5 新巴尔虎右旗(拉张区)铜、钼、铅、锌、金、萤石、煤(铀)成矿带，Ⅲ-5-① 额尔古纳铜、钼、铅、锌、银、金、萤石成矿亚带(Y,Q)，Ⅴ八大关-乌努格吐山铜(钼)矿集区(Ym)	必要
	区域成矿类型及成矿期	侵入岩体型铜(钼)矿床；早—中侏罗世	重要
控矿地质条件	赋矿地质体	侏罗纪岩体	重要
	控矿侵入岩	二长花岗斑岩、正长花岗岩、花岗闪长岩、花岗斑岩等(J_{1-3})	重要
	主控矿构造	得尔布干深大断裂两侧及区域北东向、北西向断裂两侧或断裂构造交会部位	重要
区内相同类型矿产		成矿区(带)内 6 个矿床-矿化点	重要
物化探特征	重力	区域重力场处在南北向的重力梯度带上，呈现西部重力低、东部重力高的特点。区内重力梯度带上叠加局部重力异常及重力等值线扭曲，剩余重力负异常值一般在$(-5\sim0)\times10^{-5}$ m/s^2 之间，剩余重力正异常值则在$(0\sim15)\times10^{-5}$ m/s^2 之间	重要
	航磁	少部分资料，规律不明显。据 1:50 万航磁平面等值线图显示，磁场总体表现为低缓的负异常，西北部出现正异常，极值达 300nT	次要
	化探	①Mo 元素异常值多在$(2.9\sim118.8)\times10^{-6}$ 之间，具有较好的浓集中心，较强的异常值；②Mo、W、U 综合异常的分布也是重要的指示标志	重要
遥感特征		位于额尔古纳断裂带与北西向达赉东苏木以北构造及乌努格吐山东同心环状构造复合部位。遥感解译的北东向断裂构造及隐伏斑岩体(环状要素)	次要

2. 燕山晚期成矿亚系列斑岩型钼矿

岔路口钼矿是该亚系列斑岩型矿床的代表。区域预测要素表(表 7-5)及预测模型图(图 7-7)反映含矿岩体处布格重力较低缓，但剩余重力具较明显负异常特征的区域。

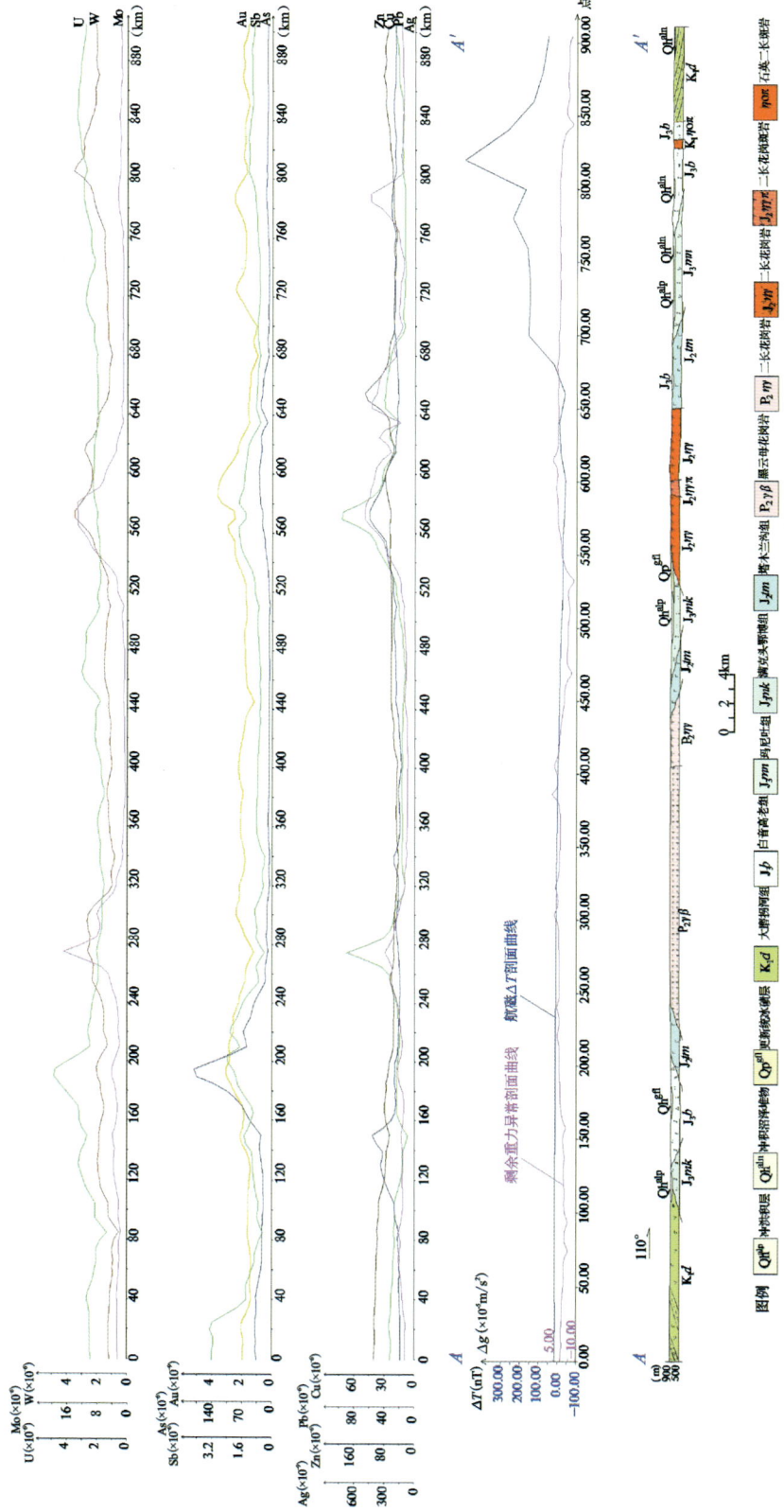

图 7-6 与燕山早期中酸性火山-侵入岩浆活动有关的斑岩型铜钼矿产预测模型图

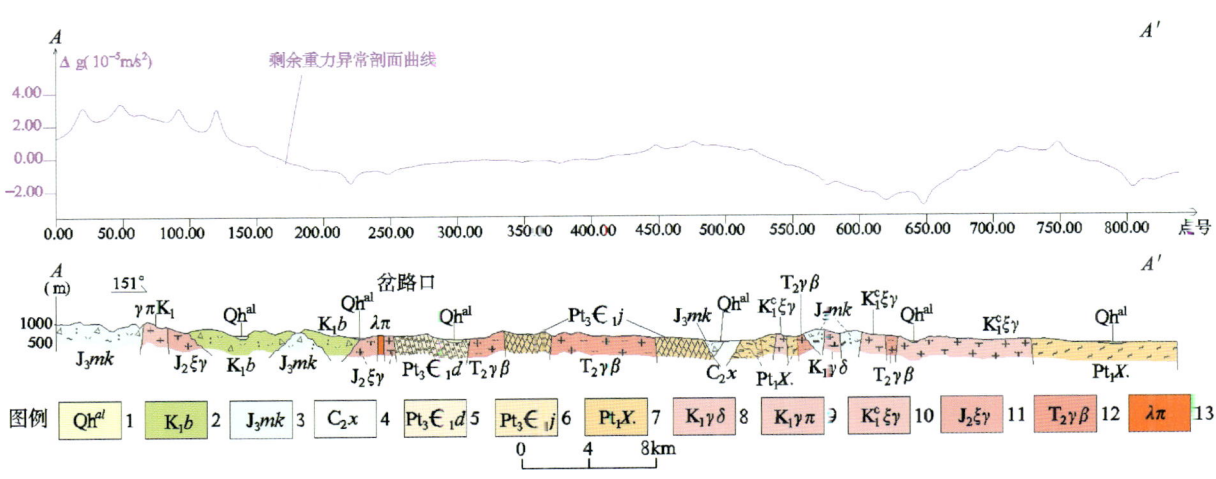

图 7-7 与燕山晚期中酸性火山-侵入岩浆活动有关的斑岩型钼矿预测模型图

1.第四系;2.白音高老组;3.满克头鄂博组;4.新依根河组;5.大网子组;6.吉祥沟组;7.兴华渡口群;8.白垩纪花岗闪长岩
9.白垩纪花岗斑岩;10.白垩纪正长花岗岩;11.侏罗纪正长花岗岩;12.二叠纪黑云母花岗岩;13.流纹斑岩脉

表 7-5 与燕山晚期中酸性火山-侵入岩浆活动有关的钼矿预测要素表

区域成矿要素		描述内容	要素类别
地质环境	大地构造位置	环太平洋中生代巨型火山活动带、阿里河晚侏罗世—早白垩世火山盆地	必要
	成矿区(带)	滨太平洋成矿域新巴尔虎右旗(拉张区)铜、钼、铅、锌、金、萤石、煤(铀)成矿带,陈巴尔虎旗-根河金、铁、锌、萤石成矿亚带,岔路口钼成矿远景区	必要
	区域成矿类型及成矿期	斑岩型;燕山晚期	重要
控矿地质条件	赋矿地质体	下白垩统光华组及其与燕山中期—晚期以超浅成相潜火山侵入体石英斑岩、花岗斑岩形成的接触带	重要
	控矿侵入岩	燕山中期—晚期以超浅成相潜火山侵入体石英斑岩、花岗斑岩	重要
区内相同类型矿产		成矿区(带)内1个矿床	重要
物化探特征	重力	剩余重力异常范围:$(-1 \sim 1) \times 10^{-5} m/s^2$	重要
	航磁	依据区内航磁异常与已知矿床或矿点的关系,选择航磁化极异常作为本次预测资料,磁异常幅值范围为$-250 \sim 125 nT$	次要
	地球化学特征	本区化探 Mo、U、W 单元素异常、组合异常及综合异常与已知矿床及矿点吻合程度高,特别是 Mo 单元素异常图吻合程度更高,因此,选用 Mo、W、U 组合元素异常图作为本次预测资料	重要
遥感特征		遥感推测断层及遥感异常	次要

(二)火山热液型金、银矿预测评价模型

火山热液型矿床在Ⅲ-5成矿带主要为金(银)矿,属燕山早期成矿亚系列,以小伊诺盖沟式金(银)矿为代表,区域预测要素表(表7-6)及预测模型图(图7-8)表明含矿地质体与套合较好的Au、Cu、Pb、Zn等元素含量丰度值位置有偏移,但含矿地质体位于剩余重力梯度带上,布格重力及航磁均有明显的负异常(相对)特征。

表7-6　与燕山期中酸性火山-侵入岩浆活动有关的火山热液型金(银)矿预测要素表

区域成矿要素		描述内容	要素类别
特征描述		侵入岩体型金矿床	
地质环境	大地构造位置	Ⅰ天山-兴蒙造山系,Ⅰ-1大兴安岭弧盆系,Ⅰ-1-2额尔古纳岛弧	必要
	成矿区(带)	Ⅰ-4滨太平洋成矿域(叠加在古亚洲成矿域之上),Ⅱ-13大兴安岭成矿省,Ⅲ-47新巴尔虎右旗(拉张区)铜、钼、铅、锌、金、萤石、煤(铀)成矿带,Ⅳ-47-1小伊诺盖沟金、铁、铅、锌成矿亚带(Y、Q),Ⅴ-47-1小伊诺盖-吉兴沟金矿集区(Ye、Q)	必要
	区域成矿类型及成矿期	蚀变岩型为主,石英脉型次之,成矿期为燕山期	必要
控矿地质条件	主控矿构造	近南北向与北西向构造破碎带	必要
	赋矿地质体	金矿体或其两侧发育张性角砾岩,角砾成分为花岗斑岩,被石英和电气石胶结,普遍黄铁矿化	重要
	控矿侵入岩	晚侏罗世花岗斑岩	重要
区内相同类型矿产		矿床(点)1个,为小型金矿床	重要
物化探特征	重力	预测区范围较小,且只有1∶100万重力测量成果,对金矿的指示意义不大。剩余重力异常值在$(-2\sim5)\times10^{-5}\,m/s^2$之间	重要
	航磁	在航磁ΔT等值线平面图上,磁异常幅值范围为$-300\sim400\,nT$。预测区南部有正负相间的磁异常,强度和梯度变化均不大,航磁化极异常值在$-150\sim300\,nT$之间	重要
	化探	预测区主要分布As、Sb、Cu、Pb、Zn、Ag、Cd、W、Mo等元素异常,异常呈北东向带状展布;Au元素在小伊诺盖沟附近存在浓集中心,浓集中心明显,异常强度高	重要
遥感特征		遥感解译的北西向断层及燕山期隐伏岩体	重要

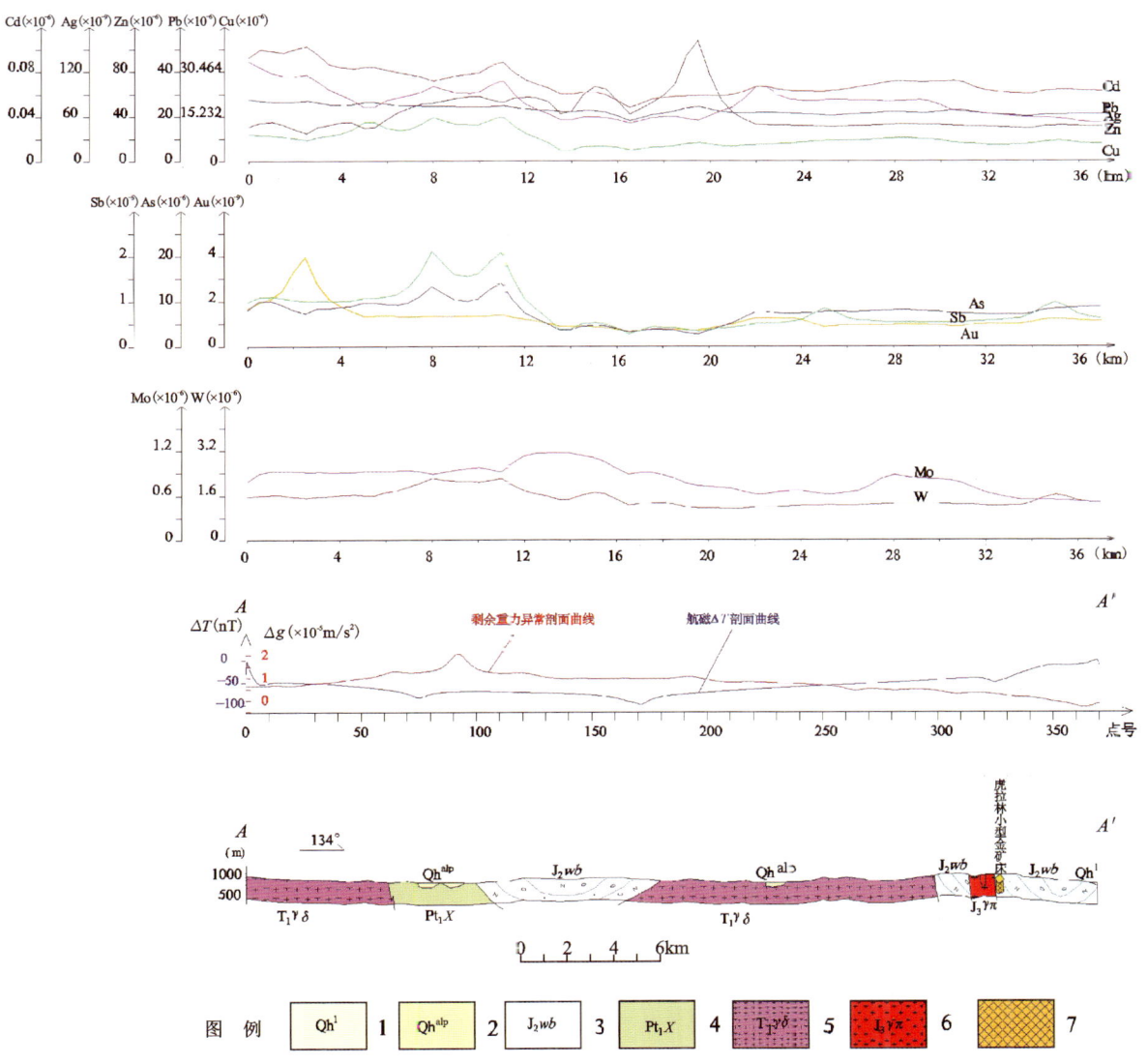

图 7-8 与燕山期中酸性火山-侵入岩浆活动有关的火山热液型金(银)矿预测要素图
1.湖积层；2.沼泽堆积；3.万宝组；4.兴华渡口群；5.粗中粒含斑角闪黑云花岗闪长岩；6.花岗斑岩；7.矿体

(三) 次火山热液型铜、钼、铅、锌、银、萤石矿预测评价模型

该类型矿床在Ⅲ-5成矿带最发育,属燕山晚期成矿亚系列,主要矿种以铅、锌、银(锰)、铜为主,其中以额仁陶勒盖铅、锌、银(锰)矿及比利亚谷铅、锌矿为代表。

1. 次火山热液型铅、锌、银(锰)矿预测评价模型

次火山热液型铅、锌、银(锰)矿,位于Ⅲ-5-②成矿亚带内,以额仁陶勒盖铅、锌、银(锰)矿为代表,该Ⅳ级成矿带同类型矿床还有甲乌拉铅锌银矿、套干布拉根银铅锌矿等,区域预测要素表(表7-7)及预测模型图(图7-9)反映含矿地段多种元素峰值高、套合好,布格重力高异常区与剩余重力正异常区相对应。

表 7-7　与燕山期中酸性火山-侵入岩浆活动有关的火山热液型铅、锌、银（锰）矿预测要素表

区域成矿要素		描述内容	要素类别
地质环境	大地构造位置	Ⅰ天山-兴蒙造山系，Ⅰ-1 大兴安岭弧盆系，Ⅰ-1-2 额尔古纳岛弧（Pz₁）	必要
	成矿区（带）	Ⅰ-4 滨太平洋成矿域（叠加在古亚洲成矿域之上），Ⅱ-12 大兴安岭成矿省，Ⅲ-5 新巴尔虎右旗（拉张区）铜、钼、铅、锌、金、萤石、煤（铀）成矿带（Ⅲ-47），Ⅲ-5-① 额尔古纳铜、钼、铅、锌、银、金、萤石成矿亚带（Y、Q）	必要
	区域成矿类型及成矿期	中—低温热液型银矿床；燕山晚期	必要
控矿地质条件	赋矿地质体	中侏罗统塔木兰沟组	必要
	控矿侵入岩	广泛的中生代火山岩背景是此矿床形成的先决条件，石英脉是找矿的最直接标志。燕山期酸性花岗岩附近是找矿有利区域	重要
	主控矿构造	矿体受主干断裂次一级北西向、北东向断裂控制（NNW350°～360°，NNE20°～30°，NE40°～50°），构造交会部位的岩体与围岩外接触带，或断层交叉地段是矿体的集中部位	重要
区内相同类型矿产		有大型铅锌银矿床 2 个，矿点 5 个	重要
物化探特征	重力	从布格重力异常图上看，预测区处于布格重力高异常区，由西向东逐渐上升，从剩余重力异常图上看，预测区南部剩余重力负异常多呈北东向条带状分布且边部等值线较密集，剩余重力起始值在（−3～6）×10⁻⁵ m/s² 之间，区内的剩余重力正异常区，与布格重力高值区对应较好。剩余重力起始值在（0～3）×10⁻⁵ m/s² 之间	重要
	航磁	航磁 ΔT 化极异常值起始值在 −50～250nT 之间	重要
	化探	预测区内 Ag 呈高背景分布，异常强度较高，Ag、Pb、Zn、Cu、Au、Fe₂O₃、Mn、Sn 综合异常与已知矿床及矿点吻合程度高	重要

2. 次火山热液型铅、锌矿预测评价模型

次火山热液型铅、锌矿主要位于Ⅲ-5-①成矿亚带内，以比利亚谷铅、锌矿为代表，该Ⅳ级成矿带同类型矿床还有三河铅锌矿、三道桥铅锌矿、下护林铅锌矿等。区域预测要素表（表 7-8）及预测模型图（图 7-10）反映含矿地段多种元素峰值高、套合好，特别是 Pb、Zn 元素，重力与航磁特征不明显。

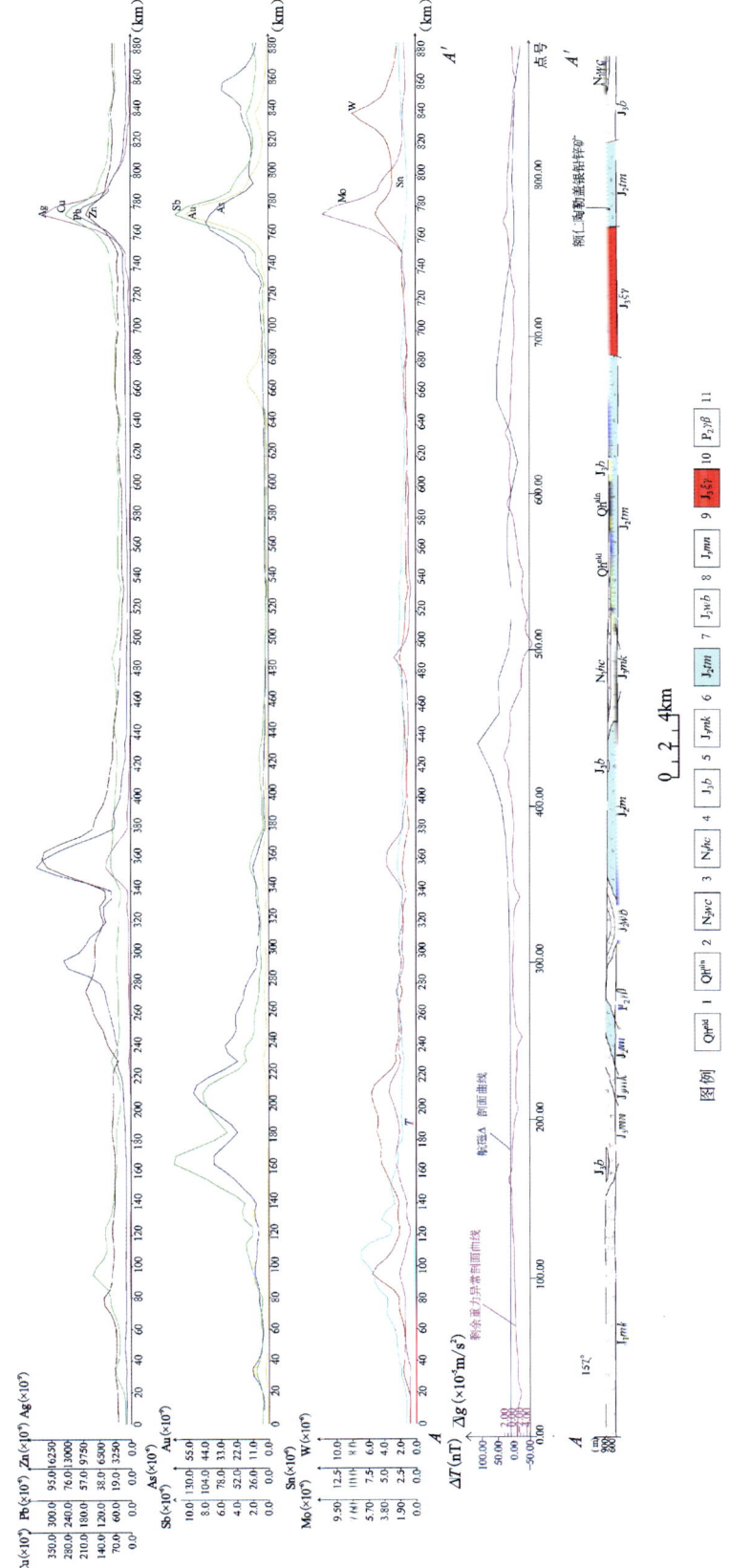

图 7-9 与燕山期中酸性火山-侵入岩浆活动有关的火山热液型铅、锌、银（锰）矿"预测要素图

1.冲积沼泽;2.残坡堆积;3.五岔沟组;4.呼查山组;5.白音高老组;6.满克头鄂博组;7.塔木兰沟组;8.万宝沟组;9.玛尼吐组;10.正长花岗岩;11.二长花岗岩

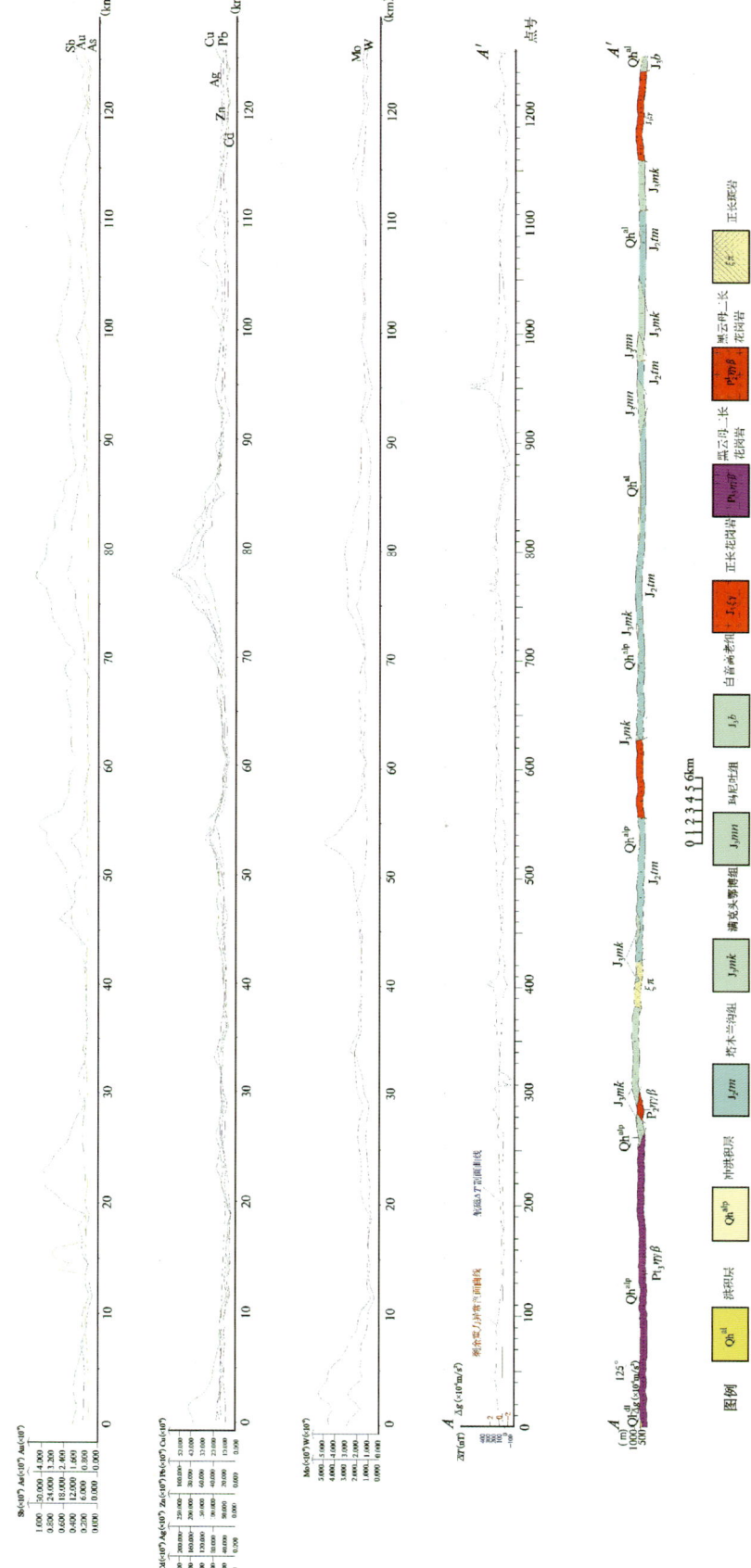

图 7-10 与燕山期中酸性火山-侵入岩浆活动有关的火山热液型铅、锌矿预测要素图

表 7-8 与燕山期中酸性火山-侵入岩浆活动有关的火山热液型铅、锌矿预测要素表

区域成矿要素		描述内容	要素类别
地质环境	大地构造位置	Ⅰ天山-兴蒙造山系，Ⅰ-1 大兴安岭弧盆系，Ⅰ-1-2 额尔古纳岛弧（Pz_1），Ⅰ-1-3 海拉尔-呼玛弧后盆地（Pz）	必要
	成矿区（带）	Ⅰ-4 滨太平洋成矿域，Ⅱ-13 大兴安岭成矿省，Ⅲ-47 新巴尔虎右旗（拉张区）铜、钼、铅、锌、金、萤石、煤（铀）成矿带，$Ⅳ_{47}^{3-1}$ 莫尔道嘎金、铁、铅、锌成矿亚带（Y、Q），$Ⅴ_{47}^{1-2}$ 小伊诺盖-吉尔沟金矿集区（Ye、Q），$Ⅴ_{47}^{1-2}$ 下护林-三河铅、锌矿集区（Yml），$Ⅳ_{47}^{3-2}$ 陈巴尔虎旗-根河金成矿亚带（Y），$Ⅴ_{47}^{3-1}$ 四五牧场金矿集区（Y）四五牧场金矿，$Ⅳ_{47}^{4}$ 谢尔塔拉-甘河铁、锌成矿亚带（V）	必要
	区域成矿类型及成矿期	燕山晚期火山岩型	必要
控矿地质条件	赋矿地质体	侏罗系塔木兰沟组火山岩发育地段有利于寻找铅锌多金属矿	必要
	围岩蚀变	硅化、绿泥石化、黄铁矿化、绢云母化、青磐岩化与矿化关系密切	重要
	主控矿构造	环形构造与北西西向构造发育地段，尤其是构造交会处是成矿有利场所	必要
区内相同类型矿产		大型1个，中型1个，小型2个，矿点4个	重要
物化探特征	重力	从布格重力异常图上看，预测区域重力场总体反映南高、北低的特点，布格重力异常最低值 $-106.19\times10^{-5}m/s^2$，最高值 $-55.84\times10^{-5}m/s^2$	次要
	航磁	在 1:10 万航磁 ΔT 等值线平面图上预测工作区磁异常幅值为 $-500\sim1~200nT$，背景值为 $-100\sim100nT$，其间磁异常形态杂乱，正负相间，多呈不规则带状、片状或团状，磁场特征显示预测工作区构造方向以北东向为主。预测区内推断断裂走向与磁异常轴向相同，主要为北东向，以不同磁场区的分界线和磁异常梯度带为标志	次要
	化探	Pb、Zn 在预测区呈背景、高背景分布，存在明显的浓度分带和浓集中心。AS_1 异常元素有 Cu、Pb、Zn、Ag，Pb 元素浓集中心明显，异常强度高，与 Cu、Zn、Ag 异常套合较好；AS_2 和 AS_3 的异常元素有 Pb、Zn、Ag、Cd，Pb 元素浓集中心明显，异常强度高，与 Cu、Zn、Ag 异常套合较好	重要
遥感特征		北西向断裂构造及遥感羟基、铁染异常区	次要

（四）隐爆角砾岩型金矿预测评价模型

燕山期成矿系列隐爆角砾岩型金矿在Ⅲ-5 成矿带中，代表性矿床为四五牧场金矿，属燕山早期成矿亚系列（表 7-9，图 7-11）。含矿地段位于重力相对较高，航磁梯度带上，化探 Au、Ag、Cu、Pb、Zn、Cd 元素峰值高，且套合好，特别是 Au、Ag 元素。

表 7-9 与燕山期中酸性火山-侵入岩浆活动有关的隐爆角砾岩型金矿预测要素表

成矿要素		描述内容	要素类别
地质环境	大地构造位置	Ⅰ天山-兴蒙造山系，Ⅰ-1 大兴安岭弧盆系，Ⅰ-1-2 额尔古纳岛弧（Pz_1），Ⅰ-1-3 海拉尔-呼玛弧后盆地（Pz）	必要
	成矿区（带）	Ⅰ-4 滨太平洋成矿域，Ⅱ-13 大兴安岭成矿省，Ⅲ-47 新巴尔虎右旗（拉张区）铜、钼、铅、锌、金、萤石、煤（铀）成矿带，$Ⅳ_{47}^{3-2}$ 陈巴尔虎旗-根河金成矿亚带（Y），$Ⅳ_{47}^{3-1}$ 四五牧场金矿集区（Y）四五牧场金矿	必要
	区域成矿类型及成矿期	火山岩型；侏罗纪—白垩纪	必要

续表 7-9

成矿要素		描述内容	要素类别
控矿地质条件	赋矿地质体	中侏罗世—早白垩世熔岩、火山碎屑岩、次火山岩、近火山口浅成侵入岩	必要
	控矿侵入岩	中侏罗世—早白垩世次火山岩、近火山口浅成侵入岩	必要
	主控矿构造	北东向大断裂及其次级的断裂或破碎带,北东向带状展布的火山口	重要
区内相同类型矿产		小型金矿床1个	重要
地球物理特征		串珠状重力低异常带的边缘北东向正磁异常区的低—负磁带状异常是矿化蚀变带的反映	次要
地球化学特征		具 Au 异常及 Au、Ag、Sb、Bi 等低温常见元素组合异常	重要
遥感特征		遥感解译线性、环状构造,蚀变羟基最小预测区	次要

(五)热液型萤石矿预测评价模型

该系列热液型萤石矿较发育,主要有昆库力萤石矿、旺石山萤石矿、东方红萤石矿、哈达汗萤石矿等,均属燕山晚期成矿亚系列,位于Ⅲ-5-③、Ⅲ-5-④成矿带,其中以昆库力萤石矿为代表(表7-10,图7-12),根据预测要素图反映,含矿地段位于重力梯度带及化探F元素峰值较高处。

表 7-10　与燕山期中酸性火山-侵入岩浆活动有关的热液型萤石矿预测要素表

区域成矿要素		描述内容	要素类别
特征描述		热液充填型萤石矿床	
地质环境	大地构造位置	Ⅰ天山-兴蒙造山系,Ⅰ-1 大兴安岭弧盆系,Ⅰ-1-3 海拉尔-呼玛弧后盆地(Pz)	必要
	成矿区(带)	Ⅰ-4 滨太平洋成矿域,Ⅱ-12 大兴安岭成矿省,Ⅲ-5 新巴尔虎右旗(拉张区)铜、钼、铅、锌、金、萤石、煤(铀)成矿带,Ⅲ-5-④ 陈巴尔虎旗-根河金、铁、锌、萤石成矿亚带(Cl、Ym-l、Ym)	必要
	成矿环境	张性构造发育,钙碱质及次碱质酸性及中酸性岩浆活动	必要
	含矿岩体	石炭纪中粒黑云母花岗岩体	必要
	成矿时代	燕山晚期	必要
矿床特征	矿体形态	萤石矿体均呈单脉产出,可见尖灭再现,分枝复合现象	次要
	岩石类型	中粒黑云母花岗岩体	重要
	岩石结构	花岗结构	次要
	矿物组合	矿石矿物:以萤石、石英为主,偶见绢云母,萤石粒度在 2~10mm 之间,石英呈他形—半自形叶片状	次要
	结构构造	他形—半自形粒状结构、结晶结构;块状构造、条带状构造、角砾状构造	次要
	蚀变特征	硅化	必要
	控矿条件	矿体产于石炭纪中粒黑云母花岗岩体。萤石矿脉的形态受北北东向、北北西向断裂构造破碎带控制,产状与破碎带一致,呈陡倾斜产出	必要
区内相同类型矿产		成矿区(带)内有 5 个小型矿床	重要

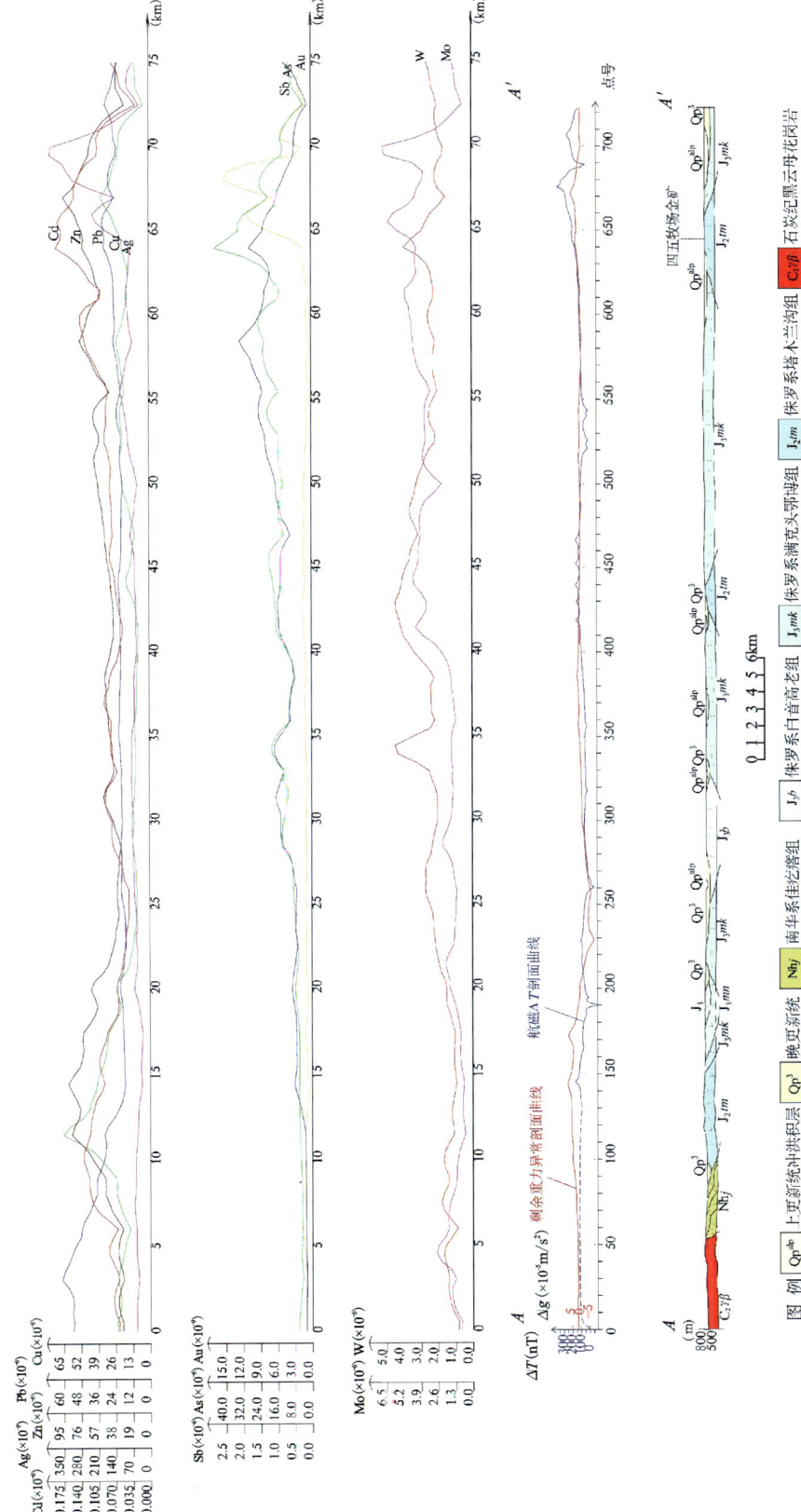

图 7-11 与燕山期中酸性火山-侵入岩浆活动有关的隐爆角砾岩型金矿预测要素图

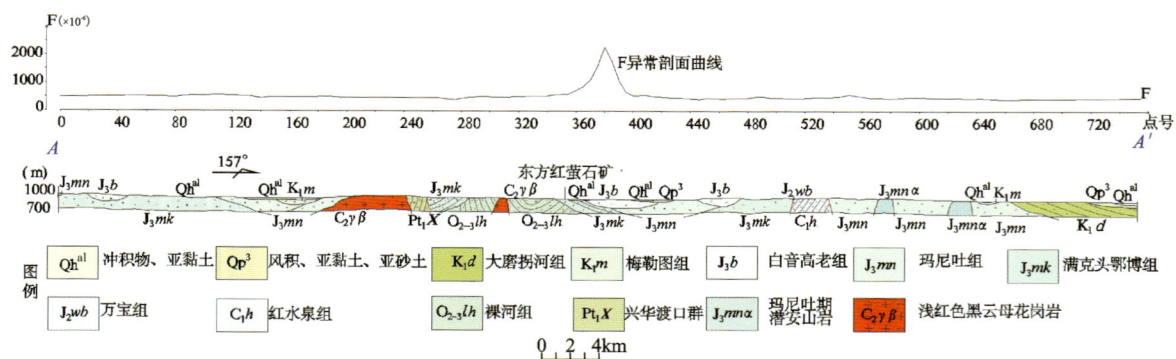

图 7-12 与燕山期中酸性火山-侵入岩浆活动有关的热液型萤石矿预测要素图

第三节 预测成果及综合预测区特征

本成矿带开展了两个成矿系列的预测工作,共圈定 87 个多矿种综合预测区,主要预测矿种为铜、金、硫铁、锰、钼、铅、锌、锡、萤石等。共预测铜资源量为 370×10^4 t,金资源量为 13.04 t,钼资源量为 326×10^4 t,铅资源量为 233.72×10^4 t,锌资源量为 298.32×10^4 t,铁资源量为 3.63×10^8 t,锡资源量为 2.77×10^4 t,硫铁矿资源量为 1273×10^4 t,锰资源量为 123.4×10^4 t,萤石资源量为 78.9×10^4 t。按成矿系列分述如下。

一、海西期成矿系列综合预测区划分及特征

该成矿系列共划分了 15 个综合预测区,涉及矿种为铁矿、钼矿及硫铁矿,综合预测区集中分布于 Ⅲ-5-①南端、Ⅲ-5-②中部及 Ⅲ-5-④中(图 7-13)。

1. 大子杨山综合预测区(Ⅲ-5-1)

预测区面积为 212.43 km^2,预测铁资源量为 178.81×10^4 t。出露地质体为第四系及中二叠世粗粒黑云母二长花岗岩。共有各类断层 19 条,剩余重力及航磁化极北东向高低相间。地营子小型矿床位于该区内。

2. 了望山综合预测区(Ⅲ-5-2)

预测区面积为 121.74 km^2,预测铁资源量为 1.23×10^4 t。出露地层为第四系、震旦系额尔古纳河组大理岩、石英岩、钠长石英片岩、角闪片岩,并有晚侏罗世粗粒钾长花岗岩侵入。共有各类断层 15 条,航磁异常 4 处,一级铁染异常数处,剩余重力异常较低,航磁化极值较高。红水泉子和黑山头屯北西矿点位于该区。

3. 特可赛尔综合预测区(Ⅲ-5-3)

预测区面积为 189.52 km^2,预测铁资源量为 474.07×10^4 t。出露地层为震旦系额尔古纳河组大理岩、石英岩、钠长石英片岩、角闪片岩,并有中二叠世粗粒黑云母二长花岗岩侵入。共有各类断层 18 条,剩余重力异常与已知区有很大的相似性,航磁化极异常与重力异常套合较好。地营子矿点位于该预测区内。

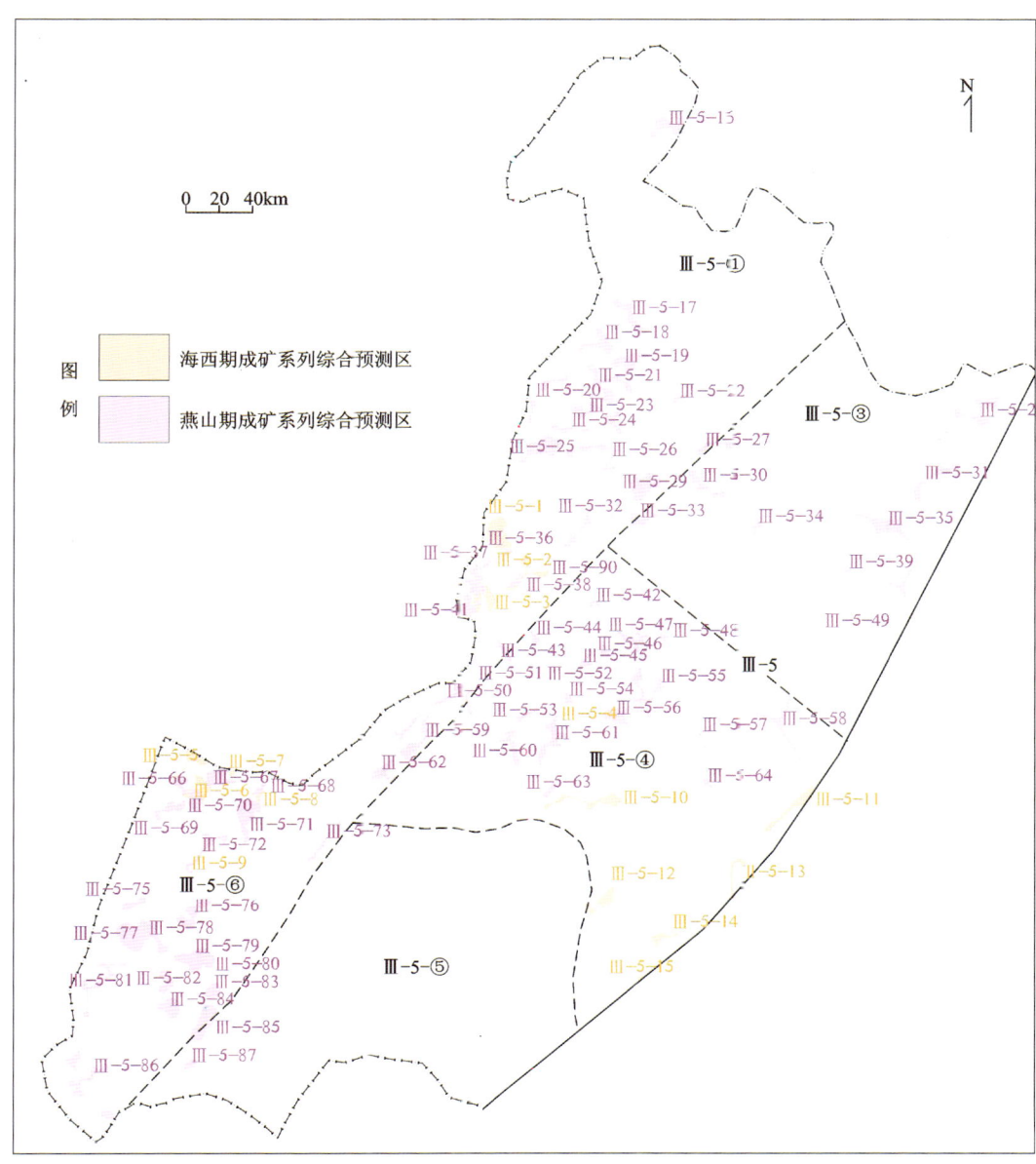

图 7-13　Ⅲ-5 综合预测区分布图

4. 沙布日廷浑迪综合预测区（Ⅲ-5-4）

预测区面积为 27.81km², 预测硫铁矿资源量为 1 272.897×10⁴t, 铁资源量为 2 525.63×10⁴t。出露宝力高庙组及早白垩世花岗斑岩, 已发现中型硫铁矿 1 处, 位于航磁及剩余重力梯度带上, 北东向断裂发育。

5. 夹格力雅山综合预测区（Ⅲ-5-5）

预测区面积为 92.29km², 预测铁资源量为 116.7×10⁴t。出露地层为震旦系额尔古纳河组大理岩、石英岩、钠长石英片岩、角闪片岩, 并有中二叠世粗粒黑云母花岗岩侵入。有遥感解译断层 2 条, 一级铁染异常数处, 该区剩余重力异常较低, 航磁化极值较高。边疆山矿点位于该区。

6. 马鞍山西综合预测区（Ⅲ-5-6）

预测区面积为 140.37 km², 预测铁资源量为 122.69×10⁴ t。出露地层为震旦系额尔古纳河组大理岩、石英岩、钠长石英片岩、角闪片岩，并有中二叠世粗粒黑云母花岗岩侵入。有遥感解译断层 1 条，剩余重力异常较低，航磁化极值较高；该最小预测区为 C 类区。

7. 马鞍山北综合预测区（Ⅲ-5-7）

预测区面积为 10.35 km², 预测铁资源量为 0.5×10⁴ t。出露的地质体为中二叠世花岗岩。该预测区内剩余重力异常较低，航磁化极值较高；该最小预测区为 C 类区。

8. 大黑山南综合预测区（Ⅲ-5-8）

预测区面积为 34.83 km²，预测铁资源量为 91.11×10⁴ t。出露地层为震旦系额尔古纳河组，大理岩、石英岩、钠长石英片岩、角闪片岩。有断层 4 条，遥感解译断层 5 条，头道沟南矿点位于该预测区内；剩余重力异常较低，航磁化极值较高；该最小预测区为 B 类区。

9. 希拉果格特综合预测区（Ⅲ-5-9）

预测区面积为 18.12 km²，预测铁资源量为 5.85×10⁴ t。出露的地质体为第四系、震旦系额尔古纳河组大理岩、石英岩、钠长石英片岩、角闪片岩及晚侏罗世花岗岩。有遥感解译断层 1 条，剩余重力异常较低，航磁化极值较高。

10. 谢尔塔拉综合预测区（Ⅲ-5-10）

预测区面积为 170.23 km²，预测铁资源量为 9 564.72×10⁴ t。出露的地层为莫尔根河组。位于剩余重力高值区，有航磁甲类异常 1 处，乙类异常 1 处，丙类异常 5 处。已发现矿床 2 处。

11. 三根河林场综合预测区（Ⅲ-5-11）

预测区面积为 158.25 km²，预测钼资源量为 10 090.44 t，铁资源量为 2 937.83×10⁴ t。出露奥陶系裸河组、泥盆系大民山组，以及石炭系钾长花岗岩和花岗闪长岩。位于剩余重力异常高值区、梯度带、航磁异常高值区，有 4 个航磁甲类异常。已知矿点 2 处。

12. 塔日彦都贵郎西综合预测区（Ⅲ-5-12）

预测区面积为 108.13 km²，预测铁资源量为 13 185.45×10⁴ t。出露莫尔根河组，位于剩余重力异常高值区、梯度带，航磁异常正值区，有航磁甲类异常 2 处，丁类异常 1 处。

13. 乌奴尔镇综合预测区（Ⅲ-5-13）

预测区面积为 72.09 km²，预测钼资源量为 3 608.33 t，铁资源量为 1 050.56×10⁴ t。出露奥陶系裸河组、多宝山组，泥盆系大民山组，以及石炭纪花岗岩。位于剩余重力异常高值区、梯度带，航磁异常正值区。有矿点 2 处。

14. 维纳河林场北综合预测区（Ⅲ-5-14）

预测区面积为 57.12 km²，预测铁资源量为 6 336.97×10⁴ t。出露莫尔根河组。位于剩余重力异常梯度带，航磁异常高值区，见航磁乙类异常 1 处。

15. 986 高地综合预测区（Ⅲ-5-15）

预测区面积为 15.07 km²，预测铁资源量为 240.42×10⁴ t，钼资源量为 825.76 t。出露奥陶系裸河组,石炭纪黑云母花岗岩、白岗岩。位于重力异常高值区,航磁异常正值区。

二、燕山期成矿系列综合预测区划分及特征

该成矿系列包括金、银、铜、铅、锌、锰、锡、钼、萤石矿 9 个预测矿种,共划分了 72 个综合预测区,集中分布于Ⅲ-5-①南部、Ⅲ-5-④北部、Ⅲ-5-②及Ⅲ-5-③中(图 7-13)。

1. 虎拉林综合预测区(Ⅲ-5-16)

预测区面积为 153.98km^2,预测金资源量为 2 451.06kg。该区是小伊诺盖沟金小型矿床所在区,有多条金矿脉,出露地质体为中侏罗统万宝组、早白垩世花岗岩及早三叠世花岗岩。北西向断层发育,剩余重力异常值为$(-1\sim 4)\times 10^{-5}$m/s^2,航磁 ΔT 化级起始值为$-200\sim 350$nT,化探综合异常 Au 起始值为$(2\sim 29.2)\times 10^{-6}$,具备较好的找矿潜力。

2. 黄火地南综合预测区(Ⅲ-5-17)

预测区面积为 126.11km^2,预测锡资源量为 5 902.75t。出露的岩体为白垩纪花岗闪长岩和二叠纪黑云母二长花岗岩。Sn 元素化探异常起始值大于 6.4×10^{-6},与成矿有关的北东向、北西向断层十分发育。

3. 988 高地综合预测区(Ⅲ-5-18)

预测区面积为 127.41km^2,预测锡资源量为 6 702.31t。出露的地层为南华系佳疙瘩组和侏罗系满克头鄂博组盖层,岩体为白垩纪石英二长岩、二叠纪黑云母二长花岗岩,Sn 元素化探异常起始值大于 6.4×10^{-6},与成矿有关的北东向、北西向断层十分发育,磁异常明显。

4. 佳疙瘩村北西综合预测区(Ⅲ-5-19)

预测区面积为 147.96km^2,预测锡资源量为 6 633.68t。出露的地层为南华系佳疙瘩组,岩体为二叠纪黑云母二长花岗岩,Sn 元素化探异常起始值大于 6.4×10^{-6},规模较大、与成矿有关的北东向、北西向断层十分发育,发育遥感环状构造。

5. 炭窑综合预测区(Ⅲ-5-20)

预测区面积为 92.76km^2,预测金资源量为 124.85kg,锡资源量为 2 439.88t。出露的地层为南华系佳疙瘩组,岩体为二叠纪黑云母二长花岗岩;位于北东向、北西向断裂交会处。区内剩余重力异常值在$(0\sim 1)\times 10^{-5}$m/s^2 之间;在 Au 化探异常范围内;Sn 元素化探异常起始值大于 6.4×10^{-6};规模较大、与成矿有关的北东向、北西向断层十分发育;模型区内磁异常明显。

6. 红旗林场综合预测区(Ⅲ-5-21)

预测区面积为 187.24km^2,预测锡资源量为 5 267.6t,金资源量为 36.77kg。出露的地层为南华系佳疙瘩组和侏罗系满克头鄂博组盖层,岩体为白垩纪石英二长岩和二叠纪黑云母二长花岗岩,Sn 元素化探异常起始值大于 6.4×10^{-6},区内规模较大、与成矿有关的北东向、北西向断层十分发育。航磁呈现正异常。该区位于北东向、北西向断裂交会处,预测区内有航磁异常显示,航磁 ΔT 化极异常值在$-100\sim 1400$nT 之间,剩余重力异常值在$(-1\sim 1)\times 10^{-5}$m/s^2 之间,预测区在化探异常范围内。

7. 达赖沟综合预测区(Ⅲ-5-22)

预测区面积为 30.8km^2,预测钼资源量为 67 427.35t,铅资源量为 62 017t,锌资源量为 62 673t,银

资源量为 143.51t。出露的地层为塔木兰沟组粗安岩、玄武岩、橄榄玄武岩、粗安质晶屑凝灰岩、晚石炭世二长花岗岩，少量新元古代片麻状花岗闪长岩及巨斑状黑云母正长花岗岩，其余为第四系覆盖，没有已知银矿点。区内有北西向断层 1 条。区内航磁化极为低背景下的正磁异常，异常值 250~500nT；剩余重力异常为重力低，异常值 $(0~1)\times 10^{-5}$m/s^2；Mo 元素异常三级浓度分带明显，Mo 元素化探异常值 $(2.2~236)\times 10^{-6}$。区内航磁化极异常值 75~1250nT，剩余重力异常值 $(-2~3)\times 10^{-5}$m/s^2；Ag 元素化探异常值为 $(42~182)\times 10^{-9}$。

8. 红旗林场综合预测区（Ⅲ-5-23）

预测区面积为 168.28km^2，预测金资源量为 846.59kg，锡资源量为 710.22t。出露的地层为南华系佳疙瘩组。该区位于北东向、北西向断裂交会处，区内有 1 个小型矿床。预测区内有航磁异常显示，航磁 ΔT 化极异常值在 $-400~600$nT 之间，剩余重力异常值在 $(-3~-2)\times 10^{-5}$m/s^2 之间，在 Au 化探异常范围内，围岩有蚀变。模型区找矿潜力较大。Sn 元素化探异常起始值大于 6.4×10^{-6}，模型区内规模较大，与成矿有关的北东向、北西向断层十分发育。模型区内磁异常明显。

9. 丰林林场综合预测区（Ⅲ-5-24）

预测区面积为 55.27km^2，预测金资源量为 192.34kg。该预测区位于北东向、北西向断裂交会处，预测区内有航磁异常显示，航磁 ΔT 化极异常值在 $-300~100$nT 之间，剩余重力异常值在 $(0~2)\times 10^{-5}$m/s^2 之间。预测区在 Au 化探异常范围内，围岩有蚀变。

10. 下吉宝沟综合预测区（Ⅲ-5-25）

预测区面积为 199.24km^2，预测金资源量为 985.75kg。该预测区位于北东向、北西向断裂交会处，航磁 ΔT 化极异常值在 $-400~200$nT 之间，剩余重力异常值在 $(-2~1)\times 10^{-5}$m/s^2 之间，最小预测区在 Au 化探异常范围内。

11. 丰林林场综合预测区（Ⅲ-5-26）

预测区面积为 107.22km^2，预测金资源量为 1 999.92kg，铅资源量为 8244t，锌资源量为 8331t，银资源量为 48.98t。该区位于北东向、北西向断裂交会处，航磁 ΔT 化极异常值在 $-100~600$nT 之间，剩余重力异常值在 $(-1~4)\times 10^{-5}$m/s^2 之间。最小预测区在 Au 化探异常范围内，围岩有蚀变。出露的地质体主要为上侏罗统满克头鄂博组火山岩类建造及中侏罗统塔木兰沟组火山岩类建造，少量晚侏罗世黑云母二长花岗岩及古元古界兴华渡口群变质岩类建造，大面积第四系覆盖，没有已知银矿点。预测区具 Ag、Pb、Zn、Cu 等元素地球化学异常。

12. 丰林林场东综合预测区（Ⅲ-5-27）

预测区面积为 72.45km^2，预测铅资源量为 76 154t，锌资源量为 76 960t，银资源量为 239.68t。出露的地质体主要为满克头鄂博组、塔木兰沟组及白音高老组，第四系覆盖严重。没有已知银矿点。区内航磁化极异常值 0~1250nT，剩余重力异常值 $(-1~3)\times 10^{-5}$m/s^2；具 Ag、Pb、Zn、Cu 等元素地球化学异常。

13. 岔路口综合预测区（Ⅲ-5-28）

预测区面积为 181.08km^2，预测钼资源量为 1 979 803.3t。出露的地质体为倭勒根群大网子组变角斑岩、变玄武岩、变酸性熔岩、变砂岩、石英片岩、板岩夹薄层条带状硅质大理岩，第四系及早白垩世花岗斑岩。岔路口钼铅锌银矿位于该区。区内航磁化极异常值 $-15~625$nT，剩余重力异常值 $(-3~0)\times 10^{-5}$m/s^2；钼元素化探异常值 $(2.2~236)\times 10^{-6}$。

14. 比利亚谷综合预测区（Ⅲ-5-29）

预测区面积为 200.59km²，预测铅资源量为 280 002t，锌资源量为 282 964t，银资源量为 987.37t。出露地层主要为塔木兰沟组、玛尼吐组、满克头鄂博组及第四系。比利亚谷银铅锌矿位于本区。区内航磁化极异常值－375～1250nT，剩余重力异常值（－1～3）×10⁻⁵m/s²；具 Ag、Pb、Zn、Cu 等元素地球化学异常。

15. 潮中综合预测区（Ⅲ-5-30）

预测区面积为 92.01km²，预测铅资源量为 150 120t，锌资源量为 151 707t，银资源量为 366.51t。出露的地质体主要为塔木兰沟组、满克头鄂博组、第四系及晚侏罗世正长花岗岩。比利亚谷银铅锌矿位于本区。区内航磁化极异常值 25～500nT，剩余重力异常值（－6～1）×10⁻⁵m/s²；具 Ag、Pb、Zn、Cu 等元素地球化学异常。

16. 新福村东综合预测区（Ⅲ-5-31）

预测区面积为 128.56km²，预测钼资源量为 382 554.25t。出露的地质体为早白垩世花岗斑岩及满克头鄂博组；航磁化极异常值－400～250nT；剩余重力异常值（－3～3）×10⁻⁵m/s²；Mo 元素化探异常值（1.7～236）×10⁻⁶。

17. 上护林综合预测区（Ⅲ-5-32）

预测区面积为 62.25km²，预测铅资源量为 58 714t，锌资源量为 59 335t，银资源量为 180.58t。出露的地质体主要为中侏罗世碱长花岗岩、塔木兰沟组、红水泉组，航磁化极异常值－250～625nT，剩余重力异常值（－4～1）×10⁻⁵m/s²；具 Ag、Pb、Zn、Cu 等元素地球化学异常。

18. 二道河子综合预测区（Ⅲ-5-33）

预测区面积为 87.78km²，预测铅资源量为 229 530t，锌资源量为 231 958t，银资源量为 333.89t。出露的地层主要为塔木兰沟组、白音高老组、玛尼吐组。航磁化极异常值－1875～1250nT，剩余重力异常值（－3～4）×10⁻⁵m/s²；具 Ag、Pb、Zn、Cu 等元素地球化学异常。

19. 大其拉哈综合预测区（Ⅲ-5-34）

预测区面积为 40.16km²，预测钼资源量为 1002t，铅资源量为 3421t，锌资源量为 3457t，银资源量为 40.82t。出露的地质体主要为塔木兰沟组、满克头鄂博组、早白垩世石英正长斑岩。航磁化极异常值 100～200nT，剩余重力异常值（－3～1）×10⁻⁵m/s²；具 Ag、Pb、Zn、Cu 等元素地球化学异常。

20. 窑地综合预测区（Ⅲ-5-35）

预测区面积为 171.65km²，预测钼资源量为 6933t。该预测区地表有早白垩世石英正长斑岩出露，其余为第四系覆盖；剩余重力异常值在（－4～2）×10⁻⁵m/s² 之间，航磁化极异常值－250～600nT；具 Mo 元素地球化学异常。

21. 俄罗斯民族乡综合预测区（Ⅲ-5-36）

预测区面积为 14.54km²，预测铅资源量为 3326t，锌资源量为 3361t，银资源量为 3.16t。出露的地质体主要为新元古代黑云母二长花岗岩，少量奥陶系乌宾敖包组、中二叠世黑云母二长花岗岩，区内航磁化极异常值－250～250nT，剩余重力异常值（－2～1）×10⁻⁵m/s²；具 Ag、Pb、Zn、Cu 等元素地球化学异常。

22. 苏沁回民乡综合预测区(Ⅲ-5-37)

预测区面积为 134.96km², 预测金资源量为 1 029.22kg, 铅资源量为 89 718t, 锌资源量为 90 667t, 银资源量为 188.82t。该预测区地表有佳疙瘩组、额尔古纳河组出露,发育近南北向断裂,预测区内有重力异常显示,剩余重力异常值在(−2~4)×10⁻⁵m/s² 之间,在 Au 化探异常范围内。具 Ag、Pb、Zn、Cu 等元素地球化学异常。

23. 苏泌鸡场综合预测区(Ⅲ-5-38)

预测区面积为 40.52km², 预测金资源量为 36.33kg, 铅资源量为 20 047t, 锌资源量为 20 259t, 银资源量为 84.53t。该预测区发育北西向遥感解译断裂,出露侏罗纪二长花岗岩类,区内有剩余重力异常显示,异常值 Δg 主要在(0~4)×10⁻⁵m/s² 之间。出露的地质体主要为中侏罗世碱长花岗岩,其余为第四系覆盖,没有已知银矿点。区内航磁化极异常值−250~625nT,剩余重力异常值(−1~5)×10⁻⁵m/s²;具 Ag、Pb、Zn、Cu 等元素地球化学异常。

24. 四十五公里西北综合预测区(Ⅲ-5-39)

预测区面积为 7.22km², 预测钼资源量为 14 486t。出露有早白垩世石英正长斑岩、上侏罗统满克头鄂博组。预测区剩余重力异常位于负异常中心附近,异常值 Δg 主要在(−3~1)×10⁻⁵m/s² 之间, Mo 元素化探位于异常浓集中心及边部,异常范围主要在(1.7~236)×10⁻⁹ 之间,航磁异常平缓,无明显浓集中心,范围为 100~200nT。

25. 哈达汗综合预测区(Ⅲ-5-40)

预测区面积为 52.84km², 预测萤石资源量为 11.233×10⁴t。出露石英正长斑岩、花岗斑岩及满克头鄂博组,发育北东向断裂及硅化、黄铁矿化蚀变,分布有 F 元素地球化学异常 F-1,已发现一小型萤石矿。

26. 五卡综合预测区(Ⅲ-5-41)

预测区面积为 85.32km², 预测金资源量为 1 090.5kg, 铅资源量为 7595t, 锌资源量为 7675t, 银资源量为 66.84t。出露的地质体主要为佳疙瘩组、额尔古纳河组、卧都河组及侏罗纪二长花岗岩类,发育近南北向断裂,剩余重力异常值在(−2~3)×10⁻⁵m/s² 之间,在 Au 化探异常范围内。

27. 小库力北综合预测区(Ⅲ-5-42)

预测区面积为 19.16km², 预测铅资源量为 9503t, 锌资源量为 9603t, 银资源量为 59.83t。出露的地质体主要为塔木兰沟组,航磁化极异常值−125~625nT,剩余重力异常值(3~5)×10⁻⁵m/s²;具 Ag、Pb、Zn、Cu 等元素地球化学异常。

28. 黑山头镇综合预测区(Ⅲ-5-43)

预测区面积为 44.39km², 预测金资源量为 23kg, 铅资源量为 52 898t, 锌资源量为 53 457t, 银资源量为 118.03t。该区出露的地质体主要为塔木兰沟组、碱长花岗岩,航磁化极异常值−1250~1250nT, 剩余重力异常值在(2~6)×10⁻⁵m/s² 之间;具 Ag、Pb、Zn、Cu 等元素地球化学异常。

29. 黑山头镇东综合预测区(Ⅲ-5-44)

预测区面积为 25.23km², 预测金资源量为 187kg。位于火山盆地边缘,出露塔木兰沟组,具 Au 元素化探异常,东西向大断裂与北东向断裂交会处。

30. 昆库力综合预测区(Ⅲ-5-45)

预测区面积为 46.71km², 预测萤石资源量为 7.862×10⁴t。出露含矿地质体为石炭纪黑云母花岗岩, 已发现 2 个小型萤石矿床, 分布有 F 元素地球化学异常 F-7、F-8、F-4。

31. 上库力乡南西综合预测区(Ⅲ-5-46)

预测区面积为 45.57km², 预测铅资源量为 2581t, 锌资源量为 2608t, 银资源量为 19.81t, 萤石资源量为 0.4×10⁴t。出露的地质体主要为晚石炭世花岗闪长岩、上侏罗统满克头鄂博组火山岩类建造及上侏罗统白音高老组火山岩类建造, 少量中侏罗统塔木兰沟组火山岩类建造, 没有已知银矿点。区内航磁化极异常值 −125~250nT, 剩余重力异常值(1~6)×10⁻⁵ m/s²; 具 Ag、Pb、Zn、Cu 等元素地球化学异常。出露含矿地质体为石炭纪黑云母花岗岩, 分布有 F 元素地球化学异常 F-10、F-15。

32. 青年沟综合预测区(Ⅲ-5-47)

预测区面积为 120.06km², 预测铅资源量为 5964t, 锌资源量为 6027t, 银资源量为 60.88t, 萤石资源量为 5.226×10⁴t。出露的地质体主要为白音高老组、满克头鄂博组、玛尼吐组、额尔古纳河组及早白垩世闪长岩、石炭纪黑云母花岗岩, 航磁化极异常值 −250~625nT, 剩余重力异常值在(−3~2)×10⁻⁵ m/s² 之间; 具 Ag、Pb、Zn、Cu 等元素地球化学异常; 已发现 2 个小型萤石矿床, 分布有 F 元素地球化学异常 F-25、F-17、F-18。

33. 上库力乡南东综合预测区(Ⅲ-5-48)

预测区面积为 17.59km², 预测铅资源量为 6448t, 锌资源量为 6516t, 银资源量为 49.47t。出露的地质体主要为满克头鄂博组、玛尼吐组、塔木兰沟组, 航磁化极异常值 −625~250nT, 剩余重力异常值(−1~1)×10⁻⁵ m/s²; 具 Ag、Pb、Zn、Cu 等元素地球化学异常。

34. 毕力格北 3km 综合预测区(Ⅲ-5-49)

预测区面积为 1.6km², 预测钼资源量为 1805t。该区地表有早白垩世石英正长斑岩、上侏罗统满克头鄂博组出露。预测区剩余重力位于负异常中心附近, 异常值 Δg 主要在(−1~1)×10⁻⁵ m/s² 之间, Mo 元素化探位于弱正异常浓集中心附近, 异常范围主要在(3.4~7.6)×10⁻⁹ 之间, 航磁异常平缓, 无明显浓集中心, 范围为 0~150nT。

35. 八大关综合预测区(Ⅲ-5-50)

预测区面积为 105.12km², 预测金资源量为 407kg, 钼资源量为 44 742.51t, 铜资源量为 149 800t。位于火山盆地边缘, 出露塔木兰沟组及晚侏罗世花岗闪长岩, 具 Au 元素化探异常, 位于北东向大断裂南东侧, 有 4 个遥感最小预测区、2 个隐伏岩体。

36. 恩和嘎查北西综合预测区(Ⅲ-5-51)

预测区面积为 3.53km², 预测金资源量为 33kg。位于火山盆地中, 出露满克头鄂博组, 有一条北东向断裂和一个火山口构造, 具 Au 元素化探异常。

37. 恩和嘎查北东综合预测区(Ⅲ-5-52)

预测区面积为 2.72km², 预测金资源量为 24kg。位于火山盆地中, 出露满克头鄂博组, 有一条北东向断裂和一个火山口构造, 具 Au 元素化探异常。

38. 恩和嘎查南综合预测区(Ⅲ-5-53)

预测区面积为 30.82km², 预测金资源量为 563kg。位于火山盆地中,出露宝力高庙组、莫尔根河组、塔木兰沟组、满克头鄂博组及晚侏罗世石英闪长岩,北东向断裂发育,具 Au 元素化探综合异常,有 2 个火山口构造及 3 个遥感最小预测区。

39. 辉屯温都日西综合预测区(Ⅲ-5-54)

预测区面积为 33.81km²,预测萤石资源量为 6.662×10^4t。出露含矿地质体为石炭纪黑云母花岗岩。

40. 八田山综合预测区(Ⅲ-5-55)

预测区面积为 140.36km²,预测萤石资源量为 0.609×10^4t。出露含矿地质体为石炭纪黑云母花岗岩,已发现一小型萤石矿床,分布有 F 元素地球化学异常 F-19。

41. 东方红综合预测区(Ⅲ-5-56)

预测区面积为 133.36km²,预测萤石资源量为 18.105×10^4t。出露含矿地质体为石炭纪黑云母花岗岩,已发现一小型萤石矿床,分布有 F 元素地球化学异常 F-27。

42. 大春日山东综合预测区(Ⅲ-5-57)

预测区面积为 28.41km²,预测萤石资源量为 5.292×10^4t。出露含矿地质体为石炭纪黑云母花岗岩。

43. 养路房西北综合预测区(Ⅲ-5-58)

预测区面积为 126.17km²,预测钼资源量为 4800t。该区地表主要为早白垩世花岗斑岩及白音高老组流纹质火山碎屑岩。剩余重力异常值在$(0\sim8)\times10^{-5}$m/s²之间,航磁化极异常值 50~150nT。具 Mo 元素化探异常。

44. 八八一综合预测区(Ⅲ-5-59)

预测区面积为 196.21km²,预测金资源量为 354kg,钼资源量为 115 853.36t,铜资源量为 897 700t。该区处在北东向与北西向断裂交会部位,有塔木兰沟组及侏罗纪花岗闪长岩、黑云母花岗岩、花岗斑岩出露。具 Au、Cu、Mo 元素异常,浓集中心明显;处于北东向重力异常梯度带上,航磁异常不明显。八八一小型铜钼矿床位于区内。

45. 四五牧场综合预测区(Ⅲ-5-60)

预测区面积为 94.03km²,预测金资源量为 1006kg。位于火山盆地中,出露塔木兰沟组、满克头鄂博组。具 Au 元素化探异常,化探综合异常;有 5 个遥感最小预测区,1 个小型金矿床,1 个大型隐伏岩体。

46. 哈达图苏木综合预测区(Ⅲ-5-61)

预测区面积为 159.97km²,预测金资源量为 1881kg。出露宝力高庙组、莫尔根河组、白音高老组、满克头鄂博组及北东向花岗斑岩脉。具 Au 元素化探异常,化探综合异常,有北东向大断裂、8 个遥感最小预测区、2 个隐伏岩体。

47. 伊和乌拉嘎查北综合预测区(Ⅲ-5-62)

预测区面积为 87.61km²,预测铜资源量为 877 900t。该区处在西乌珠尔苏木北东向断裂北西侏罗纪黑云母花岗岩出露区,具 Cu 元素等综合化探异常及单元素异常,处于北东向重力异常梯度带上,航磁异常不明显。具有较大的找矿潜力。

48. 宝日希勒镇综合预测区(Ⅲ-5-63)

预测区面积为 36.26km²,预测金资源量为 187kg。找矿潜力一般,多被覆盖,出露满克头鄂博组,具 Au 元素化探异常。异常强度高,为一遥感最小预测区。

49. 旺石山综合预测区(Ⅲ-5-64)

预测区面积为 25.1km²,预测萤石资源量为 3.552×10^4t。出露含矿地质体为石炭纪黑云母花岗岩,已发现一小型萤石矿床。

50. 下护林西综合预测区(Ⅲ-5-65)

预测区面积为 8.54km²,预测铅资源量为 1492t,锌资源量为 1508t,银资源量为 14.69t。该区出露的地质体主要为上侏罗统满克头鄂博组火山岩类建造,其余为第四系覆盖,没有已知银矿点。区内航磁化极异常值 $-100 \sim 1250$nT,剩余重力异常值 $(1 \sim 3) \times 10^{-5}$m/s²;具 Ag、Pb、Zn、Cu 等元素地球化学异常。

51. 达尔准苏木龙岭综合预测区(Ⅲ-5-66)

预测区面积为 56.93km²,预测铅资源量为 16 826t,锌资源量为 25 239t。该区处在塔木兰沟组安山岩、安山玄武岩、含砾砂岩、砂砾岩及砂岩、粉砂岩出露区。Cu、Pb、Zn、Ag 化探异常 1 处,航磁化极异常 1 处。具有较大的找矿潜力。

52. 呼伦种羊站综合预测区(Ⅲ-5-67)

预测区面积为 139.73km²,预测铅资源量为 90 073t,锌资源量为 135 110t。该区处在塔木兰沟组安山岩、安山玄武岩、含砾砂岩、砂砾岩及砂岩、粉砂岩出露区。Cu、Pb、Zn、Ag 化探异常 1 处,航磁化极异常 1 处。具有较大的找矿潜力。

53. 乌努格吐山东北综合预测区(Ⅲ-5-68)

预测区面积为 29.64km²,预测钼资源量为 38 399.79t。该区处在呼伦湖北西缘北东向断裂北西旦中侏罗世黑云母花岗岩出露区,Mo 单元素异常浓度较高,处于北东向重力异常梯度带边缘外侧,航磁异常不明显。找矿潜力一般。

54. 哈拉胜格拉陶勒盖综合预测区(Ⅲ-5-69)

预测区面积为 89.86km²,预测锰资源量为 11.524×10^4t,钼资源量为 24 045.43t,铅资源量为 16 880t,锌资源量为 25 321t。该区处在塔木兰沟组安山岩、安山玄武岩、含砾砂岩、砂砾岩及砂岩、粉砂岩以及白垩纪石英二长斑岩基岩出露区。区内有达来苏木哈拉胜陶勒盖铅锌小型矿床 1 处,锰矿点 2 处,航磁化极异常 1 处,剩余重力异常值在 $(-1 \sim 2) \times 10^{-5}$m/s² 之间;具 Mn、Mo、Pb、Zn 等元素地球化学异常。

55. 长岭综合预测区(Ⅲ-5-70)

预测区面积为 82.77km²,预测钼资源量为 93 515.16t,铅资源量为 48 578t,锌资源量为 72 868t。该区处在呼伦湖北西缘北东向断裂北西早二叠世黑云母花岗岩及塔木兰沟组安山岩、安山玄武岩、含砾砂岩、砂砾岩及砂岩、粉砂岩出露区,北东向和北西向断裂交会部位,包含长岭铜钼矿点,具 Cu、Pb、Zn、Mo 等元素综合化探异常及单元素异常,处于东西向重力正异常带上,有 1 处航磁化极异常。

56. 乌努格吐山综合预测区（Ⅲ-5-71）

预测区面积为 204.19km², 预测钼资源量为 348 904.33t, 铅资源量为 91 917t, 铜资源量为 1 710 100t, 锌资源量为 137 875t, 锰资源量为 3.255×10⁴t, 银资源量为 890.06t。出露的地质体主要为塔木兰沟组、早中侏罗世黑云母花岗岩, 北东向和北西向断裂发育; 最小预测区多处于北东向重力异常梯度带上, 航磁异常不明显; 具 Ag、Pb、Zn、Cu、Mo 等元素地球化学异常; 乌努格吐山超大型铜钼矿床、查干敖包小型铅锌矿床、黄花菜铜矿点及克尔伦苏木海力敏呼都格铅锌矿点位于本区。

57. 西大坝综合预测区（Ⅲ-5-72）

预测区面积为 111.34km², 预测锰资源量为 18.729×10⁴t, 铅资源量为 2705t, 锌资源量为 4058t, 银资源量为 1 107.16t, 钼资源量为 18 838.82t。该区出露的地质体主要为塔木兰沟组及早中侏罗世正长花岗岩, 发育北东向、北西向断层; 航磁化极异常值在 -50~300nT 之间, 剩余重力异常值在 (-3~5)×10⁻⁵m/s² 之间, 最小预测区多处于北东向重力异常梯度带上; 具 Ag、Pb、Zn、Cu、Mo 等元素地球化学异常; 有 1 个锰矿点。

58. 嘎拉布尔苏木综合预测区（Ⅲ-5-73）

预测区面积为 49.94km², 预测铜资源量为 70 000t。该区处在呼伦湖南东断裂附近早中侏罗世黑云母花岗岩出露区, 处于北东向重力异常梯度带上, 具 Cu 等元素综合化探异常。具有找矿潜力。

59. 哈帜舒呼都格综合预测区（Ⅲ-5-74）

预测区面积为 40.32km², 预测铅资源量为 22 484t, 锌资源量为 33 726t。该区处在塔木兰沟组安山岩、安山玄武岩、含砾砂岩、砂砾岩及砂岩、粉砂岩出露区。Au、As、Sb、Hg 化探异常 1 处, 航磁化极异常 1 处。具有较大的找矿潜力。

60. 敖包乌拉综合预测区（Ⅲ-5-75）

预测区面积为 58.05km², 预测铅资源量为 32 237t, 锌资源量为 48 355t。该区处在白垩纪花岗斑岩及塔木兰沟组安山岩、安山玄武岩、含砾砂岩、砂砾岩及砂岩、粉砂岩出露区。区内小型铅锌矿床 2 处, Cu、Pb、Zn、Ag 化探异常 1 处, 航磁化极异常 1 处。具有较大的找矿潜力。

61. 和热木综合预测区（Ⅲ-5-76）

预测区面积为 151.44km², 预测锰资源量为 4.797×10⁴t, 铅资源量为 97 212t, 锌资源量为 145 818t, 银资源量为 1 366.07t。该区出露的地质体主要为塔木兰沟组, 发育北东向断层, 航磁化极异常值在 -50~50nT 之间, 剩余重力异常值在 (0~4)×10⁻⁵m/s² 之间, 具 Ag、Pb、Zn 等元素地球化学异常。

62. 甲乌拉综合预测区（Ⅲ-5-77）

预测区面积为 179.4km², 预测锰资源量为 15.658×10⁴t, 铅资源量为 225 572t, 锌资源量为 338 357t, 银资源量为 1 354.82t。该区出露的地质体主要为塔木兰沟组、白垩纪石英正长斑岩、白垩纪二长花岗岩, 航磁化极异常值在 50~150nT 之间, 剩余重力异常值在 (-5~1)×10⁻⁵m/s² 之间, 具 Ag、Pb、Zn 等元素地球化学异常; 有大型锰、铅锌银矿, 找矿潜力巨大。

63. 查干敖包综合预测区（Ⅲ-5-78）

预测区面积为 192.09km², 预测铅资源量为 134 039t, 锌资源量为 201 058t。该区处在塔木兰沟组安山岩、安山玄武岩、含砾砂岩、砂砾岩及砂岩、粉砂岩及白垩纪二长花岗岩、白垩纪石英正长斑岩出露区，具 Ag、Pb、Zn 等元素地球化学异常、航磁化极异常。

64. 新巴尔虎右旗综合预测区（Ⅲ-5-79）

预测区面积为 49.59km²，预测铅资源量为 41 396t，锌资源量为 62 093t。该区处在塔木兰沟组安山岩、安山玄武岩、含砾砂岩、砂砾岩及砂岩、粉砂岩出露区。Cu、Pb、Zn、Ag 化探异常 1 处，航磁化极 1 处。具有较大的找矿潜力。

65. 巴彦德日斯嘎查综合预测区（Ⅲ-5-80）

预测区面积为 168.58km²，预测铅资源量为 93 832t，锌资源量为 140 749t。该区处在塔木兰沟组安山岩、安山玄武岩、含砾砂岩、砂砾岩及砂岩、粉砂岩出露区。Au、As、Sb、Hg 化探异常 1 处，航磁化极异常 1 处。具有较大的找矿潜力。

66. 努其根呼都格综合预测区（Ⅲ-5-81）

预测区面积为 139.54km²，预测锰资源量为 8.768×10⁴t，钼资源量为 111 550t，铅资源量为 20 615t，锌资源量为 30 923t，银资源量为 3131.2t。该区出露的地质体主要为早中侏罗世正长花岗岩，北西向、北东向断裂较发育，航磁化极异常值 −250～200nT，剩余重力异常值在（−4～7）×10⁻⁵m/s² 之间，该区多位于重力异常中心或梯度带上，有 1 处航磁化极异常；具 Ag、Pb、Zn 等元素地球化学异常，异常浓集中心明显。

67. 芒来嘎查综合预测区（Ⅲ-5-82）

预测区面积为 79.4km²，预测铅资源量为 41 395t，锌资源量为 62 093t。该区处在塔木兰沟组安山岩、安山玄武岩、含砾砂岩、砂砾岩及砂岩、粉砂岩出露区。Au、As、Sb、Hg 化探异常 1 处，航磁化极异常 1 处。具有较大的找矿潜力。

68. 都鲁吐综合预测区（Ⅲ-5-83）

预测区面积为 69.31km²，预测铅资源量为 38 594t，锌资源量为 57 891t。该区处在塔木兰沟组安山岩、安山玄武岩、含砾砂岩、砂砾岩及砂岩、粉砂岩出露区。Au、As、Sb、Hg 化探异常 1 处，航磁化极异常 1 处。具有较大的找矿潜力。

69. 额仁陶勒盖综合预测区（Ⅲ-5-84）

预测区面积为 118.33km²，预测锰资源量为 33.169×10⁴t，铅资源量为 65 899t，锌资源量为 98 849t，银资源量 1 725.04t。该区出露的地质体主要为塔木兰沟组及石英脉，发育北东向、北西向断层，区内有大型银锰矿床 1 个，小型银锰矿床 1 个，锰银矿点 3 个。该区航磁化极异常值 −100～0rT，剩余重力异常值在（2～7）×10⁻⁵m/s² 之间，具 Ag、Pb、Zn 等元素地球化学异常，异常浓集中心明显。有 1 处航磁化极异常。

70. 鄂勒斯乃·呼都格综合预测区（Ⅲ-5-85）

预测区面积为 194.27km²，预测铅资源量为 108 281t，锌资源量为 162 421t。该区处在塔木兰沟组安山岩、安山玄武岩、含砾砂岩、砂砾岩及砂岩、粉砂岩出露区。Au、As、Sb、Hg 化探异常 1 处，航磁化极异常 1 处。具有较大的找矿潜力。

71. 乌力吉图嘎查综合预测区（Ⅲ-5-86）

预测区面积为 181.66km²，预测铅资源量为 62 878t，锌资源量为 94 316t，锰资源量为 18.767×10⁴t，银资源量为 4 450.74t。该区出露的地质体主要为塔木兰沟组及白垩纪二长花岗岩，发育北东向断层，该区航磁化极异常值－100～0nT，剩余重力异常值在（－3～7）×10^{-5}m/s² 之间，具 Ag、Pb、Zn 等元素地球化学异常，异常浓集中心明显，有 1 处航磁化极异常。

72. 固日班乃阿尔善综合预测区（Ⅲ-5-87）

预测区面积为 32.36km²，预测铅资源量为 18 031t，锌资源量为 27 047t。该区处在塔木兰沟组安山岩、安山玄武岩、含砾砂岩、砂砾岩及砂岩、粉砂岩出露区。Cu、Pb、Zn、Ag 元素化探异常 1 处，航磁化极异常 1 处。具有较大的找矿潜力。

第四节　多矿种综合靶区部署建议

成矿带共划分了 8 个综合勘查部署区，面积均较大，其中八大关、地营子、乌努格吐山及甲乌拉 4 个综合勘查部署区面积相对较小，最小预测区密集且 A、B 类较多，并有八大关金矿、小伊诺盖沟金矿、地营子铁矿、额仁陶勒盖铅锌银锰矿、查干布拉根银铅锌矿、乌努格吐山铜矿、甲乌拉铅锌矿等成型矿山，工作程度较高，其外围可进一步安排中大比例尺的地质、物化探工作进行普查，必要时可采用槽探、井探、钻探等手段，寻找隐伏的工业矿体；其余 4 个勘查部署区，最小预测区相对较分散，工作程度相对较低，只能进行预查，系统地安排中小比例尺的和基础的地质、物探、化探、遥感等工作，缩小找矿靶区。各综合勘查部署区划分及预测资源量分别按成矿系列进行了统计（表 7-11，图 7-14）。

表 7-11　Ⅲ-5 成矿带综合勘查部署区预测资源量统计表

序号	编号	名称	面积（km²）	等级	矿种	预测资源量	勘查工作部署
1	Ⅲ-5-1	八大关	422.65	普查	金	2 451.06	本区未开展 1∶5 万区域地质调查工作，应先进行基础地质调查，查明本区基本地质情况；外围可进一步安排中大比例尺的地质、物探、化探工作进行普查，必要时，可采用槽探、井探、钻探等手段，寻找隐伏的工业矿体
2	Ⅲ-5-2	比利亚谷	14 717.14	预查	金	4 186.22	本区未开展 1∶5 万区域地质调查工作，应先进行基础地质调查，查明本区基本地质情况；系统地安排中小比例尺的和基础的地质、物探、化探、遥感等工作，缩小找矿靶区
					钼	67 427.35	
					铅	864 781	
					锡	27 656.45	
					锌	873 928	
					银	2 300.52	
3	Ⅲ-5-3	哈达汗-岔路口	11 268.67	预查	钼	2 386 583.56	本区未开展 1∶5 万区域地质调查工作，应先进行基础地质调查，查明本区基本地质情况；系统地安排中小比例尺的和基础的地质、物探、化探、遥感等工作，缩小找矿靶区
					铅	3421	
					锌	3457	
					银	40.82	
					萤石	11.233	

续表 7-11

序号	编号	名称	面积（km²）	等级	矿种	预测资源量	勘查工作部署
4	Ⅲ-5-4	地营子	172.46	普查	金	2 156.05	本区已开展地营子、永胜屯、格其鲁堆山、泉山子等幅的1∶5万区域地质调查工作，应先在未开展1∶5万区域地质调查地区开展基础地质调查工作，查明本区基本地质情况；外围可进一步安排中大比例尺的地质、物探、化探工作进行普查，必要时，可采用槽探、井探、钻探等手段，寻找隐伏的工业矿体
					铅	122 178	
					铁	654.11	
					锌	123 470	
					银	386.48	
5	Ⅲ-5-5	八八一昆库力	14 119.24	预查	金	4059	本区未开展1∶5万区域地质调查工作，应先进行基础地质调查，查明本区基本地质情况；系统地安排中小比例尺的和基础的地质、物探、化探、遥感等工作，缩小找矿靶区
					硫铁	1272.897	
					钼	160 595.87	
					铅	77 394	
					铁	2 525.63	
					铜	1 925 400	
					锌	78 211	
					银	308.02	
					萤石	58.864	
6	Ⅲ-5-6	谢尔塔拉	18 872.89	预查	金	187	本区未开展1∶5万区域地质调查工作，应先进行基础地质调查，查明本区基本地质情况；系统地安排中小比例尺的和基础的地质、物探、化探、遥感等工作，缩小找矿靶区
					钼	19 324.53	
					铁	33 315.95	
					萤石	8.844	
7	Ⅲ-5-7	乌努格吐山	5598.82	普查	锰	33.508	本区未开展1∶5万区域地质调查工作，应先进行基础地质调查，查明本区基本地质情况；外围可进一步安排中大比例尺的地质、物探、化探工作进行普查，必要时，可采用槽探、井探、钻探等手段，寻找隐伏的工业矿体
					钼	523 703.53	
					铅	266 979	
					铁	336.85	
					铜	1 780 100	
					锌	400 471	
					银	1 997.22	
8	Ⅲ-5-8	甲乌拉	11 389.86	普查	锰	89.927	本区未开展1∶5万区域地质调查工作，应先进行基础地质调查，查明本区基本地质情况；外围可进一步安排中大比例尺的地质、物探、化探工作进行普查，必要时，可采用槽探、井探、钻探等手段，寻找隐伏的工业矿体
					钼	111 550.35	
					铅	1 002 465	
					锌	1 503 696	
					银	12 027.87	

注：预测资源量单位，金为"kg"；铁、锰、硫铁矿、萤石为"×10⁴t"，其他种为"t"。

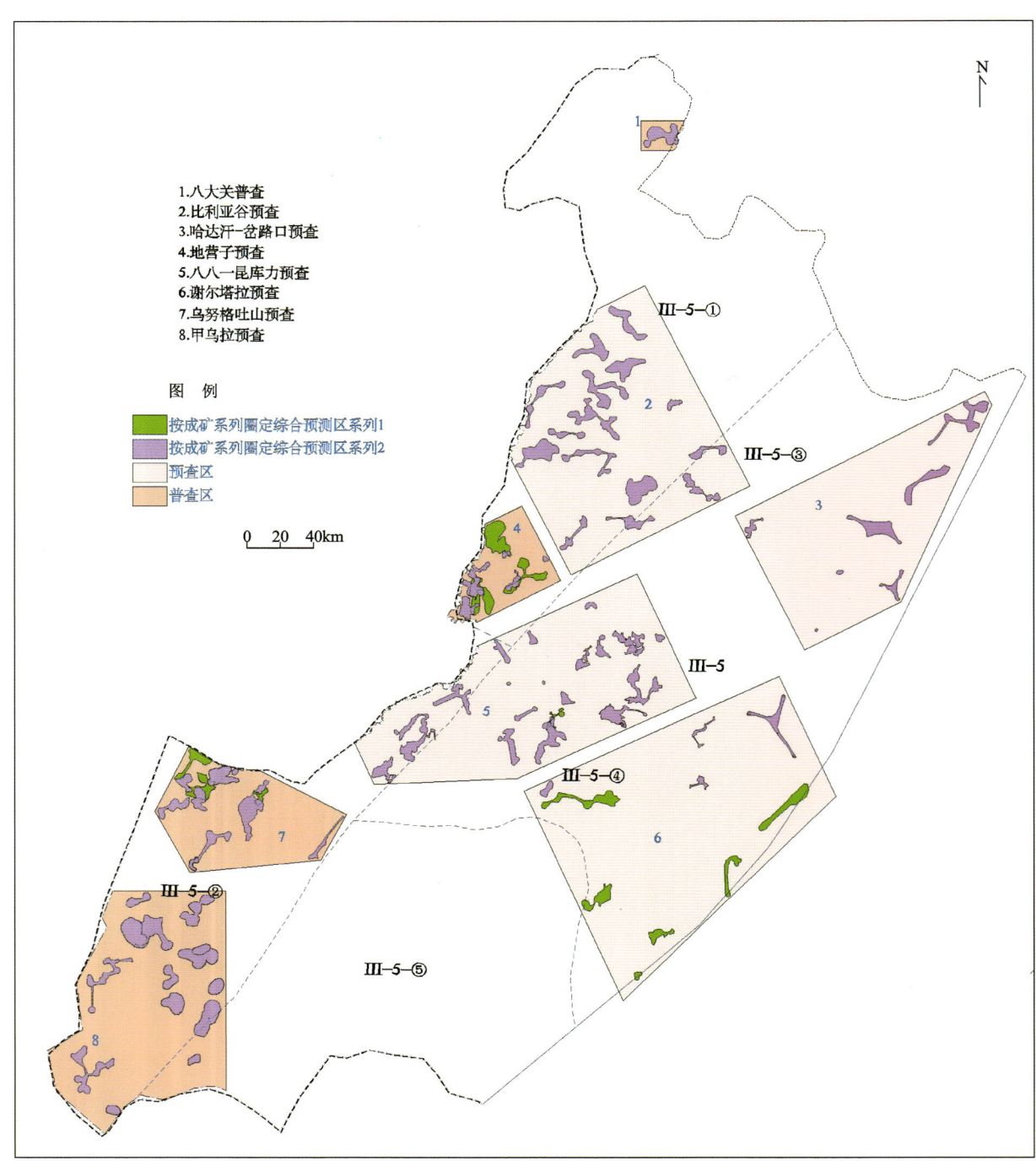

图 7-14　Ⅲ-5 成矿带综合勘查部署区与按成矿系列圈定综合预测区相关图

第八章 东乌珠穆沁旗-嫩江成矿带（Ⅲ-6）预测成果

第一节 区域成矿背景

一、成矿地质条件

1. 区域地质背景

本成矿带北西界为头道桥-鄂伦春断裂，东南界为阿荣旗-东乌旗-二连断裂，北东端进入黑龙江省，西南端延入蒙古国。大地构造属大兴安岭弧盆系扎兰屯-多宝山岛弧，是一个以奥陶纪和泥盆纪岛弧为优势构造相的构造单元（或称之为西伯利亚南东古生代陆缘增生带）。

在该岛弧中散布有少量前寒武纪的微陆块，主要由古元古界兴华渡口群、新元古代佳疙瘩组和额尔古纳河组及新元古代石英二长闪长岩、奥长花岗岩、二长（正长）花岗岩等组成。

奥陶纪，二连—贺根山一带发生大洋板块向北部俯冲消减，形成岛弧、弧后盆地和弧背盆地的构造环境。岛弧为早中奥陶世多宝山组浅海相以安山岩为主的玄武岩、英安岩、流纹岩、细碧角斑岩、中酸性岩屑晶屑凝灰岩、熔结凝灰岩组合，夹有变质砂岩、泥质粉砂岩、结晶灰岩、板岩、含放射虫硅质岩等。弧后盆地由早中奥陶世特尔巴格特组、乌宾敖包组和巴音呼舒组、哈拉哈河组成，弧背盆地为中上奥陶统裸河组。同期发育有花岗闪长岩、二长花岗岩、石英闪长岩岩石构造组合。

志留纪为相对稳定的被动陆缘滨浅海盆地，沉积了卧都河组碎屑岩、灰岩组合。

泥盆纪发育岛弧、弧前陆坡构造环境，岛弧由中上泥盆统大民山组构成，岩性为安山岩、英安岩、细碧岩、放射虫硅质岩和砂岩、粉砂岩，同期发育一套俯冲岩浆杂岩岩石构造组合。

晚石炭世至早二叠世，由于二连-贺根山大洋板块向北俯冲，本区自西向东发育了一套陆缘火山弧和弧间裂谷盆地沉积，即宝力高庙组。早石炭世发育了一套花岗闪长岩、花岗岩和少量英云闪长岩岩石构造组合。晚石炭世则发育俯冲岩浆杂岩岩石构造组合。

早二叠世二连-贺根山洋消亡，蛇绿岩构造侵位。早二叠世发育后造山碱性花岗岩-钙碱性花岗岩组合。

中生代，受古太平洋板块向中国东部大陆之下俯冲的影响，本区进入造山-裂谷大地构造阶段，广泛发育侏罗纪—早白垩世陆相火山喷发活动和少量侵入岩。

2. 矿产分布特征

本成矿带内共涉及金、铁、锰、镍、萤石、铜、钼、铬、硫铁矿、菱镁矿等多个矿种，共38处矿产地，其中优势矿种为铁、铜、铅锌、钨等矿种。

矿床的分布严格受构造的控制。矿床沿深断裂带两侧呈线型带状分布：西伯利亚板块南东缘活动大陆边缘中的五岔沟-东乌旗-查干敖包深断裂带两侧分布着不同时代、不同矿床类型和不同矿种及不同矿床规模的矿床，其北侧分布有海西期矽卡岩型铜铁钼矿床和燕山期斑岩型及热液型铜铅锌钨钼铁银矿床；其南侧形成与蛇绿岩有关的铬铁矿床及燕山期金矿床（古利库金矿）和铜钼矿床（太平沟钼矿、必鲁甘干铜钼矿）；与残余洋壳有关的铬铁矿床和基性岩浆有关的铜金矿床分布在板块碰撞缝合带内；古生代褶皱系内中酸性花岗岩带控制了接触交代型、斑岩型、热液型铁、铁钼、钼、铍、铜、金矿床及萤石矿床；晚古生代矿床集中分布在前中生代古海盆边缘与中生代隆起带重叠部位。

3. 成矿区（带）及成矿系列划分

依据地质背景、区域成矿特征、典型矿床综合研究成果，共划分 3 个成矿亚带：Ⅲ-6-①大杨树-古利库金、银、钼成矿亚带；Ⅲ-6-②罕达盖-博克图铁、铜、钼、锌、铅、银、铍成矿亚带；Ⅲ-6-③二连-东乌旗钨、钼、铁、锌、铅、金、银、铬成矿亚带。共 4 个成矿系列，进一步划分为 6 个成矿亚系列（表 8-1，附图 9）。

表 8-1　东乌珠穆沁旗-嫩江成矿带（Ⅲ-6）矿床成矿系列一览表

矿床成矿系列	矿床成矿亚系列	成矿元素	矿床	类型	矿床式	成矿时代
与海西期超基性—基性岩浆活动有关的铬、铜、金矿床成矿系列	与海西期超基性岩浆活动有关的铬矿床成矿亚系列	Cr	赫格敖拉	蛇绿岩型	赫格敖拉式	K-Ar法：460~364Ma
	与海西期基性岩浆活动有关的铜、金矿床成矿亚系列	Cu(Au)	小坝梁	海相火山岩型	小坝梁式	Rb-Sr法：242Ma
与海西期中酸性岩浆活动有关的铁、钼、铜、硫矿床成矿系列	与海西期中酸性岩浆活动有关的铁、铜、铁（钼）矿床成矿亚系列	Fe(Mo)、Cu、Mo、Fe	梨子山、罕达盖、塔尔气、中道山、八十公里、苏呼河	接触交代型、矽卡岩型、接触交代型	梨子山式、罕达盖式、塔尔其式	海西中期花岗（闪长）岩，石英闪长岩308.8±1.2Ma/U-Pb
	与海西期酸性岩浆活动有关的铍矿床成矿亚系列	Be	127	热液型	127式	海西晚期（花岗岩）
与燕山期中酸性岩浆活动有关的铁、锌、铅、铜、金、钨、钼、银矿床成矿系列	与燕山期酸性岩浆活动有关的铁、锌、铅、铜、金、钨、钼、银矿床成矿亚系列	W	沙麦	石英脉型、热液型、岩浆热液型	沙麦式	燕山早期（黑云母花岗岩、花岗岩）
		Ag、Pb、Zn、W、Mo	吉林宝力格、阿尔哈达、乌日尼图		吉林宝力格式、阿尔哈达式、乌日尼图式	
		Fe、Zn、Pb、Cu、W	朝不楞、查干敖包	接触交代型	朝不楞式	
	与燕山期超浅成—浅成酸性岩浆活动有关的钼、铜、金、银矿床成矿亚系列	Mo、Ag、Pb、Zn	迪彦钦阿木	斑岩型	迪彦钦阿木式	辉钼矿铼-锇年龄，156.2Ma
		Au(Ag)、Cu、Mo、Cu(Au、Ag)	古利库、太平沟、乌兰德勒、奥尤特、巴林	爆破角砾岩型、斑岩型、火山热液型	古利库式、太平沟式、奥尤特式、乌兰德勒式	早白垩世（131Ma）、晚侏罗世
与第四纪风化作用有关的镍、菱铁矿床成矿系列		Ni、Fe	索伦山、白音胡硕	风化壳型	索伦山式	第四纪

二、地球化学特征

（一）元素区域分布特征

该成矿区（带）位于内蒙古自治区中东部地区，成矿区（带）范围较大，沿查干敖包—东乌珠穆沁旗—五一林场—加格达奇一带分布。区（带）内主要的组合异常元素有 Au、Cu、Pb、Zn、W、Sn、Mo、Cr 等。根据元素的共生组合规律，将元素分以下 3 组叙述元素的区域分布特征。

1. Au、Cu、Pb、Zn 元素区域分布特征

Au 元素在该成矿区（带）内分布较多，但面积较小，主要集中分布在成矿带北部地区。对应的地层有古元古界兴华渡口群，侏罗系满克头鄂博组、白音高老组、玛尼吐组，白垩系甘河组等。对应岩体有侏罗纪花岗岩、二叠纪正长花岗岩、花岗闪长岩等岩体。Cu、Pb、Zn 异常在成矿带内分布较多，面积较大，异常形态相似且元素间相互套合较好，尤其在阿尔山镇一带。

2. W、Sn、Mo 元素区域分布特征

W、Sn、Mo 元素异常在成矿区（带）内分布较广，异常在酸性岩体内范围较大，且异常形态相似，套合较好。在地层中分布范围较小。主要对应的地层有泥盆系泥鳅河组、白垩系甘河组。对应的岩体有泥盆纪、石炭纪、二叠纪酸性岩体。

3. Cr 元素区域分布特征

Cr 元素异常在成矿区（带）内分布较少，异常主要对应的地层有泥盆系泥鳅河组、白垩系甘河组、第四系阿巴嘎组。对应的岩体主要有泥盆纪超基性岩体和石炭纪辉长岩。

（二）综合异常特征

根据异常元素相互间的组合关系，并结合异常所处的地质特征和已知矿点、矿床点特征，在成矿区（带）内共圈定了 138 处综合异常（附图 10）。并按综合异常特征，将综合异常分为以 Au、Cu、Pb、Zn 元素异常为主的综合异常，以 W、Sn、Mo 元素异常为主的综合异常。下面将各类综合异常进行简单的分述。

1. 以 Cu、Pb、Zn、Au 元素异常为主的综合异常

该类综合异常在成矿区（带）内分布较多，是该成矿区（带）内主要的综合异常。综合异常所对应的地层有古元古界兴华渡口群，侏罗系满克头鄂博组、白音高老组、玛尼吐组，泥盆系泥鳅河组，白垩系甘河组等。异常区岩浆活动强烈，侵入岩十分发育，侵入岩受断裂构造控制，总体呈北东向展布。在成矿区（带）北部出露的侵入岩体主要为二叠纪和侏罗纪酸性岩体，在南部主要为二叠纪酸性岩体。成矿区（带）内断裂构造十分发育，北西部分布有伊列克得—加格达奇断裂带，北东部分布有克拉麦里—二连断裂带。

该类综合异常是成矿区（带）内主要的综合异常，综合异常范围大小不等，形态多为不规则状，异常元素主要为 Cu、Pb、Zn、Au，并伴有 W、Sn、Mo 等元素异常。Cu、Pb、Zn 异常分布较广，范围较大，且元素间相互套合较好。尤其在阿尔山镇一带，Cu、Pb、Zn 异常形态相似，套合较好。

成矿区（带）内分布有多个铜、金、铅锌矿床，矿点和矿化点。其中铜矿典型的矿床有罕达盖铜矿；金矿典型的矿床有古利库金矿；铅锌矿典型矿床有朝不楞、阿尔哈达等。综合以上信息推测该成矿区（带）是寻找铅锌、铜、金等多金属矿的有利地区。

2. 以 W、Sn、Mo 元素异常为主的综合异常

该类综合异常在成矿区（带）内分布较少，W、Sn、Mo 元素在综合异常中多以伴生元素存在。异常对应的地层有泥盆系泥鳅河组、白垩系甘河组。对应的岩体有泥盆纪、石炭纪、二叠纪酸性岩体。

三、重力特征

该区域由西至北东，布格重力异常呈明显的升高趋势，异常总体走向由北东向转为北北东向，受区域构造二连-东乌旗断裂控制。北东部布格重力异常值较高，是内蒙古自治区全区重力值最高的区域，为幔隆区。在大兴安岭梯级带的北段，等值线密集，呈北北东向展布，为幔坡区。该区域布格重力异常总体变化趋势受地幔深度变化及区域构造活动的影响，但局部异常主要是壳内地质体密度不均匀引起。不同成矿亚带表现为不同的重力场特征，分述如下。

1. Ⅲ-6-①大杨树-古利库金、银、钼成矿亚带、Ⅲ-6-②罕达盖-博克图铁、铜、钼、锌、铅、银、铍成矿亚带

该两个多金属成矿亚带所在区域重力场总体趋势变化受地幔起伏及规模较大的构造活动制约。局部重力异常或剩余重力异常只能一定程度上反映浅部基底起伏变化的趋势。北东向重力梯级带是地幔坡及大兴安岭岭脊断裂的综合反映，在其两侧布格重力异常等值线多处发生扭曲，推断为次一级断裂构造引起，见剩余重力异常图（图8-1）。该区域属大兴安岭岩浆构造带的一部分，Ⅲ-6-①区地表大部分为中生代陆相沉积岩及中酸性火山岩，Ⅲ-6-②区则大面积分布中生代侵入岩及火山岩，所以这两个成矿亚带所在区域剩余重力异常多为平缓的负异常区。局部的正异常多与古生代及前古生代基底局部隆起有关。

在Ⅲ-6-②多金属成矿亚带南段，为一区域性的重力低值区，呈不规则面状，位于大兴安岭梯级带西侧，为幔凹区，亦是大型构造岩浆岩带。已发现的金属矿（点）床，多位于该低值区边部等值线相对密集的凹凸部位及北东向梯级带的扭曲部位，也即位于幔凹区和西倾的幔坡带的局部变形扭曲部位。该区域应是重要的多金属矿找矿远景区，尤其要注意布格重力异常等值线发生扭曲或变形的部位。

2. Ⅲ-6-③二连-东乌旗钨、钼、铁、锌、铅、金、银、铬成矿亚带

该区域经历了古陆扩张、陆缘下沉、裂解、洋壳俯冲、陆陆碰撞等构造活动，形成了复杂而多元的基底构造（见前述地质概况）。以致该区域重力场特征复杂而多变，布格重力异常总体受区域构造控制，该区域西部重力异常与区域构造线方向一致，呈北东东向，东部明显偏离区域构造线方向转为北北东向，由东向西呈增高的趋势。局部重力异常形态复杂，呈窄条状、蠕虫状或不规则状，局部重力异常边部等值线密集且多处发生同向扭曲或轴向错断，显然与断裂活动有关。在剩余重力异常图上，正负相间分布的窄条状异常区分别对应基底隆起或坳陷区。等值线宽缓或呈不规则面状展布的负异常多与该区域发育的酸性侵入岩有关。在该成矿亚带南侧边缘发育于古生代地层中的超基性岩亦形成明显的剩余重力正异常。

该区域与岩浆活动有关的矿床多分布在剩余重力正负异常交替带上或正异常边部，多处矿点位于推断断裂的交会处。与超基性岩有关的铜铬镍等矿床则位于剩余重力正异常的边部梯级带部位。所以在该区域推断的隐伏半隐伏地层与岩体的接触带部位、中酸性岩体、基性—超基性岩体的边部注意不同类型（如朝不楞铁铜多金属矿、吉林宝力格银多金属矿、沙麦钨矿、赫格敖拉镍矿等）多金属隐伏矿床的寻找。

第八章 东乌珠穆沁旗-嫩江成矿带（Ⅲ-6）预测成果

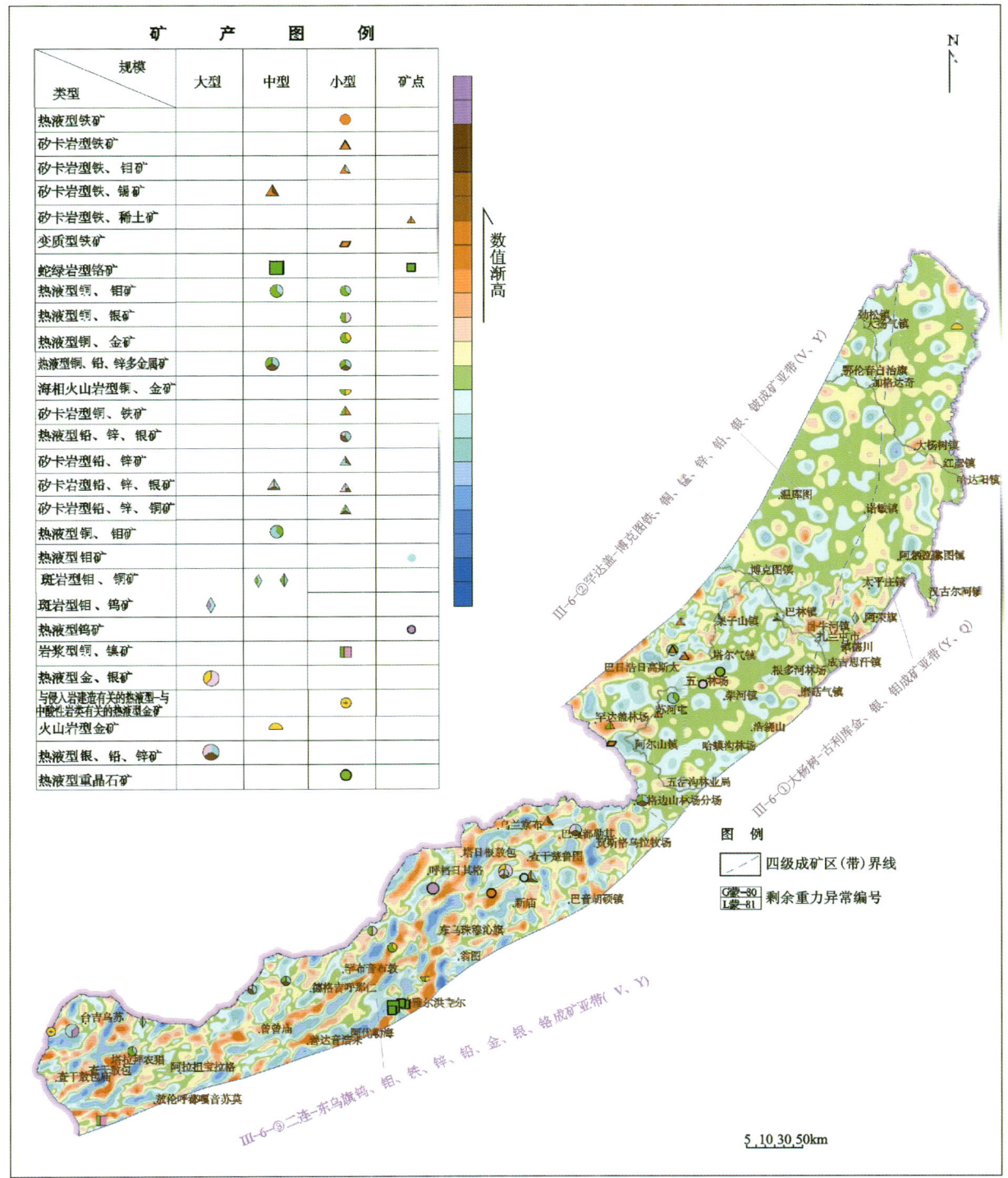

图8-1 东乌珠穆沁旗-嫩江成矿带（Ⅲ-6）剩余重力异常图

四、航磁特征

航磁特征按3个成矿亚带分别叙述如下。

1. Ⅲ-6-①大杨树-古利库金、钼、萤石成矿亚带

在航磁 ΔT 等值线平面图(图 8-2)上,成矿带内磁异常较乱,多呈椭圆形、带状及串珠状分布,轴向以北东向为主,正负相间,磁异常强度高,梯度大。在航磁 ΔT 化极等值线平面图上,异常幅值增大,梯度变化更加明显,成矿带边缘负异常突出。

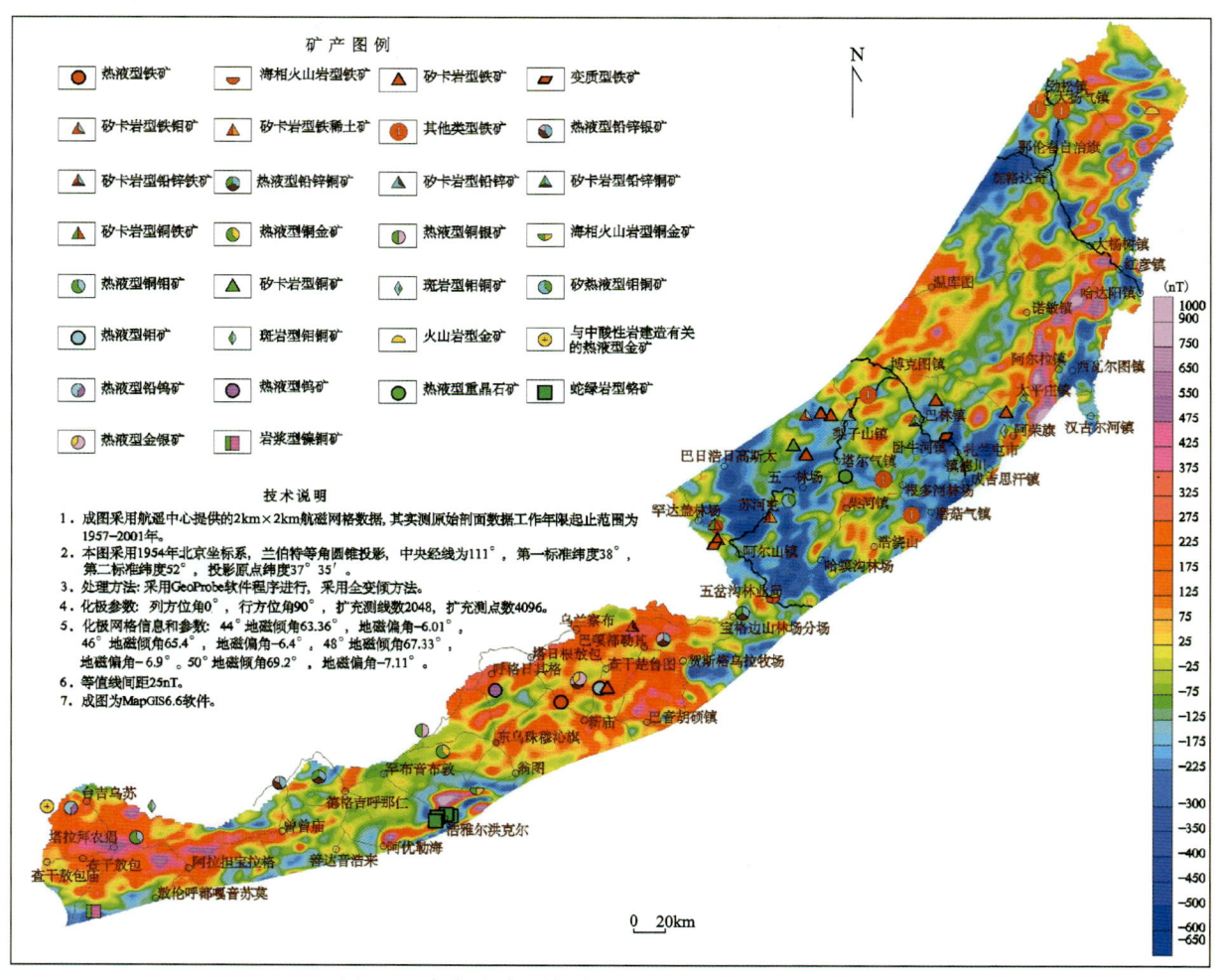

图 8-2 东乌珠穆沁旗-嫩江成矿带(Ⅲ-6)航磁异常图

2. Ⅲ-6-②罕达盖-博克图铁、钼、锌、铅成矿亚带

在航磁 ΔT 等值线平面图上,成矿带内以平缓磁异常为背景,磁异常值一般为 $-50\sim300\mathrm{nT}$,中部多为片状及椭圆形正磁异常,梯度变化大,负异常主要集中在成矿带南北两端,幅值较大。在航磁 ΔT 化极等值线平面图上,中部正磁异常范围减小,幅值增大,两端负异常凸出,分布面积较大,梯度变化明显。

3. Ⅲ-6-③二连-东乌旗钨、钼、铁、锌、铅成矿亚带

在航磁 ΔT 等值线平面图上,成矿带以正磁异常为主,场值一般在 $100\sim300\mathrm{nT}$ 之间,最高 $1000\mathrm{nT}$。成矿带北部形态多为连续的圆形及椭圆形磁异常,沿北东向展布,梯度变化大;中部磁场变化平缓,仅在成矿带南侧边缘有一条带状磁异常,强度高,梯度大,北侧伴生负异常;南部为片状分布的磁异常,场值普遍较高,梯度变化明显。航磁 ΔT 化极等值线平面图上,以平缓负异常为背景,正磁异常更为明显,形状规则。

五、区域遥感特征

经解译,成矿带南北两侧为两条大型断裂带,北西界为头道桥-鄂伦春断裂,东南界为阿荣旗-东乌旗-二连断裂。中小型断裂比较发育,并且以近东西向和北东向张性断裂为主,局部发育北北西向及北西向压性压剪性断层,其中的北西向断裂居多,形成时间较晚,多错断其他方向的断裂构造,其分布规律呈格子状,在苏尼特左旗一带有成带特点,为一较大的弧形构造带,该带为一重要的金多金属成矿带。北东向的小型断裂多为逆断层,形成时间明显早于北西向断裂,其分布略有规律性,这些断裂带与其他方向断裂交会处,多为多金属成矿的有利地段。解译出多条韧性剪切带,走向为大部分北东向,影像上表现在纹理清晰(图8-3)。

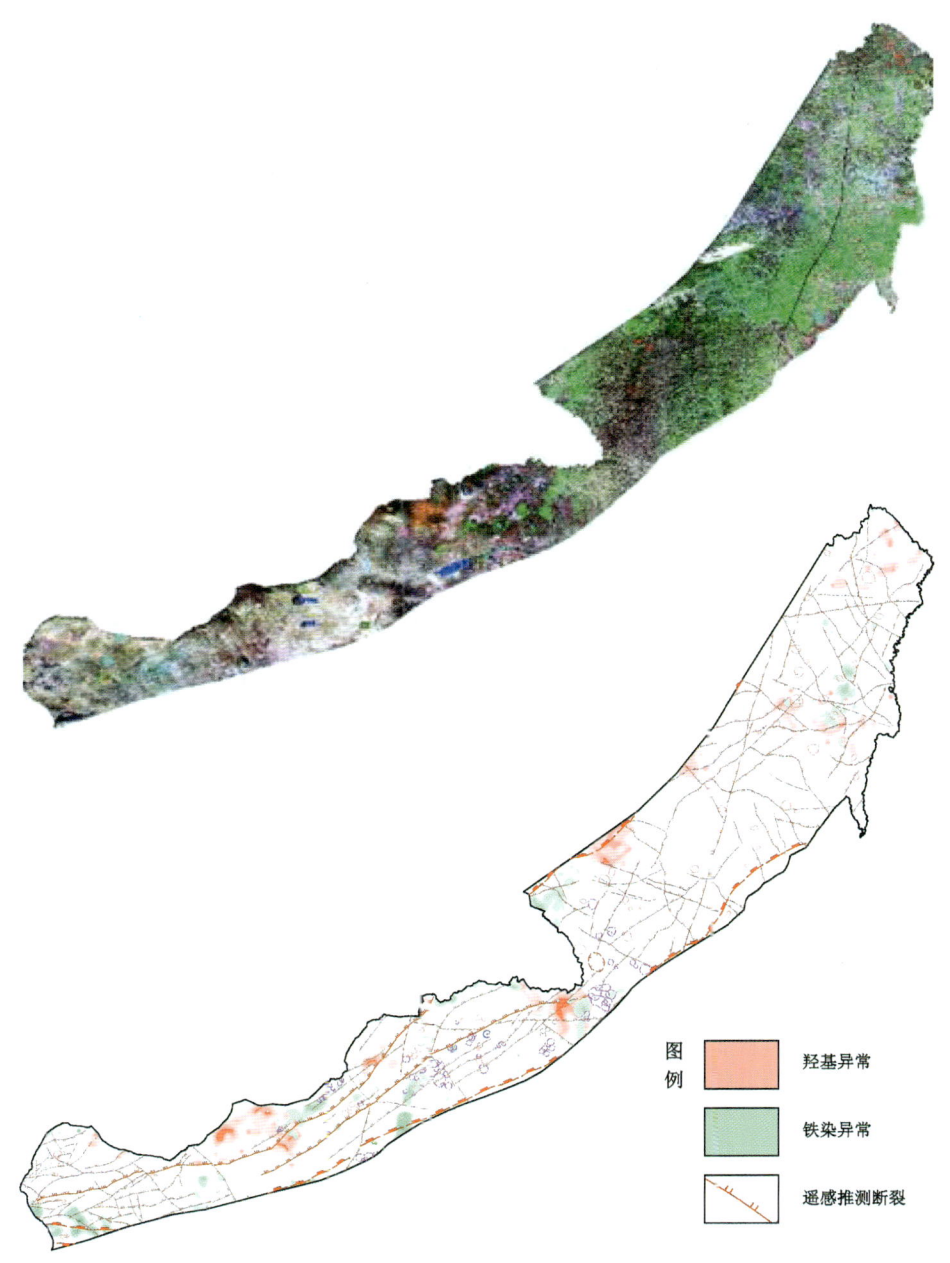

图8-3　Ⅲ-6成矿带遥感影像图(上)及综合异常图(下)

由岩浆侵入、火山喷发和构造旋扭等作用引起的,在遥感图像显示出环状影像特征的地质体称为环要素。一般情况下,花岗岩类侵入体和火山机构引起的环形影像时代愈新,标志愈明显。构造型环形影像则具多边多角形,发育在多组构造的交切部位。环要素代表构造岩浆的有利部位,是遥感找矿解译研究的主要内容之一。

构造影像特征主要是影纹纹理边界清楚,花岗岩内植被发育,纹理光滑,构造隆起成山。构造穹隆引起的环形构造,影像上整个块体隆起,呈椭圆状,主要为环形沟谷及盆地边缘线构成,边界清晰,山脊和山沟以山顶为中心向四周呈放射状发散。

第二节 重要矿种预测评价模型

成矿带涉及矿种主要有铁、金、铜、铅锌、钨、钼、铬、镍、银、硫铁矿、重晶石等,共划分了 4 个成矿系列。其中索伦山—贺根山地区与第四纪风化作用有关的镍、菱镁矿矿床成矿系列中未建立预测评价模型。

一、与海西期超基性—基性岩浆活动有关的铬、铜、金矿床成矿系列重要矿种预测评价模型

该成矿系列划分为两个成矿亚系列,与海西期超基性岩浆活动有关的铬矿床成矿亚系列、与海西期基性岩浆活动有关的铜(金)矿床成矿亚系列,主要矿种有金、铜、铬等(表 8-2,图 8-4)。

表 8-2 与海西期超基性—基性岩浆活动有关的铬、铜(金)矿床预测要素表

区域预测要素		描述内容		
矿种		(红格尔)金矿	(小坝梁)铜矿	(赫格敖拉)铬矿
区域成矿地质环境	大地构造单元	Ⅰ天山-兴蒙造山系、Ⅰ-1 大兴安岭弧盆系、Ⅰ-1-5 二连-贺根山蛇绿混杂岩带		
	成矿区(带)	Ⅱ-12 大兴安岭成矿省,Ⅲ-6 东乌珠穆沁旗-嫩江(中强挤压区)铜、钼、铅、锌、金、钨、锡、铬成矿带		
	区域成矿类型及成矿期	海西早期复合内生型金矿	海相火山岩型铜矿	海西期侵入岩体型铬矿
	主要赋矿地层	乌宾敖包组、巴彦呼舒组、泥鳅河组二段	下二叠统格根敖包组	纯橄榄岩
	控矿侵入岩	石炭纪中酸性侵入岩		中晚泥盆世超基性岩
	主要控矿构造	以北东向(包括北东东向)断裂为主,次为北西向的褶皱、断裂构造	北西向、近东西向的断裂构造	总的构造线为北北东向的复式褶皱,断层对成矿影响不大
区内相同类型矿产		1 个矿点	2 个矿点	11 个矿床(点)
区域成矿地物化遥特征	重力异常特征	布格重力异常相对较低,南侧边部存在近东西向延伸的剩余重力正异常带,为古生代基底隆起所致。剩余重力负异常呈长椭圆状东西向展布,是隐伏的酸性侵入岩引起,该异常北侧边部是金矿形成的有利部位	在布格重力异常图上,位于北北东向窄条带状高重力异常区域背景下的局部重力高异常上。在剩余重力异常图上,小坝梁铜矿位于剩余重力正异常区边部零值线附近,Δg 为 5.54×10^{-5} m/s^2	剩余重力异常值取 $(5\sim9)\times10^{-5}$ m/s^2

续表 8-2

区域预测要素		描述内容		
矿种		（红格尔）金矿	（小坝梁）铜矿	（赫格敖拉）铬矿
区域成矿地物化遥特征	航磁异常特征	正磁异常与石炭纪花岗岩吻合性好	航磁异常，据 1∶2000 地磁平面等值线图显示，磁场呈现出变化不大的梯度带，北东偏高，达 500nT；南西偏低，达 100nT	航磁化极异常值取 200～350nT
	地球化学特征	Au 元素异常形态均表现为近圆形，多分布于岩体与地层接触带外带，异常值介于 $(2.0\sim11)\times10^{-6}$ 之间		Cr 元素异常分布与超基性岩及物探异常较为吻合，取其三级分布带
	遥感特征	北东向和北西向线性构造发育，且与北东向主体构造线相吻合，两个方向线性构造交会处为成矿有利位置		遥感解译断裂对该区成床预测影响不大

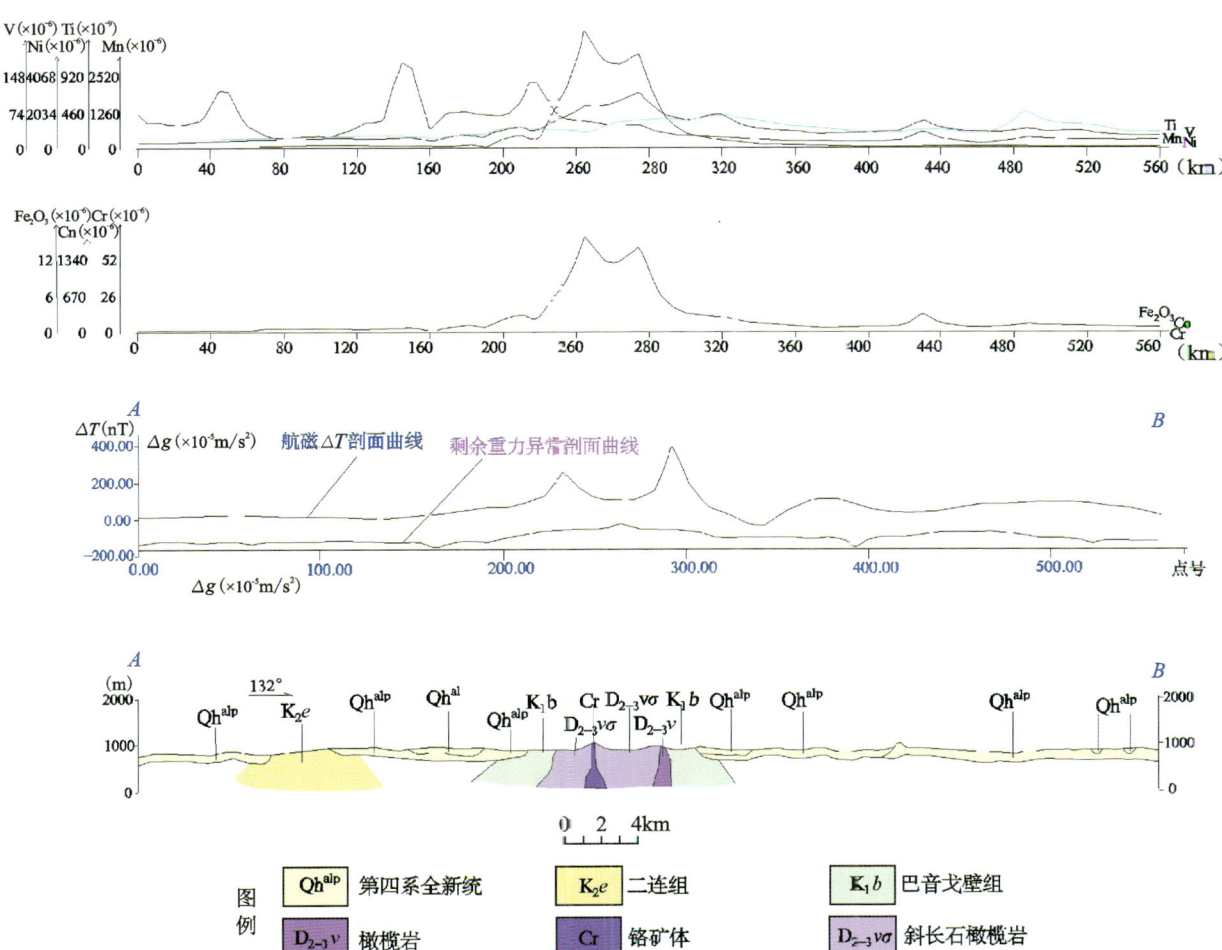

图 8-4　与海西期超基性—基性岩浆活动有关的铬、铜（金）矿床预测模型图

金矿代表性矿床为红格尔复合内生型金矿,赋矿地质体为乌宾敖包组、巴彦呼舒组、泥鳅河组二段,控矿侵入岩为石炭纪中酸性侵入岩,控矿构造以北东向(包括北东东向)断裂为主,次为北西向的褶皱、断裂构造,形成于海西早期。布格重力异常相对较低,Δg 一般在 $(-150 \sim -140) \times 10^{-5} m/s^2$ 之间,南侧边部存在近东西向延伸的剩余重力正异常带,为古生代基底隆起所致。剩余重力负异常呈长椭圆状东西向展布,是隐伏的酸性侵入岩引起,该异常北侧边部是金矿形成的有利部位。航磁正磁异常与石炭纪花岗岩吻合性好。金异常形态均表现为近圆形,多分布于岩体与地层接触带外带,异常值介于 $(2.0 \sim 11) \times 10^{-6}$ 之间。遥感特征表现为北东向和北西向线性构造发育,且与北东向主体构造线相吻合,两个方向线性构造交会处为成矿有利位置。

铜矿代表性矿床为小坝梁海相火山岩型铜矿,赋矿地质体为下二叠统格根敖包组二岩段凝灰岩、凝灰质砂岩、火山角砾岩及粗玄岩,控矿构造为北西向、近东西向的断裂构造,形成于海西期。铜矿在布格重力异常图上,位于北北东向窄条带状重力高异常区域背景下的局部重力高异常上,Δg 为 $-89.11 \times 10^{-5} m/s^2$,编号为 G319。在剩余重力异常图上,小坝梁铜矿位于剩余重力正异常区边部零值线附近,Δg 为 $5.54 \times 10^{-5} m/s^2$。航磁异常方面,据 1:2000 地磁平面等值线图显示,磁场呈现出变化不大的梯度带,北东偏高,达 500nT;南西偏低,达 100nT。

铬矿代表性矿床为赫格敖拉侵入岩体型铬矿,赋矿地质体为纯橄榄岩,控矿侵入岩为中晚泥盆世超基性岩,总的构造线为北北东向的复式褶皱,断层对成矿影响不大,形成于海西期。重力异常方面,剩余重力异常值取 $(5 \sim 9) \times 10^{-5} m/s^2$。航磁异常方面,航磁化极异常值取 $200 \sim 350nT$。Cr 元素异常分布与超基性岩及物探异常较为吻合,取其三级分布带。遥感解译断裂对该区成矿预测影响不大。

二、与海西期中酸性岩浆活动有关的铁、钼、铜、硫矿床成矿系列预测评价模型

该成矿系列划分为 2 个成矿亚系列,与海西期中酸性岩浆活动有关的铁、铁(钼)矿床成矿亚系列、与海西期酸性岩浆活动有关的铍矿床成矿亚系列。与海西期酸性岩浆活动有关的铍矿床成矿亚系列,主要矿种为铍,未做预测。与海西期中酸性岩浆活动有关的铁、铁(钼)矿床成矿亚系列主要矿种有铜、铁等,见与海西期中酸性岩浆活动有关的铁、铁(钼)矿床成矿亚系列预测模型图(图8-5)及与海西期中酸性岩浆活动有关的铁、铁(钼)矿床成矿亚系列预测要素表(表8-3)。

铜矿代表性矿床为罕达盖矽卡岩型铜矿,赋矿地质体为中下奥陶统多宝山组,受控于北东向断裂及北北东向断裂,形成于海西中期。剩余重力异常为重力正异常,异常值在 $(6 \sim 10) \times 10^{-5} m/s^2$ 之间。航磁异常为低缓负磁异常,异常值 $-100 \sim 0nT$。矿床附近形成了 Cu、Fe、Ag、AS、Au、Cd、Sb 等元素组合异常,Cu、Fe 是该区主要的成矿元素。

铁矿代表性矿床为梨子山矽卡岩型铁矿,赋矿地质体为中下奥陶统多宝山组,控矿侵入岩为海西中期石炭纪白岗岩、花岗岩、石英二长闪长岩等,控矿构造为北东东向转北东向的扭张—压扭性层间裂隙控矿构造带,形成于海西中期。区域重力场最低值 $\Delta g_{min} = -122.52 \times 10^{-5} m/s^2$,最高值 $\Delta g_{max} = -40 \times 10^{-5} m/s^2$,航磁异常方面表现为磁场值变化范围在 $-4200 \sim 2600nT$ 之间。Mo 元素具明显的三级浓度分带和浓集中心,呈同心环状。已知矿点与本预测区中的羟基异常基本吻合。

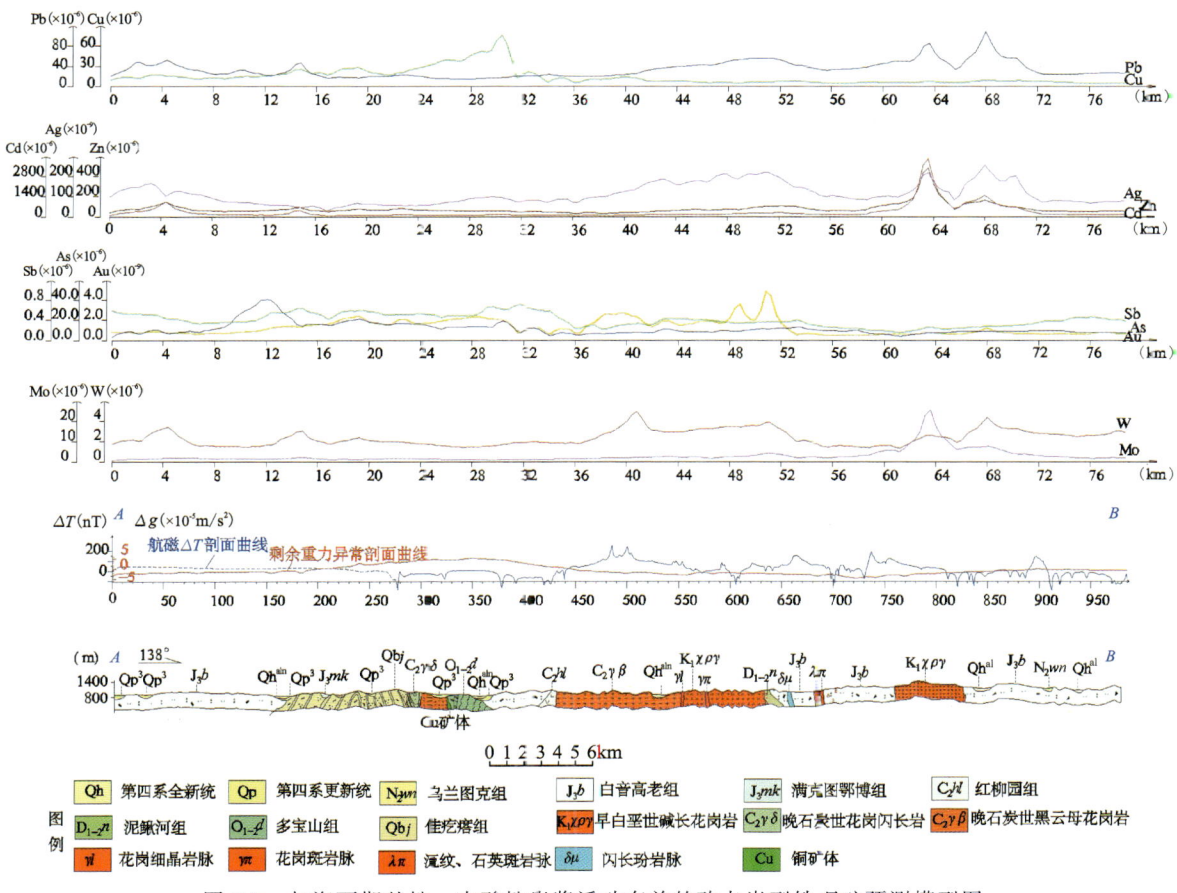

图 8-5　与海西期基性—中酸性岩浆活动有关的矽卡岩型铁铜矿预测模型图

表 8-3　与海西期基性—中酸性岩浆活动有关的矽卡岩型铁铜矿预测要素表

区域预测要素		描述内容	
矿种		（罕达盖）铜矿	（梨子山）铁矿
区域成矿地质环境	大地构造单元	Ⅰ天山-兴蒙造山系，Ⅰ-1 大兴安岭弧盆系，Ⅰ-1-5 二连-贺根山蛇绿混杂岩带（Pz₂）	
	成矿区（带）	Ⅱ-12 大兴安岭成矿省，Ⅲ-6 东乌珠穆沁旗-嫩江（中强挤压区）铜、钼、铅、锌、金、钨、锡、锌成矿带（Pt₃、Vm-l、Ye-m）	
	区域成矿类型及成矿期	海西中期矽卡岩型铜矿	海西中期矽卡岩型铁矿
	主要赋矿地层	中下奥陶统多宝山组	中下奥陶统多宝山组
	控矿侵入岩	石炭纪石英二长闪长岩及花岗岩	海西中期石炭纪白岗岩、花岗岩、石英二长闪长岩等
	主要控矿构造	北东向断裂及北北东向断裂	北东东向转北东向的扭张—压扭性层间裂隙控矿构造带
区内相同类型矿产		小型矿床1个、矿点6个	矿点10个
航磁异常特征		低缓负磁异常，异常值-200~0nT	区域重力场最低值 $\Delta g_{min}=-122.52\times10^{-5}$ m/s²，最高值 $\Delta g_{max}=-40\times10^{-5}$ m/s²
重力异常特征		剩余重力异常为重力正异常，异常值在(6~10)×10⁻⁵m/s²之间	磁场值变化范围在-4200~2600nT之间
地球化学特征		矿床附近形成了 Cu、Fe、Ag、As、Au、Cd、Sb 等元素组合异常，Cu、Fe 是该区主要的成矿元素	Mo元素具有明显的三级浓度分带和浓集中心，呈同心环状
遥感特征			已知矿点与本预测区中的羟基异常基本吻合

三、与燕山期中酸性岩浆活动有关的铁、锌、铅、铜、金、钨、钼、银矿床成矿系列预测评价模型

该成矿系列划分为2个成矿亚系列,与燕山期酸性岩浆活动有关的铁、锌、铅、铜、钨、银、钼矿床成矿亚系列、与燕山期超浅成—浅成酸性岩浆活动有关的铜、金、银矿床成矿亚系列。

1. 与燕山期酸性岩浆活动有关的铁、锌、铅、铜、钨、银、钼矿床成矿亚系列预测评价模型

该成矿亚系列主要矿种有铅锌、钨、铁、铜、银、硫铁矿、重晶石等。见与燕山期酸性岩浆活动有关的铁、锌、铅、铜、钨、银、钼矿床成矿亚系列预测模型图(图8-6)及与燕山期酸性岩浆活动有关的铁、锌、铅、铜、钨、银、钼矿床成矿亚系列预测要素表(表8-4)。

铅锌矿代表性矿床为阿尔哈达蚀变破碎岩型铅锌矿,赋矿地质体为上泥盆统安格尔音乌拉组,控矿侵入岩为燕山早期花岗岩,控矿构造为北西向和北西西向构造,对成矿起到了重要的作用,形成一系列北西走向的矿化带或碎裂蚀变带,形成于燕山期。本区以高背景布格重力场为主,在高背景重力区叠加着许多北东向条带状和等轴状的局部重力低异常,剩余重力起始值范围$(-300\sim0)\times10^{-5}\,\mathrm{m/s^2}$。本区航磁化极区域总体表现为变化不大的正磁场,南北两侧略高,航磁化极起始值范围$-300\sim0\,\mathrm{nT}$。化探异常有Au、As、Sb、Cu、Pb、Zn、Ag、Cd、W、Mo等元素异常,Pb异常主要分布在异常区北东部,浓集中心明显,异常强度高。预测区为环要素(隐伏岩体)及遥感羟基铁染异常区。

钨矿代表性矿床为沙麦与花岗岩体有关的大脉、细脉带钨矿,赋矿地质体为下奥陶统乌宾敖包组,控矿侵入岩为侏罗纪—白垩纪中细粒花岗岩、花岗闪长斑岩,控矿构造为北西向构造裂隙,形成于燕山期。预测区处于布格重力异常相对低值区。在剩余重力异常图上,预测区北部重力场平稳。磁异常背景值为$-100\sim100\,\mathrm{nT}$,北部以低缓负异常为主,预测区西北部和南部有不规则的高值磁异常,呈条带状,正负相间,轴向以北东向为主。预测区有W元素化探异常。预测区有遥感解译的断裂构造和推断的中生代隐伏侵入岩体。

表8-4 与燕山期酸性岩浆活动有关的热液型铅锌、钨矿预测要素表

区域预测要素		描述内容	
矿种		(阿尔哈达)铅锌矿	(乌日尼图)钨矿
地质环境	大地构造位置	Ⅰ天山-兴蒙造山系,Ⅰ-1大兴安岭弧盆系,Ⅰ-1-5二连-贺根山蛇绿混杂岩带(Pz$_2$)	
	成矿区(带)	Ⅱ-12大兴安岭成矿省,Ⅲ-6东乌珠穆沁旗-嫩江(中强挤压区)铜、钼、铅、锌、金、钨、锡、铬成矿带(Pt$_3$、Vm-l、Ye-m)	
	区域成矿类型及成矿期	燕山早中期热液型铅锌矿	燕山期热液型钨矿
控矿地质条件	赋矿地质体	上泥盆统安格尔音乌拉组	下奥陶统乌宾敖包组
	控矿侵入岩	燕山早期花岗岩	侏罗纪—白垩纪中细粒花岗岩、花岗闪长斑岩
	主要控矿构造	北西向和北西西向构造对成矿起到了重要作用,形成一系列北西走向的矿化带或碎裂蚀变带	北西向构造裂隙
区内相同类型矿产		成矿区(带)内有1个矿床	1个矿点

续表 8-4

区域预测要素		描述内容	
矿种		（阿尔哈达）铅锌矿	（乌日尼图）钨矿
地球物理特征	重力异常	以高背景布格重力场为主，在高背景重力区叠加着许多北东向条带和等轴状的局部重力低异常，剩余重力起始值范围$(-300\sim 0)\times 10^{-5}m/s^2$	预测区处于布格重力异常相对低值区。在剩余重力异常图上，预测区北部重力场平稳
	航磁异常	区域总体表现为变化不大的正磁场，南北两侧略高，航磁化极起始值范围$-300\sim 0nT$	磁异常背景值为$-100\sim 100nT$，北部以低缓负异常为主，预测区西北部和南部有不规则的高值磁异常，呈条带状，正负相间，轴向以北东向为主
地球化学特征		有 Au、As、Sb、Cu、Pb、Zn、Ag、Cd、W、Mo 等元素异常，Pb 异常主要分布在异常区北东部，浓集中心明显，异常强度高	W 元素化探异常
遥感特征		环要素（隐伏岩体）及遥感羟基铁染异常区	遥感解译的断裂构造和推断的中生代隐伏侵入岩体

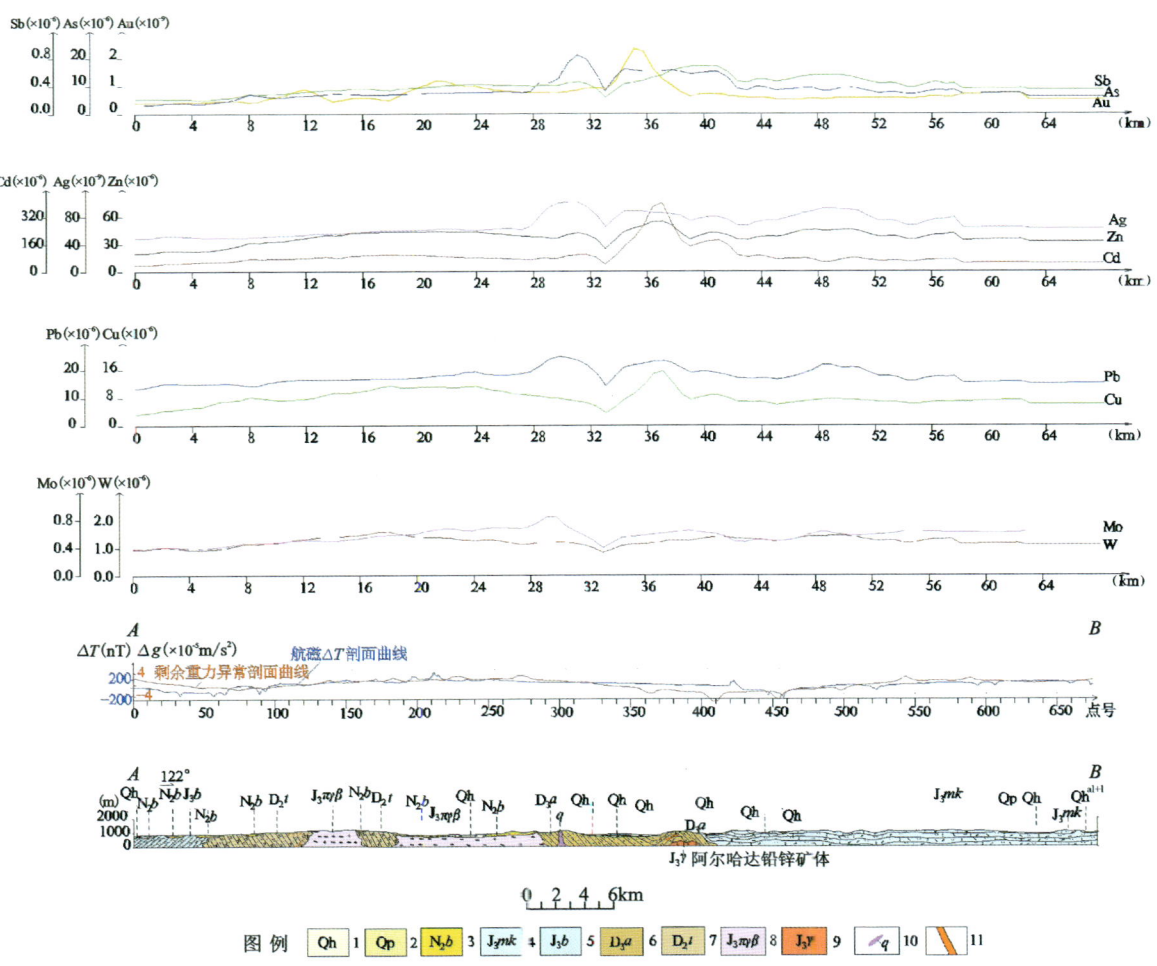

图 8-6　与燕山期酸性岩浆活动有关的热液型铅锌、钨矿预测模型图

1.第四系全新统；2.第四系更新统；3.宝格达乌立组；4.满克头鄂博组；5.白音高老组；6.安格尔音乌拉组；7.塔尔巴格特组；8.晚侏罗世似斑状黑云母花岗岩；9.晚侏罗世花岗岩；10.石英脉；11.铅锌矿体

2. 与燕山期超浅成—浅成酸性岩浆活动有关的铜、金、银矿床成矿亚系列预测评价模型

该成矿亚系列主要矿种有金、钼、铜等。见与燕山期超浅成—浅成酸性岩浆活动有关的铜、金、银矿床成矿亚系列预测模型图(图 8-7)及与燕山期超浅成—浅成酸性岩浆活动有关的铜、金、银矿床成矿亚系列预测要素表(表 8-5)。

金矿代表性矿床为古利库火山岩型金矿床,赋矿地质体为中侏罗纪—早白垩世熔岩、火山碎屑岩、次火山岩,控矿侵入岩为浅成侵入岩,控矿构造为北东向大断裂及其次级的断裂或破碎带,火山口及其环状、放射状断裂,形成于燕山期。布格重力异常值呈北东—北北东向展布。北东向或北西向正磁异常(250~600nT)与低—负磁异常线状梯度带是成矿有利地段。

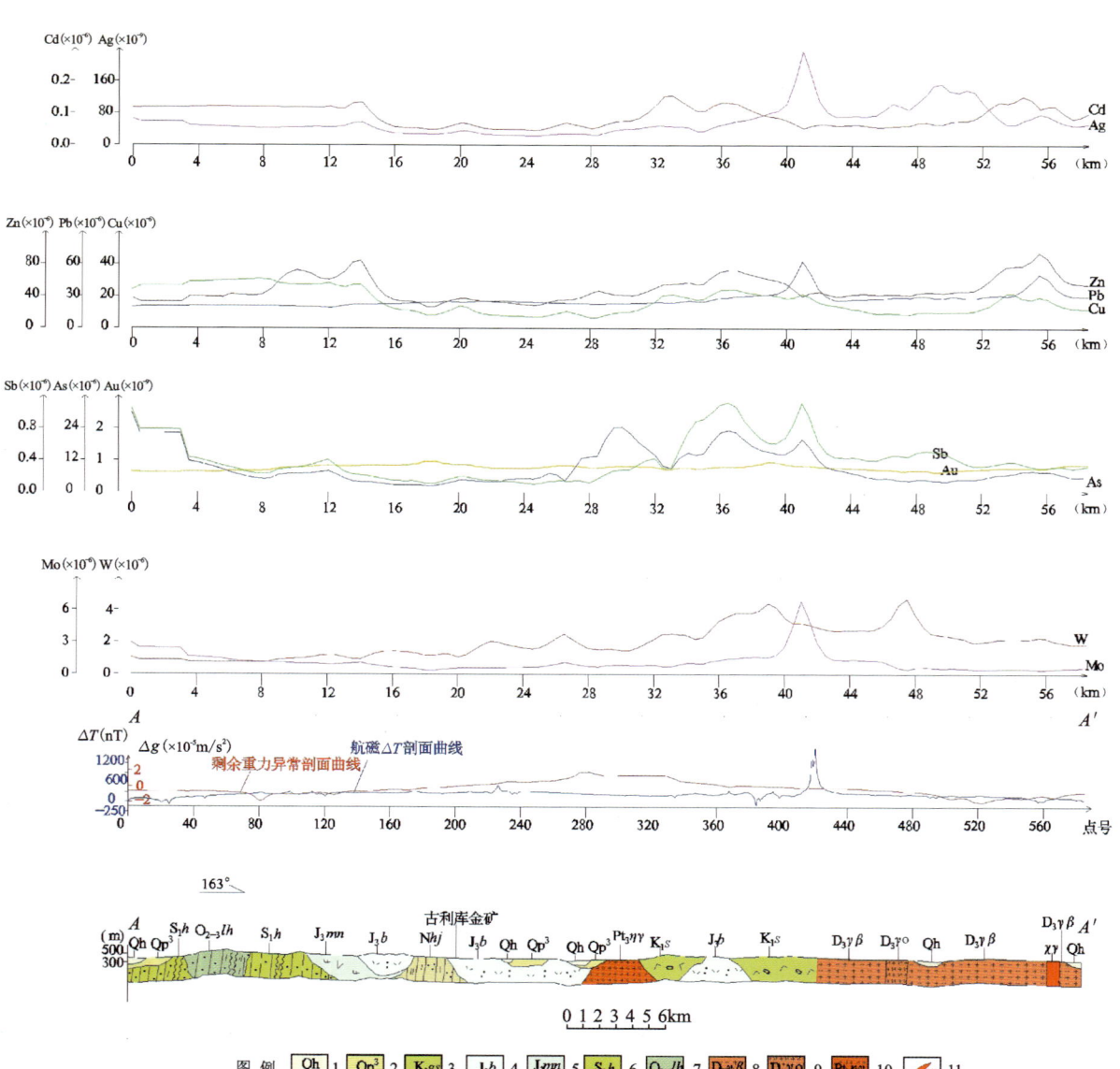

图 8-7　与燕山期超浅成—浅成酸性岩浆活动有关的铜、金、银矿床预测模型图
1.第四系全新统;2.第四系更新统;3.苏红图组;4.白音高老组;5.玛尼吐组;6.黄花沟组;7.裸河组;
8.晚泥盆世黑云母花岗岩;9.晚泥盆世斜长花岗岩;10.新元古代二长花岗岩;11.碱性花岗岩脉

表 8-5 与燕山期超浅成—浅成酸性岩浆活动有关的铜、金、钼矿床预测要素表

区域预测要素		描述内容		
矿种		（古利库）金矿	（太平沟）钼矿	（奥尤特）铜矿
区域成矿地质环境	大地构造单元	Ⅰ天山-兴蒙造山系，Ⅰ-1大兴安岭弧盆系，Ⅰ-1-5二连-贺根山蛇绿混杂岩带(Pz_2)		
	成矿区（带）	Ⅱ-12大兴安岭成矿省，Ⅲ-6东乌珠穆沁旗-嫩江（中强挤压区）铜、钼、铅、锌、金、钨、锡、铬成矿带（Pt_3、Vm-l、Ye-m）		
	成矿类型及成矿期	燕山期火山岩型金矿	燕山晚期斑岩型钼矿	燕山中晚期热液型铜矿床
	主要赋矿地层	中侏罗世—早白垩世熔岩、火山碎屑岩、次火山岩、浅成侵入岩及与元古宙围岩外接触带破碎岩	上侏罗统满克头鄂博组	主要为玛尼吐组中酸性火山碎屑岩、次火山岩
	控矿侵入岩	中侏罗世—早白垩世次火山岩、浅成侵入岩	燕山期细粒二长花岗岩	晚侏罗世次流纹岩
	主要控矿构造	北东向大断裂及其次级的断裂或破碎带，火山口及其环状、放射状断裂	内蒙古-大兴安岭海西褶皱带与大兴安岭中生代火山岩带的交会部位，矿床分布于基底隆起与坳陷交接部位坳陷一侧	锡林浩特岩浆弧查干哈达庙褶皱带中的北东向断裂构造中
区域成矿地物化遥特征	重力异常特征	呈北东—北北东向展布	在剩余重力异常图上，矿床位于椭圆状正异常北部，走向南北，异常值最高为 $5.72\times10^{-5}\,m/s^2$	中部沿奥尤特—罕布音布敦一线北东向相对重力值较高，两侧重力值相对较低
	航磁异常特征	航磁化极：北东向或北西向正磁异常（250～600nT）与低—负磁异常线状梯度带是成矿有利地段	航磁 ΔT 化极异常起始值在300～350nT 之间	磁场总体表现为低缓的负磁场，在奥尤特一带出现一条北东走向长条形正磁场
	地球化学特征	具 Au、Ag 异常及 Au-Ag-Sb-Bi 等低温常见元素组合异常	存在 Mo、Cu、W 的组合异常，Mo 为高度富集和强烈分异的分布特征。Cu 异常值在$(48\sim61)\times10^{-9}$ 之间，Mo 异常值在$(5.1\sim7.6)\times10^{-9}$ 之间	圈出一处综合异常 Th、W、Zr、Y 元素
	遥感特征			解译出线要素90条，环要素38个，块要素4个，带要素18块

钼矿代表性矿床为太平沟斑岩型钼矿，赋矿地质体为上侏罗统满克头鄂博组，控矿侵入岩为燕山期细粒二长花岗岩，控矿构造为内蒙古-大兴安岭海西褶皱带与大兴安岭中生代火山岩带的交会部位，矿床分布于基底隆起与坳陷交接部位坳陷一侧，形成于燕山期。在剩余重力异常图上，矿床位于椭圆状正异常北部，走向南北，异常值最高为 $5.72\times10^{-5}\,m/s^2$。航磁异常图上表明，航磁 ΔT 化极异常起始值在

300~350nT 之间。化探异常图上,本区存在 Mo、Cu、W 的元素组合异常,Mo 为高度富集和强烈分异的分布特征;Cu 元素异常值在 $(48\sim61)\times10^{-9}$ 之间,Mo 异常值在 $(5.1\sim7.6)\times10^{-9}$ 之间。

铜矿代表性矿床为奥尤特铜矿,产于中下奥陶统多宝山组,受控于北东向断裂及北北东向断裂,形成于海西中期。据 1:20 万布格重力异常图显示,区内重力场较平稳。重力变化范围在 $(-128\sim-108)\times10^{-5}\mathrm{m/s^2}$ 之间。总体来说,预测区中部沿奥尤特—罕布音布敦一线北东向展布一带相对重力值较高,两侧重力值相对较低。据 1:5 万航磁平面等值线图显示,磁场总体表现为低缓的负磁场,在奥尤特一带出现一条北东走向长条形正磁场。

第三节　预测成果及综合预测区特征

本成矿带共划分了 4 个成矿系列,按成矿系列共圈定 96 个多矿种综合预测区,主要预测矿种为铜、金、钼、铅、锌、铁、镍、锡、银、铬铁矿、硫铁矿、重晶石等。共预测铜资源量 108.38×10^4 t,预测金资源量 20.45t,预测铬铁矿资源量 413.6×10^4 t,预测硫铁矿资源量 548.6×10^4 t,预测钼资源量 29.41×10^4 t,预测镍资源量 10.88×10^4 t,预测铅资源量 49.40×10^4 t,预测铁资源量 13.112×10^8 t,预测钨资源量 25.88×10^4 t,预测锡资源量 8447.1×10^4 t,预测锌资源量 198.79×10^4 t,预测银资源量 5553t,预测重晶石资源量 5.7×10^4 t。按成矿系列及空间位置圈定的综合预测区分述如下(图 8-8)。

一、与海西期超基性—基性岩浆活动有关的铬、铜、金矿床成矿系列

1. 楚鲁呼热图金矿综合预测区(Ⅲ-6-1)

预测区面积为 $16.01\mathrm{km^2}$,预测金资源量为 320.36kg。出露的地层为泥盆系泥鳅河组、新近系宝格达乌拉组。出露的岩体为早石炭世花岗斑岩。有北东向大断裂、北西向断裂。重力异常、航磁异常特征不明显。Au 单元素地球化学异常位于预测区内早石炭世花岗斑岩与泥鳅河组二段接触带外带。该预测区是寻找层控型金矿较有利地区。

2. 红格尔金矿综合预测区(Ⅲ-6-2)

预测区面积为 $73.47\mathrm{km^2}$,预测金资源量为 3228.47kg。出露的地层为奥陶系乌宾敖包组、泥盆系泥鳅河组。出露的岩体为晚石炭世绿色中细粒闪长岩、石英闪长岩、中细粒碱长花岗岩。有北东向、北西向、北北东向及北东东向断裂,有小型石英脉型金矿床。该预测区位于正异常过渡带,Au 等元素综合异常内,外接触带,航磁异常无资料,是寻找层控型金矿有利地区。

3. 哈尔德勒综合预测区(Ⅲ-6-3)

预测区面积为 $75.81\mathrm{km^2}$,预测金资源量为 1911.88kg。出露的地层为奥陶系乌宾敖包组、泥盆系泥鳅河组、白垩系白音高老组。出露的岩体有早二叠世斑状中细粒黑云正长花岗岩、中粗粒正长花岗岩、碱长花岗岩。发育多方向断裂构造。该预测区位于北东东向负重力异常区域,正的航磁异常范围内,Au 等元素综合异常内,是寻找层控型金矿较有利地区。

4. 沙达噶庙综合预测区(Ⅲ-6-4)

预测区面积为 $105.62\mathrm{km^2}$,预测铬铁资源量为 15.55×10^4 t。出露的地层为古元古代宝音图岩群,

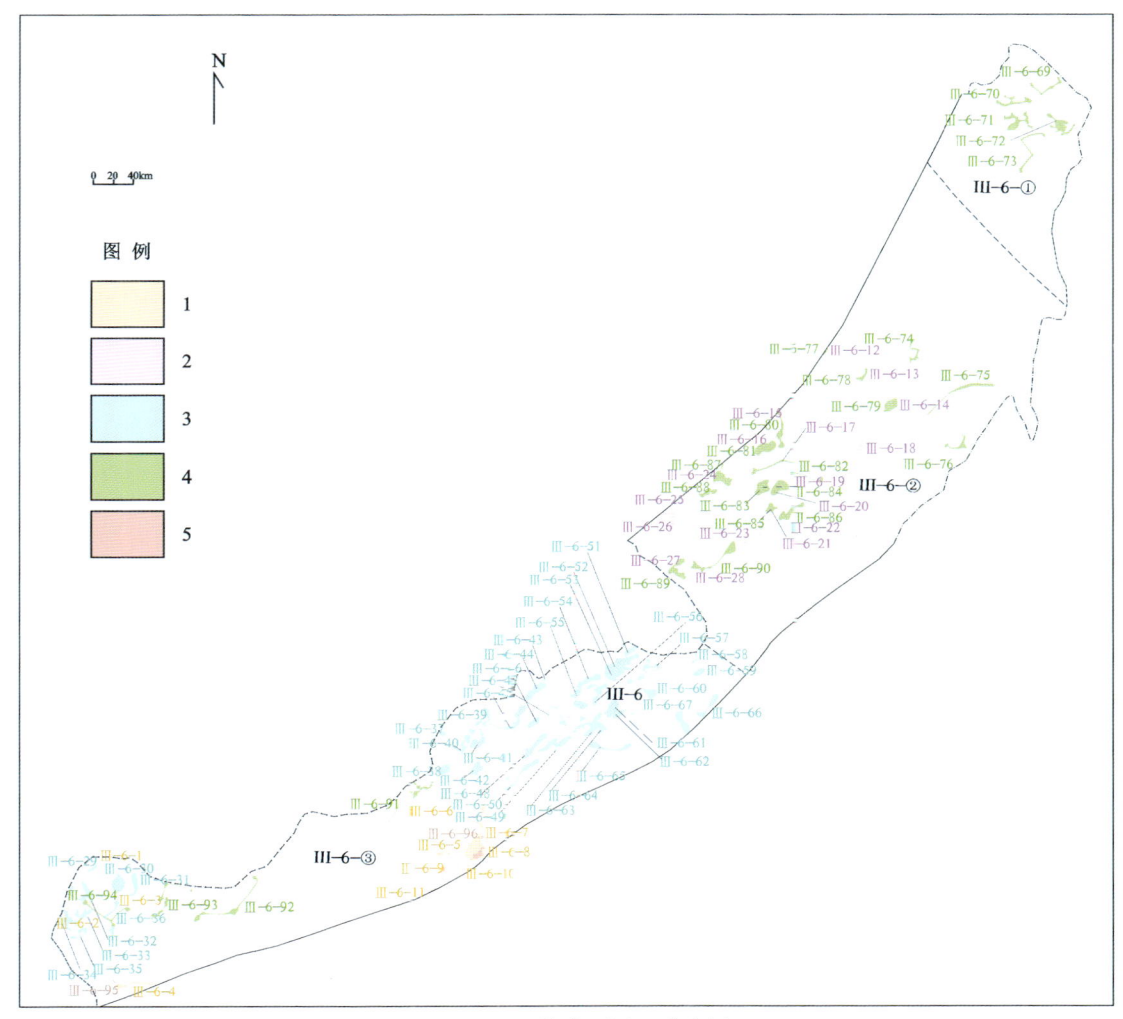

图 8-8 Ⅲ-6 综合预测区分布图

1. 与海西期超基性—基性岩浆活动有关的铬、铜(金)矿床成矿系列综合预测区；2. 与海西期基性—中酸性岩浆活动有关的铁(锌)、铁(钼)、铍、硫矿床成矿系列综合预测区；3. 与燕山期酸性岩浆活动有关的铁、锌、铅、铜、钨、银矿床成矿亚系列综合预测区；4. 与燕山期超浅成—浅成酸性岩浆活动有关的成矿亚系列综合预测区；5. 与第四纪风化作用有关的风化壳型镍矿成矿系列综合预测区

泥盆系泥鳅河组。出露的岩体有泥盆纪超基性岩。沙达噶庙铬铁矿位于该区内。剩余重力异常值$(8\sim9)\times10^{-5}\mathrm{m/s^2}$。航磁化极异常位于密集的梯度带上，异常值$300\sim400\mathrm{nT}$。Cr 元素异常三级浓度分带明显，Cr 元素化探异常值$(62\sim1032)\times10^{-6}$。该预测区是寻找热液型铬矿的有利地区。

5. 松根乌拉苏木西北综合预测区(Ⅲ-6-5)

预测区面积为 $18.02\mathrm{km^2}$，预测铬铁资源量为 $9.17\times10^4\mathrm{t}$。出露的地层为新近系宝格达乌拉组。出露的岩体有泥盆纪斜方辉石橄榄岩，西部预测区内无已知矿点。剩余重力异常为重力梯级带，异常值 $(0\sim4)\times10^{-5}\mathrm{m/s^2}$。航磁化极异常值为 $-600\sim150\mathrm{nT}$。Cr 元素异常三级浓度分带明显，Cr 元素化探异常值$(143\sim168)\times10^{-6}$。该预测区是寻找热液型铬矿的有利地区。

6. 小坝梁综合预测区(Ⅲ-6-6)

预测区面积为 $129.72\mathrm{km^2}$，预测铜资源量为 60 427t。出露的地层为石炭系—二叠系格根敖包组、二叠系哲斯组、侏罗系红旗组。出露的岩体有泥盆纪超基性岩，二叠纪花岗岩和侏罗纪花岗岩。区内有一硅化蚀变带,有东西向断层1条,重力推断断裂1条,小坝梁铜矿小型矿床位于该预测区内,航磁化极异常与重力异常套合较好。该预测区是寻找热液型铜矿的有利地区。

7. 巴彦图门嘎查西南综合预测区（Ⅲ-6-7）

预测区面积为160.17km², 预测铬铁资源量为135.27×10⁴t。出露的地层为石炭系—二叠系格根敖包组、二叠系哲斯组、新近系宝格达乌拉组。出露的岩体有泥盆纪超基性岩。区内无矿点。剩余重力异常为重力梯级带,异常值(4～7)×10⁻⁵m/s²。航磁化极为正磁异常,异常值150～600nT。Cr元素异常三级浓度分带明显,Cr元素化探异常值(143～168)×10⁻⁶。该预测区是寻找热液型铬矿的有利地区。

8. 沃勒哈图综合预测区（Ⅲ-6-8）

预测区面积为189.42km², 预测铬铁资源量为160.25×10⁴t。出露的地层为石炭系—二叠系格根敖包组、新近系宝格达乌拉组。出露的岩体有泥盆纪超基性岩。区内无矿点。剩余重力异常为重力梯级带,异常值(9～15)×10⁻⁵m/s²。区内航磁化极为正磁异常,异常值200～600nT。Cr元素异常三级浓度分带明显,Cr元素化探异常值(143～168)×10⁻⁶。该预测区是寻找热液型铬矿的有利地区。

9. 赫格敖拉综合预测区（Ⅲ-6-9）

预测区面积为65.13km², 预测铬铁资源量为93.36×10⁴t。出露的地层为泥盆系泥鳅河组、白垩系大磨拐河组。出露的岩体有泥盆纪斜方辉石橄榄岩。有铬铁矿小型矿床1个,矿点4个。剩余重力异常为重力梯级带,异常值(2～4)×10⁻⁵m/s²。航磁化极为正磁异常,异常值600～1400nT。Cr元素异常三级浓度分带明显,Cr元素化探异常值143～10 670×10⁻⁶。该预测区是寻找热液型铜铬镍矿的有利地区。

10. 洪格尔嘎查西南综合预测区（Ⅲ-6-10）

预测区面积为12.42km², 预测铜资源量为7566t。出露的地层为石炭系—二叠系格根敖包组。出露的岩体有泥盆纪超基性岩。航磁化极异常与重力异常套合较好。该预测区主要寻找热液型铜矿。

11. 朝克乌拉西综合预测区（Ⅲ-6-11）

预测区面积为33.79km², 预测铬铁资源量为72.28×10⁴t。出露的地层有古元古代宝音图岩群、泥盆系泥鳅河组。出露的岩体有泥盆纪超基性岩。区内无矿点。剩余重力异常为重力梯级带,异常值(10～20)×10⁻⁵m/s²。航磁化极为正磁异常,异常值200～1800nT。Cr元素异常三级浓度分带明显,Cr元素化探异常值(143～10 670)×10⁻⁶。该预测区是寻找热液型铬矿的较有利地区。

二、与海西期基性—中酸性岩浆活动有关的铁（锌）、铁（钼）、铍、硫矿床成矿系列

1. 三根河林场综合预测区（Ⅲ-6-12）

预测区面积为15.77km², 预测铁资源量为1 439.21×10⁴t。出露的地层为泥盆系大民山组、白垩系白音高老组。出露的岩体有石炭纪钾长花岗岩、晚石炭世花岗闪长岩。有2个航磁甲类异常、矿点1处。该预测区位于重力梯度带,航磁高值区,是寻找侵入岩体型铁、钼矿的较有利地区。

2. 905高地综合预测区（Ⅲ-6-13）

预测区面积为50.2km², 预测铁资源量为494.27×10⁴t。出露的地层为奥陶系多宝山组、志留系卧

都河组、侏罗系满克头鄂博组、白垩系龙江组。出露的岩体有石炭纪黑云母花岗岩、晚侏罗世二长花岗岩。该预测区位于剩余重力过渡带，航磁正值区，是寻找侵入岩体型铁、钼矿的有利地区。

3. 腰站鹿场西综合预测区（Ⅲ-6-14）

预测区面积为 127.33km²，预测铁资源量为 2028.09×10⁴t。出露的地层为奥陶系多宝山组、裸河组，侏罗系满克头鄂博组。出露的岩体有晚石炭世二长花岗岩，三叠纪二长花岗岩。该预测区位于剩余重力过渡带，航磁正值区，是寻找侵入岩体型铁矿的有利地区。

4. 绰源局一队东综合预测区（Ⅲ-6-15）

预测区面积为 118.93km²，预测铁资源量为 1 740.67×10⁴t。出露的地层为奥陶系多宝山组、裸河组，泥盆系泥鳅河组，侏罗系满克头鄂博组。出露的岩体有石炭纪钾长花岗岩、石炭纪花岗闪长岩。有矿点 1 处。该预测区位于剩余重力过渡带，航磁正值区，是寻找侵入岩体型铁、钼矿的较有利地区。

5. 梨子山铁铜综合预测区（Ⅲ-6-16）

预测区面积为 184.32km²，预测铁资源量为 2 672.47×10⁴t，铜资源量为 2 276.63t。出露的地层为奥陶系铜山组、多宝山组、裸河组，侏罗系满克头鄂博组、玛尼吐组。出露的岩体有石炭纪花岗闪长岩、石炭纪花岗岩，二叠纪花岗岩。有航磁甲类异常 3 处，铁矿床 1 处。位于剩余重力过渡带。该预测区是寻找侵入岩体型铁铜矿的有利地区。

6. 1250 高地西综合预测区（Ⅲ-6-17）

预测区面积为 110.47km²，预测铁资源量为 1 076.21×10⁴t。出露的地层为奥陶系铜山组、多宝山组、裸河组，侏罗系玛尼吐组。出露的岩体有石炭纪花岗岩，晚石炭世二长花岗岩、二叠纪花岗岩。该预测区位于剩余重力高值区，航磁高值区，是寻找侵入岩体型铁矿的较有利地区。

7. 古营河林场 10 队东综合预测区（Ⅲ-6-18）

预测区面积为 148.34km²，预测铁资源量为 268.44×10⁴t，铜资源量为 6 510.14t。出露的地层为奥陶系裸河组，侏罗系满克头鄂博组，白垩系白音高老组。出露的岩体有晚石炭世二长花岗岩，早白垩世花岗闪长岩、碱长花岗岩。该预测区位于剩余重力过渡带，航磁正值区，是寻找侵入岩体型铁铜矿的有利地区。

8. 全胜林场北综合预测区（Ⅲ-6-19）

预测区面积为 155.02km²，预测铁矿 2 679.76×10⁴t。出露的地层为奥陶系铜山组、多宝山组，侏罗系玛尼吐组。出露的岩体有泥盆纪闪长岩，石炭纪花岗闪长岩、花岗岩。有 2 个航磁丙类异常，有小型铁矿床 1 处。该预测区位于剩余重力高值区，是寻找侵入岩体型铁矿的较有利地区。

9. 塔尔气镇西综合预测区（Ⅲ-6-20）

预测区面积为 170.79km²，预测铁资源量为 2 724.87×10⁴t。出露的地层为奥陶系铜山组、多宝山组，侏罗系玛尼吐组。出露的岩体有晚石炭世二长花岗岩。有航磁丙类异常 1 处。该预测区位于剩余重力过渡带，是寻找侵入岩体型铁矿的较有利地区。

10. 河中林场综合预测区（Ⅲ-6-21）

预测区面积为 64.83km²，预测铁资源量为 386.88×10⁴t。出露的地层为奥陶系多宝山组，侏罗系满克头鄂博组、玛尼吐组。出露的岩体有晚石炭世花岗岩。该预测区位于剩余重力高值区，航磁负值区,是寻找侵入岩体型铁、铜矿的较有利地区。

11. 巴升河南西综合预测区(Ⅲ-6-22)

预测区面积为 136.52km², 预测铁资源量 1 990.88×10⁴t, 铜资源量为 70 263.04t。出露的地层为奥陶系多宝山组、裸河组,侏罗系塔木兰沟组、满克头鄂博组、玛尼吐组。出露的岩体有石炭纪花岗岩、二叠纪花岗岩。位于磁异常梯度带上,剩余重力低异常区,异常值$(4\sim5)\times10^{-5}$m/s², 航磁化极为正磁异常,异常值 0~800nT。该预测区是寻找侵入岩体型铁、铜矿的有利地区。

12. 苏河屯综合预测区(Ⅲ-6-23)

预测区面积为 178.09km², 预测铁资源量为 1 405.87×10⁴t, 铜资源量为 52 710.03t。出露的地层为奥陶系多宝山组, 泥盆系泥鳅河组, 石炭系红水泉组, 石炭系—二叠系宝力高庙组, 侏罗系满克头鄂博组、玛尼吐组。出露的岩体有晚石炭世二长花岗岩、侏罗纪花岗岩。已发现小型矿床 1 处, 有 4 处航磁乙类异常和 1 处丙类异常。该预测区位于剩余重力梯度带上, 航磁高值区, 是寻找侵入岩体型铁、铜矿的较有利地区。

13. 三道桥综合预测区(Ⅲ-6-24)

预测区面积为 169.91km², 预测铁资源量为 2 255.14×10⁴t, 铜资源量为 50 877.60t。出露的地层为奥陶系铜山组、多宝山组, 泥盆系泥鳅河组、大民山组, 侏罗系满克头鄂博组。出露的岩体有石炭纪花岗岩。该预测区位于剩余重力梯级带, 航磁高值区, 是寻找侵入岩体型铁、铜矿的较有利地区。

14. 1065 高地综合预测区(Ⅲ-6-25)

预测区面积为 122.12km², 预测铁资源量为 1 455.03×10⁴t。出露的地层为奥陶系铜山组、多宝山组, 泥盆系泥鳅河组、大民山组, 侏罗系满克头鄂博组。出露的岩体有石炭纪花岗岩。区内见航磁甲类异常 1 处。该预测区位于剩余重力梯级带, 航磁高值区, 是寻找侵入岩体型铁、铜矿的较有利地区。

15. 沙金尼呼吉尔综合预测区(Ⅲ-6-26)

预测区面积为 161.65km², 预测铜资源量为 357 041.10t。出露的地层为奥陶系铜山组、多宝山组, 侏罗系满克头鄂博组。出露的岩体有二叠纪花岗岩, 侏罗纪花岗岩、花岗斑岩。位于剩余重力高异常区, 异常值$(-8\sim5)\times10^{-5}$m/s²。航磁化极为低负磁异常, 异常值-100~0nT。Cu 元素异常三级浓度分带明显, 有 2 个浓集中心, Cu 元素化探异常值$(28\sim1\ 907.6)\times10^{-6}$。该预测区是寻找侵入岩体型铜矿的有利地区。

16. 罕达盖综合预测区(Ⅲ-6-27)

预测区面积为 160.98km², 预测铁资源量为 1 813.19×10⁴t, 铜资源量为 257 786.70t。出露的地层为奥陶系多宝山组、裸河组, 志留系卧都河组, 泥盆系泥鳅河组, 石炭系红水泉组, 侏罗系满克头鄂博组, 白垩系白音高老组。出露的岩体有石炭纪黑云母花岗岩、侏罗纪花岗岩。区内发现小型铁铜矿床 1 处。该预测区位于剩余重力高值区, 航磁化极值不高, 整体处于负值区, 是寻找侵入岩体型铁、铜矿的有利地区。

17. 伊尔施林场北综合预测区(Ⅲ-6-28)

预测区面积为 73.61km², 预测铁资源量为 889.80×10⁴t, 铜资源量为 5 518.88t。出露的地层为奥陶系裸河组、志留系卧都河组、石炭系红水泉组、侏罗系满克头鄂博组。出露的岩体有石炭纪黑云母花岗岩、侏罗纪花岗岩。该预测区位于剩余重力高值区, 航磁负值区, 是寻找侵入岩体型铁、铜矿的较有利地区。

三、与燕山期中酸性岩浆活动有关的铁、锌、铅、铜、金、钨、钼、银矿床成矿系列

该成矿系列划分为与燕山期酸性岩浆活动有关的铁、锌、铅、铜、钨、钼、银矿床成矿亚系列，与燕山期超浅成—浅成酸性岩浆活动有关的铜(金、银)、金(银)矿床成矿亚系列。

(一)与燕山期酸性岩浆活动有关的铁、锌、铅、铜、钨、钼、银矿床成矿亚系列

1. 那仁哈沙图棚综合预测区(Ⅲ-6-29)

预测区面积为31.37km²，预测钨资源量为3 113.31t。出露的地层为白垩系大磨拐河组、新近系宝格达乌拉组。出露的岩体有早石炭世二长花岗岩。无含矿岩系出露，断裂发育，有化探异常，存在中生代隐伏岩体，位于乌日尼图中型钨矿床北。重力异常、航磁异常特征不明显。该预测区是寻找与花岗岩体有关的侵入岩体型钨矿的有利地区。

2. 达布苏图综合预测区(Ⅲ-6-30)

预测区面积为184.53km²，预测钨资源量为12 883.99t。出露的地层为泥盆系泥鳅河组、侏罗系玛尼吐组、新近系宝格达乌拉组。出露的岩体有早二叠世正长花岗岩。无含矿岩系出露，断裂发育，有化探异常，位于乌日尼图中型钨矿床东北。重力异常、航磁异常特征不明显。该预测区是寻找与花岗岩体有关的侵入岩体型钨矿的有利地区。

3. 阿尔苏金北综合预测区(Ⅲ-6-31)

预测区面积为112.62km²，预测钨资源量为6 237.43t。出露的地层为泥盆系泥鳅河组、侏罗系玛尼吐组、新近系宝格达乌拉组。出露的岩体有早二叠世正长花岗岩。无含矿岩系出露，断裂发育，有化探异常，位于乌日尼图中型钨矿床东北。重力异常、航磁异常特征不明显。该预测区是寻找与花岗岩体有关的侵入岩体型钨矿的有利地区。

4. 乌日尼图综合预测区(Ⅲ-6-32)

预测区面积为199.79km²，预测钨资源量为59 923 460t。出露的地层为奥陶系乌宾敖包组、泥盆系泥鳅河组、新近系宝格达乌拉组。出露的岩体有晚石炭世闪长岩、晚石炭世花岗闪长岩、早二叠世正长花岗岩。含矿岩系出露面积及延伸大，有中生代隐伏岩体，化探异常高，有乌日尼图中型钨矿床。重力异常、航磁异常特征不明显。该预测区是寻找与花岗岩体有关的侵入岩体型钨矿的有利地区。

5. 舒日布格综合预测区(Ⅲ-6-33)

预测区面积为91.45km²，预测钨资源量为18 859.18t。出露的地层为奥陶系乌宾敖包组、泥盆系泥鳅河组、侏罗系玛尼吐组。出露的岩体有早石炭世花岗闪长岩。含矿岩系出露面积小，有化探异常，位于乌日尼图中型钨矿床南。重力异常、航磁异常特征不明显。该预测区是寻找与花岗岩体有关的侵入岩体型钨矿的较有利地区。

6. 沙尔布达尔干布其综合预测区(Ⅲ-6-34)

预测区面积为184.7km²，预测钨资源量为40 950.39t。出露的地层为奥陶系乌宾敖包组、泥盆系

泥鳅河组,侏罗系玛尼吐组。出露的岩体有晚石炭世碱长花岗岩。含矿岩系出露面积较大,有化探异常,位于乌日尼图中型钨矿床西南。重力异常、航磁异常特征不明显。该预测区是寻找与花岗岩体有关的侵入岩体型钨矿的较有利地区。

7. 乌兰呼都格综合预测区(Ⅲ-6-35)

预测区面积为 68.95km²,预测钨资源量为 7 897.06t。出露的地层为泥盆系泥鳅河组、玛尼吐组,侏罗系白音高老组,新近系宝格达乌拉组。出露的岩体有早石炭世花岗闪长岩、二长花岗岩。无含矿岩系出露,断裂发育,有化探异常,存在中生代隐伏岩体,位于乌日尼图中型钨矿床西南。重力异常、航磁异常特征不明显。该预测区是寻找与花岗岩体有关的侵入岩体型钨矿的有利地区。

8. 洪格尔苏木综合预测区(Ⅲ-6-36)

预测区面积为 17.24km²,预测钨资源量为 11 203.20t。出露的地层为侏罗系玛尼吐组、侏罗系白音高老组、第四系阿巴嘎组。出露的岩体有早二叠世二长花岗岩、正长花岗岩。无含矿岩系出露,断裂发育,有化探异常,存在中生代隐伏岩体,位于乌日尼图中型钨矿床东。重力异常、航磁异常特征不明显。该预测区是寻找与花岗岩体有关的侵入岩体型钨矿的有利地区。

9. 796 高地综合预测区(Ⅲ-6-37)

预测区面积为 26.72km²,预测钨资源量为 1 138.83t。出露的地层为新近系宝格达乌拉组,全新统湖沼沉积。出露的岩体有侏罗纪花岗岩。无含矿岩系出露,断裂发育。航磁异常特征不明显。剩余重力异常起始值为 $(-5\sim-3)\times10^{-5}\mathrm{m/s^2}$,极值为 $848.0\times10^{-5}\mathrm{m/s^2}$。W 元素地球化学异常起始值为 2.0×10^{-6},异常发育具明显的浓集中心。该预测区是寻找与花岗岩体有关的侵入岩体型钨矿的有利地区。

10. 准哈塔布其综合预测区(Ⅲ-6-38)

预测区面积为 101.34km²,预测钨资源量为 4 622.52t。出露的地层为泥盆系安格尔音乌拉组,全新统冲洪积层。出露的岩体有侏罗纪花岗岩。有北东向断层从预测区的边部通过,北西向断层穿过预测区。剩余重力异常起始值为 $(-1\sim0)\times10^{-5}\mathrm{m/s^2}$。航磁异常特征不明显。该预测区是寻找与花岗岩体有关的侵入岩体型钨矿的较有利地区。

11. 1022 高地南综合预测区(Ⅲ-6-39)

预测区面积为 93.57km²,预测钨资源量为 10 002.79t。出露的地层为侏罗系红旗组,新近系宝格达乌拉组。出露的岩体有侏罗纪花岗岩。有北东向、北西向断层从预测区的边部通过。剩余重力异常起始值为 $(0\sim2)\times10^{-5}\mathrm{m/s^2}$。航磁化极起始值为 $200\sim250\mathrm{nT}$。W 元素地球化学异常起始值为 2.0×10^{-6}。该预测区是寻找与花岗岩体有关的侵入岩体型钨矿的较有利地区。

12. 准沙麦布拉格综合预测区(Ⅲ-6-40)

预测区面积为 145.77km²,预测钨资源量为 25 108.53t。出露的岩体为侏罗纪花岗岩。有北东向断层从预测区通过。剩余重力异常起始值为 $(-5\sim-3)\times10^{-5}\mathrm{m/s^2}$。航磁化极起始值为 $0\sim350\mathrm{nT}$。该预测区是寻找与花岗岩体有关的侵入岩体型钨矿的较有利地区。

13. 沙麦钨矿综合预测区(Ⅲ-6-41)

预测区面积为 138.5km²,预测钨资源量为 47 537.45t。出露的地层为侏罗系红旗组、新近系宝格达乌拉组。出露的岩体有侏罗纪花岗岩。有沙麦中型钨矿床,具多条钨矿脉,有北东向、北西向断层。

剩余重力异常起始值为$(0\sim3)\times10^{-5}$m/s^2。航磁化极起始值为$-100\sim100$nT。W元素化探综合异常起始值为2.0×10^{-6}。该预测区是寻找与花岗岩体有关的侵入岩体型钨矿的有利地区。

14. 毛其布其日音乌拉综合预测区（Ⅲ-6-42）

预测区面积为113.86km^2，预测钨资源量为8 841.09t。出露的地层为泥盆系泥鳅河组、侏罗系满克头鄂博组、新近系宝格达乌拉组。出露的岩体有侏罗纪花岗岩。区内北东向断层从预测区的边部通过，近东西向断层穿过预测区。剩余重力异常起始值为$(-3\sim0)\times10^{-5}$m/s^2。航磁化极起始值为$300\sim400$nT。W元素地球化学异常起始值为2.0×10^{-6}。该预测区是寻找与花岗岩体有关的侵入岩体型钨矿的较有利地区。

15. 昂格尔北东综合预测区（Ⅲ-6-43）

预测区面积为10.04km^2，预测钨资源量为428.00t。出露的地层为白垩系二连组、新近系宝格达乌拉组。出露的岩体有侏罗纪花岗岩。剩余重力异常起始值为$(-4\sim4)\times10^{-5}$m/s^2。航磁异常特征不明显。W元素地球化学异常起始值为2.0×10^{-6}。该预测区是寻找与花岗岩体有关的侵入岩体型钨矿的有利地区。

16. 都勒格敖包综合预测区（Ⅲ-6-44）

预测区面积为164.74km^2，预测铁资源量为32.44×10^4t。出露的地层为白垩系二连组、新近系宝格达乌拉组、全新统湖积层。出露的岩体有侏罗纪花岗岩。预测区中部具航磁化极异常最高值达500nT。该预测区位于剩余重力异常低值区，是寻找热液型铁矿的有利地区。

17. 哈日达勒其综合预测区（Ⅲ-6-45）

预测区面积为199.97km^2，预测铁资源量为28.35×10^4t，铅资源量为30 538t，锌资源量为41 757t。出露地层为泥盆系安格尔音乌拉组，侏罗系红旗组，新近系宝格达乌拉组。出露的岩体有侏罗纪花岗岩。位于剩余重力异常低值区，航磁化极异常高值区，有较高的航磁化极异常1处，最高值达500nT。该预测区是寻找热液型铁铅锌矿的较有利地区。

18. 马尼图音陶勒盖综合预测区（Ⅲ-6-46）

预测区面积为74.97km^2，预测铁资源量为15.06×10^4t。出露的地层为泥盆系安格尔音乌拉组、侏罗系红旗组、新近系宝格达乌拉组、全新统湖积层。出露的岩体有石炭纪花岗岩。位于剩余重力异常低值区，航磁化极异常低缓区。该预测区是寻找热液型铁矿的有利地区。

19. 杰仁宝拉格嘎查综合预测区（Ⅲ-6-47）

预测区面积为78.29km^2，预测铅资源量为105 034t，锌资源量为157 551t，银资源量为922.80t。出露的地层为泥盆系安格尔音乌拉组、侏罗系红旗组、新近系宝格达乌拉组、全新统湖积层。出露的岩体有石炭纪花岗岩，侏罗纪花岗斑岩。预测区剩余重力异常值大于-2×10^{-5}m/s^2，航磁化极异常值大于等于250nT，Zn元素化探异常起始值大于53×10^{-6}。该预测区是寻找热液型铁铅锌矿的有利地区。

20. 都兰呼都格音布敦综合预测区（Ⅲ-6-48）

预测区面积为74.97km^2，预测铁资源量为31.53×10^4t，铅资源量为600.00t，锌资源量为1 264.50t。出露的地层为泥盆系安格尔音乌拉组、侏罗系红旗组、石炭系—二叠系宝力高庙组、新近系宝格达乌拉组、全新统湖积层。出露的岩体有石炭纪花岗岩。北东段具航磁化极异常。该预测区位于剩余重力异

21. 宝音南综合预测区（Ⅲ-6-49）

预测区面积为 198.76km²，预测铁资源量为 371.13×10⁴t，铅资源量为 31 292.00t，锌资源量为 46 939.00t，硫铁资源量为 5.088×10⁴t。出露的地层为奥陶系铜山组、泥盆系泥鳅河组、石炭系—二叠系宝力高庙组、新近系宝格达乌拉组、全新统湖积层。出露的岩体有石炭纪花岗岩，侏罗纪花岗斑岩。推测北东向隐伏断裂发育，并控制花岗岩类侵位。位于剩余重力异常低值区，航磁化极异常高值区，有航磁化极异常 3 处，最高值达 500nT。该预测区是寻找热液型铁铅锌矿的有利地区。

22. 巴彦乌拉综合预测区（Ⅲ-6-50）

预测区面积为 165.91km²，预测铁资源量为 461.63×10⁴t，铅资源量为 39 934.00t，锌资源量为 59 901.00t，铁硫资源量为 119.56×10⁴t。出露的地层为石炭系—二叠系宝力高庙组、三叠系哈达陶勒盖组。出露的岩体有石炭纪花岗岩。有航磁化极异常 2 处。位于剩余重力异常低值区，航磁化极异常高值区，最高值达 600nT。该预测区是寻找热液型铁铅锌矿的有利地区。

23. 陶申陶勒盖东（南）综合预测区（Ⅲ-6-51）

预测区面积为 198.66km²，预测铁资源量为 41.22×10⁴t，锡资源量为 6 493 900t，硫铁资源量为 53.19×10⁴t。出露的地层为泥盆系塔尔巴格特组、安格尔音乌拉组，侏罗系满克头鄂博组。出露的岩体有侏罗纪花岗岩。发育北东向、北西向长期多次活动的区域性断裂。该预测区位于剩余重力异常低值区，航磁化极异常低缓区，是寻找热液型铁矿的有利地区。

24. 朝不楞综合预测区（Ⅲ-6-52）

预测区面积为 136.54km²，预测铁资源量为 23 739.09×10⁴t，锡资源量为 74 039 600t，银资源量为 189.17t，硫铁资源量为 75.033×10⁴t。出露的地层为泥盆系塔尔巴格特组、安格尔音乌拉组，侏罗系满克头鄂博组、白音高老组。出露的岩体有侏罗纪花岗岩。发育北东向长期多次活动的区域性断裂。位于剩余重力异常低值区，航磁化极异常高值区，航磁化极异常 3 处。该预测区是寻找热液型铁锡银矿的有利地区。

25. 朝不楞南综合预测区（Ⅲ-6-53）

预测区面积为 155.77km²，预测铁资源量为 31 118.46×10⁴t，锡资源量为 90 111 200t，银资源量为 251.20t，硫铁资源量为 370.204×10⁴t。出露的地层为泥盆系塔尔巴格特组，侏罗系满克头鄂博组、白音高老组，新近系宝格达乌拉组。出露的岩体有侏罗纪花岗岩。发育一条北东向长期多次活动的区域性断裂，该断裂控制了岩体的侵位及其展布方向。有中型铁多金属矿床 1 处，分为南北两个矽卡岩矿化带。位于剩余重力异常低值区，北部重力高，南部重力低。位于航磁化极异常高值区，航磁化极异常 3 处，最高值 400nT。该预测区是寻找热液型铁锡银矿的有利地区。

26. 乌义图音查干综合预测区（Ⅲ-6-54）

预测区面积为 124.49km²，预测铁资源量为 492.49×10⁴t，锡资源量为 7 760 700t。出露地层为泥盆系塔尔巴格特组、新近系宝格达乌拉组。出露的岩体有侏罗纪花岗岩。北东向及北西向长期多次活动的区域性断裂发育。位于剩余重力异常低值区，航磁化极异常高值区，航磁化极异常 2 处，最高值 500nT。该预测区是寻找热液型铁铅锌矿的较有利地区。

27. 苏布日牙温多日综合预测区(Ⅲ-6-55)

预测区面积为187.65km²,预测铁资源量为37.53×10⁴t,锡资源量为5 913 600t。出露的地层为泥盆系塔尔巴格特组,侏罗系满克头鄂博组、白音高老组,新近系宝格达乌拉组。出露的岩体为侏罗纪花岗岩、花岗斑岩。北东向断裂构造发育。位于剩余重力异常低值区,航磁化极异常高值区,中部重力异常值较高。该预测区是寻找热液型铁铅锌矿的有利地区。

28. 敖根恩陶勒盖东综合预测区(Ⅲ-6-56)

预测区面积187.65km²,预测铁资源量为30.79×10⁴t,锡资源量为3 386 800t。出露的地层为泥盆系塔尔巴格特组,侏罗系红旗组、满克头鄂博组、玛尼吐组,新近系宝格达乌拉组。出露的岩体为侏罗纪花岗岩。位于剩余重力异常低值区,航磁化极异常低缓区。该预测区是寻找热液型铁锡矿的有利地区。

29. 阿尔哈达综合预测区(Ⅲ-6-57)

预测区面积为155.47km²,预测铅资源量为126 979t,锌资源量为365 949t,铁资源量为231.99×10⁴t。出露的地层有泥盆系安格尔音乌拉组,侏罗系满克头鄂博组、白音高老组,新近系宝格达乌拉组及第四系湖积层。出露的岩体为三叠纪花岗岩。位于剩余重力异常低值区,航磁化极异常低缓区,航磁化极异常等值线在-300～0nT之间。有Pb、Zn元素地球化学异常。该预测区是寻找热液型铅锌、铁矿的有利地区。

30. 南牧场西北综合预测区(Ⅲ-6-58)

预测区面积为22.37km²,预测铅资源量为26 119t,锌资源量为57 808t。出露的地层为泥盆系塔尔巴格特组,侏罗系满克头鄂博组、白音高老组,新近系五岔沟组。出露的岩体为侏罗纪花岗岩。有北西向断层。位于剩余重力异常低值区。该区主要寻找热液型铁矿,具有一定的找矿潜力。

31. 乌尔浑河东综合预测区(Ⅲ-6-59)

预测区面积为67.58km²,预测铁资源量为13.59×10⁴t。出露的地层为泥盆系塔尔巴格特组、侏罗系玛尼吐组、新近系五岔沟组。位于剩余重力异常低值区,航磁化极异常低缓区,有航磁化极异常6处,最高值600nT。该预测区是寻找热液型铁矿的有利地区。

32. 格都尔格诺尔综合预测区(Ⅲ-6-60)

预测区面积为94.69km²,预测铁资源量为19.04×10⁴t。出露的地层为志留系卧都河组,石炭系—二叠系宝力高庙组,侏罗系红旗组,白垩系白音高老组。出露的岩体为二叠纪闪长岩,侏罗纪花岗岩、正长岩。位于剩余重力异常低值区,航磁化极异常低缓区,区内有航磁化极异常2处,最高值600nT。该预测区是寻找热液型铁矿的有利地区。

33. 哈丹陶勒盖东综合预测区(Ⅲ-6-61)

预测区面积为146.34km²,预测铁资源量为10 130.58×10⁴t,锡资源量为2003.52×10⁴t,锌资源量为142 499t,银资源量为80.03t,硫铁资源量为14.776×10⁴t。出露的地层为奥陶系铜山组、多宝山组,志留系卧都河组,侏罗系满克头鄂博组、白音高老组,新近系宝格达乌拉组。出露的岩体为侏罗纪花岗岩。区内发育北东向长期多次活动的区域性断裂及北西向断裂构造,两组断裂控制了燕山早期的黑云母花岗岩、石英闪长岩、闪长岩等侵入岩的侵位及其展布方向。预测区北东部重力低,南西部重力高。位于航磁化极异常高值区,区内有航磁化极异常2处,最高值500nT。该预测区是寻找热液型银铅锌、铁锡等矿床的有利地区。

34. 哈丹陶勒盖东综合预测区（Ⅲ-6-62）

预测区面积为 146.34km²，预测铁资源量为 10 559.15×10⁴t，锡资源量为 1844.25×10⁴t，银资源量为 86.72t，硫铁资源量为 38.108×10⁴t。出露的地层为奥陶系铜山组、多宝山组，志留系卧都河组，侏罗系满克头鄂博组、白音高老组，新近系宝格达乌拉组。出露的岩体为侏罗纪花岗岩。区内发育北东向长期多次活动的区域性断裂及北西向断裂构造，两组断裂控制了燕山早期的黑云母花岗岩、石英闪长岩、闪长岩等侵入岩的侵位及其展布方向。重力异常具有北东部重力低，南西部重力高的特点。位于航磁化极异常低缓区，最高值 100nT。该预测区是寻找热液型银铅锌、铁锡等矿床的有利地区。

35. 努仁查干敖包综合预测区（Ⅲ-6-63）

预测区面积为 192.01km²，预测铁资源量为 27 319.940 28×10⁴t，铅资源量为 134 820t，锌资源量为 353 091t，银资源量为 289.937t，锡资源量为 77 316 800t。出露的地层为奥陶系铜山组、多宝山组，石炭系—二叠系宝力高庙组，侏罗系满克头鄂博组、玛尼吐组、白音高老组，新近系宝格达乌拉组。出露的岩体为侏罗纪花岗岩、石英闪长岩、闪长岩等。区内发育北东向、北西向长期多次活动的区域性断裂，有铁锰矿床 1 处。位于剩余重力异常低值区，航磁化极异常高值区。该预测区是寻找热液型银铅锌、铁锡等矿床的有利地区。

36. 沃尔格斯特东综合预测区（Ⅲ-6-64）

预测区面积为 130.11km²，预测铁资源量为 1424.72×10⁴t，锌资源量为 84 597t，锡资源量为 12 627t，硫铁资源量为 29.628×10⁴t。出露的地层有奥陶系铜山组、多宝山组，石炭系—二叠系宝力高庙组，侏罗系满克头鄂博组、白音高老组，新近系宝格达乌拉组。出露的岩体为侏罗纪花岗岩。北东向、北西向长期多次活动的区域性断裂发育。位于剩余重力异常低值区，航磁化极异常高值区，有 4 处航磁化极异常，最高值达 600nT。该预测区是寻找热液型铁锡铅锌矿床的有利地区。

37. 宝塔音敖包综合预测区（Ⅲ-6-65）

预测区面积为 144.53km²，预测铁资源量为 18.05×10⁴t。出露的地层为奥陶系铜山组，石炭系—二叠系宝力高庙组，侏罗系满克头鄂博组、玛尼吐组、白音高老组，新近系宝格达乌拉组。出露的岩体有二叠纪花岗闪长岩、侏罗纪花岗岩。位于剩余重力异常低值区，航磁化极异常高值区。该预测区是寻找热液型铁（锡铅锌）矿的有利地区。

38. 乌科河综合预测区（Ⅲ-6-66）

预测区面积为 20.52km²，预测铁资源量为 21.69×10⁴t。出露的地层为侏罗系满克头鄂博组、玛尼吐组、白音高老组。位于剩余重力异常低值区，航磁化极异常高值区，有航磁化极异常 2 处，最高值 600nT。该预测区是寻找热液型铁（锡铅锌）矿的有利地区。

39. 沃尔格斯特东综合预测区（Ⅲ-6-67）

预测区面积为 161.7km²，预测铁资源量为 875.85×10⁴t。出露的地层为侏罗系满克头鄂博组、玛尼吐组。出露的岩体为侏罗纪花岗斑岩。位于剩余重力异常高值区，航磁化极异常低值区。该预测区是寻找热液型铁（锡铅锌）矿的有利地区。

40. 南木综合预测区（Ⅲ-6-68）

预测区面积为 27.23km²，预测重晶石资源量为 7.99×10⁴t。出露的地层为奥陶系多宝山组、裸河组,侏罗系塔木兰沟组、满克头鄂博组。出露的岩体为石炭纪花岗岩、二叠纪花岗岩。重力及航磁异常特征不明显。该预测区是寻找热液型重晶石矿的有利地区。

(二)与燕山期超浅成—浅成酸性岩浆活动有关的铜(金、银)、金(银)矿床成矿亚系列

该成矿亚系列主要矿种有金、铜、钼等,共划分出综合预测区26个。

1. 十二站林场西492高地综合预测区(Ⅲ-6-69)

预测区面积为87.67km^2,预测金资源量为835kg。出露的地层为侏罗系玛尼吐组,低漫滩堆积层。出露的岩体为泥盆纪花岗岩。重力异常、航磁异常特征均不明显。具Au元素地球化学异常、化探综合异常。该预测区是寻找火山岩型金矿的主要地区。

2. 十二站林场西571高地综合预测区(Ⅲ-6-70)

预测区面积为125.84km^2,预测金资源量为2383kg。出露的地层为古元古代兴华渡口群,泥盆系泥鳅河组、大民山组,石炭系红水泉组,侏罗系玛尼吐组,低漫滩堆积层。出露的岩体为二叠纪闪长岩、花岗闪长岩,侏罗纪花岗岩。重力异常、航磁异常特征均不明显。具Au元素地球化学异常、化探综合异常。该预测区是寻找火山岩型金矿的较有利地区。

3. 古利库金矿北西615高地综合预测区(Ⅲ-6-71)

预测区面积为192.57km^2,预测金资源量为3521kg。出露的地层为古元古代兴华渡口群,泥盆系泥鳅河组、大民山组,石炭系红水泉组,侏罗系玛尼吐组,白垩系梅勒图组。出露的岩体为石炭纪花岗岩。重力异常、航磁异常特征均不明显。具Au元素地球化学异常、化探综合异常。该预测区是寻找火山岩型金矿的较有利地区。

4. 古利库金矿综合预测区(Ⅲ-6-72)

预测区面积为194.45km^2,预测金资源量为7219kg。出露的地层为泥盆系泥鳅河组、侏罗系玛尼吐组。出露的岩体为泥盆纪花岗岩。重力异常、航磁异常特征均不明显。具Au元素地球化学异常、化探综合异常。该预测区是寻找火山岩型金矿的主要地区。

5. 古利库金矿西553高地综合预测区(Ⅲ-6-73)

预测区面积为106.7km^2,预测金资源量为787kg。出露的地层为泥盆系泥鳅河组,侏罗系满克头鄂博组、玛尼吐组,白垩系梅勒图组。出露的岩体为泥盆纪花岗岩、石炭纪花岗岩。重力异常、航磁异常特征均不明显。具Au元素地球化学异常、化探综合异常。该预测区是寻找火山岩型金矿的较有利地区。

6. 太平沟西北综合预测区(Ⅲ-6-74)

预测区面积为72.97km^2,预测钼资源量为14 947.06t。出露的地层为侏罗系满克头鄂博组。出露的岩体有中二叠世中细粒黑云母二长花岗岩、似斑状二长花岗岩,早白垩世花岗闪长岩。剩余重力异常值Δg主要在$(-3\sim-1)\times10^{-5}$m/s^{2}之间。航磁异常特征不明显。Mo元素地球化学异常范围主要在$(5.1\sim236)\times10^{-9}$之间。该预测区是寻找侵入岩体型钼矿的主要地区。

7. 福德南屯综合预测区(Ⅲ-6-75)

预测区面积为149.24km^2,预测钼资源量为11 085.47t。出露的地层为泥盆系泥鳅河组,侏罗系满

克头鄂博组,白垩系甘河组、孤山镇组。出露的岩体有中二叠世二长花岗岩、早侏罗世石英二长闪长岩。剩余重力异常值 Δg 主要在 $(1\sim2)\times10^{-5}\mathrm{m/s^2}$ 之间。位于航磁异常区。Mo 元素地球化学异常范围主要在 $(5.1\sim236)\times10^{-9}$ 之间。该预测区是寻找侵入岩体型钼矿的主要地区。

8. 太平沟北综合预测区(Ⅲ-6-76)

预测区面积为 $83.88\mathrm{km}^2$,预测钼资源量为 32 870.06t。出露的地层为南华系佳疙瘩组、侏罗系满克头鄂博组、白垩系甘河组。北西向出露的岩体为中二叠世二长花岗岩。预测区剩余重力异常值 Δg 主要在 $(2\sim4)\times10^{-5}\mathrm{m/s^2}$ 之间。位于航磁异常区。Mo 元素地球化学异常范围主要在 $(4.1\sim5.1)\times10^{-9}$ 之间。该预测区是寻找侵入岩体型钼矿的有利地区。

9. 三根河林场综合预测区(Ⅲ-6-77)

预测区面积为 $15.77\mathrm{km}^2$,预测钼资源量为 4 943.18t。出露的地层为侏罗系白音高老组。预测区中东部出露的岩体为晚石炭世花岗闪长岩。位于重力梯度带,航磁异常高值区。是寻找侵入岩体型钼矿的较有利地区。

10. 905 高地综合预测区(Ⅲ-6-78)

预测区面积为 $50.2\mathrm{km}^2$,预测钼资源量为 1 697.64t。出露的地层为奥陶系多宝山组、志留系卧都河组、侏罗系满克头鄂博组、白垩系龙江组。预测区南东部出露的岩体为晚侏罗世二长花岗岩。位于剩余重力过渡带,航磁异常正值区。该预测区是寻找侵入岩体型钼矿的比较有利地区。

11. 腰站鹿场西综合预测区(Ⅲ-6-79)

预测区面积为 $127.33\mathrm{km}^2$,预测钼资源量为 6 965.79t。出露的地层为奥陶系多宝山组、裸河组,侏罗系满克头鄂博组。出露的岩体为晚石炭世二长花岗岩、三叠纪二长花岗岩。位于剩余重力过渡带,航磁异常正值区。该预测区是寻找侵入岩体型钼矿的比较有利地区。

12. 绰源局一队东综合预测区(Ⅲ-6-80)

预测区面积为 $118.93\mathrm{km}^2$,预测钼资源量为 5 978.57t。出露的地层为奥陶系裸河组、泥盆系泥鳅河组、侏罗系满克头鄂博组。出露的岩体为石炭纪花岗闪长岩。位于剩余重力过渡带,航磁异常正值区。该预测区是寻找侵入岩体型钼矿的较有利地区。

13. 梨子山综合预测区(Ⅲ-6-81)

预测区面积为 $184.32\mathrm{km}^2$,预测钼资源量为 9 171.06t。出露的地层为奥陶系铜山组、裸河组,侏罗系满克头鄂博组、玛尼吐组。预测区出露的岩体为石炭纪花岗闪长岩、花岗岩,二叠纪花岗岩。位于剩余重力过渡带,预测区内有航磁甲类异常 3 处。该预测区是寻找侵入岩体型钼矿的有利地区。

14. 1250 高地西综合预测区(Ⅲ-6-82)

预测区面积为 $142.9\mathrm{km}^2$,预测钼资源量为 4 753.74t。出露的地层为奥陶系铜山组、多宝山组、裸河组,侏罗系玛尼吐组。出露的岩体为石炭纪花岗岩、晚石炭世二长花岗岩、二叠纪花岗岩。位于剩余重力高值区,航磁异常高值区。该预测区是寻找侵入岩体型钼矿的比较有利地区。

15. 全胜林场北综合预测区(Ⅲ-6-83)

预测区面积为 $155.02\mathrm{km}^2$,预测钼资源量为 11 645.09t。出露的地层为奥陶系铜山组、多宝山组,侏罗系玛尼吐组。出露的岩体为泥盆纪闪长岩,石炭纪花岗闪长岩、花岗岩。有小型铁钼矿床1处。位于剩余重力高值区。区内有航磁丙类异常2处。该预测区是寻找侵入岩体型钼矿的较有利地区。

16. 塔尔气镇西综合预测区(Ⅲ-6-84)

预测区面积为170.79km²,预测钼资源量为9 359.00t。出露的地层为奥陶系铜山组、多宝山组,侏罗系玛尼吐组。出露的岩体为晚石炭世二长花岗岩。位于剩余重力过渡带。区内有航磁丙类异常1处。该预测区是寻找侵入岩体型钼矿比较有利地区。

17. 河中林场综合预测区(Ⅲ-6-85)

预测区面积为64.83km²,预测钼资源量为3 046.14t。出露的地层为侏罗系满克头鄂博组、玛尼吐组。出露的岩体为晚石炭世二长花岗岩。位于剩余重力梯度带,航磁异常正值区。该预测区是寻找侵入岩体型钼矿比较有利地区。

18. 河中林场东南综合预测区(Ⅲ-6-86)

预测区面积为136.52km²,预测钼资源量为4 381.65t。出露的地层为奥陶系多宝山组、裸河组,侏罗系塔木兰沟组、满克头鄂博组、玛尼吐组。出露的岩体为石炭纪花岗岩、二叠纪花岗岩。剩余重力异常为重力低,异常值$(5\sim4)\times10^{-5}$m/s²。位于航磁异常梯度带上,航磁化极为正磁异常,异常值0~800nT。该预测区是寻找侵入岩体型钼矿比较有利地区。

19. 三道桥西综合预测区(Ⅲ-6-87)

预测区面积为169.91km²,预测钼资源量为10 186.67t。出露的地层为奥陶系铜山组、多宝山组,泥盆系泥鳅河组、大民山组,侏罗系满克头鄂博组。出露的岩体为石炭纪花岗岩。位于剩余重力梯度带,航磁异常高值区。该预测区是寻找侵入岩体型钼矿较有利地区。

20. 1065高地综合预测区(Ⅲ-6-88)

预测区面积为122.12km²,预测钼资源量为9 006.4t。出露的地层为奥陶系铜山组、多宝山组,泥盆系泥鳅河组、大民山组,侏罗系满克头鄂博组。出露的岩体为石炭纪花岗岩。位于剩余重力梯度带,航磁异常高值区,有航磁甲类异常1处。该预测区是寻找侵入岩体型钼矿较有利地区。

21. 罕达盖林场综合预测区(Ⅲ-6-89)

预测区面积为160.98km²,预测钼资源量为6 571.19t。出露的地层为奥陶系多宝山组、裸河组,志留系卧都河组,泥盆系泥鳅河组,石炭系红水泉组,侏罗系满克头鄂博组、白音高老组。出露的岩体为侏罗纪花岗岩。区内发现小型铁钼矿床1处。位于剩余重力高值区。航磁化极值不高,整体处于负值区。该预测区是寻找侵入岩体型钼矿主要地区。

22. 伊尔施林场北综合预测区(Ⅲ-6-90)

预测区面积为185.3km²,预测钼资源量为8 551.53t。出露的地层为奥陶系裸河组,志留系卧都河组,石炭系红水泉组,侏罗系满克头鄂博组。出露的岩体为侏罗纪花岗岩。位于剩余重力高值区,航磁异常负值区。该预测区是寻找侵入岩体型钼矿较有利地区。

23. 奥尤特综合预测区(Ⅲ-6-91)

预测区面积为104.68km²,预测铜资源量为65 291t。出露的地层为泥盆系泥鳅河组、安格尔音乌拉组,石炭系—二叠系宝力高庙组,侏罗系玛尼吐组,新近系宝格达乌拉组。出露的岩体为二叠纪花岗岩。主要构造线方向为北东向,有两组节理较为发育,一组为北北东向,另一组为北西向。前者形成较早,后者较晚,围岩蚀变为电气石化、绿泥石化、硅化、褐铁矿化,其次是绢云母化和硅化,南部还有一矿化点。在剩余重力异常图上,奥尤特铜矿位于编号为 C 蒙-333 的剩余重力正异常区,Δg 为 $3.36\times10^{-5}\mathrm{m/s^2}$。航磁化极等值线起始值为 $0\sim300\mathrm{nT}$。在 Cu 元素综合化探异常区内。该预测区是寻找火山岩型铜矿的有利地区。

24. 德尔斯沃博勒卓综合预测区（Ⅲ-6-92）

预测区面积为 $163.13\mathrm{km^2}$,预测钼资源量为 31 333t。出露的地层为泥盆系泥鳅河组,石炭系—二叠系宝力高庙组,侏罗系白音高老组,第四系阿巴嘎组。出露的岩体为早二叠世黑云母二长花岗岩、正长花岗岩。推测有隐伏岩体存在。位于剩余重力梯度带。航磁异常不明显。该预测区是寻找与花岗岩体有关的侵入岩体型钼矿的比较有利地区。

25. 乌兰德勒综合预测区（Ⅲ-6-93）

预测区面积为 $122.41\mathrm{km^2}$,预测钼资源量为 77 870t。出露的地层为奥陶系乌宾敖包组,泥盆系泥鳅河组,新近系宝格达乌拉组。出露的岩体为晚石炭世闪长岩、花岗闪长岩,早二叠世正长花岗岩。位于剩余重力梯度带,航磁异常高值区,有航磁甲类异常 1 处。该预测区是寻找与花岗岩体有关的侵入岩体型钼矿有利地区。

26. 格德勒哈沙西综合预测区（Ⅲ-6-94）

预测区面积为 $101.39\mathrm{km^2}$,预测钼资源量为 21 222t。预测区出露的地层为侏罗系玛尼吐组、白音高老组,第四系阿巴嘎组。出露的岩体为早二叠世二长花岗岩、正长花岗岩。推测有隐伏岩体。位于剩余重力梯度带,航磁异常高值区。该预测区是寻找与花岗岩体有关的侵入岩体型钨钼矿较有利地区。

四、与第四纪风化作用有关的风化壳型镍矿成矿系列

该成矿系列主要矿种为镍矿,共划分出综合预测区 2 个。

1. 哈拉图庙镍矿综合预测区（Ⅲ-6-95）

预测区面积为 $33.79\mathrm{km^2}$,预测镍资源量为 68 840t。预测区出露地层为古元古代宝音图岩群、泥盆系泥鳅河组。东部出露泥盆纪超基性岩。剩余重力异常起始值在 $(3\sim10)\times10^{-5}\mathrm{m/s^2}$ 之间。航磁化极等值线起始值在 $300\mathrm{nT}$ 以上。预测区在镍金属量地球化学异常区内。预测区为有利找矿地区。

2. 朝克乌拉西 5.5km 综合预测区（Ⅲ-6-96）

预测区面积为 $99.66\mathrm{km^2}$,预测区镍资源量为 138 686t。预测区周边出露地层为泥盆系泥鳅河组、白垩系大磨拐河组。中部出露泥盆纪超基性岩。Cr 元素异常三级浓度分带明显,Cr 元素化探异常值 $(143\sim10\,670)\times10^{-6}$。剩余重力异常为重力梯级带,异常值 $(2\sim4)\times10^{-5}\mathrm{m/s^2}$。区内航磁化极为正磁异常,异常值 $600\sim1400\mathrm{nT}$。预测区为有利找矿地区。

第四节　多矿种综合靶区部署建议

成矿带包括10个预测矿种,分别为铁矿、金矿、银矿、铜矿、铅矿、锌矿、钨矿、锡矿、重晶石矿、硫铁矿,划分出14个综合部署建议区(表8-6,图8-9)。

表8-6　Ⅲ-6成矿带综合工作部署建议一览表

序号	编号	名称	等级	涉及矿种	预测资源量	部署建议
1	Ⅲ-6-1	乌日尼图	预查	钨	60 024t	本区未开展1:5万区域地质调查工作,应先进行基础地质调查,查明本区基本地质情况;系统地安排中小比例尺的和基础的地质、物探、化探、遥感等工作
				钼	21 222t	
				金	5460.71kg	
2	Ⅲ-6-2	乌兰德勒	普查	钼	77 870t	本区未开展1:5万区域地质调查工作,应先进行基础地质调查,查明本区基本地质情况;外围可进一步安排中大比例尺的地质、物探、化探工作进行普查,必要时,可采用槽探、井探、钻探等手段,寻找隐伏的工业矿体
3	Ⅲ-6-3	德尔斯沃博勒卓	预查	钼	31 333t	本区未开展1:5万区域地质调查工作,应先进行基础地质调查,查明本区基本地质情况;系统地安排中小比例尺的和基础的地质、物探、化探、遥感等工作
4	Ⅲ-6-4	沙达噶庙	普查	铬	5.552×10⁴t	本区未开展1:5万区域地质调查工作,应先进行基础地质调查,查明本区基本地质情况;外围可进一步安排中大比例尺的地质、物探、化探工作进行普查,必要时,可采用槽探、井探、钻探等手段,寻找隐伏的工业矿体
				镍	68 840t	
5	Ⅲ-6-5	沙麦	普查	钨	97 251.2t	
6	Ⅲ-6-6	奥尤特	预查	铜	125 718t	本区未开展1:5万区域地质调查工作,应先进行基础地质调查,查明本区基本地质情况;系统地安排中小比例尺的和基础的地质、物探、化探、遥感等工作
7	Ⅲ-6-7	赫格敖拉	普查	铬	470.331×10⁴t	本区未开展1:5万区域地质调查工作,应先进行基础地质调查,查明本区基本地质情况;外围可进一步安排中大比例尺的地质、物探、化探工作进行普查,必要时,可采用槽探、井探、钻探等手段,寻找隐伏的工业矿体
				铜	7566t	
				镍	138 686t	
8	Ⅲ-6-8	朝不楞	普查	钨	428t	
				铁	107 014.32×10⁴t	
				锡	3 161 269t	
				铅	495 316t	
				锌	1 311 357t	
				银	1819.86t	
				硫铁矿	597.987×10⁴t	
9	Ⅲ-6-9	苏河屯	预查	铁	21 859.21×10⁴t	本区未开展1:5万区域地质调查工作,应先进行基础地质调查,查明本区基本地质情况;系统地安排中小比例尺的和基础的地质、物探、化探、遥感等工作
				铜	1 145 450t	
				钼	82 651.07t	
				重晶石	7.99×10⁴t	

续表 8-6

序号	编号	名称	等级	涉及矿种	预测资源量	部署建议
10	Ⅲ-6-10	三根河林场	普查	铁	$1\ 439.21\times10^4$ t	本区未开展1:5万区域地质调查工作,应先进行基础地质调查,查明本区基本地质情况;外围可进一步安排中大比例尺的地质、物探、化探工作进行普查,必要时,可采用槽探、井探、钻探等手段,寻找隐伏的工业矿体
				钼	4 943.12 t	
11	Ⅲ-6-11	太平沟北	预查	钼	32 870.06 t	本区未开展1:5万区域地质调查工作,应先进行基础地质调查,查明本区基本地质情况;系统地安排中小比例尺的和基础的地质、物探、化探、遥感等工作
12	Ⅲ-6-12	福德南屯	预查	钼	11 085.47 t	
13	Ⅲ-6-13	太平沟	详查	铁	$2\ 028.09\times10^4$ t	本区未开展1:5万区域地质调查工作,应先进行基础地质调查,查明本区基本地质情况;安排大比例尺的地质、物探、化探等工作,必要时,可采用槽探、井探、钻探等手段,寻找隐伏的工业矿体
				铜	38 271.42 t	
				钼	$2\ 191.286\times10^4$ t	
14	Ⅲ-6-14	古利库	预查	金	14 745 kg	本区未开展1:5万区域地质调查工作,应先进行基础地质调查,查明本区基本地质情况;系统地安排中小比例尺的和基础的地质、物探、化探、遥感等工作

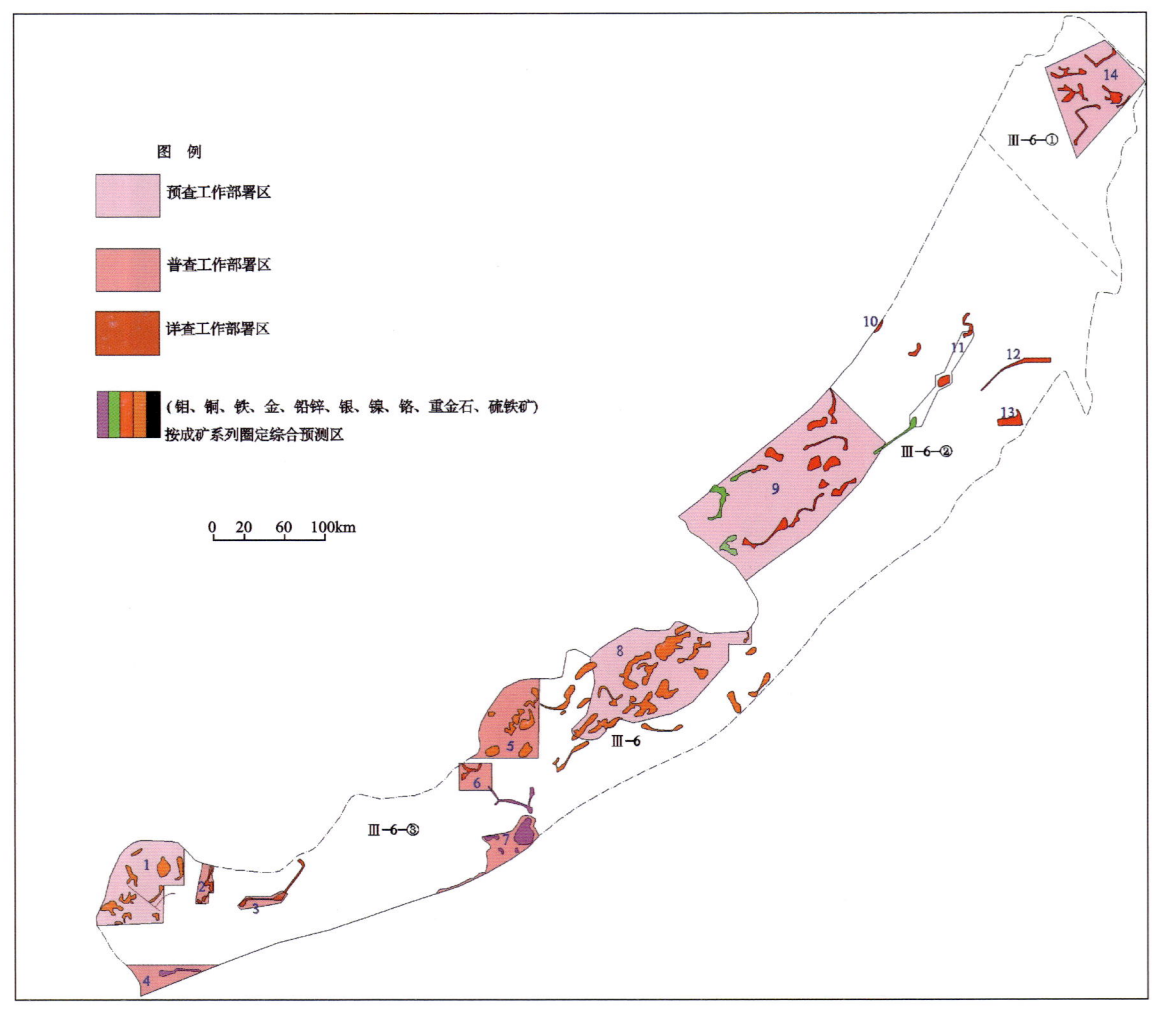

图 8-9 Ⅲ-6 成矿带多矿种综合靶区部署图

第九章　白乃庙-锡林郭勒成矿带（Ⅲ-7）预测成果

第一节　区域成矿背景

一、成矿地质条件

1. 区域地质背景

本区地质背景属古亚洲洋构造域，为华北陆块北部近东西向展布的巨大陆缘俯冲-碰撞造山带，其内发育复理石建造、硅质岩建造、细碧角斑岩建造、混杂堆积、磨拉石建造等板缘造山带常见的典型建造类型。在贺根山、索伦山、温都尔庙-西拉木伦河等地带，形成多期蛇绿岩套，发育加里东期与海西期岛弧型火山岩带和多期强烈的中酸性侵入岩系。主体是以晚古生代岛弧为优势构造相的构造单元。

区内分布有宝音图、艾力格庙-锡林浩特等微地块，主要由古元古界宝音图岩群组成；中元古界温都尔庙群、新元古界白乃庙组是与洋壳俯冲形成的岛弧火山沉积岩系。

古生代是古亚洲洋演化的重要阶段，发生多期的洋壳俯冲消减事件，并形成与之相关的岛弧火山-沉积建造和侵入岩组合。早古生代（主要为奥陶纪），洋壳向南北的双向俯冲，在南侧靠近华北陆块北缘，形成包尔汉图群岛弧火山-沉积岩系及 TTG 岩系，在北侧白音宝力道-锡林浩特形成岛弧 TTG 岩系。

石炭纪—二叠纪洋壳持续俯冲消减，形成大石寨组岛弧火山岩及相应的侵入岩。早二叠世末，古亚洲洋闭合，进入陆内演化。至此造就了本区的古生代构造格局。

中生代形成近东西和北东向展布的断陷盆地，火山活动较弱，堆积了含煤建造，但燕山期花岗岩类分布较广并与金、铜、萤石的成矿作用有着重要的关系。

2. 矿产分布特征

成矿带内已发现的主要矿种有铁矿、锰矿、铬矿、镍矿、铜矿、钼矿、铅锌矿、钨矿、金矿、银矿、稀土矿及菱镁矿、硫铁矿、磷矿、萤石矿等 10 多个矿种，共 71 处矿产地。其中优势矿种有铁、铬、铜、钼、镍、金等矿种，矿产地主要有以下分布规律：

（1）矿床沿深断裂带两侧呈线型带状分布。华北板块北缘深断裂带两侧呈北东向分布着不同时代、不同矿床类型和不同矿种及不同矿床规模的矿床，分布有新元古代与海相基性—中酸性火山-侵入岩有关的白乃庙铜钼矿（中型）；与海相基性火山-沉积作用有关的温都尔庙式铁矿床，大敖包、白音敖包铁矿床；古生代与海相基性—中酸性火山-沉积岩有关的别鲁乌图、查干哈达庙铜多金属矿床，热液型白乃庙金矿床、欧布拉格铜金矿及斑岩型毕力赫金矿、哈达庙金矿；中生代斑岩型钨钼矿、必鲁甘干铜钼矿及热液型钨矿床和萤石矿床。

(2)与残余洋壳有关的铬铁、镍矿床分布在板块碰撞缝合带内。

(3)古生代褶皱带内的前寒武纪基底隆起区分布中元古代与海相基性—中酸性火山-侵入岩有关的铜钼、铁矿床。

3. 成矿区(带)及成矿系列划分

本成矿带共划分6个成矿亚带,分别为:Ⅲ-7-①乌力吉-欧布拉格铜、金成矿亚带;Ⅲ-7-②查干此老-巴音杭盖金成矿亚带;Ⅲ-7-③索伦山-查干哈达庙铬、铜成矿亚带;Ⅲ-7-④苏木查干敖包-二连锰、萤石成矿亚带;Ⅲ-7-⑤温都尔庙-红格尔庙铁、金、铜、钼成矿亚带;Ⅲ-7-⑥白乃庙-哈达庙铜、金萤石成矿亚带。

依据成矿地质背景、区域矿产特征,将本区成矿系列划分为4个矿床成矿系列,进一步划分为7个成矿亚系列(表9-1,附图11)。

二、地球化学特征

(一)元素区域分布特征

该成矿区(带)位于内蒙古自治区中北部。区(带)内主要的组合异常元素或氧化物有Au、Cu、Mo、Pb、Zn、Cr、Mn、Fe_2O_3等,根据元素的共生组合规律,将元素分以下2组叙述元素的区域分布特征。

1. Au、Cu、Mo、Pb、Zn元素区域分布特征

Au元素异常在成矿区(带)内分布较多,范围较大的异常主要分布在成矿区(带)西部和中部,尤其在巴彦毛道、朱日和镇一带,Au、Cu元素异常范围较大。Cu、Mo元素异常在成矿区(带)内也分布较多。主要对应的地质体有太古宇乌拉山岩群、元古宇二道洼群、石炭系阿木山组、白垩系乌兰苏海组,对应的岩体有石炭纪和二叠纪酸性岩体。

2. Fe_2O_3、Mn、Cr区域分布特征

Fe_2O_3、Mn、Cr异常主要分布在乌力吉图镇、哈能—索伦山一带。Fe_2O_3异常较Mn、Cr异常范围大。异常主要对应的地质体有元古宇宝音图岩群、奥陶系包尔汉图群,对应的岩体主要有石炭纪超基性岩。异常与该区分布的已知铁矿床(点)相对应。

(二)综合异常特征

根据异常元素相互间的组合关系,并结合异常所处的地质特征和已知矿点、矿床点特征,在成矿区(带)内共圈定了72处综合异常(附图12)。并按综合异常特征,将综合异常分为以Au、Cu、Mo元素异常为主的综合异常、以Fe_2O_3、Mn、Cr异常为主的综合异常。下面将各类综合异常进行简单的分述。

1. 以Au、Cu、Mo元素异常为主的综合异常

该类综合异常对应的地层比较复杂,主要有太古宇乌拉山岩群、元古宇宝音图岩群、二道洼群,蓟县系哈尔哈达组,志留系西别河组,石炭系阿木山组,白垩系乌兰苏海组及李三沟组。异常区侵入岩比较发育,侵入岩受断裂构造控制,总体呈北东向展布,岩性主要有元古宙花岗岩、石炭纪花岗岩、二叠纪花岗岩及花岗闪长岩。异常所在区域断裂构造比较发育,其南界以槽台断裂为界,西北侧以阿尔金断裂为

表 9-1 白乃庙-锡林郭勒成矿带（Ⅲ-7）成矿系列一览表

矿床成矿系列	矿床成矿亚系列	成矿元素	矿床	类型	矿床式	成矿时代
与中新元古代基性—中酸性岩浆活动有关的铁、铬、铜（钼、金）矿床成矿系列	温都尔庙古俯冲带与基性-超基性岩有关的铬、铁成矿亚系列	铬、铁	大敖包、小敖包、卡巴、包尔汉、白银敖包、红格尔庙	火山-沉积	温都尔庙式	U-Pb法:1691Ma Sm-Nd法:1511Ma
	白乃庙古岛弧区与中酸性火山活动有关的铜、钼、金成矿亚系列	铜（钼、金）	白乃庙、谷那乌苏	火山喷流-沉积型+斑岩型	白乃庙式	U-Pb法:1130±16Ma,白乃庙北矿含矿斑岩中辉钼矿Re-Os年龄444±30Ma
	与奥陶纪海相沉积作用有关的锰成矿亚系列	锰	东加干	沉积型	东加干式	早中奥陶世
与海西期超基性—基性—中酸性岩浆活动有关的铬、镍、铜、金、锰、铜多金属、钼矿床成矿系列	与海西期超基性-基性岩浆活动有关的铬、镍成矿亚系列	铬	索伦山、乌珠巴尔	蛇绿岩型	索伦山式	海西期
		镍	达布逊、哈拉图庙	岩浆熔离型	达布逊式	晚石炭世
		铜多金属	克克齐、查干哈达庙、别鲁乌图	火山-沉积型	查干岭达庙式	晚石炭世
	与海西期中酸性岩浆活动有关的铜、钼、锰多金属成矿亚系列	铜、金	欧布拉格	热液型	欧布拉格式	铜金矿体中石英的$^{40}Ar/^{39}Ar$年龄为264.26±0.46Ma
		钼	苏尼特左旗武花敖包	热液型	武花敖包式	花岗闪长岩SHRIMP年龄320～297Ma
		金	白乃庙	热液型	白乃庙式	263～218Ma
		金	毕力赫、哈达庙	斑岩型	毕力赫式	辉钼矿铼-锇等时线年龄271.3±1.7Ma
		锰	西里庙	火山热液型	西里庙式	早二叠世
与印支期中酸性侵入岩有关的金、钼、铋、钨成矿亚系列	与印支期中酸性侵入岩有关的金、钼、铋、钨成矿亚系列	钼、铋、钨	查干花	斑岩型	查干花式	辉钼矿Re-Os等时线年龄为242.7±3.5Ma
	与印支期中酸性侵入岩有关的金成矿亚系列	金	巴彦温都尔	中低温热液型	巴彦温都尔式	粗粒斑状黑云母二长花岗岩U-Pb等时线年龄为220Ma
与燕山期酸性岩浆活动有关的金、萤石矿床成矿系列		金	乌花敖包、巴音杭盖、图古日格、查干此老	热液型	乌花敖包式	K-Ar法:150Ma
		萤石	苏莫查干敖包、白银胳膊、石匠山、达盖图	似层状热液交代型	苏莫查干敖包式	燕山早期（黑云母花岗岩）燕山晚期

界,北侧为二连-贺根山断裂,东侧以锡林浩特市—镶黄旗一线与林西-孙吴成矿带为界。

该类综合异常较多,异常范围大小不等,形态多为不规则状,异常元素主要有 Au、Cu、Mo、Pb、Zn,其中 Au、Cu 元素异常分布较多,且范围较大,异常间套合较好。

2. 以 Fe_2O_3、Mn、Cr 异常为主的综合异常

该类综合异常主要分布在索伦山超基性岩带,出露的地层主要是元古宇宝音图岩群、奥陶系包尔汉图群。该区岩浆活动强烈,侵入岩发育,主要是石炭纪超基性岩。该区是铬、铁成矿的有利地区。

该类综合异常范围中等,异常形态多为不规则状,异常元素或氧化物以 Cr、Fe_2O_3、Cu、Mn 为主,并伴有其他元素异常。其中 Cr 元素异常范围较大,异常强度较高,Cr 元素高值区呈片状连续分布。

(三)找矿方向研究

在该成矿区(带)内分布有多个铜、金、钼、铬铁矿床点,矿点及矿化点。其中典型的钼矿床有查干花斑岩型钼钨矿、必鲁甘干斑岩型钼矿床。矿床主要与综合异常范围内分布的斑岩体有关。因此推测 Mo 元素异常较高,且有斑岩体的地区是寻找钼矿的有利地区。

成矿区(带)内分布的典型铬铁矿床有索伦山铬铁矿、乌珠尔三号铬铁矿等。另外该区还分布有多个铁矿点和铜矿点,其中铜矿点多分布在奥陶系包尔汉图群中,显示了铜矿成矿的专属性。该区 Cr 元素异常与石炭纪超基性岩体对应较好,显示了铬铁矿在超基性岩中易富集成矿。

三、重力特征

区域重力场以狼山-贺兰山北东向梯级带为界,梯级带以西布格重力异常由近东西向转为北西向,梯级带部位变化梯度大;以东地区,重力主体异常呈近东西向展布,局部异常呈北东向。狼山-贺兰山北东向梯级带与宝音图断裂对应。该区域规模较大且醒目的局部重力低,均与伴随深大断裂而产生的岩浆活动有关。梯级带以西面状展布的重力低值区,岩浆活动受断裂控制,南侧呈近东西向展布的重力低值区,伴有呈带状或串珠状展布的磁异常,规模较大,纵贯内蒙古自治区中东部地区,东西延长约 900km 左右,该带与华北陆块北部近东西向展布的巨大陆缘俯冲-碰撞造山带相对应,地表成片成带分布有酸性侵入岩,为陆块俯冲形成的巨型构造岩浆岩带。重力低值带南北界推断存在区域性深大断裂。该区域的成矿活动与构造岩浆活动密切相关,所以以上重力低值区域应是寻找多金属矿的重点远景区,特别注意重力等值线密集或发生变形扭曲的部位(图 9-1)。

四、航磁特征

本成矿带航磁特征按 6 个成矿亚带分别叙述(图 9-2)。

1. III-7-①乌力吉-欧布拉格铜、金成矿亚带

在航磁 ΔT 等值线平面图上,成矿带内以负异常为主,正异常零星分布,多为圆形及椭圆形,成矿带东部有两个幅值较高的正磁异常,呈北东向展布,北侧伴生负异常,梯度变化较大。航磁 ΔT 化极等值线平面图上,成矿带内负异常面积较大,北部负异常强度高,正磁异常多呈圆形、椭圆形分布,梯度变化大。

第九章 白乃庙-锡林郭勒成矿带（Ⅲ-7）预测成果

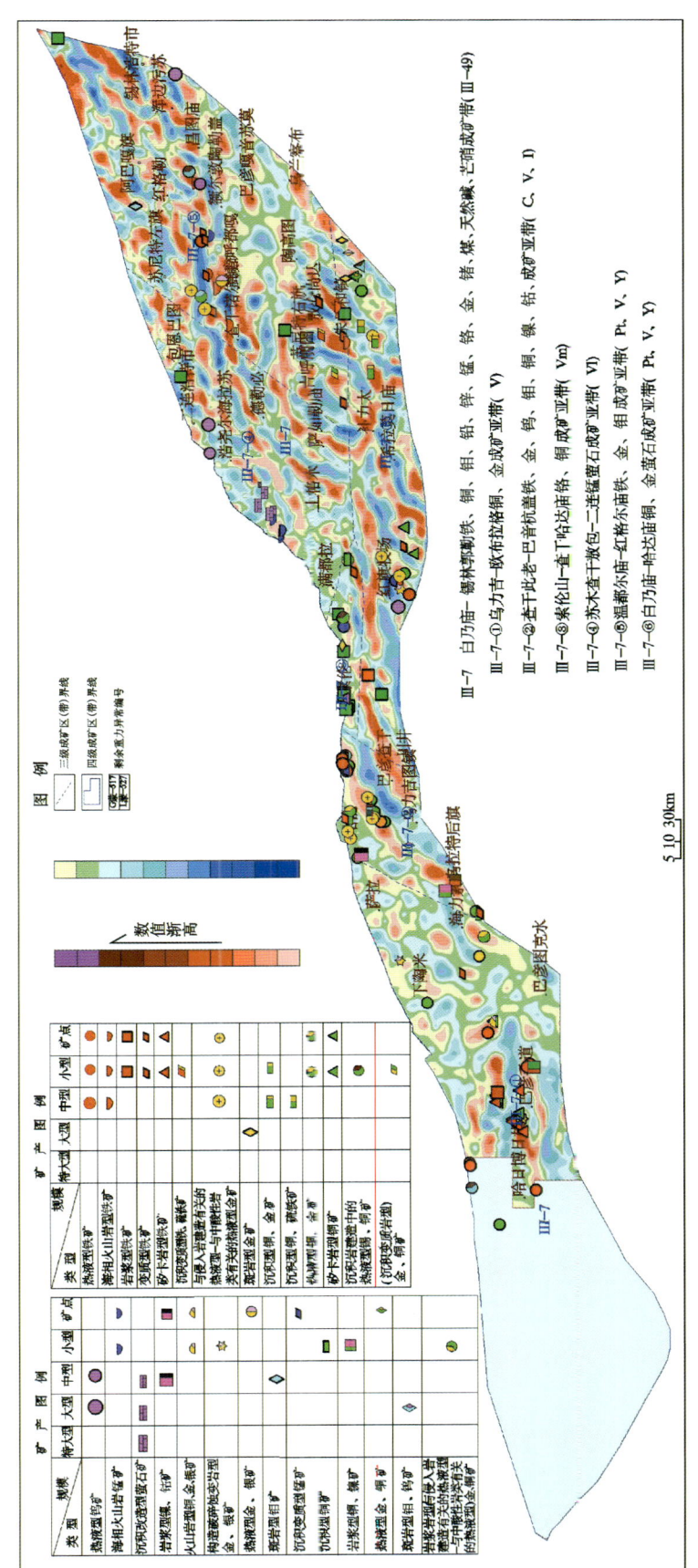

图9-1 白乃庙-锡林郭勒成矿带（Ⅲ-7）剩余重力异常图

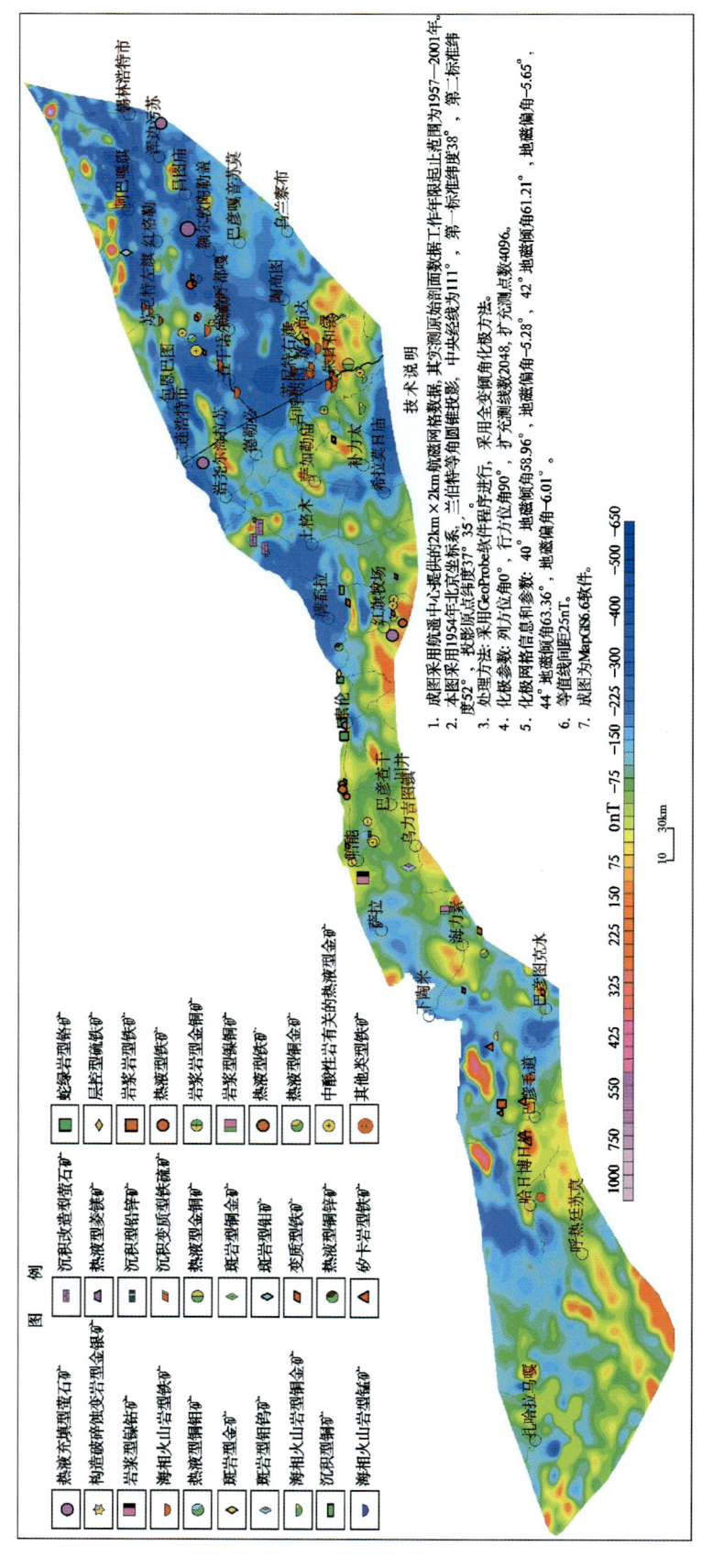

图 9-2 白乃庙-锡林郭勒成矿带（Ⅲ-7）航磁化极 ΔT 等值线平面图

2. Ⅲ-7-② 查干此老-巴音杭盖金成矿亚带

成矿带面积较小，北部为低缓的正磁异常，呈带状沿东西向展布；南部为平静的负异常。在航磁 ΔT 化极等值线平面图上，成矿带内以平静的负异常为主。

3. Ⅲ-7-③ 索伦山-查干哈达庙铬、铜成矿亚带

在航磁 ΔT 等值线平面图上，成矿带内分布大面积的负异常，仅在西部及南部各有一椭圆形正磁异常，近东西向，强度不高，梯度变化大。在航磁 ΔT 化极等值线平面图上，成矿带内磁异常无明显变化。

4. Ⅲ-7-④ 苏木查干敖包-二连萤石、锰成矿亚带

在航磁 ΔT 等值线平面图上，成矿带以平缓的负异常为背景，异常值范围-175~250nT，正磁异常呈带状、片状及椭圆形零星分布，以北东向为主，梯度变化不大。航磁 ΔT 化极等值线平面图上，成矿带内以负异常为主，零星分布着正磁异常，多为椭圆形，北东向展布。

5. Ⅲ-7-⑤ 温都尔庙-红格尔庙铁成矿亚带

在航磁 ΔT 等值线平面图上，成矿带内磁异常由南往北逐渐增强，以北东-南西向的对角线为分界，南侧以平缓的负异常为主；北侧低缓的负异常背景上，分布着椭圆形的正磁异常，北部磁异常幅值相对南部较高，且呈串珠状沿东西方向展布，梯度变化大。航磁 ΔT 化极等值线平面图上，成矿带内主要为大面积负异常，强度高，零星分布着圆形、椭圆形正磁异常，梯度变化较大。

6. Ⅲ-7-⑥ 白乃庙-哈达庙铜、金、萤石成矿亚带

在航磁 ΔT 等值线平面图上，成矿带内磁异常东高西低，磁场强度不高。西部主要为平缓的负异常，零星分布椭圆形正磁异常，东部分布为低缓的正磁异常，椭圆形为主，走向近东西。航磁 ΔT 化极等值线平面图上，成矿带内主要为负异常；东北部及西南部布着不规则的椭圆形正磁异常，强度较高，梯度不大。

五、区域遥感特征

从遥感影像图(图 9-3)上可以看出，环形影像影纹纹理边界清楚，花岗岩内植被发育，纹理光滑，构造隆起成山。构造穹隆引起的环形构造，影像上整个块体隆起，呈椭圆状，主要为环形沟谷及盆地边缘线构成，边界清晰，山脊和山沟以山顶为中心向四周呈放射状发散。古元古界宝音图岩群及中元古界温都尔庙群绿片岩系主要表现为带状要素。线要素在遥感图像上表现以北东走向压性断裂为主，东西向和北西向构造为辅，两构造组成本区的块状构造格架。在两组构造之中形成了次级千米级的小构造，而且多数为张性或张性扭性小构造。成矿带普遍分布羟基、铁染异常，是岩浆活动强烈的表现，在断裂两侧或交会部位分布更为广泛。

第二节 重要矿种预测评价模型

本成矿带重要矿种有铁、铜、金、钼、铅、锌、铬、镍、锰、钨、银、锡、稀土、硫铁矿、磷、菱镁矿、萤石矿等，共划分 4 个成矿系列，对主要矿种建立了预测评价模型。

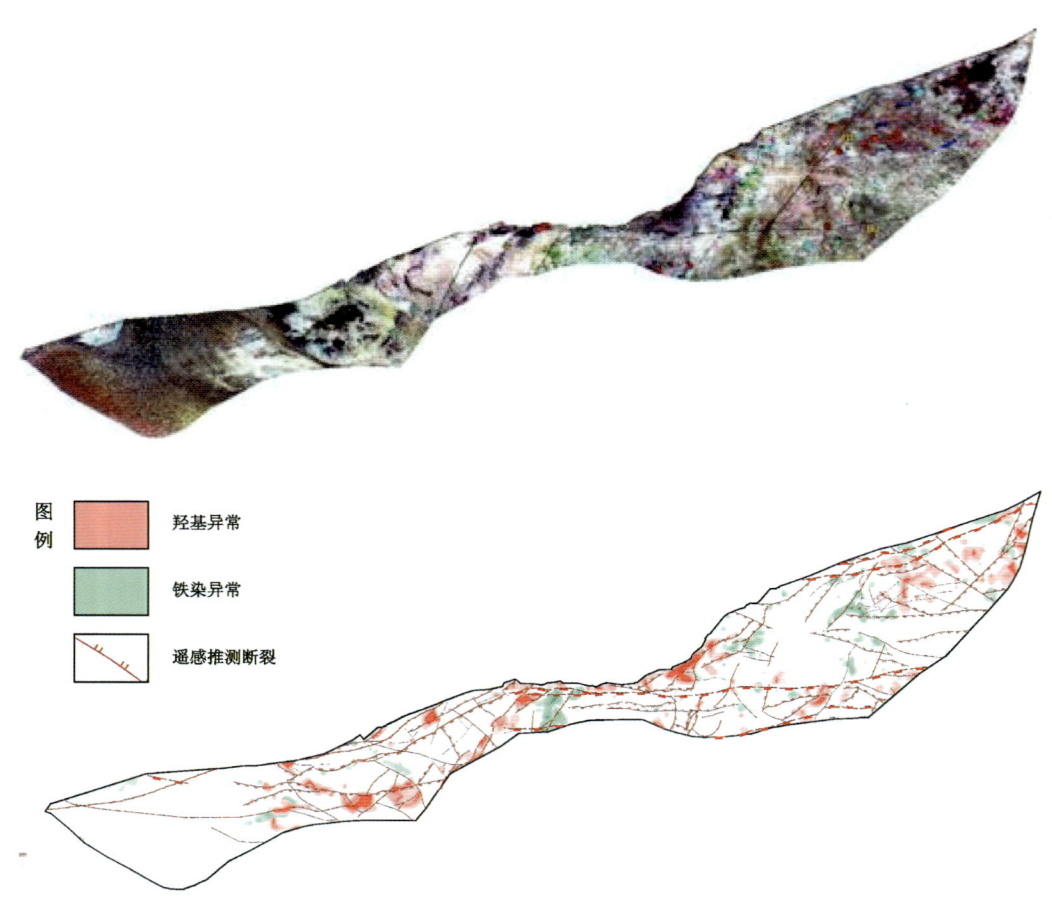

图 9-3　Ⅲ-7 成矿带遥感影像图(上)及综合异常图(下)

一、与中新元古代基性—中酸性岩浆活动有关的铁、铜(钼、金)矿床成矿系列预测评价模型

该成矿系列划分为温都尔庙古俯冲带与基性、超基性岩有关的铬、铁成矿亚系列,白乃庙古岛弧区与中酸性火山活动有关的铜、钼、金成矿亚系列,与奥陶纪海相沉积作用有关的锰成矿亚系列,主要矿种为铁、铜、锰等。

铁矿代表性矿床为温都尔庙火山-沉积型铁矿,赋矿地层为温都尔庙群桑达来音呼都格组二段和哈日哈达组一段,控矿构造为温都尔庙复背斜、褶皱轴部。形成于中元古代。剩余重力异常值大于 $3 \times 10^{-5} m/s^2$。航磁化极值大于 400nT。

铜矿代表性矿床为白乃庙火山-沉积型铜矿,赋矿地层为白乃庙组绿片岩,控矿岩体为花岗闪长斑岩,形成于泥盆纪。铜矿床位于重力梯度带上,其南侧为相对重力低。矿区在剩余重力异常图上位于 G蒙-543 正异常的东北边部,异常走向为近东西向,形态大致为条带状。铜矿床所处的航磁整体表现为弱正磁场,据垂向一阶导数等值线剖面图显示异常轴向及等值线延伸方向为东西向。矿区周围存在 Cu、Au、Ag、As、Cd、Sb、Mo 高背景值,Cu、Mo 为主成矿元素,Au、Ag、As、Cd、Sb 为主要的伴生元素,Cu、

Mo、Ag、Au为内带组合异常,As、Cd、Sb为外带组合异常。

锰矿代表性矿床为东加干沉积型锰矿,赋矿地质体为下—中奥陶统乌宾敖包组二段,受控于东西向、北西向断裂,形成于早—中奥陶世。剩余重力异常起始值在$(1\sim2)\times10^{-5}\text{m/s}^2$之间。航磁$\Delta T$化极异常起始值在$360\sim400$nT之间。Mn元素异常值在$437\times10^{-9}$以上,见与中新元古代基性—中酸性岩浆活动有关的铁、铜(钼)、金)矿床成矿系列预测模型图(图9-4)及与中新元古代基性—中酸性岩浆活动有关的铁、铜(钼、金)矿床成矿系列预测要素表(表9-2)。

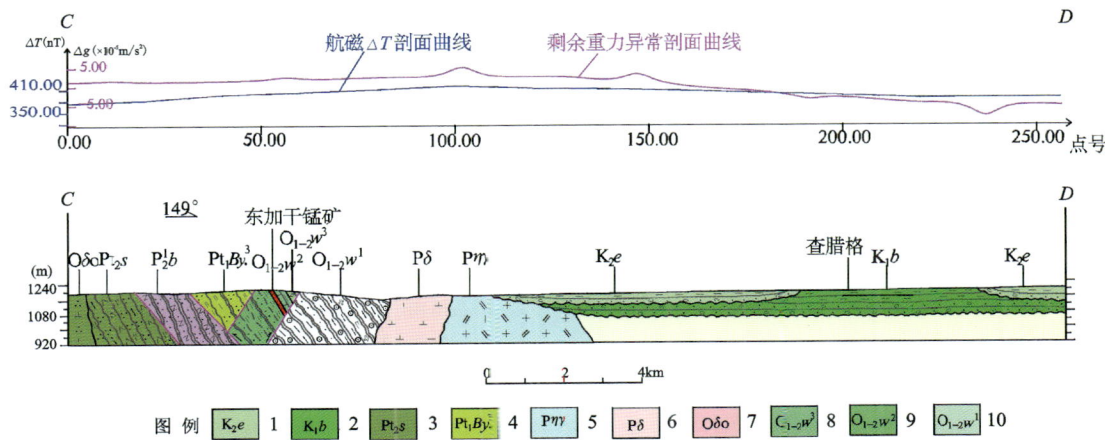

图9-4 与中新元古代基性—中酸性岩浆活动有关的沉积型铁、铜、锰矿预测模型图
1.二连组;2.巴音戈壁组;3.温都尔庙群桑达来呼都格组;4.宝音图岩群第三岩组;5.二长花岗岩;6.闪长岩;7.石英闪长岩;8.乌宾敖包组三段;9.乌宾敖包组二段;10.乌宾敖包组一段

表9-2 与中新元古代基性—中酸性岩浆活动有关的沉积型铁、铜、锰矿预测要素表

区域预测要素		描述内容		
矿种		(温都尔庙)铁矿	(白乃庙)铜矿	(东加干)锰矿
地质环境	大地构造位置	天山-兴蒙造山系、包尔汉图-温都尔庙弧盆系、宝音图岩浆弧		
	成矿区(带)	Ⅰ-4滨太平洋成矿域(叠加在古亚洲成矿域之上),Ⅱ-12大兴安岭成矿省,Ⅲ-7阿巴嘎-霍林河铬、铜(金)、锗、煤、天然碱、芒硝成矿带(Ym)		
	区域成矿类型及成矿期	中元古代温都尔庙火山-沉积型铁矿	泥盆纪白乃庙火山-沉积型铜矿	早—中奥陶世沉积变质型
控矿地质条件	赋矿地质体	温都尔庙群桑达来音呼都格组二段和哈日哈达组一段	白乃庙组绿片岩	下—中奥陶统乌宾敖包组二段
	控矿侵入岩		花岗闪长斑岩	
	主要控矿构造	温都尔庙复背斜、褶皱轴部	东西向断裂	东西向、北西向断裂

续表 9-2

区域预测要素		描述内容		
矿种		（温都尔庙）铁矿	（白乃庙）铜矿	（东加干）锰矿
区内主要矿产		1个矿床	1个矿床	1个矿点
地球物理特征	重力异常	剩余重力异常值大于 $3\times10^{-5}\,m/s^2$	矿区在剩余重力异常图上位于 G蒙-543 正异常的东北边部，异常走向为近东西向，形态大致为条带状	剩余重力起始值在$(1\sim2)\times10^{-5}\,m/s^2$之间
	磁法异常	航磁化极值大于400nT	铜矿矿床所处的航磁整体表现为弱正磁场，据垂向一阶导数等值线剖面图显示异常轴向及等值线延伸方向为东西向	航磁 ΔT 化极异常起始值在 360～400nT 之间
地球化学特征			矿区周围存在 Cu、Au、Ag、As、Cd、Sb、Mo 高背景值，Cu、Mo 为主成矿元素，Au、Ag、As、Cd、Sb 为主要的伴生元素，Cu、Mo、Ag、Au 为内带组合异常，As、Cd、Sb 为外带组合异常	Mn元素异常值在 437×10^{-9}以上

二、与海西期超基性—基性—中酸性岩浆活动有关的铬、镍、铜、金、锰、钼矿床成矿系列预测评价模型

该成矿系列划分为与海西期超基性—基性岩浆活动有关的铬、镍、铜矿床成矿亚系列，与海西期中酸性岩浆活动有关的钼、铜多金属、金、锰矿床成矿亚系列。

1. 与海西期超基性—基性岩浆活动有关的铬、镍、铜矿床成矿亚系列预测评价模型

该成矿系列主要矿种为铬、镍、铜等。

铬矿代表性矿床为索伦山蛇绿岩型铬铁矿，位于索伦山-查干哈达庙铬、铜成矿亚带，赋矿地质体为超基性岩类（纯橄榄岩、辉石橄榄岩），控矿构造为狼山-阴山山前深大断裂及中元古代南东东向裂陷带，形成于海西期。

镍矿代表性矿床为达布逊岩浆熔离型镍矿，位于查干此老-巴音杭盖金成矿亚带，赋矿地质体为超基性岩体，近东西向断裂控制超基性岩体（成矿母岩）的发育形态和产状；北北东向（近南北向）断裂对超基性岩体起破坏作用。形成于海西中期。见与海西期超基性—基性—中酸性岩浆活动有关的铬、镍、铜矿床成矿亚系列预测要素表（表9-3）及与海西期超基性—基性—中酸性岩浆活动有关的铬、镍、铜矿床成矿亚系列预测模型图（图9-5）。

表9-3 与海西期超基性—基性—中酸性岩浆活动有关的岩浆型铬、镍矿预测要素表

区域预测要素		描述内容	
矿种		(索伦山)铬矿	(达布逊)镍矿
地质环境	大地构造位置	天山-兴蒙造山系,包尔汉图-温都尔庙弧盆系,宝音图岩浆弧	
	成矿区(带)	Ⅰ-4 滨太平洋成矿域(叠加在古亚洲成矿域之上),Ⅱ-12 大兴安岭成矿省,Ⅲ-7 阿巴嘎-霍林河铬、铜(金)、锗、煤、天然碱、芒硝成矿带(Ym)	
	区域成矿类型及成矿期	海西期索伦山蛇绿岩型铬铁矿	海西中期岩浆熔离型(侵入岩体型)
控矿地质条件	赋矿地质体	超基性岩类(纯橄榄岩、辉石橄榄岩)	超基性岩
	控矿侵入岩	超基性岩类(纯橄榄岩、辉石橄榄岩)	超基性岩
	主要控矿构造	褶皱、断裂	近东西向断裂控制超基性岩体(成矿母岩)的发育形态和产状;北北东向(近南北向)断裂对超基性岩体起破坏作用
区内主要矿产		有 12 个矿床(小型)、矿点	中型镍矿床1个
地球物理特征	重力异常	剩余重力起始值多在$(-150\sim20)\times10^{-5}$m/s^2 之间	矿床位于布格重力异常变化平缓区域;剩余图中矿床位于剩余重力异常正值区,其值为 2.88×10^{-5}m/s^2
	磁法异常	航磁 ΔT 化极异常强度起始值多数在 $0\sim600$nT 之间	位于近东西向正磁异常上,其值 $450\sim500$nT
地球化学特征		Cr 元素异常值在$(62\sim143)\times10^{-6}$之间	Ni 元素化探异常起始值大于 32×10^{-6}
遥感特征			局部有一级铁染和羟基异常

2. 与海西期中酸性岩浆活动有关的钼、铜多金属、金、锰矿床成矿亚系列预测评价模型

该成矿系列主要矿种为铜、金、锰等。

铜矿代表性矿床有查干哈达庙火山-沉积型铜矿、欧布拉格热液型铜矿。查干哈达庙火山-沉积型铜矿产于上石炭统本巴图组流纹质凝灰岩、凝灰质板岩,北东向构造、构造交会处是成矿有利场所,形成于海西中晚期。欧布拉格热液型铜矿床产于大石寨组和本巴图组火山岩、次火山岩与石英斑岩、闪长玢岩、二长花岗岩岩体内外接触带,形成于海西期。

金矿代表性矿床为毕力赫斑岩型金矿,赋矿地质体为三面井组,控矿岩体为花岗闪长岩,控矿构造为北西向、东西向断裂破碎带,岩体接触带构造以及两组断裂交会处形成的构造薄弱带。形成于海西期。

锰矿代表性矿床为西里庙火山热液型锰矿,赋矿地质体为大石寨组二段,控矿岩体为大石寨组潜流纹斑岩,控矿构造为海西期东西向、北西向断裂。形成于海西期。剩余重力起始值在$(1\sim5)\times10^{-5}$m/s^{2}之间。航磁 ΔT 化极异常起始值在 $170\sim250$nT 之间。Mn 元素异常值在 332×10^{-9}以上。见与海西期中酸性岩浆活动有关的钼、铜多金属、金、锰矿床成矿亚系列预测模型图(图9-6)及与海西期中酸性岩浆活动有关的钼、铜多金属、金、锰矿床成矿亚系列预测要素表(表9-4)。

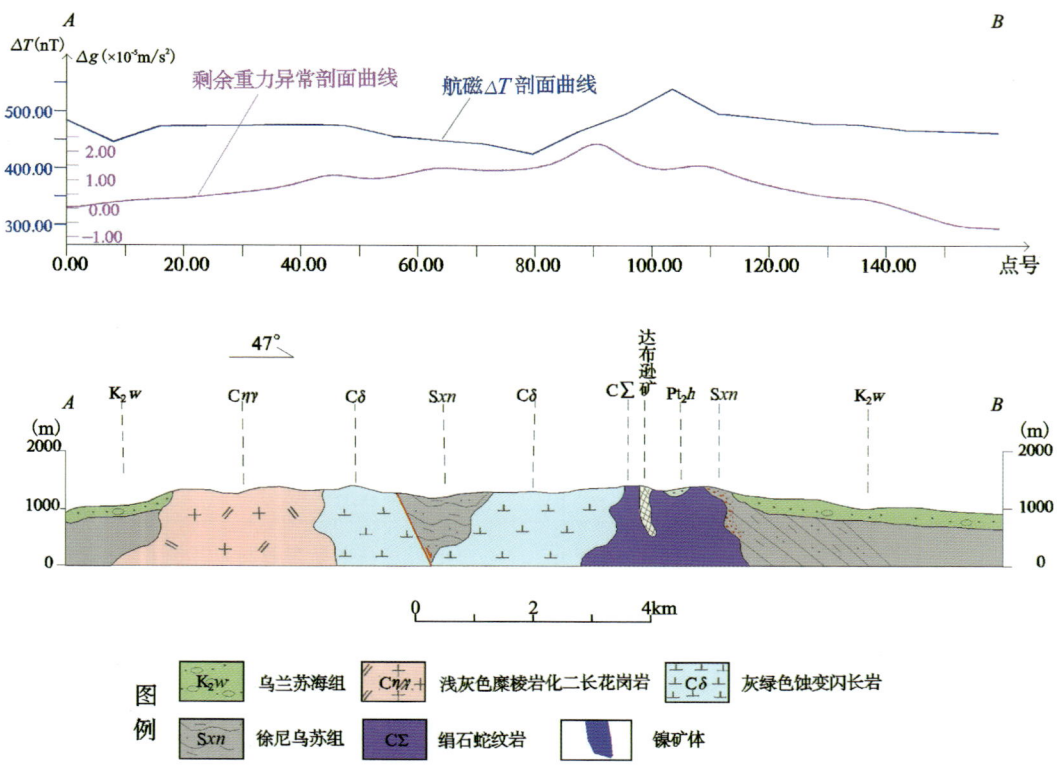

图 9-5　与海西期超基性—基性—中酸性岩浆活动有关的岩浆型铬、镍矿预测模型图

三、与印支期中酸性侵入岩有关的金、钼、铋、钨成矿系列预测评价模型

该成矿系列划分为与印支期中酸性侵入岩有关的金、钼、铋、钨成矿亚系列,与印支期中酸性侵入岩有关的金成矿亚系列,主要矿种为钼、金等矿。

钼矿代表性矿床为查干花斑岩型钼矿,赋矿地质体为宝音图岩群千枚岩、绢云石英片岩、浅变质粉砂岩,控矿侵入岩为晚二叠世—早三叠世中细粒二长花岗岩(花岗闪长岩),北西向及北东向断裂交会处为成矿有利部位,形成于印支早期。

金矿代表性矿床为巴彦温都尔中低温热液(复合内生型)金矿床,位于温都尔庙-红格尔庙铁成矿亚带,赋矿地质体为加力东晚期—印支期三叠纪中酸性侵入岩,中元古界温都尔庙群哈尔哈达组、桑达来音呼都格组,古生界混杂岩,上泥盆统—下石炭统色日巴彦敖包组和二叠系,受控于加里东晚期—印支期三叠纪中酸性侵入岩,北东向、近东西向韧性剪切带及其派生的断裂,形成于加里东晚期—印支期。见与印支期中酸性侵入岩有关的金、钼、铋、钨成矿系列预测要素表(表 9-5)和与印支期中酸性侵入岩有关的金、钼、铋、钨成矿系列预测模型图(图 9-7)。

第九章 白乃庙-锡林郭勒成矿带（Ⅲ-7）预测成果

表9-4 与海西期中酸性岩浆活动有关的钼、铜多金属、金、锰矿床成矿亚系列预测要素表

区域预测要素		（查干哈达庙）铜矿	（欧布拉格）铜矿	（毕力赫）金矿	（西里庙）锰矿
地质环境	大地构造位置	Ⅰ天山-兴蒙造山系、Ⅰ-4 滨太平洋成矿域（叠加在古亚洲成矿域之上）、Ⅲ-13 大兴安岭山-查干哈达庙铜钼、铜成矿亚带（Vm）	Ⅰ天山-兴蒙造山系、Ⅰ-7 索伦山-西拉木伦结合带、Ⅱ-7-1 索伦山蛇绿混杂岩带（Pz₂）	Ⅰ天山-兴蒙造山系、Ⅰ-7 索伦山-西拉木伦结合带、Ⅱ-7 阿巴嘎-霍林河铬、铜（金）、锗、煤、天然碱、芒硝成矿带（Ym）、Ⅲ-7-③ 索伦（西里庙）锰矿	
	成矿区（带）				
	区域成矿类型及成矿期	海西中晚期火山-沉积型	海西期欧布拉格热液型铜矿	海西期斑岩型	海西期火山热液型锰矿
控矿地质条件	赋矿地质体	上石炭统本巴图组	大石寨组、本巴图组火山岩	三面井组	大石寨组二段
	控矿侵入岩		石英斑岩、闪长玢岩	海西期花岗闪长岩	
	主要控矿构造	北东向构造发育地段，尤其是构造处是成矿有利场所	近东西向断裂构造、地表规模大的硅化破碎带、火山机构	北西向、东西向断裂破碎带、岩体接触带以及两组断裂交会处形成的构造薄弱带	海西期东西向、北西向断裂
	区内主要矿产	小型矿床2个、矿点1个	矿点2个	矿床2个，大型1个，小型1个	小型1个、矿化点6个
地球物理特征	重力异常	区域重力场总体趋势为重力值由南向北逐渐降低。查干哈达庙中心异常低值区，由两个异常中心组成	重力异常过渡带，剩余重力异常显示为剩余重力平缓，异常选取范围（0～3）×10⁻⁵ m/s²		剩余重力异常起始值（1～5）×10⁻⁵ m/s²
	磁法异常	在航磁ΔT等值线平面图上预测区磁异常幅值变化为－400～1000nT，总体以0～200nT平缓磁异常为背景，异常以带状正磁异常分布为主，北部多生有小范围负磁异常，种度变化较大，异常轴向呈东西向。查干哈达庙铜矿区位于预测区东北部，处在200nT平缓磁背景上	航磁ΔT化极异常强度起始值200nT，但因地表覆盖物的增厚，地表常值会降低。北东走向的正磁异常幅值范围椭圆形磁异常幅值范围－100～100nT	航磁化极异常值150～600nT	航磁ΔT化极异常起始值在170～250μT之间
地球化学特征		分布有Cu、Au、Cd、Pb、Sb、Mo、As元素组成的高背景区（带），在高背景区中有以Cu、Au、Cd、Pb、Sb、Mo、As为主的多元素局部异常		具有Au异常（大于2.0×10⁻⁹），并有吻合较好的As、Sb、Bi、Hg、B、W、Mo、Ag等异常；水系沉积物综合异常及Cu、Pb、Zn、Ag、As、Sb、Bi、Hg土壤组合异常	Mn元素异常值332×10⁻⁹以上
遥感特征		北东向断裂构造及遥感羟基铁染异常区		火山口、隐伏岩体、北西向、东西向断裂构造及具铁染异常处	

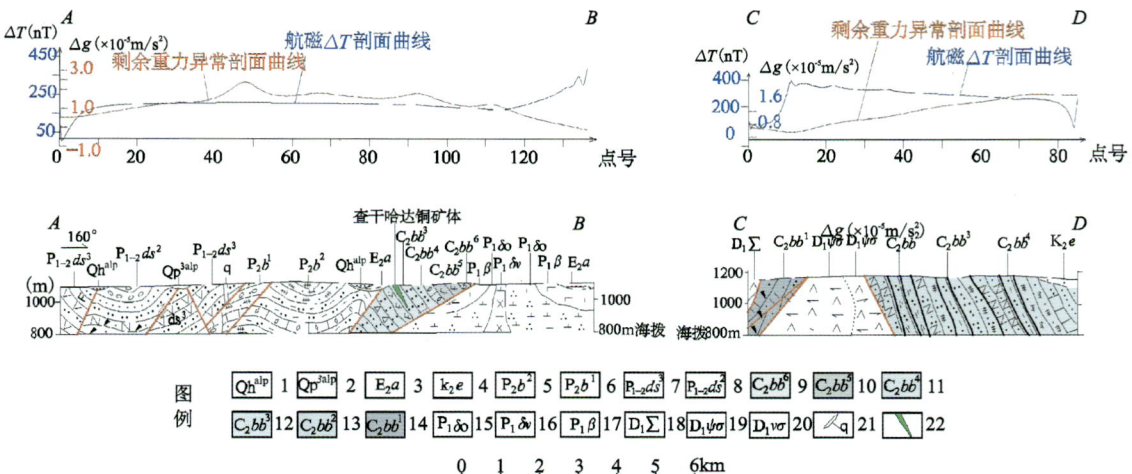

图 9-6 与海西期中酸性岩浆活动有关的钼、铜多金属、金、锰矿床成矿亚系列预测模型图

1.第四系全新统；2.第四系上更新统；3.阿山头组；4.二连组；5.包特格组二岩段；6.包特格组一岩段；7.大石寨组三岩段；8.大石寨组二岩段；9.本巴图组六岩段；10.本巴图组五岩段；11.本巴图组四岩段；12.本巴图组三岩段；13.本巴图组二岩段；14.本巴图组一岩段；15.灰绿色中细粒石英闪长岩；16.灰黑色中粒角闪辉长岩；17.早二叠世玄武岩；18.灰绿色蛇纹石化纯橄榄岩、层状橄榄辉长岩；19.暗绿色、黑绿色二辉辉橄岩；20.暗绿色、黑绿色斜辉辉橄岩；21.石英脉；22.铜矿体

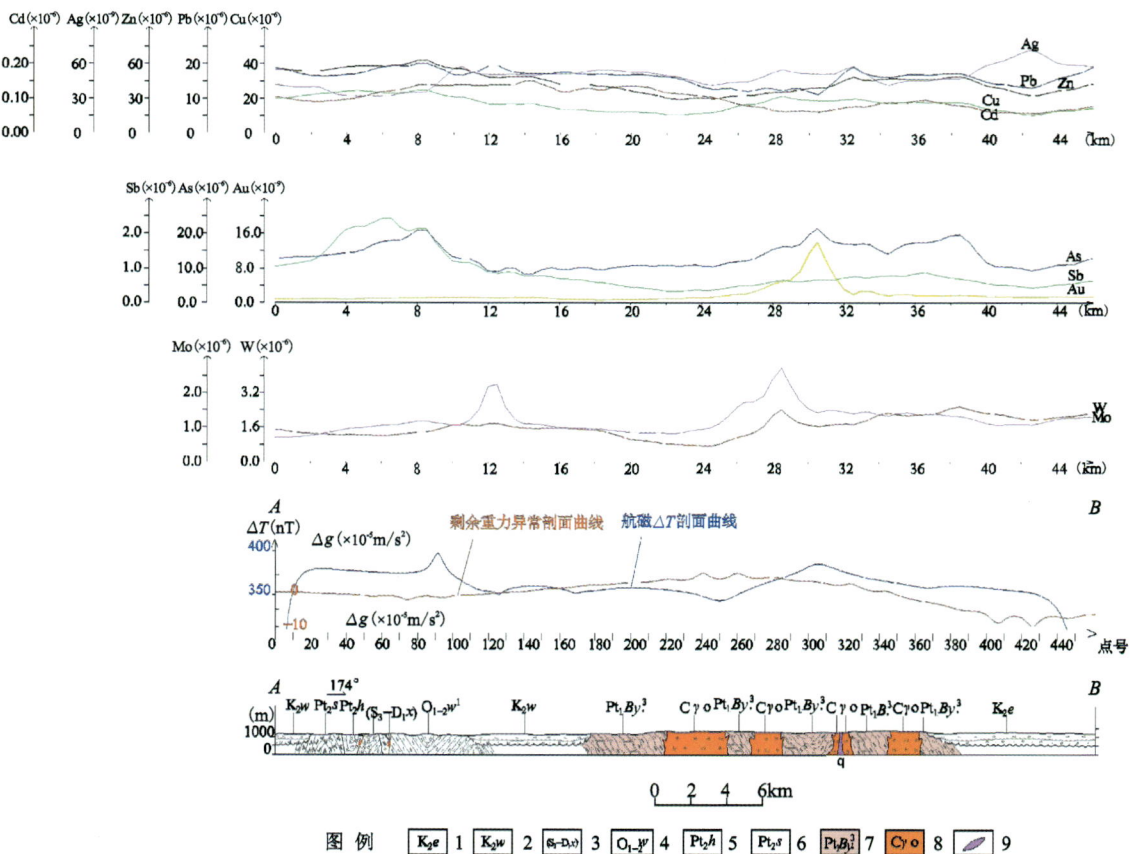

图 9-7 与印支期酸性侵入岩有关的热液型金、萤石矿预测模型图

1.二连组；2.乌兰苏海组；3.徐尼乌苏组；4.乌宾敖包组一段；5.哈尔哈达组；6.桑达来呼都格组；7.宝音图岩群三岩组；8.石炭纪斜长花岗岩；9.石英脉

表 9-5　与印支期中酸性侵入岩有关的斑岩型钼矿及热液型金矿预测要素表

区域预测要素		描述内容	
矿种		（查干花）钼矿	（巴彦温都尔）金矿
地质环境	大地构造位置	所处大地构造单元古生代属天山-兴蒙造山系，包尔汉图-温都尔庙弧盆系，宝音图岩浆弧	
	成矿区（带）	Ⅰ-4 滨太平洋成矿域（叠加在古亚洲成矿域之上），Ⅱ-12 大兴安岭成矿省，Ⅲ-7 阿巴嘎-霍林河铬、铜（金）、锗、煤、天然碱、芒硝成矿带（Ym），Ⅲ-7-②查干此老-巴音杭盖金成矿亚带（Yl）	
	区域成矿类型及成矿期	印支早期查干花斑岩型钼矿	加里东晚期—印支期中低温热液（复合内生型）金矿
控矿地质条件	赋矿地质体	宝音图岩群	中元古界温都尔庙群哈尔哈达组、桑达来音呼都格组，古生界昆杂岩，上泥盆统—下石炭统色日巴彦敖包组和二叠系
	控矿侵入岩	晚二叠世—早三叠世中细粒二长花岗岩（花岗闪长岩）	加里东晚期—印支期三叠纪中酸性侵入岩
	主要控矿构造	北西向及北东向断裂交会处	预测区分布的 4 条韧性剪切带：从北往南有北东向巴彦温都尔-巴润萨拉韧性剪切带、中部近东西向祖勒格图-道勒花图格韧性剪切带、南部近东西向白音宝力道-哈珠车根庙韧性剪切带和陶勒盖音郭勒棚-哈尔干尼呼都格剪切带及其派生的断裂
区内主要矿产		有 1 个矿床（大型）	小型 3 个，中型 2 个
地球物理特征	重力异常	剩余重力异常起始值在（−13～−10）×10^{-5} m/s² 之间	布格重力异常区域上呈近东西向展布，局部异常形态呈椭圆状或条带状，中部布格重力异常较高，南北较低。对应的形成近东西向展布的剩余重力正负异常带。金矿所在区域为近东西向展布的正负异常带。金矿位于两个局部剩余重力正异常的鞍部，对应于布格重力异常梯度带转弯处
	磁法异常	航磁化极在 −2400～−1000nT 之间。北东走向的正磁异常带或椭圆形磁异常幅值范围 −100～100nT	磁异常幅值范围为 −200～1000nT，以椭圆状、条带状北东向或北北东向展布的正磁异常为主。西部以低缓正异常为主，东北部低缓负磁异常区，东南部条带状正异常区，巴彦温都尔金矿区为低缓负磁异常区
地球化学特征		Mo 元素异常在（0.19～7.6）×10^{-6} 之间	Au-As-Sb 综合异常分布与北东向韧性剪切带展布密切相关，呈串珠状或宽带状展布
遥感特征			线性构造较为明显，且与工作区 4 条韧性剪切带吻合较好，线性构造交会处成矿条件有利

四、与燕山期酸性岩浆活动有关的金、萤石矿床成矿系列预测评价模型

金矿代表性矿床为巴音杭盖热液型金矿，赋矿地质体为古元古界宝音图岩群浅变质岩系，控矿侵入岩为海西中期图古日格斜长花岗岩体。紧密线型褶皱构造发育，主成矿断裂呈北西-南东向控制 2 号脉群的断裂带，形成于燕山期。

萤石矿代表性矿床为跃进热液充填型萤石矿，位于温都尔庙-红格尔庙铁成矿亚带，区内印支期花岗岩为萤石矿的形成提供必要的热液来源，控制矿体的断裂构造主要表现为近南北向、北东向分布，为

矿体的形成提供有利场所,形成于燕山期。见与燕山期酸性岩浆活动有关的金、萤石矿床成矿系列预测要素表(表9-6)和与燕山期酸性岩浆活动有关的金、萤石矿床成矿系列预测模型图(图9-8)。

表9-6 与燕山期酸性岩浆活动有关的热液型金、萤石矿预测要素表

区域预测要素		描述内容	
矿种		热液型金矿	热液型萤石矿
地质环境	大地构造位置	Ⅰ天山-兴蒙造山系,Ⅰ-8包尔汉图-温都尔庙弧盆系(Pz_2),Ⅰ-8-3宝音图岩浆弧	
	成矿区(带)	Ⅰ-4滨太平洋成矿域,Ⅱ-13大兴安岭成矿省,Ⅲ-49白乃庙-锡林浩特铁、铜、钼、铅、锌、铬(金、锰)、锗、煤、天然碱、芒硝成矿带(Ym)	
	区域成矿类型及成矿期	海西中期热液型金矿床	印支期热液充填型萤石矿
控矿地质条件	赋矿地质体	金矿矿源层为古元古界宝音图岩群浅变质岩系	闪长岩
	控矿侵入岩	燕山期图古日格斜长花岗岩体	燕山期闪长岩
	主要控矿构造	紧密线型褶皱构造发育、主成矿断裂呈北西-南东向控制2号脉群的断裂带	近南北向、北东向断裂
区内主要矿产		巴音杭盖侵入岩体型金矿床	跃进萤石矿
地球物理特征	重力异常	1:50万重力异常图显示:矿区处于相对重力高异常上,异常走向为北东向。其南侧为相对重力低异常	萤石矿所在区域剩余重力异常显示为由正异常过渡为负异常,异常值Δg为$(-2\sim 1)\times 10^{-5}$m/s²
	磁法异常	1:50万航磁ΔT平面等值线图,矿床处在0nT附近平稳负磁异常。1:10万航磁图显示,矿床处在-50nT左右的平稳负磁场	
地球化学特征		矿区周围存在以Au元素异常为主,伴有As、Cd、Sb、W等元素组成的综合异常;Au为主要的成矿元素,As、Cd、Sb、W为主要的伴生元素	萤石矿处于区域F元素地球化学异常高异常区,矿床F元素地球化学异常值高于686×10^{-6},最高值达1003×10^{-6}

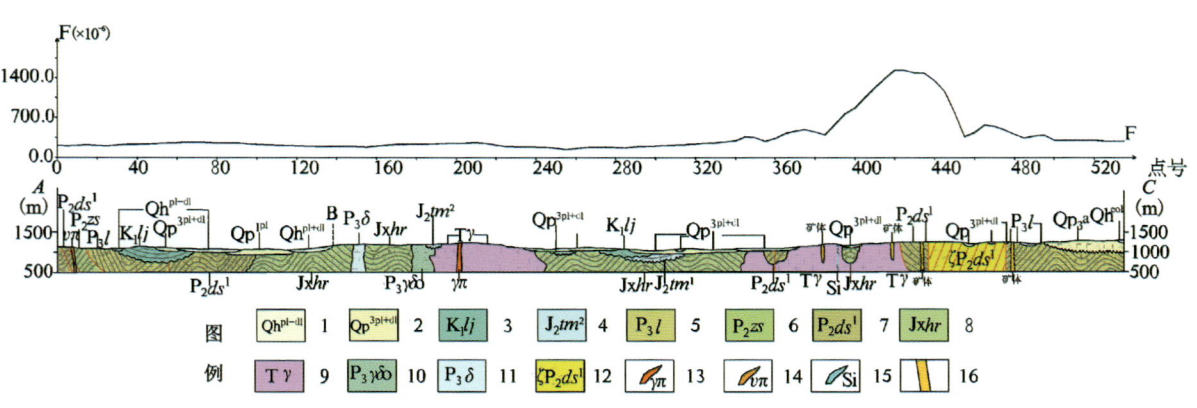

图9-8 与燕山期酸性岩浆活动有关的热液型金、萤石矿预测模型图

1.第四系全新统;2.第四系更新统;3.龙江组;4.塔木兰沟组;5.林西组;6.哲斯组;7.大石寨组;8.哈尔哈达组;9.三叠纪花岗岩;10.晚二叠世英云闪长岩;11.晚二叠世闪长岩;12.晚二叠世英安岩;13.花岗斑岩脉;14.辉长斑岩脉;15.硅质岩;16.矿体

第三节 预测成果及综合预测区特征

本成矿带共划分了 4 个成矿系列,按成矿系列共圈定 67 个多矿种综合预测区,主要预测矿种为铜、金、钼、镍、铅、锌等。共预测铜资源量 $156.15×10^4$ t,预测金资源量 126.98t,预测钼资源量 $111.35×10^4$ t,预测镍资源量 $15.25×10^4$ t,预测铅资源量 $3.67×10^4$ t,预测锌资源量 $21.53×10^4$ t,预测铁资源量 $9.14×10^8$ t,预测铬铁资源量 $329.2×10^4$ t,预测硫铁矿资源量 $4740.8×10^4$ t,预测锰资源量 $76.8×10^4$ t,预测萤石资源量 $5669.2×10^4$ t,预测菱镁矿资源量 $391.4×10^4$ t。按成矿系列分述如下(图 9-9)。

一、与中新元古代基性—中酸性岩浆活动有关的铁、铜(钼、金)矿床成矿系列综合预测区划分及特征

该成矿系列共划分出 26 个综合预测区。

1. 沃勒吉图南综合预测区(Ⅲ-7-1)

预测区面积为 $89.53km^2$,预测锰资源量为 $5.611×10^4$ t。出露的地层为奥陶系乌宾敖包组二段。剩余重力起始值在 $(3\sim5)×10^{-5}m/s^2$ 之间,航磁 ΔT 化极异常起始值在 $300\sim350nT$ 之间,Mn 元素地球化学异常值在 $(118\sim204)×10^{-9}$ 之间。该预测区是寻找锰矿的主要地区。

2. 东加干综合预测区(Ⅲ-7-2)

预测区面积为 $3.91km^2$,预测锰资源量为 $1643×10^4$ t。出露的地层有奥陶系乌宾敖包组二段,区内有 1 个矿化点。剩余重力起始值在 $(1\sim2)×10^{-5}m/s^2$ 之间,航磁 ΔT 化极异常值起始值在 $350\sim400nT$ 之间。Mn 元素地球化学异常值在 $(437\sim753)×10^{-9}$ 之间。该预测区是寻找锰矿的主要地区。

3. 芒和特综合预测区(Ⅲ-7-3)

预测区面积为 $174.86km^2$,预测铁资源量为 $15915.69×10^4$ t。出露的地层有寒武系—奥陶系温都尔庙群桑达来音呼都格组和哈尔哈达组,有矿化点 1 处。布格重力异常总体呈北东向负异常,Δg 变化范围 $(-148.41\sim-128)×10^{-5}m/s^2$,剩余重力异常值 $(3\sim9)×10^{-5}m/s^2$。航磁 ΔT 化极异常起始值在 $-100\sim-25nT$ 之间。该预测区是寻找铁矿的三要地区。

4. 查干敖包综合预测区(Ⅲ-7-4)

预测区面积为 $88.4km^2$,预测铁资源量为 $6223.44×10^4$ t。预测区地表被新生界覆盖。布格重大异常西部有北东东向正异常,东部平缓,Δg 变化范围 $(-136\sim-130)×10^{-5}m/s^2$。剩余重力异常值 $(4\sim9)×10^{-5}m/s^2$。航磁异常值大于 400nT。该预测区是寻找铁矿的比较有利地区。

5. 阿路格龙综合预测区(Ⅲ-7-5)

预测区面积为 $0.43km^2$,预测铜资源量为 227.7t。出露地层有寒武系—奥陶系温都尔庙群哈尔哈达组。矿床主要赋存在古元古界宝音图岩群与中元古代英云闪长岩接触带中。剩余重力异常值变化范围 $(5\sim7)×10^{-5}m/s^2$。航磁 ΔT 化极异常起始值在 $-25\sim0nT$ 之间。该预测区是寻找与中酸性岩浆热液有关的脉状银金铜矿的主要地区。

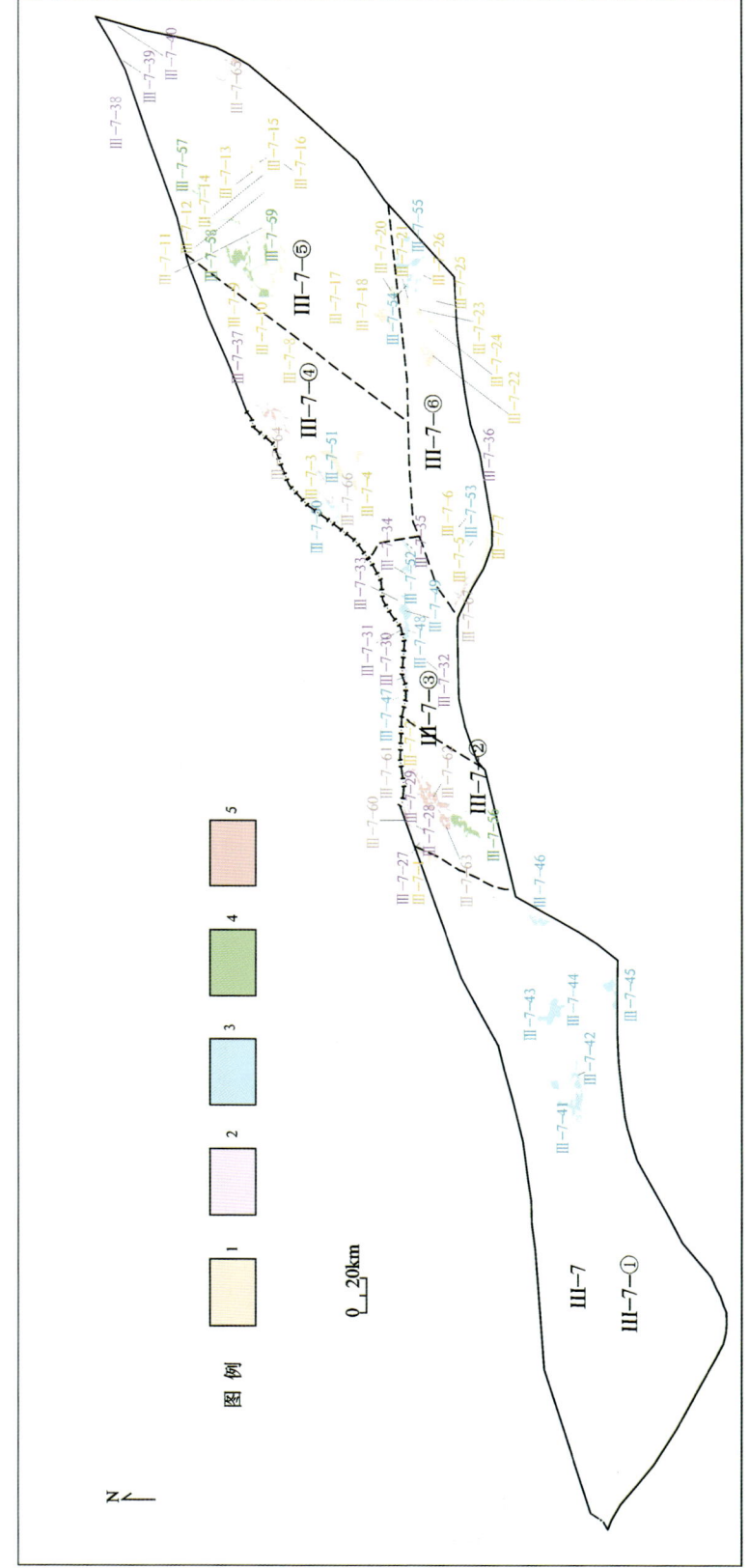

图 9-9 Ⅲ-7综合预测区分布图

1. 与中新元古代基性—中酸性岩浆活动有关的铁、铜（钼、金）矿床成矿亚系列综合预测区；2. 与海西期超基性—基性岩浆活动有关的铬、镍、铜矿床成矿亚系列综合预测区；3. 与海西期中酸性岩浆活动有关的钼、铜多金属、金、锰矿床成矿亚系列综合预测区；4. 与印支期中酸性侵入岩有关的金、钼、铋、钨成矿亚系列综合预测区；5. 与燕山期酸性岩浆活动有关的金、萤石矿床成矿亚系列综合预测区

6. 加得盖综合预测区（Ⅲ-7-6）

预测区面积为 0.41km²，预测铜资源量为 217.35t。矿床主要赋存在古元古界宝音图岩群与中元古代英云闪长岩接触带中。剩余重力异常值变化范围$(-2\sim1)\times10^{-5}$m/s²。航磁 ΔT 化极异常起始值在 25～50nT 之间。该预测区是寻找与中酸性岩浆热液有关的脉状银金铜矿的主要地区。

7. 宫忽洞综合预测区（Ⅲ-7-7）

预测区面积为 50.12km²，预测铜资源量为 89 802.52t。出露地层为中新元古界白云鄂博群胡吉尔图组。区内有北西向断层 1 条，近东西向断层 6 条。胡吉尔图组中有铜矿床 1 个。剩余重力异常值变化范围$(-10\sim-4)\times10^{-5}$m/s²。航磁 ΔT 化极异常起始值在 25～125nT 之间。Cu 元素异常一级浓度分带明显，Cu 元素化探异常值$(10\sim22)\times10^{-6}$。该预测区是寻找与中酸性岩浆热液有关的脉状银金铜矿较有利地区。

8. 根必力音敖包综合预测区（Ⅲ-7-8）

预测区面积为 25.47km²，预测铁资源量为 $3\,888.057\times10^4$t。出露地层有寒武系—奥陶系温都尔庙群哈尔哈达组。布格重力异常西部有北东东向正异常，东部平缓，剩余重力异常值$(3\sim9)\times10^{-5}$m/s²。航磁异常值大于 400nT。该预测区是寻找铁矿的较有利地区。

9. 萨如拉塔拉嘎查南综合预测区（Ⅲ-7-9）

预测区面积为 64.18km²，预测铁资源量为 $6\,750.889\times10^4$t。出露地层有寒武系—奥陶系温都尔庙群哈尔哈达组。剩余重力异常值变化范围$(3\sim8)\times10^{-5}$m/s²。航磁 ΔT 化极异常起始值在 $-225\sim-25$nT 之间。该预测区是寻找沉积型铁矿的较有利地区。

10. 乌兰呼吉尔特推饶木综合预测区（Ⅲ-7-10）

预测区面积为 140.21km²，预测铁资源量为 $17\,550.6\times10^4$t。出露地层有寒武系—奥陶系温都尔庙群哈尔哈达组（含铁建造）。剩余重力异常值变化范围$(-5\sim9)\times10^{-5}$m/s²。航磁 ΔT 化极异常起始值在 $-225\sim-25$nT 之间。该预测区是寻找沉积型铁矿的较有利地区。

11. 希日勒吉音额博勒者南综合预测区（Ⅲ-7-11）

预测区面积为 36.43km²，预测铁资源量为 $4\,476.074\times10^4$t。出露地层有寒武系—奥陶系温都尔庙群哈尔哈达组（含铁建造）。剩余重力异常值变化范围$(-7\sim3)\times10^{-5}$m/s²。航磁 ΔT 化极异常起始值在 $-325\sim-250$nT 之间。该预测区是寻找铁矿的主要地区。

12. 希日德尔斯北综合预测区（Ⅲ-7-12）

预测区面积为 0.78km²，预测铁资源量为 42.0724×10^4t。出露地层有寒武系—奥陶系温都尔庙群哈尔哈达组（含铁建造）。剩余重力异常值变化范围$(5\sim9)\times10^{-5}$m/s²。航磁 ΔT 化极异常起始值在 $-255\sim-225$nT 之间。该预测区是寻找铁矿的比较有利地区。

13. 阿萨日东综合预测区（Ⅲ-7-13）

预测区面积为 36.65km²，预测铁资源量为 $4\,459.944\,91\times10^4$t。出露地层有寒武系—奥陶系温都尔庙群哈尔哈达组（含铁建造）。剩余重力异常值变化范围$(3\sim10)\times10^{-5}$m/s²。航磁 ΔT 化极异常值起始值在 $-225\sim-150$nT 之间。该预测区是寻找铁矿的较有利地区。

14. 嘎顺哈巴尔扎东综合预测区（Ⅲ-7-14）

预测区面积为 4.18km², 预测铁资源量为 266.3975×10⁴t。出露地层有寒武系—奥陶系温都尔庙群哈尔哈达组（含铁建造）。剩余重力异常值变化范围（-10~-1）×10⁻⁵m/s²。航磁 ΔT 化极异常起始值在-275~-225nT 之间。该预测区是寻找铁矿的比较有利地区。

15. 陶高图北综合预测区（Ⅲ-7-15）

预测区面积为 19.87km², 预测铁资源量为 1 454.247×10⁴t。出露地层有寒武系—奥陶系温都尔庙群哈尔哈达组（含铁建造）。剩余重力异常值变化范围（-4~2）×10⁻⁵m/s²。航磁 ΔT 化极异常起始值在-300~-250nT 之间。该预测区是寻找铁矿的比较有利地区。

16. 1042 高地南综合预测区（Ⅲ-7-16）

预测区面积为 0.23km², 预测铁资源量为 17.961 20×10⁴t。出露地层有寒武系—奥陶系温都尔庙群哈尔哈达组（含铁建造）。剩余重力异常值变化范围（4~5）×10⁻⁵m/s²。航磁 ΔT 化极异常起始值在-250~-225nT 之间。该预测区是寻找铁矿的比较有利地区。

17. 查干呼舒南综合预测区（Ⅲ-7-17）

预测区面积为 5.85km², 预测铁资源量为 406.4145×10⁴t。出露地层有寒武系—奥陶系温都尔庙群桑达来音呼都格组。剩余重力异常值变化范围（5~10）×10⁻⁵m/s²。航磁 ΔT 化极异常起始值在-325~-300nT 之间。该预测区是寻找铁矿的比较有利地区。

18. 苏吉铁硫铁矿综合预测区（Ⅲ-7-18）

预测区面积为 130.26km², 预测铁资源量为 17 944.43×10⁴t, 硫铁资源量为 370.576×10⁴t。出露地层有寒武系—奥陶系温都尔庙群桑达来音呼都格组和哈尔哈达组。剩余重力异常值变化范围（1~10）×10⁻⁵m/s²。航磁 ΔT 化极异常起始值在-250~-150nT 之间。该预测区是寻找铁、硫铁矿的较有利地区。

19. 白云敖包综合预测区（Ⅲ-7-19）

预测区面积为 5.88km², 预测铁资源量为 1 521.18×10⁴t。出露的地层有寒武系—奥陶系温都尔庙群桑达来音呼都格组，有铁矿 1 处，附近覆盖区有多处甲类航磁异常。剩余重力异常值变化范围（4~18）×10⁻⁵m/s²。航磁 ΔT 化极异常起始值在-200~-125nT之间。该预测区是寻找铁矿的有利地区。

20. 都呼木西综合预测区（Ⅲ-7-20）

预测区面积为 60.61km², 预测铁资源量为 5 632.458×10⁴t。出露的地层有寒武系—奥陶系温都尔庙群哈尔哈达组。剩余重力异常值变化范围（5~20）×10⁻⁵m/s²。航磁 ΔT 化极异常起始值在-25~175nT 之间。该预测区是寻找铁矿的比较有利地区。

21. 木拉格尔综合预测区（Ⅲ-7-21）

预测区面积为 26.78km², 预测铜资源量为 58 153t, 硫铁资源量为 1 239.318×10⁴t。出露的地层为石炭系本巴图组。最小预测区矿床主要赋存在本巴图组变质砂岩、变质粉砂岩中。剩余重力异常值变化范围（-1~6）×10⁻⁵m/s²。航磁 ΔT 化极异常起始值在-100~-50nT 之间。预测区在 Cu 元素综合化探异常区内。该预测区是寻找铜、硫铁矿的较有利地区。

22. 白音朝格图苏木综合预测区（Ⅲ-7-22）

预测区面积为128.55km²，预测铜资源量为433 368t，钼资源量为9 072.897t，金资源量为14 016kg，硫铁资源量为474.41×10⁴t。出露的地层有奥陶系白乃庙组。预测区处在白乃庙组绿泥斜长片岩、阳起绿泥斜长片岩及大理岩基岩出露区。区内有白乃庙铜矿床1处，化探异常1处，航磁化极异常1处。剩余重力异常值变化范围$(1\sim15)\times10^{-5}$m/s²。航磁ΔT化极异常起始值在$-100\sim-25$nT之间。该预测区是寻找铜、钼、金、硫铁矿的主要地区。

23. 别鲁乌图铜矿南综合预测区（Ⅲ-7-23）

预测区面积为32.87km²，预测铜资源量为45 383t，钼资源量为133.01t，金资源量为3519kg，硫铁资源量为1.58×10⁴t。出露的地层有石炭系本巴图组。矿床主要赋存在本巴图组变质砂岩、变质粉砂岩中。与成矿关系密切的围岩蚀变为绿泥石化、黑云母化、滑石化，其次是碳酸盐化和硅化。剩余重力异常值变化范围$(-3\sim0)\times10^{-5}$m/s²。航磁ΔT化极异常起始值在$0\sim100$nT之间。预测区在Cu元素综合地球化学异常区内。该预测区是寻找铜、钼、金、硫铁矿的有利地区。

24. 毛盖图北综合预测区（Ⅲ-7-24）

预测区面积为33.34km²，预测铜资源量为15 697t，金资源量为6223kg，钼资源量为308.94t，硫铁资源量为0.09×10⁴t。出露的地层有奥陶系白乃庙组。预测区处在白乃庙组绿泥斜长片岩、阳起绿泥斜长片岩及大理岩基岩出露区。石英闪长岩呈岩株状产出。有低缓航磁化极异常1处。剩余重力异常值变化范围$(1\sim10)\times10^{-5}$m/s²。航磁ΔT化极异常起始值在$0\sim100$nT之间。该预测区是寻找铜、钼、金、硫铁矿的主要地区。

25. 巴润哈日其盖东综合预测区（Ⅲ-7-25）

预测区面积为3.27km²，预测铜资源量为4300t，钼资源量为96.543t。预测区处在石英闪长岩岩体内。区内有铜矿化点1处，附近有重砂异常1处，低缓航磁化极异常1处。剩余重力异常值变化范围$(3\sim6)\times10^{-5}$m/s²。航磁ΔT化极异常起始值在$-25\sim0$nT之间。该预测区是寻找铜、钼矿的比较有利地区。

26. 那日图嘎查南综合预测区（Ⅲ-7-26）

预测区面积为12.7km²，预测铜资源量为7751t，钼资源量为143.7418t，硫铁资源量为121.922×10⁴t。出露的地层有石炭系本巴图组，出露的岩体有石英闪长岩、花岗岩。与成矿关系密切的围岩蚀变为绿泥石化、黑云母化、滑石化，其次是碳酸盐化和硅化。区内有铜矿化点及低缓航磁化极异常，剩余重力异常值变化范围$(-10\sim3)\times10^{-5}$m/s²。航磁ΔT化极异常起始值在$-75\sim100$nT之间。在Cu元素综合地球化学异常区内有最小预测区。该预测区是寻找铜、钼、硫铁矿的主要地区。

二、与海西期超基性—基性—中酸性岩浆活动有关的铬、镍、铜、金、锰、钼矿床成矿系列综合预测区划分及特征

（一）与海西期超基性—基性岩浆活动有关的铬、镍、铜矿床成矿亚系列

该成矿亚系列共划分出14个综合预测区。

1. 达布逊综合预测区（Ⅲ-7-27）

预测区面积为 4.74km²，预测镍资源量为 85 462.77t。出露的地层有奥陶系包尔汉图群，出露的岩体有石炭纪超基性岩、二叠纪闪长岩。有已知达布逊镍矿床。剩余重力异常值变化范围>1×10⁻⁵m/s²。航磁 ΔT 化极异常起始值在 $-25\sim0$nT 之间。Ni 元素地球化学异常起始值>79×10^{-6}。该预测区是寻找镍矿的主要地区。

2. 哈能综合预测区（Ⅲ-7-28）

预测区面积为 0.76km²，预测镍资源量为 1 942.32t。出露的地层有奥陶系包尔汉图群，出露的岩体有石炭纪超基性岩。剩余重力异常值变化范围$(-1\sim0)\times10^{-5}$m/s²。航磁 ΔT 化极异常起始值在 $-100\sim-50$nT 之间。该预测区是寻找镍矿的比较有利地区。

3. 买卖滚东综合预测区（Ⅲ-7-29）

预测区面积为 4.04km²，预测铬资源量为 5.679×10^4t。预测区呈不规则状分布，地表见超基性岩分布，有磁异常显示。剩余重力异常值变化范围$(2\sim5)\times10^{-5}$m/s²。航磁 ΔT 化极异常起始值在 $-100\sim-75$nT 之间。该预测区是寻找铬矿的较有利地区。

4. 索伦山综合预测区（Ⅲ-7-30）

预测区面积为 70.61km²，预测铬资源量为 131.26×10^4t。预测区呈不规则状分布，出露有超基性岩。有磁异常显示，包含 1 个小型矿床。剩余重力异常值变化范围西部$(3\sim5)\times10^{-5}$m/s²，东部$(-6\sim-1)\times10^{-5}$m/s²。航磁 ΔT 化极异常起始值在 $-75\sim75$nT 之间。该预测区是寻找铬矿的主要地区。

5. 桑根达来 206 综合预测区（Ⅲ-7-31）

预测区面积为 38.79km²，预测铬资源量为 67.122×10^4t。预测区呈不规则状分布，近东西向展布，地表见超基性岩分布，区内有 2 个矿点，有磁异常显示。剩余重力异常值变化范围$(-3\sim1)\times10^{-5}$m/s²。航磁 ΔT 化极异常起始值在 $-200\sim0$nT 之间。该预测区是寻找铬矿的主要地区。

6. 巴音查综合预测区（Ⅲ-7-32）

预测区面积为 0.82km²，预测铬资源量为 2.295×10^4t。预测区呈不规则状分布，近东西向展布，地表见超基性岩分布，区内有 1 个矿点，有磁异常显示。剩余重力异常值变化范围$(5\sim7)\times10^{-5}$m/s²。航磁 ΔT 化极异常起始值在 $-50\sim-25$nT 之间。该预测区是寻找铬矿的有利地区。

7. 塔塔综合预测区（Ⅲ-7-33）

预测区面积为 7.05km²，预测铬资源量为 5.599×10^4t。预测区呈不规则状分布，近东西向展布，地表见超基性岩分布，区内有 1 个矿点，有磁异常显示。剩余重力异常值变化范围$(0\sim5)\times10^{-5}$m/s²。航磁 ΔT 化极异常起始值在 $-225\sim-125$nT 之间。该预测区是寻找铬矿的有利地区。

8. 阿尔乌苏南综合预测区（Ⅲ-7-34）

预测区面积为 4.75km²，预测铬资源量为 1.052×10^4t。预测区呈不规则状分布，近北西向展布，地表见超基性岩零星分布。剩余重力异常值变化范围$(-4\sim1)\times10^{-5}$m/s²。航磁 ΔT 化极异常起始值在 $-300\sim-250$nT 之间。该预测区是寻找铬矿的比较有利地区。

9. 巴音塔拉苏木综合预测区（Ⅲ-7-35）

预测区面积为 $1.09km^2$，预测铬资源量为 0.285×10^4t。预测区呈不规则状分布，近北东向展布，地表见超基性岩零星分布。剩余重力异常值变化范围$(1\sim4)\times10^{-5}m/s^2$。航磁 ΔT 化极异常起始值在 $-225\sim-200nT$ 之间。该预测区是寻找铬矿的比较有利地区。

10. 老生沟综合预测区（Ⅲ-7-36）

预测区面积为 $14.58km^2$，预测铜资源量为 $4\,473.69t$。预测区呈不规则状分布，出露的地层有白云鄂博群哈拉霍疙特组，岩性为碳酸盐岩、砂泥岩建造。剩余重力异常值变化范围$(-3\sim10)\times10^{-5}m/s^2$。航磁 ΔT 化极异常起始值在 $-100\sim-25nT$ 之间。Cu 元素异常三级浓度分带明显，Cu 元素化探异常值$(22\sim42.50)\times10^{-6}$。该预测区是寻找铜矿的较有利地区。

11. 阿尔登格勒庙综合预测区（Ⅲ-7-37）

预测区面积为 $9.74km^2$，预测铬资源量为 23.785×10^4t。预测区呈不规则状分布，出露的地层为石炭系本巴图组。有阿尔登格勒庙铬铁矿。剩余重力异常值变化范围$(2\sim9)\times10^{-5}m/s^2$。航磁 ΔT 化极异常起始值在 $-200\sim-175nT$ 之间。Cr 元素地球化学异常三级浓度分带明显，Cr 元素化探异常值$(143\sim1032)\times10^{-6}$。该预测区是寻找铬矿的主要地区。

12. 阿尔善宝拉格苏木西南综合预测区（Ⅲ-7-38）

预测区面积为 $5.46km^2$，预测铬资源量为 1.883×10^4t。预测区呈不规则状分布，出露的地层为第四纪堆积物。位于重力推断隐伏超基性岩体之上，无矿点。剩余重力异常值变化范围$(9\sim10)\times10^{-5}m/s^2$。航磁 ΔT 化极异常起始值在 $-100\sim-25nT$ 之间。该预测区是寻找铬矿的比较有利地区。

13. 朝克乌拉西综合预测区（Ⅲ-7-39）

预测区面积为 $80.17km^2$，预测铬资源量为 70.398×10^4t。预测区呈不规则状分布，出露侵入岩为泥盆纪纯橄榄岩、二辉橄榄岩、蛇纹石化橄榄岩、单斜辉石橄榄岩、斜方辉石橄榄岩。区内无矿点。剩余重力异常值变化范围$(8\sim20)\times10^{-5}m/s^2$。航磁 ΔT 化极异常起始值在 $-275\sim800nT$ 之间。Cr 元素异常三级浓度分带明显，Cr 元素化探异常值$(143\sim10\,670)\times10^{-6}$；Ni 元素化探异常值极高，为$(149\sim1\,794.3)\times10^{-9}$。该预测区是寻找铬、镍矿的较有利地区。

14. 朝根山综合预测区（Ⅲ-7-40）

预测区面积为 $0.76km^2$，预测铬资源量为 0.283×10^4t。预测区呈不规则状分布，出露的地层为第四纪堆积物。朝根山铬矿点位于该区。剩余重力异常值变化范围$(-5\sim-3)\times10^{-5}m/s^2$。航磁 ΔT 化极异常起始值在 $-250\sim-225nT$ 之间。该预测区是寻找铬矿的比较有利地区。

（二）与海西期中酸性岩浆活动有关的钼、铜多金属、金、锰矿床成矿亚系列

该成矿亚系列共划分出 15 个综合预测区。

1. 依很达日布盖综合预测区（Ⅲ-7-41）

预测区面积为 $171.5km^2$，预测铜资源量为 $93\,227.85t$。预测区呈不规则状分布，出露的地层为石炭系本巴图组，分布于中部和南部；岩体为二叠纪浅肉红色中粗粒英云闪长岩、二长花岗岩、花岗岩，分

布于北部。1个铜矿点分布其中,近东西向断裂发育,含1处铜异常,重力表现为正负演变的梯度带,航磁西高东低,南部存在1处重砂异常。该预测区是寻找铜矿的较有利地区。

2. 阿拉格毛尔东综合预测区（Ⅲ-7-42）

预测区面积为 $141.69km^2$,预测铜资源量为 99 826.61t。预测区呈不规则状分布,出露的地层为石炭系本巴图组,分布于南部;岩体为二叠纪浅肉红色、肉红色中粗粒二长花岗岩、花岗岩、花岗闪长岩,分布于中部及北部。4个铜矿点分布其中,北西向断裂发育,脉岩发育。剩余重力异常值变化范围$(-3\sim1)\times10^{-5}m/s^2$。航磁 ΔT 化极异常起始值在 $-175\sim100nT$ 之间。该预测区是寻找铜矿的有利地区。

3. 保格切综合预测区（Ⅲ-7-43）

预测区面积为 $166.63km^2$,预测铜资源量为 153 028.96t。预测区呈不规则状分布,出露的地层为本石炭系巴图组,南部见二叠纪花岗岩及侏罗纪花岗岩,该区岩浆活动强烈。近东西向、北东向断裂构造发育。该区含铜矿化点1处;铜异常1处;航磁化极异常1处;矿点北东重力高,矿点处及南西段重力低。该预测区是寻找铜矿的有利地区。

4. 查干陶勒盖综合预测区（Ⅲ-7-44）

预测区面积为 $68.36km^2$,预测铜资源量为 8 129.04t。预测区呈不规则状分布,出露的岩体为二叠纪二长花岗岩,分布于中北部;三叠纪二长花岗岩分布于东部、西部及南部,近东西向断裂构造发育,脉岩发育。剩余重力异常值变化范围$(-4\sim3)\times10^{-5}m/s^2$。航磁 ΔT 化极异常起始值在 $-125\sim-25nT$ 之间。该预测区是寻找铜矿的比较有利地区。

5. 道都乌兰德南综合预测区（Ⅲ-7-45）

预测区面积为 $135.58km^2$,预测铁资源量为 4483.78×10^4t。预测区呈不规则状分布,仅小面积出露二叠纪花岗岩,大部分地段被新生界掩盖。剩余重力异常值变化范围$(-2\sim3)\times10^{-5}m/s^2$。航磁 ΔT 化极异常值起始值在 $-225\sim-125nT$ 之间。该预测区是寻找铜矿的比较有利地区。

6. 欧布拉格综合预测区（Ⅲ-7-46）

预测区面积为 $79.84km^2$,预测铜资源量为 71 485.53t。预测区呈不规则状分布,出露的地层为石炭统本巴图组及侏罗纪火山杂岩。矿体主要分布在次火山岩-石英斑岩体或闪长玢岩内外接触带中。矿区内的近矿围岩及含矿层蚀变均较强烈,以硅化、高岭土化、青磐岩化、绢云母化、碳酸盐化为主,另见透闪石化。矿床1处;Cu、Pb、Zn综合化探异常1处;航磁化极异常1处;矿点北东重力高,矿点处及南西段重力低。该预测区是寻找铜矿的较有利地区。

7. 索伦敖包西综合预测区（Ⅲ-7-47）

预测区面积为 $21.83km^2$,预测铜资源量为 1137t。预测区呈不规则状分布,出露的地层有石炭系本巴图组、阿木山组。最小预测区矿床主要赋存在本巴图组变质砂岩、变质粉砂岩中。剩余重力异常值变化范围$(-3\sim5)\times10^{-5}m/s^2$。航磁 ΔT 化极异常起始值在 $-100\sim50nT$ 之间。该预测区是寻找铜矿的较有利地区。

8. 巴彦敖包综合预测区（Ⅲ-7-48）

预测区面积为 $81.03km^2$,预测铜资源量为 4764t。预测区呈不规则状分布,出露地层为石炭系本巴图组,最小预测区矿床主要赋存在本巴图组变质砂岩、变质粉砂岩中。剩余重力异常值变化范围

$(-3\sim5)\times10^{-5}\text{m/s}^2$。航磁 ΔT 化极异常起始值在 $-150\sim0\text{nT}$ 之间。该预测区是寻找铜矿的较有利地区。

9. 哈尔陶勒盖西综合预测区（Ⅲ-7-49）

预测区面积为 118.04km^2，预测铜资源量为 5620t。预测区呈不规则状分布，出露地层为石炭系本巴图组，最小预测区矿床主要赋存在本巴图组变质砂岩、变质粉砂岩中。剩余重力异常值变化范围 $(1\sim6)\times10^{-5}\text{m/s}^2$。航磁 ΔT 化极异常起始值在 $-225\sim-125\text{nT}$ 之间。该预测区是寻找铜矿的较有利地区。

10. 西里庙综合预测区（Ⅲ-7-50）

预测区面积为 38.53km^2，预测锰资源量为 $62.642\times10^4\text{t}$。预测区呈不规则状分布，近北东向分布，出露地层有二叠系大石寨组二段，有1个小型矿床，具较大规模的锰蚀变带。剩余重力异常值变化范围 $(1\sim5)\times10^{-5}\text{m/s}^2$。航磁 ΔT 化极异常起始值在 $-275\sim-175\text{nT}$ 之间。Mn元素地球化学异常值在 $(204\sim591)\times10^{-9}$ 之间。该预测区是寻找锰矿的较有利地区。

11. 敖仑敖包综合预测区（Ⅲ-7-51）

预测区面积为 6.8km^2，预测锰资源量为 $6.877\times10^4\text{t}$。预测区呈不规则状分布，出露的地层为二叠系大石寨组二段。剩余重力异常值变化范围 $(-6\sim-1)\times10^{-5}\text{m/s}^2$。航磁 ΔT 化极异常起始值在 $-75\sim0\text{nT}$ 之间。Mn元素地球化学异常值在 $(919\sim1130)\times10^{-9}$ 之间。该预测区是寻找锰矿的比较有利地区。

12. 查干哈达铜矿综合预测区（Ⅲ-7-52）

预测区面积为 62.45km^2，预测铜资源量为 5759t。预测区呈不规则状分布，出露的地层为石炭系本巴图组，矿床主要赋存在本巴图组变质砂岩、变质粉砂岩中。剩余重力异常值变化范围 $(-4\sim7)\times10^{-5}\text{m/s}^2$。航磁 ΔT 化极异常起始值在 $-300\sim-125\text{nT}$ 之间。该预测区是寻找铜矿的较有利地区。

13. 扎达盖西综合预测区（Ⅲ-7-53）

预测区面积为 7.97km^2，预测铁资源量为 $72.13\times10^4\text{t}$。预测区呈不规则状分布，主要赋存于泥盆纪中粒石英闪长岩中，区内有2条断层通过。剩余重力异常值变化范围 $(-4\sim2)\times10^{-5}\text{m/s}^2$。航磁 ΔT 化极异常起始值在 $-100\sim0\text{nT}$ 之间。该预测区是寻找铁矿的较有利地区。

14. 阿门乌苏综合预测区（Ⅲ-7-54）

预测区面积为 51.38km^2，预测金资源量为 $10\,848\text{kg}$。预测区呈不规则状分布，出露的地层有石炭系本巴图组，出露的岩体有晚侏罗世二长花岗岩。剩余重力异常值变化范围 $(-10\sim3)\times10^{-5}\text{m/s}^2$。航磁 ΔT 化极异常起始值在 $-75\sim100\text{nT}$ 之间。Au元素地球化学异常起始值大于 2.0×10^{-9}。该预测区是寻找金矿的较有利地区。

15. 哈达庙综合预测区（Ⅲ-7-55）

预测区面积为 146.98km^2，预测金资源量为 $41\,922\text{kg}$。预测区呈不规则状分布，出露的侵入岩有晚侏罗世花岗岩、流纹斑岩及早白垩世花岗斑岩，与成矿有关断层为北西向。有1条规模较大的北西向断层，有2个火山口。剩余重力异常值变化范围 $(-3\sim9)\times10^{-5}\text{m/s}^2$。航磁 ΔT 化极异常起始值在 $-25\sim100\text{nT}$ 之间。Au元素地球化学异常起始值大于 2.0×10^{-9}。该预测区是寻找金矿的主要地区。

三、与印支期中酸性侵入岩有关的金、钼、铋、钨成矿系列综合预测区划分及特征

1. 查干花钼矿综合预测区（Ⅲ-7-56）

预测区面积为 181.16km²，预测钼资源量为 843 100t。呈不规则状分布，出露的岩体有石炭纪中粗粒花岗闪长岩，发育北东向断裂。区内有磁异常显示，有 1 个大型矿床。剩余重力异常值变化范围 $(-4\sim3)\times10^{-5}$m/s²。航磁 ΔT 化极异常起始值在 $-100\sim0$nT 之间。预测区分布于 Mo 元素化探异常区内。该预测区是寻找钼矿的有利地区。

2. 必鲁甘干钼矿综合预测区（Ⅲ-7-57）

预测区面积为 22.71km²，预测钼资源量为 249 759t。呈不规则状分布，出露的岩体有早侏罗世花岗斑岩，该区内分布有必鲁甘干铜钼矿。剩余重力异常值变化范围 $(-3\sim6)\times10^{-5}$m/s²，航磁 ΔT 化极异常起始值在 $-250\sim-125$nT 之间。预测区分布于 Mo 元素化探异常区内。该预测区是寻找钼矿的有利地区。

3. 巴彦温都尔金矿综合预测区（Ⅲ-7-58）

预测区面积为 199.14km²，预测金资源量为 20 707.95kg。出露的地层为寒武系—奥陶系温都尔庙群哈尔哈达组、桑达来音呼都格组，上泥盆统—下石炭统色日巴彦敖包组和二叠系。出露的岩体有加里东晚期—印支期三叠纪中酸性侵入岩。有北东向巴彦温都尔-巴润萨拉韧性剪切带、近东西向祖勒格图-道勒花图格剪切带、近东西向白音宝力道-哈珠车根庙带和陶勒盖音郭勒棚-哈尔干尼呼都格剪切带及其派生的断裂。剩余重力异常值变化范围 $(-7\sim9)\times10^{-5}$m/s²，航磁 ΔT 化极异常起始值在 $-175\sim-25$nT 之间，Au-As-Sb 元素综合异常分布与北东向韧性剪切带展布密切相关，呈串珠状或宽带状展布。该预测区是寻找金矿的有利地区。

4. 巴彦哈尔敖包金矿综合预测区（Ⅲ-7-59）

预测区面积为 166.68km²，预测金资源量为 11 513.04kg。出露的地层为寒武系—奥陶系温都尔庙群哈尔哈达组、桑达来音呼都格组，古生代混杂岩，上泥盆统—下石炭统色日巴彦敖包组和二叠系。出露的岩体有加里东晚期—印支期三叠纪中酸性侵入岩。发育北东向巴彦温都尔-巴润萨拉韧性剪切带、近东西向祖勒格图-道勒花图格剪切带、近东西向白音宝力道-哈珠车根庙剪切带和陶勒盖音郭勒棚-哈尔干尼呼都格剪切带及其派生的断裂。剩余重力异常值变化范围 $(-10\sim10)\times10^{-5}$m/s²。航磁 ΔT 化极异常起始值在 $-300\sim0$nT 之间。Au-As-Sb综合异常分布与北东向韧性剪切带展布密切相关，呈串珠状或宽带状展布。该预测区是寻找金矿的有利地区。

四、与燕山期酸性岩浆活动有关的金、萤石矿床成矿系列综合预测区划分及特征

1. 买卖滚北东金矿综合预测区（Ⅲ-7-60）

预测区面积为 55.26km²，预测金资源量为 3947kg。出露的地层为新元古界艾勒格庙组。发育有石英脉。发育北东向、北西向断裂，有磁异常显示。剩余重力异常值变化范围 $(-4\sim1)\times10^{-5}$m/s²。

航磁 ΔT 化极异常起始值在 $-50\sim 0$ nT 之间。该预测区是寻找与次火山中热液型有关的金银矿的有利地区。

2. 图古日格嘎查综合预测区（Ⅲ-7-61）

预测区面积为 103.39km^2，预测金资源量为 3898kg。出露的地层为新元古界艾勒格庙组。脉岩有石英脉。发育北东向断裂，有磁异常显示。剩余重力异常值变化范围 $(1\sim 7)\times 10^{-5}\text{m/s}^2$。航磁 ΔT 化极异常起始值在 $-125\sim -25$ nT 之间。该预测区是寻找与次火山热液型有关的金银矿的有利地区。

3. 巴润嘎顺金矿综合预测区（Ⅲ-7-62）

预测区面积为 139.71km^2，预测金资源量为 7473kg。出露的地层为新元古界艾勒格庙组，出露的岩体有石炭纪花岗岩。发育石英脉。发育北东向断裂。剩余重力异常值变化范围 $(-2\sim 8)\times 10^{-5}\text{m/s}^2$。航磁 ΔT 化极异常起始值在 $-150\sim -25$ nT 之间。该预测区是寻找金矿的有利地区。

4. 巴音查干嘎查南东金矿综合预测区（Ⅲ-7-63）

预测区面积为 148.55km^2，预测金资源量为 2916kg。出露的地层为新元古界艾勒格庙组，出露的岩体有石炭纪花岗岩。发育石英脉。发育北东向断裂。剩余重力异常值变化范围 $(-5\sim 9)\times 10^{-5}\text{m/s}^2$。航磁 ΔT 化极异常起始值在 $-125\sim -50$ nT 之间。该预测区是寻找金矿的有利地区。

5. 白音脑包萤石矿综合预测区（Ⅲ-7-64）

预测区面积为 148.55km^2，预测萤石资源量为 70.844×10^4t。预测区被新生界大面积覆盖，出露的岩体有早侏罗世花岗斑岩、早白垩世黑云母二长花岗岩。剩余重力异常值变化范围 $(-3\sim 4)\times 10^{-5}\text{m/s}^2$。航磁 ΔT 化极异常起始值在 $-300\sim 505$ nT 之间。该预测区是寻找萤石矿的较有利地区。

6. 跃进萤石综合预测区（Ⅲ-7-65）

预测区面积为 42.72km^2，预测萤石资源量为 28.892×10^4t。出露的地层有二叠系哲斯组、白垩系大磨拐河组，出露的岩体有二叠纪闪长岩、侏罗纪花岗岩。发育近南北向、北东向断裂。剩余重力异常值变化范围 $(-2\sim 6)\times 10^{-5}\text{m/s}^2$。航磁 ΔT 化极异常起始值在 $-250\sim -125$ nT 之间。萤石矿处于区域 F 元素地球化学异常高异常区，矿床 F 元素地球化学异常值高于 686×10^{-6}，最高异常起始值 1003×10^{-6}。该预测区是寻找萤石矿的有利地区。

7. 苏莫查干敖包萤石综合预测区（Ⅲ-7-66）

预测区面积为 30.31km^2，预测萤石资源量为 $5\,450.029\times 10^4$t。出露的地层有二叠系大石寨组、侏罗系玛尼吐组，出露的岩体有早二叠世二长花岗岩、白垩纪花岗岩。剩余重力异常值变化范围 $(-4\sim 2)\times 10^{-5}\text{m/s}^2$。航磁 ΔT 化极异常起始值在 $-275\sim 0$ nT 之间。该预测区是寻找萤石矿的有利地区。

8. 黑沙图萤石综合预测区（Ⅲ-7-67）

预测区面积为 61.02km^2，预测萤石资源量为 143.488×10^4t。出露的地层有古元古代宝音图岩群、奥陶系哈拉组、志留系—泥盆系西别河组、石炭系阿木山组、二叠系苏吉组等，出露的岩体有中元古代英云闪长岩、晚奥陶世英云闪长岩、中二叠世英云闪长岩、早三叠世英云闪长岩。与萤石矿有关的岩体为英云闪长岩。剩余重力异常值变化范围 $(-4\sim 3)\times 10^{-5}\text{m/s}^2$。航磁 ΔT 化极异常起始值在 $0\sim 200$ nT 之间。该预测区是寻找萤石矿的有利地区。

第四节　多矿种综合靶区部署建议

成矿带包括 9 个预测矿种,分别为铁矿、金矿、铜矿、钼矿、锰矿、铬矿、镍矿、硫铁矿、萤石矿等,划分出 17 个综合勘查工作部署区,其中 2 个详查,3 个普查,12 个预查,对于面积较大、工作程度低的综合部署区应进行预查,安排中小比例尺的和基础的地质、物探、化探、遥感等工作,缩小找矿靶区;而对于面积中等,有一定基础地质及物探、化探工作基础的综合靶区应进行普查,其区内可进一步安排中大比例尺的地质、物探、化探工作进行普查;对于面积较小、工作程度高、典型矿床的区域,可安排大比例尺的地质、物探、化探等工作,必要时,可采用槽探、井探、钻探等手段,寻找隐伏的工业矿体(表 9-7,图 9-10)。

表 9-7　Ⅲ-7 成矿带综合靶区部署建议表

序号	编号	名称	等级	涉及矿种	预测资源量	勘查工作部署建议
1	Ⅲ-7-1	依很达日布盖	预查	铜	193 054.46t	本区未开展 1:5 万区域地质调查工作,应先进行基础地质调查,安排中小比例尺的和基础的地质、物探、化探、遥感等工作,缩小找矿靶区
2	Ⅲ-7-2	查干陶勒盖	预查	铜	161 158t	本区未开展 1:5 万区域地质调查工作,应先进行基础地质调查,安排中小比例尺的和基础的地质、物探、化探、遥感等工作,缩小找矿靶区
3	Ⅲ-7-3	欧布拉格	详查	铜	71 485.53t	本区未开展 1:5 万区域地质调查工作,应先进行基础地质调查,安排大比例尺的地质、物探、化探等工作,必要时,可采用槽探、井探、钻探等手段,寻找隐伏的工业矿体
4	Ⅲ-7-4	道都乌兰德南	预查	铁	4483.78×10^4 t	本区未开展 1:5 万区域地质调查工作,应先进行基础地质调查,安排中小比例尺的和基础的地质、物探、化探、遥感等工作,缩小找矿靶区
5	Ⅲ-7-5	达布逊	预查	锰	5.611×10^4 t	本区已开展特默特等幅的 1:5 万区域地质调查工作,应先在未开展 1:5 万区域地质调查地区开展基础地质调查工作,查明本区基本地质情况;安排中小比例尺的和基础的地质、物探、化探、遥感等工作,缩小找矿靶区
				镍	85 462.77t	
				金	3947kg	
6	Ⅲ-7-6	查干花	预查	锰	1.643×10^4 t	本区已开展图古日格等幅的 1:5 万区域地质调查工作,应先在未开展 1:5 万区域地质调查地区开展基础地质调查,查明本区基本地质情况;安排中小比例尺的和基础的地质、物探、化探、遥感等工作,缩小找矿靶区
				镍	1942.32t	
				铬	5.679×10^4 t	
				钼	843 100t	
				金	14 287kg	
7	Ⅲ-7-7	索伦山	普查	铬	131.26×10^4 t	本区未开展 1:5 万区域地质调查工作,应先进行基础地质调查,查明本区基本地质情况;区内可进一步安排中大比例尺的地质、物探、化探工作进行普查
				铜	1137t	

续表 9-7

序号	编号	名称	等级	涉及矿种	预测资源量	勘查工作部署建议
8	Ⅲ-7-8	查干哈达	预查	锌	76.353×10⁴t	本区已开展查干哈达庙、西拉海音等幅的1:5万区域地质调查工作,应先在未开展1:5万区域地质调查地区展开基础地质调查工作,查明本区基本地质情况;安排中小比例尺的和基础的地质、物探、化探、遥感等工作,缩小找矿靶区
				铜	16 143t	
9	Ⅲ-7-9	阿路格龙	预查	铜	227.7t	本区已开展乌兰布拉格、白音敖包等幅的1:5万区域地质调查工作,应先在未开展1:5万区域地质调查地区展开基础地质调查工作,查明本区基本地质情况;安排中小比例尺的和基础的地质、物探、化探、遥感等工作,缩小找矿靶区
10	Ⅲ-7-10	宫忽洞	详查	铜	89 802.52t	本区已开展达茂旗等幅的1:5万区域地质调查工作,应先在未开展1:5万区域地质调查地区开展基础地质调查工作,查明本区基本地质情况;安排大比例尺的地质、物化探等工作,必要时,可采用槽探、井探、钻探等手段,寻找隐伏的工业矿体
11	Ⅲ-7-11	老生沟	预查	铜	4 473.69t	本区未开展1:5万区域地质调查工作,应先进行基础地质调查,查明本区基本地质情况;安排中小比例尺的和基础的地质、物探、化探、遥感等工作,缩小找矿靶区
12	Ⅲ-7-12	西里庙	普查	铁	15 915.69×10⁴t	本区已开展艾勒格庙、敖勒吐、锡勒苏木、江岸二队、沙勒都布苏木等幅的1:5万区域地质调查工作,应先在未开展1:5万区域地质调查地区开展基础地质调查工作,查明本区基本地质情况;区内可进一步安排中大比例尺的地质、物化探工作进行普查
				锰	62.642×10⁴t	
				萤石	5 450.029×10⁴t	
13	Ⅲ-7-13	敖仑敖包	预查	锰	6.877×10⁴t	本区未开展1:5万区域地质调查工作,应先进行基础地质调查地区开展基础地质调查工作,查明本区基本地质情况;安排中小比例尺的和基础的地质、物探、化探、遥感等工作,缩小找矿靶区
14	Ⅲ-7-14	别鲁乌图	预查	铁	25 098.068×10⁴t	本区已开展茆尔嘎庙、阿达嘎、巴彦得力格大队等幅的1:5万区域地质调查工作,应先在未开展1:5万区域地质调查地区开展基础地质调查工作,查明本区基本地质情况;安排中小比例尺的和基础的地质、物探、化探、遥感等工作,缩小找矿靶区
				铜	56.485 2×10⁴t	
				钼	9 755.1344t	
				金	76 528kg	
				硫铁矿	2 207.891 42×10⁴t	
15	Ⅲ-7-15	巴彦温都尔	预查	铁	35 018.186×10⁴t	本区已开展祖勒格图、昌吐锡力苏木、白音淖尔大队、白音宝力道苏木、红光大队、额尔德尼布拉格、必鲁图等幅的1:5万区域地质调查工作,应先在未开展1:5万区域地质调查地区开展基础地质调查工作,查明本区基本地质情况;安排中小比例尺的和基础的地质、物探、化探、遥感等工作,缩小找矿靶区
				金	32 220.99kg	
16	Ⅲ-7-16	必鲁甘干	普查	钼	249 759t	本区未开展1:5万区域地质调查工作,应先进行基础地质调查,查明本区基本地质情况;区内可进一步安排中大比例尺的地质、物探、化探工作进行普查
17	Ⅲ-7-17	朝克乌拉西	预查	铬	72.564×10⁴t	本区未开展1:5万区域地质调查工作,应先进行基础地质调查,查明本区基本地质情况;安排中小比例尺的和基础的地质、物探、化探、遥感等工作,缩小找矿靶区
				镍	52 517t	

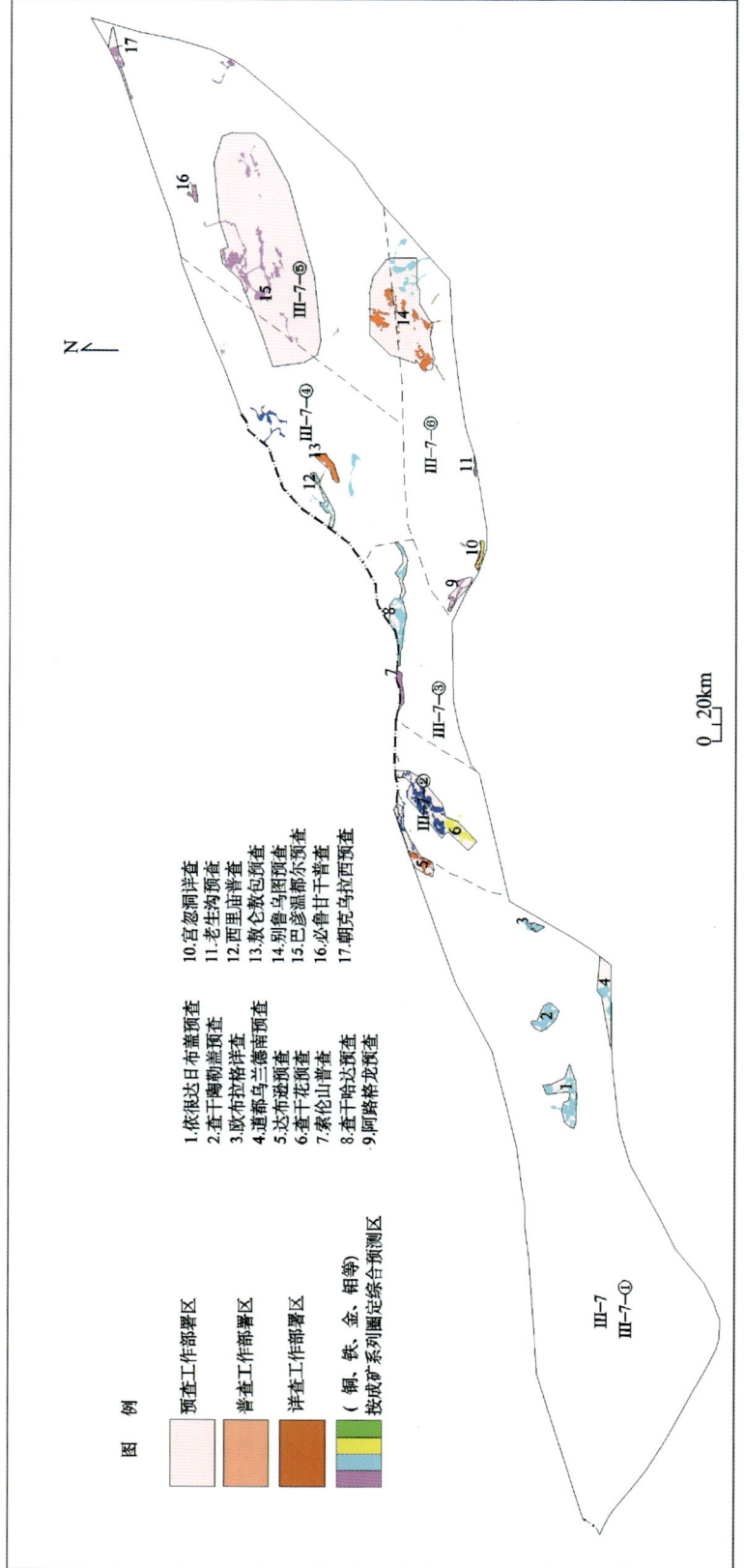

图 9-10　Ⅲ-7 成矿带多矿种综合靶区部署图

第十章　突泉-翁牛特成矿带（Ⅲ-8）预测成果

第一节　区域成矿背景

一、成矿地质条件

1. 区域地质背景

本成矿带的北西以二连-贺根山-扎兰屯断裂为界，西界呈斜线状，即镶黄旗-锡林浩特，南界为槽台断裂，东南以嫩江-八里罕断裂为界。本区跨越了温都尔庙俯冲增生杂岩带和锡林浩特岩浆弧两个三级大地构造单元的东段，分属包尔汉图-温都尔庙弧盆系、大兴安岭弧盆系两个Ⅱ级大地构造单元。

本区古生代地质构造背景与演化与Ⅲ-7成矿区（带）基本一致，此处不再赘述。

中生代发生强烈的构造岩浆活动，构成大兴安岭火山岩带的南段。

自三叠纪开始本区进入了滨西太平洋构造域发展阶段。早中侏罗世在断裂控制下形成串珠状的北东向断陷盆地和隆起。断陷盆地中堆积陆相含煤建造，并已有火山喷发活动。晚侏罗世—早白垩世喷发活动强烈，尤以晚侏罗世最强烈，造成巨厚的陆相火山岩堆积，火山岩岩性总体为基性—中性—酸性—基性的变化。

印支期侵入岩，在突泉及科右中旗一带已有大量发现，主要为二长花岗岩、花岗岩及花岗闪长岩。

燕山期强烈的火山喷发活动同时，岩浆侵入活动亦极为强烈，区域上由东南往北西方向燕山期花岗岩类时代有变新趋势，成分有酸、碱度增高的趋向，区内众多有色、稀有稀土、贵金属矿床成矿作用主要与燕山期花岗岩浆活动有关。

2. 矿产分布特征

该成矿带北西以二连-东乌旗-乌兰浩特断裂为界，南东以嫩江断裂为界，呈北东—南西走向展布。带内已发现的金属矿产有铬、铁、金、银、铜、钼、镍、铅锌、钨、锡以及稀二等；非金属矿有萤石、硫铁矿等，共175处矿产地，其中优势矿种有铁、铅锌、锡、银等。

本成矿带内矿产地空间分布主要有如下规律：

（1）矿床沿深断裂带两侧呈线型带状分布。中生代矿床由于受基底东西向构造和北东—北北东向构造联合控制而呈东西向成行，北东—北北东向呈带分布，林西-孙吴Ⅱ级成矿带东界为北东—北北东向嫩江深断裂带，南界为东西向西拉木伦河深断裂，因此该区由北东—北北东向断裂和东西向断裂相交构成了格子状构造格架。这种构造格架就控制了该区矿床的空间分布规律。东西向西拉木伦河断裂以北约 40km 间距出现两条东西断裂,相应地分布着两行(东西向)矿床(点),由此向北,也相应成行地分布着矿床(点)。沿嫩江深断裂西侧分布的莲花山、布敦花、香山、好来宝、代铜山等矿床(点),大体上按照 60～80km 间距呈北东—北北东向排列,沿黄岗-甘珠尔庙-乌兰浩特断裂带分布的锡、铅、锌、铜矿床(点),大致按 40～60km 间距呈北东向线状排列。

(2) 矿床分布在隆起区与坳陷区过渡带靠隆起区一侧,或坳陷区内的局部隆起上,如黄岗铁锡矿床、毛登锡铜矿床分布地隆起区边部。白音诺尔、浩布高铅锌矿床分布坳陷区的局部隆起上。莲花山、布敦花铜矿床分布在隆起区与坳陷区过渡带上。

(3) 古生代褶皱系内中酸性花岗岩带控制了接触交代型、斑岩型、热液型铁、铁钼、钼、铍、铜和萤石矿床。

上述矿床的空间分布规律表明,大兴安岭中生代构造岩浆带是矿床的集中分布,而且中生代地体叠加在前中生代基底的构造带是矿床最有利分布区。尤其是基底古海盆边缘与中生代构造-岩浆岩带的断隆带重合的构造部位是矿床最集中的分布区,如黄岗-甘珠尔庙-乌兰浩特中生代断隆带基本与早二叠世古海盆的边缘重合,所以该中生代断隆带分布了一批重要有色金属矿床。

3. 成矿区(带)及成矿系列划分

本成矿带共划分 4 个成矿亚带:①Ⅲ-8-①索伦镇-黄岗铁、锡、铜、铅、锌、银成矿亚带;②Ⅲ-8-②神山-大井子铜、铅、锌、银、铁、钼、稀土、铌、钽、萤石成矿亚带;③Ⅲ-8-③卯都房子-毫义哈达铁、钨、铅、锌、铬、萤石成矿亚带;④Ⅲ-8-④小东沟-小营子钼、铅、锌、铜成矿亚带。

根据成矿地质背景、矿产分布特征,该成矿带共划分了 5 个成矿系列,并进一步划分为 8 个成矿亚系列(表 10-1,附图 13)。

表 10-1 突泉-翁牛特成矿带(Ⅲ-8)成矿系列一览表

矿床成矿系列	矿床成矿亚系列	成矿元素(或化合物)	矿床	类型	矿床式	成矿时代
与海西期超基性、基性—中酸性岩浆活动有关的铬、镍、铁、铜、铅锌、银铍(铌、钽)矿床成矿系列	与超基性岩浆活动有关的铬矿床成矿亚系列	Cr	柯单山	岩浆熔离型	柯单山式	早二叠世
			呼和哈达			
	与海相基性—中酸性火山活动有关的铁矿床成矿亚系列	Fe	呼和哈达	火山-沉积型	呼和哈达式	早二叠世大石寨期
	与中酸性岩浆活动有关的铜、铅锌、银、铍(铌、钽)矿床成矿亚系列	Be(Nb、Ta)	碧流台	伟晶岩型	碧流台式	海西晚期花岗闪长岩
		Cu	道伦达坝	热液型	道伦达坝式	海西晚期二长花岗岩
		Pb、Zn、Ag	拜仁达坝		拜仁达坝式	海西期石英闪长岩
与燕山早期中酸性岩浆活动有关的铜、铅锌、银、金、钼、锡、萤石矿床成矿系列	与燕山早期中酸性岩浆活动相关的铜、银、铅锌、钼、金、萤石矿床成矿亚系列	Cu、Ag、Mo、Au	闹牛山	热液型	闹牛山式	Rb-Sr 等时线:161.75Ma(闹牛山)
			莲花山、布敦花、敖尔盖		布敦花式	Rb-Sr 等时线:161.8Ma(莲花山)
		Pb、Zn	哈达吐、小井子	接触交代型	哈达吐式	K-Ar 法:169～126Ma
		CaF	苏达勒	热液型	苏达勒式	
	与燕山早期酸性岩浆活动有关的铅、锌、银、锡矿床成矿亚系列	Ag、Pb、Zn	孟恩陶勒盖	热液型	孟恩套勒盖式	Rb-Sr 等时线:166±2Ma
		Sn 多金属	宝盖沟	热液型	宝盖沟式	Pb 模式年龄:184Ma

续表 10-1

矿床成矿系列	矿床成矿亚系列	成矿元素(或化合物)	矿床	类型	矿床式	成矿时代
与燕山晚期中酸性岩浆活动有关的铁、铜、铅锌、银、钼、锡矿床成矿系列	与燕山晚期中酸性岩浆活动有关的铁、铜、锡、银、钼矿床成矿亚系列	Cu、Ag、Sn	大井子	热液型	大井子式	K-Ar法：英安岩132.8Ma
		Cu、Mo	敖仑花	斑岩型	敖仑花式	侏罗纪
		Cu(Au、Pb、Zn)	后扑河、哈拉白旗	热液型	后扑河式	
		Pb、Zn(Ag、Cu)	收发地	热液型	收发地式	
			水泉、敖林达	热液型	水泉式	Rb-Sr法：132.2Ma
		Cu、Pb、Zn	敖脑达坝	斑岩型	敖脑达坝式	晚侏罗世—早白垩世
		Fe、Sn	黄岗	接触交代型	黄岗式	Rb-Sr法：140Ma（正长花岗岩）
		Fe(Cu)	神山	接触交代型	神山式	燕山早期（花岗闪长岩）
		Sn	莫古吐	接触交代型	莫古吐式	Rb-Sr法：148.3Ma
		Mo	曹家屯	热液型	曹家屯式	（花岗斑岩）
		Sn、Cu	毛登、安乐	热液型	毛登式	
	与燕山晚期中酸性岩浆活动有关的铅、锌、银矿床成矿亚系列	Pb、Zn	扎木钦	层控热液型	扎木钦式	花岗斑岩脉中铅锌矿石中锆石SHRIMP U-Pb 131.3±1.3Ma
		Pb、Zn、Ag	白音乌拉	热液型	白音乌拉式	
		Pb、Zn、Ag(Cu)	白音诺尔、浩布高、长春岭	接触交代型	白音诺尔式	U-Pb 148Ma
与燕山期酸性岩浆活动有关的铜、铅、锌、钼、钨、金矿成矿系列	与燕山期酸性岩浆活动有关的铅、锌、钼、钨、铜矿床成矿亚系列	Pb、Zn	小营子、敖包山	接触交代型	小营子式	K-Ar法：170~153Ma
						K-Ar法：154Ma
						燕山早期（黑云母花岗岩）
			峒子、荷尔乌苏、天桥沟、后公地	热液型	天桥沟式	燕山早期（二长花岗岩）
		Cu	五家子、白马石沟	热液型	白马石沟式	
		W	汤家杖子、毫义哈达、赵家湾子	热液型	毫义哈达式	辉钼矿Re-Os等时线年龄为135.5±1.5Ma（小东沟）
		Mo	小东沟、鸡冠山	斑岩型	小东沟式	辉钼矿Re-Os等时线年龄154.2±9.6Ma（鸡冠山）
			碾子沟	热液型	碾子沟式	辉钼矿中Re-Os等时线年龄为154.3±3.6Ma
	与燕山期酸性岩浆活动有关的金、铅、锌矿床成矿亚系列	Pb、Zn	余家窝铺	接触交代型	余家窝铺式	K-Ar法：125Ma
		Au	撰山子、奈林沟	热液型	撰山子式	K-Ar法：123Ma

续表 10-1

矿床成矿系列	矿床成矿亚系列	成矿元素(或化合物)	矿床	类型	矿床式	成矿时代
与燕山晚期碱性花岗岩有关的稀有、稀土矿床成矿系列		Nb、Ta、Y、Be	巴尔哲	岩浆岩型	巴尔哲式	Rb-Sr 法:127.2Ma

二、地球化学特征

(一)元素区域分布特征

该成矿区(带)位于内蒙古自治区中东部。区带内主要的组合异常元素(氧化物)有 Pb、Zn、Ag、Cu、Fe_2O_3、Sn、REE 元素(镧、钍、钇、铌)等,根据元素或氧化物的共生组合规律,将元素分以下 3 组,分别叙述元素组合的区域分布特征。

1. Pb、Zn、Ag、Cu、Sn 元素区域分布特征

Pb、Zn、Ag、Cu、Sn 异常在成矿区(带)内分布较多,是该成矿区(带)内主要的成矿元素。异常范围较大,多为不规则状,异常大体呈北东向展布。异常对应的地层有石炭系本巴图组、酒局子组,二叠系哲斯组、大石寨组,侏罗系新民组、满克头鄂博组、玛尼吐组,白垩系梅勒图组等。对应的岩体有二叠纪、侏罗纪、白垩纪酸性岩体。

2. La、Th、Y、Nb 元素区域分布特征

La、Th、Y、Nb 元素异常在成矿区(带)内均有分布,异常在成矿区(带)南部和北部地区面积较小,异常相互套合较好;在中部异常面积较大,异常相互间套合一般。异常对应的地层主要有石炭系本巴图组、酒局子组,二叠系哲斯组、大石寨组,侏罗系新民组、满克头鄂博组、玛尼吐组,白垩系梅勒图组等。对应的岩体有二叠纪、侏罗纪、白垩纪酸性岩体。

3. Fe_2O_3 区域分布特征

Fe_2O_3 异常主要分布在成矿区(带)中部和北部。在南部地区仅有零星分布。异常沿构造线分布,整体呈北东向展布。异常对应的地层有二叠系哲斯组、林西组,侏罗系满克头鄂博组、玛尼吐组。异常与断裂构造关系密切,多分布在断裂构造发育的地区。

(二)综合异常特征

根据异常元素相互间的组合关系,并结合异常所处的地质特征和已知矿点、矿床点特征,在成矿区(带)内共圈定了 166 个综合异常(附图 14)。并按综合异常特征,将综合异常分为以 Pb、Zn、Ag、Cu、Sn 元素异常为主的综合异常、以 La、Th、Y、Nb 元素异常为主的综合异常和以 Fe_2O_3 异常为主的综合异常。下面将各类综合异常进行简单的分述。

1. 以 Pb、Zn、Ag、Cu、Sn 元素异常为主的综合异常

该类综合异常在成矿区(带)内分布较多,是该成矿区(带)内主要的综合异常。包括该成矿区(带)内大部分综合异常。

综合异常区出露的地层主要有石炭系本巴图组、酒局子组,二叠系哲斯组、大石寨组,侏罗系新民组、满克头鄂博组、玛尼吐组,白垩系梅勒图组等。区(带)内侵入岩比较发育,侵入岩有二叠纪、侏罗纪、白垩纪花岗岩、花岗闪长岩等酸性岩体。区带内构造比较发育,构造总体为北东向的断裂构造,且构造方向控制岩体方向,侵入岩体也整体呈北东向展布。

该组综合异常多分布在地层与岩体的接触部位,综合异常范围大小不等,异常形态主要为不规则状,异常元素有 Pb、Zn、Ag、Cu、Sn,并伴有其他的元素异常。Pb、Zn、Ag、Sn 异常范围较大,且相互套合较好,Cu 元素异常范围较小,且异常分布较分散。

2. 以 La、Th、Y、Nb 元素异常为主的综合异常

该类综合异常在成矿区(带)内分布较少,多与侏罗纪花岗斑岩有关,异常形态多为不规则状,异常元素以 La、Th、Y、Nb 为主,其次有 Pb、Zn、Ag、Cu、Sn 等元素异常。La、Th、Y、Nb 等主成矿元素相互间套合较好。异常对应的地层主要有石炭系本巴图组、酒局子组,二叠系哲斯组、大石寨组,侏罗系新民组、满克头鄂博组、玛尼吐组,白垩系梅勒图组等。对应的岩体有二叠纪、侏罗纪、白垩纪酸性岩体。

(三)找矿方向研究

该成矿区(带)是突泉-翁牛特铅、锌、银、铜、铁、锡、稀土成矿带,区(带)内分布有多个铅锌银、铜、铁、锡矿床点、矿点、矿化点。尤其在成矿区(带)中部,北东向分布有多个铅锌银、铜、铁、锡矿床点、矿点。其中典型的银铅锌矿有拜仁达坝;典型的锡矿有大井子铜锡矿和花岗铁锡矿;典型的铜矿有布敦花铜矿。成矿区(带)内稀土矿分布较少,但分布有巴尔哲大型铌稀土矿床,推测该成矿区(带)是寻找铅锌银、铜、铁、锡、稀土矿的有利地区。

三、重力特征

该区域经历了洋壳俯冲消减、陆壳裂解增生等一系列构造活动,伴随早古生代—中生代强烈的构造岩浆活动以及火山堆积、海相、陆相、海陆交互相沉积作用等,形成了复杂的地质环境。重力场特征区域上受北东向大兴安岭岭脊断裂(大兴安岭-太行山断裂)及近东西向展布的温都尔庙-西拉木伦河、包头-集宁超壳断裂控制,布格重力异常北部呈北东向展布,南部呈近东西向展布。

该成矿带的北西部,即Ⅲ-8-②神山-大井子成矿亚带的北西部,存在一系列北东向、北东东向展布的布格重力高低异常区,对应正负相间分布的剩余重力异常带。异常形态多呈窄条状,高低异常间常形成密集的梯级带,异常轴向多发生扭曲或错断,这主要与该区域伴随强烈的构造活动形成的一系列北东向展布的断隆断陷及断裂构造有关,矿体多位于异常梯级带部位靠正异常一侧,该区域重力推断的前中生代基底隆起区边部应是成矿的有利地段。

纵贯内蒙古自治区东部区大兴安岭北东向巨型梯级带南段位于矿带东部,该区域布格重力异常变化幅度较大,该巨型梯级带与地幔坡对应,同时受大兴安岭岭脊断裂控制。梯级带凹凸变形部位或等值线密集处,矿床(点)分布较集中。尤其在梯级带中南段形成的一处大"S"形变形区,伴有呈面状、带状、等轴状展布的局部航磁正异常。在该变形区段向西凸出或向东凹进的边缘带上,是矿床(点)分布最集中的区域,该区域亦是地幔坡凸出或凹进的变异带。紧邻其西侧,北段存在一北东向不规则带状展布的区域重力低值区，低值区边部等值线密集，由边部向中心重力值呈降低趋势，该区域对应幔凹区。地表广泛分布的中生代火山岩及侵入岩，是幔源岩浆沿深部构造薄弱部位上侵或喷出形成的巨型岩浆岩带，幔凹及强烈的岩浆活动形成了区性的重力低。南段为受西拉木伦河断裂控制的东西向重力低值区的东段，亦为构造岩浆岩带。绝大部分的多金属矿产和贵金属矿产分布在布格重力异常相对低值区内或其外围等值线密集处或变形带上，化探异常的分布也是如此。在布格重力低异常外围等值线密集带上特别是局部扭曲部位，矿床（点）分布更为集中，这一区域亦是前述梯级带呈大"S"形凸出或凹进的变异带。矿床点有白音诺尔铅锌矿、浩不高铅矿、拜仁达坝银铅矿、黄岗梁铁锌矿等。表明这些矿产形成过程中，中—酸性岩浆岩活动区（带）不仅为其提供了充分的热源同时也提供了物质来源。在空间上，这些岩浆岩活动区（带）控制着内生矿床的分布，在成因上它们存在着内在联系。布格重力异常图反映的岩浆岩活动区（带）特别是边部凹凸变异带上是成矿最有利地段。

在剩余重力异常图上（图10-1），该成矿区（带）北西部正负异常多呈窄条状相间分布，正异常与前古生代基底隆起有关，负异常为中新生代断陷盆地引起。南东部为区域性重力低异常区，剩余重正异常零星镶嵌于负异常区内。正异常与局部出露的古生代地层有关，负异常为广泛分布的中酸性侵入岩引起。矿点多分布于正负异常交替带上，推断为局部隆起区的边部。

四、航磁特征

1. Ⅲ-8-①索伦镇-黄岗梁铁（锡）、铜、锌、银成矿亚带

在航磁 ΔT 等值线平面图上，成矿带内以负异常为主，正磁异常多为零星分布，呈椭圆形，异常范围 $-250 \sim 750$ nT。西南部磁异常较平缓，东北部异常较杂乱，梯度变化较大。仅北部分布有大面积的正磁异常，呈片状及相连的椭圆形，梯度变化大，轴向北东向。航磁 ΔT 化极等值线平面图（图10-2）上，成矿带内主要为负磁异常，强度较高，北部地区分布有椭圆形正磁异常，强度高，梯度大。

2. Ⅲ-8-②神山-大井子铜、铅、锌、铁、钼、稀土、铌（钽）、萤石成矿亚带

成矿带沿北东向展布，在航磁 ΔT 等值线平面图上，正磁异常主要集中在成矿带南北两侧，北部正磁异常呈圆形及椭圆形，北侧伴生负异常，梯度变化大；中部以负异常为主；南部正磁异常呈带状分布，轴向北东，北侧伴生负异常，梯度变化大。航磁 ΔT 化极等值线平面图上，成矿带北部以负异常为主，零星分布椭圆形正磁异常，强度不高；南部分布着大面积正磁异常，强度较高，呈不规则椭圆形，梯度变化大。

3. Ⅲ-8-③卯都房子-亳义哈达钨、铅锌、铬、萤石成矿亚带

在航磁 ΔT 等值线平面图上，成矿带内磁异常分布较规则，以北东-南西对角线为界，北侧为幅值较大的负异常，南侧主要是以低缓负异常为背景的正磁异常，呈椭圆形，轴向北东。梯度变化不大。航磁 ΔT 化极等值线平面图上，成矿带北部为负异常，强度高；南部正磁异常以串珠状沿近东西向展布，梯度变化平缓。

4. Ⅲ-8-④小东沟-小营子钼、铅、锌、铜成矿亚带

在航磁 ΔT 等值线平面图上，成矿带内以平缓负异常为背景，异常范围 $-350 \sim 475$ nT，磁异常较乱，多为椭圆形及条带状，轴向北东，正负交替，梯度变化大；成矿带西北角有一串珠状的负磁异常，且幅值较高，梯度变化明显。航磁 ΔT 化极等值线平面图上，成矿带内主要为正磁异常，形态较乱，多为圆形及椭圆形，强度高，梯度大。

第十章 突泉-翁牛特成矿带（Ⅲ-8）预测成果

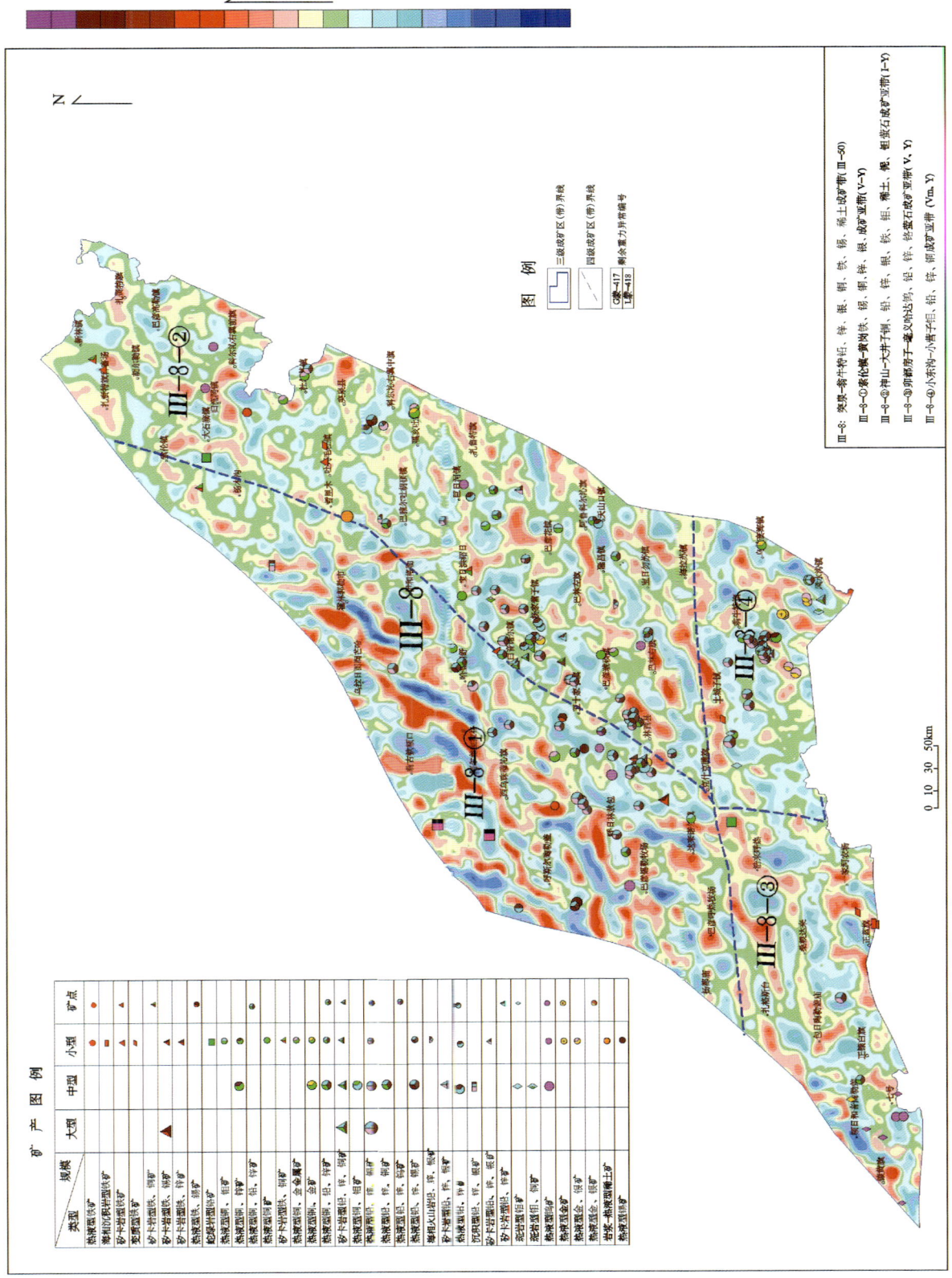

图 10-1 突泉-翁牛特成矿带（Ⅲ-8）剩余重力异常图

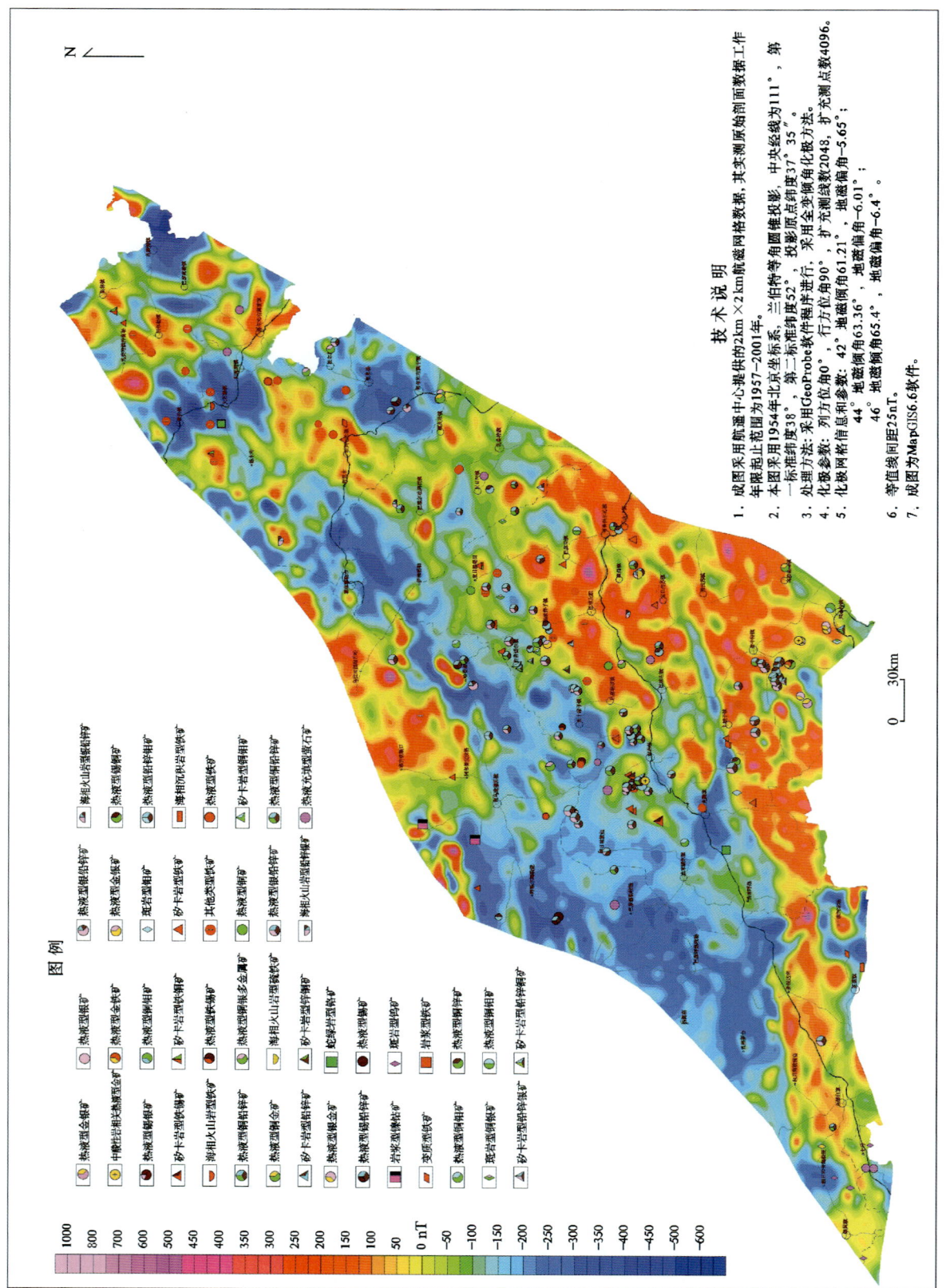

图 10-2 奎泉-翁牛特成矿带（Ⅲ-8）航磁化极△T等值线平面图

五、区域遥感特征

成矿带位于我国东部最鲜明的嫩江-太行山-武夷山重力梯级带(这部分在 ETM741 遥感影像图中由于林区覆盖断裂构造表现并不明显)的西侧。成矿带各部分的深部地壳结构有很明显的起伏和差异,如北东边缘部分即大兴安岭中段东坡为幔坎,其东侧松辽平原是莫霍面较浅(35km)的幔隆区,矿带主体(黄岗—甘珠尔庙一线)则地壳厚度甚大,达 47～49km,此带在向南穿越西拉木伦河时,发生西向偏转,在西拉木伦河南侧形成一个继续的东西向重力梯级带。

中生代的岩浆-火山活动对成矿作用作出了很大的贡献,环形构造的解译在本成矿带尤为重要。成矿带内的环形构造分为3种:一种是中生代岩浆活动引起火山喷出岩形成的环形构造;第二种是燕山期多期岩浆侵入活动频繁剧烈形成的隐伏环形构造具有多期性;第三种是火山口或火山通道的环形构造,可作为区域找矿标志。

成矿带内羟基、铁染异常分布密集,在已知矿床(点)处较集中,是岩浆-火山活动的反映,也是找矿的重要标志。线性影像以北东向为主,北西向线性影像与北东向形成格子状构造,是成矿带构造的主要特征(图10-3)。

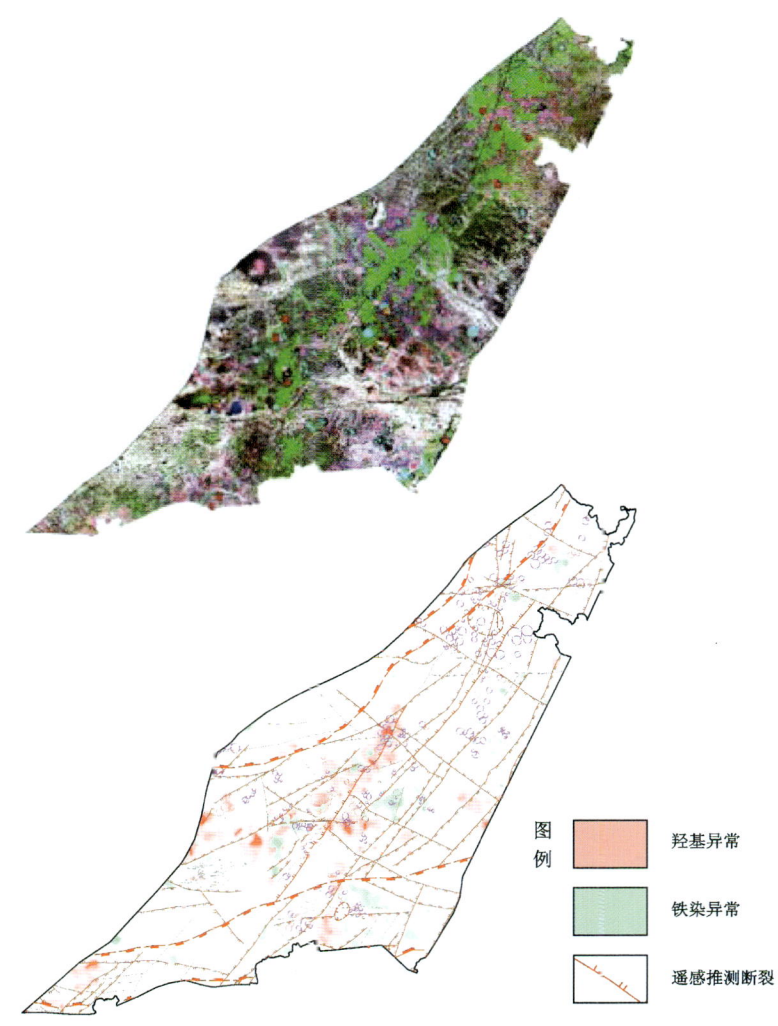

图 10-3　Ⅲ-8 成矿带遥感影像图(上)及综合异常图(下)

第二节 重要矿种预测评价模型

该成矿带涉及矿种主要有铬、铁、金、银、铜、钼、镍、铅锌、萤石、硫铁矿等,矿产预测类型有热液型、斑岩型、岩浆型及接触交代型,共划分为5个成矿系列。

一、与海西期超基性、基性—中酸性岩浆活动有关的铬、镍、铁、铜、铅锌、银铍(铌、钽)矿床成矿系列预测评价模型

该系列在Ⅲ-8成矿带中矿产预测类型有岩浆熔离型、火山-沉积型、伟晶岩型和热液型4种,代表性矿种有铅锌、银、铜、铁、铬、镍等,代表性预测模型有拜仁达坝铅锌银矿、呼和哈达铁矿及道伦达坝铜矿等(表10-2,图10-4)。

表10-2　与海西期超基性、基性—中酸性岩浆活动有关的热液型铅锌矿及蛇绿岩型铬铁矿预测要素表

区域成矿(预测)要素		描述内容		要素类别
	矿种	铅锌矿(拜仁达坝)	铬铁矿(呼和哈达)	
地质环境	大地构造位置	天山-兴蒙造山系,锡林浩特岩浆弧,锡林浩特复背斜东段		重要
	成矿区(带)	滨太平洋成矿域,内蒙-大兴安岭成矿省,突泉-林西海西期、燕山期铁(锡)、铜、铅、锌、银、铌、钽成矿带,神山-白音诺尔铜、铅、锌、铁、铌、钽成矿亚带,拜仁达坝银、铅、锌集区		重要
	区域成矿类型	热液型	成矿类型为岩浆型蛇绿岩型	必要
	成矿期	海西期	海西期	必要
控矿地质条件	赋矿地质体	古元古界宝音图岩群黑云斜长片麻岩、二云斜长片麻岩、角闪斜长片麻岩	纯橄榄岩体	必要
	控矿侵入岩	海西期石英闪长岩的侵入不仅提供了成矿热源,也是引起矿区内岩(矿)石发生蚀变的主要原因	超基性岩体	必要
	主要控矿构造	矿带和矿体的赋存明显受构造控制。北东向构造控制海西期中酸性侵入岩的分布,同时控制矿带的展布。而北北西向和近东西向构造是矿区内主要控矿构造	北东向的一组以压性为主兼扭性断裂及其所形成的层间裂隙是控矿的有利部位;北西向以张性为主兼扭性断裂控矿性能较差。断层对成矿影响不大	次要
	区内相同类型矿产	成矿区(带)内有4处铅锌矿床(矿点)	区内4处铬铁矿点	次要
地球物理特征	重力异常	预测区区域重力场总体格架为北东走向;预测区反映东南部重力高、中部重力低、西北部相对重力高的特点,沿克什克腾旗—霍林郭勒市一带布格重力异常总体反映重力低异常带,异常带走向为北北东向,呈宽条带状,长约370km,宽约90km。地表断断续续出露不同期次的中-新生代花岗岩体,推断该重力低异常带是中性—酸性岩浆岩活动区(带)引起。局部重力低异常是花岗岩体和次火山热液活动带所致	预测工作区位于大兴安岭-太行山-武陵山北北东向巨型重力梯度带与嫩江-龙江-白城-开鲁重力高值带的交界。区内布格重力场值由东到西逐渐减小	重要
	航磁异常	据1:50万航磁化极等值线平面图显示,磁场总体表现为低缓的负磁场,没有异常的出现	航磁化极异常值取-350~450nT	重要

续表 10-2

区域成矿（预测）要素	描述内容		要素类别
矿种	铅锌矿（拜仁达坝）	铬铁矿（呼和哈达）	
地球化学特征	预测区主要分布有 Au、As、Sb、Cu、Pb、Zn、Ag、Cd、W、Mo 等元素异常,异常具有北东向分带性,Pb 元素具有明显的浓度分带和浓集中心,异常强度高,呈北东向带状展布	Cr 单元素异常分布与超基性岩及物探异常较为吻合,取其三级浓度分布带	重要
遥感特征	环要素(隐伏岩体)及遥感羟基铁染异常区	遥感解释对该区成矿预测影响不大	次要

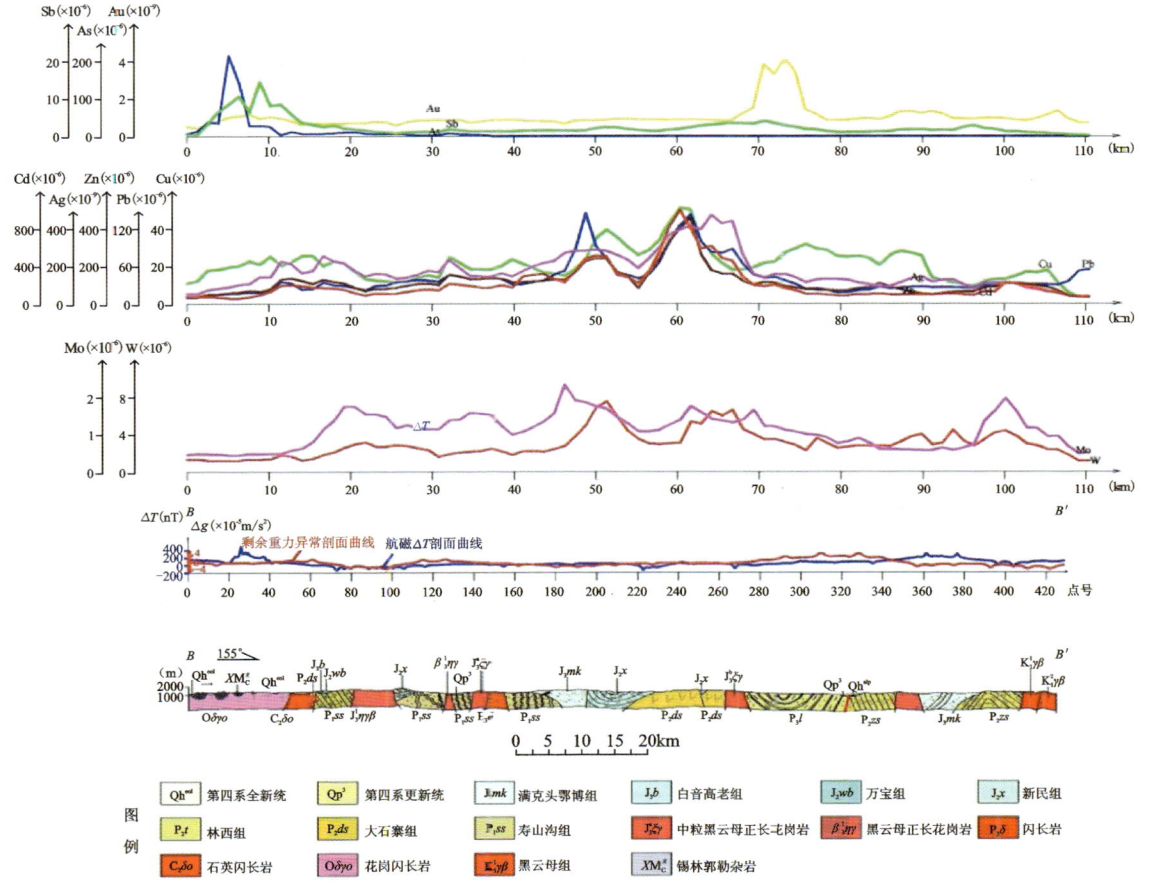

图 10-4　与海西期超基性、基性—中酸性岩浆活动有关的热液型铅锌矿及蛇绿岩型铬铁矿预测模型图

二、与燕山早期中酸性岩浆活动有关的铜、铅锌、银、金、钼、锡、萤石床成矿系列预测评价模型

本成矿系列在成矿带中矿产预测类型有热液型和接触交代型 2 种。代表性矿种有金、银、铜、钼、铅、锌、锡、萤石等矿种。代表性预测模型有闹牛山、莲花山、布敦花、敖尔盖铜铅锌矿,哈达吐、小井子铅锌矿,苏达勒萤石矿,孟恩陶勒盖、宝盖沟铅锌银矿等（表 10-3,图 10-5）。

表 10-3 与燕山早期中酸性岩浆活动有关的热液型及接触交代型铅锌钼矿预测要素表

区域预测要素		描述内容	
矿种		铅锌(孟恩陶勒盖)	钼矿(敖仑花)
地质环境	大地构造位置	Ⅰ天山-兴蒙造山系,Ⅰ-1 大兴安岭弧盆系,Ⅰ-1-6 锡林浩特岩浆弧(Pz_2)	
	成矿区(带)	Ⅱ-13 大兴安岭成矿省,Ⅲ-50 林西-孙吴铅、锌、铜、钼、金成矿带(Vl、Il、Ym),$Ⅳ_{50}^{2}$ 神山-白音诺尔铜、铅、锌、铁、铌(钽)成矿亚带(Y),V_{50}^{3-2} 孟恩陶勒盖-布敦花银、铜、铅、锌矿集区(Ye)	
	区域成矿类型及成矿期	热液型,侏罗纪	斑岩型;早白垩世
控矿地质条件	赋矿地质体	主要为中二叠世斜长花岗岩,其次为中二叠世黑云母花岗岩、闪长岩	主要为早白垩世斑岩侵入于二叠统林西组砂、砾岩接触带
	控矿侵入岩	主要为中二叠世斜长花岗岩,其次为中二叠世黑云母花岗岩、闪长岩	燕山期多次阶段岩浆活动,中—中酸性岩浆演化的晚期偏碱富钠的浅成侵入杂岩体
	主要控矿构造	主要为东西向断裂,其次是北东向断裂	区域性东西向构造带、野马古生代隆起和万宝-牤牛海中生代断陷盆地的隆坳接触带靠隆起一侧
区内相同类型矿产		已知矿床(点)4 处,其中小型 1 处,矿点 3 处	已知矿床(点)4 处,其中型 1 处,小型矿床 3 处
地球物理特征	重力异常	预测区处于巨型重力梯度带上,区域重力场总体反映东南部重力高、西北部重力低的特点。从剩余重力异常图上看,在巨型重力梯度带上叠加着许多重力低局部异常,这些异常主要是中—酸性岩体、次火山岩和火山岩盆地所致	预测区处于巨型重力梯度带上,区域重力场总体反映东南部重力高、西北部重力低的特点
	航磁异常	据 1:50 万航磁化极等值线平面图显示,磁场总体表现为低缓的负磁场,没有异常的出现	据 1:50 万航磁化极等值线平面图显示,磁场总体表现为低缓的负磁场,没有正异常的出现
地球化学特征		预测区主要分布有 Au、As、Sb、Cu、Pb、Zn、Ag、Cd、W、Mo 等元素异常,Pb 元素异常主要分布在预测区中部和北部,具有明显的浓度分带和浓集中心,异常强度高	圈出一处综合异常,为 Th、W、Zr、Y 元素综合异常
遥感特征		解译出线性断裂多条和多处最小预测区	解译出线性断裂多条和多处最小预测区

三、与燕山晚期中酸性岩浆活动有关的铁、铜、铅锌、银、钼、锡矿床成矿系列预测评价模型

本系列在成矿带中矿产预测类型有火山岩型、接触交代(矽卡岩)型 2 种。预测主要矿种有金、银、铜、钼、锡、铅、锌、铁。代表性预测模型有大井子铜矿、敖仑花铅锌矿、后扑河、哈拉白旗铜矿(伴生金铅锌)、收发地、水泉、敖林达铅锌矿、敖脑达坝铜矿、黄岗铁锡矿、神山铁铜矿、莫古吐锡矿、曹家屯钼矿、毛登、安乐锡矿、扎木钦铅锌矿、白音乌拉铅锌矿、白音诺尔、浩布高、长春岭铅锌矿等(图 10-6,表 10-4)。

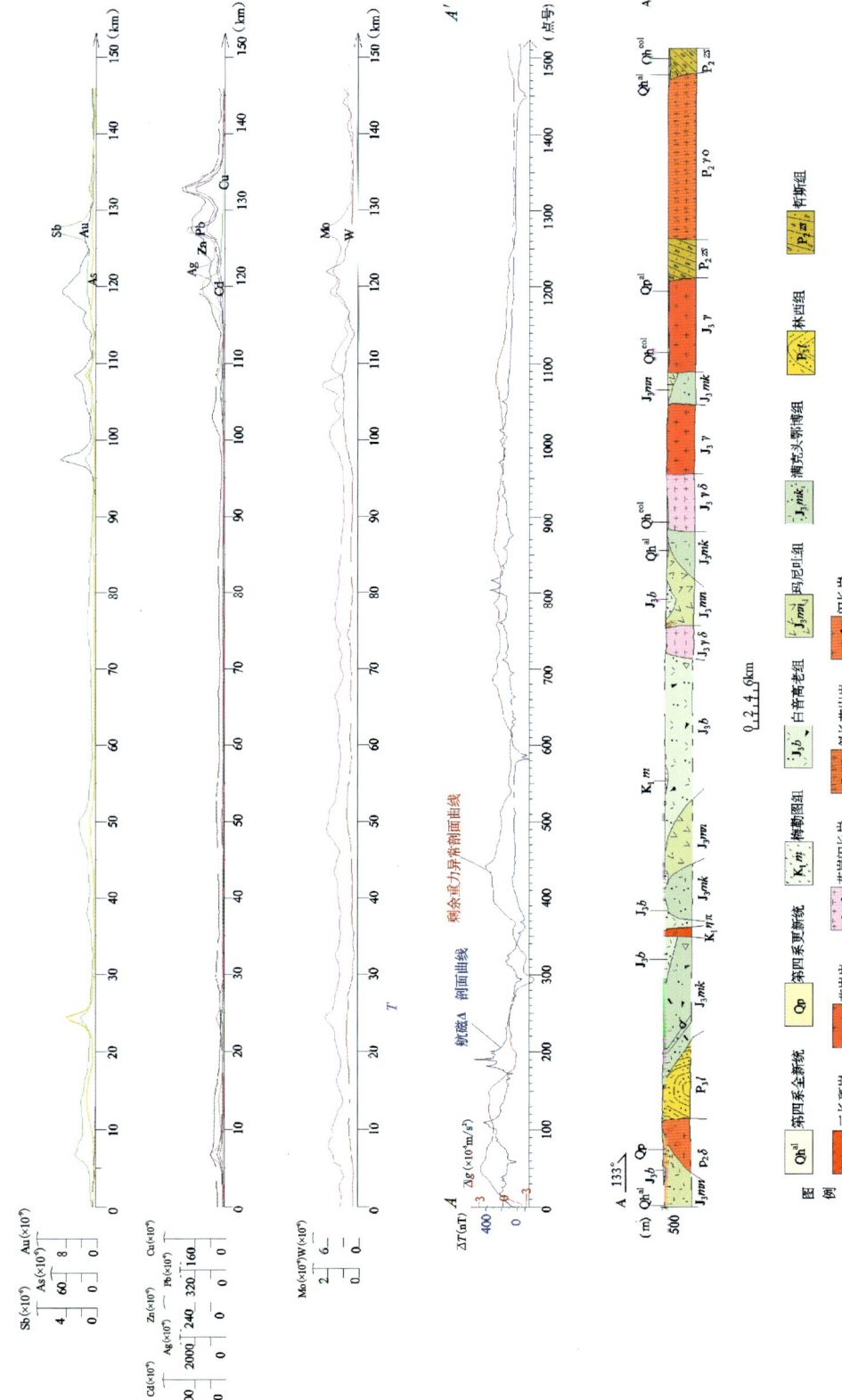

图 10-6 与燕山晚期中酸性岩浆活动有关的火山岩型及接触交代型多金属矿预测模型图

表 10-4　与燕山晚期中酸性岩浆活动有关的火山岩型及接触交代型多金属矿预测要素表

预测要素		描述内容	
矿种		铅锌矿（扎木钦）	铁矿（神山）
地质环境	大地构造位置	属华北板块北缘晚古生代造山带（Ⅲ级）和华北板块北部大陆边缘宝音图-锡林浩特火山型被动陆缘（Ⅲ级），本区位于该构造单元的中东部	
	成矿区（带）	大兴安岭成矿省，林西-孙吴铅、锌、铜、钼、金成矿带（Vl、Il、Ym）	
	区域成矿类型成矿期	火山岩型；燕山期	接触交代（矽卡岩）型；燕山早期
控矿地质条件	赋矿地质体	上侏罗统白音高老组火山岩系	哲斯组大理岩、粉砂细砂岩，大石寨组安山玢岩。二者构成矿区背斜构造的翼部，核部为燕山早期花岗闪长岩体。地层总体走向北东
	控矿侵入岩	矿区内侵入岩分布零星，主要有燕山期次火山岩-安山玢岩、石英闪长玢岩等呈岩株和脉状产出，与成矿热液的形成及运移有着密切的关系	燕山早期，主要为花岗闪长岩，其次为黑云母花岗岩、斜长花岗岩等，并有燕山期的斑岩类
	主要控矿构造	近东西向断裂构造，地表规模大的硅化破碎带，火山机构	区内断裂构造比较发育，成矿前断裂构造控制着成矿、形态、规模及产状，矿区位于神山背斜的北翼及其西端的向南转折部分，其本身呈一弧形单斜构造
区内相同类型矿产		预测区内同类型矿产地有 1 个	已知区内 6 个矿点、矿化点
地球物理特征	重力异常	区域重力场总体反映东南部重力高、西北部重力低的特点。从剩余重力异常图上看，在巨型重力梯度带上叠加着许多重力局部低异常，这些异常主要由中-酸性岩体、次火山岩和火山岩盆地所致	布格重力异常相对平稳，具有较弱的剩余重力负异常
	航磁异常	据 1∶50 万航磁化极等值线平面图显示，磁场总体表现为负磁场，区域中央存在有椭圆状正异常，规模不大。选取范围 0～250nT	异常走向均为北东向或北东东向及北北东向，3 个异常形态较为规则，北侧伴有微弱负值，2 个异常形态为不规则多峰，异常多处在磁测推断的北东向断裂带上或其两侧
地球化学特征		矿区存在以 Pb、Zn 元素为主，伴有 Ag、Cd 等元素组成的综合异常，Pb、Zn 为主成矿元素，Ag、Cd 为主要的伴生元素。该异常特征明显，元素组合、异常强度和规模优于区内已知的扎木钦硫铁矿铅锌矿床，有利于寻找铅、锌、银等多金属矿床	该区位于朝不楞-阿尔山 Mn、Pb、Zn、Ag、Bi、Au 地球化学带、大石寨-洼提 Cu、Pb、Zn、Ag、Mo 地球化学带及哈日根台-梅勒图 Cu、Pb、Zn、Ag、As、Sb 地球化学带交会带附近
遥感特征		依据线性影像，环形影像。局部有一级铁染异常和羟基异常	环形构造比较发育，共圈出 23 个环形构造。集中分布在预测区的中部并呈北东向条带状分布

四、与燕山期酸性岩浆活动有关的铜、铅、锌、钼、钨、金矿床成矿系列预测评价模型

本系列在成矿带中矿产预测类型有斑岩型、接触交代型 2 种。预测矿种主要有铅、锌、铜、钨、钼、金等。代表性预测模型有小营子、敖包山、硐子、荷尔乌苏、天桥沟、后公地、五家子、白马石沟、汤家杖子、亳义哈达、赵家湾子、小东沟、鸡冠山、碾子沟、余家窝铺、撰山子、奈林沟等（表 10-5，图 10-7）。

表 10-5　与燕山期酸性岩浆活动有关的斑岩型及接触交代型多金属矿预测要素表

区域预测要素		描述内容	
矿种		钼矿（小东沟）	铅锌（余家窝铺）
地质环境	大地构造位置	Ⅰ 天山-兴蒙造山系，Ⅰ-1 大兴安岭弧盆系，Ⅰ-1-6 锡林浩特岩浆弧（Pz$_2$）	
	成矿区（带）	大兴安岭成矿省，Ⅲ-50 林西-孙吴铅、锌、铜、钼、金成矿带（Vl、Il、Ym）Ⅳ$_{50}^4$ 小东沟-小营子钼、铅、锌、铜成矿亚带（Vm、Y）	
	区域成矿类型及成矿期	斑岩型；早二叠世	矽卡岩型；燕山晚期
控矿地质条件	赋矿地质体	主要为中二叠统于家北沟组火山岩中	晚侏罗世—早白垩世花岗岩、正长花岗岩与宝音图岩群、石炭纪碳酸盐岩接触带
	控矿侵入岩	燕山期多次阶段岩浆活动，中—中酸性岩浆演化的晚期偏碱富钠的浅成侵入杂岩体	燕山期钾长花岗岩及石英闪长岩体与碳酸盐岩围岩的外接触带
	主要控矿构造	区域性东西向构造带、野马古生代隆起和万宝-牤牛海中生代断陷盆地的隆坳接触带靠隆起一侧	北西—北西西向断裂发育，最主要的断裂为少郎川-沙不吐川断裂及其平行的次级断裂
区内相同类型矿产		已知矿床（点）4 处：中型 1 处，小型矿床 3 处	矿床（点）6 处：中型 1 处，小型 1 处，矿点 4 处
地球物理特征	重力异常	预测区处于巨型重力梯度带上，区域重力场总体反映东南部重力高、西北部重力低的特点	剩余重力起始值多在（－3～5）×10^{-5} m/s^2 之间
	航磁异常	据 1:50 万航磁化极等值线平面图显示，磁场总体表现为低缓的负磁场，没有正异常的出现	航磁 ΔT 化极异常强度起始值多数在 0～300nT 之间
地球化学特征		圈出 1 处综合异常，为 T$_a$、W、Zr、Y 元素综合异常	预采用 Pb、Zn 元素异常及化探综合异常及重砂一级异常
遥感特征		解译出线性断裂多条和多处最小预测区	环要素（隐伏岩体）及遥感羟基铁染异常区

五、与燕山晚期碱性花岗岩有关的稀有、稀土矿床成矿系列预测评价模型

铌钽稀土矿区域成矿类型及成矿期为燕山期巴尔哲式，赋矿地质体及控矿侵入岩为晚侏罗世—早白垩世碱性花岗岩。布格重力异常处于巨型重力梯度带上，区域重力场总体反映东南部重力高、西北部重力低的特点，重力场最低值－90.60×10^{-5} m/s^2，最高值 7.89×10^{-5} m/s^2。从剩余重力异常图上看，在巨型重力梯度带上叠加着许多重力低局部异常，这些异常主要是中—酸性岩体、次火山岩和火山岩盆

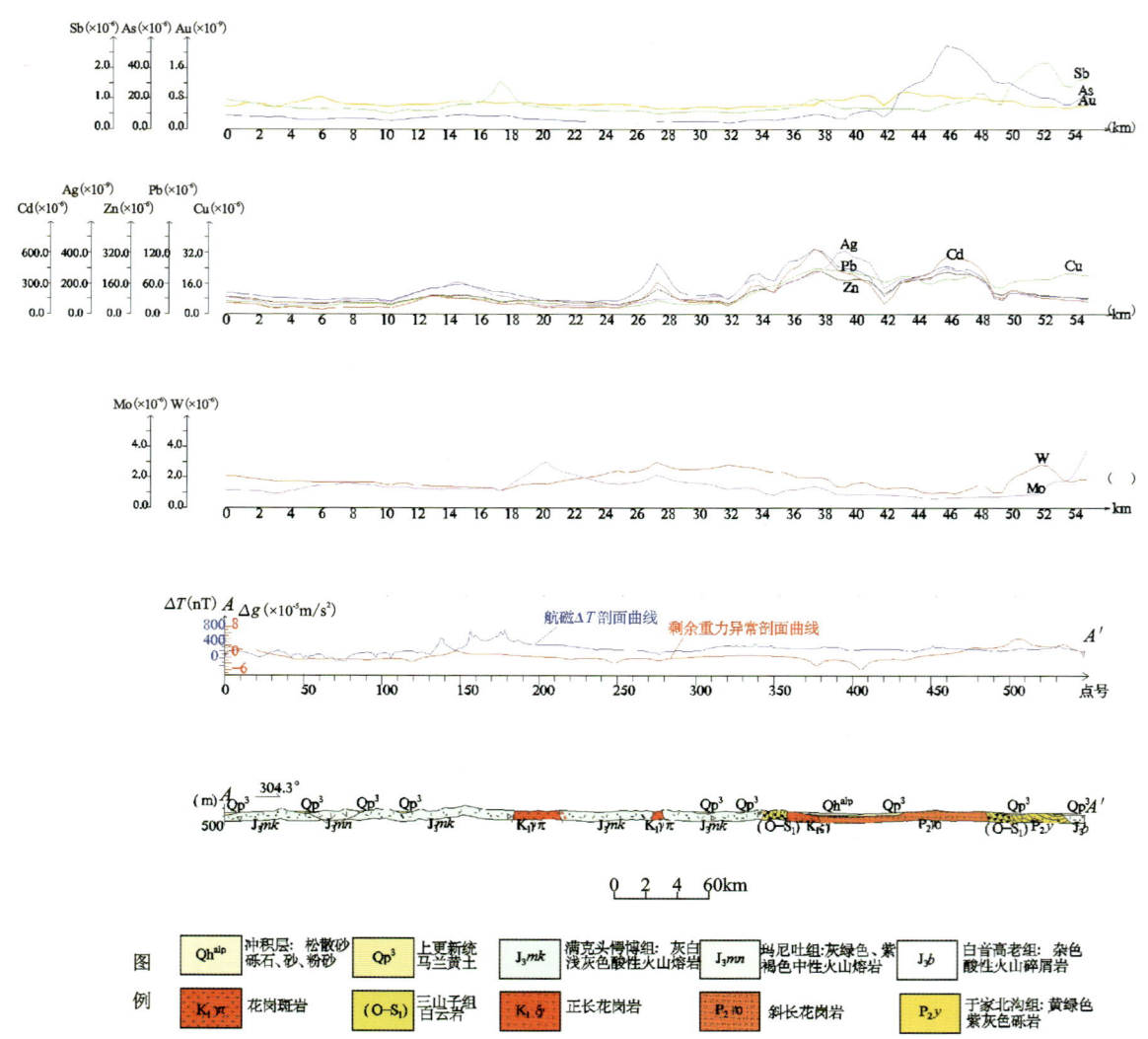

图 10-7 与燕山期酸性岩浆活动有关的斑岩型及接触交代型多金属矿预测模型图

地所致。磁场总体表现为低缓的负磁场,区域东部出现条带形正异常,走向近似南北向。化探异常特征为:南部和中部主要分布有 U、Th、Y、Au、As、Sb、Cu、Pb、Zn、Ag、Cd、W 等元素异常,北部主要分布有 La、U、Th、Au、As、Sb、Cu、Pb、Zn、Ag、Cd、Mo 元素异常,La 元素异常中心明显,异常强度高。代表性矿产有八〇一稀土矿(表 10-6,图 10-8)。

表 10-6 与燕山晚期碱性花岗岩有关的岩浆型稀土矿预测要素表

区域预测要素		描述内容	要素类别
地质环境	大地构造位置	Ⅰ天山-兴蒙造山系,Ⅰ-1 大兴安岭弧盆系,Ⅰ-1-6 锡林浩特岩浆弧(Pz_2)	重要
	成矿区(带)	Ⅱ-13 大兴安岭成矿省,Ⅲ-50 林西-孙吴铅、锌、铜、钼、金成矿带(Vl、Il、Ym),$Ⅳ_{50}^{2-2}$ 神山-白音诺尔铜、铅、锌、铁、铌(钽)成矿亚带(Y),$Ⅴ_{50}^{2-2}$ 巴尔哲铌、钽矿集区(Yl)	重要
	区域成矿类型及成矿期	岩浆晚期分异交代矿床;燕山期	重要

续表 10-6

区域预测要素		描述内容	要素类别
控矿地质条件	赋矿地质体	晚侏罗世—早白垩世碱性花岗岩	必要
	控矿侵入岩	晚侏罗世—早白垩世碱性花岗岩	必要
	主要控矿构造	北北东向褶皱及北北东向断裂	次要
区内相同类型矿产		已知大型矿床1处（八○一稀土矿）	重要
地球物理特征	重力异常	预测区处于巨型重力梯度带上，区域重力场总体反映东南部重力高、西北部重力低的特点。从剩余重力异常图上看，在巨型重力梯度带上叠加着许多重力低局部异常，这些异常主要是由中—酸性岩体、次火山岩和火山岩盆地所致	重要
	航磁异常	据1:50万航磁化极等值线平面图显示，磁场总体表现为低缓的负磁场，区域东部出现条带形正异常，走向近似南北向	重要
地球化学特征		预测区南部和中部主要分布有 U、Th、Y、Au、As、Sb、Cu、Pb、Zn、Ag、Cd、W 等元素异常，北部主要分布有 La、U、Th、Au、As、Sb、Cu、Pb、Zn、Ag、Cd、Mo 元素异常，La 元素异常中心明显，异常强度高	重要
遥感特征		圈出1处稀土综合异常	重要

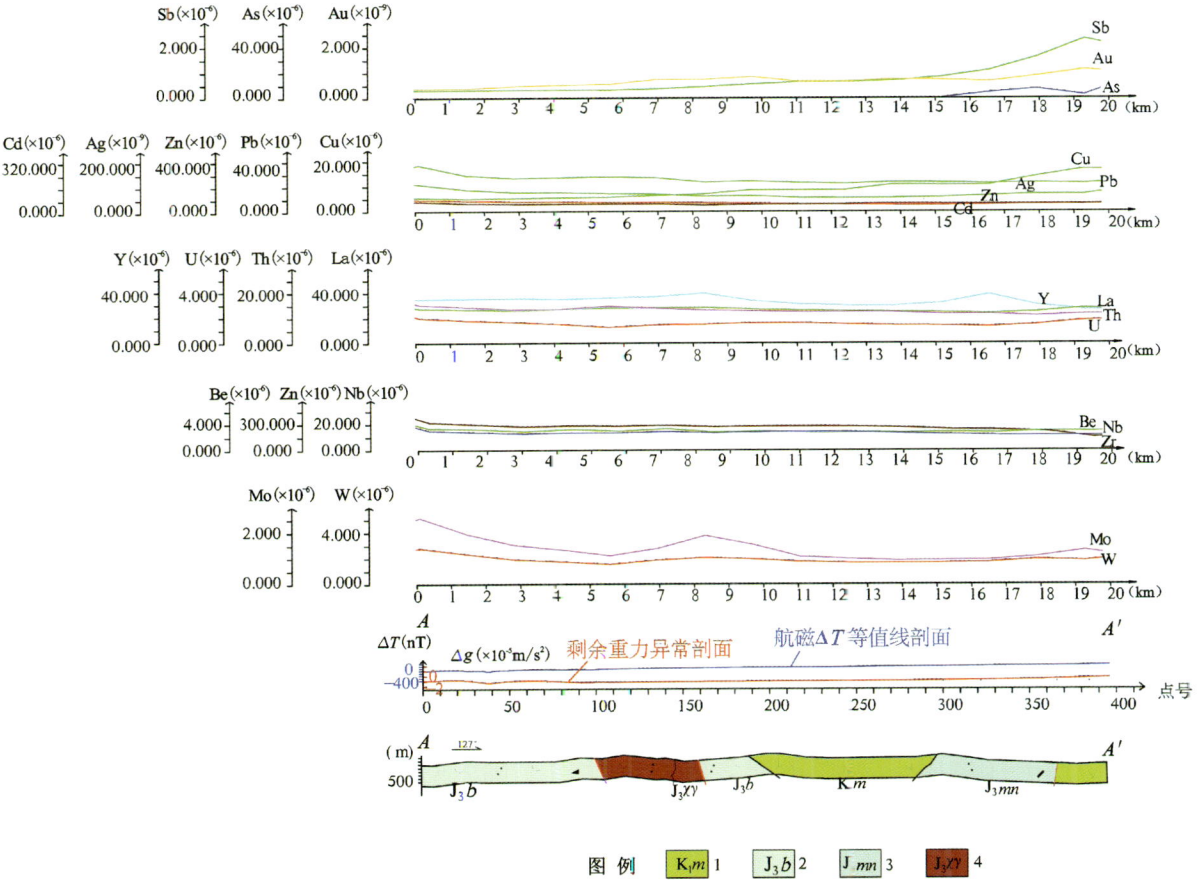

图 10-8　与燕山晚期碱性花岗岩有关的岩浆型稀土矿预测模型图

1.梅勒图组；2.白音高老组；3.玛尼吐组；4.早侏罗世碱长花岗岩

第三节 预测成果及综合预测区特征

本成矿带矿产资源丰富,是铅、锌、铜、银、钼的主要成矿带,成矿潜力大,按成矿系列共圈定 228 个多矿种综合预测区,各矿种预测资源量分别为:铅 661.76×10^4 t,锌 $1\ 267.66\times10^4$ t,银 4.97×10^4 t,铜 127.58×10^4 t,锡 173.66×10^4 t,稀土 84.92×10^4 t,金 17.42 t,铬铁矿 135.6×10^4 t,硫铁矿 $1\ 206.6\times10^4$ t,钼 65.60×10^4 t,镍 10.54×10^4 t,铁 3.64×10^8 t,钨 88 191 t,萤石 236.3×10^4 t。按成矿系列分述如下。

一、与海西期超基性、基性—中酸性岩浆活动有关的铬、镍、铁、铜、铅锌、银铍(铌、钽)矿床成矿系列综合预测区划分及特征

该成矿系列共划分出 53 个综合预测区,包括铬、镍、铁、铜、铅、锌、银 7 个预测矿种(图 10-9)。

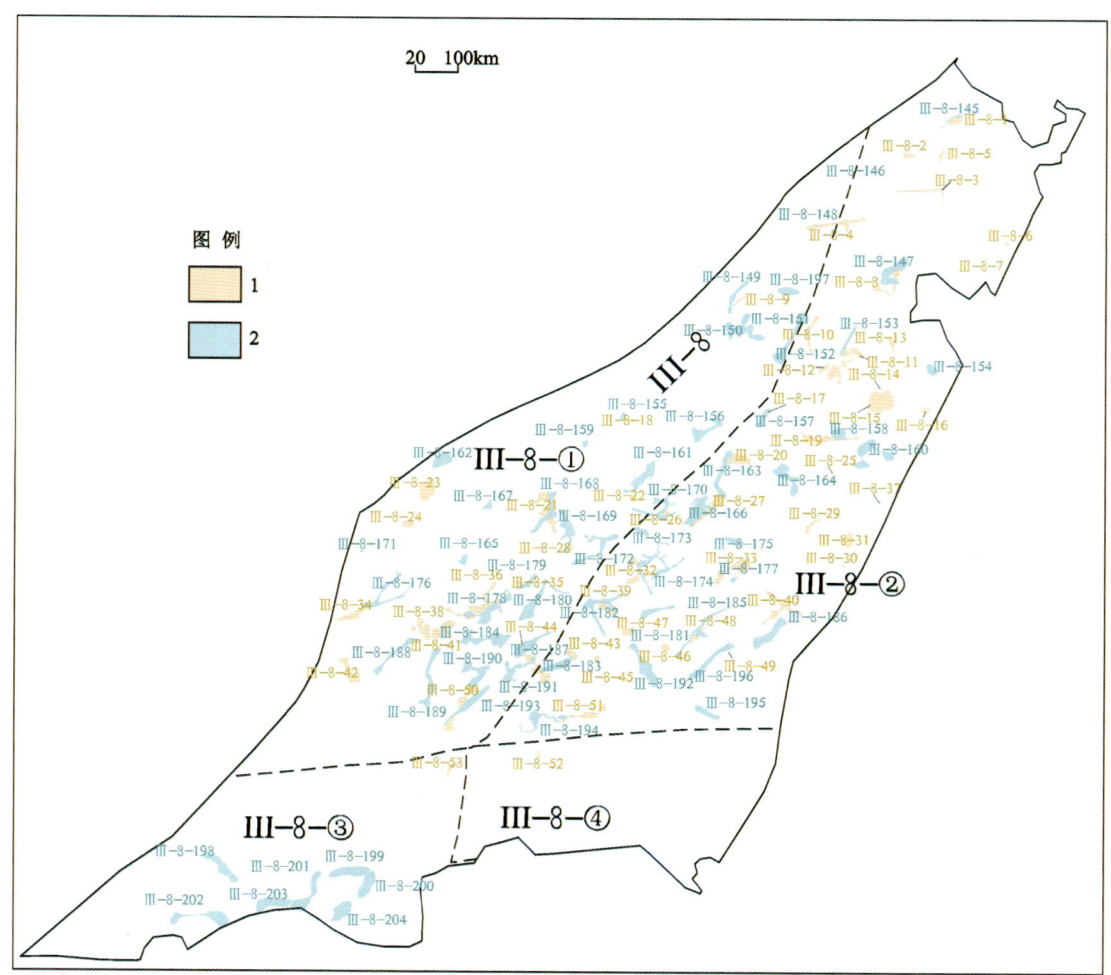

图 10-9　Ⅲ-8 综合预测区分布图(1)

1. 与海西期超基性、基性—中酸性岩浆活动有关的多金属成矿系列综合预测区;
2. 与燕山晚期中酸性岩浆活动有关的多金属矿综合预测区

1. 心和屯综合预测区（Ⅲ-8-1）

预测区面积为 45.1km²，预测铁资源量为 135.29×10⁴t。预测区近北东向展布，处于北西—北东向断层交会处，分布于燕山期花岗闪长岩附近，航磁化极异常等值线起始值大于 0nT，重力低，剩余重力异常等值线在（-1～3）×10⁻⁵m/s² 之间，有重砂异常，具二、三级遥感异常。

2. 胡勒斯台嘎查综合预测区（Ⅲ-8-2）

预测区面积为 26.9km²，预测铁资源量为 24.42×10⁴t。预测区近北西向展布，地表有燕山期花岗闪长岩出露，处于北西—北东向断层交会处，航磁化极异常等值线起始值多在 100～200nT 之间，剩余重力异常等值线多小于 -2×10⁻⁵m/s²，具二、三级遥感异常。区内有一矿化点。

3. 青山屯北综合预测区（Ⅲ-8-3）

预测区面积为 63km²，预测铬资源量为 0.4t，铁资源量为 22.98×10⁴t。该最小预测区出露的地层为二叠系大石寨组，地表有燕山期花岗闪长岩出露，区内有 2 处矿化点，航磁化极异常等值线起始值在 100～200nT 之间，重力低，剩余重力异常等值线多在（-1～0）×10⁻⁵ 之间，具二、三级遥感异常。

4. 呼和哈达综合预测区（Ⅲ-8-4）

预测区面积为 121.1km²，预测铬资源量为 21.3t，铁资源量为 84.18×10⁴t。该最小预测区出露的地层为二叠系哲斯组，侵入岩为纯橄榄岩、辉石橄榄岩、蛇纹岩。呼和哈达铬铁矿位于该区，并且还有 3 处矿化点。区内航磁化极负磁异常，异常值 -300～0nT，剩余重力异常为重力正异常，异常值（0～2）×10⁻⁵m/s²；Cr 元素异常三级浓度分带明显，Cr 元素化探异常值（62～213）×10⁻⁶。

5. 东芒和屯综合预测区（Ⅲ-8-5）

预测区面积为 20.9km²，预测铬资源量为 8.53t。该最小预测区出露的侵入岩为纯橄榄岩等超基性岩。东芒和屯铬铁矿位于该区。区内航磁化极高正磁异常，异常值 300～450nT，剩余重力异常为重力负异常，异常值（-1～0）×10⁻⁵m/s²，Cr 元素化探异常值（17～36）×10⁻⁶。

6. 乌兰吐综合预测区（Ⅲ-8-6）

预测区面积为 7.8km²，预测铬资源量为 15.8t。该最小预测区出露的侵入岩为纯橄榄岩等超基性岩。区内无矿点。区内航磁化极正磁异常，异常值 0～200nT，剩余重力异常为重力正异常，异常值（2～8）×10⁻⁵m/s²；Cr 元素异常三级浓度分带明显，Cr 元素化探异常值（62～13 911）×10⁻⁶。

7. 白音乌苏嘎查西北综合预测区（Ⅲ-8-7）

预测区面积为 0.2km²，预测铬资源量为 0.2×10⁴t。该最小预测区出露的侵入岩为纯橄榄岩等超基性岩。区内无矿点。区内航磁化极负磁异常，异常值 -50～0nT，剩余重力异常为重力正异常，异常值（0～1）×10⁻⁵m/s²；Cr 元素异常三级浓度分带明显，Cr 元素化探异常值（10～17）×10⁻⁶。

8. 马鞍山铁矿综合预测区（Ⅲ-8-8）

预测区面积为 113.1km²，预测铁资源量为 262.59×10⁴t。该区近北西向展布，地表有燕山期花岗闪长岩出露，围岩有蚀变，预测区有磁异常显示，航磁化极异常等值线起始值多在 0nT 以上，重力低，剩余重力异常等值线多在 -3×10⁻⁵m/s² 以下，具二、三级遥感异常。

9. 老头山护林站综合预测区(Ⅲ-8-9)

预测区面积为 24.3km², 预测银资源量为 150.7t。该最小预测区矿床主要赋存在中二叠纪闪长岩中。与成矿有关的围岩蚀变为绢云母化、锰菱铁矿化、硅化、黄铁矿化，其次是绿泥石化和黑云母褪色。航磁化极等值线起始值在 $-100 \sim 1570$ nT 之间；重力剩余异常起始值在 $(-1 \sim 5) \times 10^{-5}$ m/s² 之间；预测区在 Pb、Zn 元素综合化探异常区内。

10. 张旅窑综合预测区(Ⅲ-8-10)

预测区面积为 58.9km², 预测铁资源量为 20.67×10^4 t。该预测区近北西向展布，地表出露燕山期花岗闪长岩，处于北西—近东向断层交会处，航磁化极异常等值线起始值多在 200nT 以上，重力低，剩余重力异常等值线在 $(1 \sim 3) \times 10^{-5}$ m/s² 之间，具二、三级遥感异常。

11. 阿贵嘎查综合预测区(Ⅲ-8-11)

预测区面积为 183.4km², 预测铁资源量为 778.55×10^4 t。预测区地表出露燕山期花岗闪长岩，具航磁异常，处于北西—北东断层交会处，航磁化极异常等值线起始值在 $0 \sim 200$ nT 之间，重力低，剩余重力异常等值线在 $(0 \sim 1) \times 10^{-5}$ m/s² 之间。具一级遥感异常。

12. 兴安敖包嘎查综合预测区(Ⅲ-8-12)

预测区面积为 26.2km², 预测铁资源量为 151.39×10^4 t。该预测区出露于燕山期花岗闪长岩附近，处于北西—北东断层交会处，航磁化极异常等值线起始值多在 100nT 以上，重力低，剩余重力异常等值线在 $(0 \sim 1) \times 10^{-5}$ m/s² 之间，具三级遥感异常。

13. 东发村综合预测区(Ⅲ-8-13)

预测区面积为 30.9km², 预测铁资源量为 156.61×10^4 t。预测区内有一矿化点，处于北西—北东向断层交会处，有磁异常显示，航磁化极异常等值线起始值绝多在 $-200 \sim -100$ nT 之间，重力低，剩余重力异常等值线在 $(0 \sim 1) \times 10^{-5}$ m/s² 之间，具二、三级遥感异常。

14. 布拉格呼都格北综合预测区(Ⅲ-8-14)

预测区面积为 6km², 预测银资源量为 144.7t。该最小预测区矿床主要赋存在中二叠纪黑云斜长花岗岩中。与成矿有关的围岩蚀变为绢云母化、锰菱铁矿化、硅化、黄铁矿化，其次是绿泥石化和黑云母褪色。航磁化极等值线起始值在 $-100 \sim 1570$ nT 之间；重力剩余异常起始值在 $(-1 \sim 5) \times 10^{-5}$ m/s² 之间；预测区在 Pb、Zn 元素综合化探异常区内。

15. 孟恩套力盖银铅矿综合预测区(Ⅲ-8-15)

预测区面积为 231km², 预测银资源量为 3367t。该最小预测区矿床主要赋存在中二叠纪黑云斜长花岗岩中，矿体呈脉群状。主要工业矿物是闪锌矿、方铅矿、深红银矿、黑硫银锡矿、自然银等。共生矿物有黄铜矿、黝锡矿、锡石、黄铁矿、磁黄铁矿和毒砂。与成矿有关的围岩蚀变为绢云母化、锰菱铁矿化、硅化、黄铁矿化，其次是绿泥石化和黑云母褪色。该区内有一中型矿产地 1 处，航磁化极等值线起始值在 $-100 \sim 1570$ nT 之间；重力剩余异常起始值在 $(-1 \sim 5) \times 10^{-5}$ m/s² 之间；预测区在 Pb、Zn 元素综合化探异常区内。

16. 查干淖尔嘎查综合预测区(Ⅲ-8-16)

预测区面积为 23.7km², 预测银资源量为 404.5t。该最小预测区矿床主要赋存在中二叠纪黑云母斜长花岗岩中。航磁化极等值线起始值在—100~1570nT 之间;重力剩余异常起始值在(—1~5)×10^{-5}m/s^2 之间;预测区在 Pb、Zn 元素综合化探异常区内。

17. 巴彦乌拉嘎查北东综合预测区(Ⅲ-8-17)

预测区面积为 5.9km^2,预测银资源量为 211.2t。该最小预测区矿床主要赋存在中二叠纪闪长岩中,矿体呈脉群状。主要工业矿物是闪锌矿、方铅矿、深红银矿、黑硫银锡矿、自然银等。共生矿物有黄铜矿、黝锡矿、锡石、黄铁矿、磁黄铁矿和毒砂。与成矿有关的围岩蚀变为绢云母化、锰菱铁矿化、硅化、黄铁矿化,其次是绿泥石化和黑云母褪色。该区内有矿点 1 处,航磁化极等值线起始值在—100~1570nT 之间;重力剩余异常起始值在(—1~5)×10^{-5}m/s^2 之间;预测区在 Pb、Zn 元素综合化探异常区内。

18. 巴彦胡博嘎查东 7.5km 综合预测区(Ⅲ-8-18)

预测区面积为 20.6km^2,预测铬资源量为 32.9t,镍资源量为 15 404t。该最小预测区内有 1 个已知铬矿点,出露的地质体主要为灰绿色中粗粒辉石橄榄岩,少量第四系覆盖。区内航磁化极为正磁异常,异常值 250~1250nT;剩余重力异常为重力梯级带,异常值(8~10)×10^{-5}m/s^2;预测区位于 Cr 元素异常的浓集中心附近,Cr 元素化探异常值(80~926.00)×10^{-6}。

19. 机械连西南综合预测区(Ⅲ-8-19)

预测区面积为 114km^2,预测银资源量为 155.1t,铁资源量为 3.24×10^4t,硫铁资源量为 32.49×10^4t。该最小预测区矿床主要赋存在中二叠纪黑云斜长花岗岩中,与成矿有关的围岩蚀变为绢云母化、锰菱铁矿化、硅化、黄铁矿化,其次是绿泥石化和黑云母褪色。航磁化极等值线起始值在—100~1570nT 之间;重力剩余异常起始值在—1~5×10^{-5}m/s^2 之间;预测区在 Pb、Zn 元素综合化探异常区内。

20. 哈达艾里嘎查南西综合预测区(Ⅲ-8-20)

预测区面积为 127.1km^2,预测银资源量为 121.2t,铜资源量为 38 952.8t。该最小预测区矿床主要赋存在中二叠纪黑云花岗岩中。与成矿有关的围岩蚀变为绢云母化、锰菱铁矿化、硅化、黄铁矿化,其次是绿泥石化和黑云母褪色。航磁化极等值线起始值在—100~1570nT 之间;重力剩余异常起始值在(—1~5)×10^{-5}m/s^2 之间;预测区在 Pb、Zn 元素综合化探异常区内。

21. 1327 高地综合预测区(Ⅲ-8-21)

预测区面积为 195.3km^2,预测镍资源量为 20 637t,铬资源量为 77.1t,铜资源量为 60 759.7t。该最小预测区内有 1 个已知铬矿点梅劳特乌拉,出露的地质体主要为灰绿色中粗粒辉石橄榄岩,少量第四系覆盖。区内航磁化极为正磁异常,异常值 75~2500nT;剩余重力异常为重力正异常中心附近,相对平缓,异常等值线范围(15~20)×10^{-5}m/s^2;预测区位于 Cr 元素异常的浓集中心,Cr 元素化探异常值(213~598.50)×10^{-6}。

22. 1332 高地综合预测区(Ⅲ-8-22)

预测区面积为 16.3km^2,预测铜资源量为 2 988.9t。出露地层为大石寨组灰黑,灰绿色中酸性火山熔岩,凝灰岩,细碧岩,角斑岩,少量正常碎屑岩。南部被满克头鄂博组灰白,浅灰色酸性火山熔岩,酸性火山碎屑岩,火山碎屑沉积岩不整合覆盖。东部及北部分别被二叠纪花岗岩、白垩纪花岗岩侵入。构造线方向为北东东向。

23. 乌斯尼黑综合预测区（Ⅲ-8-23）

预测区面积为 142.6km², 预测镍资源量为 69 319t, 铬资源量为 300.7t。该最小预测区位于珠尔很沟镍矿外围, 出露的地质体主要为中晚泥盆世斜方辉石橄榄岩及蚀变辉长岩。区内航磁化极异常值 250～1400nT, 剩余重力异常为重力梯级带, 异常值 $(1\sim9)\times10^{-5}m/s^2$。无化探数据。有白音胡硕典型矿床及乌斯尼黑矿点。

24. 巴彦洪格尔嘎查综合预测区（Ⅲ-8-24）

预测区面积为 34.9km², 预测铬资源量为 75.8t。该最小预测区出露的地层为第四系堆积物。区内无矿点。该区位于重力推断隐伏超基性岩体之上, 区内航磁化极为负磁异常, 异常值 $-150\sim-50$nT; 剩余重力异常为重力梯级带, 异常值 $(0\sim15)\times10^{-5}m/s^2$。Cr 元素化探异常值 $(10\sim24)\times10^{-6}$。

25. 乌日根塔拉嘎查东综合预测区（Ⅲ-8-25）

预测区面积为 2.5km², 预测银资源量为 44.5t。该最小预测区矿床主要赋存在中二叠纪黑云母花岗岩中, 矿体呈脉群状。主要工业矿物是闪锌矿、方铅矿、深红银矿、黑硫银锡矿、自然银等。共生矿物有黄铜矿、黝锡矿、锡石、黄铁矿、磁黄铁矿和毒砂。与成矿有关的围岩蚀变为绢云母化、锰菱铁矿化、硅化、黄铁矿化, 其次是绿泥石化和黑云母褪色。该区内南侧有矿点 1 处, 航磁化极等值线起始值在 $-100\sim1570$nT 之间; 重力剩余异常起始值在 $(-1\sim5)\times10^{-5}m/s^2$ 之间; 预测区在 Pb、Zn 元素综合化探异常区内。

26. 浩不高嘎查综合预测区（Ⅲ-8-26）

预测区面积为 16.6km², 预测铜资源量为 5 394.6t。出露的地层为大石寨组灰黑, 灰绿色中酸性火山熔岩, 凝灰岩, 细碧岩, 角斑岩, 少量正常碎屑岩; 岩浆岩出露白垩纪花岗岩。发育北东向、北西向两组断裂构造。

27. 乌兰达坝苏木综合预测区（Ⅲ-8-27）

预测区面积为 188.6km², 预测铜资源量为 65 585.3t。出露的地层为大石寨组灰黑色、灰绿色中酸性火山熔岩, 凝灰岩, 细碧岩, 角斑岩, 少量正常碎屑岩; 哲斯组灰色、灰黄色砂岩, 页岩, 板岩, 生物碎屑灰岩及火山碎屑岩, 硅质岩。岩浆岩出露侏罗纪二长花岗岩及白垩纪花岗岩。发育北东向构造。

28. 1280 高地南综合预测区（Ⅲ-8-28）

预测区面积为 35.1km², 预测铜资源量为 7 836.0t。出露的地层为寿山沟组二段灰黑色泥质粉砂岩, 粉砂质板岩, 变泥岩夹长石石英砂岩, 砾岩及瘤状灰岩; 一段黄灰色、灰色、黑色砾岩, 含砾砂岩、粉砂岩、粉砂质板岩。满克头鄂博组灰褐色凝灰质砾岩、砂岩, 灰绿色、灰紫色凝灰质角砾岩, 岩屑晶屑凝灰岩, 熔结凝灰岩流纹岩, 粗面质火山碎屑不整合覆盖。构造线方向为北东向。

29. 香山镇北综合预测区（Ⅲ-8-29）

预测区面积为 34.4km², 预测硫铁资源量为 117.77×10^4t。出露的地层为寿山沟组二段灰黑色泥质粉砂岩、粉砂质板岩、变泥岩夹长石石英砂岩、砾岩及瘤状灰岩; 一段黄灰色、灰色、黑色砾岩, 含砾砂岩、粉砂岩、粉砂质板岩。玛尼吐组灰绿色、紫褐色中性火山熔岩, 中酸性火山碎屑岩夹火山碎屑沉积岩; 白音高老组杂色酸性火山碎屑岩, 酸性熔岩夹中酸性火山碎屑岩与火山碎屑沉积岩不整合覆盖。侏罗纪花岗岩侵入。构造线方向为北东向。

30. 542高地西综合预测区（Ⅲ-8-30）

预测区面积为 $5.4 km^2$，预测硫铁资源量为 $16.10×10^4 t$。出露的地层为寿山沟组二段灰黑色泥质粉砂岩、粉砂质板岩、变泥岩夹长石石英砂岩、砾岩及瘤状灰岩；一段黄灰色、灰色、黑色砾岩，含砾砂岩、粉砂岩、粉砂质板岩。被玛尼吐组灰绿色、紫褐色中性火山熔岩，中酸性火山碎屑岩夹火山碎屑沉积岩以及白音高老组杂色酸性火山碎屑岩，酸性熔岩夹中酸性火山碎屑岩与火山碎屑沉积岩不整合覆盖。构造线方向为北西向。

31. 511高地综合预测区（Ⅲ-8-31）

预测区面积为 $63.7 km^2$，预测硫铁资源量为 $202.62×10^4 t$。出露的地层为大石寨组灰黑色、灰绿色中酸性火山熔岩，凝灰岩，细碧岩，角斑岩，少量正常碎屑岩。被白音高老组杂色酸性火山碎屑岩，酸性熔岩夹中酸性火山碎屑岩与火山碎屑沉积岩；以及梅勒图组以暗色中基性、中性熔岩为主，少量中酸性火山碎屑岩与火山碎屑沉积岩不整合覆盖。北西向长椭圆状侏罗纪花岗岩侵入。构造线方向为北西向。

32. 碧流台乡骆驼场东综合预测区（Ⅲ-8-32）

预测区面积为 $118.3 km^2$，预测铜资源量为 57 356.6 t。出露的地层为大石寨组灰黑色、灰绿色中酸性火山熔岩，凝灰岩，细碧岩，角斑岩，少量正常碎屑岩。寿山沟组灰色、灰黑色变质粉砂岩，板岩，变质砂岩；哲斯组灰色、灰黄色砂岩，页岩，板岩，生物碎屑灰岩及火山碎屑岩，硅质岩；林西组灰黑色、灰绿色粉砂岩，板岩，砂岩。满克头鄂博组灰白色、浅灰色酸性火山熔岩，酸性火山碎屑岩与火山碎屑沉积岩不整合覆盖在林西组处。三叠纪闪长岩、侏罗纪花岗闪长岩侵入。构造线方向为北西向。

33. 600高地综合预测区（Ⅲ-8-33）

预测区面积为 $156.4 km^2$，预测铜资源量为 42 938.9 t。出露的地层为林西组灰黑色、灰绿色粉砂岩，板岩，砂岩。新民组杂色酸性火山碎屑沉积岩夹碎屑岩及煤层；满克头鄂博组灰白色、浅灰色酸性火山熔岩，酸性火山碎屑岩，火山碎屑沉积岩不整合覆盖在林西组处。发育北东向、北西向两组断裂构造。

34. 跃进分场东综合预测区（Ⅲ-8-34）

预测区面积为 $100.8 km^2$，预测铜资源量为 11 276.7 t。铬资源量为 $9.22×10^4 t$。该最小预测区出露的地质体为第四纪堆积物。区内无矿点。该区位于重力推断隐伏超基性岩体之上，区内航磁化极异常值为 $-150～200 nT$；剩余重力异常为重力梯级带，异常值 $(1～15)×10^{-5} m/s^2$。Cr元素化探异常值 $(8.7～49)×10^{-6}$。

35. 道伦达坝综合预测区（Ⅲ-8-35）

预测区面积为 $23.7 km^2$，预测铜资源量为 53 853 t。该最小预测区出露的地层为寿山沟组二段灰黑色泥质粉砂岩，粉砂质板岩，变泥岩夹长石石英砂岩，砾岩及瘤状灰岩；一段黄灰色、灰色、黑色砾岩，含砾砂岩，粉砂岩，粉砂质板岩。被白音高老组紫灰色、黄白色、黄褐色流纹质火山角砾岩，岩屑晶屑凝灰岩，凝灰岩，流纹岩不整合覆盖。侵入岩为二叠纪二长花岗岩、似斑状黑云母二长花岗岩、中粒（黑云母）二长花岗岩。地层、侵入岩均呈北东向展布，道伦达坝银铅锌矿位于该区。区内航磁化极为低背景，剩余重力异常为重力低，异常值 $(-2～1)×10^{-5} m/s^2$；Ag、Pb、Zn元素异常一级浓度分带明显。

36. 拜仁达坝综合预测区(Ⅲ-8-36)

预测区面积为 156.2km², 预测银资源量为 8 351.4t, 硫铁资源量为 91.87×10⁴t, 铜资源量为 50 042t, 铅资源量为 882 109t, 锌资源量为 1 997 354t。该最小预测区出露的地层为宝音图岩群(锡林郭勒杂岩)黑云斜长片麻岩、二云斜长片麻岩、角闪斜长片麻岩。侵入岩为石炭纪石英闪长岩；呈北东向展布，拜仁达坝银铅矿、锡矿位于该区。区内航磁化极为低背景，剩余重力异常为重力低，异常值(−2～1)× 10^{-5} m/s²；Ag、Pb、Zn 元素异常一级浓度分带明显。

37. 296 高地东北综合预测区(Ⅲ-8-37)

预测区面积为 5.9km², 预测硫铁资源量为 17.91×10⁴t。出露的地层为白音高老组杂色酸性火山碎屑岩，酸性熔岩夹中酸性火山碎屑岩与火山碎屑沉积岩。构造线方向为北西向。

38. 维拉斯托综合预测区(Ⅲ-8-38)

预测区面积为 69.7km², 预测银资源量为 5 643.3t, 硫铁资源量为 85.3×10⁴t, 铅资源量为 530 496t, 锌资源量为 390 528t。该最小预测区出露的地层为宝音图岩群(锡林郭勒杂岩)黑云斜长片麻岩、二云斜长片麻岩、角闪斜长片麻岩。隐伏石炭纪石英闪长岩；呈北东向展布，维拉斯托银铅矿、双山铅锌矿、巴彦乌拉苏木铅锌矿位于该区。区内航磁化极为低背景，剩余重力异常为重力低，异常值(−2～1)× 10^{-5} m/s²；Ag、Pb、Zn 元素异常一级浓度分带明显。

39. 细毛羊场综合预测区(Ⅲ-8-39)

预测区面积为 73.2km², 预测铜资源量为 47 668.3t。出露的地层为大石寨组灰黑色、灰绿色中酸性火山熔岩，凝灰岩，细碧岩，角斑岩，少量正常碎屑岩。寿山沟组灰色、灰黑色变质粉砂岩，板岩，变质砂岩；哲斯组灰色、灰黄色砂岩，页岩，板岩，生物碎屑灰岩及火山碎屑岩，硅质岩。白垩纪花岗斑岩侵入。北东向构造发育。

40. 568 高地综合预测区(Ⅲ-8-40)

预测区面积为 140km², 预测硫铁资源量为 278.46×10⁴t。出露的地层为大石寨组灰黑色、灰绿色中酸性火山熔岩，凝灰岩，细碧岩，角斑岩，少量正常碎屑岩。满克头鄂博组灰白色、浅灰色酸性火山熔岩，酸性火山碎屑岩，火山碎屑沉积岩；白音高老组杂色酸性火山碎屑岩，酸性熔岩夹中酸性火山碎屑岩与火山碎屑沉积岩不整合覆盖。北东向长条状侏罗纪花岗岩侵入。构造线方向为北东向、北西向两组。

41. 巴彦布拉格嘎查综合预测区(Ⅲ-8-41)

预测区面积为 228km², 预测银资源量为 1 700.7t, 硫铁资源量为 23.63×10⁴t, 铜资源量为 54 204t, 铅资源量为 165 486t, 锌资源量为 199 008t。该最小预测区出露的地层为宝音图岩群(锡林郭勒杂岩)黑云斜长片麻岩、二云斜长片麻岩、角闪斜长片麻岩。侵入岩主要为石炭纪石英闪长岩，区内航磁化极为低背景场中的正异常区，剩余重力异常高值区，异常值(−2～8)×10^{-5} m/s²；Ag、Pb、Zn 元素异常三级浓度分带明显。

42. 冬营子综合预测区(Ⅲ-8-42)

预测区面积为 93.4km², 预测铅资源量为 22 692t, 锌资源量为 48 308t, 铜资源量为 9 901.9t, 硫铁资源量为 3.24×10⁴t, 银资源量为 233.2t。该最小预测区出露的地层为宝音图岩群(锡林郭勒杂岩)黑云斜长片麻岩、二云斜长片麻岩、角闪斜长片麻岩。区内航磁化极为低背景场中的正异常区，剩余重力梯度带,异常值$(4\sim 8)\times 10^{-5}\mathrm{m/s^2}$;较好 Ag、Pb、Zn 元素异常。

43. 呀马吐综合预测区（Ⅲ-8-43）

预测区面积为 43.2km²,预测铜资源量为 21 046.4t。出露的地层为林西组灰黑色、灰绿色粉砂岩,板岩,砂岩。满克头鄂博组灰白色、浅灰色酸性火山熔岩,酸性火山碎屑岩,火山碎屑沉积岩;玛尼吐组灰绿色、紫褐色中性火山熔岩,中酸性火山碎屑岩夹火山碎屑沉积岩不整合覆盖。构造线方向为北东向、北西向两组。

44. 大营子乡综合预测区（Ⅲ-8-44）

预测区面积为 179km²,预测铜资源量为 39 428.2t。出露的地层为大石寨组灰黑色、灰绿色中酸性火山熔岩,凝灰岩,细碧岩,角斑岩,少量正常碎屑岩;哲斯组灰色色、灰黄色砂岩,页岩,板岩,生物碎屑灰岩及火山碎屑岩,硅质岩;林西组灰黑色、灰绿色粉砂岩,板岩,砂岩。三叠纪花岗岩、侏罗纪二长花岗岩侵入。构造线方向为北东向、北西向两组。

45. 塔木花嘎查综合预测区（Ⅲ-8-45）

预测区面积为 18.1km²,预测铜资源量为 5 886.5t。出露的地层为林西组灰黑色、灰绿色粉砂岩,板岩,砂岩;满克头鄂博组灰白色、浅灰色酸性火山熔岩,酸性火山碎屑岩,火山碎屑沉积岩不整合覆盖。构造线方向为北西向。

46. 查干哈达庙综合预测区（Ⅲ-8-46）

预测区面积为 23.1km²,预测铜资源量为 14 085.1t。出露的地层为新民组杂色酸性火山碎屑岩,火山碎屑沉积岩夹碎屑岩及煤层;满克头鄂博组灰白色、浅灰色酸性火山熔岩,酸性火山碎屑岩,火山碎屑沉积岩。白垩纪花岗岩侵入。构造线方向为北东向、北西向两组。

47. 幸福之路苏木老龙沟综合预测区（Ⅲ-8-47）

预测区面积为 48.5km²,预测铜资源量为 38 387.8t。出露的地层为林西组灰黑色、灰绿色粉砂岩,板岩,砂岩。满克头鄂博组灰白色、浅灰色酸性火山熔岩,酸性火山碎屑岩,火山碎屑沉积岩不整合覆盖。二叠纪石英闪长岩侵入。构造线方向为北东向、北西向两组。

48. 上洼村南综合预测区（Ⅲ-8-48）

预测区面积为 51.8km²,预测硫铁资源量为 215.09×10⁴t。出露的地层为寿山沟组灰色、灰黑色变质粉砂岩,板岩,变质砂岩。新民组杂色酸性火山碎屑岩、火山碎屑沉积岩夹碎屑岩及煤层。白垩纪花岗岩侵入。构造线方向为北东向、北西向两组。

49. 驼峰山综合预测区（Ⅲ-8-49）

预测区面积为 18km²,预测硫铁资源量为 114.58×10⁴t。出露的地层为寿山沟组灰色、灰黑色变质粉砂岩,板岩,变质砂岩。新民组杂色酸性火山碎屑岩、火山碎屑沉积岩夹碎屑岩及煤层。构造线方向为北东向、北西向两组。

50. 1542 高地综合预测区（Ⅲ-8-50）

预测区面积为 168.8km²,预测铜资源量为 41 613.9t。出露的地层为大石寨组灰黑色、灰绿色中酸性火山熔岩,凝灰岩,细碧岩,角斑岩,少量正常碎屑岩;哲斯组灰色、灰黄色砂岩,页岩,板岩,生物碎屑灰岩及火山碎屑岩,硅质岩;林西组灰黑色、灰绿色粉砂岩,板岩,砂岩。南部出露于家北沟组灰绿色、黄绿色凝灰质砂岩,砂砾岩,砾岩,粉砂岩夹板岩,火山碎屑岩。大面积北东向侏罗纪花岗岩侵入。构造线方向为北东向。

51. 双井店乡北综合预测区(Ⅲ-8-51)

预测区面积为 $102.1 km^2$,预测硫铁资源量为 $7.57×10^4 t$,铜资源量为 30 276.8t,铅资源量为 52 991t,锌资源量为 146 768t,银资源量为 544.6t。该最小预测区出露的地层为宝音图岩群(锡林郭勒杂岩)黑云斜长片麻岩、二云斜长片麻岩、角闪斜长片麻岩。石炭纪石英闪长岩侵入,区内发育 1 条规模巨大的近东西断裂。区内航磁化极为低背景,位于剩余重力异常梯度带,异常值$(-2\sim3)×10^{-5} m/s^2$;Pb、Zn 元素异常三级浓度分带明显。

52. 万合永乡西柳林乡东综合预测区(Ⅲ-8-52)

预测区面积为 $10.4 km^2$,预测铬资源量为 36.7t。该区出露的地层为中二叠统于家北沟组凝灰质砂岩、变质杂砂岩、粉砂岩、粉砂质板岩,其他均为覆盖层。该区内有明显的物化探异常及重力异常推断的隐伏基性岩体。该区成矿条件较有利,有一定的找矿潜力。

53. 柯单山综合预测区(Ⅲ-8-53)

预测区面积为 $32.2 km^2$,预测铬资源量为 644.6t。该区出露的地层为中奥陶统包尔汉图群变质砂岩、粉砂岩、玄武岩、安山岩夹大理岩,岩浆岩为二叠纪蛇绿杂岩,由橄榄岩、斜辉橄榄岩、硅质岩等组成。构造主要以北东向和近南北向断裂为主。区内有柯单山铬矿 1 处,形成于二叠纪橄榄岩中。该区内有明显的物化探异常及重力异常推断的隐伏基性岩体,在柯单山铬矿周围有 Cr 元素化探异常。该最小预测区为 A 类区。成矿条件有利,找矿潜力巨大。

二、与燕山早期中酸性岩浆活动有关的铜、铅锌、银、金、钼、锡、萤石矿床成矿系列综合预测区划分及特征

1. 六合屯综合预测区(Ⅲ-8-54)

预测区面积为 $191.9 km^2$,预测萤石资源量为 $13.37×10^4 t$。预测区出露的哲斯组灰色、灰黄色砂岩,页岩,板岩,生物碎屑灰岩及火山碎屑岩,硅质岩。白音高老组杂色酸性火山碎屑岩、酸性熔岩夹中酸性火山碎屑岩与火山碎屑沉积岩。东侧出露二叠纪花岗岩。

2. 协林综合预测区(Ⅲ-8-55)

预测区面积为 $18 km^2$,预测萤石资源量为 $3.6×10^4 t$。预测区出露的哲斯组灰色、灰黄色砂岩,页岩,板岩,生物碎屑灰岩及火山碎屑岩,硅质岩。白音高老组杂色酸性火山碎屑岩、酸性熔岩夹中酸性火山碎屑岩与火山碎屑沉积岩。北侧出露二叠纪花岗岩。东侧为侏罗纪花岗斑岩。

3. 靠山屯综合预测区(Ⅲ-8-56)

预测区面积为 $105.9 km^2$,预测钼资源量为 29 712.5t。该最小预测区矿床主要赋存在下二叠统大石寨组砂砾岩构造裂隙中。与成矿有关的围岩蚀变为绢云母化、锰菱铁矿化、硅化、黄铁矿化,其次是绿

泥石化和黑云母褪色。航磁化极等值线起始值在−100～1570nT之间;重力剩余异常起始值在(−1～5)×10^{-5}m/s^{2}之间;预测区在Pb、Zn元素综合化探异常区内。

4. 大肚子沟西综合预测区(Ⅲ-8-57)

预测区面积为65.6km^2,预测铅资源量为9 191.74t,锌资源量为9 191.74t。该最小预测区矿床主要赋存在下二叠统大石寨组砂砾岩构造裂隙中。预测区在Pb、Zn元素综合化探异常区内。

5. 三合屯综合预测区(Ⅲ-8-58)

预测区面积为155.2km^2,预测钼资源量为23 269.4t,铜资源量为22 841.0t,铅资源量为18 903.2t,锌资源量为42 023.1t。该最小预测区矿床主要赋存在下二叠统大石寨组砂砾岩构造裂隙中。与成矿有关的围岩蚀变为绢云母化、锰菱铁矿化、硅化、黄铁矿化,其次是绿泥石化和黑云母褪色。航磁化极等值线起始值在−100～1570nT之间;重力剩余异常起始值在(−1～5)×10^{-5}m/s^{2}之间;预测区在Pb、Zn元素综合化探异常区内。

6. 树木沟乡西综合预测区(Ⅲ-8-59)

预测区面积为7.7km^2,预测钼资源量为1745t。该最小预测区矿床主要赋存在下二叠统大石寨组砂砾岩构造裂隙中。预测区在Pb、Zn元素综合化探异常区内。

7. 老头山护林站综合预测区(Ⅲ-8-60)

预测区面积为22.2km^2,预测锡资源量为126.33t,铅资源量为6 316.35t,锌资源量为6420t。该最小预测区矿床主要赋存在中二叠世闪长岩中。与成矿有关的围岩蚀变为绢云母化、锰菱铁矿化、硅化、黄铁矿化,其次是绿泥石化和黑云母褪色。航磁化极等值线起始值在−100～1570nT之间;重力剩余异常起始值在(−1～5)×10^{-5}m/s^{2}之间;预测区在Pb、Zn元素综合化探异常区内。

8. 老牛圈综合预测区(Ⅲ-8-61)

预测区面积为63.1km^2,预测锡资源量为6 178.7t,铅资源量为30.30t,锌资源量为67.35t。该最小预测区矿床主要赋存在下二叠统大石寨组砂砾岩构造裂隙中。预测区在Pb、Zn元素综合化探异常区内。

9. 六户镇综合预测区(Ⅲ-8-62)

预测区面积为183.7km^2,预测钼资源量为29 217.6t。矿床主要赋存在下二叠统大石寨组砂砾岩构造裂隙中。预测区在Pb、Zn、Mo元素综合化探异常区内。

10. 闹牛山综合预测区(Ⅲ-8-63)

预测区面积为132.2km^2,预测铜资源量为19 830t,钼资源量为13 444t。该最小预测区矿床主要赋存在下二叠统大石寨组砂砾岩构造裂隙中。与成矿有关的围岩蚀变为绢云母化、锰菱铁矿化、硅化、黄铁矿化,其次是绿泥石化和黑云母褪色。航磁化极等值线起始值在−100～1570nT之间;重力剩余异常起始值在(−1～5)×10^{-5}m/s^{2}之间;预测区在Pb、Zn元素综合化探异常区内。区内铜矿床1处(闹牛山)。

11. 长春岭村综合预测区(Ⅲ-8-64)

预测区面积为163.1km^2,预测钼资源量为953.2t,铜资源量为85 932t,铅资源量为20 880.8t。锌资源量为46 080.1t。矿床主要赋存在下二叠统大石寨组砂砾岩构造裂隙中,矿体呈脉群状。受南北向和北西向两组断裂控制。主要工业矿物是闪锌矿、方铅矿、黄铜矿、深红银矿、毒砂等。共生矿物有磁黄铁矿、白铁矿、钛铁矿、硫铋铅矿、辉铅铋矿、深红银矿。与成矿有关的围岩蚀变为硅化、绢云母化、绿泥石化、碳酸盐化和黄铁矿化等,与成矿关系不明显是绿泥石化和黑云母化及绿帘石化、线型电气石化与赤铁矿化等。该区内中南部有中型矿床1处(长春岭),航磁化极等值线起始值在$-100\sim1570$nT之间;重力剩余异常起始值在$(-1\sim5)\times10^{-5}$m/s^{2}之间;预测区在Pb、Zn元素综合化探异常区内。

12. 巴彦高嘎查南综合预测区(Ⅲ-8-65)

预测区面积为13.5km^2,预测钼资源量为3 058.7t。矿床主要赋存在下二叠统大石寨组砂砾岩构造裂隙中。预测区在Pb、Zn元素综合化探异常区内。

13. 柳条沟嘎查西综合预测区(Ⅲ-8-66)

预测区面积为39.9km^2,预测钼资源量为6 351.7t。矿床主要赋存在下二叠统大石寨组砂砾岩构造裂隙中。出露的闪长玢岩,且火山口构造,与成矿有关的围岩蚀变为绢云母化、锰菱铁矿化、硅化、黄铁矿化,其次是绿泥石化和黑云母褪色。航磁化极等值线起始值在$-100\sim1570$nT之间;重力剩余异常起始值在$(-1\sim5)\times10^{-5}$m/s^{2}之间;预测区在Pb、Zn元素综合化探异常区内。

14. 水泉镇综合预测区(Ⅲ-8-67)

预测区面积为23.7km^2,预测铜资源量为6 035.0t。地层出露玛尼吐组灰绿色、紫褐色中性火山熔岩,中酸性火山碎屑岩夹火山碎屑沉积岩;白音高老组杂色酸性火山碎屑岩、酸性熔岩夹中酸性火山碎屑岩与火山碎屑沉积岩。梅勒图组以暗色中基性、中性熔岩为主,少量中酸性火山碎屑岩及火山碎屑沉积岩不整合覆盖。构造线方向为北东向、北西向两组。

15. 乌兰哈达苏木综合预测区(Ⅲ-8-68)

预测区面积为174.8km^2,预测铜资源量为11 224.0t,铅资源量为23 733.68t,锌资源量为52 761.79t。矿床主要赋存在下二叠统大石寨组砂砾岩构造裂隙中。航磁化极等值线起始值在$-100\sim1570$nT之间;重力剩余异常起始值在$(-1\sim5)\times10^{-5}$m/s^{2}之间;预测区在Pb、Zn元素综合化探异常区内。

16. 萨如拉嘎查南西综合预测区(Ⅲ-8-69)

预测区面积为6.8km^2,预测钼资源量为1 160.8t。矿床主要赋存在下二叠统大石寨组砂砾岩构造裂隙中。预测区在Pb、Zn元素综合化探异常区内。

17. 乌兰哈达苏木东综合预测区(Ⅲ-8-70)

预测区面积为24.9km^2,预测铜资源量为3 420.0t,铅资源量为2 039.42t,锌资源量为2 310.71t。该最小预测区矿床主要赋存在下二叠统大石寨组砂砾岩构造裂隙中,矿体呈脉群状。主要工业矿物是闪锌矿、方铅矿、深红银矿、黑硫银锡矿、自然银等。共生矿物有黄铜矿、黝锡矿、锡石、黄铁矿、磁黄铁矿和毒砂。与成矿有关的围岩蚀变为绢云母化、锰菱铁矿化、硅化、黄铁矿化,其次是绿泥石化和黑云母褪色。该区内有矿点1处,航磁化极等值线起始值在$-100\sim1570$nT之间;重力剩余异常起始值在$(-1\sim5)\times10^{-5}$m/s^{2}之间;预测区在Pb、Zn元素综合化探异常区内。

18. 杜尔基苏木五峰山综合预测区(Ⅲ-8-71)

预测区面积为160.4km^2,预测钼资源量为18 664t,铜资源量为10 978t,铅资源量为6 055.35t,锌资源量为 13 461.5t。矿床主要赋存在下二叠统大石寨组砂砾岩构造裂隙中。航磁化极等值线起始值在 $-100\sim1570nT$ 之间；重力剩余异常起始值在 $(-1\sim5)\times10^{-5}m/s^2$ 之间；预测区在 Pb、Zn 元素综合化探异常区内。

19. 孟恩套力盖银铅矿综合预测区（Ⅲ-8-72）

预测区面积为 $210km^2$，预测锡资源量为 4 329.9t，铜资源量为 46 991t，铅资源量为 295 758t，锌资源量为 681 123.84t。矿床主要赋存在中二叠世黑云斜长花岗岩中，矿体呈脉群状。主要工业矿物是闪锌矿、方铅矿、深红银矿、黑硫银锡矿、自然银等。共生矿物有黄铜矿、黝锡矿、锡石、黄铁矿、磁黄铁矿和毒砂。与成矿有关的围岩蚀变为绢云母化、锰菱铁矿化、硅化、黄铁矿化，其次是绿泥石化和黑云母退色。航磁化极等值线起始值在 $-100\sim1570nT$ 之间；重力剩余异常起始值在 $(-1\sim5)\times10^{-5}m/s^2$ 之间；预测区在 Pb、Zn 元素综合化探异常区内。该区内有一中型矿产地 1 处，矿点 2 处。

20. 北牛窝铺综合预测区（Ⅲ-8-73）

预测区面积为 $33.2km^2$，预测铜资源量为 8 456.0t。出露哲斯组，位于剩余重力高值与低值过渡区，Cu 单元素异常。

21. 阿木古冷嘎查南综合预测区（Ⅲ-8-74）

预测区面积为 $34.5km^2$，预测钼资源量为 4 884.6t。矿床主要赋存在下二叠统大石寨组砂砾岩构造裂隙中。预测区在 Pb、Zn 元素综合化探异常区内。

22. 扎鲁特旗石长温都尔综合预测区（Ⅲ-8-75）

预测区面积为 $168.6km^2$，预测锡资源量为 97.2t，钼资源量为 3 335.2t，铜资源量为 20 150t，铅资源量为 44 790.96t，锌资源量为 100 204.59t。矿床主要赋存在下二叠统大石寨组砂砾岩构造裂隙中及中二叠世闪长岩中，矿体呈脉群状。主要工业矿物是闪锌矿、方铅矿、深红银矿、黑硫银锡矿、自然银等。共生矿物有黄铜矿、黝锡矿、锡石、黄铁矿、磁黄铁矿和毒砂。与成矿有关的围岩蚀变为绢云母化、锰菱铁矿化、硅化、黄铁矿化，其次是绿泥石化和黑云母褪色。该区内有矿点 1 处，航磁化极等值线起始值在 $-100\sim1570nT$ 之间；重力剩余异常起始值在 $(-1\sim5)\times10^{-5}m/s^2$ 之间；预测区在 Pb、Zn 元素综合化探异常区内。

23. 巴彦乌拉嘎查综合预测区（Ⅲ-8-76）

预测区面积为 $62.1km^2$，预测铜资源量为 6 379.0t，钼资源量为 766.1t，铅资源量为 2 667.23t，锌资源量为 5 929.45t。该最小预测区矿床主要赋存在下二叠统大石寨组砂砾岩构造裂隙中。与成矿有关的围岩蚀变为绢云母化、锰菱铁矿化、硅化、黄铁矿化，其次是绿泥石化和黑云母褪色。航磁化极等值线起始值在 $-100\sim1570nT$ 之间；重力剩余异常起始值在 $(-1\sim5)\times10^{-5}m/s^2$ 之间；预测区在 Pb、Zn 元素综合化探异常区内。

24. 查干恩格尔嘎查综合预测区（Ⅲ-8-77）

预测区面积为 $69.1km^2$，预测钼资源量为 1 705.1t，铅资源量为 983.86t，锌资源量为 2 187.2t。矿床主要赋存在下二叠统大石寨组砂砾岩构造裂隙中。预测区在 Pb、Zn 元素综合化探异常区内。

25. 宝拉根阿日综合预测区（Ⅲ-8-78）

预测区面积为 $18.2km^2$，预测铅资源量为 2 544.35t，锌资源量为 5 356.3t。矿床主要赋存在下二叠统大石寨组砂砾岩构造裂隙中。航磁化极等值线起始值在－100～1570nT之间；重力剩余异常起始值在$(-1\sim5)\times10^{-5}m/s^2$之间；预测区在Pb、Zn元素综合化探异常区内。

26. 扎热图嘎查综合预测区(Ⅲ-8-79)

预测区面积为178.2km²，预测锡资源量为79.1t，钼资源量为1 965.7t，铜资源量为5 098.0t，铅资源量为11 433.69t，锌资源量为25 931.89。矿床主要赋存在下二叠统大石寨组砂砾岩构造裂隙中，矿体呈脉群状。主要工业矿物是闪锌矿、方铅矿、深红银矿、黑硫银锡矿、自然银等。共生矿物有黄铜矿、黝锡矿、锡石、黄铁矿、磁黄铁矿和毒砂。与成矿有关的围岩蚀变为绢云母化、锰菱铁矿化、硅化、黄铁矿化，其次是绿泥石化和黑云母褪色。该区内有中型矿产地1处，航磁化极等值线起始值在－100～1570nT之间；重力剩余异常起始值在$(-1\sim5)\times10^{-5}m/s^2$之间；预测区在Pb、Zn元素综合化探异常区内。

27. 珠日很恩格热综合预测区(Ⅲ-8-80)

预测区面积为94.7km²，预测铜资源量为15 308t，锡资源量为368.4t，铅资源量为18 421.2t，锌资源量为43 344t。矿床主要赋存在中二叠世黑云母斜长花岗岩中。航磁化极等值线起始值在－100～1570nT之间；重力剩余异常起始值在$(-1\sim5)\times10^{-5}m/s^2$之间；预测区在Pb、Zn元素综合化探异常区内。

28. 嘎亥图镇综合预测区(Ⅲ-8-81)

预测区面积为185.7km²，预测锡资源量为85.7t，铜资源量为46701t，铅资源量为4284t，锌资源量为10 080t。该最小预测区矿床主要赋存在中二叠世黑云斜长花岗岩中，与成矿有关的围岩蚀变为绢云母化、锰菱铁矿化、硅化、黄铁矿化，其次是绿泥石化和黑云母褪色。航磁化极等值线起始值在－100～1570nT之间；重力剩余异常起始值在$(-1\sim5)\times10^{-5}m/s^2$之间；预测区在Pb、Zn元素综合化探异常区内，Cu单元素异常，Cu、Zn、Ag元素组合套合较好。

29. 布敦花综合预测区(Ⅲ-8-82)

预测区面积为142.7km²，预测钼资源量为518.0t，铜资源量为30 231t。出露的有燕山期花岗闪长岩、二叠系哲斯组，矿床3处，矿点1处。位于重力梯度带、扭折带。预测区在Pb、Zn元素综合化探异常区内，Cu单元素异常，Cu、Pb、Zn、Ag、Cd元素组合套合好。

30. 乌力牙斯台分场南综合预测区(Ⅲ-8-83)

预测区面积为70km²，预测锡资源量为27 838.6t，铅资源量为1 199.8t，锌资源量为3 599.43t。出露地层为二叠系寿山沟组结晶灰岩、白色厚层大理岩、粉砂质板岩、泥质板岩、变质细砂岩等。侵入岩为石英闪长岩、花岗闪长岩、花岗斑岩。区内有Cu、Ob、Zn、Ag元素化探异常1处，重力异常1处，具有较大找矿潜力。

31. 乌兰坝综合预测区(Ⅲ-8-84)

预测区面积为94.2km²，预测锡资源量为74 540.5t，铜资源量为1100t，铅资源量为24 038.7t，锌资源量为72 116.14t。地层出露寿山沟组结晶灰岩、白色厚层大理岩、粉砂质板岩、泥质板岩、变质细砂岩，侵入岩为石英闪长岩、花岗闪长岩、花岗斑岩。区内有乌兰达坝苏木浩不高、巴林左旗继兴矿区铅锌矿、乌兰坝苏木乌兰坝农场铅锌矿床3处，Cu、Pb、Zn、Ag元素化探异常1处，航磁化极1处，具有较大找矿潜力。

32. 鼻阻马场综合预测区（Ⅲ-8-85）

预测区面积为 172.7km²，预测锡资源量为 36 334.7t，铜资源量为 5100t，铅资源量为 6 405.2t，锌资源量为 19 215.51t。地层出露寿山沟组结晶灰岩、白色厚层大理岩、粉砂质板岩、泥质板岩、变质细砂岩，侵入岩为石英闪长岩、花岗闪长岩、花岗斑岩。区内有 Cu、Pb、Zn、Ag 元素化探异常 1 处，航磁化极 1 处，重力异常 1 处，具有较大找矿潜力。

33. 哈达艾里嘎查综合预测区（Ⅲ-8-86）

预测区面积为 73.4km²，预测锡资源量为 126.3t，铜资源量为 4 921.0t，铅资源量为 10 884.2t，锌资源量为 28 568.65t。出露地层为寿山沟组结晶灰岩、白色厚层大理岩、粉砂质板岩、泥质板岩、变质细砂岩；侵入岩为中二叠世石英闪长岩、花岗闪长岩、花岗斑岩。矿床主要赋存在中二叠世黑云花岗岩中。与成矿有关的围岩蚀变为绢云母化、锰菱铁矿化、硅化、黄铁矿化，其次是绿泥石化和黑云母褪色。航磁化极等值线起始值在 $-100\sim1570$nT 之间；重力剩余异常起始值在 $(-1\sim5)\times10^{-5}$m/s² 之间；预测区在 Pb、Zn 元素综合化探异常区内，区内有 Cu、Pb、Zn、Ag 元素化探异常 1 处，重力异常 1 处，具有较大找矿潜力。

34. 霍日格嘎查综合预测区（Ⅲ-8-87）

预测区面积为 97.8km²，预测铜资源量为 8 769.0t，铅资源量为 5 294.91t，锌资源量为 11 771t。矿床主要赋存在下二叠统大石寨组砂砾岩构造裂隙中，矿体呈脉群状。主要工业矿物是闪锌矿、方铅矿、深红银矿、黑硫银锡矿、自然银等。共生矿物有黄铜矿、黝锡矿、锡石、黄铁矿、磁黄铁矿和毒砂。与成矿有关的围岩蚀变为绢云母化、锰菱铁矿化、硅化、黄铁矿化，其次是绿泥石化和黑云母褪色。该区内有矿点 1 处，航磁化极等值线起始值在 $-100\sim1570$nT 之间；重力剩余异常起始值在 $(-1\sim5)\times10^{-5}$m/s² 之间；预测区在 Pb、Zn 元素综合化探异常区内。

35. 联合镇综合预测区（Ⅲ-8-88）

预测区面积为 66.8km²，预测钼资源量为 13 407.8t。矿床主要赋存在二叠系大石寨组、哲斯组砂砾岩构造裂隙中。预测区在 Pb、Zn 元素综合化探异常区内。位于剩余重力高值与低值过渡区，Pb、Zn、Ag、Cd 元素组合套合较好。区内矿点 1 处。

36. 额默勒花嘎查综合预测区（Ⅲ-8-89）

预测区面积为 179km²，预测锡资源量为 41.6t，钼资源量为 4 062.2t，铜资源量为 35 616t，铅资源量为 2 390.3t，锌资源量为 5583.91t。矿床主要赋存在下二叠统大石寨组砂砾岩构造裂隙中及中二叠世黑云母花岗岩中，矿体呈脉群状。主要工业矿物是闪锌矿、方铅矿、深红银矿、黑硫银锡矿、自然银等。共生矿物有黄铜矿、黝锡矿、锡石、黄铁矿、磁黄铁矿和毒砂。与成矿有关的围岩蚀变为绢云母化、锰菱铁矿化、硅化、黄铁矿化，其次是绿泥石化和黑云母褪色。该区内南侧有矿点 1 处，航磁化极等值线起始值在 $-100\sim1570$nT 之间；重力剩余异常起始值在 $(-1\sim5)\times10^{-5}$m/s² 之间；预测区在 Pb、Zn 元素综合化探异常区内。

37. 芒和图综合预测区（Ⅲ-8-90）

预测区面积为 60km²，预测萤石资源量为 3.34×10^4t，铜资源量为 35 792t，铅资源量为 187.38t，锌资源量为 416.57t。出露大石寨组，矿床主要赋存在下二叠统大石寨组砂砾岩构造裂隙中。剩余重力高值区。预测区在 Pb、Zn 元素综合化探异常区内。Cu 单元素异常，Cu、Pb、Zn、Ag 元素组合套合较好。

矿点1处。

38. 富裕屯综合预测区(Ⅲ-8-91)

预测区面积为2.2km^2,预测萤石资源量为1.52×10^{4}t。地层出露满克头鄂博组灰白色、浅灰色酸性火山熔岩,酸性火山碎屑岩,火山碎屑沉积岩;玛尼吐组灰绿色、紫褐色中性火山熔岩,中酸性火山碎屑岩夹火山碎屑沉积岩;白音高老组杂色酸性火山碎屑岩、酸性熔岩夹中酸性火山碎屑岩与火山碎屑沉积岩;梅勒图组以暗色中基性、中性熔岩为主,少量中酸性火山碎屑岩及火山碎屑沉积岩覆盖。侵入岩为侏罗纪闪长玢岩。构造线方向为北西向。区内有富裕屯萤石矿点1处。

39. 敖脑达巴综合预测区(Ⅲ-8-92)

预测区面积为100.7km^2,预测锡资源量为63 822.6t,铜资源量为7800t。地层出露下二叠统大石寨组火山岩夹碎屑岩建造和哲斯组碎屑岩-碳酸盐建造:长石石英细砂岩,长石杂砂岩,细粉砂岩,粉砂质板岩。侵入岩出露白垩纪石英二长斑岩、花岗斑岩。区内有敖脑达巴铜矿床1处,Cu、Pb、Zn、Ag元素化探异常1处,航磁化极1处,位于剩余重力低值区。分布有丙类磁异常1处。具有较大找矿潜力。

40. 小井子综合预测区(Ⅲ-8-93)

预测区面积为9.6km^2,预测锡资源量为6 620.9t,铜资源量为500t。哲斯组长石石英细砂岩、长石杂砂岩、细粉砂岩、粉砂质板岩,北部有白垩纪石英二长斑岩、花岗斑岩,Cu、Pb、Zn、Ag元素化探异常1处,航磁化极1处,Sn元素化探异常起始值大于4.0×10^{-9}。位于化探异常浓集中心边缘。区内有小井子矿点,具有较大找矿潜力。

41. 敖仑花矿区综合预测区(Ⅲ-8-94)

预测区面积为179.2km^2,预测钼资源量为1 169.6t,萤石资源量为3.76×10^{4}t,铜资源量为28 634t,铅资源量为32.9t,锌资源量为73.2t。出露下二叠统大石寨组(P_1d)、林西组,中侏罗统万宝组(J_2wb);岩浆活动频繁。共圈出南北向Ⅰ号矿脉和北西向Ⅲ号脉带。共圈定工业矿体23个,长30~510m不等,均厚1.00~8.33m不等,延深50~440m不等。矿石矿物主要为毒砂、黄铁矿及闪锌矿、方铅矿;矿床成因类型为斑岩型;工业类型为充填碎屑沉积岩断裂带中复脉状钼矿床。在布格重力异常图上,位于局部重力高异常G236与局部重力低异常L232之间的北北东向梯级带处。在剩余重力异常图上,处在北西西向椭圆状负异常L蒙-224的边部,靠近零值线,负异常区的最低值为-6.97×10^{-5}m/s^2,此区域地表零星出露燕山晚期花岗斑岩,推断是中—酸性岩浆岩活动引起的,表明敖仑花钼矿床在成因上与燕山晚期花岗斑岩有关。矿床处于平缓起伏的负磁场上。预测区在Pb、Zn元素综合化探异常区内。区内矿点2处。

42. 权吉牧场南综合预测区(Ⅲ-8-95)

预测区面积为0.8km^2,预测锡资源量为1 863.2t。出露的有晚侏罗世花岗岩和下二叠统大石寨组。附近见航磁丁类异常1处。该预测区位于剩余重力梯度带和航磁高值区。

43. 乃林坝嘎查综合预测区(Ⅲ-8-96)

预测区面积为56.9km^2,预测锡资源量为62 380.2t,铅资源量为84 914t,锌资源量为254 742t。出露的有二叠系林西组碎屑岩。被早白垩世黑云母花岗岩侵入。位于剩余重力梯度带。分布有甲类磁异常1处。区内有白音诺尔镇乃林坝铅锌矿床1处,Cu、Pb、Zn、Ag元素化探异常1处,具有较大找矿潜力。

44. 白音诺尔镇综合预测区（Ⅲ-8-97）

预测区面积为 26.2km²，预测铅资源量为 330 288.2t，锌资源量为 990 864.7t。地层出露寿山沟组结晶灰岩、白色厚层大理岩、粉砂质板岩、泥质板岩、变质细砂岩，侏罗纪石英闪长岩、花岗闪长岩、花岗斑岩侵入。区内有白音诺尔铅锌矿床、白音诺尔镇坤泰铅锌矿床 2 处，Cu、Pb、Zn、Ag 元素化探异常 1 处，航磁化极 1 处，重力异常 1 处，具有较大找矿潜力。

45. 常胜屯综合预测区（Ⅲ-8-98）

预测区面积为 129.2km²，预测锡资源量为 46 630.4t，铜资源量为 4800t。地层出露大石寨组、哲斯组，岩性主要有长石石英细砂岩、长石杂砂岩、细粉砂岩、粉砂质板岩；寿山沟组结晶灰岩、白色厚层大理岩、粉砂质板岩、泥质板岩、变质细砂岩；侵入岩为早白垩世黑云钾长花岗岩、花岗斑岩（$K_1\pi\gamma$），Cu、Pb、Zn、Ag 元素化探异常 1 处，航磁化极 1 处，Sn 元素化探异常起始值大于 6.4×10^{-9}，剩余重力起始值大于 4×10^{-5}m/s²，具有较大找矿潜力。

46. 海力苏嘎查综合预测区（Ⅲ-8-99）

预测区面积为 44.5km²，预测铅资源量为 173 632.3t，锌资源量为 520 897t。寿山沟组结晶灰岩、白色厚层大理岩、粉砂质板岩、泥质板岩、变质细砂岩，白垩纪花岗闪长岩基岩出露区。区内有白音乌拉苏木小井子、白音乌拉苏木小井子铅锌矿床 2 处，Cu、Pb、Zn、Ag 元素化探异常 1 处，航磁化极 1 处，具有较大找矿潜力。

47. 香山镇综合预测区（Ⅲ-8-100）

预测区面积为 93.7km²，预测萤石资源量为 33.5×10^4t，铜资源量为 12 453t，铅资源量为 1 782.43t，锌资源量为 3 962.47t。出露下二叠统寿山沟组、大石寨组。矿床主要赋存在大石寨组砂砾岩构造裂隙中。预测区在 Pb、Zn 元素综合化探异常区内。

48. 南乌嘎拉吉嘎查综合预测区（Ⅲ-8-101）

预测区面积为 80.5km²，预测铜资源量为 9840t，铅资源量为 15 560.2t，锌资源量为 34 591.57t。出露的二叠系大石寨组、哲斯组。矿床主要赋存在下二叠统大石寨组砂砾岩构造裂隙中，与成矿有关的围岩蚀变为绢云母化、锰菱铁矿化、硅化、黄铁矿化，其次是绿泥石化和黑云母褪色。航磁化极等值线起始值在 $-100\sim1570$ 之间；重力剩余异常起始值在 $(-1\sim5)\times10^{-5}$m/s² 之间。预测区在 Pb、Zn 元素综合化探异常区内。

49. 布敦花羊铺西综合预测区（Ⅲ-8-102）

预测区面积为 82.5km²，预测萤石资源量为 2.08×10^4t，钼资源量为 2 183.8t，铅资源量为 278.5t，锌资源量为 619.12t。矿床主要赋存在下二叠统大石寨组砂砾岩构造裂隙中。预测区在 Pb、Zn 元素综合化探异常区内。

50. 碧流台乡综合预测区（Ⅲ-8-103）

预测区面积为 23.3km²，预测锡资源量为 69 432.5t。出露的有早白垩世黑云母花岗岩，下二叠统大石寨组、哲斯组和林西组。位于剩余重力梯度带。区内分布有乙类磁异常 1 处，丁类磁异常 1 处。

51. 古拉班沙拉综合预测区（Ⅲ-8-104）

预测区面积为 194.7km²，预测锡资源量为 39 760.6t，萤石资源量为 7.38×10^4t，铜资源量为

1800t,铅资源量为778.2t,锌资源量为2 334.6t。预测区处在下二叠统寿山沟组结晶灰岩、白色厚层大理岩、粉砂质板岩、泥质板岩及哲斯组变质细砂岩、长石石英细砂岩,长石杂砂岩,细粉砂岩,粉砂质板岩基岩出露区。被早白垩世黑云母花岗岩、石英闪长岩、花岗闪长岩、花岗斑岩侵入。区内有 Cu、Pb、Zn、Ag 元素化探异常1处,重力异常1处,航磁化极1处,甲类磁异常1处。该区具有较大找矿潜力。

52. 猪家营子北西综合预测区(Ⅲ-8-105)

预测区面积为 $137.4km^2$,预测铅资源量为 1 458.8t,锌资源量为 4 376.55t。出露的寿山沟组结晶灰岩、白色厚层大理岩、粉砂质板岩、泥质板岩、变质细砂岩。被石英闪长岩、花岗闪长岩、花岗斑岩侵入。区内有 Cu、Pb、Zn、Ag 元素化探异常1处,具有较大找矿潜力。

53. 胡都格绍荣村西综合预测区(Ⅲ-8-106)

预测区面积为 $153.5km^2$,预测铅资源量为 171 715.2t,锌资源量为 515 145.5t。预测区处在寿山沟组结晶灰岩、白色厚层大理岩、粉砂质板岩、泥质板岩、变质细砂岩,花岗斑岩、闪长玢岩脉出露。区内有铜、铅、锌、银化探异常1处,重力异常1处,具有较大找矿潜力。

54. 新房身村东综合预测区(Ⅲ-8-107)

预测区面积为 $5.9km^2$,预测锡资源量为 13 102.3t。出露的有早白垩世黑云母花岗岩、二叠系林西组。位于剩余重力梯度带。区内分布有乙类磁异常1处。

55. 乌兰哈达综合预测区(Ⅲ-8-108)

预测区面积为 $19.4km^2$,预测萤石资源量为 6.02×10^4t,锡资源量为 4 485.1t。出露的有早白垩世黑云母花岗岩、二叠系哲斯组碎屑岩-碳酸盐岩建造。该区位于剩余重力低值区。

56. 毛牛棚综合预测区(Ⅲ-8-109)

预测区面积为 $86.5km^2$,预测萤石资源量为 15.65×10^4t。出露的宝音图岩群绿泥片岩、石英片岩、蓝晶二云片岩、石英岩、大理岩。被玛尼吐组灰绿色、紫褐色中性火山熔岩,中酸性火山碎屑岩夹火山碎屑沉积岩和白音高老组杂色酸性火山碎屑岩、酸性熔岩夹中酸性火山碎屑岩与火山碎屑沉积岩不整合覆盖。构造线方向为北东向。

57. 白音锡勒牧场综合预测区(Ⅲ-8-110)

预测区面积为 $122.6km^2$,预测萤石资源量为 24.03×10^4t。出露的本巴图组灰绿色、黄绿色粉砂岩,杂砂岩,板岩夹安山岩,安山质凝灰岩及灰岩。被玛尼吐组灰绿色、紫褐色中性火山熔岩,中酸性火山碎屑岩夹火山碎屑沉积岩不整合覆盖。被二叠纪闪长岩、侏罗纪花岗岩侵入。构造线方向为北东向。区内有矿点1处(白音锡勒牧场萤石矿)。

58. 海流特大牛圈综合预测区(Ⅲ-8-111)

预测区面积为 $153.8km^2$,预测锡资源量为 4 895.6t,萤石资源量为 21.7×10^4t。出露的侏罗纪钾长花岗岩、下二叠统大石寨组火山岩。该区位于剩余重力低值区和航磁正值区(0~100nT)。

59. 两间房村综合预测区(Ⅲ-8-112)

预测区面积为 $177.8km^2$,预测萤石资源量为 9.07×10^4t。出露的寿山沟组二段灰黑色泥质粉砂岩、粉砂质板岩、变泥岩夹长石石英砂岩、砾岩及瘤状灰岩;一段黄灰色、灰色、黑色砾岩,含砾砂岩,粉砂

岩,粉砂质板岩。被二叠纪黑云母英云闪长岩、侏罗纪二长花岗岩、花岗斑岩、中(细)粒似斑状二长花岗岩侵入。区内有矿点1处(宝盖沟萤石矿)。

60. 白音昆地东综合预测区(Ⅲ-8-113)

预测区面积为 $60.4km^2$,预测萤石资源量为 $7.04×10^4t$。出露的大石寨组灰黑色、灰绿色中酸性火山熔岩,凝灰岩,细碧岩,角斑岩,少量正常碎屑岩。玛尼吐组灰绿色、紫褐色中性火山熔岩,中酸性火山碎屑岩夹火山碎屑沉积岩;白音高老组杂色酸性火山碎屑岩、酸性熔岩夹中酸性火山碎屑岩与火山碎屑沉积岩。大面积侏罗纪花岗岩侵入。

61. 大井子综合预测区(Ⅲ-8-114)

预测区面积为 $77.7km^2$,预测锡资源量为 4 439.4t,萤石资源量为 $1.18×10^4t$。出露的地质体为林西组(P_3l),Sn 元素化探异常起始值大于 $6.4×10^{-9}$。位于化探异常浓集中心。区内有1条与成矿有关的北西向断层。东面有5个遥感环要素,指示隐伏岩体的存在。剩余重力起始值大于 $7×10^{-5}m/s^2$。区内有井子、大井北中型矿床,找矿潜力巨大。

62. 敖包梁综合预测区(Ⅲ-8-115)

预测区面积为 $20.1km^2$,预测铅资源量为 16 968.8t,锌资源量为 50 906.3t。该最小预测区处在寿山沟组结晶灰岩、白色厚层大理岩、粉砂质板岩、泥质板岩、变质细砂岩,侏罗纪石英闪长岩、花岗斑岩基岩出露区。区内有航磁化极1处,重力异常1处,具有较大找矿潜力。

63. 幸福之路乡西综合预测区(Ⅲ-8-116)

预测区面积为 $150.3km^2$,预测锡资源量为 7420t,萤石资源量为 $5.74×10^4t$,铅资源量为 7586.5t,锌资源量为 22 759.76t。出露寿山沟组结晶灰岩、白色厚层大理岩、粉砂质板岩、泥质板岩、变质细砂岩,侏罗纪石英闪长岩、花岗斑岩侵入。区内有航磁化极1处,重力异常1处,具有较大找矿潜力。

64. 上洼村综合预测区(Ⅲ-8-117)

预测区面积为 $44.6km^2$,预测锡资源量为 40 253.9t。出露的有早白垩世黑云母花岗岩、下二叠统大石寨组山岩夹碎屑岩建造、哲斯组碎屑岩-碳酸盐岩建造。该区位于剩余重力梯度带、磁化极等值线高值区。

65. 罗布格综合预测区(Ⅲ-8-118)

预测区面积为 $170.4km^2$,预测锡资源量为 14 158.6t,萤石资源量为 $12.79×10^4t$,铅资源量为 286.5t,锌资源量为 859.58t。出露二叠纪哲斯组碎屑岩-碳酸盐岩建造;寿山沟组结晶灰岩、白色厚层大理岩、粉砂质板岩、泥质板岩、变质细砂岩。有侏罗纪石英闪长岩、花岗斑岩及早白垩世黑云母花岗岩侵入。位于剩余重力梯度带。航磁化极等值线低值区。区内有航磁化极1处,重力异常1处,具有较大找矿潜力。

66. 太平村综合预测区(Ⅲ-8-119)

预测区面积为 $19.9km^2$,预测锡资源量为 44 550t。出露晚侏罗世花岗岩。位于重力梯度带。分布有2处丁类磁异常。已发现矿点1处。

67. 双井村综合预测区(Ⅲ-8-120)

预测区面积为 104km², 预测锡资源量为 7 971.6t, 铅资源量为 13 902t, 锌资源量为 41 706t。出露的有下二叠统大石寨组、寿山沟组, 侏罗系新民组。见有白垩纪花岗岩石、英闪长岩、花岗闪长岩、花岗斑岩侵入。南侧外围有石炭纪超基性岩小面积出露。区内有毛宝力格乡东升铅锌矿床 1 处, Cu、Pb、Zn、Ag 元素化探异常 1 处, 具有较大找矿潜力。

68. 671 高地西综合预测区(Ⅲ-8-121)

预测区面积为 25km², 预测萤石资源量为 0.95×10^4t。哲斯组灰色、灰黄色砂岩, 页岩, 板岩, 生物碎屑灰岩及火山碎屑岩, 硅质岩。被新民组杂色酸性火山碎屑岩、火山碎屑沉积岩夹碎屑岩及煤层及满克头鄂博组灰白色、浅灰色酸性火山熔岩, 酸性火山碎屑岩, 火山碎屑沉积岩不整合覆盖。发育北西向、北东向两组断层。找矿潜力一般。

69. 刘营子综合预测区(Ⅲ-8-122)

预测区面积为 132.7km², 预测锡资源量为 98 502.2t。出露的有白垩纪纪花岗岩和黑云母花岗岩和二叠纪哲斯组碎屑岩建造。接触带发育有角岩化、阳起石化等。位于剩余重力梯度带和低值区、航磁局部高值区。区内见航磁丙类异常 1 处、丁类异常 2 处。

70. 西拉西庙综合预测区(Ⅲ-8-123)

预测区面积为 44km², 预测锡资源量为 19 783t。出露的下二叠统大石寨组火山岩夹碎屑岩建造、哲斯组碎屑岩—碳酸盐岩建造。有晚侏罗世花岗岩和早白垩世黑云母花岗岩侵入。见航磁丁类异常 3 处。该区位于剩余重力梯度带和航磁高值区。

71. 敖包吐沟门综合预测区(Ⅲ-8-124)

预测区面积为 141km², 预测铅资源量为 62 077.5t, 锌资源量为 194 042.8t。预测区出露寿山沟组结晶灰岩、白色厚层大理岩、粉砂质板岩、泥质板岩、变质细砂岩。侏罗纪石英闪长岩、花岗斑岩侵入。区内有 Cu、Pb、Zn、Ag 元素化探异常 1 处, 航磁化极 1 处, 重力异常 1 处, 具有较大的找矿潜力。

72. 白音皋综合预测区(Ⅲ-8-125)

预测区面积为 136.8km², 预测锡资源量为 6778.5t, 萤石资源量为 35.57×10^4t, 铅资源量为 60 381.2t, 锌资源量为 181 143.8t。预测区出露寿山沟组结晶灰岩、白色厚层大理岩、粉砂质板岩、泥质板岩、变质细砂岩。被满克头鄂博组酸性火山岩覆盖。侏罗纪石英闪长岩、花岗闪长岩、花岗斑岩侵入。区内有 Cu、Pb、Zn、Ag 元素化探异常 1 处, 航磁化极 1 处, 锡元素化探异常起始值大于 6.4×10^{-9}。为化探异常浓集中心, 具有较大的找矿潜力。

73. 刘家营子综合预测区(Ⅲ-8-126)

预测区面积为 170.1km², 预测锡资源量为 222 612t, 萤石资源量为 13.3×10^4t, 铅资源量为 215 135.4t, 锌资源量为 645 406t。地层出露有二叠系大石寨组火山岩, 林西组粉砂质板岩等。侵入岩有晚侏罗世石英闪长岩、花岗闪长岩及钾长花岗岩。接触带附近发育矽卡岩化、角岩化、绿泥石化等。位于剩余重力低值区。区内分布有 1 处乙类磁异常和 3 处丙类磁异常。区内有白克什克腾旗下地、克什克腾旗宇宙地镇大石山、克什克腾旗二八地、克什克腾旗哈达吐铅锌矿床 4 处, Cu、Pb、Zn、Ag 元素化探异常 1 处, 航磁化极 1 处, 具有较大的找矿潜力。

74. 黄岗梁综合预测区(Ⅲ-8-127)

预测区面积为 174.4km², 预测锡资源量为 609 583t, 萤石资源量为 3.8×10⁴t, 铅资源量为 87 982.9t, 锌资源量为 263 948.6t。地层出露有二叠纪大石寨组、哲斯组、寿山沟组等, 侵入岩主要为晚侏罗世钾长花岗岩。在接触带上发育有矽卡岩化、角岩化。位于剩余重力梯度带。区内分布有甲类磁异常 7 处, 丙类异常 1 处。区内已发现超大型黄岗梁铁锡矿产地 3 处, 锡矿探明资源量达 715 605t, 另外还有木希嘎乡大乃林沟、木希嘎乡苏木沟铅锌矿床 2 处, Cu、Pb、Zn、Ag 元素化探异常 1 处, 航磁化极 1 处, 重力异常 1 处, 具有较大的找矿潜力。

75. 白音昌沟门综合预测区(Ⅲ-8-128)

预测区面积为 70.6km², 预测锡资源量为 806.8t, 萤石资源量为 3.13×10⁴t, 铅资源量为 22 924.7t, 锌资源量为 68 774.1t。出露寿山沟组, 侵入岩有石英闪长岩、花岗闪长岩、花岗斑岩等基岩出露。区内有 1 条与成矿有关的北西向断裂, 出露的地质体为晚侏罗世花岗斑岩($J_3\gamma\pi$), Sn 元素化探异常起始值大于 6.4×10^{-9}。有铜、铅、锌、银化探异常 1 处, 为化探异常浓集中心。航磁化极 1 处, 重力异常 1 处, 具有较大的找矿潜力。

76. 大卧牛沟沟里西 9.7km 综合预测区(Ⅲ-8-129)

预测区面积为 45.2km², 预测萤石资源量为 5.3×10⁴t, 铅 6749.8t 锌 20 249.4t。该预测区处在寿山沟组中, 周围为石英闪长岩、花岗闪长岩、花岗斑岩基岩出露区。区内有木希嘎乡红眼沟铅锌矿床 1 处, Cu、Pb、Zn、Ag 元素化探异常 1 处, 重力异常 1 处, 具有较大的找矿潜力。

77. 广兴源乡西综合预测区(Ⅲ-8-130)

预测区面积为 197.2km², 预测银资源量为 790.6t。出露的地质体为额里图组(P_1e), 与成矿有关的北西向断裂经过本区, 航磁化极等值线起始值在 -100~800nT 之间; 重力剩余异常起始值在(-3~3)×10^{-5}m/s² 之间; 预测区在 Ag 元素化探异常区内, 具有较好的找矿潜力。

78. 苍林坝西综合预测区(Ⅲ-8-131)

预测区面积为 17.8km², 预测银资源量为 123.4t。预测区内有一小型矿床, 航磁化极等值线起始值在 100~2400nT 之间; 重力剩余异常起始值为(-1~0)×10^{-5}m/s²; 预测区在 Ag 元素化探异常区内。区内有一矿化点, 具有较好的找矿潜力。

79. 官地嘎查综合预测区(Ⅲ-8-132)

预测区面积为 19.2km², 预测锡资源量为 5 561.6t。出露有下二叠统大石寨组火山岩夹碎屑岩建造。晚侏罗世花岗斑岩侵入, 区内有 1 条与成矿有关的北西向断裂, 位于剩余重力梯度带。航磁正、负值过渡区。Sn 元素化探异常起始值大于 6.4×10^{-9}。该区为化探异常浓集中心, 具有一定的找矿潜力。

80. 五分地南综合预测区(Ⅲ-8-133)

预测区面积为 83.2km², 预测金资源量为 126kg, 银资源量为 478.3t。出露的地质体为额里图组, 与成矿有关的北西向断裂经过本区, 侵入岩出露中生代花岗岩。金矿点 1 处。Au 单元素异常。航磁化极等值线起始值在 50~300nT 之间; 重力剩余异常起始值在(0~6)×10^{-5}m/s² 之间; 预测区在 Ag 元素化探异常区内。具较好的找矿潜力。

81. 小官家地综合预测区（Ⅲ-8-134）

预测区面积为 40.3km², 预测金资源量为 1111kg。出露的燕山期花岗斑岩、中生代火山岩。金矿点 1 处。剩余重力低值区。航磁低缓, 局部为正异常。区内有金矿点 1 处。

82. 东沟综合预测区（Ⅲ-8-135）

预测区面积为 70.9km², 预测金资源量为 1846kg。地层出露古生界奥陶系包尔汉图群, 石炭系朝吐沟组、酒局子组。侵入岩有三叠纪花岗闪长岩、侏罗纪花岗岩、石英正长闪长岩。位于剩余重力高值区, 航磁特征不明显。

83. 塔拉图如嘎查东 3.1km 综合预测区（Ⅲ-8-136）

预测区面积为 51.8km², 预测铅资源量为 6 607.1t, 锌资源量为 19 821.3t。预测区处在寿山沟组结晶灰岩、白色厚层大理岩、粉砂质板岩、泥质板岩、变质细砂岩中。侏罗纪石英闪长岩、花岗斑岩侵入。区内有 Cu、Pb、Zn、Ag 元素化探异常 1 处。

84. 当中营子综合预测区（Ⅲ-8-137）

预测区面积为 189.7km², 预测锡资源量为 165 480.6t, 萤石资源量为 2.76×10^4t, 铅资源量为 44 067.6t, 锌资源量为 132 202.75t。出露寿山沟组结晶灰岩、白色厚层大理岩、粉砂质板岩、泥质板岩、变质细砂岩及下二叠统大石寨组火山岩夹碎屑岩建造。有早白垩世花岗岩和晚侏罗世花岗斑岩侵入。北向、北东向、北西向有数条与成矿有关的断裂。位于剩余重力梯度带。区内分布有丙类磁异常 1 处。有 Cu、Pb、Zn、Ag 元素化探异常 1 处。

85. 小东沟综合预测区（Ⅲ-8-138）

预测区面积为 129.9km², 预测锡资源量为 6 778.5t, 萤石资源量为 4.78×10^4t。小东沟辉钼矿含矿岩体——细粒斑状黑云母花岗岩呈北东向延伸的小岩株侵入于中二叠统于家北沟组和侏罗纪火山岩, 使围岩角岩化、次生石英岩化、硅化、云英岩化, 局部有石榴石矽卡岩化。辉钼矿产于岩体内, 呈斑块状、浸染状, 有时见有细脉浸染状。该区内有中型矿床 1 处, 查明储量钼为 5607t。航磁化极等值线起始值在 $-100\sim1570$nT 之间; 重力剩余异常起始值在 $(-1\sim5)\times10^{-5}$m/s² 之间; 预测区在 Cu、Mo 元素综合化探异常区内。该区为化探异常浓集中心。

86. 官地综合预测区（Ⅲ-8-139）

预测区面积为 52.2km², 预测金资源量为 703t, 银资源量为 744.9t。出露的地质体为二叠系额里图组, 与成矿有关的北西向断裂经过本区, 有一小型矿床。航磁化极等值线起始值在 $-200\sim500$nT 之间; 重力剩余异常起始值在 $(-6\sim3)\times10^{-5}$m/s² 之间; 有中型银矿床 1 处, 小型金矿 1 处。预测区在 Ag 元素化探异常区内。化探综合异常编号 AS438。该区为遥感最小预测区, 具有较好的找矿潜力。

87. 马鞍山村西综合预测区（Ⅲ-8-140）

预测区面积为 73.2km², 预测萤石资源量为 6.86×10^4t。地层的出露大石寨组灰黑色、灰绿色中酸性火山熔岩, 凝灰岩, 细碧岩, 角斑岩, 少量正常碎屑岩; 林西组灰黑色、灰绿色粉砂岩, 板岩, 砂岩; 被玛尼吐组灰绿色、紫褐色中性火山熔岩, 中酸性火山碎屑岩夹火山碎屑沉积岩不整合覆盖。被侏罗纪二长花岗岩侵入。

88. 永丰泉东 2.3km 综合预测区（Ⅲ-8-141）

预测区面积为 5.3km^2，预测铅资源量为 7 487.5t，锌资源量为 22 462.55t。预测区处在哲斯组、林西组灰黑色、灰绿色粉砂岩，板岩，砂岩中，三叠纪花岗岩及侏罗纪石英闪长岩、花岗斑岩侵入。区内有重力异常 1 处，具有较大的找矿潜力。

89. 达盖滩综合预测区（Ⅲ-8-142）

预测区面积为 41.5km^2，预测萤石资源量为 14.84×10^{4}t。

90. 巴彦杜尔基苏木巴彦花综合预测区（Ⅲ-8-143）

预测区面积为 38km^2，预测铅资源量为 62.72t。该最小预测区矿床主要赋存在下二叠统大石寨组砂砾岩构造裂隙中，预测区在 Pb、Zn 元素化探综合异常区内。

91. 沙胡同南综合预测区（Ⅲ-8-144）

预测区面积为 28.75km^2，预测萤石资源量为 3.325×10^{4}t。预测区出露寿山沟组结晶灰岩、白色厚层大理岩、粉砂质板岩、泥质板岩、变质细砂岩。侏罗纪石英闪长岩、花岗斑岩侵入。区内有 Cu、Pb、Zn、Ag 元素化探异常 1 处，航磁化极 1 处，重力异常 1 处，找矿潜力一般。

三、与燕山晚期中酸性岩浆活动有关的铁、铜、铅锌、银、钼、锡矿床成矿系列综合预测的划分及特征

该成矿系列共划分出 60 个综合预测区，包括金、银、铜、铅、锌、锡、钼及铁 8 个预测矿种，分布于 Ⅲ-8-①、Ⅲ-8-②、Ⅲ-8-③ 3 个亚带内（图 10-9）。

1. 哈尔朝楚屯综合预测区（Ⅲ-8-145）

预测区面积为 19.3km^2，预测铁资源量为 340.37×10^{4}t。该预测区北东—北东东向条带状分布，为北东向、北西向断裂构造交会处。哲斯组为与成矿有关的地层，主要为片理化粉砂岩、长石质硬砂岩、泥质灰岩、大理岩等。晚侏罗世花岗闪长岩侵入该地层边部并发生接触变质和热力变质，由接触带向外产生矽卡岩，形成了含矿矽卡岩带。矿床赋存在外接触带中；已知矿床 1 处。北东向断裂构造密集分布。航磁化极起始值小于 300nT；剩余重力异常等值线多在 1×10^{-5}m/s^2 以下，具重砂异常。

2. 索伦镇综合预测区（Ⅲ-8-146）

预测区面积为 0.8km^2，预测铁资源量为 17.14×10^{4}t。该预测区面积小，见矿化点 1 处，无哲斯组，晚侏罗世花岗闪长岩，出露于预测区北东向、北西向构造交会处，航磁化极起始值多小于 −400nT；剩余重力异常等值线起始值多在 (−2～3)×10^{-5}m/s^2 之间。

3. 宝家店综合预测区（Ⅲ-8-147）

预测区面积为 175.3km^2，预测银资源量为 1 030.9t，铅资源量为 140 649.6t，锌资源量为 227 543.1t，铁资源量为 320.84×10^{4}t。出露地层主要为下二叠统大石寨组、哲斯组，侏罗系满克头鄂博组、玛尼吐组，哲斯组为与成矿有关的地层，主要为片理化粉砂岩、长石质硬砂岩泥质灰岩、大理岩等。

南部见白垩纪花岗斑岩及侏罗纪花岗岩,该区岩浆活动强烈,对成矿有利。近东西向、北西向、北东向断裂构造发育。该区化探异常规模大,强度较高,各元素套合好,含1处Cu元素异常,重力表现为北西高南东低,航磁为北东向展布的低缓正磁异常。区内铅锌矿点1处,航磁化极异常1处,范围－100～300nT;重力为低值区的局部高值,为$(-1～1.08)×10^{-5}m/s^2$。

4. 满族屯满族乡综合预测区(Ⅲ-8-148)

预测区面积为0.8km^2,预测铁资源量为23.21×10^{4}t。该预测区面积小,见1处矿化点,无哲斯组、晚侏罗世花岗闪长岩出露,航磁化极起始值多在100～200nT之间;剩余重力异常等值线起始值多在$(1～2)×10^{-5}m/s^2$之间。

5. 西巴彦珠日和嘎查综合预测区(Ⅲ-8-149)

预测区面积为75.5km^2,预测银资源量为1 276.5t。矿床位于兴安盟科右前旗西南部大兴安岭中生代火山岩分布区。以矿体呈层状或似层状赋存于上侏罗统白音高老组火山岩系中,并隐伏于地表以下300m为特征。总体为一向斜的核部,北西向、北东向断裂发育。深部钻探工程验证见矿,并圈出多层似层状、产状平缓的隐伏铅锌矿体。经详查,揭露并控制含矿带长度约1500m,分布在2勘探线～24勘探线。矿体呈层状或似层状,赋存于地表以下300～500m之间,均为隐伏矿体。矿体延长较大,最大长度525m,沿走向及倾向均显舒缓波状,总体走向近东西,倾角较缓,一般0°～25°。单矿体厚度2.21～22.85m,控制长度约75～525m,宽度57～270m,控制深度710m。矿体赋存于凝灰岩及凝灰质角砾岩中,矿体与围岩界线不清,围岩亦有弱矿化现象。矿石类型主要为角砾岩型铅锌矿石。矿石矿物为方铅矿、闪锌矿、黄铁矿、辉银矿、偶见黄铜矿。脉石为长英凝灰物质、玻屑、晶屑、凝灰质角砾以及方解石、石英等。矿石具角砾状、浸染状、团块状及细脉状构造。

6. 上马场北综合预测区(Ⅲ-8-150)

预测区面积为49.5km^2,预测铅资源量为3 692.9t,锌资源量为5 974.3t,银资源量为27.1t。出露的主要地层为上白垩统白音高老组、侏罗系玛尼吐组,且依次由南东向北西分布,下白垩统梅勒图组分布在北侧;化探异常弱,航磁低缓,重力为高值区,为$(1～5)×10^{-5}m/s^2$,可作为找矿线索。

7. 破马场综合预测区(Ⅲ-8-151)

预测区面积为153km^2,预测银资源量为748.8t,铅资源量为102 144.3t,锌资源量为165 249.3t。出露的主要地层为侏罗系满克头鄂博组、玛尼吐组、白音高老组和白垩系梅勒图组,分布于模型区的中部;岩体为侏罗纪闪长岩,白垩纪二长斑岩,闪长玢岩脉,主要分布在中部及南部;化探异常Cu、Pb、Zn等元素套合好,但规模较小,航磁低缓,异常值为100～150nT,为正负转换的梯度带区,有进一步寻找盲矿的价值。

8. 张旅窑综合预测区(Ⅲ-8-152)

预测区面积为180.1km^2,预测铅资源量为41 951.2t,锌资源量为67 868.9t,银资源量为307.5t。出露的主要地层为侏罗系满克头鄂博组、玛尼吐组、白音高老组,且依次由北西向南东分布;岩体为白垩纪花岗斑岩,主要分布在中部;化探异常Cu、Pb、Zn等元素套合较好,规模较大,强度高,航磁低缓,重力为正负值过渡区,剩余重力值为$(-1～3)×10^{-5}m/s^2$,有进一步寻找盲矿的价值。

9. 沈家屯综合预测区(Ⅲ-8-153)

预测区面积为47.6km^2,预测铁资源量为36.4×10^{4}t。该预测区出露于哲斯组、晚侏罗世花岗闪长岩附近,该处位于北东、北西构造交会处,航磁化极起始值在 0~200nT 之间;剩余重力异常起始值多在 $(-2~3)\times10^{-5}\text{m/s}^2$ 之间,具二、三级遥感异常。

10. 北兴隆山屯综合预测区(Ⅲ-8-154)

预测区面积为 48.9km²,预测铅资源量为 7 275.7t,锌资源量为 11 770.7t,银资源量为 53.3t。出露的地层主要为下白垩统梅勒组,其次为上白垩统白音高老组、侏罗系玛尼吐组;出露的岩体主要为二叠纪闪长岩、侏罗纪花岗岩等;化探异常弱,航磁低缓,重力为高值区,剩余重力值为 $(3~6)\times10^{-5}\text{m/s}^2$,可作为找矿线索。

11. 花敖包特综合预测区(Ⅲ-8-155)

预测区面积为 22.1km²,预测铅资源量为 573 850t,锌资源量为 792 460t,银资源量为 6995t,钼资源量为 1135t。预测区位于梅劳特断裂北东段。出露地层为下二叠统寿山沟组、上侏罗统满克头鄂博组、新近系上新统五岔沟组以及第四系。地层与海西早期超基性岩为断层接触,主要矿体均赋存于该组地层和超基性岩内。区内形成一系列的北西向、北东向及近南北向断裂,为矿液的运移和赋存提供了空间。矿床成因类型为中低温次火山热液型矿床,主成矿期为晚侏罗世。航磁为北东向带状低缓正磁异常,最高值 300nT;重力异常北东向分布,南西低北东高,矿床为梯度带附近;化探异常规模中等、强度较高,各元素套合较好,找矿潜力较大。

12. 罕山林场综合预测区(Ⅲ-8-156)

预测区面积为 124.4km²,预测钼资源量为 5152t。矿床主要赋存在下二叠统寿山沟组、大石寨组砂砾岩构造裂隙中,被上白垩统白音高老组不整合覆盖,其余被第四系覆盖。局部可见流纹斑岩脉穿入其中,构造线方向为北东向,内部褶皱构造发育。重力北高南低,为梯度带附近。航磁异常为低缓负磁异常;化探异常不太明显,仅在南部局部见化探异常,且规模较小,找矿潜力较差。

13. 巴彦乌拉嘎查综合预测区(Ⅲ-8-157)

预测区面积为 51.8km²,预测铅资源量为 7 727.5t,锌资源量为 12 501.6t,银资源量为 56.6t。出露的地层主要为下二叠统大石寨组、侏罗系满克头鄂博组、侏罗系玛尼吐组,且依次由南东向北西分布;岩体主要为二叠纪闪长岩、侏罗纪花岗岩等;化探异常弱,航磁低缓,异常值为 100~150nT,重力南西低,北东高,剩余重力值为 $(-3~6)\times10^{-5}\text{m/s}^2$,为正负转换的梯度带,可作为找矿线索。

14. 查干哈达嘎查综合预测区(Ⅲ-8-158)

预测区面积为 75.3km²,预测铅资源量为 5 608.6t,锌资源量为 9 073.6t,银资源量为 41.1t。出露的地层主要为下白垩统梅勒图组,其次为上白垩统白音高老组;化探异常弱,航磁低缓,重力为正值区,剩余重力值为 $(1~3)\times10^{-5}\text{m/s}^2$,可作为找矿线索。

15. 唐斯格嘎查北西综合预测区(Ⅲ-8-159)

预测区面积为 15.4km²,预测钼资源量为 753t。出露的地层主要为中二叠统哲斯组。航磁为北东向带状低缓正磁异常,最高值 300nT;重力异常北东向分布,南西低、北东高,矿床为梯度带附近;化探异常规模中等、强度较高,各元素套合较好,找矿潜力较大。

16. 呼和哈达嘎查综合预测区(Ⅲ-8-160)

预测区面积为 195.1km²,预测铅资源量为 40 984.6t,锌资源量为 66 305t,银资源量为 300.4t。出露地层有中二叠统哲斯组、侏罗系满克头鄂博组。岩体为侏罗纪黑云母花岗岩、白垩纪花岗闪长岩等，断裂构造发育，北西向、近东西向均有出露，脉岩发育。地表发育硅化、矽卡岩化等蚀变。航磁表现为北东向展布的线状低缓正磁异常；重力表现为南北低、中间高；化探异常明显，各元素套合好，规模较大，强度较高，有一定的找矿潜力。

17. 沙布楞山综合预测区（Ⅲ-8-161）

预测区面积为 146.6km², 预测铅资源量为 56 802t, 锌资源量为 78 441t, 银资源量为 971.3t, 钼资源量为 12 374t, 铁资源量为 588.6×10⁴t。出露地层主要为中二叠统哲斯组，其余为第四系覆盖。主要构造线方向为北东向，已发现矿点 3 处，矿化主要集中在哲斯组内部裂隙中。化探异常规模较大，强度较高，各元素套合较好，在预测区外围化探异常仍有分布，重力为低值区，向东部逐渐变高，航磁异常不明显，为低缓负磁区，有找矿潜力。

18. 扎宾道包格综合预测区（Ⅲ-8-162）

预测区面积为 103.8km², 预测铜资源量为 35 433t。该最小预测区出露的地层为第四系及二叠系格根敖包组火山碎屑岩、流纹岩、安山岩；有一矿化点位于该预测区内，航磁化极异常与重力异常套合较好。

19. 脑都木综合预测区（Ⅲ-8-163）

预测区面积为 126.1km², 预测银资源量为 52.5t, 铅资源量为 5191t, 锌资源量为 7169t, 钼资源量为 1542t, 铁资源量为 545.46×10⁴t。出露下二叠统大石寨组火山岩夹碎屑岩建造，侵入岩有侏罗纪花岗岩、早白垩世黑云母花岗岩，接触带附近见硅化、矽卡岩化。位于剩余重力梯度带。分布有乙类磁异常 2 处。区内已发现矿点 2 处。

20. 胜利村综合预测区（Ⅲ-8-164）

预测区面积为 156.3km², 预测银资源量为 319.3t, 铅资源量为 43 556.8t, 锌资源量为 70 466.3t。出露的地层主要为上二叠统林西组、侏罗系满克头鄂博组、玛尼吐组、白音高老组，分布于预测区的中部；岩体为白垩纪正长花岗岩，主要分布在北部；化探异常 Cu、Pb、Zn 等元素套合好，规模较大，航磁低缓。重力南西高、北东低，航磁为低缓负磁异常区，重力为低值区，剩余重力值为 $(-4.8 \sim -1) \times 10^{-5} \mathrm{m/s^2}$，有 1 个铅锌矿点，有进一步寻找盲矿的价值。

21. 疏图嘎查综合预测区（Ⅲ-8-165）

预测区面积为 32.5km², 预测银资源量为 149.9t, 铅资源量为 14 815t, 锌资源量为 20 459t, 钼资源量为 2551t。出露的地层主要为下二叠统寿山沟组，其余为第四系覆盖。局部可见闪长岩脉穿入。主要构造线方向为北东向，矿化主要集中在寿山沟组内部裂隙中。主要构造线方向为北东向，化探异常不明显，重力为低值区，向南东或北西逐渐变高，航磁异常不明显，为低缓负磁区，找矿潜力一般。

22. 敖脑达巴综合预测区（Ⅲ-8-166）

预测区面积为 193.6km², 预测银资源量为 1 212.2t, 铅资源量为 3297t, 锌资源量为 165 422t, 铁资源量为 1 519.83×10⁴t。出露地层主要为下二叠统大石寨组、中二叠统哲斯组，侏罗系满克头鄂博组，主要构造线方向为北东向，矿化主要集中在哲斯组内部裂隙中，侵入岩主要为白垩纪黑云母花岗岩、花岗斑岩、二长斑岩等。已发现矿点 3 处，化探异常规模中等，各元素套合较好，强度调高。重力总体为高值区，向南西逐渐变低，具低缓的航磁化极异常，有一定的找矿潜力。

23. 阿尔善宝拉格苏木综合预测区（Ⅲ-8-167）

预测区面积为 30.2km²，预测铜资源量为 13 076t。该最小预测区出露的地层为二叠系格根敖包组火山碎屑岩、流纹岩、安山岩。有一矿化点位于该预测区内，航磁化极异常与重力异常套合较好。

24. 霍托勒综合预测区（Ⅲ-8-168）

预测区面积为 138.5km²，预测银资源量为 29.2t，铅资源量为 2866t，锌资源量为 3959t，钼资源量为 14 128t。出露的地层主要为下二叠统寿山沟组和中二叠统哲斯组，外围被第四系覆盖，构造线方向为北东向。已发现矿点 1 处。化探异常以 Cu、Pb、Zn 为主，各元素套合较好，规模较大，强度中等。重力低，为梯度带附近，总体南高北低。航磁异常为低缓磁异常区，一般为 200~400nT，有一定的找矿潜力。

25. 太本苏木综合预测区（Ⅲ-8-169）

预测区面积为 135.7km²，预测银资源量为 607.5t，铅资源量为 60 029t，锌资源量为 82 897t。出露的地层主要为下二叠统寿山沟组，大部地段分布满克头鄂博组酸性火山岩，其余大部分地段被新生界掩盖，或被侏罗纪二长花岗岩侵入。构造线方向为北东向，内部褶皱构造发育。内部火山机构发育。发现 1 个矿点。航磁具低缓的负磁异常。重力南高北低，总体地缓，化探异常各元素套合好，规模大、强度高。

26. 乌兰坝综合预测区（Ⅲ-8-170）

预测区面积为 151.7km²，预测银资源量为 166.5t，铅资源量为 16 455t，锌资源量为 22 724t，钼资源量为 3 973.0t，铁资源量为 641.4×10⁴t。出露的地层主要为下二叠统大石寨组、侏罗系满克头鄂博组和玛尼吐组，岩浆岩主要为侏罗纪花岗岩、早白垩世黑云钾长花岗岩、花岗岩、二长石英斑岩等，其余被第四系覆盖。主要构造线方向为北东向，已发现矿点 4 处。化探异常各元素套合好，规模大、强度高，重力低，航磁异常低缓，有一定的找矿潜力。

27. 白银乌拉综合预测区（Ⅲ-8-171）

预测区面积为 3.9km²，预测银资源量为 23.3t，铅资源量为 2003t，锌资源量为 2765t。大部分地段分布满克头鄂博组酸性火山岩，其余地段被新生界掩盖。化探异常各元素套合好，规模大、强度高、重力高，位于梯度带附近。

28. 乌兰绍荣综合预测区（Ⅲ-8-172）

预测区面积为 137.7km²，预测银资源量为 87.9t，铅资源量为 8677t，锌资源量为 11 982t，钼资源量为 13 842t。出露的地层主要为下二叠统寿山沟组、大石寨组，被侏罗系满克头鄂博组不整合覆盖，其余被第四系覆盖。侏罗纪二长花岗岩侵入其中，构造线方向为北东向，内部褶皱构造发育。重力低缓，航磁异常为低缓负磁异常；化探异常各元素套合较好、规模中等，强度较低，主要分布在中部，有找矿潜力。

29. 乃林坝牧场综合预测区（Ⅲ-8-173）

预测区面积为 39.4km²，预测银资源量为 121.8t，铅资源量为 12 037t，锌资源量为 16 623t，钼资源量为 13 189t。出露地层主要为下二叠统大石寨组。侵入岩出露有早白垩世黑云母花岗岩、二叠系杜西组碎屑岩。构造线方向以北东向为主，内部褶皱构造发育。位于剩余重力梯度带，具低缓的航磁异常，化探异常各元素套合好，规模大、强度高，分布有甲类磁异常 1 处。

30. 收发地综合预测区(Ⅲ-8-174)

预测区面积为196.9km², 预测银资源量为751.7t, 铅资源量为46 462t, 锌资源量为64 162t, 钼资源量为13 827t, 铁资源量为22 812.6t。出露的地层主要为下二叠统大石寨组、哲斯组、上二叠统林西组和侏罗系满克头鄂博组酸性火山碎屑岩及大部分面积分布该期次石英粗面斑岩。岩浆岩主要为白垩纪二长花岗岩。主要构造线方向为北东向,已发现矿点12处。化探异常显示各元素套合较好、异常规模大、强度较高,与地表矿点套合较好。主要分布在中北部。重力为正负过渡区,总体北高南低。航磁异常不明显,为低缓负磁区,找矿潜力较大。

31. 权吉牧场南综合预测区(Ⅲ-8-175)

预测区面积为52.6km², 预测钼资源量为1377t, 铁资源量为39.4×10⁴t。出露有晚侏罗世花岗岩和下二叠统大石寨组。附近见航磁丁类异常1处。位于剩余重力梯度带和航磁高值区。

32. 毛登综合预测区(Ⅲ-8-176)

预测区面积为141.8km², 预测锡资源量为15 106.4t, 钼资源量为684t。出露的地质体为大石寨组上部碎屑岩段,侵入岩为侏罗纪花岗岩,矿床赋存于大石寨组侏罗纪花岗岩外接触带, Sn 元素化探异常起始值大于6.4×10^{-6},浓集中心明显,北西向断层发育。区内有毛登锡矿床与毛登小孤山锡矿床。

33. 胜利村西综合预测区(Ⅲ-8-177)

预测区面积为13.3km², 预测铁资源量为840.65×10⁴t。出露有早白垩世黑云母花岗岩、中二叠统哲斯组碎屑岩-碳酸盐岩建造。接触带附近见硅化;位于剩余重力梯度带;分布有乙类磁异常1处。区内已发现矿点2处。

34. 维拉斯托综合预测区(Ⅲ-8-178)

预测区面积为183.7km², 预测银资源量为314.9t, 铅资源量为31 111t, 锌资源量为42 964t, 钼资源量为10 887t, 锡资源量为1370.6t。出露的地层为宝音图岩群及下二叠统寿山沟组,被下白垩统梅勒图组不整合覆盖。构造线方向为北东向,内部褶皱构造发育。隐伏石炭纪石英闪长岩,呈北东向展布;维拉斯托银铅矿、双山铅锌矿、巴彦乌拉苏木铅锌矿位于该区。区内航磁化极为低背景,剩余重力异常为重力低,异常值$(-2\sim1)\times10^{-5}\text{m/s}^2$; Ag、Pb、Zn 元素异常一级浓度分带明显。

35. 道伦达坝苏木综合预测区(Ⅲ-8-179)

预测区面积为50.6km², 预测银资源量为51.4t, 铅资源量为5082t, 锌资源量为7018t, 钼资源量为10 137t。出露的地层主要为宝音图岩群、下二叠统寿山沟组、白垩系白音高老组及第四系;被二叠纪二长花岗岩侵入;局部可见流纹斑岩脉穿入其中。构造线方向为北东向,内部褶皱构造发育。重力北高南低,为梯度带附近。航磁异常为低缓负磁异常,化探异常不太明显,仅在南部局部见化探异常,且规模较小,找矿潜力较大。

36. 墨家沟综合预测区(Ⅲ-8-180)

预测区面积为181.6km², 预测银资源量为123.8t, 铅资源量为3080t, 锌资源量为4255t, 钼资源量为11 333t, 锡资源量为1829t。预测区出露的地质体主要为白垩纪二长花岗岩,已发现1个矿点,重力为低值区,航磁为低缓负值区,化探异常不明显,有一定找矿潜力。

37. 舍尔吐村综合预测区(Ⅲ-8-181)

预测区面积为 74.6km², 预测钼资源量为 1631t, 铁资源量为 277.02×10⁴t。出露有早白垩世黑云母花岗岩、二叠系林西组。位于剩余重力异常梯度带。分布有乙类磁异常 1 处。区内已发现矿点 1 处。

38. 后卜河综合预测区(Ⅲ-8-182)

预测区面积为 167.4km², 预测银资源量为 1164.3t, 铅资源量为 91 219t, 锌资源量为 125 969t。出露的地层主要为上二叠统林西组、侏罗系满克头鄂博组, 岩浆岩主要为侏罗纪正长花岗岩、白垩纪二长花岗岩等, 其余均被第四系覆盖。主要构造线方向为北东向, 已发现矿点 10 处。化探异常显示各元素套合好、规模大、强度高。重力低缓, 航磁异常为低缓负磁异常区, 总体北西低南东高, 找矿潜力较大。

39. 大井子综合预测区(Ⅲ-8-183)

预测区面积为 106.2km², 预测银资源量为 2055t, 铅资源量为 116 266t, 锌资源量为 160 558t。出露的地层主要为上二叠统林西组, 岩浆岩主要为白垩纪二长花岗岩, 其余均被第四系覆盖。主要构造线方向为北东向, 内部构造发育。已发现矿点 3 处。化探异常显示各元素套合较好、异常规模中等、强度较高, 主要分布在预测区南北两端。重力异常为正负过渡梯度带, 总体北西低南东高。航磁异常不明显, 有找矿潜力。

40. 沙胡同综合预测区(Ⅲ-8-184)

预测区面积为 189.8km², 预测银资源量为 428.1t, 铅资源量为 27 961t, 锌资源量为 38 612t, 钼资源量为 9586t。出露的地层主要为下二叠统寿山沟组。局部为侏罗系满克头鄂博组酸性火山岩, 其余为第四系覆盖。局部可见二叠纪闪长岩。主要构造线方向为北东向, 矿化主要集中在寿山沟组内部裂隙中。化探异常显示各元素套合好、规模大、强度高, 而且具有明显的北东向带状展布。重力为西高东低, 预测区正好位于梯度带附近。航磁异常不明显, 为低缓负磁区, 找矿潜力较大。

41. 上洼村综合预测区(Ⅲ-8-185)

预测区面积为 117.6km², 预测银资源量为 15.8t, 铅资源量为 1557t, 锌资源量为 2151t, 铁资源量为 1 030.69×10⁴t。出露的地层主要为下二叠统寿山沟组、中二叠统哲斯组、中侏罗统新民组、侏罗系满克头鄂博组, 侵入岩为白垩纪花岗岩, 并且有花岗闪长岩脉侵入其中。主要构造线方向为北东向, 已发现矿点 1 处。化探异常显示各元素套合较差、异常规模小、强度低, 主要分布在中南部。重力为正负过渡区。航磁异常为北东向低缓正异常区, 有找矿潜力。

42. 潘家段综合预测区(Ⅲ-8-186)

预测区面积为 165.3km², 预测银资源量为 117.5t, 铅资源量为 11 610t, 锌资源量为 16 034t, 钼资源量为 611t。主要出露下二叠统大石寨组、侏罗系满克头鄂博组。重力低, 位于梯度带附近; 航磁异常为北东向低缓正磁异常带; 化探异常不明显, 有找矿潜力。

43. 曹家屯综合预测区(Ⅲ-8-187)

预测区面积为 133.8km², 预测银资源量为 722t, 铅资源量为 67 008t, 锌资源量为 92 536t, 钼资源量为 32 359t。预测区出露的地质体主要为侏罗纪二长花岗岩, 已发现 1 个矿点, 重力为正负过渡区, 航磁为低缓负值区, 化探异常规模中等, 但强度较低, 且分布在南半部, 有一定的找矿潜力。

44. 查干敖包综合预测区(Ⅲ-8-188)

预测区面积为 111.6km², 预测锡资源量为 2 662.5t。地表为侏罗纪正长花岗岩, Sn 元素化探异常

起始值大于 6.4×10^{-6}。模型区附近北东向断层发育,具有一定的找矿潜力。

45. 珠腊木台北东综合预测区(Ⅲ-8-189)

预测区面积为 168.3km²,预测锡资源量为 3 971.2t,铁资源量为 103.51×10^4 t。出露下二叠统大石寨组、寿山沟组以及侏罗系满克头鄂博组。被二叠纪闪长岩侵入。中部及南部大面积侏罗纪花岗岩侵入,Sn 元素化探异常起始值大于 4.7×10^{-6}。预测区附近北东向断层发育,具有一定的找矿潜力。

46. 黄岗梁综合预测区(Ⅲ-8-190)

预测区面积为 147.2km²,预测银资源量为 272t,铅资源量为 3639t,锌资源量为 5026t,铁资源量为 9721×10^4 t,钼资源量为 3452t。出露的地层主要为下二叠统大石寨组、中二叠统哲斯组、上二叠统林西组和上白垩统白音高老组。岩浆岩出露有晚侏罗世钾长花岗岩,主要为潜安山岩和侏罗纪正长花岗岩等。已发现的化探异常显示各元素套合好、规模大、强度高,主要分布在南半部。重力位于剩余重力梯度带,为正负过渡区,总体南东高、北西低。航磁异常不明显,为低缓负磁区。区内分布有甲类磁异常 7 个,丙类异常 1 个。

47. 刘家营子综合预测区(Ⅲ-8-191)

预测区面积为 117km²,预测银资源量为 631.1t。出露的地层主要为下二叠统大石寨组、中二叠统哲斯组、中侏罗统新民组及侏罗系满克头鄂博组,岩浆岩主要为侏罗纪钾长花岗岩、正长花岗岩、二长花岗岩和流纹斑岩等。接触带附近发育矽卡岩化、角岩化、绿泥石化等。主要构造线方向为北东向,区内分布有 1 个乙类磁异常和 3 个丙类磁异常。已发现矿点 5 处。化探异常显示各元素套合好、规模大、强度高。重力低缓,为正负过渡区。航磁异常总体为北东向带状低缓异常,找矿潜力较大。

48. 双井北综合预测区(Ⅲ-8-192)

预测区面积为 185.8km²,预测银资源量为 541.8t,铅资源量为 187t,锌资源量为 258t,钼资源量为 1067t,铁资源量为 353.95×10^4 t。出露的地层主要为下二叠统大石寨组、中二叠统哲斯组、侏罗系满克头鄂博组,岩浆岩主要为侏罗纪花岗岩等。主要构造线方向为北东向,已发现矿点 4 处。化探异常显示各元素套合好、规模大、强度高。重力低缓,航磁异常总体为北东向带状低缓异常,找矿潜力较大。

49. 红光牧场东综合预测区(Ⅲ-8-193)

预测区面积为 138.5km²,预测银资源量为 15.8t,铅资源量为 1557t,锌资源量为 2151t,铁资源量为 $3 248.88 \times 10^4$ t。出露的地层主要为下二叠统大石寨组、中二叠统哲斯组以及侏罗系塔木兰沟组,侵入岩有早白垩世花岗岩和晚侏罗世花岗斑岩。构造线方向为北东向,化探异常以 Cu、Pb、Zn 元素为主,各元素套合较好,规模较大,强度中等,重力低缓,航磁为低缓正磁异常区。

50. 刘营子综合预测区(Ⅲ-8-194)

预测区面积为 120.9km²,预测银资源量为 99t,铅资源量为 9777t,锌资源量为 13 502t,钼资源量为 730t,铁资源量为 $2 082.62 \times 10^4$ t。出露的地层主要为中二叠统哲斯组碎屑岩建造。侵入岩出露有白垩纪花岗岩和黑云母花岗岩。接触带发育有角岩化、阳起石化等。位于剩余重力梯度带和低值区,航磁局部高值区,见航磁丁类。附近见航磁丙类异常 1 处和丁类异常 2 处。

51. 西拉西庙综合预测区(Ⅲ-8-195)

预测区面积为 70.5km²,预测区铁资源量为 418.26×10^4 t。出露的地层有下二叠统大石寨组火山岩夹碎屑岩建造、哲斯组碎屑岩-碳酸盐岩建造。侵入岩出露有早白垩世黑云母花岗岩。附近见航磁丁类异常 1 处。位于剩余重力梯度带和航磁高值区。

52. 太平村综合预测区(Ⅲ-8-196)

预测区面积为 137.9km²,预测银资源量为 45t,铅资源量为 4445t,锌资源量为 6139t,铁资源量为 1 110.45×10⁴t。出露的地层主要为中二叠统哲斯组碎屑岩-碳酸盐岩建造,满克头鄂博组酸性火山碎屑岩,白垩纪黑云母花岗岩侵入其中。已发现矿点 1 处。化探异常各元素套合好,规模中等、强度较高;重力低;航磁异常为低缓负磁异常区,分布有 2 处丁类磁异常。已发现矿点 1 处,有找矿潜力。

53. 阿其郎图嘎查综合预测区(Ⅲ-8-197)

预测区面积为 70.4km²,预测银资源量为 345.8t,铅资源量为 47 170.5t,锌资源量为 76 312.4t。出露的主要地层为上白垩统白音高老组,侏罗系玛尼吐组、满克头鄂博组,玛尼吐组分布于预测区的中部;岩体为白垩纪二长斑岩、花岗斑岩,主要分布在中部;化探异常 Cu、Pb、Zn 等元素套合较好,但规模较小,强度低,航磁为低缓的环形磁异常,重力为低值区,剩余重力值为(1~3.5)×10⁻⁵m/s²,有进一步寻找盲矿的价值。

54. 花诺尔综合预测区(Ⅲ-8-198)

预测区面积为 161.7km²,预测铁资源量为 514.26t。该区出露中太古界乌拉山岩群变粒岩、角闪岩、大理岩等,大面积分布三面井组砂岩、灰岩等,岩浆岩为晚侏罗世斜长花岗岩,闪长玢岩以小岩株状或脉状出露,其余部分地区被新生界掩盖。北东向、北西向断裂构造发育,铁染异常明显。该区重力高,南部航磁化极异常值高,航磁化极异常 3 处,但面积小,最高值 500nT;北部区低缓,具低缓的航磁化极异常。

55. 巴彦诺日南综合预测区(Ⅲ-8-199)

预测区面积为 167.7km²,预测铁资源量为 164.48×10⁴t。主要分布有晚侏罗世二长花岗岩、花岗斑岩、二长斑岩等。边部出露侏罗系满克头鄂博组、白音高老组酸性火山岩、玛尼吐组中性火山岩。具低缓的航磁化极异常;中部及东部重力高。零星见铁染异常。

56. 上都高勒东综合预测区(Ⅲ-8-200)

预测区面积为 132.5km²,预测铁资源量为 129×10⁴t。大部分地段分布满克头鄂博组酸性火山岩,其余地段被新生界掩盖。具低缓的航磁化极异常;西部重力高。

57. 子槽河综合预测区(Ⅲ-8-201)

预测区面积为 164.7km²,预测铁资源量为 517.79×10⁴t。中部出露中二叠世额里图组及三面井组,边部分布侏罗系满克头鄂博组、白垩系白音高老组,北东东向构造发育。零星分布铁染异常。重力偏高,剩余重力最高值为 10×10⁻⁵m/s²;具低缓的航磁化极异常。

58. 额里图二分场综合预测区(Ⅲ-8-202)

预测区面积为 175.3km²,预测铁资源量为 311.59×10⁴t。主要出露中二叠世额里图组中性火山岩及三面井组变质细砂岩、泥岩、生物碎屑灰岩。侏罗系火山岩均出露于外围。侵入岩为晚侏罗世石英斑岩、闪长玢岩等,呈岩株、岩脉状产出。接触带有形成矽卡岩的可能;具低缓的航磁化极异常;重力高。

59. 王宝坑北综合预测区(Ⅲ-8-203)

预测区面积为 156.5km²,预测铁资源量为 154.33t。西部边缘分布中二叠世额里图组中性火山岩、上白垩统白音高老组酸性火山岩。其余大部分地段被新生界掩盖。重力高,具低缓的航磁化极异常。

60. 小河综合预测区(Ⅲ-8-204)

预测区面积为 131.2km², 预测区铁资源量为 2 066.92×10⁴t。主要出露中二叠世额里图组及三面井组。侏罗系满克头鄂博组均出露于矿区以北及以西地区。侵入岩有晚侏罗世石英二长斑岩、花岗斑岩等,在侵入岩与额里图组及三面井组接触带处有矿点 1 处,为矽卡岩型。区内北东向、北西向断裂构造极其发育。铁染异常北西向分布;西部航磁化极异常值高,最高值 500nT,东部低缓,总体重力高;个别地段具铁染异常。

四、与燕山期酸性岩浆活动有关的铜、铅、锌、钼、钨、金矿成矿系列综合预测区的划分及特征

该成矿系列共划分出 23 个综合预测区,包括铜、铅、锌、金、银、钼、钨 7 个预测矿种(图 10-10)。

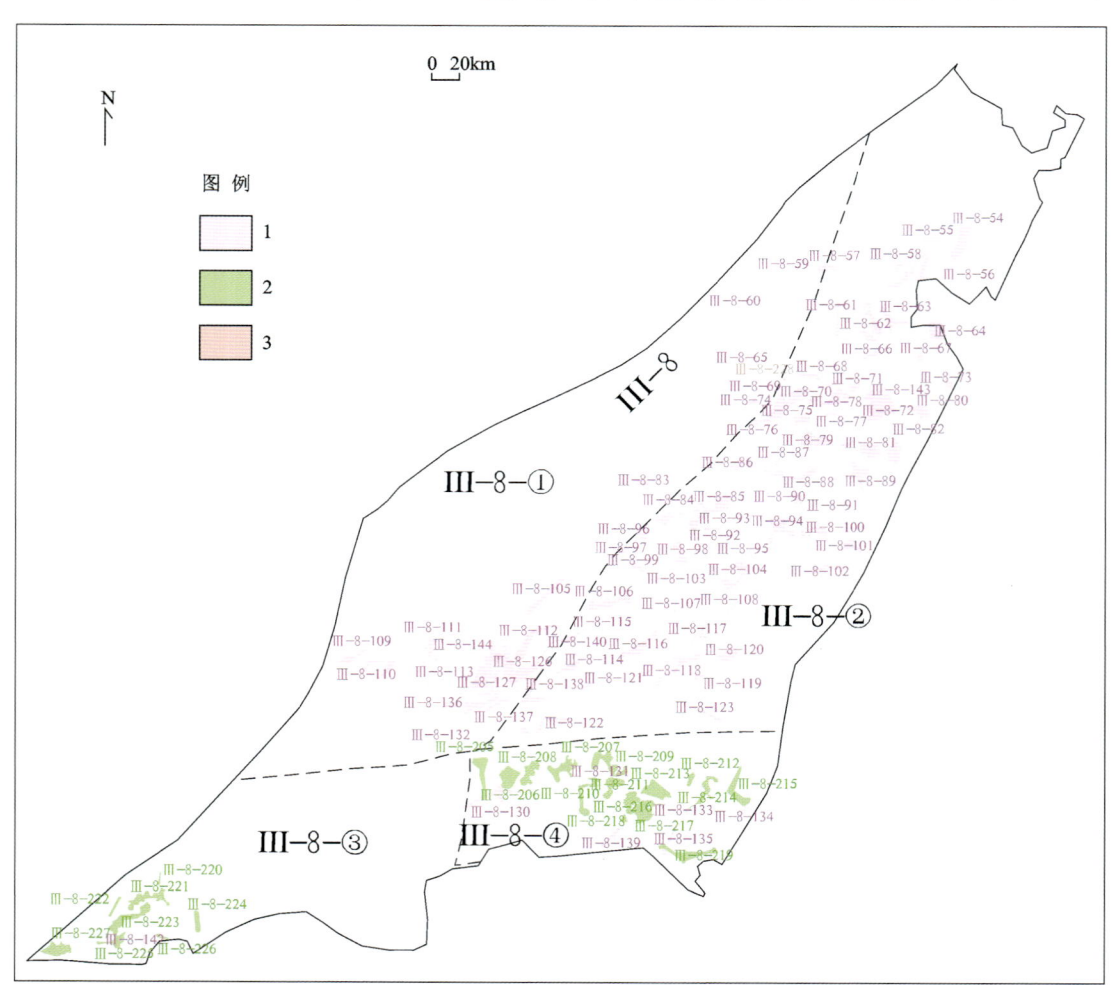

图 10-10　Ⅲ-8 综合预测区分布图(2)

1. 与燕山早期中酸性岩浆活动有关的多金属矿综合预测区;2. 与燕山期酸性岩浆活动有关的多金属综合预测区;
3. 与燕山晚期碱性花岗岩有关的稀有、稀土矿床成矿系列综合预测区

1. 红山子乡河盛源综合预测区（Ⅲ-8-205）

预测区面积为 142.6km²，预测钼资源量为 10 012.3t。产出于侵入中二叠世额里图组玄武安山岩、安山岩建造内的早白垩世正长花岗岩外接触带及侵入中二叠统于家北沟组及中二叠统于家北沟组火山岩构造裂隙中。该预测区在克旗后山正长花岗岩内或外接触带中还有新房子、塔拉沟、大局子林场等钼矿化点，均有一定的找矿前景。航磁化极等值线起始值在 $-100 \sim 1570\text{nT}$ 之间，重力剩余异常起始值在 $(-1 \sim 5) \times 10^{-5}\text{m/s}^2$ 之间，预测区在 Cu、Mo 元素综合化探异常区内。

2. 小东沟综合预测区（Ⅲ-8-206）

预测区面积为 156.8km²，预测钼资源量为 59 444.6t。小东沟辉钼矿含矿岩体为细粒斑状黑云母花岗岩、花岗斑岩、似斑状花岗岩、正长斑岩，呈北东向延伸的小岩株侵入于中二叠统于家北沟组和侏罗纪火山岩中，使围岩角岩化、次生石英岩化、硅化、云英岩化，局部有石榴石矽卡岩化。辉钼矿产出于岩体内，即中二叠统于家北沟组砂砾岩构造裂隙中，呈斑块状、浸染状，有时见有细脉浸染状。航磁化极等值线起始值在 $-100 \sim 1570\text{nT}$ 之间，重力剩余异常起始值在 $(-1 \sim 5) \times 10^{-5}\text{m/s}^2$ 之间，预测区在 Cu、Mo 元素综合化探异常区内。

3. 五分地综合预测区（Ⅲ-8-207）

预测区面积为 166.9km²，预测铅资源量为 135 690.3t，锌资源量为 193 843.3t，钼资源量为 28 801.9t，铜资源量为 453.9t。矿床主要赋存在侵入中二叠统于家北沟组的火山岩中及中二叠统于家北沟组中。航磁化极等值线起始值在 $-100 \sim 1570\text{nT}$ 之间，重力剩余异常起始值在 $(-1 \sim 5) \times 10^{-5}\text{m/s}^2$ 之间，预测区在 Cu、Mo 元素综合化探异常区内。

4. 黄家营子综合预测区（Ⅲ-8-208）

预测区面积为 130.7km²，预测钼资源量为 104 206.1t。矿床主要赋存在侵入中二叠统于家北沟组的火山岩中及于家北沟组中，与成矿有关的围岩蚀变为绢云母化、锰菱铁矿化、硅化、黄铁矿化，其次是绿泥石化和黑云母退色。航磁化极等值线起始值在 $-100 \sim 1570\text{nT}$ 之间，重力剩余异常起始值在 $(-1 \sim 5) \times 10^{-5}\text{m/s}^2$ 之间，预测区在 Cu、Mo 元素综合化探异常区内。

5. 西沟里综合预测区（Ⅲ-8-209）

预测区面积为 192.4km²，预测铅资源量为 75 976.9t，锌资源量为 171 104.6t，铜资源量为 4 973.6t。出露的地层为中二叠统于家北沟组及上侏罗统满克头鄂博组，被白垩纪花岗斑岩侵入。北东向、北西向断裂较发育。区内 Pb 元素化探异常起始值大于 50×10^{-6}。位于重力异常南东，航磁异常也较明显，由航磁推测发育北东向断裂，区内遥感解译异常明显。

6. 硐子综合预测区（Ⅲ-8-210）

预测区面积为 125.5km²，预测铅资源量为 142 999.6t，锌资源量为 128 244.4t，铜资源量为 196.3t。区内地层出露有中侏罗统新民组、满克头鄂博组。大面积白垩纪花岗斑岩侵入。北东向断裂较发育。化探综合异常明显，区内遥感解译异常明显。区内有 1 处中型矿床，1 处小型矿床，找矿潜力较大。

7. 小北队综合预测区（Ⅲ-8-211）

预测区面积为 114.8km²，预测铜资源量为 621.2t。出露的地层为侏罗系满克头鄂博组灰白色、浅灰色酸性火山熔岩，酸性火山碎屑岩，火山碎屑沉积岩；玛尼吐组灰绿色、紫褐色中性火山熔岩，中酸性火山碎屑岩夹火山碎屑沉积岩。侵入岩为白垩纪花岗斑岩。

8. 巴嘎塔拉综合预测区（Ⅲ-8-212）

预测区面积为 33km^2，预测铅资源量为 65 393t，锌资源量为 124 841t，银资源量为 12.6t。出露的地层为宝音图岩群结晶灰岩、大理岩，出露的侵入体为侏罗纪正长花岗岩。该区有重力异常，推测为隐伏岩体。地表蚀变主要为硅化，找矿潜力较大。

9. 余家窝铺综合预测区（Ⅲ-8-213）

预测区面积为 169.6km^2，预测铅资源量为 239 339.2t，锌资源量为 409 914.4t，银资源量为 15.1t，铜资源量为 112.5t。出露的地层为宝音图岩群及中二叠统额里图组，被侏罗纪正长花岗岩侵入，Pb 元素化探异常起始值大于 121×10^{-6}，该区位于重力异常北，该区内有一重力异常；航磁异常也较明显，区内遥感解译异常明显。区内有余家窝铺铅锌矿及 1 处中型和 1 处小型矿床，遥感解译异常明显。

10. 希地呼都格综合预测区（Ⅲ-8-214）

预测区面积为 104.8km^2，预测铅资源量为 104 227.6t，锌资源量为 167 661.5t，银资源量为 5.9t，铜资源量为 232.8t。零星出露中二叠统额里图组，被二叠纪花岗闪长岩、侏罗纪正长花岗岩及白垩纪花岗斑岩侵入。两个北东向断裂与北西向断裂交会本区。区内推测有隐伏的碳酸盐岩地质体。

11. 小官家地综合预测区（Ⅲ-8-215）

预测区面积为 149.7km^2，预测铅资源量为 60 299t，锌资源量为 86 141.4t，铜资源量为 151.1t。出露的地层为中二叠统额里图组及于家北沟组。区内北西向断裂较发育，Pb 元素化探异常起始值大于 31×10^{-6}，位于重力异常北部，遥感解译异常明显，区内有一矿点。

12. 天桥沟综合预测区（Ⅲ-8-216）

预测区面积为 98.6km^2，预测铅资源量为 205 519.9t，锌资源量为 357 004.9t，银资源量为 7.6t，钼资源量为 65 425.4t，铜资源量为 2 163.5t。出露的地层为中二叠统额里图组和石炭系酒局子组。侵入岩为侏罗纪正长花岗岩。近东西向断裂较发育，矿床主要赋存在中二叠统于家北沟组的火山岩中。与成矿有关的围岩蚀变为绢云母化、锰菱铁矿化、硅化、黄铁矿化，其次是绿泥石化和黑云母退色。该区位于一级重砂异常区内，Pb 元素化探异常起始值大于 50×10^{-6}。航磁异常也较明显，区内遥感解译异常明显。区内有 3 处中小型矿床和 2 处小型矿床及多处矿点，找矿潜力巨大。

13. 荷尔乌苏综合预测区（Ⅲ-8-217）

预测区面积为 199.3km^2，预测铅资源量为 111 327.7t，锌资源量为 206 164.4t，银资源量为 7.5t，钼资源量为 31 642.6t，铜资源量为 2 851.7t。出露的地质体为宝音图岩群、中二叠统额里图组和于家北沟组，出露的岩体为侏罗纪正长花岗岩。区内断裂较发育，主要为近南北向断裂。本区位于一级重砂异常区内，Pb 元素化探异常起始值大于 50×10^{-6}。航磁化极等值线起始值在 $-100\sim1570$nT 之间，重力剩余异常起始值在 $(-1\sim5)\times10^{-5}$m/s^2 之间，预测区在 Cu、Mo 元素综合化探异常区内，遥感解译异常明显。区内有数处中小型矿床，找矿潜力巨大。

14. 王家营子综合预测区（Ⅲ-8-218）

预测区面积为 19.5km^2，预测钼资源量为 1 019.4t。矿床主要赋存在侵入中二叠统于家北沟组的花岗斑岩、似斑状花岗岩、正长斑岩以及中二叠统于家北沟组砂砾岩、火山岩构造裂隙中。与成矿有关的围岩蚀变为绢云母化、锰菱铁矿化、硅化、黄铁矿化，其次是绿泥石化和黑云母退色。航磁化极等值线起始值在$-100\sim1570$nT之间，重力剩余异常起始值在$(-1\sim5)\times10^{-5}$m/s²之间，预测区在Cu、Mo元素综合化探异常区内。

15. 鸡冠山综合预测区（Ⅲ-8-219）

预测区面积为176.2km²，预测钼资源量为40 845t。矿床主要赋存在侵入中二叠统于家北沟组火山岩中，与成矿有关的围岩蚀变为绢云母化、锰菱铁矿化、硅化、黄铁矿化，其次是绿泥石化和黑云母退色。成因类型为斑岩型矿床。航磁化极等值线起始值在$-100\sim1570$nT之间，重力剩余异常起始值在$(-1\sim5)\times10^{-5}$m/s²之间，预测区在Cu、Mo元素综合化探异常区内。

16. 宝日陶勒盖综合预测区（Ⅲ-8-220）

预测区面积为14km²，预测金资源量为1000kg。地层的出露二叠系三面井组灰绿色、灰黄色砂岩，粉砂质板岩，生物碎屑灰岩。区内有侏罗纪花岗岩、石英闪长岩侵入。

17. 莫图综合预测区（Ⅲ-8-221）

预测区面积为158.2km²，预测金资源量为3428kg，钨资源量为22 642.5t。该预测区是哈彦海日瓦苏木灰热哈达钨小型矿床所在区，侵入岩为晚侏罗世灰白色—肉红色中粗粒二长花岗岩，重力剩余异常起始值为$(-3\sim1)\times10^{-5}$m/s²，W元素化探综合异常起始值为大于2×10^{-6}，具好的找矿潜力。

18. 巴彦塔拉苏木综合预测区（Ⅲ-8-222）

预测区面积为33.8km²，预测金资源量为1265kg。外围地层出露二叠系三面井组。侵入岩出露侏罗纪花岗岩、石英闪长岩。区内被宝格达乌拉组砖红色砂质泥岩、砂岩、砂砾岩等覆盖。

19. 毫义哈达综合预测区（Ⅲ-8-223）

预测区面积为142.6km²，预测金资源量为544kg，钨资源量为28 573.8t。预测区是黄花乌拉公社毫义哈达小型钨矿床、那仁乌拉苏木山西特拉钨矿点所在区，侵入岩为晚侏罗世灰白色—肉红色中粗粒二长花岗岩，重力剩余异常起始值为$(-3\sim2)\times10^{-5}$m/s²，W元素化探综合异常起始值为大于2×10^{-6}，具好的找矿潜力。

20. 浩勒宝综合预测区（Ⅲ-8-224）

预测区面积为58.7km²，预测金资源量为4120kg。地层出露二叠系三面井组。被侏罗系满克头鄂博组不整合覆盖。侵入岩为侏罗纪花岗斑岩。

21. 六支箭乡综合预测区（Ⅲ-8-225）

预测区面积为121.5km²，预测金资源量为2807kg，钨资源量为8 104.5t。地层出露二叠系三面井组。侵入岩为晚侏罗世灰白色—肉红色中粗粒二长花岗岩，重力剩余异常起始值为$(1\sim3)\times10^{-5}$m/s²，W元素化探综合异常起始值为$(2\sim3)\times10^{-6}$，具有一定的找矿潜力。

22. 七号镇综合预测区（Ⅲ-8-226）

预测区面积为19.2km²，预测金资源量为469.0kg，钨资源量为187.1t。该区是七号乡三胜村小型钨矿床所在区，侵入岩为晚侏罗世灰白色—肉红色中粗粒二长花岗岩。重力剩余异常起始值为$(-3\sim1)\times10^{-5}$m/s²，W元素化探综合异常起始值为大于2×10^{-6}，具好的找矿潜力。

23. 秋灵沟综合预测区（Ⅲ-8-227）

预测区面积为 143km²，预测钨资源量为 28 683t。该区是卯都乡卯都房子小型钨矿床和二道河乡秋灵沟钨矿点所在区，地层为中二叠统额里图组，侵入岩为晚侏罗世灰白色—肉红色中粗粒二长花岗岩，重力剩余异常起始值为 $(-3\sim1)\times10^{-5}$m/s²，W 元素化探综合异常起始值为大于 2×10^{-6}，具好的找矿潜力。

五、与燕山晚期碱性花岗岩有关的稀有、稀土矿床成矿系列综合预测区的划分及特征

该成矿系列主要为八〇一稀土矿综合预测区（Ⅲ-8-228），包括 1 个稀土矿预测矿种（图 10-10）。

预测区面积为 2.57km²，预测稀土资源量为 849 191t。矿床主要赋存在侏罗纪—白垩纪碱性花岗岩，碱性花岗岩体即为矿体，具垂直分带和水平分带性。该区内大型稀土矿产地 1 处（八〇一矿），航磁化极等值线起始值在 0~100nT 之间，重力剩余异常起始值在 $(-3\sim-2)\times10^{-5}$m/s² 之间，分布于遥感最小预测区内及稀土元素综合异常区内。

第四节 多矿种综合靶区部署建议

成矿区（带）共划分了 30 个综合勘查部署区，面积均较大。其中黄岗梁部署区、花敖包特部署区、宝日洪绍日部署区，因为涵盖黄岗梁铁锡多金属矿、花敖包特银铅锌多金属矿、白音诺尔银铅锌多金属矿等成型矿山，工作程度较高，其外围可进一步安排中大比例尺的地质、物化探工作进行普查，必要时，可采用槽探、井探、钻探等手段，寻找隐伏的工业矿体；其余 26 个勘查部署区只能进行预查，系统地安排中小比例尺和基础地质、物探、化探、遥感等工作，缩小找矿靶区。各综合勘查部署区划分及预测资源量分别按空间位置及成矿系列进行了统计（表 10-7，图 10-11）。

表 10-7 Ⅲ-8 成矿区（带）勘查工作部署建议区一览表

序号	编号	名称	面积（km²）	等级	涉及矿种及预期成果	勘查工作部署建议
1	Ⅲ-8-1	神山部署区	932.6	预查	铁 490.08×10⁴t	本区已开展哈拉改吐等幅的 1:5 万区域地质调查工作，应先在未开展 1:5 万区域地质调查地区展开基础地质调查工作，查明本区基本地质情况；浅井；建议开展重力、磁法及电法勘探工作；建议对 12 种元素进行调查；应用遥感推断解释地质构造、遥感羟基、铁染异常提取
					铬 0.853×10⁴t	
2	Ⅲ-8-2	呼和哈达部署区	2402.6	预查	铬 2.13×10⁴t	本区未开展 1:5 万区域地质调查工作，应先进行基础地质调查，钻探，对矿床外围及深部进行进一步勘探工作；建议开展高精度磁测及磁法勘探；建议对 12 种元素进行调查；应用遥感推断解释地质构造、遥感羟基、铁染异常提取
					铅 9 191.74t	
					锌 9 191.74t	
					钼 1745t	
					铁 124.53×10⁴t	

续表 10-7

序号	编号	名称	面积（km²）	等级	涉及矿种及预期成果	勘查工作部署建议
3	Ⅲ-8-3	青山屯北部署区	218.3	预查	铬 0.04×10⁴t 铁 22.98×10⁴t	本区未开展1:5万区域地质调查工作,应先进行基础地质调查,建议开展重力、磁法及电法勘探工作;建议对12种元素进行调查;应用遥感推断解释地质构造、遥感羟基、铁染异常提取
4	Ⅲ-8-4	乌兰吐部署区	1 374.1	预查	铬 1.6×10⁴t 萤石 16.97×10⁴t	本区未开展1:5万区域地质调查工作,应先进行基础地质调查,地表槽探、浅井及大量钻探工作为主;建议开展重力、磁法及电法勘探工作;建议对12种元素进行调查;应用遥感推断解释地质构造、遥感羟基、铁染异常提取
5	Ⅲ-8-5	巴彦高嘎查南部署区	1594	预查	银 2 398.2t 铅 327 154.6t 锌 535 691t 钼 3 058.7t 锡 126.33t	本区未开展1:5万区域地质调查工作,应先进行基础地质调查,地表槽探、浅井及少量钻探;建议采用重力勘探、磁法勘探、电法勘探等;建议开展 Mo、Sb、W、Cu、Pb、Zn、Ag、W、As、Bi 10 种元素的化探工作;应用遥感推断解释地质构造、遥感羟基、铁染异常提取
6	Ⅲ-8-6	张旅窑部署区	1 509.2	预查	铁 20.67×10⁴t 锡 6 178.7t 银 307.5t 铅 41 981.5t 锌 67 936.25t	本区未开展1:5万区域地质调查工作,应先进行基础地质调查,以地表槽探、浅井及少量钻探工作为主;建议开展重力、磁法及电法勘探工作;建议对12种元素进行调查;应用遥感推断解释地质构造、遥感羟基、铁染异常提取
7	Ⅲ-8-7	三合屯部署区	1 040.1	预查	铁 1 183.43×10⁴t 钼 29 365.3t 铜 22 841t 铅 159 552.8t 锌 269 566.2t 银 1 030.9t	本区未开展1:5万区域地质调查工作,应先进行基础地质调查,以地表槽探、浅井及少量钻探工作为主;建议开展重力、磁法及电法勘探工作;建议对12种元素进行调查;应用遥感推断解释地质构造、遥感羟基、铁染异常提取
8	Ⅲ-8-8	闹牛山部署区	1 092.4		铁 156.61×10⁴t 铜 19 830t 钼 42 661.6t	本区未开展1:5万区域地质调查工作,应先进行基础地质调查,钻探;建议开展高精度磁测及磁法勘探;建议对12种元素进行调查;应用遥感推断解释地质构造、遥感羟基、铁染异常提取
9	Ⅲ-8-9	长春岭部署区	1 155.4	预查	银 53.3t 钼 953.2t 铜 100 453t 铅 28 156.5t 锌 57 850.8t	本区已开展前十家子等幅的1:5万区域地质调查工作,应先在未开展1:5万区域地质调查地区开展基础地质调查工作,查明本区基本地质情况、钻探;建议开展高精度磁测及磁法勘探;建议对12种元素进行调查;应用遥感推断解释地质构造、遥感羟基、铁染异常提取

续表 10-7

序号	编号	名称	面积（km²）	等级	涉及矿种及预期成果	勘查工作部署建议
10	Ⅲ-8-10	柳条沟嘎查部署区	427	预查	铁 8 149.5t	本区未开展1:5万区域地质调查工作,应先进行基础地质调查,地表槽探、浅井及少量钻探；建议采用重力勘探、磁法勘探、电法勘探等；建议开展 Mo、Sb、W、Cu、Pb、Zn、Ag、W、As、Bi 10 种元素的化探工作；应用遥感推断解释地质构造、遥感羟基、铁染异常提取
10	Ⅲ-8-10	柳条沟嘎查部署区	427	预查	钼 6 351.7t	本区未开展1:5万区域地质调查工作,应先进行基础地质调查,地表槽探、浅井及少量钻探；建议采用重力勘探、磁法勘探、电法勘探等；建议开展 Mo、Sb、W、Cu、Pb、Zn、Ag、W、As、Bi 10 种元素的化探工作；应用遥感推断解释地质构造、遥感羟基、铁染异常提取
11	Ⅲ-8-11	巴彦乌拉嘎部署区	3 943.1	预查	银 4084t	本区未开展1:5万区域地质调查工作,应先进行基础地质调查、钻探,对矿床外围及深部进行进一步勘探工作；建议开展高精度磁测及磁法勘探；建议对12种元素进行调查；应用遥感推断解释地质构造、遥感羟基、铁染异常提取
11	Ⅲ-8-11	巴彦乌拉嘎部署区	3 943.1	预查	铜 114 450t	
11	Ⅲ-8-11	巴彦乌拉嘎部署区	3 943.1	预查	铅 404 721.55t	
11	Ⅲ-8-11	巴彦乌拉嘎部署区	3 943.1	预查	锌 919 480.98t	
11	Ⅲ-8-11	巴彦乌拉嘎部署区	3 943.1	预查	钼 30 516.8t	
11	Ⅲ-8-11	巴彦乌拉嘎部署区	3 943.1	预查	锡 4 427.1t	
11	Ⅲ-8-11	巴彦乌拉嘎部署区	3 943.1	预查	铁 151.39×10^4 t	
12	Ⅲ-8-12	花敖包特部署区	573.1	普查	铬 8.29×10^4 t	本区未开展1:5万区域地质调查工作,应先进行基础地质调查,以地表槽探、浅井及大量钻探工作为主；建议开展重力、磁法及电法勘探工作；建议对12种元素进行调查；应用遥感推断解释地质构造、遥感羟基、铁染异常提取
12	Ⅲ-8-12	花敖包特部署区	573.1	普查	银 6995t	
12	Ⅲ-8-12	花敖包特部署区	573.1	普查	铅 573 912.7t	
12	Ⅲ-8-12	花敖包特部署区	573.1	普查	锌 792 600t	
12	Ⅲ-8-12	花敖包特部署区	573.1	普查	钼 1888t	
12	Ⅲ-8-12	花敖包特部署区	573.1	普查	镍 15 404t	
13	Ⅲ-8-13	科尔沁右翼中旗部署区	3 267.4	预查	银 541.1t	本区未开展1:5万区域地质调查工作,应先进行基础地质调查,以地表槽探、浅井及少量钻探工作为主；建议开展重力、磁法及电法勘探工作；建议对12种元素进行调查；应用遥感推断解释地质构造、遥感羟基、铁染异常提取
13	Ⅲ-8-13	科尔沁右翼中旗部署区	3 267.4	预查	铜 117 646t	
13	Ⅲ-8-13	科尔沁右翼中旗部署区	3 267.4	预查	铅 64 701.19t	
13	Ⅲ-8-13	科尔沁右翼中旗部署区	3 267.4	预查	锌 116 974.4t	
13	Ⅲ-8-13	科尔沁右翼中旗部署区	3 267.4	预查	钼 6 545.9t	
13	Ⅲ-8-13	科尔沁右翼中旗部署区	3 267.4	预查	锡 206.4t	
13	Ⅲ-8-13	科尔沁右翼中旗部署区	3 267.4	预查	铁 3.24×10^4 t	
13	Ⅲ-8-13	科尔沁右翼中旗部署区	3 267.4	预查	硫铁矿 50.4×10^4 t	
14	Ⅲ-8-14	罕山林场部署区	331.7	预查	钼 5152t	本区未开展1:5万区域地质调查工作,应先进行基础地质调查,以地表槽探、浅井及少量钻探工作为主；建议采用重力勘探、磁法勘探、电法勘探等；建议开展 Mo、Sb、W、Cu、Pb、Zn、Ag、W、As、Bi 10 种元素的化探工作；应用遥感推断解释地质构造、遥感羟基、铁染异常提取

续表 10-7

序号	编号	名称	面积（km²）	等级	涉及矿种及预期成果	勘查工作部署建议
15	Ⅲ-8-15	芒和图部署区	1 901.9	预查	银 493t 铅 65 114.29t 铜 88 434.8t 锌 118 391.52t 锡 126.3t 钼 14 949.8t 萤石 4.86×10⁴t 铁 545.46×10⁴t	本区未开展1:5万区域地质调查工作，应先进行基础地质调查，以地表槽探、浅井及少量钻探工作为主；建议开展重力、磁法及电法勘探工作；建议对12种元素进行调查；应用遥感推断解释地质构造、遥感羟基、铁染异常提取
16	Ⅲ-8-16	罕山村部署区	845.9	预查	铜 41 087t 铅 1 815.33t 锌 4 035.67t 钼 1 169.6t 萤石 7.11×10⁴t	本区未开展1:5万区域地质调查工作，应先进行基础地质调查，以地表槽探、浅井及少量钻探工作为主；建议开展重力、磁法及电法勘探工作；建议对12种元素进行调查；应用遥感推断解释地质构造、遥感羟基、铁染异常提取
17	Ⅲ-8-17	太本苏木部署区	1 992.7	预查	银 724.6t 铜 68 595.7t 铅 71 572t 锌 98 838t 钼 27 970t 铬 7.71×10⁴t 镍 20 637t	本区已开展太本庙林场、常新队等幅的1:5万区域地质调查工作，应先在未开展1:5万区域地质调查地区开展基础地质调查工作，查明本区基本地质情况；以地表槽探、浅井及少量钻探工作为主；建议开展重力、磁法及电法勘探工作；建议对12种元素进行调查；应用遥感推断解释地质构造、遥感羟基、铁染异常提取
18	Ⅲ-8-18	宝日洪绍日部署区	8 375.2	普查	银 3 223.5t 铜 194 864.3t 铅 756 309.4t 锌 2 211 141.4t 钼 44 740t 锡 429 724.2t 铁 5 911.14×10⁴t 萤石 7.38×10⁴t	本区已开展白音温都公社、哈布其拉、小井子、东洼子、北杨家营子、乌吉尔、五香营子、嘎登花、乌兰白旗、白音乌拉、床金庙等幅的1:5万区域地质调查工作，应先在未开展1:5万区域地质调查地区开展基础地质调查工作，查明本区基本地质情况；以地表槽探、浅井及大量钻探工作为主；建议开展重力、磁法及电法勘探工作；建议对12种元素进行调查；应用遥感推断解释地质构造、遥感羟基、铁染异常提取
19	Ⅲ-8-19	白音胡硕部署区	1 355.8	预查	银 20.3t 铜 35 433t 铅 2003t 锌 2765t 镍 69 319t 铬 37.65×10⁴t	本区未开展1:5万区域地质调查工作，应先进行基础地质调查、详查；地面高精度磁测、磁法勘探；Cu、Zn、As、Pb、Sn、Ag、Au、Co、Cr、Fe、Mn、Ni、Ti、V等28个元素采样分析；遥感解译地质构造

续表 10-7

序号	编号	名称	面积（km²）	等级	涉及矿种及预期成果	勘查工作部署建议
20	Ⅲ-8-20	查干诺尔羊铺部署区	753.7	预查	铜 9840t 铅 15 838.7t 锌 35 210.69t 钼 2 183.8t 萤石 2.08×10⁴t 硫铁矿 218.72×10⁴t	本区未开展1:5万区域地质调查工作,应先进行基础地质调查,以地表槽探、浅井及大量钻探工作为主;建议开展重力、磁法及电法勘探工作;建议对12种元素进行调查;应用遥感推断解释地质构造、遥感羟基、铁染异常提取
21	Ⅲ-8-21	潘家段部署区	1 167.1	预查	银 117.5t 铅 11 610t 锌 16 034t 钼 611t 硫铁矿 278.46×10⁴t	本区已开展平安地等幅的1:5万区域地质调查工作,应先在未开展1:5万区域地质调查地区开展基础地质调查工作,查明本区基本地质情况;以地表槽探、浅井及大量钻探工作为主;建议开展重力、磁法及电法勘探工作;建议对12种元素进行调查;应用遥感推断解释地质构造、遥感羟基、铁染异常提取
22	Ⅲ-8-22	后卜河部署区	2883	预查	银 1 706.1t 铜 91 942.6t 铅 287 676.5t 锌 715 038.56t 钼 2698t 锡 7420t 铁 630.97×10⁴t 萤石 5.74×10⁴t	本区已开展烧锅、上官地、海苏坝、巴彦胡硕、大西沟、幸福之路等幅的1:5万区域地质调查工作,应先在未开展1:5万区域地质调查地区开展基础地质调查工作,查明本区基本地质情况;钻探,对矿床外围及深部进行进一步勘探工作;建议开展高精度磁测及磁法勘探;建议对12种元素进行调查;应用遥感推断解释地质构造、遥感羟基、铁染异常提取
23	Ⅲ-8-23	希热努塔嘎部署区	2 391.5	预查	银 149.9t 铜 24 352.7t 铅 14 815t 锌 20 459t 钼 3235t 锡 15 106.4t 铬 9.22×10⁴t	本区未开展1:5万区域地质调查工作,应先进行基础地质调查、钻探,对矿床外围及深部进行进一步勘探工作;建议开展高精度磁测及磁法勘探;建议对12种元素进行调查;应用遥感推断解释地质构造、遥感羟基、铁染异常提取
24	Ⅲ-8-24	太平沟部署区	3 136.1	预查	银 60.8t 铜 14 085.1t 铅 20 190.5t 锌 50 855.58t 锡 131 202.2t 铁 2 559.4×10⁴t 萤石 18.81×10⁴t 硫铁矿 329.67×10⁴t	本区已开展衙门庙、隆昌镇、巴林左旗、野猪沟、沙尔塔拉牧场等幅的1:5万区域地质调查工作,应先在未开展1:5万区域地质调查地区开展基础地质调查工作,查明本区基本地质情况;以地表槽探、浅井及大量钻探工作为主;建议开展重力、磁法及电法勘探工作;建议对12种元素进行调查;应用遥感推断解释地质构造、遥感羟基、铁染异常提取

续表 10-7

序号	编号	名称	面积（km²）	等级	涉及矿种及预期成果	勘查工作部署建议
25	III-8-25	黄岗梁部署区	16 740.9	普查	金 703kg 银 21 931.2t 铜 300 366.2t 铅 2 485 579.5t 锌 4 772 069.85t 钼 78 484t 锡 1 135 271.5t 铁 19 850.66×10⁴t 硫铁矿 211.61×10⁴t 萤石 155.12×10⁴t	本区已于展窟窿山、毡铺、上官地、平顶庙、任家营子、下场、新民屯、林西、赵家湾、二八地、大营子、克什克、黄岗梁林场、同兴、二〇四、二道营子、白音敖包林场、五星台牧场等幅的1:5万区域地质调查工作，应先在未开展1:5万区域地质调查地区开展基础地质调查工作，查明本区基本地质情况；建议开展重力、磁法及电法勘探工作；建议对12种元素进行调查；应用遥感推断解释地质构造、遥感羟基、铁染异常提取
26	III-8-26	柯单山部署区	5 960.8	普查	银 914t 铜 6245t 铅 354 666.8t 锌 493 192.3t 钼 202 464.9t 铬 68.13×10⁴t	本区已开展姜营子、万合永等幅的1:5万区域地质调查工作，应先在未开展1:5万区域地质调查地区开展基础地质调查工作，查明本区基本地质情况、钻探；对矿床外围及深部进行进一步勘探工作；建议开展高精度磁测及磁法勘探；建议对12种元素进行调查；应用遥感推断解释地质构造、遥感羟基、铁染异常提取
27	III-8-27	鸡冠山部署区	5 607.8	预查	金 3083kg 银 527t 铜 5 511.6t 铅 786 106.4t 锌 1 351 727.6t 钼 137 913t	本区已开展李家营子、大木头沟、水地等幅的1:5万区域地质调查工作，应先在未开展1:5万区域地质调查地区开展基础地质调查工作，查明本区基本地质情况；地表槽探、浅井及少量钻探；建议采用重力勘探、磁法勘探、电法勘探等；建议开展 Mo、Sb、W、Cu、Pb、Zn、Ag、W、As、Bi 10种元素的化探工作；应用遥感推断解释地质构造、遥感羟基、铁染异常提取
28	III-8-28	正镶白旗部署区	7538	预查	金 4120t 铁 3 858.37×10⁴t	本区未开展1:5万区域地质调查工作，应先进行基础地质调查，查明本区基本地质情况、钻探；建议采用高精度磁测、磁法勘探等；建议开展 As、Sb、W、Cu、Pb、Zn、Ag、W、Mo、Bi 10种元素的化探工作；应用遥感推断解释地质构造、遥感羟基、铁染异常提取
29	III-8-29	毫义哈达部署区	3 808.3	预查	金 9513t 钨 88 191t 萤石 14.84×10⁴t	本区未开展1:5万区域地质调查工作，应先进行基础地质调查，查明本区基本地质情况，地表槽探、浅井及少量钻探；建议采用高精度磁测、磁法勘探等；建议开展 As、Sb、W、Cu、Pb、Zn、Ag、W、Mo、Bi 10种元素的化探工作；应用遥感推断解释地质构造、遥感羟基、铁染异常提取

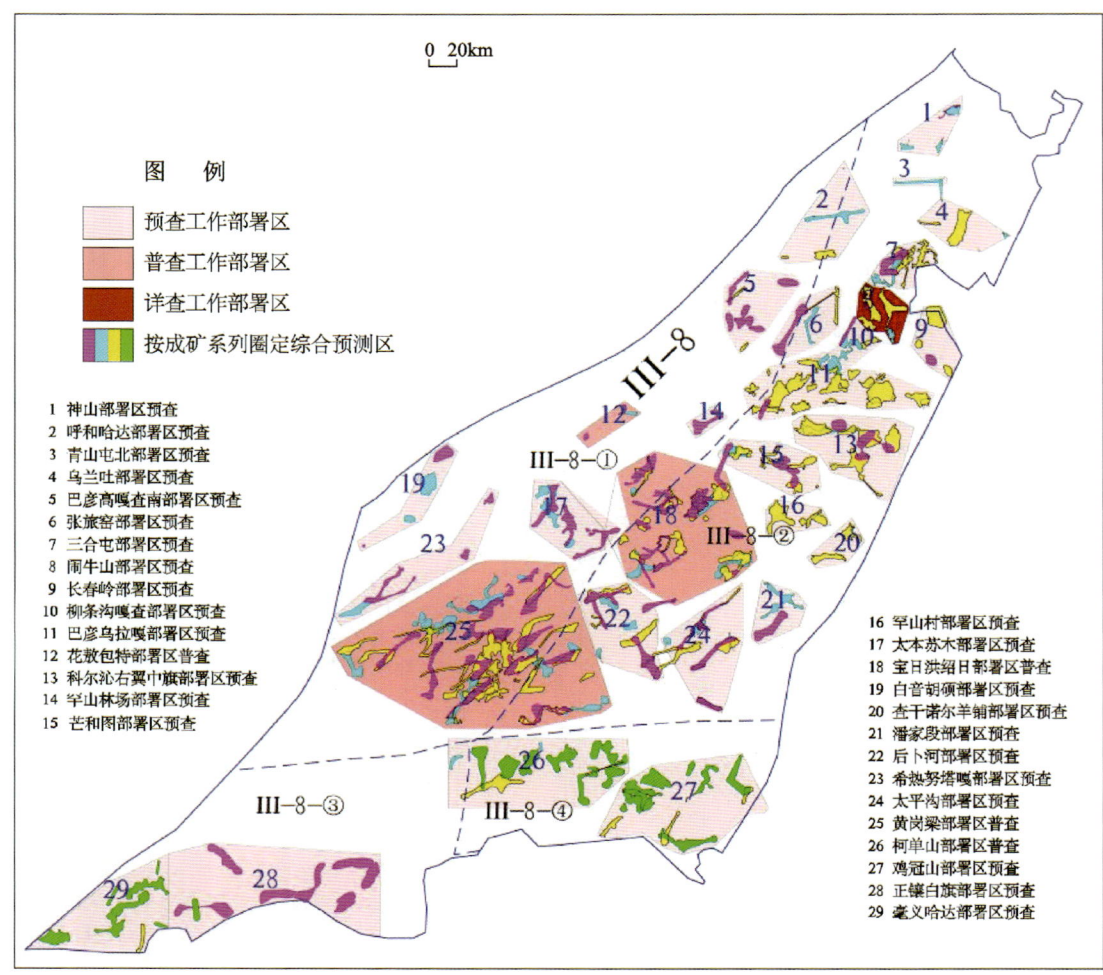

图 10-11 Ⅲ-8 成矿区(带)勘查工作部署区

第十一章　松辽盆地成矿区(Ⅲ-9)预测成果

第一节　区域地质背景

一、成矿地质条件

1. 区域地质背景

松辽盆地油气、铀成矿区(Ⅲ-9)位于赤峰-开源断裂的北侧,夹持于嫩江断裂与郯庐断裂之间。共划分了2个成矿亚带:Ⅲ-9-①通辽科尔沁盆地煤、油气成矿亚带;Ⅲ-9-②库里吐-汤家杖子金、铁、铜、铅锌、钨成矿亚带,大地构造单元分属松嫩盆地及蒙东上叠构造盆地。

Ⅲ-9-①通辽科尔沁盆地煤、油气成矿亚带属松嫩盆地。盆地形成于白垩纪(可延续至古近纪)。盆地由白垩纪含油气细碎屑岩建造沉积构成,以含丰富的油气为特征,大庆油田即产于其内。盆地中央主要沉降地区是近南北向地堑式坳陷。其底部相当宽,两侧陡峭,受断裂控制。基底是在上述背斜构造之下的前白垩纪地层,呈穹状,顶部平缓,西翼陡峭,受断层控制。有关矿产为石油、天然气。

Ⅲ-9-②库里吐-汤家杖子金、铁、铜、铅锌、钨成矿亚带属蒙东上叠构造盆地,生成于华北、西伯利亚两板块碰撞对接(造山)后的伸展构造阶段,时代为泥盆纪—早三叠世。盆地主体地层为一套海相-海陆交互相-陆相碳酸盐岩-火山岩-碎屑岩建造沉积。同期花岗岩浆活动强烈,花岗岩类岩石类型主要为碱长花岗岩、二长花岗岩及花岗闪长岩。部分地区见超基性岩产出。盆地的盖层为中生代地层。有关矿产铅锌、钼、金、铜、镍、银、铁。

2. 矿产分布特征

本次工作涉及该Ⅲ级成矿带中的Ⅲ-9-②库里吐-汤家杖子金、铁、铜、铅锌、钨成矿亚带,带内已发现的金属矿床涉及的矿产有金、铁、铅锌、铜、钨、银等,分布的矿产地有白马石沟铜钼金银矿、鸭鸡山钜钼矿、库里吐钼矿、霍家沟铁矿、各力各金矿、撰山子金银矿、金兴金银矿、七家金银矿、中井金银矿、毛头山金矿、后公地铅锌银矿、六道沟金银矿、老西沟铜矿、头道沟铁矿、房框沟铁矿、土城子铁矿、哈拉火烧铁矿、苏斯沟锌铅矿、卧力吐铅锌银铜矿、赵家湾子钨矿;非金属矿有白杖子萤石矿等。共21处矿产地。其中铁矿、金矿是本成矿带的优势矿种。

3. 成矿亚带及成矿系列划分

本成矿带划分了2个成矿亚带:Ⅲ-9-①通辽科尔沁盆地煤、油气成矿亚带;Ⅲ-9-②库里吐-汤家杖子金、铁、铜、铅锌、钨成矿亚带。

根据成矿地质背景及矿产分布特征,可分为两个成矿系列(表 11-1,附图 15)。

表 11-1 松辽盆地成矿区(Ⅲ-51)成矿系列划分及矿床类型一览表

矿床成矿系列	成矿元素	矿床	类型	矿床式	成矿时代
与燕山期中酸性火山-侵入岩浆活动有关的金、铜、铁、(银)矿床成矿系列	Au、Cu、Fe(Ag)	撰山子、各力各、哈拉火烧、白杖子	斑岩型	乌努格吐山式	燕山期
与海西期中酸性岩浆活动有关的铅锌、铁、金矿床成矿系列	Pb、Zn、Fe、Au	后公地、霍家沟、毛头山	火山-沉积型	谢尔塔拉式	海西期

二、重力特征

成矿带位于内蒙古自治区大兴安岭主脊重力梯级带东部,东与吉林、辽宁相接。

Ⅲ-9-①成矿带布格重力异常为区域上的高值区,呈东高西低的变化趋势,之所以出现明显的重力场突变带,是因为由东向西地幔呈逐渐变深的幔坡,东部区上地幔深度为 38km,而西部深度变为 40km (图 11-1)。

区内剩余重力异常形态不一、走向多变。正负异常反映了盆地区的基底隆起和凹陷的轮廓,负异常区为凹陷区,正异常区为隆起区,正异常主要为古生界基底隆起引起,负异常为第四纪沉积盆地引起(图 11-2)。

Ⅲ-9-②成矿带范围较小,布格重力异常整体显示为重力高值区,且等值线呈向东凸起的特点,这与本区的总体构造线一致。该区北部存在一明显的重力场分界线,该分界线北侧为北北东向重力高值区,南侧为近东西向展布的重力低值区,推断为区域性断裂(临河-集宁断裂)。区内剩余重力异常主要为前中生界地层引起;负异常为中—新生界或中酸性岩体引起。在推断的地层与岩体接触带处有已发现的铜、金、银矿床(点)。

综合分析认为,在重力推断的断裂构造附近,以及剩余重力正异常、负异常接触带上,应注意铁、金、银多金属矿的寻找。在盆地区注意石油、天然气、铀等矿床的寻找。

三、航磁特征

1. Ⅲ-9-①通辽科尔沁盆地煤、油气成矿亚带

在航磁 ΔT 等值线平面图上(图 11-3),该成矿亚带以平静的负异常为背景,异常范围 $-225 \sim 300$nT,成矿带中间为平缓的负磁异常,正磁异常分布在成矿带东西两侧,呈不规则椭圆形及带状分布,正负相交,轴向以北东向为主,梯度变化不大。航磁 ΔT 化极等值线平面图上,平静的负异常背景上,分布着大面积正磁异常,多呈椭圆形及带状分布,西部强度较东部高。

2. Ⅲ-9-②库里吐-汤家杖子钼、铜、铅锌、钨、金成矿亚带

在航磁 ΔT 等值线平面图上,磁异常较平缓,正负异常交替伴生,呈椭圆形,梯度变化小。航磁 ΔT 化极等值线平面图上,成矿带内以正异常为主,强度较高。

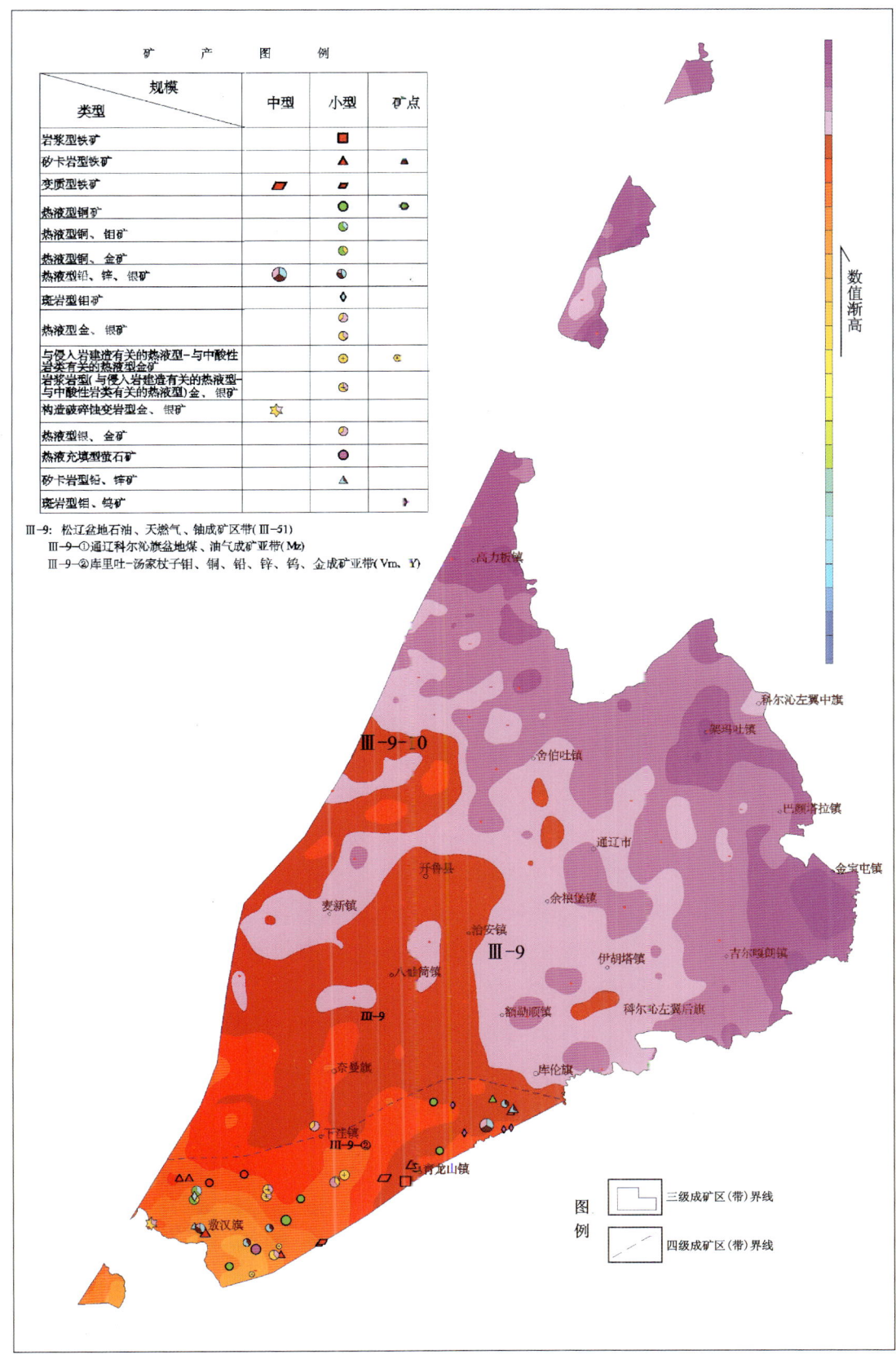

图 11-1 松辽盆地石油、天然气、铀成矿区(Ⅲ-9)布格重力异常图

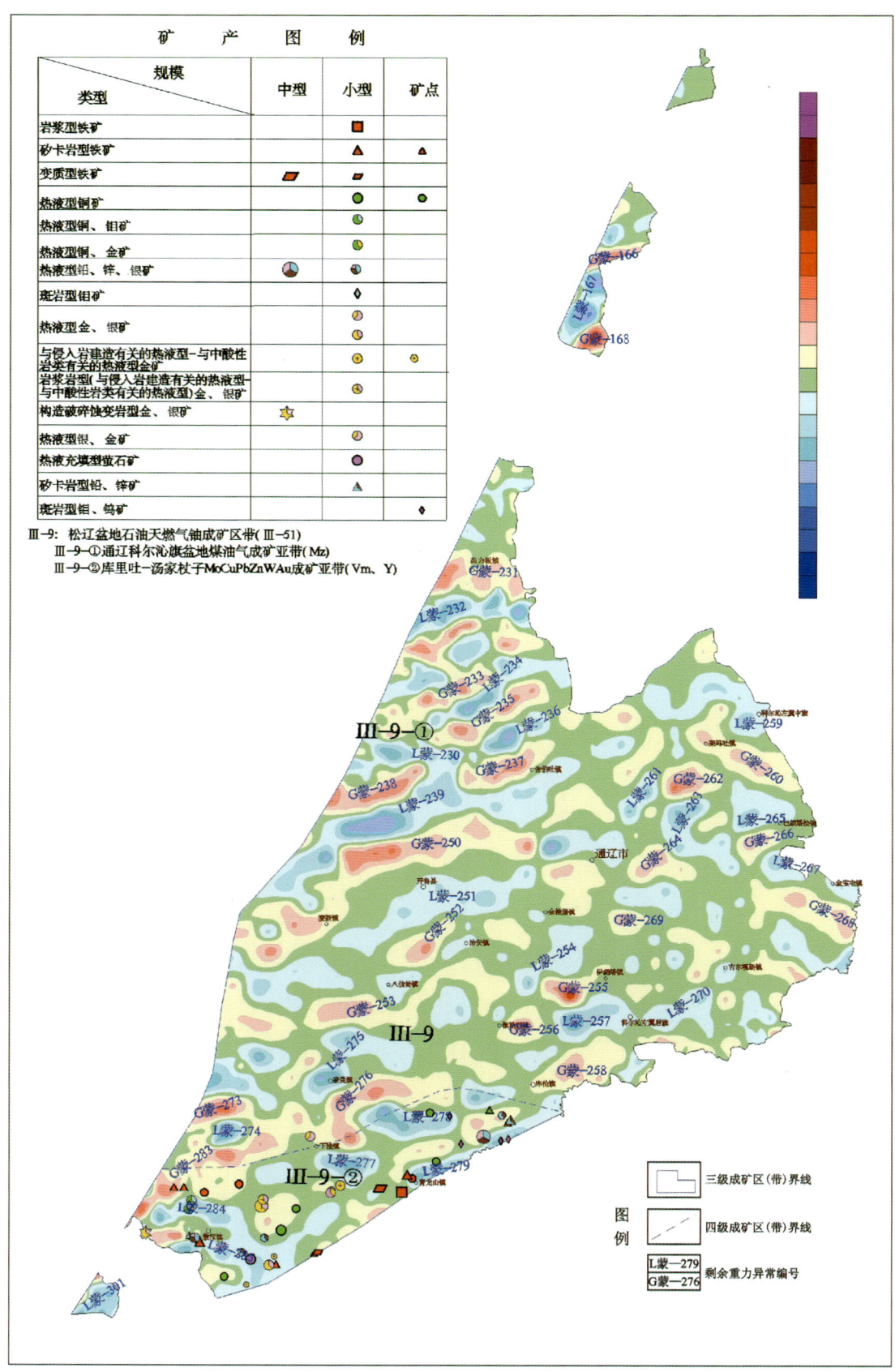

图 11-2 松辽盆地石油、天然气、铀成矿区(Ⅲ-9)剩余重力异常图

第十一章 松辽盆地成矿区（Ⅲ-9）预测成果

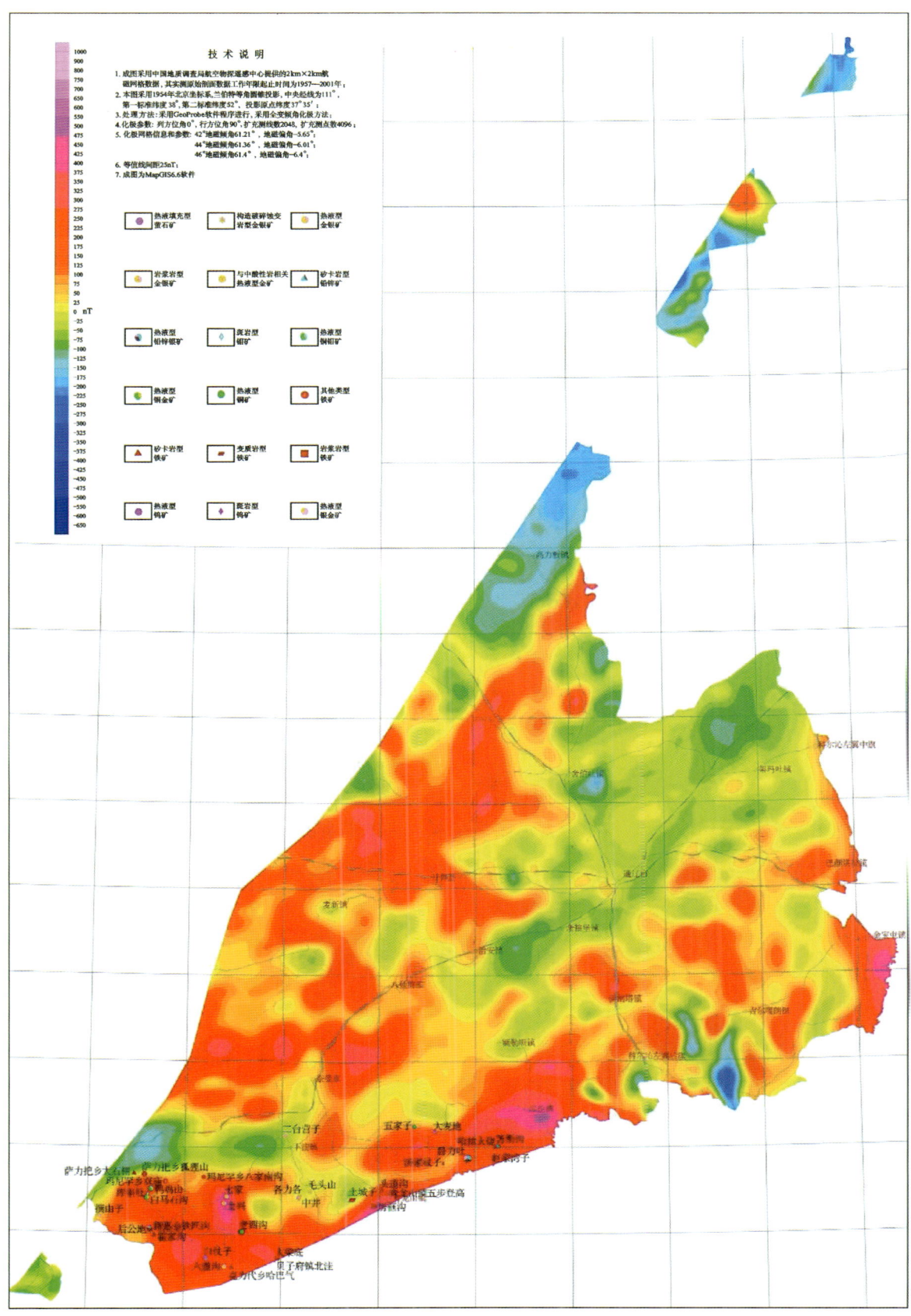

图 11-3 松辽盆地石油、天然气、铀成矿区（Ⅲ-9）航磁化极 ΔT 等值线平面图

四、区域遥感特征

该成矿带中部为区域性深大断裂,它纵贯全区,对基底的切割深度不一,并经历了长期的多次活动。至中生代以后,它又被新华夏系的北北东向断裂构造所切割、移位,形成较复杂的构造图像,越往东部这种现象越明显(图11-4)。

图11-4 松辽盆地石油、天然气、铀成矿区(Ⅲ-9)遥感影像(左)和异常解译图(右)

羟基异常分布在成矿带中部,铁染异常沿断裂分布于成矿带南部,在金、铜、铅锌矿化集中区,铁染、羟基异常尤为发育。

第二节 重要矿种预测评价模型

成矿带涉及矿种主要有铁矿、钼矿、铅锌(银)矿、铜矿、金(银)矿、钨矿、萤石矿等,主要矿产预测类型有热液型、矽卡岩型(接触交代型)、花岗岩型、斑岩型及沉积变质型。共划分了2个成矿亚带:Ⅲ-9-① 通辽科尔沁盆地煤-油气成矿亚带;Ⅲ-9-② 库里吐-汤家杖子钼、铜、铅、锌、钨、金成矿亚带。

本成矿带有大麦地钨矿、卧力图铅锌矿、撰山子金银矿等矿床分布,全部集中于Ⅲ-9-② 库里吐-汤家杖子钼、铜、铅、锌、钨、金成矿亚带(Vm,Y)内,以大麦地热液型钨矿为代表矿床,总结本成矿带预测要素及预测模型(图11-5,表11-2)。

第十一章 松辽盆地成矿区（Ⅲ-9）预测成果

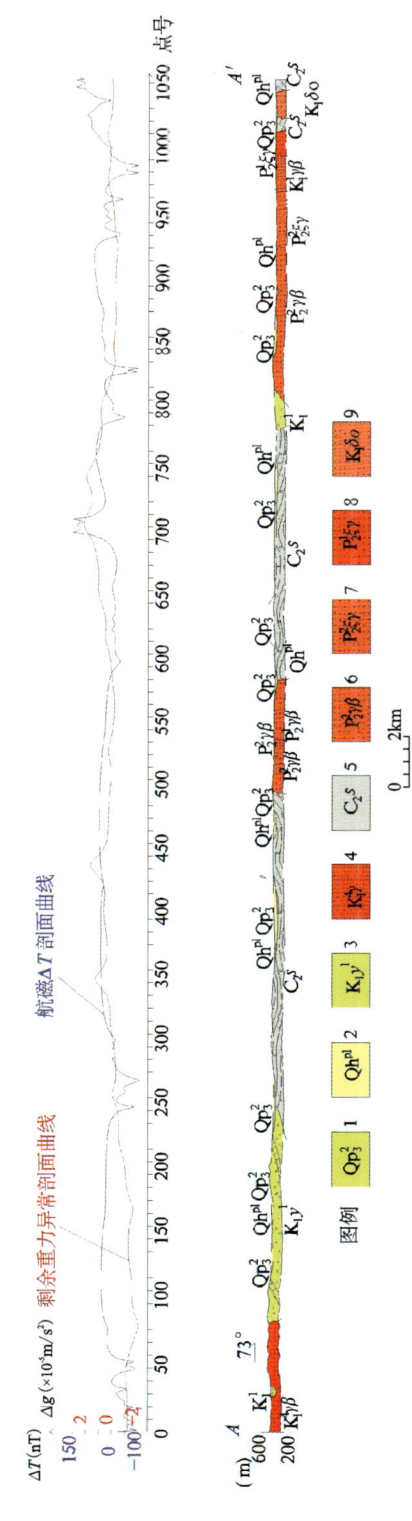

图 11-5　Ⅲ-6成矿带花岗岩型钨矿"预测模型图

1.全新统风成：粉砂、亚砂土，2.全新统洪积，砾石夹亚砂土，淤泥；3.义县组；4.细中粒黑云母花岗岩；5.石嘴子组；6.中粒黑云母花岗岩；7.中粗粒黑云母花岗岩；8.细微粒斑状黑云母花岗岩；9.石英闪长岩

表 11-2　花岗岩型钨矿预测要素表

区域预测要素		描述内容	要素类别
地质环境	大地构造位置	天山-兴蒙造山系,包尔汉图-温都尔庙弧盆系(Pz_2),温都尔庙俯冲增生杂岩带	必要
	成矿区(带)	Ⅱ-14 吉黑成矿省,Ⅲ-9 松辽盆地油气铀成矿区(Yl—He),库里吐-汤家杖子钼、铜、铅锌、钨金成矿亚带(Vm、Y),汤家杖子-五家子钨、铜矿集区(Ym-l)	必要
	区域成矿类型及成矿期	侵入岩体型,燕山期	必要
控矿地质条件	赋矿地质体	早白垩世中粒微斜花岗岩	重要
	控矿侵入岩	早白垩世中粒微斜花岗岩	必要
	主控矿构造	北北西向、南南东向正断层	重要
地球物理特征	重力异常	大麦地钨矿处于布格重力等值线较为平缓的区域。在重力剩余异常图上,大麦地钨矿处于 L 蒙-278 负异常东侧边缘等值线平缓处,异常幅值不高,约 $-3\times 10^{-5}\mathrm{m/s^2}$	重要
	航磁异常	据 1:5 万航磁平面等值线图显示,背景场表现为负磁异常,正异常呈条带状,延伸方向沿北东向,航磁化极图上表现为 4 个椭圆状正异常	重要
遥感特征		遥感解译的北西向断裂构造	重要

第三节　预测成果及综合预测区特征

成矿带涉及矿种主要有金、铁、铜、钼、钨、铅、锌等矿,共预测资源量:铜 7130t,金 10.78t,铁 143.4×10^4t,铅 63.59×10^4t,锌 100.10×10^4t,钼 12.67×10^4t,钨 7208t,银 43t,萤石 73.6×10^4t。共圈定 15 个多矿种综合预测区(图 11-6)。

1. 大麦地综合预测区(Ⅲ-9-1)

预测区面积为 33.96km²,预测区铅资源量为 8 538.38t,锌资源量为 16 300.55t,银资源量为 1.65t,钨资源量为 376.29t。本区出露的岩体为早白垩世中粒微斜花岗岩、云英岩化中粒微斜花岗岩及高岭土化中粒微斜花岗岩。大麦地钨矿位于该预测区内,航磁化极为正磁异常,异常值 100~200nT,剩余重力异常为负异常,异常值 $(-4\sim-2)\times 10^{-5}\mathrm{m/s^2}$。

2. 赵家湾子综合预测区(Ⅲ-9-2)

预测区面积为 139.87km²,预测区铁资源量为 92.27×10^4t,钨资源量为 8 145.77t,铅资源量为 113 129.89t,锌资源量为 215 975.26t,银资源量为 21.86t。本区找矿潜力较大,出露的地质体为中石炭统白家店组、石嘴子组,出露岩体为白垩纪石英闪长岩,位于重力异常北部。附近遥感解译异常明显。

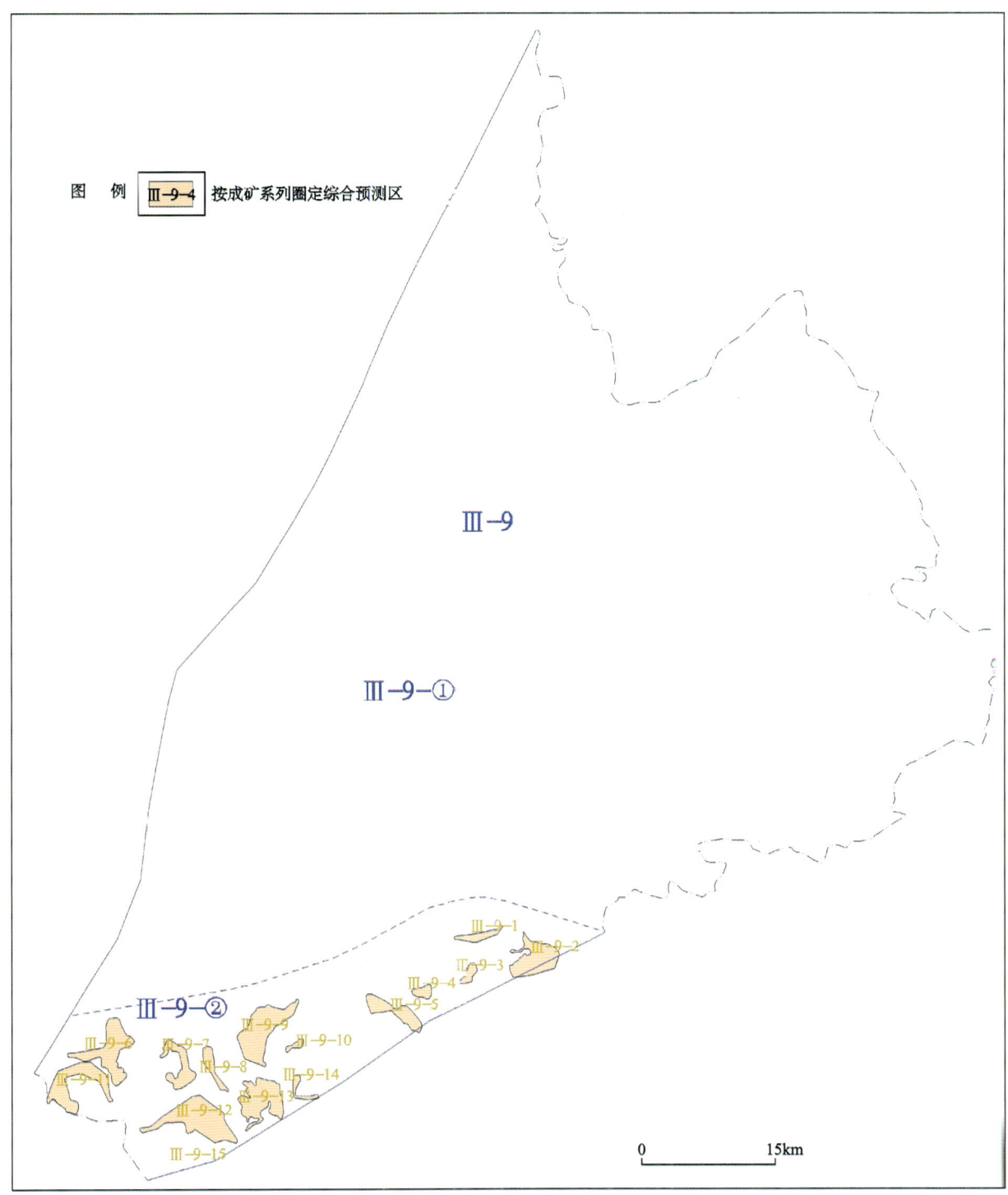

图 11-6　Ⅲ-9 综合预测区分布图

3. 汤家杖子综合预测区（Ⅲ-9-3）

预测区面积为 20.73km²，预测钨资源量为 546.35t，铅资源量为 10 207.90t，锌资源量为 14 582.72t。本区出露的岩体为早白垩世中粒微斜花岗岩，汤家杖子小型钨矿位于该预测区内。航磁化极为低负磁异常，异常值 $-100\sim0$nT，剩余重力异常低，异常值 $(-1\sim1)\times10^{-5}$m/s²。

4. 水泉镇西南综合预测区(Ⅲ-9-4)

预测区面积为 22.4km², 预测铅资源量为 10 826.63t, 锌资源量为 15 466.62t。本区找矿潜力一般, 区内主要出露白垩纪火山岩, 近东西向断裂较发育。遥感解译异常明显。

5. 青龙山镇综合预测区(Ⅲ-9-5)

预测区面积为 85.94km², 预测铁资源量为 211.90t, 铜资源量为 403.49t, 钨资源量为 1 027.11t, 铅资源量为 60 294.45t, 锌资源量为 89 445.77t, 银资源量为 1.33t。本区出露的岩体为早白垩世中粒微斜花岗岩、云英岩化中粒微斜花岗岩及高岭土化中粒微斜花岗岩。大麦地钨矿位于该预测区内, 航磁化极为正磁异常, 异常值 100~200nT, 剩余重力异常为负异常, 异常值 $(-4~-2)\times 10^{-5}$m/s²; 该最小预测区为 A 级区。

6. 白马石沟综合预测区(Ⅲ-9-6)

预测区面积为 165.52km², 预测钼资源量为 82 881.49t, 铅资源量为 259 178.21t, 锌资源量为 370 254.60t, 铜资源量为 6501.99t。区内出露的晚侏罗世中粒花岗岩、似斑状黑云母花岗岩即是成矿母岩, 北西向张扭性断裂构造发育。白马石沟铜矿位于东西走向的条带状负异常带 L 蒙-284 上, Δg 为 -5.05×10^{-5}m/s²。

7. 敖音勿苏西综合预测区(Ⅲ-9-7)

预测区面积为 80.5km², 预测钼资源量为 13 127.77t, 铅资源量为 69 460.40t, 锌资源量为 99 229.14t。该区主要出露侵入中二叠统于家北沟组的花岗斑岩、似斑状花岗岩、正长斑岩, 位于于家北沟组火山岩构造裂隙中。预测区在 Cu、Mo 元素综合化探异常区内。

8. 七家综合预测区(Ⅲ-9-8)

预测区面积为 39.71km², 预测金资源量为 1 463.00kg, 银资源量为 0.72t, 萤石资源量为 6.067×10⁴t。出露古生代岩体与地层。小型金矿 2 处。该区位于剩余重力高值与低值过渡区, 航磁高值区, 遥感最小预测区。

9. 敖吉乡北西综合预测区(Ⅲ-9-9)

预测区面积为 194.5km², 预测金资源量为 1 350.00kg, 铅资源量为 114 216.71t, 锌资源量为 198 790.18, 铜资源量为 224.06t, 银资源量为 14.97t, 萤石资源量为 14.218×10⁴t。本区找矿潜力较大, 出露地质体为下二叠统三面井组, 位于重力异常边部, 预测区内磁异常明显。

10. 宝国叶乡西综合预测区(Ⅲ-9-10)

预测区面积为 11.34km², 预测萤石资源量为 11.388×10⁴t。二叠纪花岗岩侵入本区, 本区位于重力异常边部, 航磁异常明显, 有较明显的 Cu、Mo 元素异常。

11. 撰山子综合预测区(Ⅲ-9-11)

预测区面积为 150.2km², 预测金资源量为 3 062.00kg, 钼资源量为 9 035.87t, 银资源量为 1.50t。出露古生代地层及燕山期花岗岩。有中型金矿 1 处。该区位于剩余重力高值区; 航磁低缓, 局部为正异常。化探综合异常编号为 AS503 甲。该区位于遥感最小预测区。

12. 克力代乡西综合预测区(Ⅲ-9-12)

预测区面积为 224.25km², 预测金资源量为 4 345.00kg, 铁资源量为 97.19×10⁴t, 银资源量为 2.13t, 萤石资源量为 15.204×10⁴t。本区出露中生代火山岩及二叠纪岩体。有小型金矿 1 处, 矿点 2 处。该区位于剩余重力低值区, 航磁正负异常, 遥感最小预测区。

13. 王家营子乡东综合预测区(Ⅲ-9-13)

预测区面积为 160.62km², 预测钼资源量为 21 632.43t, 铁资源量为 784.52×10⁴t, 萤石资源量为 9.57×10⁴t。该区主要出露侵入中二叠统于家北沟组的花岗斑岩、似斑状花岗岩、正长斑岩位于于家北沟组火山岩构造裂隙中。预测区在 Cu、Mo 元素综合化探异常区内。

14. 大甸子乡综合预测区(Ⅲ-9-14)

预测区面积为 22.33km², 预测区萤石资源量为 17.196×10⁴t。本区主要出露的地层为二叠系酒局子组, 东部有二叠纪花岗岩体侵入, 少部分地区被第四系覆盖, 重力异常明显。

15. 小克力代综合预测区(Ⅲ-9-15)

预测区面积为 3.83km², 预测区金资源量为 159.00kg, 银资源量为 0.08t。本区出露中生代火山岩, 有金矿点 1 处, 剩余重力高值区, 航磁低缓区, Au 单元素异常。

第四节　多矿种综合靶区部署建议

Ⅲ-9 成矿带共划分了 4 个综合勘查部署区, 其中大麦地勘查布署区已有大麦地钨矿等成型矿山, 工作程度较高, 其外围可进一步安排中大比例尺的地质、物化探工作进行普查, 必要时, 可采用槽探、井探、钻探等手段, 寻找隐伏的工业矿体; 其余 3 个勘查部署区工作程度较低, 只能部署预查工作, 系统地安排中小比例尺和基础地质、物探、化探、遥感等工作, 缩小找矿靶区。各综合勘查部署区划分及预测资源量分别按成矿系列进行了统计(表 11-3, 图 11-7)。

表 11-3　Ⅲ-9 成矿带综合勘查布署区预测资源量统计表

序号	编号	名称	面积 (km²)	等级	预测矿种及资源量	综合勘查区勘查部署建议
1	Ⅲ-9-1	撰山子	718.62	预查	金矿:3 062.00kg;钼矿:91 917.36t;银矿:1.50t;铅矿:629 432.81t;铜矿:6501.99t	本区未开展过 1:5 万区域地质调查工作, 应先开展基础地质调查工作, 查明区内地质情况, 进一步安排中小比例尺的和基础的地质、物探、化探、遥感等工作
2	Ⅲ-9-2	七家	2224.64	预查	钼矿:34 760.20t;铅矿:183 677.11t;锌矿:298 019.33t;银矿:17.90t;金矿:7 317.00kg;萤石:73.643×10⁴t;铁矿:88.170×10⁴t;铜矿:224.06t	本区未开展过 1:5 万区域地质调查工作, 应先开展基础地质调查工作, 查明区内地质情况, 进一步安排中小比例尺的和基础的地质、物探、化探、遥感等工作

续表 11-3

	综合勘查部署区					综合勘查区勘查部署建议
序号	编号	名称	面积（km²）	等级	预测矿种及资源量	
3	Ⅲ-9-3	青龙山镇	344.42	预查	铁矿：21.190×10⁴ t；铜矿：403.49t；钨矿：1 027.11t；铅矿：71 121.08t；锌矿：104 912.39t；银矿：1.33t	本区未开展过1∶5万区域地质调查工作，应先开展基础地质调查工作，查明区内地质情况，进一步安排中小比例尺的和基础的地质、物探、化探、遥感等工作
4	Ⅲ-9-4	大麦地	616.23	普查	钨矿：9 068.41t；铅矿：131 876.17t；锌矿：246 858.52t；银矿：23.51t；铁矿：92.270×10⁴ t	本区已开展过青龙山公社、卧力吐、西大营子等幅1∶5万区域地质调查工作，应在外围可进一步安排中大比例尺的地质、物探、化探工作进行普查，必要时，可采用槽探、井探、钻探等手段，寻找隐伏的工业矿体

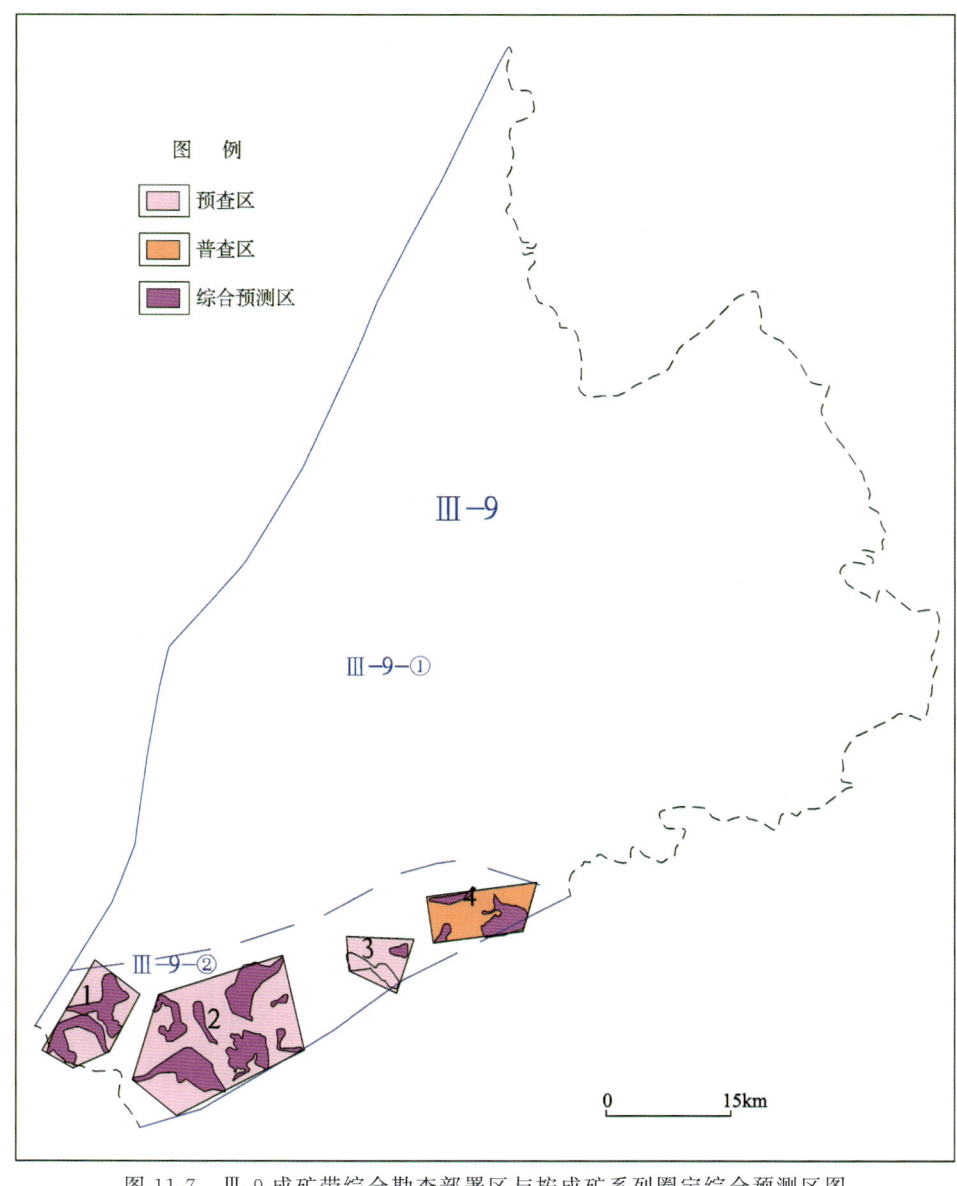

图 11-7 Ⅲ-9 成矿带综合勘查部署区与按成矿系列圈定综合预测区图

第十二章 华北陆块北缘东段成矿带（Ⅲ-10）预测成果

第一节 区域成矿背景

一、成矿地质条件

1. 区域地质背景

该成矿带主体位于在太仆寺旗—赤峰以南，大地构造单元属华北地块阴山断隆，该成矿带跨越冀北古弧盆系（Ⅱ-3）、狼山-阴山陆块（Ⅱ-4）两个二级大地构造单元。

该成矿带出露地层较齐全，除缺少元古宇外，太古宇、古生界、中生界、新生界均有不同程度分布，且各时代地层多不齐全，以中、新生界分布最广，其次是太古宇。区内太古界主要分布在努鲁儿虎山、七老图山和铭山3个隆断带上，少部分出露于锡伯河、老哈河两个坳断带中。主要为中太古界乌拉山岩群，为一套角闪岩相-高绿片岩相变质岩，包括黑云斜长片麻岩、黑云角闪变粒岩、黑云钾长片麻岩、斜长角闪岩、大理岩、绿片岩等，普遍遭受过强烈的区域混合岩化作用。其原岩为一套海相中基性火山-沉积岩。古生代时期，南部为相对稳定的陆表海沉积，为一套灰岩-砂岩建造；北部区处于活动陆缘环境，沉积了一套火山-沉积岩建造。中生代本区处于滨太平洋岩浆岩带（内带），主要表现为差异性升降，形成断隆与坳陷相间的格局，沉积了陆相湖盆含煤沉积建造、陆相火山岩建造等。新生界遍布沟谷及平川。

区内岩浆岩极为发育，特别是中生代，由于太平洋板块向欧亚板块的俯冲作用，使华北地台强烈活化，伴随有强烈的构造活动及岩浆侵入和火山喷发活动。强烈的燕山运动打破了元古宙以来的东西向构造格局，由于扭动而产生一系列的北东向断裂，并引起呈北东向延伸的岩浆活动，在本区形成了北东向展布的岩浆岩带。

区域内的断裂构造主要表现为3组，分别为东西向、北西向和北北东—北东向，规模较大，构成大型的断裂带。这些断裂控制了该区中生代盆地和火山机构的形成。东西向断裂是区内出现最早的断裂，多被后期的北东向和北西向断裂带所切割。北西向断裂早于北东向断裂，而且多被北东向断裂切割挂移，北西向断裂是本区主要的导岩、导矿和容矿构造。

2. 矿产分布特征

本成矿带涉及矿种主要有铁（锡）矿、钼矿、铅锌矿、铜矿、金银矿及萤石矿，共111处矿产地，优势矿种为金矿及铜矿。主要矿床有红花沟、莲花山、柴火栏子金矿床、热液型金厂沟梁大型金矿床和陈家杖子火山隐爆角砾岩型大型金矿床(成矿时限为121～100Ma)及千斤沟锡矿、太仆寺东郊萤石矿等。

矿床的分布严格受构造的控制,矿床沿深断裂带两侧呈线型带状分布:赤峰-开源深断裂带及嫩江-青龙河断裂带两侧分布着不同时代、不同矿床类型和不同矿种及不同矿床规模的矿床;赤峰-开源深断裂带南侧分布有太古宙沉积变质型铁矿(兰杖子、水泉屯等)、中生代斑岩型铜铅矿床(车户沟),热液型铅锌铜矿床(对面沟、后塔子、四道沟),热液型金、银矿床(柴火栏子、莲花沟、红花沟、金厂沟梁);嫩江-青龙河断裂带西侧分布有太古宙沉积变质型铁矿(张家营子、曲家梁等),中元古代热液型金矿床(乃林沟、樱桃沟),中生代岩浆岩型铁矿床(耿家营子),热液型金、银矿床(金蝉山、长翱)。太古宙—古元古代基底隆起区分布有太古宙—古元古代条带状铁矿床、绿岩型金矿床、石墨矿床和白云母矿床。太古庙—古元古代基底边缘坳陷区分布有中元古代与海相火山-侵入岩相关的铁、铅、锌、金矿床。

3. 成矿亚带及成矿系列划分

根据成矿地质背景及矿产分布特征,该成矿带未进一步划分成矿亚带,可划分为4个成矿系列,进一步划分为2个成矿亚系列(表12-1,附图16)。

表12-1 华北陆块北缘东段成矿带(Ⅲ-10)矿床成矿系列一览表

矿床成矿系列	矿床成矿亚系列	成矿元素	矿床	类型	矿床式	成矿时代
与太古宙(或元古宙)受变质火山—沉积作用,混合岩化作用有关的铁矿床成矿系列		Fe	头道沟、二道沟、曲家梁、兰杖子、三宝	变质火山沉积型	鞍山式	太古宙
与海西期酸性岩浆活动有关的铁、金矿床成矿系列		Fe	西箭	热液型	西箭	二叠纪
		Au	南湾子、卢家地	热液型	南湾子式	二叠纪
与印支期中酸性岩浆活动有关的铜、铅、锌矿床成矿系列		Cu	明干山	热液型	明干山式	三叠纪
与燕山期火山中酸性岩浆活动有关的铁、金、银、铅、锌、铜、钼、锡、萤石矿床成矿系列	与燕山期中酸性火山-浅成侵入岩有关的铁、金(银)矿床成矿亚系列	Fe	五官营子	热液型	五官营子式	燕山期
		Au(Ag)	金厂沟梁、官地、大水清、红花沟、莲花山、东伙房	热液型	金沟梁式	K-Ar法:121.71Ma～100.02Ma
			陈家杖子	爆破角砾岩型	陈家杖子式	K-Ar法:159Ma
	与燕山期中酸性岩浆活动有关的金、铜、钼、铅、锌、锡、萤石矿床成矿亚系列	Cu	车户沟	斑岩型	车户沟式	燕山期
		Pb、Zn	白羊沟、长岭山	热液型	长岭山式	燕山期
		Mo	四道沟、后塔子、青龙山	热液型	后塔子式	燕山期
		F	大西沟、东郊	热液充填型	大西沟式	燕山期
		Sn	千斤沟	热液型	千斤沟式	燕山期
		Au	柴火栏子	接触交代型	柴火栏子式	燕山期
		Fe	伊河沟、上窝铺	接触交代型	伊河沟式	燕山期

二、地球化学特征

(一)元素区域分布特征

该成矿带位于内蒙古自治区南东地区,成矿带范围较小。异常主要分布在成矿带中部地区。成矿带内的主要组合异常元素有 Au、Cu、Mo、Pb、Zn、Ag、Mn、Fe_2O_3 等。根据元素的共生组合规律,将元素分以下几组叙述元素的区域分布特征。

1. Cu、Au、Mo 元素区域分布特征

Au 元素异常分布较分散,面积中等,异常强度较高,异常主要对应太古宇乌拉山岩群、下元古界二道洼群等地层。Cu、Mo 元素异常范围较大,强度较高,尤其在太庙镇一带呈大面积分布。Cu、Mo 元素异常相互间套合较好。异常对应的地层有太古宇乌拉山岩群、白垩系热河群义县组、白垩系热河群九佛堂组;对应的岩体有侏罗纪花岗岩、花岗斑岩,白垩纪花岗斑岩。

2. Pb、Zn、Ag 元素区域分布特征

Pb、Zn、Ag 元素异常在成矿带内分布较多,异常形态相似,异常间相互套合较好。异常主要对应的地层有太古宇乌拉山岩群,白垩系热河群九佛堂组;对应的岩体有二叠纪和侏罗纪酸性岩体。

3. Fe_2O_3、Mn 区域分布特征

Fe_2O_3、Mn 异常在成矿带分布较少,主要分布在成矿带北部和南部局部地区,中部异常分布较少。不同的是,Fe_2O_3 异常在成矿带南部面积较大,Mn 异常在成矿带北部面积较大。异常对应的地层有太古宇乌拉山岩群,长城系常州沟组、串岭沟组、团山子组、大红峪组(未分)白垩系热河群义县组。

(二)综合异常特征

根据异常元素相互间的组合关系,并结合异常所处的地质特征和已知矿点、矿床点特征,在成矿带内共圈定了 13 处综合异常(附图17)。并按综合异常特征,将综合异常分为以 Cu、Au、Pb、Zn、Ag、Mo 元素异常为主的综合异常,以 Fe_2O_3、Mn 异常为主的综合异常。下面将各类综合异常进行简单的分述。

1. 以 Au、Ag 元素异常为主的综合异常

该类综合异常范围中等,异常形态多为不规则状,异常组合元素有 Au、Ag、Cu、Mo、Pb、Zn,其中 Au、Ag 元素异常范围较大,强度较高,是该类综合异常中主要的成矿元素。综合异常对应的地层有太古宇乌拉山岩群、白垩系热河群义县组、白垩系热河群九佛堂组;对应的岩体有侏罗纪花岗岩、花岗斑岩,白垩纪花岗斑岩。

成矿带内分布有多个金银矿床(点)、矿化点,典型的矿床有红花沟金银矿、王府乡莲花山金银矿等。已知的金银矿多与太古宇乌拉山岩群有关,因此认为太古宇乌拉山岩群出露的地方是寻找金、银等金属矿的有利地区。

2. 以 Cu、Mo、Pb、Zn 元素异常为主的综合异常

该组综合异常范围除个别范围较大外,多数中等,异常元素以 Cu、Mo、Pb、Zn 元素为主,个别还分

布有 Fe_2O_3、Mn 等异常。异常元素相互间呈套合的状态。综合异常对应的地层主要是白垩系热河群义县组、九佛堂组。对应的岩体有二叠纪花岗岩，侏罗纪花岗岩、花岗斑岩。

成矿带内分布有多个铜、钼、铅锌金属矿床(点)、矿化点，因此推测该类综合异常是寻找铜、钼等多金属矿的有利地区。

三、重力特征

该区重力异常总体呈北东向展布，由西到东重力场值呈降低趋势，由于燕山期强烈的构造活动，打破了近东西向构造格局，成矿带内区域构造以北东向为主，显然重力异常走向受区域构造控制。

重力场值西部片区相对较低，异常形态呈条带状，剩余重力正负异常呈北东向相间分布。剩余重力正异常，主要与太古宙、古生代基底隆起有关；不规则面状展布的剩余重力负异常主要为伴随海西期—燕山期构造活动形成的中酸性侵入岩引起；条带状展布、边部等值线密集的负异常推断为中新生界断陷盆地引起。

中、东部片区位于大兴安岭梯级带南段，重力值相对较高，受地幔坡影响，场值由西到东呈增高趋势，其间存在明显的局部重力高异常或重力低异常，异常形态复杂，等值线多处形成密集的梯级带或发生扭曲变形。该区域零星分布的中太古代古老变质岩系，构成陆块区的结晶基底，其构造线方向为近东西向或北东东向。伴随燕山期构造运动，岩浆活动强烈，从喷出岩到次火山岩、侵入岩均有分布。至使太古宙、元古宙基底起伏变化较大，多处形成中新生代沉积的断陷盆地，同时发育有近东西向、北东向、北西向、南北向断裂构造。该区重力异常形态复杂，重力异常等值线密集的梯级带及其扭曲变形显然与断裂构造有关，重力高值区，剩余重力正异常区为太古宙基底隆起区，重力低值区与断隆盆地或侵入岩有关(图12-1)。

中部地区金、银、铅、锌、铁多金属矿点多位于布格重力异常梯级带上或其扭曲部位。铁金矿床(点)多位于与太古宙基底隆起有关的剩余重力正异常区边部，铅、锌、银多金属矿(床)点多位于正负异常交替带上。该区域太古宙变质岩是重要的矿源层，燕山期岩浆活动与成矿关系密切。所以与重力推断的太古宙基底隆起有关的剩余重力正异常区应是重点找矿靶区，特别是中新生代覆盖区的剩余重力正异常应引起重视。

四、航磁特征

在航磁 ΔT 等值线平面图(图12-2)上，成矿带内磁异常较乱，多为不规则椭圆形，正负相间，北部磁异常变化较平缓，南部正磁异常幅值较大，最高450nT，梯度变化大。航磁 ΔT 化极等值线平面图上，成矿带内磁异常较乱，正负相交，强度高，梯度大。

五、区域遥感特征

该成矿带被省界分割为西、中、东三部分，由于东部面积较小，仅对西、中两部分开展工作(图12-3)。

西部区的线性影像显示，本区构造方向以北东向为主，同时有较弱的铁染异常分布，金、萤石等矿产与其无明显的对应关系。

中部区的线性影像显示，本区经过了多期构造运动，东西向、北东向构造相交错，分布有大面积的羟基、铁染异常，但强度不大，热液型金矿、沉积变质型铁矿、斑岩型钼矿与其有很好的对应关系。

第十二章 华北陆块北缘东段成矿带（Ⅲ-10）预测成果

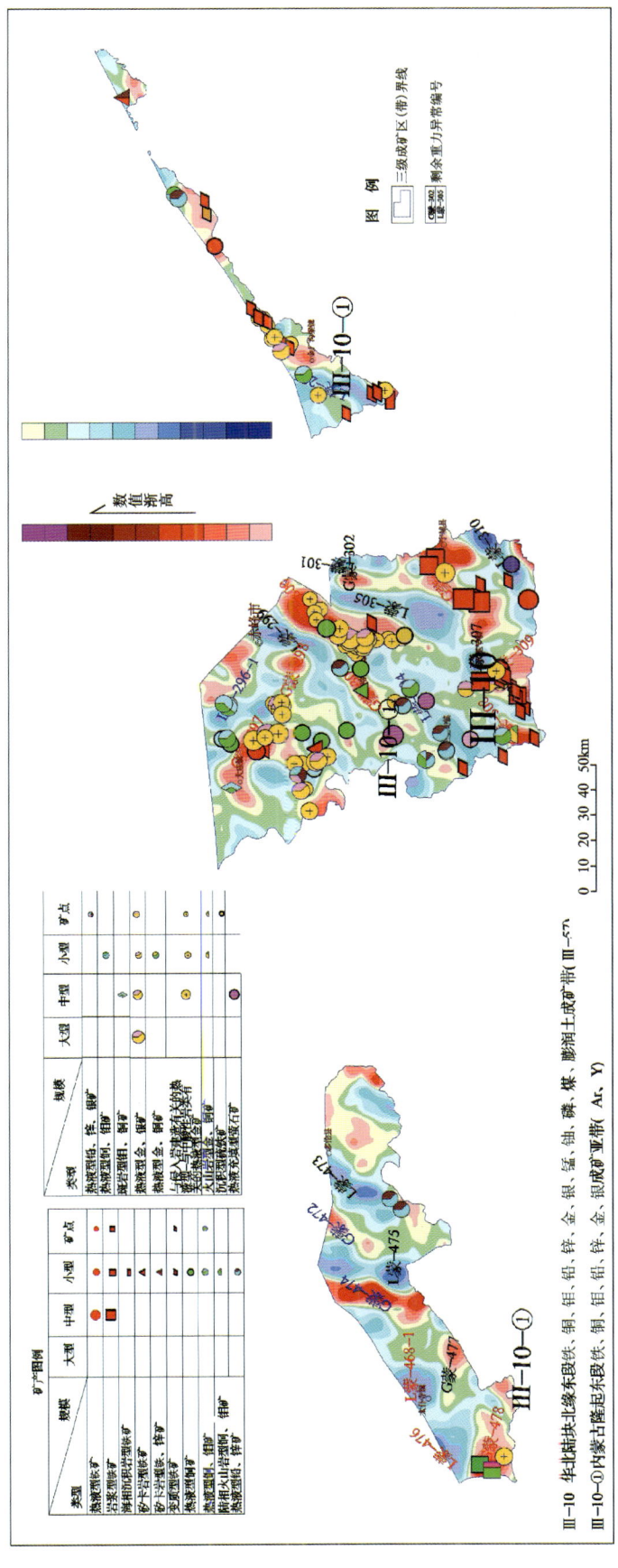

图 12-1 华北陆块北缘东段成矿带（Ⅲ-10）剩余重力异常图

Ⅲ-10 华北陆块北缘东段成矿带铁、铜、钼、铅、锌、金、银、锰、铀、磷、煤、膨润土成矿带 Ⅲ-57
Ⅲ-10-① 内蒙古隆起东段成矿亚带（Ar, Y）

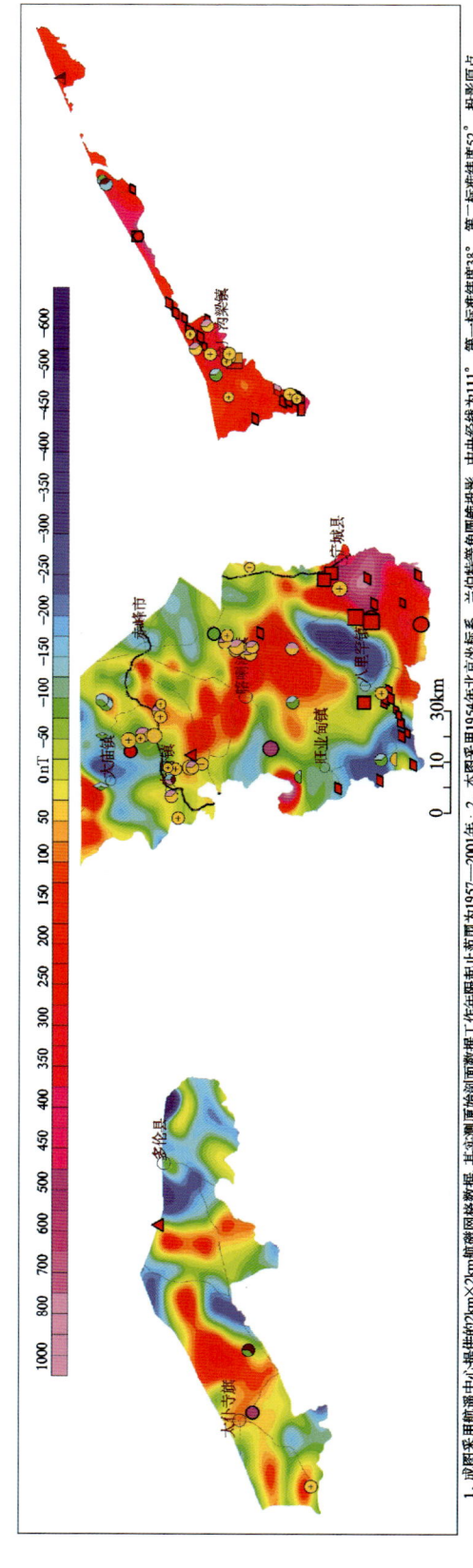

图 12-2 华北陆块北缘东段成矿带（Ⅲ-10）航磁 ΔT 化极异常图

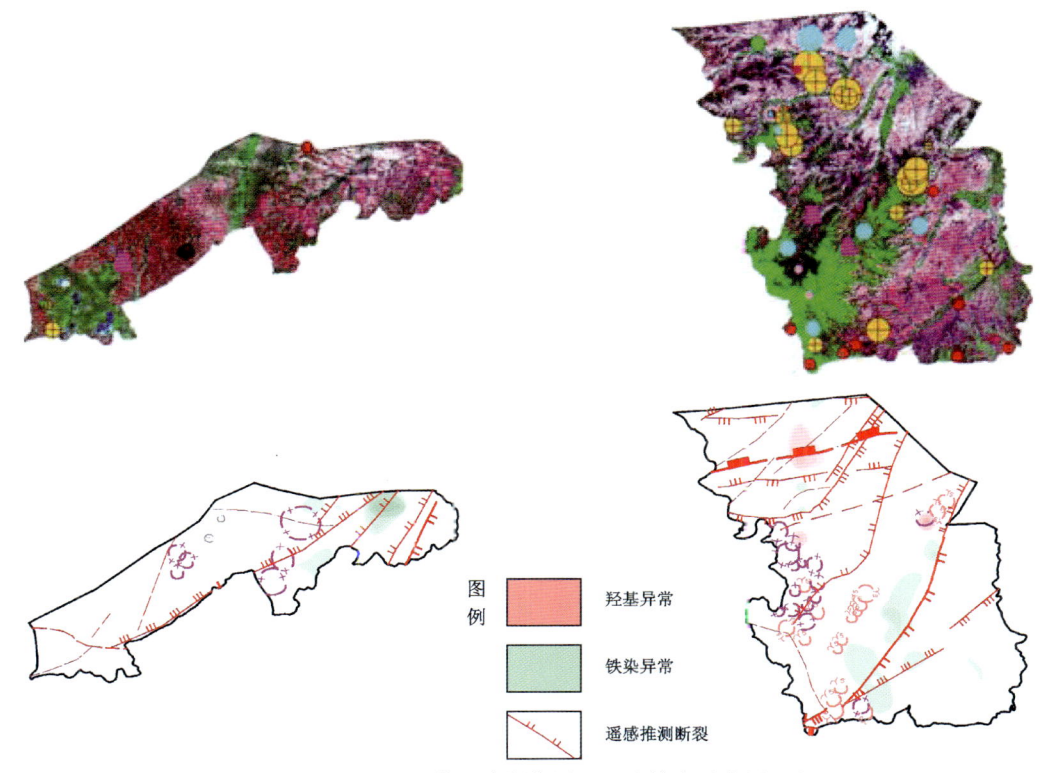

图 12-3 Ⅲ-10 成矿带遥感影像图(上)及综合异常图(下)

第二节 重要矿种预测评价模型

该成矿带涉及矿种主要有铁(锡)矿、钼矿、铅锌矿、铜矿、金银矿及萤石矿,矿产预测类型有斑岩型、火山沉积型、热液型及接触交代型,共划分了 4 个成矿系列。

一、与太古宙(或元古宙)受变质火山-沉积作用、混合岩化作用有关的铁矿床成矿系列预测评价模型

成矿带中矿产预测类型为沉积变质型铁矿,以贾格尔其庙铁矿为代表,建立本系列预测要素表及预测模型图(表 12-2,图 12-4)。

表 12-2 与太古宙变质火山-沉积作用、混合岩化作用有关的沉积变质型铁矿预测要素表

区域成矿(预测)要素		描述内容	要素类别
地质环境	大地构造位置	华北陆块区,大青山-冀北古弧盆系,恒山-承德-建平古岩浆弧	必要
	成矿区(带)	滨太平洋成矿域,华北成矿省,华北地台北缘东段铁、铜、钼、铅、锌、金、银、锰、磷、煤、膨润土成矿带	必要
	区域成矿类型及成矿期	沉积变质型;新太古界	必要

续表 12-2

区域成矿（预测）要素		描述内容	要素类别
控矿地质条件	赋矿地质体	乌拉山岩群角闪斜长片麻岩，黑云绢云石英片岩是铁矿的含矿层位	必要
	控矿侵入岩	海西期及燕山期花岗岩、二长花岗岩、花岗斑岩、流纹斑岩、石英闪长岩、白岗岩等	次要
	主要控矿构造	矿体受近东西向构造所控制，断裂构造对铁矿床起破坏作用，与成矿作用无关	次要
区内相同类型矿产		所属成矿带内有22处铁矿点、矿化点	重要
地球物理特征	重力异常	在剩余重力异常图上，剩余重力异常较零乱，其走向以北东向为主，异常形态为椭圆状、蠕虫状、条带状、不规则状。剩余重力正异常 Δg 为 $(1\sim14.54)\times10^{-5}\mathrm{m/s^2}$，负异常 Δg 为 $(-12.57\sim-1)\times10^{-5}\mathrm{m/s^2}$	重要异常
	航磁异常	航磁化极数据大于0nT，在王家窝铺、九七三高地、陶家营子等铁矿床一带，数据不完整，可能有遗漏的航磁异常区	必要
地球化学特征		6处重砂异常，在大梁底、北洼、七岔沟铁矿点附近的一处变形异常与铁矿化有一定相关性，其余5处无相关性	重要
遥感特征		在预测区南部羊山矿、王坟山、马家楼铁矿床处与乌拉山岩群及矿化套合较好，其余地区与岩体中的航磁异常区套合，在定位预测时只在王坟山矿床附近的乌拉山岩群中考虑铁染异常的因素	重要

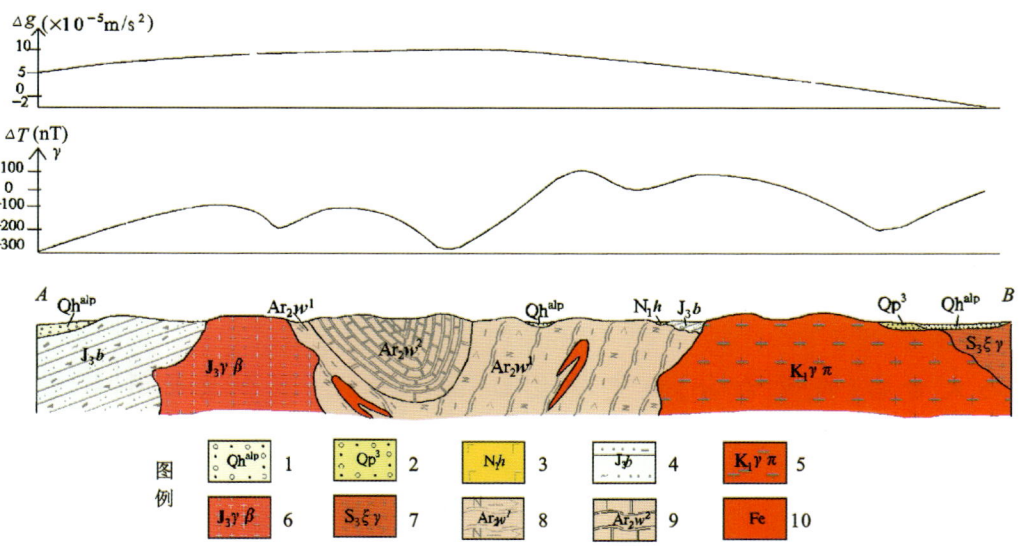

图 12-4　与太古宙变质火山-沉积作用、混合岩化作用有关的沉积变质型铁矿预测模型图

1.冲积、洪积砂砾石；2.亚黏土、砂砾石层砂砾，细砂；3.汉诺坝组：气孔状玄武岩，玄武岩；4.白音高老组：酸性玻屑熔结凝灰岩，玻屑晶屑凝灰岩，凝灰粉砂岩；5.花岗斑岩；6.黑云母花岗岩；7.正长花岗岩；8.乌拉山岩群角闪斜长片麻岩，黑云绢云石英片岩；9.乌拉山岩群角闪斜长片麻岩，黑云绢云石英片岩；10.矿体

二、与海西期酸性岩浆活动有关的铁、金矿床成矿系列预测评价模型

成矿带中矿产预测类型有热液型铁、金矿。该成矿系列在本区无找矿前景，未对该成矿系列开展预测工作。

三、与印支期中酸性岩浆活动有关的铜、铅、锌矿床成矿系列预测评价模型

成矿带中矿产预测类型有热液型铜矿。由于成矿带内无典型矿床,以邻区白马石沟铜矿为代表,建立本系列预测要素表及预测模型图(表12-3,图12-5)。

表12-3 与印支期中酸性岩浆活动有关的热液型铜矿预测要素表

区域成矿(预测)要素		描述内容	要素类别
地质环境	大地构造位置	Ⅰ 天山-兴蒙造山系,Ⅰ-2 松辽地块,Ⅰ-2-1 松辽断陷盆地,包尔汉图-温都尔庙弧盆系,温都尔庙俯冲增生带	必要
	成矿区(带)	滨太平洋成矿域,华北成矿省,华北地台北缘东段铁、铜、钼、铅、锌、金、银、锰、磷、煤、膨润土成矿带	必要
	区域成矿类型及成矿期	热液型;三叠纪—侏罗纪	必要
控矿地质条件	赋矿地质体	晚侏罗世中粒花岗岩、似斑状黑云母花岗岩既是成矿母岩也是赋矿围岩	必要
	控矿侵入岩	隐伏岩体的存在不仅提供了成矿热源,也是引起矿区内岩(矿)石发生蚀变的主要原因	重要
	主要控矿构造	受北西向张扭性断裂构造控制	重要
区内相同类型矿产		成矿(带)内有17处铜矿点	重要
地球物理特征	重力异常	总体趋势是东部重力高、西部重力低,预测区西北部反映局部重力低异常,该局部重力低异常走向东西向,异常幅值高达 $40×10^{-5}$ m/s²;根据物性资料和地质出露情况,推测是中—酸性岩体的反映;预测区南部是重力场过渡带,并且局部形成重力低异常,推断是中酸性岩体与前寒武纪地垒接触带的反映。由剩余重力异常图可见,在布格重力异常相对较高地段对应形成近东西向展布的剩余重力正异常带,由两个局部异常组成,其极值 Δg 为 $(4～8)×10^{-5}$ m/s²。在布格重力异常相对较低地段对应形成近东西向展布的剩余重力负异常带,其极值 Δg 为 $(-9～-3)×10^{-5}$ m/s²	次要
	航磁异常	在航磁 ΔT 等值线平面图上磁异常幅值范围为 $-1800～6800$ nT,磁异常轴向基本以北东向为主。预测区西部区域主要以大面积形态不规则、梯度变化较大的正磁异常区为主。预测区东部主要以正负相间磁异常为主,形态较西部规则,主要以北东向椭圆状和圆状磁异常为主,梯度变化没有西部磁异常大。白马石沟铜矿区在预测中南部,磁场背景为平缓负磁异常区,$-150～-100$ nT 等值线附近	重要
地球化学特征		预测区北部主要分布有 As、Sb、Cu、Pb、Ag、Cd、W、Mo 等元素异常,南部元素异常不明显;Cu 元素具有明显的浓度分带和浓集中心,浓集中心呈北东向带状展布	必要
遥感特征		环要素(隐伏岩体)及遥感羟基、铁染异常区	次要

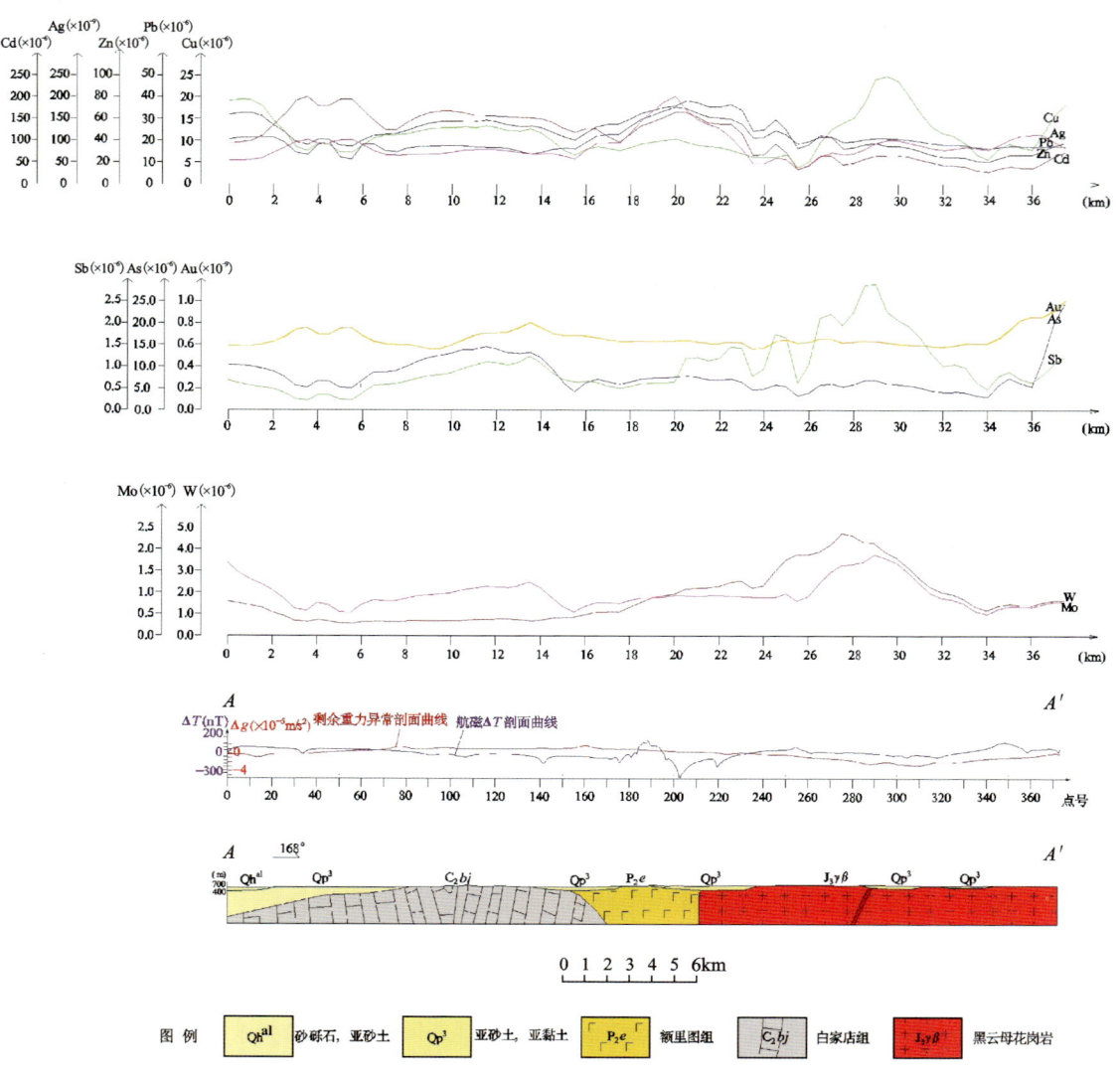

图 12-5　与印支期中酸性岩浆活动有关的热液型铜矿预测模型图

四、与燕山期火山-中酸性岩浆活动有关的铁、金、银、铅、锌、铜、钼、锡、萤石矿床成矿系列预测评价模型

该系列在成矿带中矿产预测类型分为 2 个亚系列。

1. 与燕山期中酸性火山-浅成侵入岩有关的铁、金(银)矿床成矿亚系列预测评价模型

该亚系列中矿产预测类型有热液型、爆破角砾岩型 2 个类型,包括铁、金 2 个矿种。代表性矿产地有五官营子热液型铁矿,金厂沟梁、官地、大水清、红花沟、莲花山、东伙房金沟梁式热液型金(银)矿,陈家杖子爆破角砾岩型银矿。预测模型以金厂沟梁热液型、陈家杖子爆破角砾岩型金矿为代表,总结本系列预测要素表及预测模型图(表 12-4,图 12-6)。

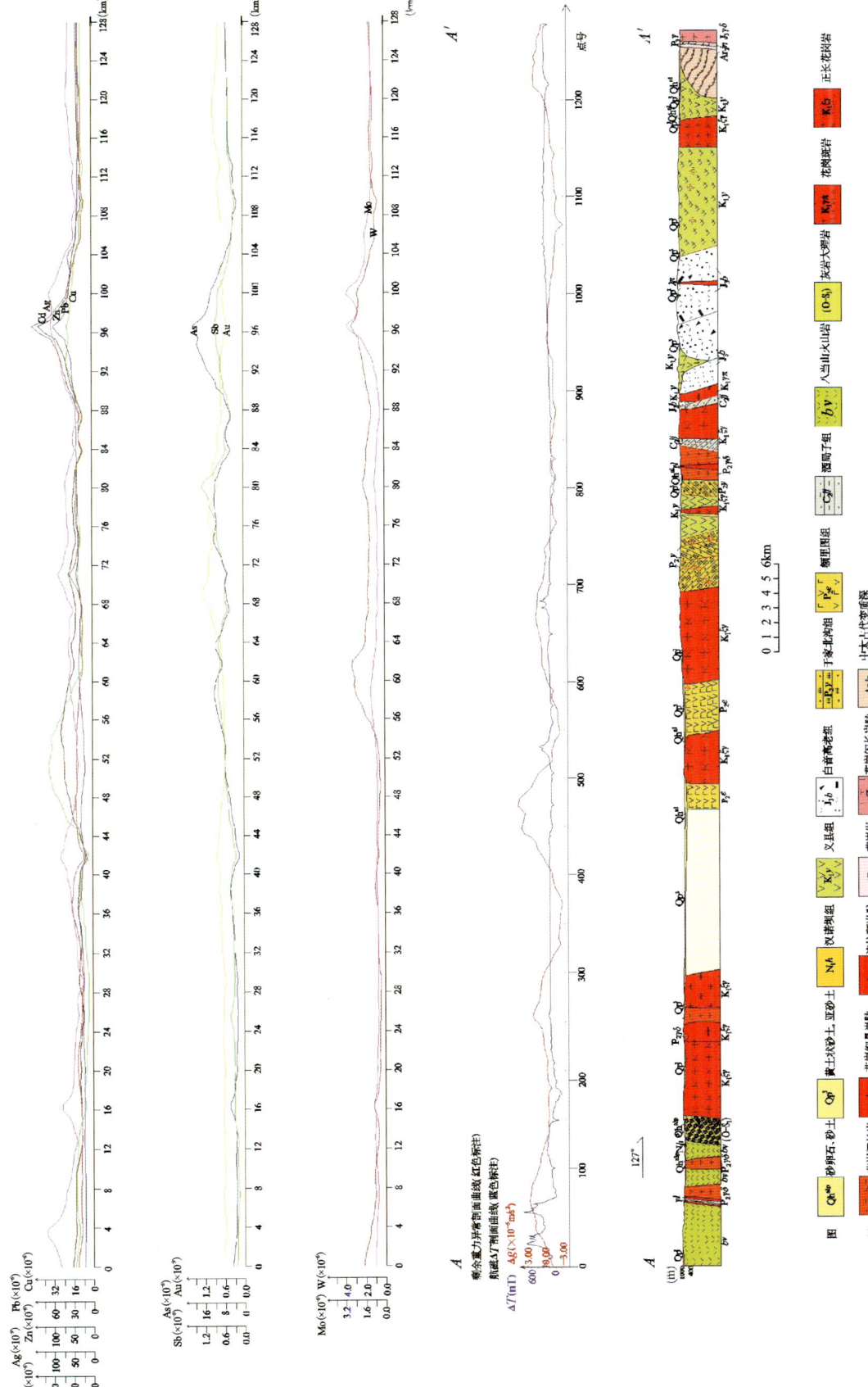

图 12-6 与燕山期中酸性火山-浅成侵入岩有关的热液型金矿预测模型图

表 12-4　与燕山期中酸性火山-浅成侵入岩有关的热液型金矿预测要素表

区域成矿(预测)要素		描述内容	要素类别
地质环境	大地构造位置	Ⅱ-3-1 恒山-承德-建平古岩浆弧，Ⅰ-8-2 温都尔庙俯冲增生杂岩带	必要
	成矿区(带)	滨太平洋成矿域,华北成矿省,华北地台北缘东段铁、铜、钼、铅、锌、金、银、锰成矿带	必要
	区域成矿类型及成矿期	与燕山期中酸性浅成—超浅成侵入岩有关的热液型金矿床	必要
控矿地质条件	赋矿地质体	主要为中太古界集宁岩群	重要
	控矿侵入岩	燕山晚期中—中酸性浅成—超浅成侵入岩	重要
	主要控矿构造	近东西向岩石圈断裂和北东向深大断裂控制了中生代火山盆地和隆起区的展布,隆起区为金矿成矿有利地段。中生代侵入岩体主动就位所形成的放射状断裂为主要的容矿构造	重要
区内相同类型矿产		区内 95 处矿床、矿点	重要
地球物理特征	重力异常	剩余重力过渡带	次要
	航磁异常	航磁局部正异常	重要
地球化学特征		Au 元素异常，Au、Ag、Cu、Pb、Zn、Sb、W、Mo 组合异常	必要
遥感特征		环要素(隐伏岩体)及遥感羟基、铁染异常区	次要

2. 与燕山期中酸性岩浆活动有关的金、铜、钼、铅、锌、锡、萤石矿床成矿亚系列预测评价模型

该亚系列中矿产预测类型有斑岩型、热液型(热液充填型)、接触交代型 3 种,包括铜、铅、锌、钼、萤石、锡、金、铁 8 个矿种。代表性矿产地有车户沟斑岩型铜矿,柴火栏子接触交代型金矿,伊河沟、上窝铺伊河沟式接触交代型铁矿,白羊沟、长岭山长岭山式热液型铅锌矿,四道沟、后塔子、青龙山后塔子式热液型钼矿,千斤沟热液型锡矿以及大西沟、东郊热液充填型萤石矿等。预测模型以车户沟式斑岩型铜钼矿车户沟预测工作区,千斤沟热液型锡矿为代表,总结本系列预测要素表及预测模型图(表 12-5,图 12-7)。

表 12-5　与燕山期中酸性岩浆活动有关的斑岩型铜矿预测要素表

区域预测要素		描述内容		要素类别
	矿种	铜、钼	锡	
地质环境	大地构造位置	Ⅱ 华北陆块区,Ⅱ-3 大青山-冀北古弧盆系(Pt_1),Ⅱ-3-1 恒山-承德-建平古岩浆弧(Pt_1)		必要
	成矿区(带)	滨太平洋成矿域(Ⅰ-4),华北成矿省(Ⅱ-14),华北地台北缘东段铁、铜、钼、铅、锌、金、银、锰、磷、煤、膨润土成矿带(Ⅲ-57)(Ⅲ-10),内蒙古隆起东段铁、铜、钼、铅、锌、金、银、锰、磷、煤、膨润土成矿带(Ⅲ-10-①)		必要
	区域成矿类型及成矿期	侵入岩体型;燕山早期	热液型;燕山晚期	必要

续表 12-5

区域预测要素		描述内容		要素类别
矿种		铜、钼	锡	
控矿地质条件	赋矿地质体	由侏罗纪晚期正长花岗岩、黑云母二长花岗岩、黑云母花岗岩分异出来的花岗斑岩、正长斑岩等斑岩体	玛尼吐组粗面岩与似斑状花岗岩之接触带上普遍发育的以硅化为主的蚀变带内	必要
	控矿侵入岩	侏罗纪晚期正长花岗岩、黑云母二长花岗岩、黑云母花岗岩	燕山期花岗岩、花岗斑岩	重要
	主要控矿构造	北东向挤压破碎带	北西向与北东向断裂及断裂附近产生的剪性解理	重要
区内相同类型矿产		区内 1 处中型矿床、1 处小型矿床、3 处矿点	区内 1 处矿点、1 处矿化点	重要
地球物理特征	重力异常	区域重力场处在南北向的重力梯度带上，呈现西部重力低、东部重力高的特点。区内重力梯度带上叠加局部重力异常及重力等值线扭曲，剩余重力负异常值一般在（−5～0）$\times 10^{-5}$ m/s^2 之间，剩余重力正异常则在（0～10）$\times 10^{-5}$ m/s^2 之间	布格重力异常图上，矿区处在北东向展布的布格重力异常过渡区。剩余重力异常图上，矿区位于北西向剩余重力负异常带中，异常最小值为 -6.33×10^{-5} m/s^2	次要
	航磁异常	据 1:50 万航磁平面等值线图显示，磁场总体表现为低缓的负异常，西北部出现正异常，极值达 300nT	航磁 ΔT 化极异常强度起始值多数在 $-50\sim 150$ nT 之间	重要
地球化学特征		矿区存在 Cu、Mo、W、Pb、Ag、Cd、Sb 组合异常，Cu、Mo 为主成矿元素，W、Pb、Ag、Cd、Sb 为主要的共伴生元素，内带矿体附近主要为 Ag 元素异常，中带为 Cu、Pb 元素组合异常，外带零星分布有 Mo、W、Cd、Sb 元素组合异常	区域上分布有 Sn、W、Pb、Cu 等元素组成的高背景区（带），在高背景区（带）中有以 Sn、W、Mo、Pb、Zn 为主的多元素局部异常。预测区内 Sn 元素呈高背景分布，高背景带上存在面状 Sn 元素异常，空间上立于已知千斤沟锡矿床上，具有明显的浓度分带和浓集中心，其他地区均存在大面积的 Sn 元素异常，但强度不高，无明显的浓度分带	必要
遥感特征		遥感解译北东向断裂构造及隐伏斑岩体（环状要素）	遥感解译断层及环要素（推测隐伏岩体）	次要

第三节 预测成果及综合预测区特征

本成矿带涉及铜、金、铁、钨等矿种，共圈定 41 处综合预测区，预测铜资源量 9673t，预测金资源量 4390kg，预测铁资源量：5.46×10^8 t，预测钨资源量 2070t。按成矿系列分述如下。

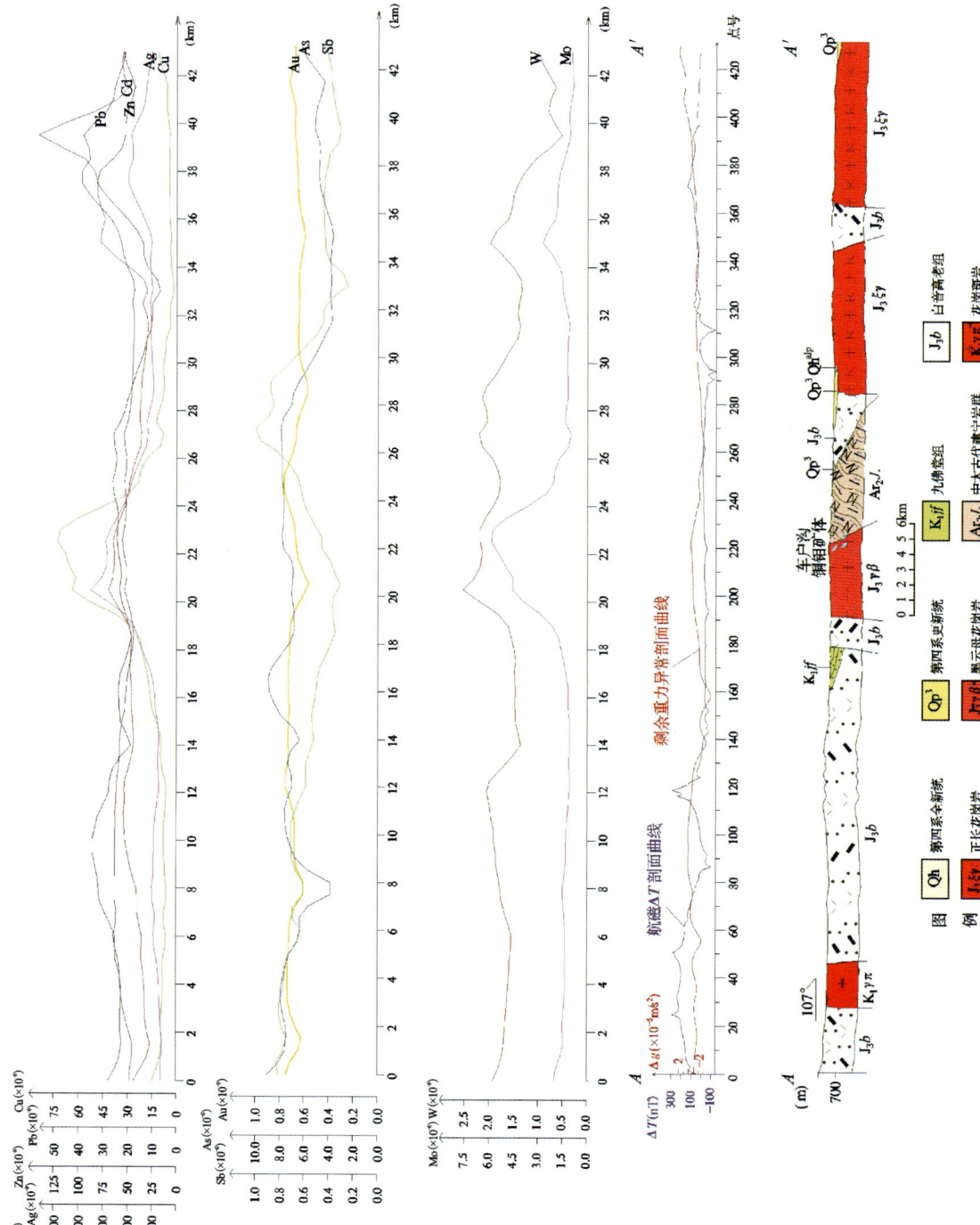

图 12-7 与燕山期中酸性岩浆活动相关的斑岩型铜矿预测模型图

一、与太古宙（或元古宙）受变质火山-沉积作用、混合岩化作用有关的铁矿床成矿系列综合预测区划分及特征

该成矿系列共划分出 5 个综合预测区，包括 29 个最小预测区（图 12-8）。

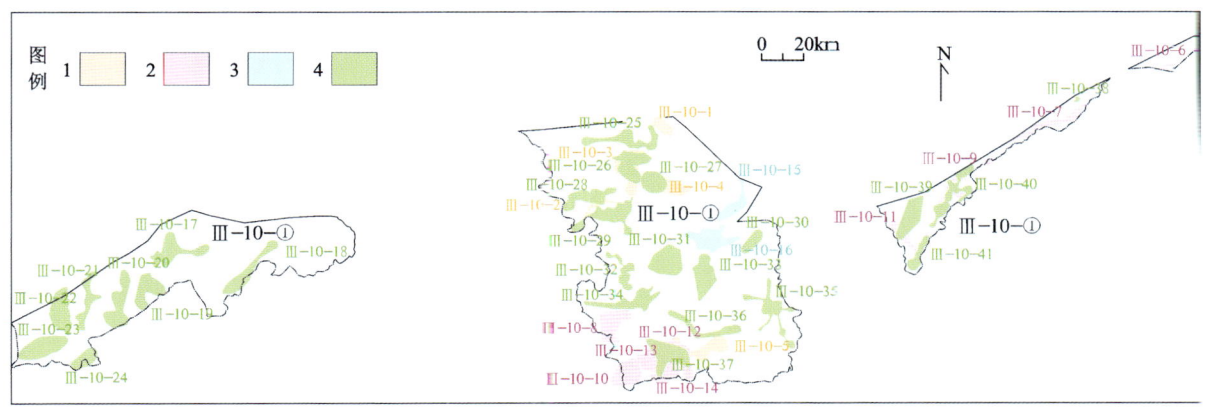

图 12-8 Ⅲ-10 综合预测区分布图

1.与太古宙（或元古宙）受变质火山-沉积作用、混合岩化作用有关的铁矿床成矿系列综合预测区；2.与海西期酸性岩浆活动有关的铁、金矿床成矿系列综合预测区；3.与印支期中酸性岩浆活动有关的铜、铅、锌矿床成矿系列综合预测区；4.与燕山期火山-中酸性岩浆活动有关的铁、金、银、铅、锌、等矿床成矿系列综合预测区

1. 桥头镇综合预测区（Ⅲ-10-1）

预测区面积为 15.8km²，预测铁资源量为 150.37×10⁴t。主要出露的地质体为乌拉山岩群角闪斜长片麻岩、黑云绢云石英片岩。区内存在航磁异常 1 处，遥感解译断裂 1 条；剩余重力异常较高，航磁化极值相对较低。

2. 老府镇综合预测区（Ⅲ-10-2）

预测区面积为 77km²，预测铁资源量为 506.17×10⁴t。主要出露的地质体为乌拉山岩群中，其岩性为角闪斜长片麻岩、黑云绢云石英片岩。区内存在航磁异常 1 处，断层 1 条；剩余重力异常偏高，航磁化极值相对较低。

3. 红花沟镇综合预测区（Ⅲ-10-3）

预测区面积为 188.8km²，预测铁资源量为 1 215.36×10⁴t。主要出露的地质体为乌拉山岩群角闪斜长片麻岩、黑云绢云石英片岩。在第四系及上更新统中根据重力异常推断地下有隐伏的乌拉山岩群；航磁异常 1 处，断层 1 条，遥感解译断裂 3 条，剩余重力异常较高，航磁亿极值相对较低。

4. 明安山综合预测区（Ⅲ-10-4）

预测区面积为 152.3km²，预测铁资源量为 408.78×10⁴t。主要出露的地质体为乌拉山岩群角闪斜长片麻岩、黑云绢云石英片岩。区内根据重力异常推断有隐伏的乌拉山岩群，其上出露的地层为第四系、下白垩统梅勒图组及上白垩统白音高老组。区内有航磁异常 1 处，断层 1 条，遥感解译断裂 2 条、剩余重力异常、航磁化极异常均较高。

5. 八里罕镇综合预测区（Ⅲ-10-5）

预测区面积为 194.6km²，预测铁资源量为 1 209.73×10⁴t。主要出露的地质体为乌拉山岩群角闪斜长片麻岩、黑云绢云石英片岩。区内根据重力异常推断有隐伏的乌拉山岩群，其上出露的地层为第四系及下白垩统义县组。区内存在断层 3 条，遥感推断断裂 4 条，遥感铁染一级异常，小型矿床 1 个，矿点 3 个，剩余重力异常值及航磁异常值均较高。

二、与海西期酸性岩浆活动有关的铁、金矿床成矿系列综合预测区划分及特征

该成矿系列共划分出 9 个综合预测区，包括金矿、铁矿 2 个预测矿种（图 12-8）。

1. 魏家沟综合预测区（Ⅲ-10-6）

预测区面积为 17.2km²，预测铁资源量为 228.41×10⁴t。主要出露的地质体为乌拉山岩群角闪斜长片麻岩、黑云绢云石英片岩。区内存在航磁异常 1 处，断层 3 条，遥感推断断裂 2 条，遥感铁染一级异常，剩余重力异常较高，航磁化极值相对偏高。

2. 鸡冠子山北东综合预测区（Ⅲ-10-7）

预测区面积为 105km²，预测铁资源量为 535.59×10⁴t。主要出露的地质体为乌拉山岩群角闪斜长片麻岩、黑云绢云石英片岩。以及早白垩世石英闪长岩和二长花岗岩与上石炭统石嘴子组灰岩接触形成的矽卡岩带；存在重力异常和北东向断层。区内存在航磁异常 1 处，断层 2 条，遥感推断断裂 1 条，遥感铁染一级异常，小型矿床 1 个，剩余重力异常较高，航磁化极值相对较低；具较好的找矿潜力。

3. 旺业甸镇综合预测区（Ⅲ-10-8）

预测区面积为 116.8km²，预测金资源量为 593.4kg。区内出露的地层主要为中太古界乌拉山岩群片麻岩及上白垩统白音高老组，发育 2 个火山机构，但分布零星，大面积出露的是二叠纪和侏罗纪二长花岗岩，化探异常不明显，航磁为低缓异常，重力为梯度带，可作为找矿线索。

4. 金厂沟梁镇综合预测区（Ⅲ-10-9）

预测区面积为 180.4km²，预测铁资源量为 1 116.21×10⁴t。主要出露的地质体为乌拉山岩群角闪斜长片麻岩、黑云绢云石英片岩；在第四系及上更新统中根据重力异常推断地下有隐伏的乌拉山岩群。剩余重力异常较高，航磁化极值相对较高，最高达 800nT。区内存在断层 1 条，遥感推断断裂 1 条，矿点 1 个。

5. 陈家杖子综合预测区（Ⅲ-10-10）

预测区面积为 164.1km²，预测金资源量为 10 337.4kg。预测区内出露的地层主要为中太古界建宁岩群片麻岩，局部见零星侏罗纪火山岩、火山角砾岩等，三叠纪二长花岗岩、闪长岩和侏罗纪二长花岗岩、白垩纪正长花岗岩和元古宙花岗闪长岩等。主构造线为北东向，控制着本区中生代火山岩浆活动，次之为北西西向韧性剪切带，矿化主要分布在中生代引爆角砾岩筒内部，与火山活动密切相关，卫星影片上可见较为明显的环形影像，化探异常较弱，重力为高值区，矿化点主要分布在重力梯度带上，区内发现矿床 2 处，成矿条件非常有利，找矿潜力较大。

6. 东五家子综合预测区（Ⅲ-10-11）

预测区面积为 147.9km²，预测铁资源量为 559.75×10⁴t。主要出露的地质体为乌拉山岩群中，其岩性为角闪斜长片麻岩、黑云绢云石英片岩；区内有断层 1 条，存在遥感铁染一级异常；剩余重力异常较高，航磁化极值相对较高，达 800nT；区内存在断层 1 条，遥感推断断裂 2 条，矿点 1 个。

7. 石门综合预测区（Ⅲ-10-12）

预测区面积为 98km²，预测金资源量为 16 192.2kg。区内出露的地层主要为中太古界建宁岩群片麻岩和下白垩统义县组，北部、西部均为白垩纪岩体，南侧局部见二叠纪闪长岩，在建宁岩群内部局部见中元古代超基性岩体分布。断裂构造以北东向为主，次为北西向、近南北向断裂，北东向为长期多次活动的区域性断裂，该断裂控制了燕山早期侵入岩的侵位及其展布方向。区内发现金矿点 7 处，化探 Au 元素异常规模大、强度高，各元素套合好，航磁异常低缓，重力为高值区，重力值一般为 $(3\sim5)\times10^{-5}m/s^2$。成矿条件有利，找矿潜力较大。

8. 大西沟综合预测区（Ⅲ-10-13）

预测区面积为 114.8km²，预测金资源量为 3482.1kg。区内出露的地层主要为中太古界乌拉山岩群片麻岩和第四系，北部局部出露中元古代二长花岗岩、三叠纪基性岩，东部、西部可见侏罗纪和白垩纪岩体。主构造线北东向为主。化探 Au 元素异常不明显，航磁异常低缓，重力为正负值转换的梯度带。成矿条件较为有利，有找矿潜力。

9. 农科队综合预测区（Ⅲ-10-14）

预测区面积为 149.5km²，预测金资源量为 3733.4kg。出露的地层主要为中太古界建宁岩群片麻岩和第四系，北部岩体主要为中元古代二长花岗岩，西部均为侏罗纪和白垩纪岩体。主构造线近东西向，后期被近南北向断裂切割。化探 Au 元素异常不明显，航磁异常低缓，重力为南西高、北东低的特点，矿化主要分布在正负值转换的梯度带上。成矿条件较为有利，有找矿潜力。

三、与印支期中酸性岩浆活动有关的铜、铅、锌矿床成矿系列综合预测区划分及特征

该成矿系列共划分出 2 个综合预测区，包括银、钼 2 个预测矿种（图 12-8）。

1. 刘家店综合预测区（Ⅲ-10-15）

预测区面积为 95.5km²，预测银资源量为 1.3t，钼资源量为 177.8t。矿床主要赋存在侵入元古宙地层及中二叠统于家北沟组的花岗斑岩、似斑状花岗岩、正长斑岩中以及中二叠统于家北沟组火山岩构造裂隙中。预测区在 Cu、Mo 元素综合化探异常区为。

2. 鸡冠山综合预测区（Ⅲ-10-16）

预测区面积为 188.4km²，预测银资源量为 7.8t。出露燕山期二长花岗岩、石英二长岩，元古宇明安山组及太古宙深成变质岩体。有中型金矿 2 处，小型金矿 2 处，金矿点 8 处。该区位于剩余重力高值与低值过渡区，航磁总体为正异常区，局部为负异常。有 2 处乙级化探综合异常。

四、与燕山期火山-中酸性岩浆活动有关的铁、金、银、铅、锌、铜、钼、锡、萤石矿床成矿系列综合预测区划分及特征

该成矿系列共划分出 25 个综合预测区,包括银、铜、铅、锌、钼、锡、铁矿及萤石矿 8 个预测矿种。

1. 大北沟北综合预测区(Ⅲ-10-17)

预测区面积为 181.8km², 预测铁资源量为 120.86×10⁴t, 锡资源量为 410t。该区零星分布 Ar_3 片岩、片麻岩等老地质体;中生代仅见满克头鄂博组、白音高老组酸性火山岩;侵入岩有中三叠世黑云二长花岗斑岩、晚侏罗世二长花岗岩等。区内近东西向断裂构造发育。成矿地质条件有利。铁染异常零星分布;南部、北部重力高,中间低,最高值 $15×10^{-5}m/s^2$;中部有强的航磁化极异常,最高值 500nT。

2. 城皇庙综合预测区(Ⅲ-10-18)

预测区面积为 151.7km², 预测铁资源量为 107.06×10⁴t。主要出露侏罗系满克头鄂博组、白垩系白音高老组酸性火山碎屑岩及大部分面积分布该期次石英粗面斑岩。北西向及近南北向断裂发育。具强烈的铁染异常,呈北东向串珠状分布;重力高;航磁化极异常 3 处,最高值 500nT。

3. 千斤沟综合预测区(Ⅲ-10-19)

预测区面积为 146.3km², 预测铁资源量为 86.94×10⁴t, 锡资源量为 2 937.8t。满克头鄂博组、白音高老组酸性火山岩及 Ar_3 片岩、片麻岩等老地质体;侵入岩有侏罗纪花岗岩岩株、白垩纪石英正长斑岩。北东向、北西向断裂构造发育。Sn 元素化探异常起始值大于 $4.7×10^{-6}$,预测区内有一条规模较大、与成矿有关的北东向断层,北西向地表硅化蚀变强烈,构造上为一火山喷发中心。

4. 马房子南综合预测区(Ⅲ-10-20)

预测区面积为 185km², 预测铁资源量为 70.84×10⁴t, 锡资源量为 1483.4t。分布侏罗系满克头鄂博组、白垩系白音高老组酸性火山岩及新生界。岩体为白垩纪石英正长斑岩,Sn 元素化探异常值为 $(3.4~4.7)×10^{-6}$,北东向大断裂位于该区南侧,北西向次级小断裂发育。根据重力异常推断该区东南有隐伏岩体的存在,北西向断裂构造发育,西部具低缓的航磁化极异常,中部重力高。

5. 毕家沟北西综合预测区(Ⅲ-10-21)

预测区面积为 116.7km², 预测锡资源量为 431.7t, 萤石资源量为 5.24×10⁴t。出露的岩体为侏罗纪黑云母花岗斑岩。该区有 Sn 元素化探异常,异常值为 $(3.4~4.7)×10^{-6}$,北西向次级小断裂发育,具有一定的找矿潜力。

6. 杨家营子综合预测区(Ⅲ-10-22)

预测区面积为 171.4km², 预测萤石资源量为 25.23×10⁴t。零星出露二叠纪花岗岩,矿体赋存于构造裂隙中。大多被第四系覆盖。

7. 炮台营子综合预测区(Ⅲ-10-23)

预测区面积为 191km², 预测铁资源量为 182.41×10⁴t。零星分布片岩、片麻岩等老地质体。大部分地段被宝格达乌拉组覆盖。北东向、北西向断裂构造极发育。侵入岩有辉绿玢岩脉、石英正长斑岩脉

等。成矿地质条件有利。中部具有强的航磁化极异常,最高值 700nT;重力高。

8. 察布诺南综合预测区（Ⅲ-10-24）

预测区面积为 83.2km²,预测铁资源量为 84.19×10⁴t。地表基本无基岩,均被第四系覆盖。具低缓的航磁化极异常;北东端重力高。

9. 车户沟综合预测区（Ⅲ-10-25）

预测区面积为 163.6km²,预测银资源量为 1.5t,钼资源量为 23 181.3t,铜资源量为 181 492.4t。矿床主要赋存在侵入中二叠统于家北沟组的花岗斑岩、似斑状花岗岩、正长斑岩中以及中二叠统于家北沟组砂砾岩构造裂隙中。北东向断层发育。与成矿有关的围岩蚀变为绢云母化、锰菱铁矿化、硅化、黄铁矿化,其次是绿泥石化和黑云母褪色。航磁化极等值线起始值在 −100～1570nT 之间,重力剩余异常起始值在 (−1～5)×10⁻⁵m/s² 之间。化探综合异常编号 AS440 甲,有 Cu、Pb、Zn 元素组合异常。有重砂异常分布。

10. 柴火栏子北沟综合预测区（Ⅲ-10-26）

预测区面积为 164.3km²,预测银资源量为 4t,铜资源量为 3 063.9t,钼资源量为 3 948.0t。出露的地质体主要为太古宇集宁岩群、中二叠统于家北沟组、上侏罗统白音高老组及第四系,其西侧出露晚侏罗世正长花岗岩、燕山期花岗斑岩。矿床主要赋存在侵入中二叠统于家北沟组的花岗斑岩、似斑状花岗岩、正长斑岩中以及中二叠统于家北沟组火山岩构造裂隙中。有中型金矿 1 处,小型金矿 6 处,金矿点 1 处。剩余重力高值与低值过渡区。航磁总体为负异常区,局部为正异常。化探综合异常编号 AS440 甲。遥感最小预测区。

11. 红花沟镇综合预测区（Ⅲ-10-27）

预测区面积为 106.6km²,预测银资源量为 2.9t。出露燕山期花岗斑岩、太古宇集宁岩群、中生代火山岩。有小型金矿 4 处,矿点 3 处。剩余重力高值与低值过渡区。航磁总体为负异常区,局部为正异常。化探综合异常编号 AS440 甲。遥感最小预测区。

12. 老府镇综合预测区（Ⅲ-10-28）

预测区面积为 141.7km²,预测银资源量为 2.7t,铜资源量为 31 516.6t,钼资源量为 4 434.9t。出露的地质体主要为中太古界建平群正副片麻岩类、斜长角闪岩类、大理岩类、混合岩类,中二叠统于家北沟组。侵入岩为晚侏罗世黑云母二长花岗岩、早白垩世花岗斑岩及花岗斑岩脉。处于航磁化极平缓正负异常的过渡区,异常值 −150～100nT,剩余重力异常为正负异常的过渡区,异常值 (−2～2)×10⁻⁵m/s²;位于 Cu 元素化探正负异常的过渡区,异常值 (3.7～48)×10⁻⁶。

13. 梨树沟综合预测区（Ⅲ-10-29）

预测区面积为 187km²,预测区银资源量为 3.1t,铜资源量为 55 098.5t。出露太古宇集宁岩群、建平群正副片麻岩类、斜长角闪岩类、大理岩类、混合岩类;寒武纪晚期锦山组陆源碎屑沉积建造、中侏罗统新民组砂岩-页岩建造及上侏罗统玛尼吐组英安质熔岩建造。侵入岩为燕山期花岗斑岩。断裂比较发育。区内有碾坊乡陈家营子矿点。有中型金矿 1 处,小型 2 处。剩余重力高值与低值过渡区。航磁总体为负异常区,局部为正异常。遥感最小预测区。Au、Ag、Cu 单元素异常。

14. 窑子沟综合预测区（Ⅲ-10-30）

预测区面积为 65.5km²,预测区银资源量为 0.8t。出露中生代碎屑岩建造。剩余重力高值区。航磁低缓,局部为正异常。遥感最小预测区。化探综合异常编号 506 乙。Au、Ag、Cu 单元素异常。

15. 西府村综合预测区（Ⅲ-10-31）

预测区面积为 185.6km^2,预测银资源量为 0.4t,萤石资源量为 24.7×10^{4}t。出露元古宙、海西期花岗岩,印支期侵入岩及燕山期花岗岩。韧性剪切带发育。剩余重力高值区。航磁低缓正异常。化探综合异常编号 AS442 乙。Au、Ag、Cu 单元素异常。

16. 大西沟乡综合预测区（Ⅲ-10-32）

预测区面积为 86.7km^2,预测银资源量为 0.3t,萤石资源量为 51.43×10^{4}t。出露中生代火山岩及次火山岩。侵入岩为燕山期花岗岩类、闪长玢岩。近南北向控矿断裂构造。剩余重力高值与低值过渡区。航磁低缓,局部为正异常。Au 单元素异常。

17. 南沟综合预测区（Ⅲ-10-33）

预测区面积为 162.2km^2,预测银资源量为 1.5t。出露太古宙变质深成体,见硅化、绿泥石化。小型金银矿 1 处,矿点 1 处。剩余重力高值区。航磁高值区。遥感最小预测区。Au、Ag、Cu 单元素异常。

18. 五家南综合预测区（Ⅲ-10-34）

预测区面积为 164.2km^2,预测银资源量为 0.14t,萤石资源量为 53.38×10^{4}t。出露中生代火山岩。侵入岩为燕山期花岗岩,金矿点 1 处。剩余重力低值区。航磁低缓。Au、Ag、Cu 单元素异常。

19. 宁城县综合预测区（Ⅲ-10-35）

预测区面积为 166.9km^2,预测银资源量为 2.1t,萤石资源量为 0.93×10^{4}t。出露中生代火山岩及海西期侵入岩,多被第四系覆盖。区内金矿点 2 处。剩余重力高值区。遥感最小预测区。化探综合异常编号 AS507 甲。航磁正异常。Au、Ag、Cu 单元素异常。

20. 桃海综合预测区（Ⅲ-10-36）

预测区面积为 124.6km^2,预测银资源量为 0.3t,萤石资源量为 6.36×10^{4}t。出露太古宇集宁岩群及海西期花岗岩。剩余重力高值区。Au、Ag、Cu 单元素异常。

21. 热水综合预测区（Ⅲ-10-37）

预测区面积为 195km^2,预测银资源量为 2t,萤石资源量为 0.07×10^{4}t。出露太古宇集宁岩群,元古宙花岗岩、印支期花岗岩、燕山期花岗岩等。断裂构造发育。有小型金矿 1 处,矿点 6 处。剩余重力高值区。化探综合异常编号 AS445 甲。遥感最小预测区。

22. 长岭山综合预测区（Ⅲ-10-38）

预测区面积为 6.6km^2,预测铅资源量为 31 075.7t,锌资源量为 44 393.8t。区内北西向、北东向断裂较发育,且有多处交会处。预测区内及周围发育韧性变形带。位于重力异常南,预测区内遥感解译异常明显,遥感环状构造明显。区内有一小型矿床。找矿潜力较大。

23. 卧牛沟综合预测区（Ⅲ-10-39）

预测区面积为 155.9km^2,预测银资源量为 1.1t,萤石资源量为 34.5×10^{4}t。出露太古宇集宁岩群,侵入岩有燕山期正长花岗岩、斜长花岗岩、黑云花岗岩,北东向控矿断裂构造。有小型金矿 1 处;剩余重力高值与低值过渡区;航磁正负异常;遥感最小预测区。Au、Ag、Cu 单元素异常。

24. 金厂沟梁综合预测区(Ⅲ-10-40)

预测区面积为 163.4km², 预测银资源量为 5.9t, 萤石资源量为 0.8×10⁴t。出露太古宇集宁岩群、海西期花岗岩及燕山期正长花岗岩、斜长花岗岩、黑云花岗岩及中生代火山岩, 北东向控矿断裂构造。有大型金矿 1 处, 小型 3 处, 矿点 1 处, 矿化点 2 处; 剩余重力高值与低值过渡区; 遥感最小预测区; 航磁化极正异常。Au、Ag、Cu 单元素异常。

25. 芦家地村综合预测区(Ⅲ-10-41)

预测区面积为 66.3km², 预测银资源量为 2.4t。出露太古宇集宁岩群, 燕山期石英二长岩、花岗岩及中生代火山岩。剩余重力高值与低值过渡区; 航磁正异常区; 有小型金矿 2 处, 矿点 1 处。Au、Ag、Cu 单元素异常。

第四节 多矿种综合靶区部署建议

成矿带共划分了 6 个综合勘查部署区, 面积均较大。其中黄岗梁部署区、花敖包特部署区、宝日汗绍日部署区因为涵盖黄岗梁铁锡多金属矿、花敖包特银铅锌多金属矿、白音诺尔银铅锌多金属矿等成型矿山, 工作程度较高, 其外围可进一步安排中大比例尺的地质、物化探工作进行普查, 必要时, 可采用槽探、井探、钻探等手段, 寻找隐伏的工业矿体; 其余 26 个勘查部署区只能进行预查, 系统地安排中小比例尺的、基础的地质、物探、化探、遥感等工作, 缩小找矿靶区, 详见表 12-6 及图 12-9。

表 12-6 Ⅲ-10 成矿带综合勘查部署区(按成矿系列)预测资源量统计表

序号	编号	名称	面积(km²)	等级	矿种	预测资源量	工作部署建议
1	Ⅲ-10-1	红花沟镇	3 034.91	普查	银	14.2t	本区未开展 1:5 万区域地质调查工作,应先进行基础地质调查,外围可进一步安排中大比例尺的地质、物探、化探工作进行普查,必要时,可采用槽探、井探、钻探等手段,寻找隐伏的工业矿体
					钼	31 564.2t	
					铜	271 171.4t	
					铁	2 280.68×10⁴t	
2	Ⅲ-10-2	金厂沟梁	1 349.61	普查	银	9.4t	本区未开展 1:5 万区域地质调查工作,应先进行基础地质调查,外围可进一步安排中大比例尺的地质、物探、化探工作进行普查,必要时,可采用槽探、井探、钻探等手段,寻找隐伏的工业矿体
					铅	31 075.7t	
					锌	44 393.8t	
					铁	2 211.55×10⁴t	
					萤石	4.25×10⁴t	
3	Ⅲ-10-3	鸡冠山	3 088.84	预查	金	593.4kg	本区已开展三眼井、太平地、五家、十家子、喀喇沁旗、小丰群、大城子、罗家营子、上瓦房等幅的 1:5 万区域地质调查工作,应先在未开展 1:5 万区域地质调查地区展开基础地质调查工作,查明本区基本地质情况;系统地安排中小比例尺的、基础的地质、物探、化探、遥感等工作,缩小找矿靶区
					银	12.54t	
					钼	177.8t	
					萤石	129.51×10⁴t	

续表 12-6

序号	编号	名称	面积（km²）	等级	矿种	预测资源量	工作部署建议
4	Ⅲ-10-4	千斤沟	3 849.24	预查	锡	5 262.9t	本区已开展大陶尔其、白家营子、泡子沿、姜家营等幅的1:5万区域地质调查工作,应先在未开展1:5万区域地质调查地区开展基础地质调查工作,查明本区基本地质情况;系统地安排中小比例尺的、基础的地质、物探、化探、遥感等工作,缩小找矿靶区
					铁	569.58×10⁴t	
					萤石	30.47×10⁴t	
5	Ⅲ-10-5	宁城县	2 501.71	预查	金	30 771.7kg	本区已开展大营子、头道营子、八里罕、三座店等幅的1:5万区域地质调查工作,应先在未开展1:5万区域地质调查地区开展基础地质调查工作,查明本区基本地质情况;系统地安排中小比例尺的、基础的地质、物探、化探、遥感等工作,缩小找矿靶区
					银	4.4t	
					铁	1 209.73×10⁴t	
					萤石	7.36×10⁴t	
6	Ⅲ-10-6	魏家沟	220.19	预查	铁	228.41×10⁴t	本区未开展1:5万区域地质调查工作,应先进行基础地质调查,查明本区基本地质情况,系统地安排中大比例尺的、基础的地质、物探、化探、遥感等工作,寻找隐伏的工业矿体

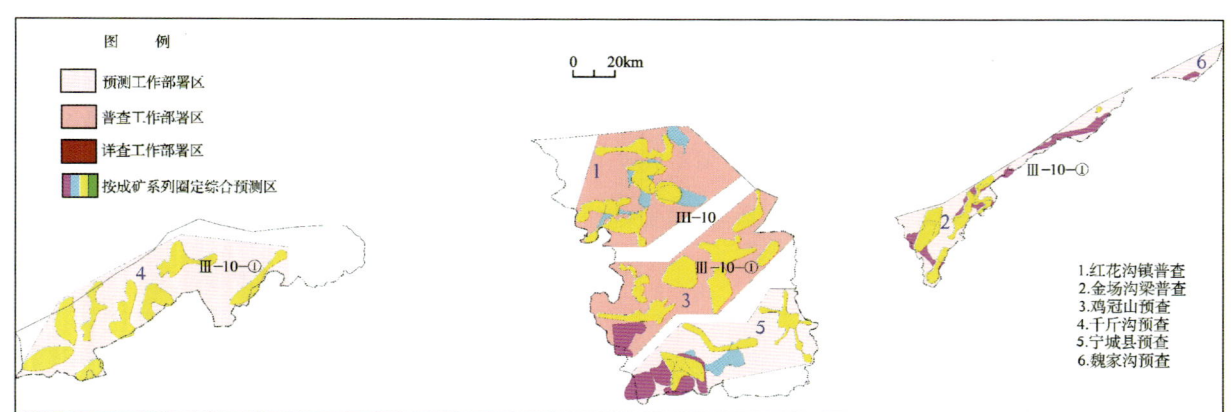

图 12-9　Ⅲ-10 成矿带综合勘查部署区分布图

第十三章 华北陆块北缘成矿带(Ⅲ-11)预测成果

第一节 区域成矿背景

一、成矿地质条件

1. 区域地质背景

本成矿带位于华北陆块区狼山-阴山陆块,跨越多个三级大地构造单元,包括固阳-兴和陆核、色尔腾山-太仆寺旗古岩浆弧、狼山-白云鄂博裂谷及吉兰泰-包头断陷盆地。

本区经历了古太古代陆核形成、中新太古代陆核增生形成不同的陆块,至古元古代最终形成统一的华北陆块结晶基底。中新元古代,在白云鄂博和渣尔泰山一带形成两条近平行分布的裂陷槽(裂谷),沉积了巨厚的碎屑岩-碳酸盐岩建造,是华北陆块上第一套稳定盖层沉积。

震旦纪在阴山南麓形成什那干陆表海,沉积了稳定型地台盖层碳酸盐岩建造。震旦纪末发生抬升,海水退出本区。至寒武纪开始下沉,海水自华北和祁连入侵。

寒武纪—中奥陶世为海相碳酸盐岩和砂泥质建造。缺少志留纪—下石炭统沉积。晚石炭世又有从华北来的海水经清水河与贺兰海沟通,海水时侵时退,为海陆交互相沉积。在阴山地区早二叠世有多个小型山间盆地,除陆源碎屑外,火山活动强烈,表明阴山地区构造活动趋于强烈。

晚古生代受北侧古亚洲洋消减的影响,在陆块北缘形成具陆缘弧性质的岩浆岩带。

中新生代本区大部分地区仍处于隆起状态,由于受滨太平洋构造域的影响,地壳活动性增强,西伯利亚与华北板块之间的碰撞所引起的南北向挤压力造成了本区侏罗纪及早白垩世产生了多个东西向或近东西向的山间断陷盆地、褶皱、断裂及推覆构造,并伴有强烈的中生代岩浆活动。

2. 矿产分布特征

成矿带内已发现的金属矿产有铬、铁、金、银、铜、钼、镍、铅锌、钨、锡以及稀土等,非金属矿有萤石、硫铁矿等,共322处矿产地,优势矿种有铁、锰、铜、铅锌、钼、金、稀土、磷、硫铁矿等,该成矿带是本区最重要的三级成矿带。

区内矿产主要分布规律为矿床沿深断裂带两侧呈线型带状分布。

华北板块北缘深断裂带南侧分布有众多矿床,其中有中元古代与海相碱性岩、碳酸岩岩浆活动有关的超大型矿床白云鄂博铁、铌、稀土矿床,与海相基性—中酸性火山-沉积作用有关的铜、铅、锌、硫铁、金大型矿床(霍各乞、炭窑口、东升庙、甲生盘)。太古宙的条带状铁矿床(三合明、书记沟等),元古宙的金矿床(赛乌苏);古生代接触交代型铁金矿床(额里图)及岩浆熔离型铜、镍、铂矿床(小南山、黄花滩);中生代矽卡岩型铜矿床(宫胡洞),金矿床(高台、银宫山)。以贺兰山-狼山北东向构造带为界,其两侧矿床分布方向不同,西侧中生代及古生代矿床是北西向带状展布;而东侧,古生代矿床是近东西向分布;而中生代矿床则呈北东向展布,集中分布360个矿床中的80%以上的矿床。这是因为该界线西侧西域构造系发育,东侧华夏系和新华夏构造系发育之故。太古宙—古元古代基底隆起区分布太古宙—古元古代条带状铁矿床,绿岩型金矿床,石墨矿床和白云母矿床。太古庙—古元古代基底边缘坳陷区分布有中元古代与海相火山-侵入岩相关的喷气、喷流-沉积型铜、铁、铅、锌、硫铁、金矿床及铁、稀有稀土矿床。古生代褶皱带内的前寒武纪基底隆起区分布中元古代与海相基性—中酸性火山-侵入岩有关的铜、钼矿床和铁矿床及金矿床。古生代褶皱系内中酸性花岗岩带控制了接触交代型、斑岩型、热液型铁、铁钼、钼、铍、铜、金矿床及水晶和萤石矿床。晚古生代沉积型铁、菱铁矿分布在华北板块晚古生代沉积岩层内。晚古生代矿床集中分布在前中生代古海盆边缘与中生代隆起带重叠部位。

3. 成矿亚带及成矿系列划分

成矿带呈近东西向分布,北界为狼山-白云鄂博-商都深大断裂,南接鄂尔多斯盆地及山西省,西接阿拉善陆块,东侧延入河北省境内。划分了4个成矿亚带:Ⅲ-12-①白云鄂博-商都金、铁、铌、稀土、铜、镍成矿亚带;Ⅲ-12-②狼山-渣尔泰山铅、锌、金、铁、铜、铂、镍成矿亚带;Ⅲ-12-③固阳-白银查干金、铁、铜、铅、锌、石墨成矿亚带;Ⅲ-12-④乌拉山-集宁金、银、铁、铜、铅、锌、石墨、白云母成矿亚带。

成矿带主要分布沉积变质型铁矿、热液型金矿、矽卡岩型铁铜硫铁矿、火山喷流-沉积型稀土矿等,划分为6个成矿系列(表13-1,附图18)。

表 13-1 华北陆块北缘成矿带(Ⅲ-11)矿床成矿系列一览表

矿床成矿系列	矿床成矿亚系列	矿种	矿床	类型	矿床式	成矿时代
与太古宙(古元古代)受变质火山-沉积作用有关的铁、金矿床成矿系列	与太古宙受变质火山-沉积作用有关的铁矿床成矿亚系列	铁	迭布斯格、书记沟、公益明、东五分子、高腰海、黑脑包、三合明、壕赖沟、贾格尔其庙	变质火山-沉积型	鞍山式	太古代
	与古元古代韧脆性剪切变形变质作用有关的金矿床成矿亚系列	金	十八顷壕、水泉头分子	变质热液型	十八顷壕式	古元古代(十八顷壕 U-Pb:2200Ma)
	与古元古代韧脆性剪切变形变质作用有关的稀土、磷、石墨、白云母成矿亚系列	稀土	三道沟	岩浆岩型	三道沟式	古元古代
		磷	盘路沟	沉积变质型	盘路沟式	中太古代
		白云母	土贵乌拉、乌拉山、高家窑	伟晶岩型	乌拉山式	古元古代(土贵乌拉 K-Ar 法:1880 Ma)
		石墨	五当召、黄土窑、灯笼素、庙沟	变质型	五当召式	中太古代
	与古元古代绿岩建造有关的金矿床成矿亚系列	金	新地沟	绿岩型	新地沟式	古元古代

续表 13-1

矿床成矿系列	矿床成矿亚系列	矿种	矿床	类型	矿床式	成矿时代
与中元古代基性—中酸性火山作用有关的金、铁、稀土、铅、锌、铜、硫矿床成矿系列	中元古代碱性岩浆活动有关的铁、稀土金矿床成矿亚系列	金	赛乌苏	热液型	赛乌苏式	K-Ar 法：965～963Ma
		铁、稀土	白云鄂博	火山喷流沉积型	白云鄂博式	中元古代 U-Pb 法：1278±2Ma；1692～1683Ma；1300～1200Ma；555±17Ma；393±10Ma
	与中元古代海相基性—中酸性火山喷流-沉积作用有关的铁、铜、铅、锌、金、硫矿床成矿亚系列	铜、铅、锌	霍各乞、东升庙	火山喷流-沉积型	霍各乞式	U-Pb 法：1679～1656Ma
		锌、硫铁	炭窑口、甲生盘、对门山		甲生盘式	
		硫铁	三片沟	火山喷流-沉积型	三片沟式	中元古代
	与中元古代海相化学沉积作用有关的铁、锰、磷矿床成矿亚系列	铁	西德岭山、王成沟	变沉积型	西德岭式	中元古代
		锰	红壕	变沉积型	红壕式	中元古代
		磷	布龙图	变质型	布龙图式	中元古代
与海西期基性岩浆活动有关的铜、镍、铂矿床成矿系列		铜、镍、铂	小南山、黄花滩、克布	岩浆熔离型	小南山式	367Ma(全岩 K-Ar)
与印支期酸性岩浆作用有关的钼、铅、锌、金矿床成矿系列		钼、铅、锌	大苏计	斑岩型	大苏计式	三叠纪
		金	哈达门沟	热液型	哈达门沟式	三叠纪
与燕山期酸性岩浆活动有关的金、银、钨、钼矿床成矿系列	与燕山晚期酸性岩浆活动有关的钨、钼矿床成矿亚系列	钨	中斯拉、白石头洼	热液型	白石头洼式	燕山晚期
		钼	曹四夭	斑岩型	曹四夭式	燕山晚期
	与燕山期酸性岩浆活动有关的金、银、铅、锌矿床成矿亚系列	金	银宫山、老羊壕、高台、伊胡赛	热液型	老羊壕式	燕山期（银宫山 U-Pb 法：199Ma）
		银、铅、锌	李清地	热液型	李青地式	燕山期
与第四纪冲积沉积作用有关的金矿床成矿系列		砂金	哈尼河、上花河、段油房、五福尝、百乌兰不浪、中后河	冲积沉积型	哈尼河式	第四纪全新世

二、区域地球化学特征

（一）元素区域分布特征

该成矿带内主要的组合异常元素或氧化物有 Au、Pb、Zn、Ag、Cu、Ni、Fe_2O_3、La、Zh、Y、Nb 等。根据元素的共生组合规律，将元素分以下几组叙述元素的区域分布特征。

1. Au、Pb、Zn、Ag 元素区域分布特征

Au、Pb、Zn、Ag 元素异常在成矿带中部和北部分布较多，Au 元素与其他元素不同的是，Au 元素异常面积较小，分布较多。Pb、Zn、Ag 异常面积较大，异常相互间套合较好。异常对应的地层有太古宇乌拉山岩群、元古宇宝音图岩群、长城系渣尔泰山群；对应岩体有石炭纪、三叠纪、侏罗纪花岗岩。

2. Cu、Fe_2O_3、Ni 元素或氧化物区域分布特征

该成矿带断裂构造发育，且太古宙、元古宙地层出露较多，因此 Cu、Fe_2O_3、Ni 异常在成矿带内分布较多。元素异常形态相似，异常相互间套合较好。异常主要对应太古宇、元古宇，且异常分布多与断裂构造有关。

3. La、Th、Y、Nb 元素区域分布特征

La、Th、Y、Nb 元素异常在成矿带内均有分布，范围较大的异常主要分布在成矿带中部，尤其在包头市一带，异常范围较大。异常主要对应太古宙、元古宙。对应岩体有中太古代变质深成侵入体灰色片麻岩、紫苏花岗岩，以及二叠纪、侏罗纪酸性岩体。

（二）综合异常特征

根据异常元素相互间的组合关系，并结合异常所处的地质特征和已知矿床（点）特征，在成矿带内共圈定了 45 处综合异常（附图 19）。下面将各类综合异常进行简单的分述。

1. 以 Au、Cu、Fe_2O_3、Ni 异常为主的综合异常

该类综合异常主要分布在成矿带中部地区，所处区域出露的地层有新太古界色尔腾山岩群、长城系尖山组、蓟县系哈拉霍疙特组、比鲁特组、侏罗系石拐群（未分组）、侏罗系大青山组。异常区侵入岩比较发育，出露的岩体有中太古代变质深成侵入体灰色片麻岩、紫苏花岗岩，石炭纪辉长岩，侏罗纪、二叠纪、三叠纪酸性岩体等。异常区内断裂构造十分发育，有集宁-凌源断裂带，呈东西向分布。另外北东向和北西向断裂构造也十分发育，为成矿提供了有利的地质条件。

该组综合异常分布较多，综合异常范围较大，异常形态多为不规则状，异常元素或氧化物以 Au、Cu、Fe_2O_3、Ni 为主，并伴有其他的元素异常。在大部分综合异常内异常元素呈相互套合的状态。

该组综合异常所在区域内分布有多个铜镍、金、铁、铜等矿床（点）、矿化点。克布铜镍矿所处的综合异常，异常元素或氧化物以 Cu、Ni、Fe_2O_3 为主，Au 元素异常分布在以上异常的外围，范围较小，其余的元素异常相互间套合较好。异常对应的地层主要是蓟县系哈拉霍疙特组，对应的侵入岩体主要是石炭纪辉长岩。另一个典型的小南山铜镍矿所处综合异常，异常元素或氧化物以 Cu、Ni、Fe_2O_3、Au 为主，异常对应长城系尖山组、蓟县系比鲁特组。其余查明的金矿床所在的综合异常内，异常对应的地层主要是太古宇乌拉山岩群，长城系尖山组，蓟县系比鲁特组、哈拉霍疙特组，对应的岩体主要有古元古代钾长花岗岩、二长花岗岩。通过与典型矿床进行对比可知，该组综合异常元素组合与典型矿床相似，出露地层和岩体也相似，因此推测以上综合异常可能是寻找金矿、铜镍矿的有利地区。

2. 以 Cu、Pb、Zn、Ag 元素异常为主的综合异常

该类综合异常主要分布在成矿带西部地区，所处区域出露的地层为太古宇乌拉山岩群、色尔腾山岩群、东五分子岩组以及元古宇宝音图岩群、长城系渣尔泰山群（未分组）、长城系书记沟组、侏罗系石拐群五当沟组、白垩系庙沟组、新近系等。异常区侵入岩发育，侵入岩有二叠纪花岗岩，石炭纪花岗岩，三叠纪花岗岩、花岗闪长岩等。

该类综合异常面积较大,异常元素以 Cu、Pb、Zn、Ag 为主,并伴有其他元素异常。元素异常面积较大,强度较高,异常间相互套合较好。异常区分布有多个铜、铅、锌、银等金属矿床(点)、矿化点。其中典型的矿床有霍各乞、东升庙铜铅锌矿,李清地铅锌矿床等,霍各乞铜铅锌矿位于Ⅲ$_{12}$-Z-4 综合异常范围内,异常元素以 Cu、Pb、Zn、Ag 为主,异常强度较高,异常对应的地层主要是长城系渣尔泰山群(未分组),异常范围内侵入岩发育,侵入岩面积较大,岩性主要是石炭纪花岗岩。

3. 以 La、Th、Y、Nb 异常为主的综合异常

该组综合异常在成矿带内分布较少,对应的地层有长城系尖山组三段菠萝吐白云岩、蓟县系哈拉霍疙特组与比鲁特组并层、哈拉霍疙特组、比鲁特组。异常区内侵入岩有三叠纪二长花岗岩、钾长花岗岩,侏罗纪花岗岩。其中三叠纪二长花岗岩、钾长花岗岩面积较大,而侏罗纪花岗岩以脉岩分布。异常区内异常元素比较复杂,异常元素或氧化物有 La、Th、Y、Nb、Cu、Pb、Zn、Ag、Au、Fe_2O_3、Ni 等,异常元素相互间呈重叠或套合状态。异常范围内分布有赛乌苏金矿和白云鄂博稀土矿。

三、重力特征

该区是太古宙—元古宙隆起区,与其对应从西到东形成 4 处区域性重力高值区:西侧边部北东向窄条状重力高值区;中部乌拉山一带半月型重力高值区;中东部大青山一带块状高值区;东部集宁一带重力高值区。在剩余重力异常图上,对应形成北东向到近东西向的剩余重力正异常带;该区北部为构造岩浆岩活动带,对应重力低值区;其间过渡带,为老地块、中酸性侵入岩、断陷盆地分布区,剩余重力异常表现为正负相间分布。该区域近东西或北东向条带状展布且边部等值线密集的剩余重力负异常多为断陷盆地引起(图 13-1)。

区内岩浆活动强烈,构造极为发育,矿产丰富,从太古宙—元古宙—古生代形成不同类型的矿产资源,是区内矿产最为丰富的成矿带之一,亦是最重要的多金属成矿带之一。矿产多集中分布于区域重力高值区的局部重力异常边部等值线密集处或变形部位,位于剩余重力正负异常交替带上正异常一侧。狼山—大青山一带重力推断的北西向断裂对矿床点分布也有明显的控制作用。

铜、铅、锌、金等多金属矿点多分布于西部、中部重力高值区,为负磁—弱磁场区。重力高异常与以渣尔泰山群为盖层的老地块有关,重力低异常主要与该区域发育的元古宙—中生代的侵入岩有关。

铁、金等矿床(点)主要分布于中东部及东部重力高值区,铁、金矿床(点)的集中分布区伴有中等强度的航磁异常。重力高异常主要与太古宙、古元古代古老变质岩及太古宙深成侵入体有关。负异常多为古生代—中生代侵入岩引起,呈近东西向窄条状展布,边部等值线密集的负异常推断与中新生界盆地有关。

四、航磁特征

按成矿亚带分述如下。

1. Ⅲ-12-①白云鄂博-商都金、铁、铌、稀土、铜、镍成矿亚带

在航磁 ΔT 等值线平面图(图 13-2)上,东部以大面积负异常为主,西部以低缓负异常为背景,南侧成矿带边缘分布着东西向的条带状正磁异常,强度较高,梯度变化大,北侧伴生负异常。航磁 ΔT 化极等值线平面图上,成矿带东部负异常更加明显,西部异常变化不大,幅值有所增大。

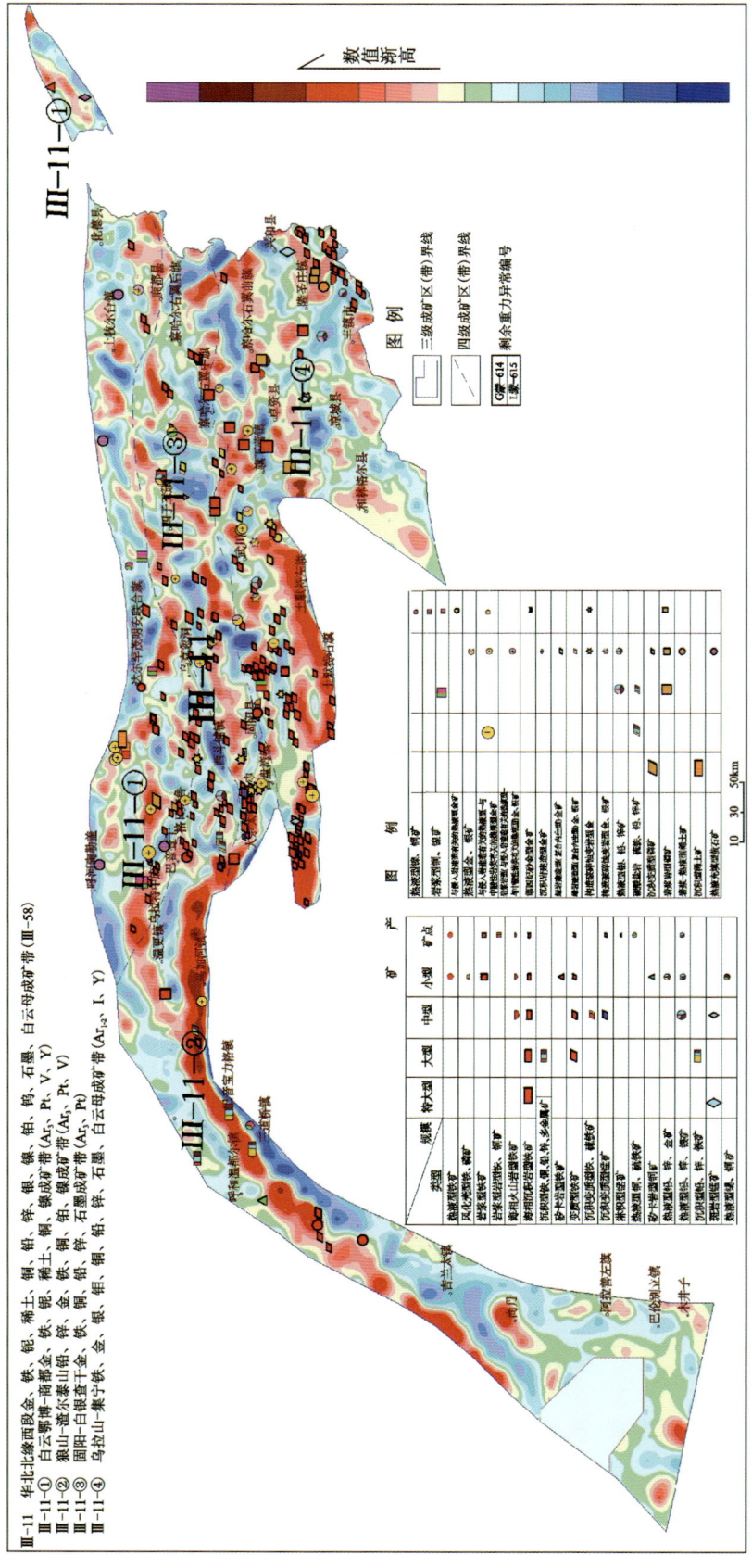

图 13-1 华北陆块北缘成矿带（Ⅲ-11）剩余重力异常图

第十三章 华北陆块北缘成矿带（Ⅲ-11）预测成果

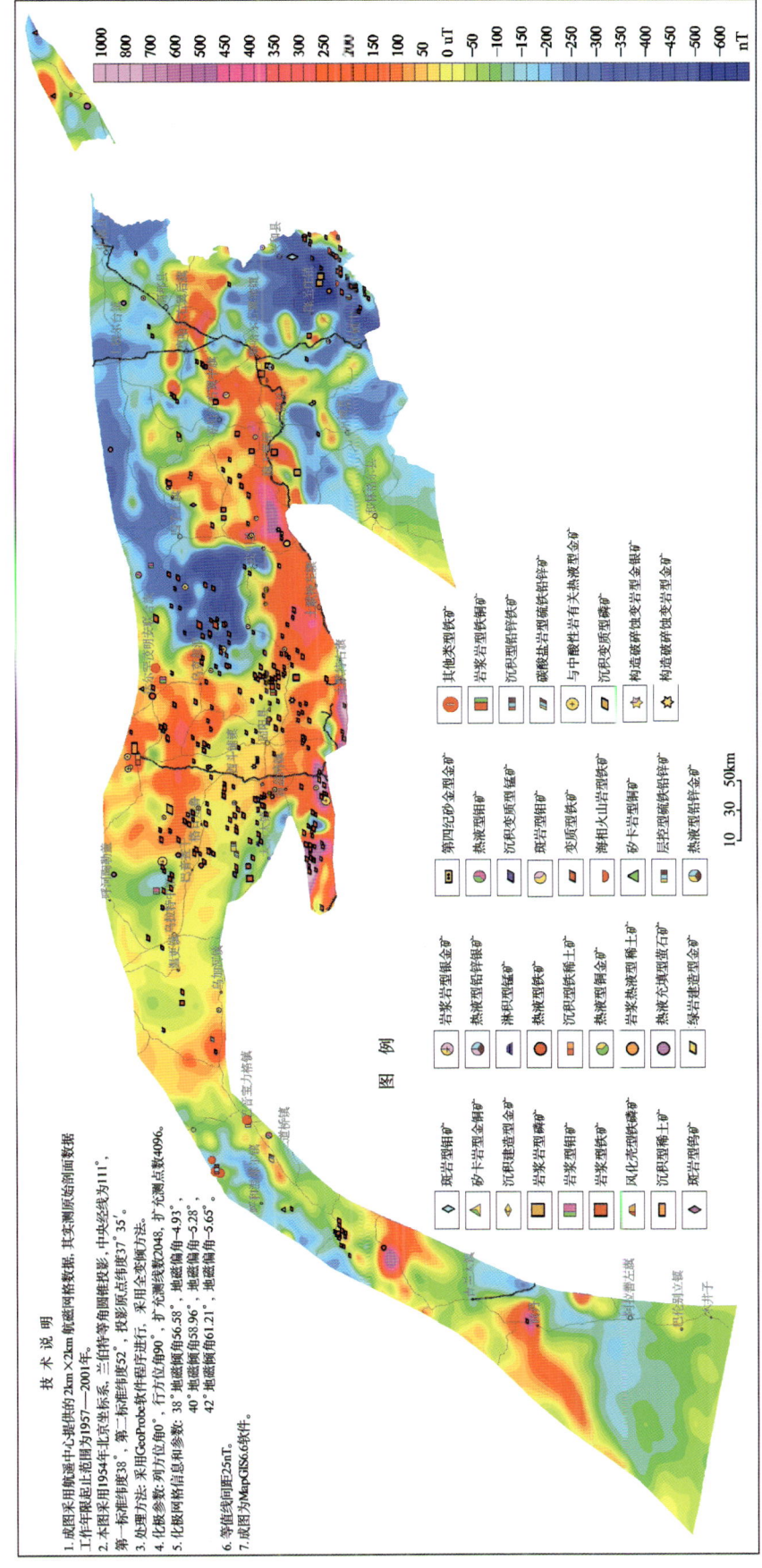

图13-2 华北陆块北缘成矿带（Ⅲ-11）航磁化极ΔT等值线平面图

2. Ⅲ-12-②狼山-渣尔泰山铅、锌、金、铁、铜、铂、镍成矿亚带

在航磁 ΔT 等值线平面图上,成矿带内以平缓负异常为主,零星分布的正磁异常遍布整个成矿带,多呈椭圆形及带状,以北东向为主,梯度变化较缓。航磁 ΔT 化极等值线平面图上,成矿带以负异常为主,变化较缓,正异常呈圆形、椭圆形零星分布。

3. Ⅲ-12-③固阳-白银查干金、铁、铜、铅、锌、石墨成矿亚带

在航磁 ΔT 等值线平面图上,成矿带内分布着大面积负磁异常,且负异常强度较大。只在东西两端各有一串珠状正磁异常,强度不高,梯度变化明显。走向为北东向及近东西向。航磁 ΔT 化极等值线平面图上,磁异常无明显变化,只是成矿带中部变化平缓的异常化极后强度增大,呈椭圆形,梯度变化较明显。

4. Ⅲ-12-④乌拉山-集宁金、银、铁、铜、铂、锌、石墨、白云母成矿亚带

在航磁 ΔT 等值线平面图上,成矿带内以平缓磁异常为背景,场值一般-50~100nT,最高 750nT,磁异常呈明显的条带状分布,从西部延伸到东北部,北东走向,北侧伴生负异常,梯度变化较大。航磁 ΔT 化极等值线平面图上,成矿带东部及南部以负异常为主,中西部主要为正磁异常,条带状,中间不连续,强度高,梯度大,沿北东向展布。

五、区域遥感特征

成矿带北侧解译出 1 条巨型断裂带,即华北陆块北缘断裂带,该断裂带影纹穿过山脊、沟谷断续东西向分布,显现较古老线性构造,影像上判断线性构造两侧地层体较复杂,穿过多套地层。该断裂控制了两侧多金属矿产的分布。环形构造分布广泛,它们在空间分布上有明显的规律,主要分布在不同方向断裂交会部位或与隐伏岩体有关。色要素中的深色异常多为蚀变的反映,本成矿带内表现为青磐岩化、角岩化等。羟基、铁染异常分布广泛,局部较集中,与已知矿产吻合较好(图 13-3)。

第二节 重要矿种预测评价模型

该成矿带涉及矿种有铁矿、金矿、钼矿、铅锌矿、铜(镍)矿、钨矿、银矿、稀土矿、硫铁矿、磷矿等,矿产预测类型有岩浆型、变质型、沉积型、热液型等,共划分了 6 个成矿系列,是本区最重要的三级成矿带之一。

一、与太古宙(古元古代)受变质火山-沉积作用有关的铁、金矿床成矿系列预测评价模型

本系列根据矿床成因等条件可分为 3 个亚系列:与太古宙受变质火山-沉积作用有关的铁矿床成矿亚系列,与古元古代韧脆性剪切变形变质作用有关的金矿床成矿亚系列及与古元古代韧脆性剪切变形变质作用有关的稀土、磷、石墨、白云母成矿亚系列。

1. 与太古宙受变质火山-沉积作用有关的铁矿床成矿亚系列预测评价模型

本亚系列在 Ⅲ-11 成矿带中矿产预测类型主要是沉积变质型铁矿,以壕赖沟式铁矿(Ar_1)、贾格尔

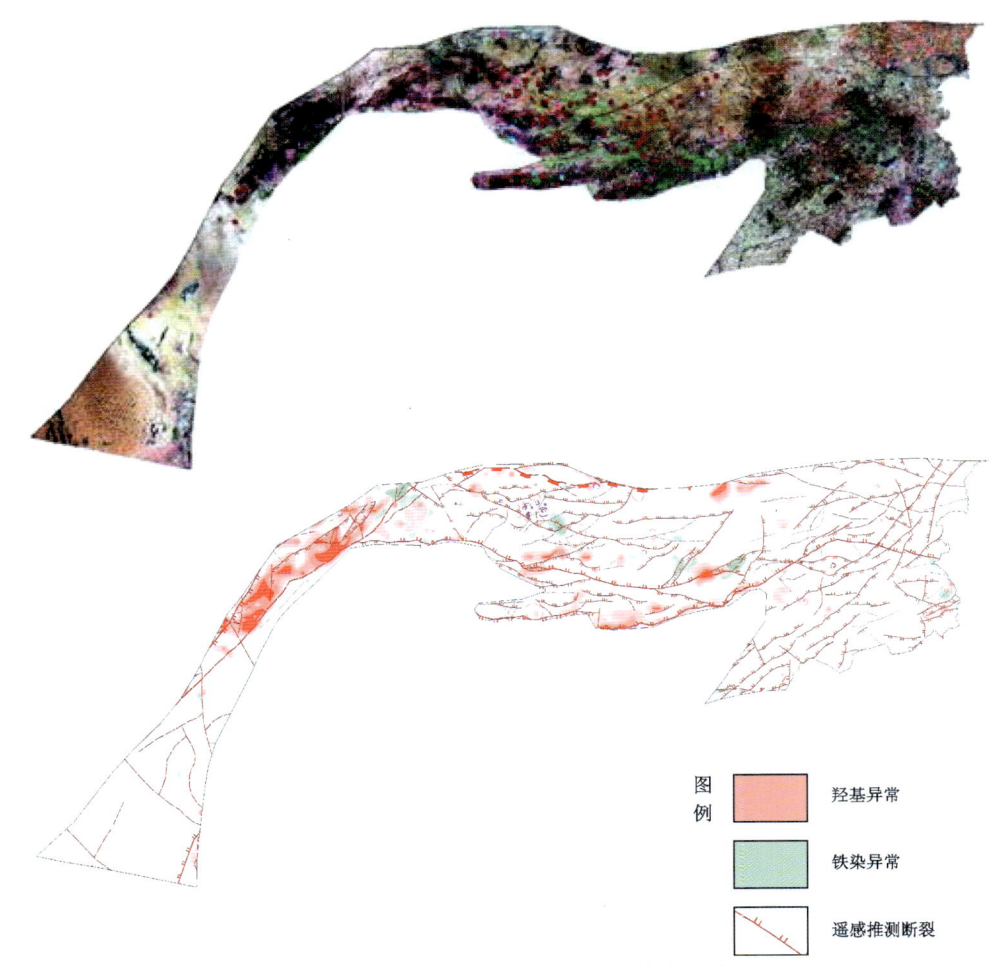

图 13-3　Ⅲ-11 成矿带遥感影像图（上）及综合异常图（下）

其庙式铁矿（Ar_2）及三合明式铁矿（Ar_3）为代表，建立该亚系列变质火山-沉积型铁矿的预测要素表及预测模型图（图 13-4，表 13-2）。

表 13-2　与太古宙受变质火山-沉积作用有关的铁矿床成矿亚系列预测要素表

区域成矿要素		描述内容	要素类别
地质环境	大地构造位置	Ⅱ-4-1 固阳-兴和陆核（Ar_2），Ⅱ-4-2 色尔腾山-太仆寺旗古岩浆弧（Ar_3）	必要
	成矿区（带）	华北成矿省，华北地台北缘西段金、铁、铌、稀土、铜、铅、锌、银、镍、铂、钨、石墨、白云母成矿带（Ⅲ-11）	必要
	区域成矿类型及成矿期	沉积变质型；太古宙	必要
控矿地质条件	赋矿地质体	兴和岩群含铁麻粒岩、色尔腾山岩群东五分子组，乌拉山岩群哈达门沟岩组角闪斜长片麻岩	必要
地球物理特征	重力特征	重力梯度带偏正异常一侧	重要
	航磁特征	航磁正异常明显	重要

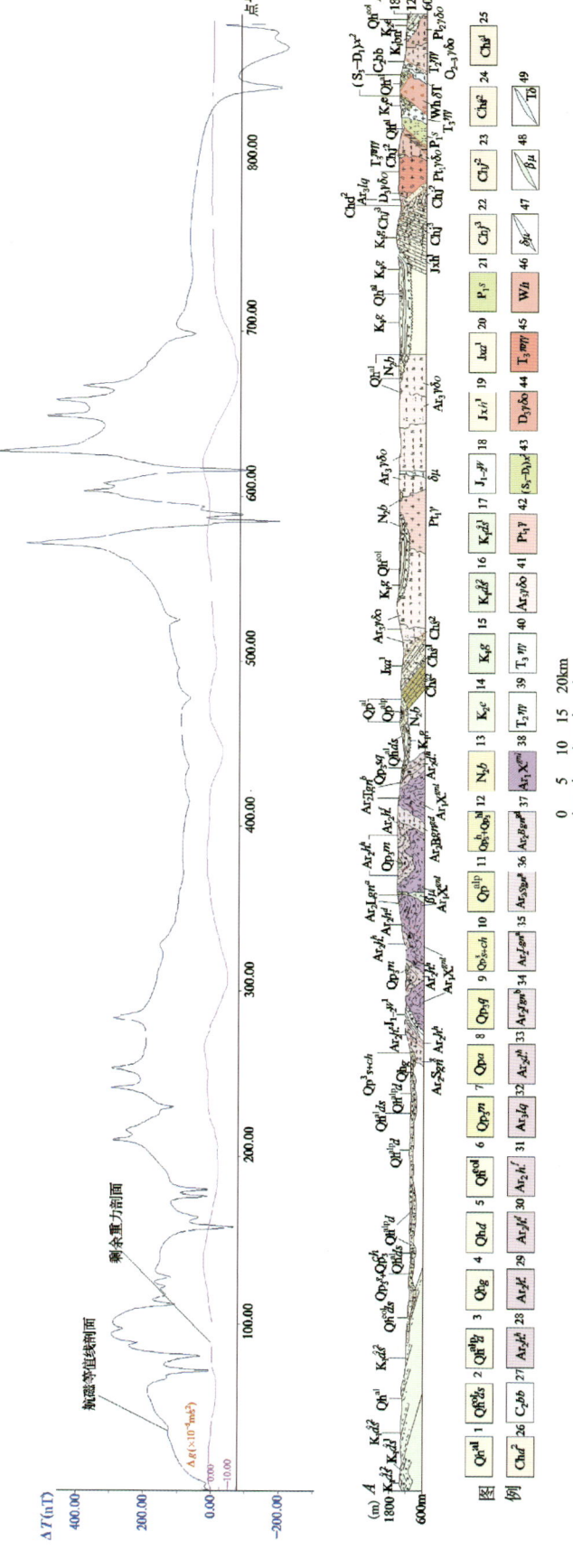

图 13-4 与太古宙受变质火山-沉积作用有关的铁矿床成矿亚系列预测模型图

1.全新世冲积层；2.全新世冲洪积物；3.全新世冲洪积层；4.古城湾组；5.大湾湾组；6.全新世风积层；7.马兰组；8.阿巴嘎组；9.正安组；10.萨拉乌苏组；11.更新世冲洪积层；12.第四系更新统；13.宝格达乌拉组；14.二连组；15.二段召周阳组；16.大磨拐河二段；17.大磨拐河一段；18.石拐群五当沟组；19.哈拉霍特孜组；20.阿尔古鲁沟组；21.三面井组；22.石拐群五当沟组二段；23.石拐群五当沟组二段；24.书记沟组二段；25.书记沟组一段；26.都拉哈拉组；27.白山山组；28.黑云角闪斜长片麻岩；29.富铝片麻岩；30.透辉片麻岩变质；31.黑云长英片麻岩；32.紫苏斜长片麻岩；33.甲子甲片子麻岩；34.陶米沟片麻岩；35.立甲子甲子麻岩；36.山和原沟片麻岩；37.毕气沟片麻岩；38.紫苏斜长片麻粒岩；39.二长花岗岩；40.长花岗岩；41.花岗闪长岩；42.花岗岩；43.西别河组；44.石英闪长岩；45.辉长岩；46.乌德混杂堆积带；47.二长花岗闪长岩；48.辉绿(岩)岩脉；49.闪长岩岩脉

2. 与古元古代韧脆性剪切变形变质作用有关的金矿床成矿亚系列预测评价模型

本亚系列主要产出破碎蚀变岩型金矿，以十八顷壕式金矿为例总结该亚系列的预测要素表及预测模型图（图 13-5，表 13-3）。

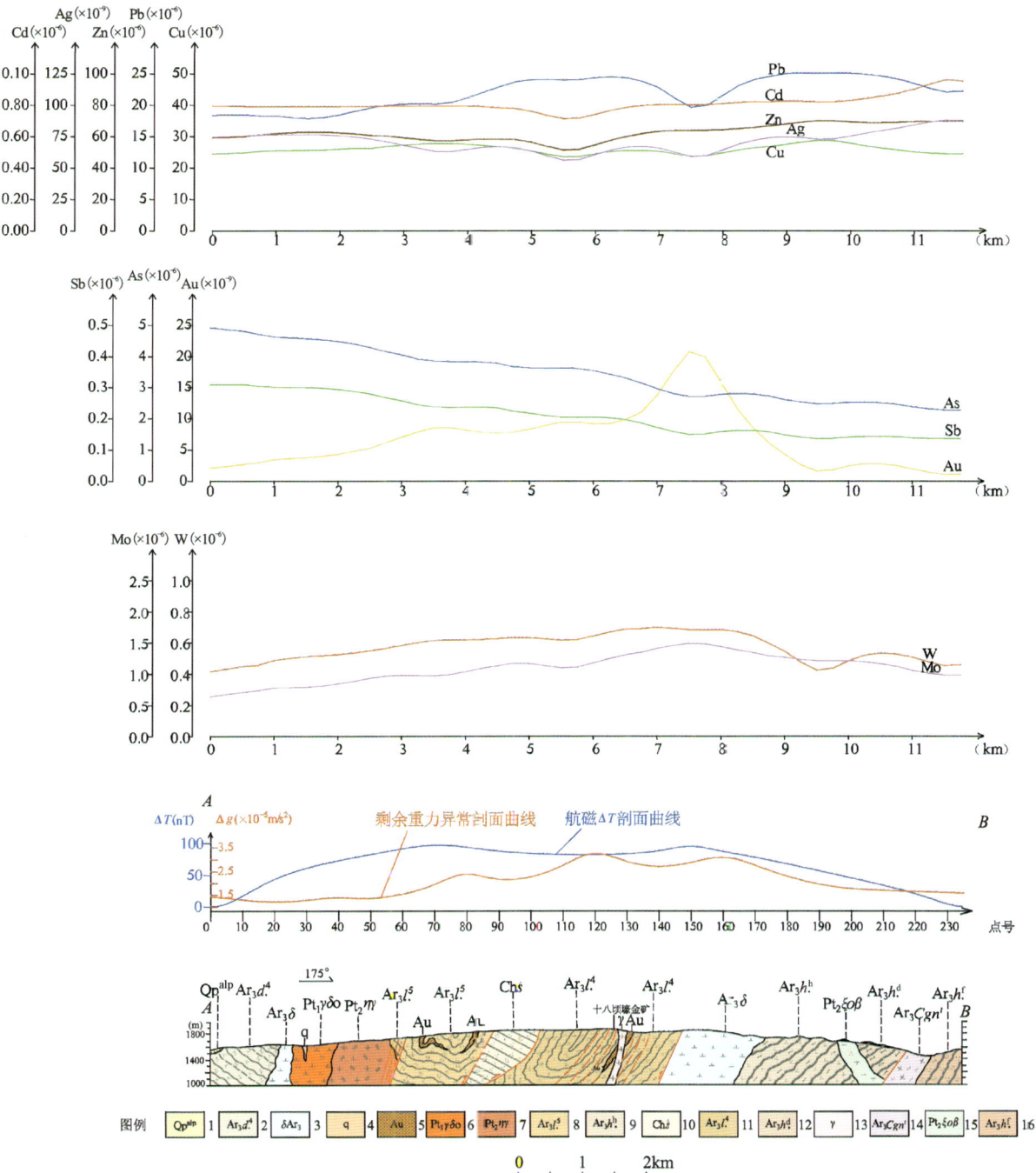

图 13-5　与古元古代韧脆性剪切变形变质作用有关的金矿床成矿亚系列预测模型图

1.第四系更新统：紫红色半固结松散砂砾；2.黑云（角闪）斜长片麻岩-斜长角闪岩夹角闪磁铁石英岩变质建造；3.斜长角闪岩；4.石英；5.金；6.灰白色变质英云闪长岩；7.浅灰红色中粗粒片麻状二长花岗岩；8.云英片岩-斜长片岩-变粒岩含金变质建造；9.石墨片麻岩；10.书记沟组：灰绿色砾岩；11.云母（斜长）片岩含金变质建造；12.石墨矽线榴浅粒岩；13.花岗岩；14.村空山片麻岩：灰绿色英云闪长质片麻岩，二长花岗质片麻岩，透辉闪长岩；15.中元古代石英正长辉长岩；16.石墨透辉大理岩

表 13-3　与古元古代韧脆性剪切变形变质作用有关的金矿床成矿亚系列预测要素表

区域成矿要素		描述内容	要素类别
地质环境	大地构造位置	Ⅱ-4-2 色尔腾山-太仆寺旗古岩浆弧（Ar_3）	必要
	成矿区（带）	华北成矿省，华北地台北缘西段金、铁、铌、稀土、铜、铅、锌、银、镍、铂、钨、石墨、白云母成矿带（Ⅲ-11）	必要
	区域成矿类型及成矿期	破碎蚀变岩型、热液型；印支期	必要
控矿地质条件	赋矿地质体	新太古代色尔腾山岩群柳树沟岩组	必要
	控矿侵入岩	蚀变闪长岩、花岗岩	重要
	控矿构造	北西西向断裂	重要
区内相同类型矿产		矿床（点）3 处：中型 1 处，小型 1 处，矿化点 1 处	重要
地球物理及地球化学特征	地球物理特征	十八顷壕金矿位于预测区东侧正负异常交替带的负异常一侧，在其以西的剩余重力正异常的边部有多处金矿点分布，认为该处剩余重力正异常低缓地带为元古宙地层与岩体的接触部位，应为寻找金矿的重点区域。剩余重力起始值大于 $0m/s^2$	重要
	地球化学特征	Au 化探综合异常值大于 3.5×10^{-9}	重要

3. 与古元古代韧脆性剪切变形变质作用有关的稀土、磷、石墨、白云母成矿亚系列预测评价模型

本成矿亚系列主要产出岩浆型稀土矿及伟晶岩型、沉积变质型非金属矿产，现以三道沟式岩浆型稀土矿为例，总结该成矿亚系列的预测要素表及预测模型图（表 13-4，图 13-6）。

表 13-4　与古元古代韧脆性剪切变形变质作用有关的成矿亚系列预测要素表

区域成矿要素		描述内容	要素类别
地质环境	大地构造位置	Ⅱ华北陆块区，Ⅱ-4 狼山-阴山陆块（大陆边缘岩浆弧），Ⅱ-4-1 固阳-兴和陆核	重要
	成矿区（带）	华北成矿省，华北地台北缘西段金、铁、铌、稀土、铜、铅、锌、银、镍、铂、钨、石墨、白云母成矿带（Ⅲ-11）	重要
	区域成矿类型及成矿期	岩浆型；新太古代	重要
矿床特征	赋矿地质体	赋存于集宁岩群片麻岩组中的透辉岩脉、钾长岩脉	重要
	控矿侵入岩	赋存于集宁岩群片麻岩组中的透辉岩脉、钾长岩脉	次要
	主要控矿构造	北东向、东西向、南北向断层	必要
区内相同类型矿产		已知矿床 2 处	必要
地球物理特征	重力	三道沟式岩浆晚期型稀土矿床位于集宁市-察右前旗以东的重力高值区，局部重力高异常走向北东；根据物性资料和地质资料分析，推断该局部重力高异常是太古宙地层的反映。表明三道沟稀土矿床在成因上与太古宙地层有关	次要
	航磁	据 1:5 万航磁化极图显示：磁场总体表现为弱负磁场，局部达到 $-600nT$	次要
地球化学特征		预测区上主要分布有 La、Th、Y、Au、Cu、Pb、Zn、Ag、Cd、Mo 等元素异常，La 元素浓集中心明显，异常强度高，在预测区呈北西向展布。As、Sb、W、U 元素在预测区异常不明显	重要
遥感特征		北东向、南北向、东西向断裂有利于成矿	重要

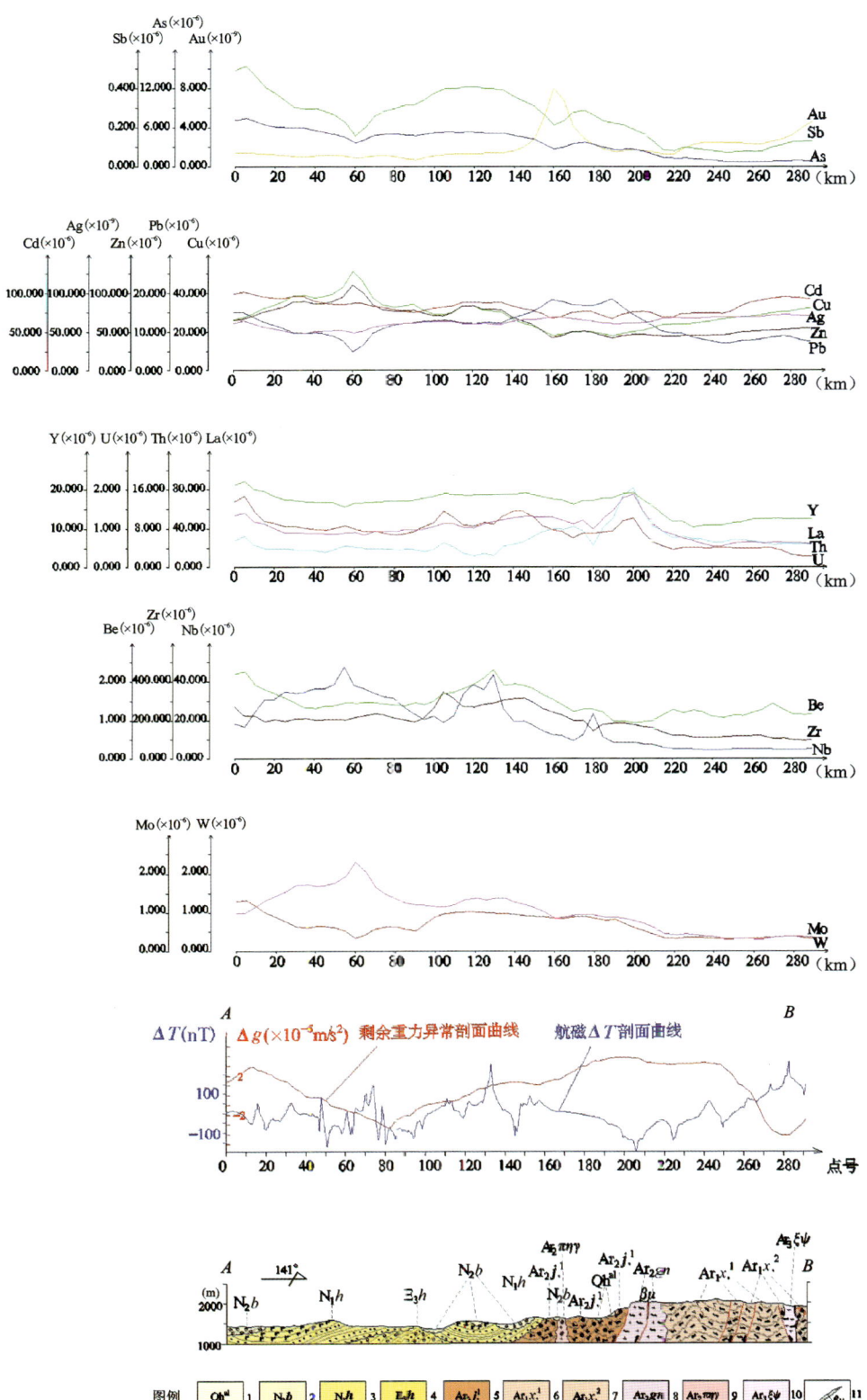

图 13-6 与古元古代韧脆性剪切变形变质作用有关的成矿亚系列预测模型图
1.冲积层;2.宝格达乌拉组;3.汉诺坝组;4.呼尔井组;5.大理岩组;6.含铁麻粒岩组;
7.麻粒岩组;8.中太古代;9.二长花岗岩;10.闪长玢岩;11.辉绿玢岩脉

二、与中元古代基性—中酸性火山作用有关的金、铁、铅、锌、铜、硫铁矿床成矿系列预测评价模型

本系列根据矿床成因等条件可分为3个亚系列：与中元古代碱性岩浆活动有关的铁、稀土、金矿床成矿亚系列，与中元古代海相基性—中酸性火山喷流-沉积作用有关的铁、铜、铅、锌、金、硫铁矿床成矿亚系列及与中元古代海相化学沉积作用有关的铁、锰、磷矿床成矿亚系列。

1. 与中元古代碱性岩浆活动有关的铁、稀土、金矿床成矿亚系列预测评价模型

本亚系列主要产出热液型铁、稀土、金矿，以白云鄂博式沉积型铁稀土矿及赛乌苏式金矿为例总结该亚系列热液型金矿的预测要素表及预测模型图（表13-5、表13-6，图13-7、图13-8）。

表13-5 与中元古代碱性岩浆活动有关的沉积型铁矿预测要素表

区域成矿要素		描述内容	要素分类
地质环境	大地构造位置	华北陆块北缘，狼山-白云鄂博裂谷	必要
	成矿区（带）	华北成矿省，华北地台北缘西段金、铁、铌、稀土、铜、铅、锌、银、镍、铂、钨、石墨、白云母成矿带（Ⅲ-11）	必要
	区域成矿类型及成矿期	沉积型；中元古代	必要
控矿地质条件	赋矿地质体	白云鄂博群都拉哈拉组、尖山组、哈拉霍疙特组	必要
	控矿侵入岩	方解石碳酸岩及白云石碳酸岩侵入体	重要
	主要控矿构造	东西向的褶皱和断裂构造发育，尤其是深断裂活动为成矿物质从深部向浅部运移提供了可能的通道	重要
航磁		航磁异常范围：在碳酸岩地区及已知铁矿附近较为明显	必要
		航磁起始值大于100nT	重要
重力		剩余重力起始值大于3×10^{-5}m/s^2	次要

表13-6 与中元古代碱性岩浆活动有关的热液型金矿预测要素表

区域成矿要素		描述内容		要素类别
		特征描述	热液型金矿床	
地质环境	构造背景	Ⅰ天山-兴蒙造山系，Ⅱ华北陆块区，Ⅱ-4 狼山-阴山陆块（大陆边缘岩浆弧，Ⅱ-4-3 狼山-白云鄂博裂谷		必要
	成矿环境	华北成矿省，华北地台北缘西段金、铁、铌、稀土、铜、铅、锌、银、镍、铂、钨、石墨、白云母成矿带（Ⅲ-11）		必要
	成矿时代	海西期		必要

续表 13-6

区域成矿要素		描述内容		要素类别
		特征描述	热液型金矿床	
控矿地质条件	控矿构造	哈拉忽鸡复背斜及东西向、北西向断裂		重要
	赋矿地质体	元古宇白云鄂博群尖山组第二岩段		必要
	围岩蚀变	硅化、绢云母化、绿泥石化、黄铁矿化、赤铁矿化、碳酸盐化		重要
区域成矿类型及成矿期		海西期层控内生型		必要
地球物理特征	重力异常	布格重力异常以高、低相间分布为特征,对应形成剩余重力正负异常区。呈近东西向展布。与太古宇、元古宇有关的布格重力高异常、剩余重力正异常可作为该区的预测要素。尤其注意异常的边部区域		重要
	航磁异常	预测区西部主要为低缓磁异常区,无明显磁异常;中南部以杂乱正磁异常为主;东部为较强的东西向正负伴生磁异常带(白云鄂博矿区)。赛乌苏金矿区位于白云鄂博正负磁异常带西北部低缓磁异常区。异常值一般在 100~200 rT 之间		重要
地球化学特征		预测区上分布有 Ag、Au、Cu、Cd、As、Sb 等元素组成的高背景区(带),在高背景区(带)中有以 Ag、Au、Cu、Cd、As、Sb 为主的多元素局部异常。异常值 $>2\times10^{-9}$,最大值 1800×10^{-9}		必要

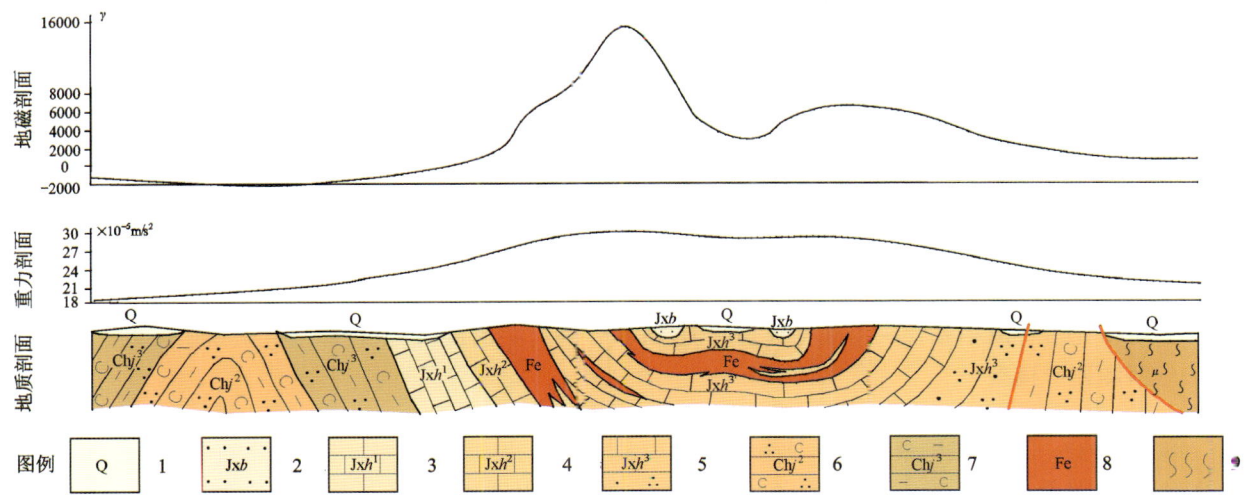

图 13-7 与中元古代碱性岩浆活动有关的沉积型铁矿预测模型图

1.冲积层、残坡积层;2.比鲁特组;3.哈拉霍疙特组一段;4.哈拉霍疙特组二段;5.哈拉霍圪特组三段;
6.尖山组二段;7.尖山组三段;8.铁矿;9.古老基底岩

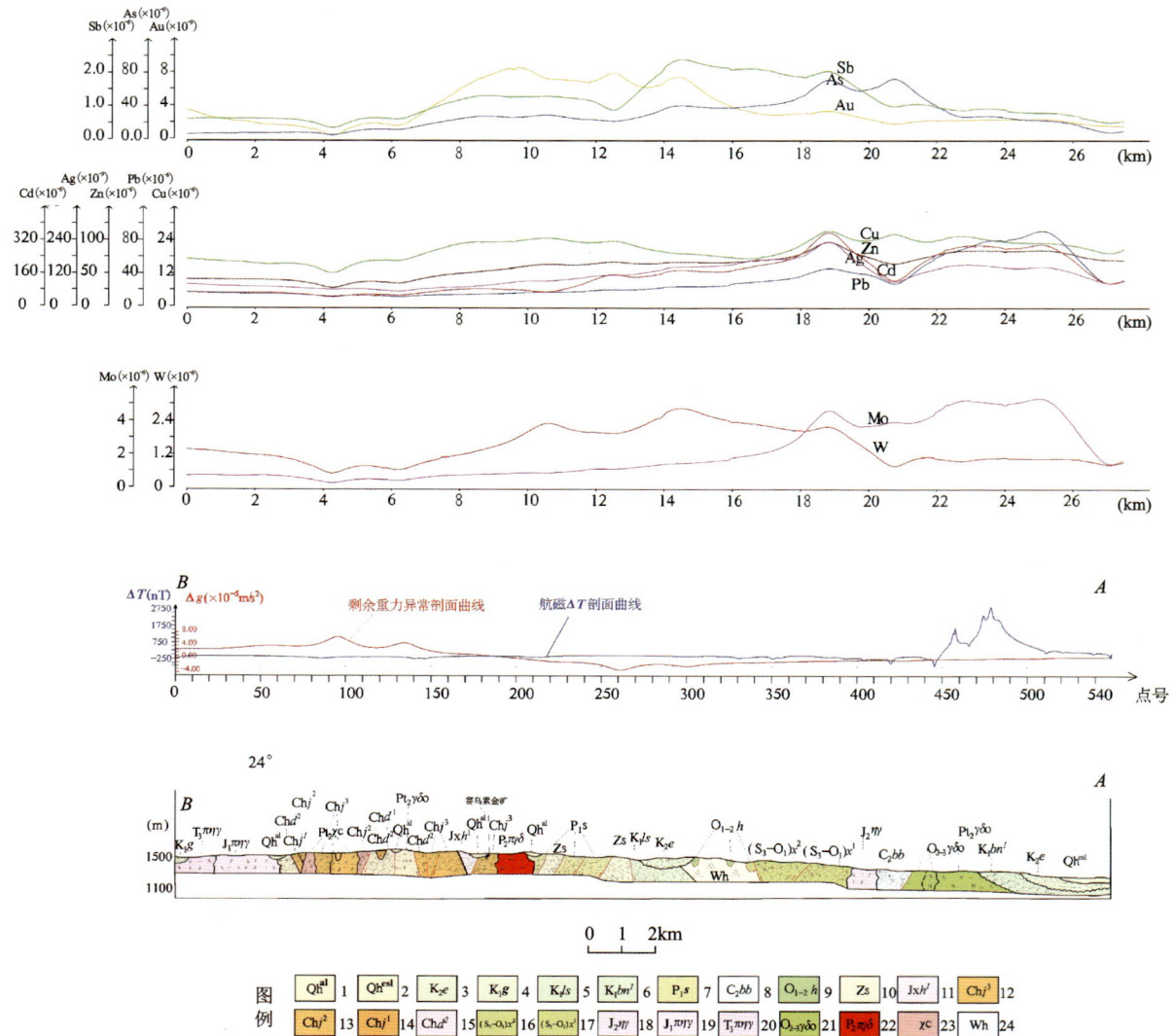

图 13-8　与中元古代碱性岩浆活动有关的热液型金矿预测模型图

1.冲积层；2.风积物；3.二连组；4.固阳组；5.李三沟组；6.白女羊盘组；7.苏吉组；8.本巴图组；9.哈拉组；10.腮林忽洞组；11.哈拉霍疙特组一岩段；12.尖山组三岩段；13.尖山组二岩段；14.尖山组一岩段；15.都拉哈拉组；16.西别河组二岩段；17.西别河组一岩段；18.灰白色中粒二长花岗岩；19.中粗粒似斑状二长花岗岩；20.灰黄色中粒似斑状二长花岗岩；21.灰黄色—灰绿色中粗粒英云闪长岩；22.灰黄色中粒似斑状花岗闪长岩、英云闪长岩；23.灰白色中细粒白云岩；24.乌德构造岩浆岩混杂岩

2. 与中元古代海相基性—中酸性火山喷流-沉积作用有关的铁、铜、铅、锌、金、硫铁矿床成矿亚系列预测评价模型

本亚系列在Ⅲ-11成矿带中矿产预测类型主要是火山喷流-沉积型，代表性矿床有霍各乞、东升庙、炭窑口、甲生盘等多金属矿床，现以霍各乞铜铅锌多金属矿为例，总结该亚系列的预测要素表及预测模型图（图13-9，表13-7）。

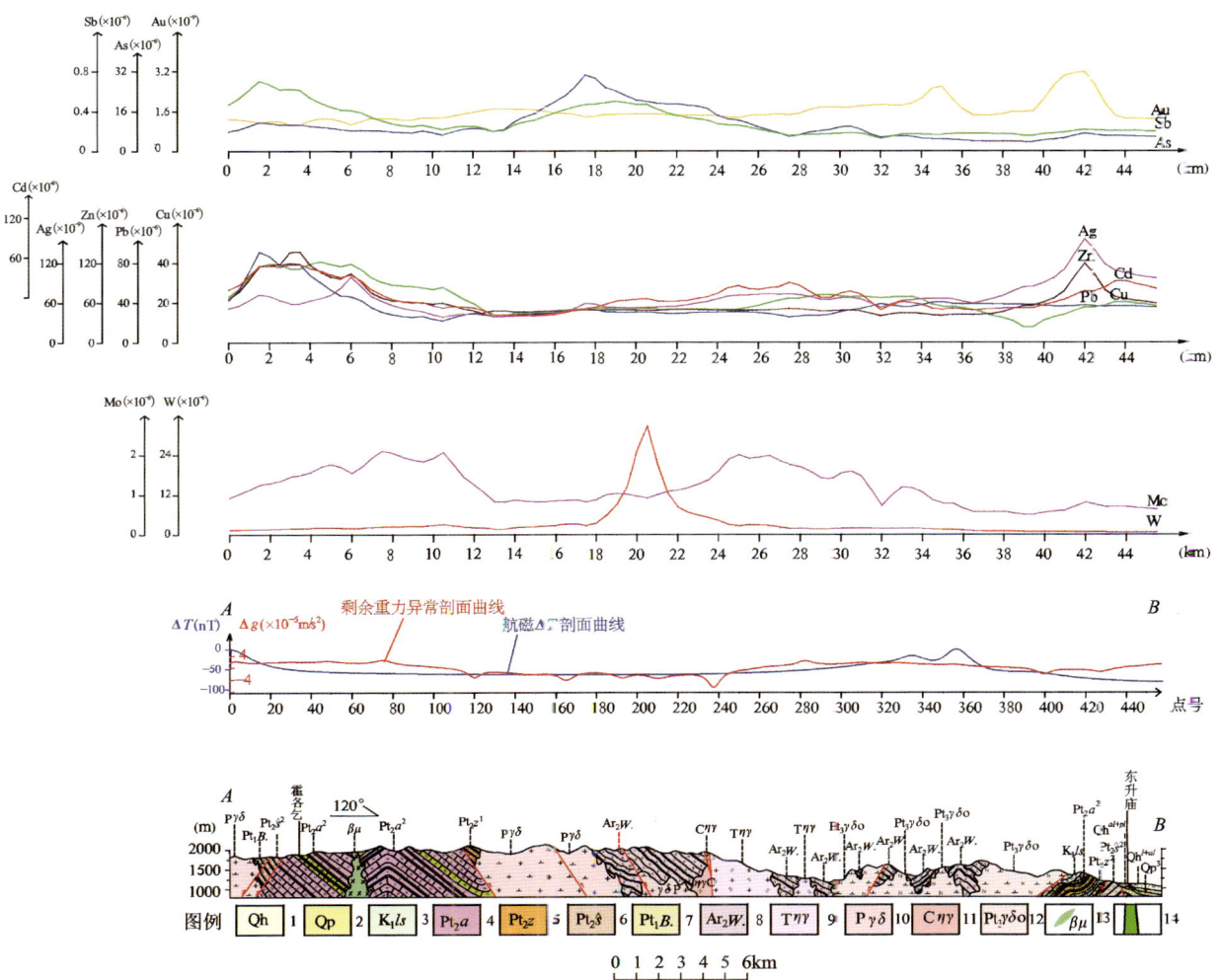

图 13-9 与中元古代海相基性—中酸性火山喷流-沉积作用有关的铁、铜、铅、锌、硫铁矿预测模型图

1.第四系全新统；2.第四系更新统；3.李三沟组；4.阿古鲁沟组；5.增隆昌组；6.书记沟组；7.宝音图岩群；8.乌拉山岩群；9.三叠纪二长花岗岩；10.二叠纪花岗闪长岩；11.石炭纪二长花岗岩；12.新元古代英云闪长岩；13.辉绿(玢)岩脉；14.矿体

表 13-7 与中元古代海相基性—中酸性火山喷流-沉积作用有关的铁、铜、铅、锌、硫铁矿预测要素表

区域成矿要素		描述内容	要素类别
区域成矿地质环境	大地构造单元	华北陆块区狼山-阴山陆核(北缘隆起带)	重要
	主要控矿构造	狼山、阴山山前深大断裂及中新元古代南东东向裂陷带	次要
	主要赋矿地层	中元古界蓟县系阿古鲁沟组	重要
	控矿沉积建造	浅海陆棚沉积体系碳质粉砂岩-泥岩建造、含碳石英砂岩建造	重要
	区域变质作用及建造	绿片岩相-低角闪岩相的区域变质作用,板岩-千枚岩建造、石英片岩建造	次要

续表 13-7

区域成矿要素		描述内容	要素类别
区域成矿特征	区域成矿类型及成矿期	中元古代海相沉积型（铜、铅、锌、硫铁）	重要
	含矿建造	碳质粉砂岩-泥岩建造、含碳石英砂岩建造	重要
	含矿构造	层内裂隙构造及层间滑动裂隙	次要
	矿石建造	黄铜矿-辉铜矿建造	次要
	围岩蚀变	硅化、电气石化、透辉透闪石化	重要
	矿床式	霍各乞式、东升庙式、炭窑口式（喷流型）	重要
	矿点	同类型铜矿（化）点 18 处	重要
地球物理、化学、遥感特征	化探	Cu 元素异常三级浓度分带，异常值在 $(18\sim278.8)\times10^{-6}$ 之间	重要
	重力	重力异常低背景区，剩余重力异常值在 $(-1\sim1)\times10^{-5}\,\text{m/s}^2$ 之间；重力异常梯级带，剩余重力异常值 $(9\sim19)\times10^5\,\text{m/s}^2$	次要
	航磁	低缓负磁异常中的局部正磁异常区，异常区异常强，异常值 $100\sim1800\,\text{nT}$	重要
	遥感	一级遥感铁染及羟基异常	次要

3. 与中元古代海相化学沉积作用有关的铁、锰、磷矿床成矿亚系列预测评价模型

本亚系列在Ⅲ-11成矿带中矿产预测类型主要是沉积变质型，代表性矿床有西德岭山、王成沟铁矿、红壕锰矿、布龙图磷矿等矿床，现以布龙图磷矿为例，总结该亚系列的预测要素表及预测模型图（表13-8，图13-10）。

表 13-8　与中元古代海相化学沉积作用有关的沉积变质型铁、磷矿预测要素表

区域成矿要素		描述内容	要素类别
特征描述		沉积变质型磷矿床	
地质环境	大地构造位置	Ⅱ华北陆块区，Ⅱ-4 狼山-阴山陆块，Ⅱ-4-3 狼山-白云鄂博裂谷带	必要
	成矿区（带）	华北成矿省，华北地台北缘西段金、铁、铌、稀土、铜、铅、锌、银、镍、铂、钨、石墨、白云母成矿带（Ⅲ-11）	重要
	成矿环境	滨海相	重要
	成矿时代	长城纪	必要
区域成矿特征	含矿岩系	白云鄂博群尖山组榴石铁闪石磷灰岩、含磷砂质板岩、含磷榴石石英砂岩	必要
	蚀变特征	主要为硅化、钾化、褐铁矿化	次要
	控矿条件	中元古界长城系白云鄂博群尖山组榴石铁闪石磷灰岩、含磷砂质板岩、含磷榴石石英砂岩。受区域构造影响，区内构造线总体走向北东向。北东向次级褶皱构造是区内的主要控矿构造，布龙图磷矿即赋存于布龙图倒转背斜两翼	必要

续表 13-8

区域成矿要素		描述内容	要素类别
特征描述		沉积变质型磷矿床	
地球物理特征	重力特征	布格重力异常以高、低相间分布为特征；对应剩余重力正负异常区。与元古宙地层有关的布格重力高异常、剩余重力正异常可作为该区的预测要素	重要
	航磁特征	航磁异常比较明显，但与磷矿的找矿指示意义不大，只对该区的铁矿化有意义，预测工作区磁异常幅值范围为-2800～4800nT，西部为低缓磁异常，东部为局部高值异常，形态以不规则带状为主，北部高值异常正负伴生，南部高值异常以大面积正异常为主，布龙图磷矿区位于预测区中部，磁场背景为平缓磁异常区，-100nT 等值线附近	次要

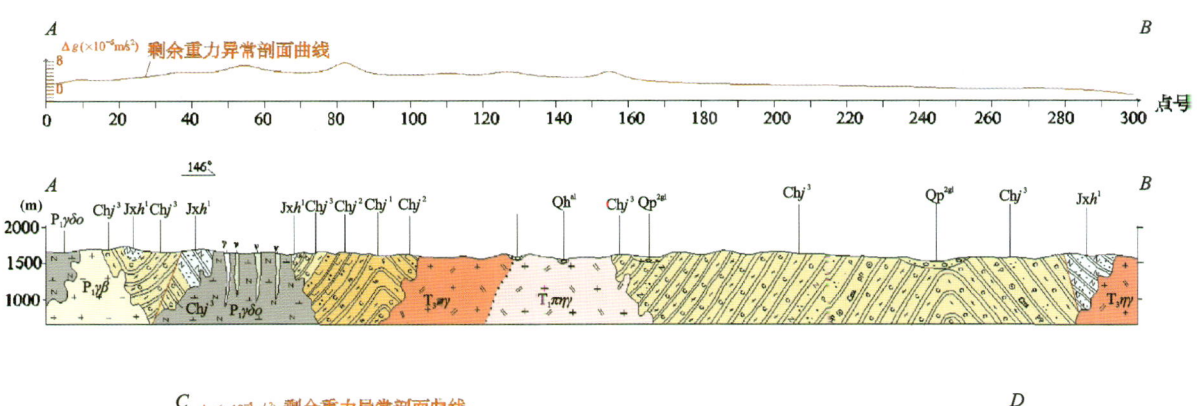

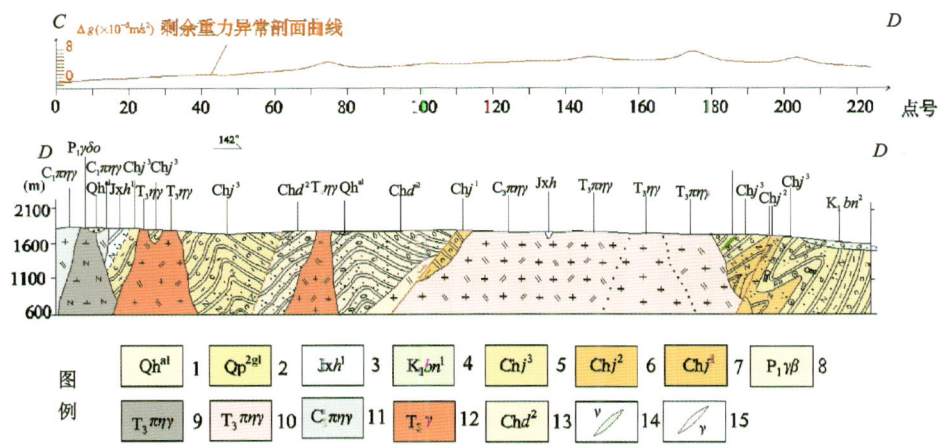

图 13-10 与中元古代海相化学沉积作用有关的沉积变质型铁、磷矿预测模型图

1.冲积：松散砂砾石；2.冰湖堆积：半胶结冰积漂砾，次水混积砾石层；3.哈拉霍疙特组一岩段：变质石英砂岩、粉砂质泥晶灰岩；4.白女羊盘组：灰黑色玄武岩、糙玄岩；5.尖山组第三沉积建造：碳质板岩-红柱石碳质板岩＞变质长石石英砂岩＞粉砂质板岩＞含磷石英砂岩＞含磷榴石铁闪石岩＞磷矿建造；6.尖山组第二沉积建造：变质长石石英砂岩-变质石英砂岩＞粉砂质板岩＞变质钙质砂岩建造；7.尖山组第一沉积建造：碳质板岩-(含铁)红柱石碳质板岩＞粉砂质碳质板岩＞变质长石石英砂岩建造；8.浅黄色中粗粒黑云母花岗岩；9.灰色中粒英云花岗闪长岩；10.二长花岗斑岩；11.浅灰色巨斑状黑云母二长花岗岩；12.肉红色中粗粒二长花岗岩；13.都拉哈拉组二岩段：变质长石石英砂岩、石英岩；14.变辉长岩脉；15.花岗岩脉

三、与海西期基性岩浆活动有关的铜、镍、铂矿床成矿系列预测评价模型

本成矿系列以岩浆熔离型铜镍矿为主,代表性矿床有小南山、黄花滩、克布铜镍矿等,现以小南山铜镍矿作为典型矿床,分析总结该系列的预测要素表及预测模型图(图 13-11,表 13-9)。

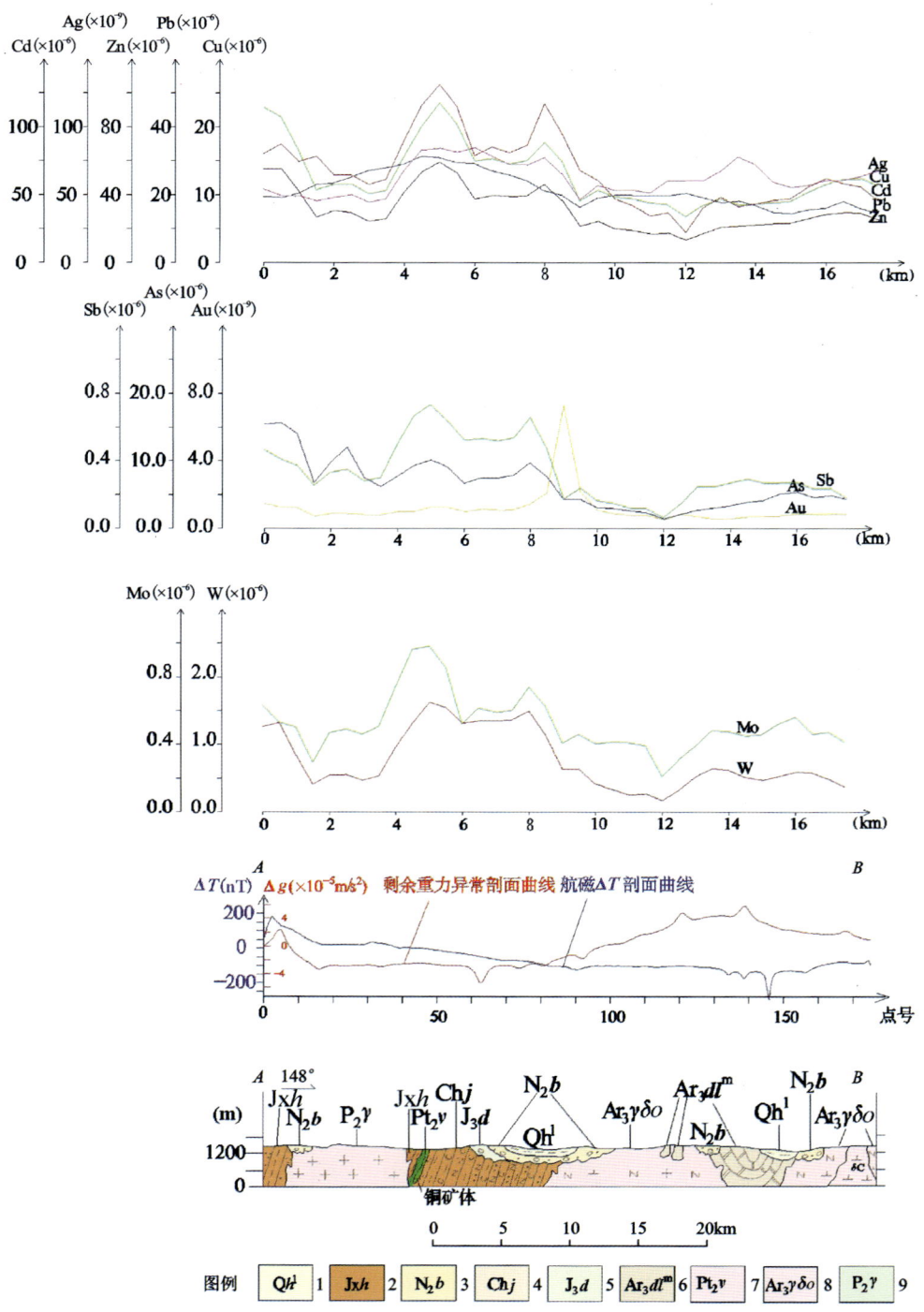

图 13-11　与海西期基性岩浆活动有关的铜镍矿预测模型图

1.湖积层;2.哈拉霍疙特组;3.宝格达乌拉组;4.尖山组;5.大青山组;6.东五分子岩组;7.辉长岩;8.花岗闪长岩;9.花岗岩

表 13-9　与海西期基性岩浆活动有关的铜镍矿预测要素表

区域成矿要素		描述内容	要素类别
区域成矿地质环境	大地构造单元	华北陆块区狼山-阴山陆块、狼山-白云鄂博裂谷	重要
	主要控矿构造	近东西向断裂,特别是辉长岩底板北西向次级断裂	必要
	主要赋矿地层	白云鄂博群哈拉霍疙特组	重要
	控矿侵入岩	中元古代辉长岩	重要
	区域变质作用及建造	区域低温动力变质作用;绿片岩相变质建造	次要
区域成矿特征	区域成矿类型及成矿期	中元古代岩浆熔离型铜镍矿	重要
	含矿建造	基性—超基性侵入岩建造	重要
	含矿构造	北东向矽卡岩化带	次要
	矿石建造	黄铜矿-磁黄铁矿-蓝辉铜矿-紫硫镍铁矿	次要
	围岩蚀变	次闪石化、绿泥石化、钠黝帘石化、绢云母化	重要
	矿床式	小南山式岩浆熔离型	重要
	矿点	小型矿床 2 处、矿点 5 处	重要
地球物理、化学、遥感特征	化探	Cu 元素三级浓度分带,异常值$(22\sim68)\times10^{-6}$	重要
	航磁	航磁化极等值线图显示低级负磁异常区,矿床位于异常值在$-150\sim0$nT 范围内	重要
	重力	区域剩余重力异常呈北东东向,矿床位于重力低值区,剩余重力异常值在$(-4\sim4)\times10^{-5}$m/s^2 之间	必要
	遥感	区域遥感解译大构造以北东东向或近东西向为主,次级构造以北东向或北西向为主,矿床位于北西向次绥构造附近	次要

四、与印支期酸性岩浆作用有关的钼、铅、锌、金矿床成矿系列预测评价模型

本系列的矿产预测类型主要为斑岩型及热液型,代表性矿床为大苏计铅锌钼多金属矿及哈达门沟金矿,现以大苏计铅锌钼多金属矿及哈达门沟金矿为例总结该系列的预测要素表及预测模型图(表 13-10、图 13-12、图 13-13)。

表 13-10　与印支期酸性岩浆作用有关的斑岩型钼矿及热液型金矿预测要素表

区域预测要素		描述内容	
矿种		钼矿(大苏计)	金矿(哈达门沟)
区域成矿地质环境	大地构造单元	华北陆块区狼山-阴山陆块、狼山-白云鄂博裂谷	
	成矿区(带)	华北成矿省,华北地台北缘西段金、铁、铌、稀土、铜、铅、锌、银、镍、铂、钨、石墨、白云母成矿带(Ⅲ-11)	
	区域成矿类型及成矿期	斑岩型;晚三叠世	热液型;印支期
	主要赋矿地质体	侏罗系石英斑岩、正长花岗(斑)岩	主要为新太古界乌拉山(岩)群第三岩组脑包山组,为一套原始火山-碎屑岩建造的中高级变质岩
	控矿侵入岩	晚三叠世浅成侵入岩	主要岩浆岩体为海西期闪长岩,燕山中晚期的细粒花岗岩,金主要产于硫化物-石英脉中,其次为旁侧的蚀变破碎带中蚀变岩-石英脉型金矿
	主要控矿构造	北东向凉城-黄旗海断裂带、大榆树断裂破碎带及后期北西向断裂构造	区内存在数十米至数百米宽的钾长石化构造蚀变岩带,走向65°,倾向北西,长达十余千米,与之派生的一组近东西向张性断裂带十分发育
区内相同类型矿产		已知矿床(点)3处,其中特大型矿床1处,中型矿床1处,矿点1处	预测区内同类型矿产地有13处
区域成矿地物化遥特征	重力异常特征	大兴安岭-太行山重力梯级带的西缘,总体具东北部重力高,西南部重力低的特点,重力场杂乱。典型矿床(点)位于正负异常交界处	布格重力异常整体呈近东西向展布,局部异常形态呈团块状。大部分地区布格重力异常相对较高,形成剩余重力正异常,主要是太古宙、元古宙地层分布区。南侧边部布格重力异常迅速降低,形成明显的低值区,剩余重力负异常区,为呼包盆地北缘。其间有近东西向展布的梯度带,等值线密集,对应于山前深大断裂。金矿位于该梯度带上北缘,剩余重力正异常的边部,附近异常值为$(2\sim3)\times10^{-5}\ \mathrm{m/s^2}$
	航磁异常特征	在航磁异常图上处于正负异常交替磁场区,异常强度$-500\sim600\mathrm{nT}$,异常总体呈北东东—近东西向	ΔT 等值线平面图上,磁异常幅值$-1200\sim4000\mathrm{nT}$。北部主要以低缓负磁异常为主,夹杂小面积正异常;西南区域为梯度变化较大的正异常带,异常走向北东东向;东南部为梯度变化低缓的正异常区。乌拉山金矿区位预测区西南部正磁异常带上
	地球化学特征	区内异常以 Ag、Pb、Zn、W、Bi、Mo 为主。Mo 异常所处位置与矿化石英斑岩体和物探高值异常极一致,具有以 Mo 为主的多元素组合异常,异常矿体中心部位为内带以 Mo 元素为主,两侧依次为 Pb、Zn、Ag、Mn 等元素	化探 Ag 单元素异常值大于 1.5×10^{-9}
	遥感特征	解译出线性断裂多条和多处最小预测区	

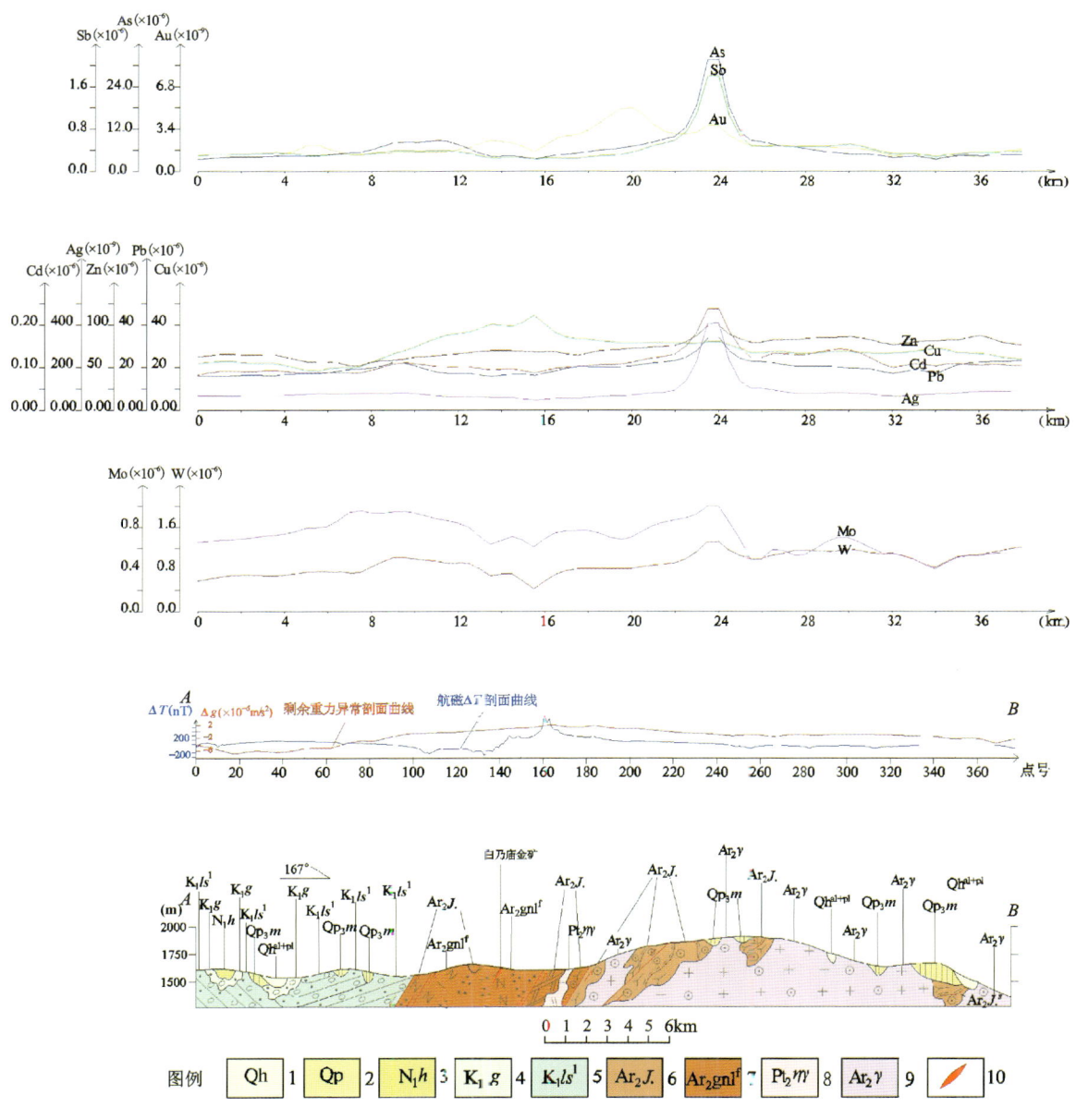

图 13-12　与印支期酸性岩浆作用有关的热液型金矿预测模型图

1.第四系全新统；2.第四系更新统；3.汉诺坝组；4.固阳组；5.李三沟组一岩段；6.集宁岩群；7.花岗质片麻岩；8.中元古代二长花岗岩；9.中太古代花岗岩；10.金矿体

五、与燕山期酸性岩浆活动有关的金、银、钨、钼矿床成矿系列预测评价模型

本系列根据矿床成因等条件可分为两个亚系列：与燕山晚期酸性岩浆活动有关的钨、钼矿床成矿亚系列及与燕山期酸性岩浆活动有关的金、银、铅、锌矿床成矿亚系列。

1. 与燕山晚期酸性岩浆活动有关的钨、钼矿床成矿亚系列预测评价模型

本亚系列主要产出热液型钨矿及斑岩型钼矿，现以白石头洼钨矿为例总结该亚系列预测要素表及预测模型图（表 13-11，图 13-14）。

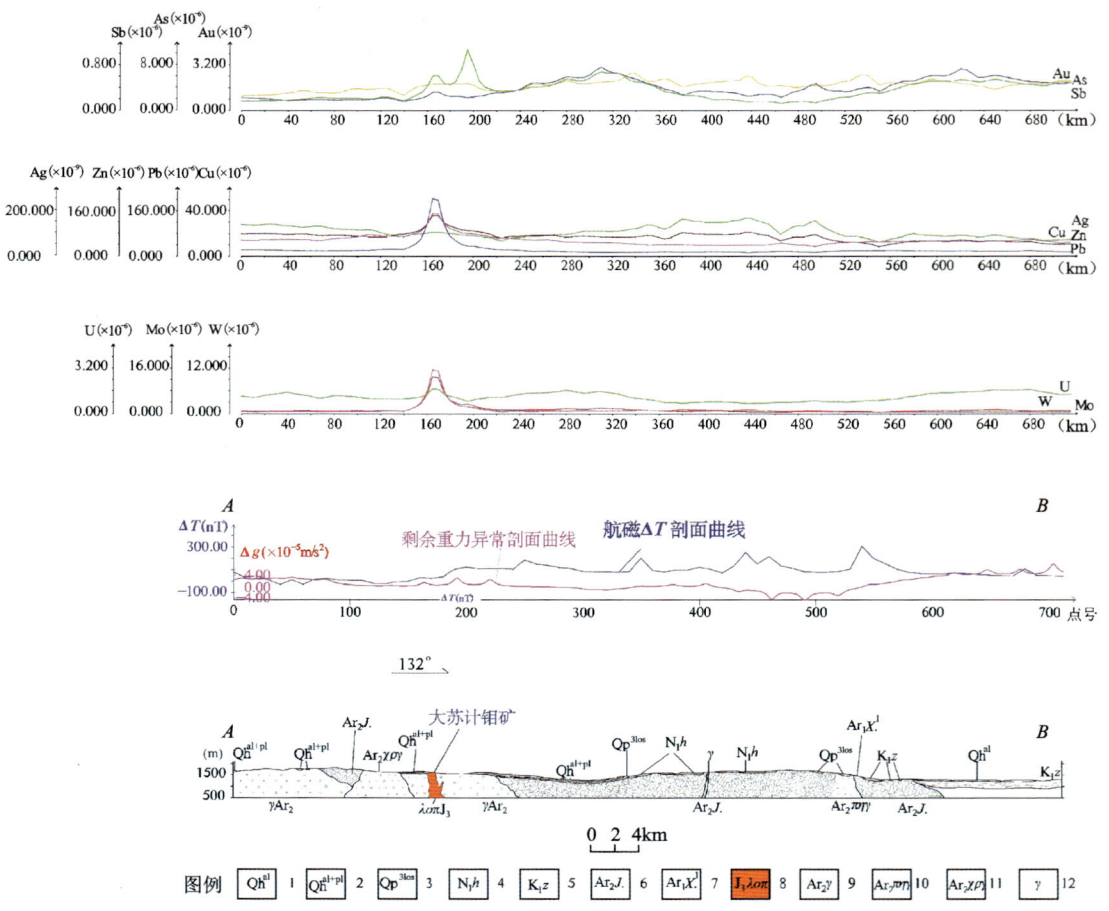

图 13-13 与印支期酸性岩浆作用有关的斑岩型钼矿预测模型图

1.第四系沉积物:砂砾石,泥土,黏土,砂;2.冲积层:松散砂砾石,砂,粉砂;3.上更新世风积层:浅黄色,土黄色黄土,粉砂质黄土;4.碱长花岗岩;5.石英斑岩;6.花岗岩;7.辉绿玢岩脉、辉绿岩脉;8.角闪二辉斜长麻粒岩;9.矽线榴石钾长片麻岩;10.黑云榴石二长花岗岩;11.左云组紫红色泥岩、砂质泥岩;12.灰色块状、气孔状橄榄玄武岩

表 13-11 与燕山晚期酸性岩浆活动有关的钨、钼矿床成矿亚系列预测要素表

区域成矿要素		描述内容	要素类别
地质环境	构造背景	Ⅱ华北陆块区,Ⅱ-4 狼山-阴山陆块,Ⅱ-4-3 狼山-白云鄂博裂谷	重要
	成矿环境	华北成矿省,华北地台北缘西段金、铁、铌、稀土、铜、铅、锌、银、镍、铂、钨、石墨、白云母成矿带(Ⅲ-11)	重要
	区域成矿类型及成矿期	高温热液型;燕山期	必要
控矿地质条件	赋矿地质体	白云鄂博群呼吉尔图组二、三段为本区钨矿床的主要围岩侵入岩,晚侏罗世二长花岗岩控侵入岩,钨矿产于次一级的背斜核部及发育在背斜、向斜核部中心部位的层间断层	重要
	控矿侵入岩	晚侏罗世肉红色花岗斑岩($J_3\gamma\pi$)、肉红色中粗粒花岗岩($J_3\gamma$)、肉红色中粗粒碱长花岗岩($J_3\chi\rho\gamma$)、黄灰色中粒似斑状花岗岩($J_3\pi\gamma$)、灰白色—肉红色中粗粒二长花岗岩($J_3\eta\gamma$)、肉红色中粒二长花岗岩($J_3\eta\gamma z$)、肉红色粗粒二长花岗岩($J_3\eta\gamma c$)、肉红色中粗粒似斑状二长花岗岩($J_3\pi\eta\gamma$)、粉灰色中粒花岗闪长岩($J_3\gamma\delta$)	次要

续表 13-11

区域成矿要素		描述内容	要素类别
控矿地质条件	主要控矿构造	钨矿产于次一级背斜核部,轴面走向北北东向,复向斜向东侧伏,倾角20°～25°,复向斜控制着矿体的空间展布,断裂构造以层间断裂为主,发育在向斜中心部位,是主要的控矿构造	次要
区内相同类型矿产		已知钨矿床(点)9处	重要
地球物理特征	航磁化极异常	航磁化极由于是4片组成的,各片的异常下限不同,故不能利用	
	剩余重力异常	剩余重力异常值为$(-5\sim5)\times10^{-5} m/s^2$	重要
地球化学特征		化探异常值为$(2\sim1\,299.2)\times10^{-6}$	重要
遥感特征		利用遥感解译出的北西向断层	重要

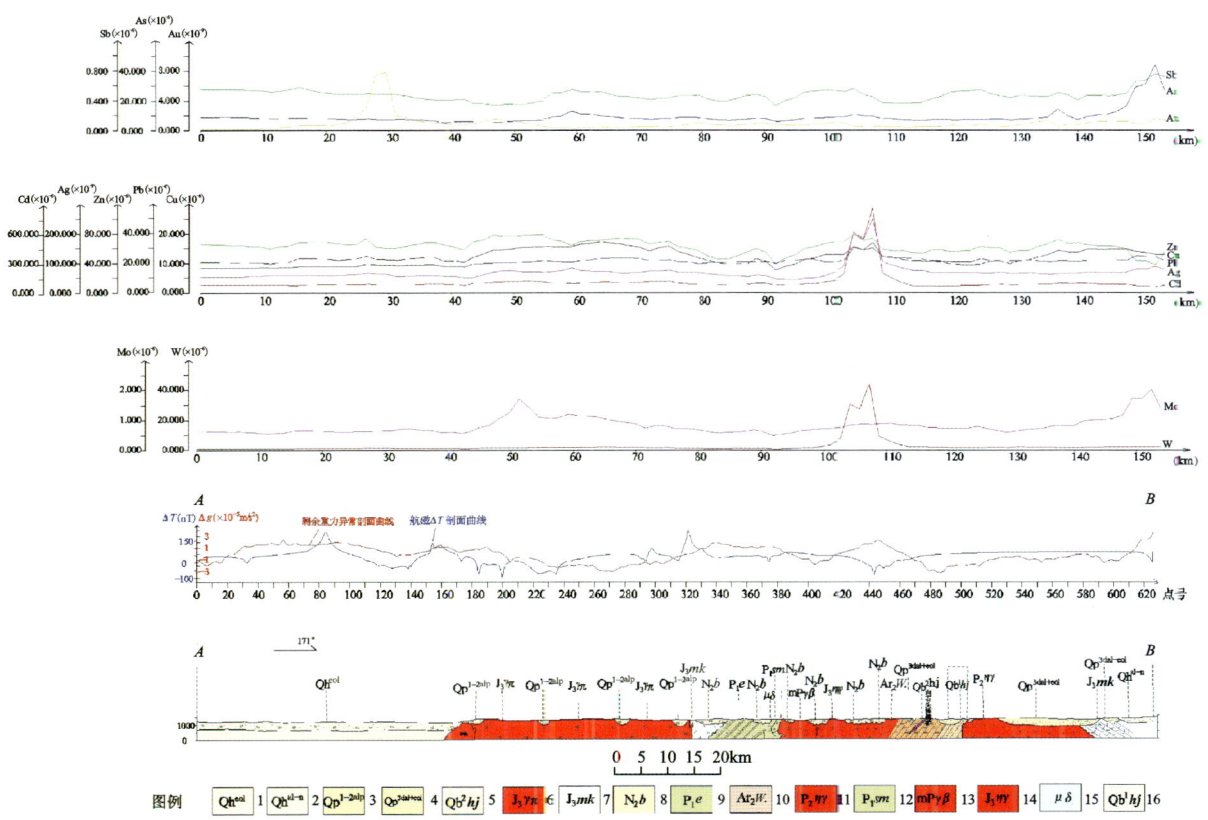

图 13-14 与燕山晚期酸性岩浆活动有关的钨、钼矿床成矿亚系列预测模型图

1.风积物:淡黄色、褐黄色及黄白色粉细砂;2.冲积层:松散砂砾石,砂,粉砂;3.下更新统:冲洪积砂砾,冰水堆积物;4.上更新统:马兰黄土,粉细砂,冲洪积砂砾石,湖积砂泥;5.呼吉尔图组二段;6.肉红色花岗斑岩;7.满克头鄂博组:灰白色、浅灰色酸性火山熔岩;8.宝格达乌拉组:砖红色砂质泥岩,砂岩,砂砾岩;9.额里图组:杂色砂岩、粉砂岩粉砂质页岩、火山碎屑岩、安山岩;10.乌拉山岩群:角闪(黑云)斜长片麻岩;11.二长花岗岩;12.硅泥岩:银灰色硅泥质板岩,粉砂质板岩,泥质板岩;13.黑云母花岗岩脉;14.肉红色粗粒二长花岗岩;15.闪长玢岩脉;16.呼吉尔图组一段

2. 与燕山期酸性岩浆活动有关的金、银、铅、锌矿床成矿亚系列预测评价模型

本亚系列主要产出热液型多金属矿,代表性的矿床主要有银宫山金矿、老羊壕金矿、高台金矿、伊胡赛金矿及李清地铅锌银矿,现以李清地铅锌银矿为例总结该亚系列预测要素表及预测模型图(表13-12,图13-15)。

表13-12 燕山期酸性岩浆活动有关的热液型铅锌银矿预测要素表

区域成矿要素		描述内容	要素类别
地质环境	大地构造位置	与华北陆块区,狼山-阴山陆块(大陆边缘岩浆弧)(Pz_2),固阳-兴和陆核(Ar_3)与色尔腾山-太仆寺旗古岩浆弧(Ar_3)	必要
	成矿区(带)	华北成矿省,华北地台北缘西段金、铁、铌、稀土、铜、铅、锌、银、镍、铂、钨、石墨、白云母成矿带(Ⅲ-11)	必要
	区域成矿类型及成矿期	中—低温热液裂隙充填型铅锌矿床,成矿期为燕山期	必要
控矿地质条件	赋矿地质体	中太古代集宁岩群大理岩组	必要
	控矿侵入岩	燕山期中粒、中粗粒似斑状花岗岩、黑云母钾长花岗岩与白音高老期流纹质次火山岩,呈脉状与岩株状产出	重要
	主要控矿构造	集宁岩群大理岩组内北东向与北西向断裂、大理岩组与燕山期花岗岩体接触带、燕山期火山机构有关的环状、放射状断裂及上述断裂交会处	重要
区内相同类型矿产		成矿区(带)内仅有1处小型铅锌矿床	重要
地球物理特征	重力异常	布格重力异常图上总体反映预测区东南部为重力高、西北部为重力低,重力场最低值-187.52×10^{-5}m/s^2,最高值-118.78×10^{-5}m/s^2	次要
	磁法异常	航磁ΔT等值线幅值范围为$-800\sim2000$nT,背景值为$-100\sim100$nT,磁异常正负相间,多为不规则带状或椭圆状。李清地铅锌矿区等值为$0\sim100$nT	必要
地球化学特征		区域上Ag、As、Cd、Cu、Mo、Sb、W、Pb、Zn等元素组成高背景区(带),在该带上有以Ag、Pb、Zn、Cd、Cu、Mo、Sb、W等元素为主的多元素局部异常。区内西北部多异常,东南部多呈背景-低背景分布	必要
遥感特征		预测区线性构造发育,环形构造比较少。羟基异常主要呈条带状分布在图幅的东南角,在构造要素和环要素较密集的地区,铁染异常主要分布在图幅的东边靠近边框,其他地区零星分布	次要

六、与第四纪冲积沉积作用有关的金矿床成矿系列预测评价模型

由于该系列在本次工作中没有预测矿种,未划分预测工作区,因此不作详细描述。

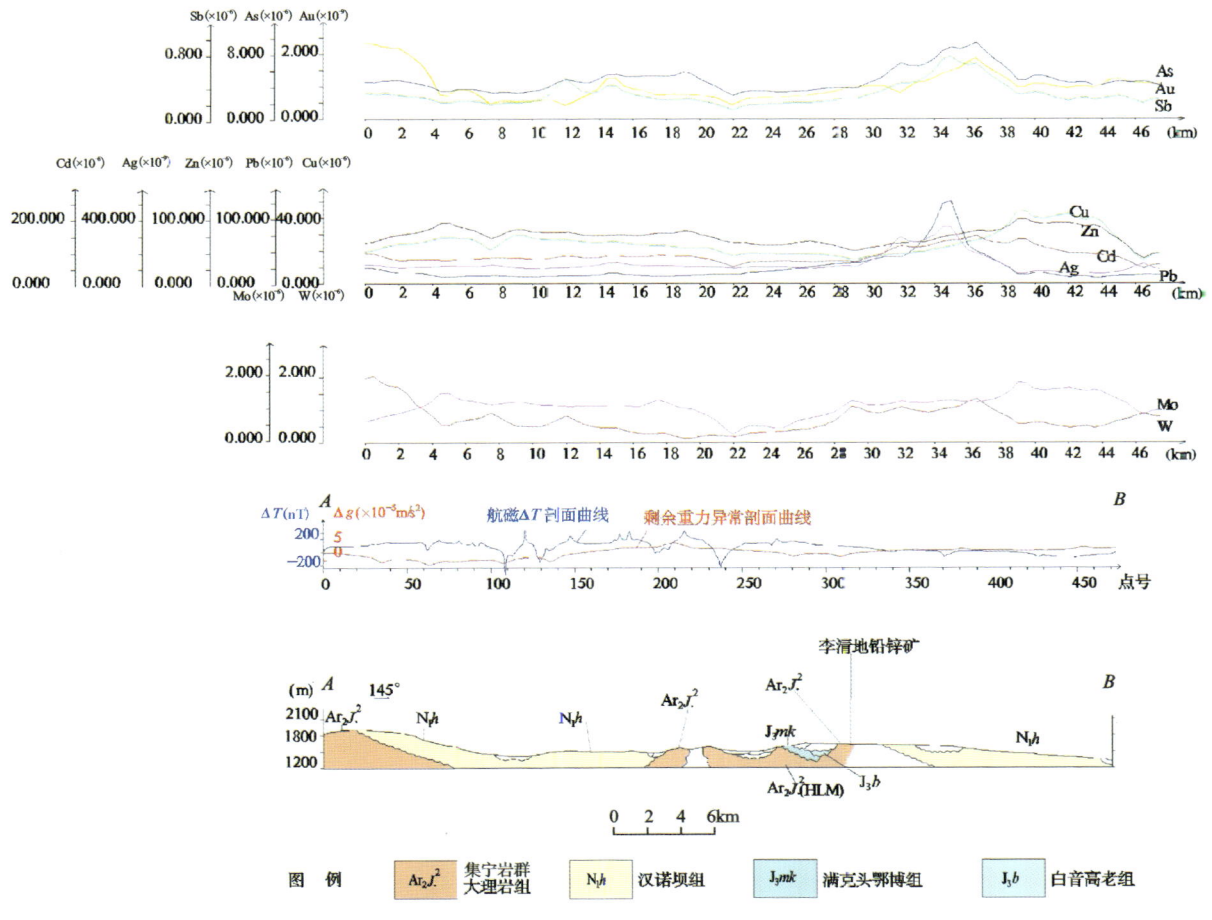

图 13-15 与燕山期酸性岩浆活动有关的热液型铅锌银矿预测模型图

第三节 预测成果及综合预测区特征

本成矿带涉及矿种较多,多金属矿种成矿潜力较大,共圈定综合预测区 217 个,预测各矿种资源量:铜 376.59×10^4t,金 370.55t,稀土 2.58×10^8t,磷 $53\,242.4\times10^4$t,硫铁矿 $73\,334\times10^4$t,锰 $3\,777.4\times10^4$t,钼 249.03×10^4t,镍 5.90×10^4t,铅 263.78×10^4t,铁 19.55×10^8t,钨 2.33×10^4t,锡 72t,锌 $1\,277.85\times10^4$t,银 1758t,萤石 116.1×10^4t。按成矿系列分述如下。

一、与太古宙(古元古代)受变质火山-沉积作用有关的铁、金矿床成矿系列

本系列共圈定 98 个综合预测区(图 13-16)。

1. 那林海勒斯综合预测区(Ⅲ-11-1)

预测区面积为 107.16km^2,预测铁资源量为 $1\,056.89\times10^4$t。预测区主要赋存在中太古界乌拉山岩群哈达门沟岩组角闪斜长片麻岩组合中,航磁化极等值线起始值在-100nT 以上;剩余重力异常起始值在 $4\times10^{-5}\text{m/s}^2$ 以上。预测区有一定的找矿潜力。

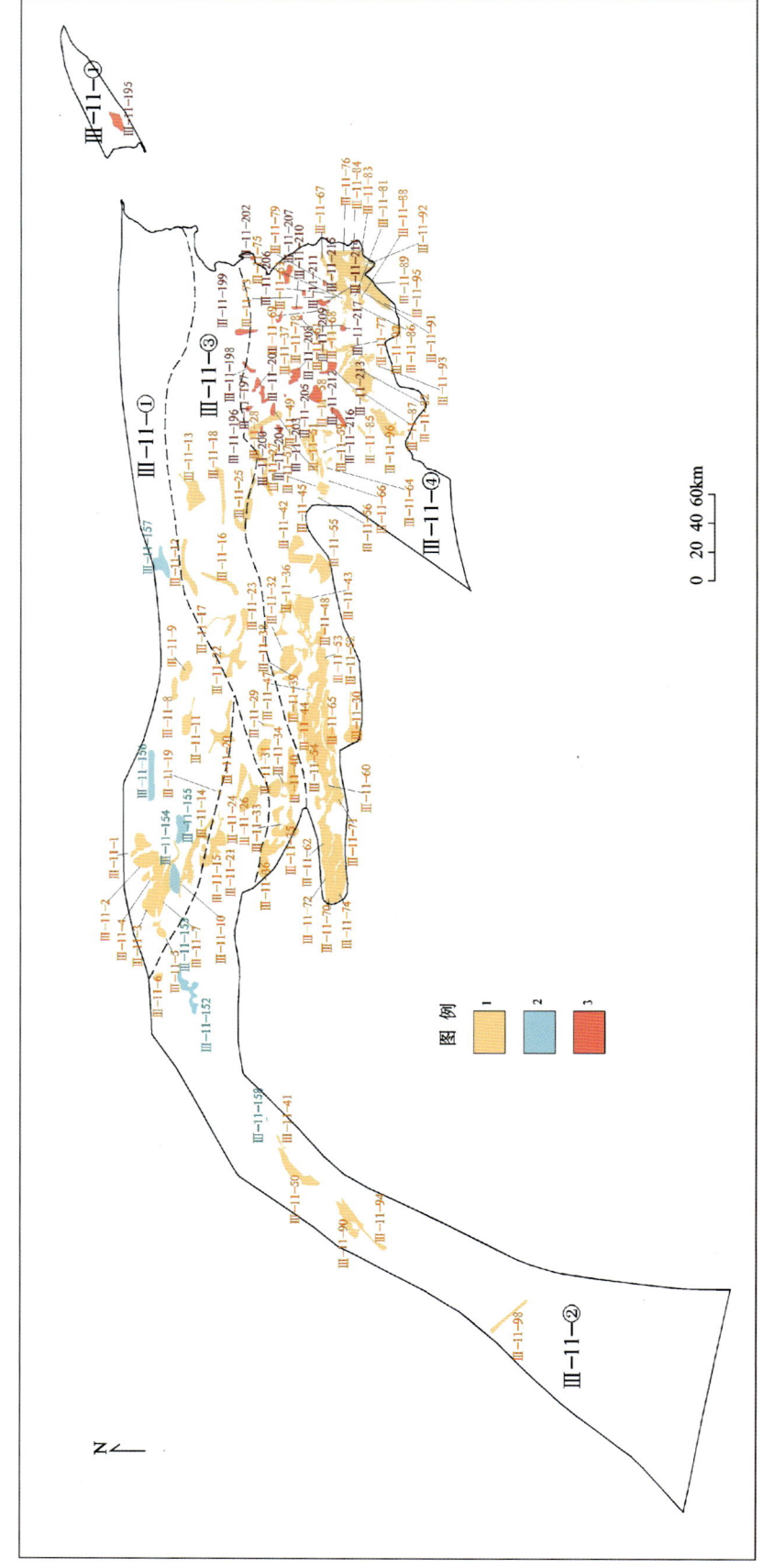

图13-16 Ⅲ-11综合预测区分布图（一）

1. 与太古宙（古元古代）受变质火山-沉积作用有关的铁、金矿床成矿系列综合预测区；2. 与海西期基性岩浆活动有关的铜、镍、铂矿床成矿系列综合预测区；3. 与燕山期酸性岩浆活动有关的金、银、钨、锡、钼矿床成矿系列综合预测区

2. 查干哈达综合预测区（Ⅲ-11-2）

预测区面积为 144.02km²，预测铁资源量为 223.14×10⁴t。矿床主要赋存在中太古界乌拉山岩群哈达门沟岩组角闪斜长片麻岩组合中，航磁化极等值线起始值在 −100nT 以上，剩余重力异常起始值在 1×10^{-5}m/s² 以上。

3. 哈尔黑尔其综合预测区（Ⅲ-11-3）

预测区面积为 178.32km²，预测铁资源量为 1 180.67×10⁴t。矿床主要赋存在中太古界乌拉山岩群哈达门沟岩组角闪斜长片麻岩组合中，航磁化极等值线起始值在 −100nT 以上，剩余重力异常起始值在 -2×10^{-5}m/s² 以上。预测区有一定的找矿潜力。

4. 准萨拉综合预测区（Ⅲ-11-4）

预测区面积为 139.4km²，预测铁资源量为 211.17×10⁴t。矿床主要赋存在中太古界乌拉山岩群哈达门沟岩组角闪斜长片麻岩组合中，航磁化极等值线起始值在 −100nT 以上，剩余重力异常起始值在 1×10^{-5}m/s² 以上。

5. 呼仁陶勒盖综合预测区（Ⅲ-11-5）

预测区面积为 53.22km²，预测铁资源量为 464.06×10⁴t。矿床主要赋存在中太古界乌拉山岩群哈达门沟岩组角闪斜长片麻岩组合中，航磁化极等值线起始值在 −100nT 以上，剩余重力异常起始值在 -6×10^{-5}m/s² 以上。预测区有一定的找矿潜力。

6. 巴音呼都格嘎查综合预测区（Ⅲ-11-6）

预测区面积为 21km²，预测铁资源量为 37.92×10⁴t。矿床主要赋存在中太古界乌拉山岩群哈达门沟岩组角闪斜长片麻岩组合中，航磁化极等值线起始值在 −100nT 以上，剩余重力异常起始值在 -2×10^{-5}m/s² 以上。

7. 陶斯图综合预测区（Ⅲ-11-7）

预测区面积为 180.49km²，预测铁资源量为 1 820.76×10⁴t。矿床主要赋存在中太古界乌拉山岩群哈达门沟岩组角闪斜长片麻岩组合中，航磁化极等值线起始值在 −100nT 以上；剩余重力异常起始值在 1×10^{-5}m/s² 以上。预测区有一定的找矿潜力。

8. 蒙公所北综合预测区（Ⅲ-11-8）

预测区面积为 58.43km²，预测铁资源量为 1 226.30×10⁴t。矿床赋存在色尔腾山岩群东五分子组含铁岩层中，剩余重力异常起始值为 $(-1\sim8)\times10^{-5}$m/s²，找矿潜力较好。

9. 黄花滩北综合预测区（Ⅲ-11-9）

预测区面积为 85.57km²，预测铁资源量为 3 275.320 02×10⁴t。矿床赋存在揭盖的色尔腾山岩群东五分子组含铁岩层中，剩余重力异常起始值为 $(-2\sim5)\times10^{-5}$m/s²，找矿潜力较好。

10. 和尔格楚鲁综合预测区（Ⅲ-11-10）

预测区面积为 38.27km²，预测铁资源量为 146.08×10⁴t。矿床主要赋存在中太古界乌拉山岩群哈达门沟岩组角闪斜长片麻岩组合中，矿石矿物主要为磁铁矿；脉石矿物主要为石英、角闪石、斜长石、黑云母、石榴石等。局部形成工业矿体。该区内地表见有铁矿脉。航磁化极等值线起始值在 0nT 以上；剩余重力异常起始值在 $2\times10^{-5}\mathrm{m/s^2}$ 以上。

11. 红格塔拉种羊场综合预测区（Ⅲ-11-11）

预测区面积为 $94.47\mathrm{km^2}$，预测铁资源量为 $532.68\times10^4\mathrm{t}$。预测区是红格塔拉种羊场铁矿点直径为 500m 的缓冲区，剩余重力异常起始值为 $(1\sim5)\times10^{-5}\mathrm{m/s^2}$，具较好的找矿潜力。

12. 黑沟北综合预测区（Ⅲ-11-12）

预测区面积为 $146.78\mathrm{km^2}$，预测铁资源量为 $1\,156.17\times10^4\mathrm{t}$。矿床赋存在揭盖的色尔腾山岩群东五分子组含铁岩层中，剩余重力异常起始值为 $(0\sim15)\times10^{-5}\mathrm{m/s^2}$，找矿潜力一般。

13. 头股滩综合预测区（Ⅲ-11-13）

预测区面积为 $181.45\mathrm{km^2}$，预测铁资源量为 $5\,268.77\times10^4\mathrm{t}$。矿床赋存在色尔腾山岩群东五分子组含铁岩层中，剩余重力异常起始值为 $(-3\sim8)\times10^{-5}\mathrm{m/s^2}$，找矿潜力较好。

14. 哈日温都尔综合预测区（Ⅲ-11-14）

预测区面积为 $189.12\mathrm{km^2}$，预测铁资源量为 $1\,359.50\times10^4\mathrm{t}$。矿床主要赋存在中太古界乌拉山岩群哈达门沟岩组角闪斜长片麻岩组合中，矿石矿物主要为磁铁矿；脉石矿物主要为石英、角闪石、斜长石、黑云母、石榴石等。局部形成工业矿体。该区内地表见有铁矿脉。航磁化极等值线起始值在 0nT 以上，剩余重力异常起始值在 $-5\times10^{-5}\mathrm{m/s^2}$ 以上，预测区局部及下游存在铁重砂异常，预测区找矿潜力极大。

15. 莫圪内综合预测区（Ⅲ-11-15）

预测区面积为 $221.22\mathrm{km^2}$，预测铁资源量为 $2\,796.02\times10^4\mathrm{t}$。矿床主要赋存在中太古界乌拉山岩群哈达门沟岩组角闪斜长片麻岩组合中，矿石矿物主要为磁铁矿；脉石矿物主要为石英、角闪石、斜长石、黑云母、石榴石等。局部形成工业矿体。该区内有小型矿产地 1 处，地表见有铁矿脉。航磁化极等值线起始值在 0nT 以上，剩余重力异常起始值在 $0\times10^{-5}\mathrm{m/s^2}$ 以上，预测区找矿潜力极大。

16. 希拉穆仁苏木综合预测区（Ⅲ-11-16）

预测区面积为 $77.79\mathrm{km^2}$，预测铁资源量为 $57.89\times10^4\mathrm{t}$。矿床赋存在揭盖的色尔腾山岩群东五分子组含铁岩层中，剩余重力异常起始值为 $(-1\sim1)\times10^{-5}\mathrm{m/s^2}$，找矿潜力一般。

17. 三合明综合预测区（Ⅲ-11-17）

预测区面积为 $70.29\mathrm{km^2}$，预测铁资源量为 $2\,582.36\times10^4\mathrm{t}$。预测区是三合明大型铁矿床直径为 500m 的缓冲区，矿床赋存在色尔腾山岩群东五分子组含铁岩层中，剩余重力异常起始值为 $(-5\sim0)\times10^{-5}\mathrm{m/s^2}$，具极好的找矿潜力。

18. 红盖房村综合预测区（Ⅲ-11-18）

预测区面积为 $106.75\mathrm{km^2}$，预测铁资源量为 $552.72\times10^4\mathrm{t}$。矿床赋存在色尔腾山岩群东五分子组含铁岩层中，剩余重力异常起始值为 $(-4\sim0)\times10^{-5}\mathrm{m/s^2}$，找矿潜力一般。

19. 乌兰忽洞 1 综合预测区（Ⅲ-11-19）

预测区面积为 $8.44\mathrm{km^2}$，预测铁资源量为 $4.76\times10^4\mathrm{t}$。矿床赋存在色尔腾山岩群东五分子组含铁岩层中,剩余重力异常起始值为$(-6\sim3)\times10^{-5}\mathrm{m/s^2}$,找矿潜力一般。

20. 乌兰忽洞综合预测区(Ⅲ-11-20)

预测区面积为$150.24\mathrm{km^2}$,预测铁资源量为$147.23\times10^4\mathrm{t}$。预测区是乌兰忽洞铁矿点直径为$5\mathrm{km}$的缓冲区,剩余重力异常起始值为$(4\sim5)\times10^{-5}\mathrm{m/s^2}$,具较好的找矿潜力。

21. 纳胜综合预测区(Ⅲ-11-21)

预测区面积为$0.76\mathrm{km^2}$,预测铁资源量为$0.93\times10^4\mathrm{t}$。矿床主要赋存在中太古界乌拉山岩群哈达门沟岩组角闪斜长片麻岩组合中,航磁化极等值线起始值在$-100\mathrm{nT}$以上,剩余重力异常起始值在$-1\times10^{-5}\mathrm{m/s^2}$以上。该最小预测区可能有一定的找矿潜力。

22. 乌计脑包综合预测区(Ⅲ-11-22)

预测区面积为$152.1\mathrm{km^2}$,预测铁资源量为$5587.23\times10^4\mathrm{t}$。矿床赋存在色尔腾山岩群东五分子组含铁岩层中,剩余重力异常起始值为$(-3\sim0)\times10^{-5}\mathrm{m/s^2}$,找矿潜力较好。

23. 白石头沟村综合预测区(Ⅲ-11-23)

预测区面积为$75.35\mathrm{km^2}$,预测铁资源量为$1292.65\times10^4\mathrm{t}$。矿床赋存在色尔腾山岩群东五分子组含铁岩层中,有3处小型铁矿床,剩余重力异常起始值为$(-4\sim0)\times10^{-5}\mathrm{m/s^2}$,找矿潜力极大。

24. 马场沟综合预测区(Ⅲ-11-24)

预测区面积为$81.25\mathrm{km^2}$,预测铁资源量为$2172.48\times10^4\mathrm{t}$。矿床赋存在色尔腾山岩群东五分子组含铁岩层中,该区中有马场沟和哈业胡同2处小型铁矿床,剩余重力异常起始值为$(3\sim6)\times10^{-5}\mathrm{m/s^2}$,找矿潜力较大。

25. 小南沟南综合预测区(Ⅲ-11-25)

预测区面积为$176.99\mathrm{km^2}$,预测铁资源量为$2960.69\times10^4\mathrm{t}$,金资源量为$2149.5\mathrm{kg}$。矿床赋存在色尔腾山岩群东五分子组含铁岩层中,剩余重力异常起始值为$(2\sim6)\times10^{-5}\mathrm{m/s^2}$,找矿潜力较大。

26. 生金兔综合预测区(Ⅲ-11-26)

预测区面积为$153\mathrm{km^2}$,预测铁资源量为$5392.55\times10^4\mathrm{t}$。矿床赋存在揭盖的色尔腾山岩群东五分子组含铁岩层中,附近有3处小型铁矿床,剩余重力异常起始值为$(-6\sim4)\times10^{-5}\mathrm{m/s^2}$。

27. 新地沟综合预测区(Ⅲ-11-27)

预测区面积为$139.34\mathrm{km^2}$,预测铁资源量为$2388.68\times10^4\mathrm{t}$,金资源量为$2714.66\mathrm{kg}$。矿床赋存在色尔腾山岩群东五分子组含铁岩层中,剩余重力异常起始值为$(2\sim6)\times10^{-5}\mathrm{m/s^2}$,找矿潜力较大。

28. 巴音村综合预测区(Ⅲ-11-28)

预测区面积为$126.54\mathrm{km^2}$,预测铁资源量为$241.16872\times10^4\mathrm{t}$。矿床主要赋存在中太古界乌拉山岩群哈达门沟岩组角闪斜长片麻岩组合中,航磁化极等值线起始值在$300\mathrm{nT}$以上,剩余重力异常起始值在$1\times10^{-5}\mathrm{m/s^2}$以上。该最小预测区可能有一定的找矿潜力。

29. 车铺渠综合预测区(Ⅲ-11-29)

预测区面积为$14.57\mathrm{km^2}$,预测铁资源量为$13.66016\times10^4\mathrm{t}$。矿床赋存在色尔腾山岩群东五分子组含铁岩层中,车铺渠铁矿床产于此区,剩余重力异常起始值为$(-1\sim6)\times10^{-5}\mathrm{m/s^2}$,找矿潜力较大。

30. 石门子综合预测区(Ⅲ-11-30)

预测区面积为 $206.15\mathrm{km^2}$,预测铁资源量为 $785.417\times10^4\mathrm{t}$。矿床主要赋存在中太古界乌拉山岩群哈达门沟岩组角闪斜长片麻岩组合中,有 2 处推断矿致航磁异常存在,航磁化极等值线起始值在 0nT 以上,剩余重力异常起始值在 $3\times10^{-5}\mathrm{m/s^2}$ 以上。

31. 五分子综合预测区(Ⅲ-11-31)

预测区面积为 $79.74\mathrm{km^2}$,预测铁资源量为 $256.18\times10^4\mathrm{t}$。预测区是东五分子大型铁矿床区,剩余重力异常起始值为 $(1\sim5)\times10^{-5}\mathrm{m/s^2}$,具较好的找矿潜力。

32. 大腮汗综合预测区(Ⅲ-11-32)

预测区面积为 $165\mathrm{km^2}$,预测铁资源量为 $1\,421.02\times10^4\mathrm{t}$。预测区是西湾小型铁矿床直径为 500m 的缓冲区,剩余重力异常起始值为 $(3\sim4)\times10^{-5}\mathrm{m/s^2}$,具较好的找矿潜力。

33. 西脑包沟综合预测区(Ⅲ-11-33)

预测区面积为 $0.55\mathrm{km^2}$,预测金资源量为 183kg。预测区出露的地层为色尔腾山岩群柳树沟岩组,有北西西向断层 1 条,航磁化极异常与重力异常套合较好。Au 元素异常明显,该最小预测区为 C 类区。

34. 十八顷壕南综合预测区(Ⅲ-11-34)

预测区面积为 $28.57\mathrm{km^2}$,预测金资源量为 1792kg。预测区出露的地层为色尔腾山岩群柳树沟岩组,有北西西向断层 1 条,十八顷壕金矿小型矿床位于该预测区内,航磁化极异常与重力异常套合较好。Au 元素异常明显,面积大,强度高,而且套合较好,有 1 处浓集中心。

35. 王林沟综合预测区(Ⅲ-11-35)

预测区面积为 $207.73\mathrm{km^2}$,预测铁资源量为 $3\,014.19\times10^4\mathrm{t}$。矿床赋存在色尔腾山岩群东五分子组含铁岩层中,剩余重力异常起始值为 $(3\sim8)\times10^{-5}\mathrm{m/s^2}$,找矿潜力较好。

36. 后石花北综合预测区(Ⅲ-11-36)

预测区面积为 $140.65\mathrm{km^2}$,预测铁资源量为 $934.366\,92\times10^4\mathrm{t}$。矿床矿床主要赋存在中太古界乌拉山岩群哈达门沟岩组角闪斜长片麻岩组合中,矿石矿物主要为磁铁矿;脉石矿物主要为石英、角闪石、斜长石、黑云母、石榴石等。局部形成工业矿体。该区内有小型矿产地 1 处。航磁化极等值线起始值在 200nT 以上,剩余重力异常起始值在 $2\times10^{-5}\mathrm{m/s^2}$ 以上,预测区找矿潜力极大。

37. 官屯堡窑综合预测区(Ⅲ-11-37)

预测区面积为 $13.56\mathrm{km^2}$,预测磷资源量为 $2.92\times10^4\mathrm{t}$,稀土资源量为 $1\,043.7\mathrm{t}$。预测区主要出露侵入太古宇集宁岩群片麻岩组地层中的透辉岩、透辉钾长岩,剩余重力异常起始值在 $(2\sim7)\times10^{-5}\mathrm{m/s^2}$ 之间,北东向、南北向、东西向断层发育。

38. 竹拉沟综合预测区(Ⅲ-11-38)

预测区面积为 $71.15\mathrm{km^2}$,预测铁资源量为 $271.85\times10^4\mathrm{t}$。预测区是一铁矿点直径为 1000m 的缓冲区,剩余重力异常起始值为 $(-3\sim2)\times10^{-5}\mathrm{m/s^2}$,具较好的找矿潜力。

39. 梅令沟综合预测区（Ⅲ-11-39）

预测区面积为 37.79km², 预测铁资源量为 75.968 78×10⁴t。预测区是一小型铁矿床直径为 500m 的缓冲区，重力剩余异常起始值为 (3～4)×10⁻⁵m/s²，具较好的找矿潜力。

40. 公义明综合预测区（Ⅲ-11-40）

预测区面积为 171.13km², 预测铁资源量为 625.455 97×10⁴t。矿床赋存在色尔腾山岩群东五分子组含铁岩层中，公义明铁矿床产于该区，剩余重力异常起始值为 (9～10)×10⁻⁵m/s²，具较好的找矿潜力。

41. 阿布亥拜兴西南综合预测区（Ⅲ-11-41）

预测区面积为 12.8km², 预测铁资源量为 502×10⁴t。矿床主要赋存在渣尔泰山群阿古鲁沟组第二岩段，航磁化极等值线起始值在 -80nT 以上，剩余重力异常起始值在 0×10⁻⁵m/s² 以上。预测区下游见重砂异常，因此该最小预测区有一定的找矿潜力。

42. 五道沟村西综合预测区（Ⅲ-11-42）

预测区面积为 183.58km², 预测铁资源量为 1 581.75×10⁴t。矿床主要赋存在中太古界乌拉山岩群哈达门沟岩组角闪斜长片麻岩组合中，矿石矿物主要为磁铁矿；脉石矿物主要为石英、角闪石、斜长石、黑云母、石榴石等。局部形成工业矿体。该区内地表见有铁矿脉。航磁化极等值线起始值在 200nT 以上，剩余重力异常起始值在 3×10⁻⁵m/s² 以上。C类区航磁化极等值线起始值在 100nT 以上，剩余重力异常起始值在 4×10⁻⁵m/s² 以上，可能有一定的找矿潜力。

43. 小壕赖综合预测区（Ⅲ-11-43）

预测区面积为 201.85km², 预测铁资源量为 3 767.48×10⁴t。矿床赋存在古太古界兴和岩群含铁麻粒岩中，已知的小型铁矿床 1 处，航磁化极异常起始值绝大部分在 -40nT 以上，剩余重力异常等值线起始值在 (0～4)×10⁻⁵m/s² 之间，具较好的找矿潜力。

44. 西壕综合预测区（Ⅲ-11-44）

预测区面积为 203.6km², 预测铁资源量为 611.86×10⁴t。矿床主要赋存在中太古界乌拉山岩群哈达门沟岩组角闪斜长片麻岩组合中，航磁化极等值线起始值在 100nT 以上，剩余重力异常起始值在 1×10⁻⁵m/s² 以上。

45. 1236 高地综合预测区（Ⅲ-11-45）

预测区面积为 0.28km², 预测磷资源量为 0.55×10⁴t。区内主要出露中太古界集宁岩群石榴斜长片麻岩，构造活动剧烈，位于航磁 0nT 等值线附近，找矿潜力一般。

46. 杏花沟村综合预测区（Ⅲ-11-46）

预测区面积为 1.11km², 预测稀土资源量为 546.7t。矿床赋存在中太古界集宁岩群片麻岩的透辉岩、透辉钾长岩中，剩余重力起始值在 (2～7)×10⁻⁵m/s² 之间，北东向、南北向、东西向断层发育。

47. 田家渠村综合预测区（Ⅲ-11-47）

预测区面积为 19.94km², 预测铁资源量为 1.663 087×10⁴t。矿床主要赋存在中太古界乌拉山岩群哈达门沟岩组角闪斜长片麻岩组合中,航磁化极等值线起始值在 200nT 以上,剩余重力异常起始值在 $-4\times10^{-5}\mathrm{m/s^2}$ 以上,预测区有一定的找矿潜力。

48. 巴音高勒综合预测区(Ⅲ-11-48)

预测区面积为 $129.79\mathrm{km^2}$,预测铁资源量为 $40.47\times10^4\mathrm{t}$。主要出露中太古界乌拉山岩群哈达门沟岩组角闪斜长片麻岩组合中。该区内有小型矿产地 1 处。航磁化极等值线起始值在 100nT 以上,剩余重力异常起始值在 $-7\times10^{-5}\mathrm{m/s^2}$ 以上,预测区局部及下游存在铁重砂异常,因此该最小预测区找矿潜力极大。

49. 盘路沟综合预测区(Ⅲ-11-49)

预测区面积为 $9.93\mathrm{km^2}$,预测磷资源量为 $8.625\times10^4\mathrm{t}$。盘路沟磷矿位于本区,区内主要出露中太古界集宁岩群石榴斜长片麻岩,有中粗粒石英闪长岩侵入,构造活动剧烈,处于重力梯度带上,位于航磁 0nT 等值线附近。找矿潜力巨大。

50. 玻璃庙沟南综合预测区(Ⅲ-11-50)

预测区面积为 $181.86\mathrm{km^2}$,预测铁资源量为 $88.09\times10^4\mathrm{t}$。矿床主要赋存在中太古界乌拉山岩群哈达门沟岩组角闪斜长片麻岩组合中。分布于推断的矿致航磁异常区内,航磁化极等值线起始值在 $-100\mathrm{nT}$ 以上,剩余重力异常起始值在 $0\times10^{-5}\mathrm{m/s^2}$ 以上。

51. 保安乡东综合预测区(Ⅲ-11-51)

预测区面积为 $190.37\mathrm{km^2}$,预测磷资源量为 $482.14\times10^4\mathrm{t}$。区内主要出露中太古界集宁岩群石榴斜长片麻岩,有中粗粒石英闪长岩侵入,构造活动剧烈,重力为低缓正异常,断层发育。

52. 敖包山综合预测区(Ⅲ-11-52)

预测区面积为 $188.14\mathrm{km^2}$,预测铁资源量为 $1\,522.84\times10^4\mathrm{t}$。矿床主要赋存在中太古界乌拉山岩群哈达门沟岩组角闪斜长片麻岩组合中,矿石矿物主要为磁铁矿;脉石矿物主要为石英、角闪石、斜长石、黑云母、石榴石等。局部形成工业矿体。航磁化极等值线起始值在 100nT 以上,重力剩余异常起始值在 $0\mathrm{m/s^2}$ 以上,预测区找矿潜力极大。

53. 南圪妥综合预测区(Ⅲ-11-53)

预测区面积为 $204.05\mathrm{km^2}$,预测铁资源量为 $2\,145.15\times10^4\mathrm{t}$。矿床主要赋存在中太古界乌拉山岩群哈达门沟岩组角闪斜长片麻岩组合中,矿石矿物主要为磁铁矿;脉石矿物主要为石英、角闪石、斜长石、黑云母、石榴石等。局部形成工业矿体。该区内有小型矿产地 2 处,地表见有铁矿脉。航磁化极等值线起始值在 200nT 以上,剩余重力异常起始值在 $-2\times10^{-5}\mathrm{m/s^2}$ 以上。预测区局部及下游存在铁重砂异常,因此预测区找矿潜力极大。

54. 沿海沟综合预测区(Ⅲ-11-54)

预测区面积为 $235.26\mathrm{km^2}$,预测铁资源量为 $449.49\times10^4\mathrm{t}$。矿床主要赋存在中太古界乌拉山岩群哈达门沟岩组角闪斜长片麻岩组合中,矿石矿物主要为磁铁矿;脉石矿物主要为石英、角闪石、斜长石、黑云母、石榴石等。局部形成工业矿体。地表见有铁矿脉。航磁化极等值线起始值在 300nT 以上,剩余重力异常起始值在 $0\times10^{-5}\mathrm{m/s^2}$ 以上。预测区局部及下游存在铁重砂异常,预测区找矿潜力极大。

55. 大瓦窑村综合预测区(Ⅲ-11-55)

预测区面积为163.47km², 预测铁资源量为1 209.54×10⁴t。矿床主要赋存在中太古界乌拉山岩群哈达门沟岩组角闪斜长片麻岩组合中, 矿石矿物主要为磁铁矿; 脉石矿物主要为石英、角闪石、斜长石、黑云母、石榴石等。局部形成工业矿体。该区内地表见有铁矿脉。航磁化极等值线起始值在200nT以上, 剩余重力异常起始值在3×10^{-5}m/s²以上。C类区航磁化极等值线起始值在100nT以上, 剩余重力异常起始值在4×10^{-5}m/s²以上, 可能有一定的找矿潜力。

56. 新地沟西综合预测区(Ⅲ-11-56)

预测区面积为3.51km², 预测磷资源量为26.13×10⁴t。区内主要出露中太古界集宁岩群石榴斜长片麻岩, 构造活动剧烈, 重力、航磁异常不明显, 找矿潜力一般。

57. 新地沟综合预测区(Ⅲ-11-57)

预测区面积为55.04km², 预测磷资源量为827.280 01×10⁴t。区内主要出露中太古界集宁岩群石榴斜长片麻岩, 有中粗粒石英闪长岩侵入, 构造活动剧烈, 处于重力梯度带上, 找矿潜力巨大。

58. 大啦嘛躺子南综合预测区(Ⅲ-11-58)

预测区面积为10.06km², 预测磷资源量为3.84×10⁴t。预测区主要出露侵位于太古宇集宁岩群片麻岩组地层中的透辉岩、透辉钾长岩, 断层发育。

59. 大榆树乡综合预测区(Ⅲ-11-59)

预测区面积为4.39km², 预测磷资源量为5.16×10⁴t。区内主要出露中太古界集宁岩群石榴斜长片麻岩, 重力异常不明显, 找矿潜力一般。

60. 黑山湾综合预测区(Ⅲ-11-60)

预测区面积为162.39km², 预测铁资源量为745.469 05×10⁴t。预测区矿床主要赋存在中太古界乌拉山岩群哈达门沟岩组角闪斜长片麻岩组合中, 航磁化极等值线起始值在200nT以上, 剩余重力异常起始值在3×10^{-5}m/s²以上。

61. 呼和乌素乡北综合预测区(Ⅲ-11-61)

预测区面积为21.3km², 预测磷资源量为12.27×10⁴t, 稀土资源量为1 192.8t。预测区主要出露侵位于太古宙集宁岩群片麻岩组地层中的透辉岩、透辉钾长岩, 剩余重力异常起始值在$(2\sim7)\times10^{-5}$m/s²之间, 北东向、南北向、东西向断层发育。

62. 达拉盖综合预测区(Ⅲ-11-62)

预测区面积为216.51km², 预测铁资源量为3 593.071 04×10⁴t。矿床主要赋存在中太古界乌拉山岩群哈达门沟岩组角闪斜长片麻岩组合中, 矿石矿物主要为磁铁矿; 脉石矿物主要为石英、角闪石、斜长石、黑云母、石榴石等。局部形成工业矿体。地表见有铁矿脉。分布有2处推断的矿致航磁异常区, 航磁化极等值线起始值在0nT以上, 重力剩余异常起始值在0×10^{-5}m/s²以上。

63. 南水泉村综合预测区(Ⅲ-11-63)

预测区面积为1.31km², 预测磷资源量为0.36×10⁴t。预测区主要出露侵位于太古宇集宁岩群片麻岩组地层中的透辉岩、透辉钾长岩,剩余重力为低缓正异常,北东向、南北向、东西向断层发育。

64. 哈朗综合预测区(Ⅲ-11-64)

预测区面积为 13.93km², 预测磷资源量为 23.92×10⁴t。区内主要出露中太古界集宁岩群石榴斜长片麻岩, 构造活动剧烈, 重力航磁异常不明显, 找矿潜力一般。

65. 乌兰此老综合预测区(Ⅲ-11-65)

预测区面积为 209.61km², 预测铁资源量为 1 001.063 9×10⁴t。矿床主要赋存在中太古界乌拉山岩群哈达门沟岩组中, 矿石矿物主要为磁铁矿; 脉石矿物主要为石英、角闪石、斜长石、黑云母、石榴石等。局部形成工业矿体。航磁化极等值线起始值在 0nT 以上; 剩余重力异常起始值在 5×10⁻⁵m/s² 以上, 预测区局部及下游存在铁重砂异常, 预测区找矿潜力极大。

66. 西半沟综合预测区(Ⅲ-11-66)

预测区面积为 1.31km², 预测磷资源量为 3.31×10⁴t。预测区主要出露侵位于太古宇集宁岩群片麻岩组地层中的透辉岩、透辉钾长岩, 北东向、南北向、东西向断层发育。

67. 大同天乡北综合预测区(Ⅲ-11-67)

预测区面积为 48.06km², 预测磷资源量为 23.21×10⁴t, 稀土资源量为 1 143.1t。预测区主要出露侵位于太古宇集宁岩群片麻岩组地层中的透辉岩、透辉钾长岩, 剩余重力异常起始值在 (2~7)×10⁻⁵m/s² 之间, 北东向、南北向、东西向断层发育。

68. 三道梁北综合预测区(Ⅲ-11-68)

预测区面积为 18.99km², 预测稀土资源量为 8 598.11t。预测区主要出露侵位于太古宇集宁岩群片麻岩组地层中的透辉岩、透辉钾长岩, 剩余重力异常起始值在 (2~7)×10⁻⁵m/s² 之间, 北东向、南北向、东西向断层发育。

69. 富家山村南综合预测区(Ⅲ-11-69)

预测区面积为 8.89km², 预测磷资源量为 3.4×10⁴t。预测区主要出露侵位于太古宇集宁岩群片麻岩组地层中的透辉岩、透辉钾长岩, 北东向、南北向、东西向断层发育。

70. 海勒斯廷阿木综合预测区(Ⅲ-11-70)

预测区面积为 108.01km², 预测铁资源量为 1 930.37×10⁴t。预测区矿床主要赋存在中太古界乌拉山岩群哈达门沟岩组角闪斜长片麻岩组合中, 有 1 处推断矿致航磁异常存在, 航磁化极等值线起始值在 0nT 以上, 重力剩余异常起始值在 10×10⁻⁵m/s² 以上, 预测区有一定的找矿潜力。

71. 乌兰不浪综合预测区(Ⅲ-11-71)

预测区面积为 171.71km², 预测铁资源量为 1 482.95×10⁴t。综合矿床主要赋存在中太古界乌拉山岩群哈达门沟岩组角闪斜长片麻岩组合中, 矿石矿物主要为磁铁矿; 脉石矿物主要为石英、角闪石、斜长石、黑云母、石榴石等。局部形成工业矿体。边部分布有推断的矿致航磁异常区, 航磁化极等值线起始值在 700nT 以上, 重力剩余异常起始值在 0×10⁻⁵m/s² 以上。

72. 乌日图高勒嘎查北综合预测区(Ⅲ-11-72)

预测区面积为 217.07km², 预测铁资源量为 3 140.11×10⁴t。矿床主要赋存在中太古界乌拉山岩群哈达门沟岩组中,矿石矿物主要为磁铁矿;脉石矿物主要为石英、角闪石、斜长石、黑云母、石榴石等。局部形成工业矿体。该区内有小型矿产地 1 处。分布于推断的矿致航磁异常区内,见有重砂铁异常,航磁化极等值线起始值在 500nT 以上,剩余重力异常起始值在 $10\times10^{-5}\mathrm{m/s^2}$ 以上。预测区局部及下游存在铁重砂异常,因此该预测区找矿潜力极大。

73. 张皋镇西综合预测区(Ⅲ-11-73)

预测区面积为 $8.37\mathrm{km^2}$,预测磷资源量为 $2.12\times10^4\mathrm{t}$。矿床赋存在太古宇集宁岩群片麻岩组地层内出露的透辉岩、透辉钾长岩中,剩余重力异常起始值在 $(2\sim7)\times10^{-5}\mathrm{m/s^2}$ 之间,北东向、南北向、东西向断层发育。

74. 诺尔音高勒综合预测区(Ⅲ-11-74)

预测区面积为 $166.18\mathrm{km^2}$,预测铁资源量为 $396.01\times10^4\mathrm{t}$。矿床主要赋存在中太古界乌拉山岩群哈达门沟岩组角闪斜长片麻岩组合中,有 1 处推断矿致航磁异常存在,航磁化极等值线起始值在 0nT 以上,剩余重力异常起始值在 $0\times10^{-5}\mathrm{m/s^2}$ 以上,预测区有一定的找矿潜力。

75. 张白虎窑北综合预测区(Ⅲ-11-75)

预测区面积为 $3.34\mathrm{km^2}$,预测磷资源量为 $1.36\times10^4\mathrm{t}$,稀土资源量为 695.8t。矿床赋存在太古宇集宁岩群片麻岩组地层内出露的透辉岩、透辉钾长岩中,剩余重力异常起始值在 $(2\sim7)\times10^{-5}\mathrm{m/s^2}$ 之间,北东向、南北向、东西向断层发育。

76. 北京沟综合预测区(Ⅲ-11-76)

预测区面积为 $145.13\mathrm{km^2}$,预测铁资源量为 $2898.70\times10^4\mathrm{t}$。综合预测区矿床赋存在古太古界兴和岩群含铁麻粒岩中,已知小型铁矿床 1 处,航磁化极异常等值线起始值绝大部分在 -40nT 以上,剩余重力异常起始值在 $(-3\sim2)\times10^{-5}\mathrm{m/s^2}$ 之间,具较好的找矿潜力。

77. 大泉村综合预测区(Ⅲ-11-77)

预测区面积为 $87.56\mathrm{km^2}$,预测磷资源量为 $33.45\times10^4\mathrm{t}$。综合预测区矿床赋存在古太古界兴和岩群含铁麻粒岩中,航磁及重力异常均不明显,具较好的找矿潜力。

78. 柏宝庄乡综合预测区(Ⅲ-11-78)

预测区面积为 $9.43\mathrm{km^2}$,预测磷资源量为 $3.6\times10^4\mathrm{t}$。综合预测区矿床赋存在古太古界兴和岩群含铁麻粒岩中,航磁及重力异常均不明显,具较好的找矿潜力。

79. 三道沟综合预测区(Ⅲ-11-79)

预测区面积为 $157.52\mathrm{km^2}$,预测磷资源量为 $71.2\times10^4\mathrm{t}$,稀土资源量为 14 923.8t,铁资源量为 $7.325\,2\times10^4\mathrm{t}$。综合预测区矿床赋存在古太古界兴和岩群含铁麻粒岩中,已知小型铁矿床 1 处,航磁化极异常等值线起始值绝大部分在 -40nT 以上,剩余重力异常起始值在 $(-3\sim2)\times10^{-5}\mathrm{m/s^2}$ 之间,具较好的找矿潜力。

80. 壕赖沟综合预测区(Ⅲ-11-80)

预测区面积为 $147.54\mathrm{km^2}$,预测铁资源量为 $2\,067.65\times10^4\mathrm{t}$。矿床主要赋存在中太古界乌拉山岩群哈达门沟岩组,矿石矿物主要为磁铁矿;脉石矿物主要为石英、角闪石、斜长石、黑云母、石榴石等。局部形成工业矿体。分布于推断的矿致航磁异常区内,航磁化极等值线起始值在 100nT 以上,重力剩余异常起始值在 $2\times10^{-5}\mathrm{m/s^2}$ 以上,预测区下游存在铁重砂异常。

81. 小饮马沟东综合预测区(Ⅲ-11-81)

预测区面积为 $0.37\mathrm{km}^2$,预测磷资源量为 $0.15\times10^4\mathrm{t}$。矿床主要赋存在太古宇集宁岩群片麻岩组地层内出露的透辉岩、透辉钾长岩中,重力异常不明显,找矿潜力一般。

82. 石庄沟综合预测区(Ⅲ-11-82)

预测区面积为 $194.65\mathrm{km}^2$,预测磷资源量为 $7.152\times10^4\mathrm{t}$。铁资源量为 $7.31674\times10^4\mathrm{t}$。综合预测区矿床赋存在古太古界兴和岩群含铁麻粒岩中,剩余重力异常起始值在 $(-2\sim0)\times10^{-5}\mathrm{m/s^2}$ 之间,找矿潜力一般。

83. 梁尾综合预测区(Ⅲ-11-83)

预测区面积为 $183.16\mathrm{km}^2$,预测铁资源量为 $3700.00382\times10^4\mathrm{t}$,磷资源量为 $1.52\times10^4\mathrm{t}$,稀土资源量为 $298.2\mathrm{t}$。综合预测区矿床赋存在古太古界兴和岩群含铁麻粒岩中,已知小型铁矿床 1 处,航磁化极等值线起始值绝大部分在 $-40\mathrm{nT}$ 以上,剩余重力异常起始值在 $(-3\sim2)\times10^{-5}\mathrm{m/s^2}$ 之间,具较好的找矿潜力。

84. 落官圡村东综合预测区(Ⅲ-11-84)

预测区面积为 $30.64\mathrm{km}^2$,预测铁资源量为 $78.34281\times10^4\mathrm{t}$,磷资源量为 $11.29\times10^4\mathrm{t}$,稀土资源量为 $5317.8999\mathrm{t}$。矿床主要赋存在太古宇集宁岩群片麻岩组地层内出露的透辉岩、透辉钾长岩中,剩余重力异常起始值在 $(2\sim7)\times10^{-5}\mathrm{m/s^2}$ 之间,北东向、南北向、东西向断层发育。

85. 圪臭沟村北东综合预测区(Ⅲ-11-85)

预测区面积为 $15.02\mathrm{km}^2$,预测磷资源量为 $5.72\times10^4\mathrm{t}$。矿床主要赋存在太古宇集宁岩群片麻岩组地层内出露的透辉岩、透辉钾长岩中,重力异常为低缓负异常,断层发育。

86. 元山子乡东综合预测区(Ⅲ-11-86)

预测区面积为 $2.08\mathrm{km}^2$,预测铁资源量为 $1.40495\times10^4\mathrm{t}$,磷资源量为 $0.8\times10^4\mathrm{t}$,综合预测区矿床赋存在古太古界兴和岩群含铁麻粒岩中,剩余重力异常起始值在 $(-3\sim2)\times10^{-5}\mathrm{m/s^2}$ 之间,具较好的找矿潜力。

87. 马王庙村综合预测区(Ⅲ-11-87)

预测区面积为 $157.02\mathrm{km}^2$,预测磷资源量为 $57.65\times10^4\mathrm{t}$,铁资源量为 $8.67513\times10^4\mathrm{t}$。综合预测区矿床赋存在古太古界兴和岩群含铁麻粒岩中,剩余重力异常起始值在 $(-2\sim0)\times10^{-5}\mathrm{m/s^2}$ 之间,找矿潜力一般。

88. 小饮马沟综合预测区(Ⅲ-11-88)

预测区面积为 $21.99\mathrm{km}^2$,预测铁资源量为 $375.73\times10^4\mathrm{t}$。综合预测区矿床赋存在古太古界兴和岩群含铁麻粒岩中,剩余重力异常起始值在 $(-3\sim2)\times10^{-5}\mathrm{m/s^2}$ 之间,具较好的找矿潜力。

89. 大红石崖综合预测区(Ⅲ-11-89)

预测区面积为 $162.37\mathrm{km}^2$,预测铁资源量为 $2684.01\times10^4\mathrm{t}$,磷资源量为 $3.97\times10^4\mathrm{t}$,稀土资源量

为745.5t。综合预测区矿床赋存在古太古界兴和岩群含铁麻粒岩中,已知小型铁矿床1处,航磁化极异常等值线起始值绝大部分在−40nT以上,剩余重力异常起始值在$(-3\sim2)\times10^{-5}\mathrm{m/s^2}$之间。具较好的找矿潜力。

90. 伊克乌苏综合预测区(Ⅲ-11-90)

预测区面积为135.45km², 预测铁资源量为124.89×10⁴t。预测区矿床主要赋存在中太古界乌拉山岩群哈达门沟岩组, 矿石矿物主要为磁铁矿; 脉石矿物主要为石英、角闪石、斜长石、黑云母、石榴石等。局部形成工业矿体。地表见有铁矿脉。分布于推断的矿致航磁异常区内,航磁化极等值线起始值在200nT以上,剩余重力异常起始值在$3\times10^{-5}\mathrm{m/s^2}$以上,预测区局部及下游存在铁重砂异常。

91. 西石甲东综合预测区(Ⅲ-11-91)

预测区面积为1.66km², 预测铁资源量为29.88×10⁴t。综合预测区矿床赋存在古太古界兴和岩群含铁麻粒岩中, 已知小型铁矿床1处, 航磁化极异常等值线起始值绝大部分在−40nT以上, 剩余重力异常起始值在$(-3\sim2)\times10^{-5}\mathrm{m/s^2}$之间,具较好的找矿潜力。

92. 七墩西综合预测区(Ⅲ-11-92)

预测区面积为9.74km², 预测铁资源量为179.84×10⁴t。综合预测区矿床赋存在古太古界兴和岩群含铁麻粒岩中, 已知小型铁矿床1处, 航磁化极异常等值线起始值绝大部分在−40nT以上, 剩余重力异常起始值在$(-3\sim2)\times10^{-5}\mathrm{m/s^2}$之间,具较好的找矿潜力。

93. 张宇村综合预测区(Ⅲ-11-93)

预测区面积为2.1km², 预测磷资源量为0.8×10⁴t。预测区主要出露古太古界兴和岩群含铁麻粒岩,重力、航磁化极异常均为低缓负异常,找矿潜力一般。

94. 巴彦哈日嘎查综合预测区(Ⅲ-11-94)

预测区面积为91.61km², 预测铁资源量为30.35×10⁴t。矿床主要赋存在中太古界乌拉山岩群哈达门沟岩组,矿石矿物主要为磁铁矿;脉石矿物主要为石英、角闪石、斜长石、黑云母、石榴石等。局部形成工业矿体。地表见有铁矿脉。分布于推断的矿致航磁异常区内, 航磁化极等值线起始值在0nT以上, 剩余重力异常起始值在$-4\times10^{-5}\mathrm{m/s^2}$以上, 预测区局部及下游存在铁重砂异常。

95. 宗顶背综合预测区(Ⅲ-11-95)

预测区面积为100.36km², 预测铁资源量为2 479.01×10⁴t。综合预测区矿床赋存在古太古界兴和岩群含铁麻粒岩中, 剩余重力异常起始值在$(3\sim4)\times10^{-5}\mathrm{m/s^2}$之间,具较好的找矿潜力。

96. 十六犋夭西综合预测区(Ⅲ-11-96)

预测区面积为177.19km², 预测磷资源量为69.1×10⁴t, 稀土资源量为10 437t。矿床赋存在太古宇集宁岩群片麻岩组地层内出露的透辉岩、透辉钾长岩中, 剩余重力异常起始值在$(2\sim7)\times10^{-5}\mathrm{m/s^2}$之间,北东向、南北向、东西向断层发育。

97. 宏赐堡综合预测区(Ⅲ-11-97)

预测区面积为27.96km², 预测铁资源量为333.65×10⁴t。综合预测区矿床赋存在古太古界兴和岩群含铁麻粒岩中, 有航磁剩余异常, 剩余重力异常起始值在$(-2\sim2)\times10^{-5}\mathrm{m/s^2}$之间,具较好的找矿潜力。

98. 于咀陶综合预测区（Ⅲ-11-98）

预测区面积为 69.9km², 预测铁资源量为 1.69×10⁴t。预测区矿床主要赋存在中太古界乌拉山岩群哈达门沟岩组角闪斜长片麻岩组合中（钻孔揭露），该区边部内有矿点 1 处。分布于推断的矿致航磁异常区内，航磁化极等值线起始值在 700nT 以上，重力剩余异常起始值在 $10×10^{-5}$m/s² 以上，预测区下游存在铁重砂异常。

二、与中元古代基性—中酸性火山作用有关的金、铁、铅、锌、铜、硫矿床成矿系列

本成矿系列共圈定综合预测区 53 个（图 13-17）。

1. 苏尔东综合预测区（Ⅲ-11-99）

预测区面积为 55.62km², 预测磷资源量为 1 754.02×10⁴t, 金资源量为 11 474.40kg。出露的地层主要为新元古界白云鄂博群比鲁特组、哈拉霍疙特组，局部可见三叠纪二长花岗岩脉岩穿入，该预测区是进一步找矿的有利地区。

2. 苏尔西综合预测区（Ⅲ-11-100）

预测区面积为 1.59km², 预测磷资源量为 257.86×10⁴t。区内主要出露中元古界长城系白云鄂博群尖山组。北东向次级褶皱构造是区内的主要控矿构造。航磁异常比较明显，但与磷矿的找矿指示意义不大，剩余重力异常值在 0m/s² 附近。

3. 查汉浩绕东综合预测区（Ⅲ-11-101）

预测区面积为 10.64km², 预测磷资源量为 1438.5×10⁴t。区内主要出露中元古界长城系白云鄂博群尖山组。受区域构造影响，区内构造线总体走向北东向。北东向次级褶皱构造是区内的主要控矿构造。航磁异常比较明显，但与磷矿的找矿指示意义不大，重力为明显的正异常。

4. 高位北综合预测区（Ⅲ-11-102）

预测区面积为 0.64km², 预测铁资源量为 144.3×10⁴t。主要出露白云鄂博群哈拉霍疙特组一岩段，为一套石英岩-石英砂岩建造。区内有航磁异常 1 处，重砂异常 1 处，断层 1 处，剩余重力场值相对较低；为正异常。

5. 白彦花综合预测区（Ⅲ-11-103）

预测区面积为 2.71km², 预测铁资源量为 2153.4×10⁴t, 稀土资源量为 436 800t。主要出露在白云鄂博群白云岩及其围岩中。航磁化极等值线起始值在 0nT 以上，重力剩余异常起始值在 $(2\sim3)×10^{-5}$m/s² 之间。

6. 乌拉敖包综合预测区（Ⅲ-11-104）

预测区面积为 0.73km², 预测铁资源量为 328.56×10⁴t。区内主要出露白云鄂博群哈拉霍疙特组

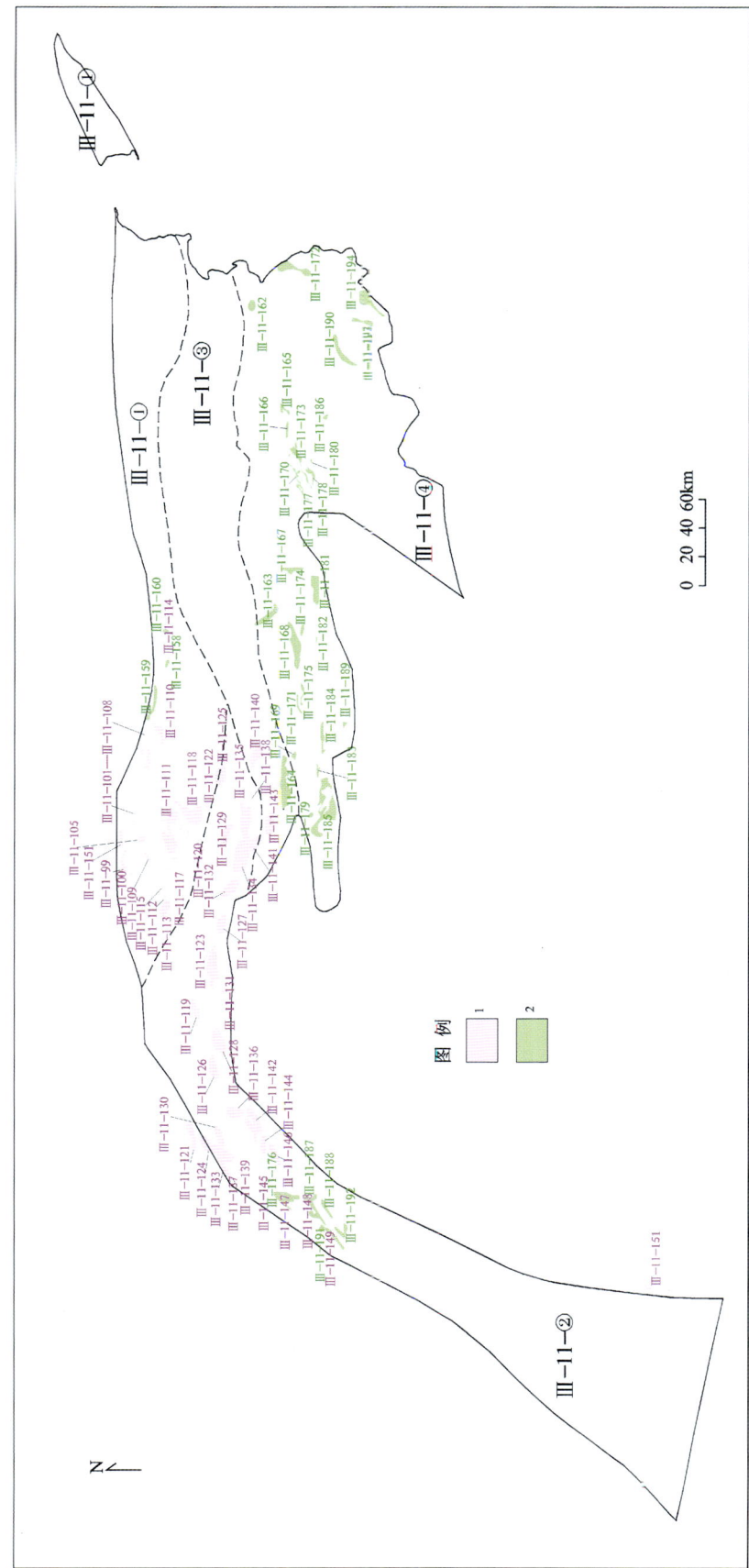

图 13-17 Ⅲ-11 综合预测区分布图（二）

1. 与中元古代基性—中酸性火山作用有关的金、铁、铅、锌、铜、硫铁矿矿床成矿系列综合预测区；2. 与印支期酸性岩浆作用有关的钼、铅、锌、金矿床成矿系列综合预测区

7. 特默楚鲁综合预测区（Ⅲ-11-105）

预测区面积为 24.84km², 预测金资源量为 13 223.28kg。以白云鄂博群哈拉霍疙特组为主, 发育大量北西向花岗伟晶岩脉, 断裂构造以北西向次级裂隙为主。重力北高南低, 航磁低缓, 未见明显的化探异常, 是进一步寻找盲矿的较有利地区。

8. 希日哈达东综合预测区（Ⅲ-11-106）

预测区面积为 5.88km², 预测金资源量为 261.89kg, 磷资源量为 344.55×10⁴t, 铁资源量为 1 207.68×10⁴t。地表有尖山组二岩段出露, 预测区有磁异常显示, 航磁 ΔT 化极异常在 0~600nT 之间, 剩余重力异常值 Δg 在 $(-1~0)\times 10^{-5}$m/s² 之间。在化探异常范围内, 有重砂异常及东西向断裂通过。

9. 小红海西综合预测区（Ⅲ-11-107）

预测区面积为 1.56km², 预测铁资源量为 876.9×10⁴t。主要出露白云鄂博群哈拉霍疙特组的三岩段, 为碳酸盐岩-泥晶灰岩建造。区内有断层 1 处, 剩余重力场值相对较高, 航磁化极异常值较低。

10. 哈日呼吉日综合预测区（Ⅲ-11-108）

预测区面积为 58.41km², 预测金资源量为 9 044.88kg, 磷资源量为 1 342.06×10⁴t, 稀土资源量为 2 570.4×10⁴t, 铁资源量为 47 382.79×10⁴t。地表有尖山组二岩段出露, 预测区有磁异常显示, 航磁 ΔT 化极异常在 -150~100nT 之间, 剩余重力异常值 Δg 在 $(4~7)\times 10^{-5}$m/s² 之间。在化探异常范围内, 有东西向断裂通过。有重砂异常。

11. 上哈那综合预测区（Ⅲ-11-109）

预测区面积为 19.61km², 预测金资源量为 10 421.25kg。出露的地层主要为新元古界白云鄂博群比鲁特组、哈拉霍疙特组, 金矿体主要赋存在比鲁特组地层中, 总体上为一向斜构造, 化探测量未见明显异常。重力为低缓正值区, 重力异常值一般在 $(1~3)\times 10^{-5}$m/s² 之间, 航磁异常低缓, 是进一步寻找盲矿的有利地区。

12. 查汉浩饶图西南综合预测区（Ⅲ-11-110）

预测区面积为 57.53km², 预测金资源量为 3 888.09kg, 磷资源量为 4 678.549 98×10⁴t, 铁资源量为 26 840.36×10⁴t。地表有尖山组二岩段出露, 预测区有磁异常显示, 航磁 ΔT 化极异常在 0~300nT 之间, 剩余重力异常值 Δg 在 $(3~5)\times 10^{-5}$m/s² 之间, 有东西向断裂通过。

13. 霍布综合预测区（Ⅲ-11-111）

预测区面积为 0.74km², 预测磷资源量为 122.62×10⁴t。区内主要出露中元古界长城系白云鄂博群尖山组。航磁异常比较明显, 但与磷矿的找矿指示意义不大, 剩余重力为低缓负异常。

14. 干其敖包综合预测区（Ⅲ-11-112）

预测区面积为 7.33km², 预测磷资源量为 1 211.71×10⁴t。区内主要出露中元古界长城系白云鄂博群尖山组。北东向次级褶皱构造是区内的主要控矿构造。航磁异常比较明显, 但与磷矿的找矿指示意义不大, 处在重力梯度之上。

15. 萨音呼都格综合预测区(Ⅲ-11-113)

预测区面积为 72.56km², 预测金资源量为 6 610.5kg。地表大部分被第四系、古近系和新近系覆盖, 局部可见尖山组地层、二叠纪闪长岩和三叠纪二长花岗岩, 化探异常不明显, 仅在南东部见弱金异常, 重力为高值区, 一般在 $(3\sim7)\times10^{-5}m/s^2$ 之间。航磁低缓负值区, 可作为找矿线索。

16. 查汉朝鲁综合预测区(Ⅲ-11-114)

预测区面积为 1.97km², 预测铁资源量为 927.74×10⁴t。主要出露白云鄂博群哈拉霍疙特组一岩段, 为石英砂岩-石英砂砾岩建造。区内有航磁异常 1 处, 无剩余重力异常。

17. 海日汉霍布综合预测区(Ⅲ-11-115)

预测区面积为 14.58km², 预测磷资源量为 2390.17×10⁴t。区内主要出露中元古界长城系白云鄂博群尖山组。剩余重力异常不明显。

18. 浩雅尔嘎查综合预测区(Ⅲ-11-116)

预测区面积为 226.12km², 预测金资源量为 79 236.48kg, 磷资源量为 11 213.8×10⁴t。出露的地层主要为新元古界白云鄂博群比鲁特组、哈拉霍疙特组, 局部可见三叠纪二长花岗岩脉岩穿入。金矿点 2 处, 金矿体主要赋存在比鲁特组地层中, 总体上为一向斜构造, 化探异常规模大、强度高, 与矿化体套合好。重力为高值区, 剩余重力异常值一般在 $(3\sim7)\times10^{-5}m/s^2$ 之间, 航磁异常低缓, 是进一步寻找盲矿的有利地区。

19. 宝日温都尔综合预测区(Ⅲ-11-117)

预测区面积为 7.7km², 预测磷资源量为 1 280.06×10⁴t。区内主要出露中元古界长城系白云鄂博群尖山组。北东向次级褶皱构造是区内的主要控矿构造。航磁异常比较明显, 但与磷矿的找矿指示意义不大, 剩余重力值为低缓负异常。

20. 布龙图综合预测区(Ⅲ-11-118)

预测区面积为 175.07km², 预测金资源量为 7 274.84kg, 磷资源量为 23 819.550 44×10⁴t。地表有尖山组二岩段出露, 区内有 1 处小型矿床, 预测区有磁异常显示, 航磁 ΔT 化极异常值在 $-100\sim150nT$ 之间, 剩余重力异常值 Δg 在 $(5\sim10)\times10^{-5}m/s^2$ 之间, 有东西向断裂通过。

21. 乌珠尔嘎查综合预测区(Ⅲ-11-119)

预测区面积为 63.88km², 预测硫铁资源量为 529.83×10⁴t, 铅资源量为 15 857t, 锌资源量为 92 823t。出露地质体主要为二叠纪闪长岩、二长花岗岩, 局部见中太古代乌拉山岩群。化探异常不明显, 重力低缓, 航磁为低缓负磁异常, 找矿潜力差。

22. 小井沟综合预测区(Ⅲ-11-120)

预测区面积为 7.74km², 预测金资源量为 4 435.38kg。区内有一矿化点, 有磁异常显示, 航磁 ΔT 化极异常值主要在 $100\sim150nT$ 之间, 剩余重力异常值 Δg 主要在 $(5\sim6)\times10^{-5}m/s^2$ 之间。在化探异常范围内, 有东西向断裂通过。

23. 浩森浩来综合预测区(Ⅲ-11-121)

预测区面积为 82.74km², 预测硫铁资源量为 7 814.47t。主要出露渣尔泰山群阿古鲁沟组, 航磁为正异常。处于重力梯度带之上, 该预测区找矿潜力大。

24. 双盛美乡综合预测区(Ⅲ-11-122)

预测区面积为 14.51km², 预测金资源量为 536.89kg, 磷资源量为 $70.09×10^4$t, 铁资源量为 $2\,646.24×10^4$t。区内有一矿化点, 预测区有磁异常显示, 航磁 ΔT 化极异常值主要在 150～200nT 之间, 剩余重力异常值 Δg 主要在 $(-2～0)×10^{-5}$ m/s² 之间。在化探异常范围内, 有东西向断裂通过。

25. 巴音乌兰综合预测区(Ⅲ-11-123)

预测区面积为 176.43km², 预测铜资源量为 100 605.96t, 硫铁资源量为 $9\,187.759\,77×10^4$t, 铅资源量为 211 101t, 锌资源量为 1 235 765t, 银资源量为 28.77t。出露的地层为阿古鲁沟组一、二岩段。侵入岩为中元古代辉长岩及三叠纪斑状二长花岗岩; 区内有近东西向断层 2 条, 沉积型铜矿点 1 处。区内航磁化极为正磁异常, 剩余重力异常为重力高, Cu、Ag、Pb、Zn 元素异常三级浓度分带明显。

26. 呼和套勒盖综合预测区(Ⅲ-11-124)

预测区面积为 62.87km², 预测硫铁资源量为 $164.383×10^4$t。主要出露渣尔泰山群阿古鲁沟组, 航磁为正异常, 重力为低缓负异常, 该预测区找矿潜力大。

27. 红泥井乡综合预测区(Ⅲ-11-125)

预测区面积为 90.32km², 预测硫铁资源量为 $220.62×10^4$t, 铅资源量为 25 582t, 锌资源量为 149 753t。局部出露新太古代花岗闪长岩, 大面积被上新统宝格达乌拉组不整合覆盖。重力东高西低, 航磁低缓, 化探异常不明显, 找矿潜力差。

28. 哈尔陶勒盖综合预测区(Ⅲ-11-126)

预测区面积为 89.19km², 预测硫铁资源量为 $845.671×10^4$t, 铅资源量为 25 310t, 锌资源量为 148 162t。出露的地质体主要为中太古代乌拉山岩群, 南侧和东部被下白垩统李三沟组、固阳组不整合覆盖。局部见新元古代花岗闪长岩, 新太古代二长花岗岩等变质深成体。航磁异常总体平缓, 局部较高。重力高, 化探异常不明显, 找矿潜力较差。

29. 大圣沟综合预测区(Ⅲ-11-127)

预测区面积为 71.96km², 预测硫铁资源量为 $153.909×10^4$t, 铅资源量为 17 844t, 锌资源量为 104 460t。出露的地层主要为下二叠统大红山组和上新统宝格达乌拉组。岩体主要为二叠纪闪长岩、三叠纪二长花岗岩等。预测区总体上呈北西西向带状展布。构造线主体为北西西向, 次级为北西向断裂。重力高值区, 航磁未见明显异常, 总体较为低缓, 化探异常各元素套合较差, 有一定的找矿潜力。

30. 乌兰呼都格综合预测区(Ⅲ-11-128)

预测区面积为 131km², 预测银资源量为 22.95t, 铜资源量为 80 230.5t, 硫铁资源量为 $10\,660.83×10^4$t, 铅资源量为 257 665t, 锌资源量为 1 508 344t。区内出露的地层主要为中元古界渣尔泰山群书记沟组, 中部被下二叠统大红山组、中侏罗统长汉沟组、中下侏罗统五当沟组不整合覆盖。北部出露新太古代闪长岩和二叠纪石英闪长岩、二长花岗岩等，预测区总体上呈近东西向带状展布。构造线主体为东西向，次级为北西向断裂。重力为高值区，其南侧为重力梯度带，航磁为低缓正磁异常区，化探异常各元素套合较好，规模较小，强度较低，有找矿潜力。

31. 伊和敖包村综合预测区（Ⅲ-11-129）

预测区面积为 85.24km²，预测铜资源量为 2 083.73t，硫铁资源量为 173.18×10⁴t，铅资源量为 20 080t，锌资源量为 117 546t，银资源量为 0.6t。零星出露中元古代渣尔泰山群阿古鲁沟组和刘洪湾组，大面积分布新太古代闪长岩，被三叠纪二长花岗岩侵入。构造线以近东西向为主，航磁低缓，重力高。

32. 1142 高程点西南综合预测区（Ⅲ-11-130）

预测区面积为 8.67km²，预测铁资源量为 601×10⁴t。揭盖推测本区分布有渣尔泰山群阿古鲁沟组二岩段，航磁化极等值线起始值在 0nT 以上；重力剩余异常起始值在 -2×10^{-5}m/s² 以上，该区找矿潜力一般。

33. 罕乌拉道班综合预测区（Ⅲ-11-131）

预测区面积为 9.51km²，预测铜资源量为 8 200.7t，银资源量为 5.21t。出露的地层为阿古鲁沟组一、二岩段及中下侏罗统五当沟组。侵入岩为中元古代辉长岩；区内有北西向逆断层 1 条。区内航磁化极为低缓正磁异常，异常值 0~150nT，剩余重力异常为重力高，异常值 $(15\sim26)\times10^{-5}$m/s²。Cu 元素异常三级浓度分带明显，铜元素化探异常值 $(18\sim48)\times10^{-6}$。

34. 台路沟综合预测区（Ⅲ-11-132）

预测区面积为 97.8km²，预测铅资源量为 26 652t，硫铁资源量为 229.85×10⁴t，锌资源量为 156 017t，银资源量为 21.99t，铜资源量为 76 853.31t。区内出露的地层主要为中元古界渣尔泰山群阿古鲁沟组、书记沟组，被上新统宝格达乌拉组不整合覆盖。岩体主要为二叠纪闪长岩、三叠纪二长花岗岩等。矿化主要产于阿古鲁沟组二岩段，预测区总体上呈北西向带状展布。构造线主体以北西向为主。重力高值区或重力梯度带附近，总体南高北低，航磁为低缓正磁异常区，化探异常各元素套合较好，但规模较小，强度较低，有一定找矿潜力。

35. 乌苏台南综合预测区（Ⅲ-11-133）

预测区面积为 218.39km²，预测铜资源量为 2 128 577.805t，硫铁资源量为 8 010.43×10⁴t，铁资源量为 19 798×10⁴t，银资源量为 608.77t，锌资源量为 982 666t，铅资源量为 750 278t。矿床主要赋存在渣尔泰山群阿古鲁沟组二岩段，矿石矿物为磁铁矿，少量磁黄铁矿、黄铁矿、赤铁矿，局部见星点浸染状黄铜矿和方铅矿。该区内有中型矿产地及矿点多处，航磁化极等值线起始值在 0nT 以上，重力剩余异常起始值在 -2×10^{-5}m/s² 以上。预测区局部及下游存在重砂异常，因此该最小预测区找矿潜力极大。

36. 刘鸿湾综合预测区（Ⅲ-11-134）

预测区面积为 199.34km²，预测铜资源量为 352 544.22t，银资源量为 100.83t，锌资源量为 2 113 142t，铅资源量为 268 482t，硫铁资源量为 102 267.11×10⁴t。区内出露地层主要为中元古界渣尔泰山群阿古鲁沟组、刘鸿湾组。矿化主要产于阿古鲁沟组二岩段，预测区总体上呈近东西向带状展布。构造线主体为近东西向，次级为北西向断裂。重力上位于梯度带附近，航磁为低缓磁异常区，化探异常各元素套合一般，规模较小，强度较低，主要分布在预测区的南半部，有找矿潜力。

37. 煤窑沟综合预测区（Ⅲ-11-135）

预测区面积为167.56km²，预测铜资源量为10 098.90t，硫铁资源量为2 708.044×10⁴t，铅资源量为260 271t，锌资源量为1 523 601t，银资源量为2.89t。区内出露的地层主要为中元古界渣尔泰山群书记沟组、增隆昌组、阿古鲁沟组。矿化主要产于阿古鲁沟组，预测区总体上呈南东东向带状展布。构造线主体为近东西向，次级为北西向断裂，内部褶皱构造发育。重力上为低缓异常区，航磁为低缓磁异常区，化探异常规模较小，强度较低，主要分布在预测区的东部，有找矿潜力。

38. 沙尔霍托勒综合预测区（Ⅲ-11-136）

预测区面积为83.22km²，预测硫铁资源量为789.17×10⁴t，铅资源量为23 618t，锌资源量为138 257t。区内出露的地质体主要为中太古界乌拉山岩群，局部见新元古代花岗闪长岩，新太古代二长花岗岩等变质深成体。构造线主体为北东向。重力高，为梯度带附近，航磁为低缓磁异常区，化探Pb、Zn元素异常规模较小，强度中等，Cu、Pb、Zn等各元素套和较好，主要分布在南侧，沉积型矿床找矿潜力较差。

39. 布拉格西南综合预测区（Ⅲ-11-137）

预测区面积为5.57km²，预测铁资源量为57×10⁴t。矿床主要赋存在渣尔泰山群阿古鲁沟组二岩段，航磁化极等值线起始值在-40 nT以上，重力剩余异常起始值在$-2×10^{-5}$m/s²以上。

40. 永吉成村综合预测区（Ⅲ-11-138）

预测区面积为2.34km²，预测银资源量为4 461.679 9t。出露的地层为阿古鲁沟组二、三岩段及书记沟组。区内断裂构造发育，有北西向逆断层2条。区内航磁化极为低缓正磁异常，异常值0~100nT，剩余重力异常为正负重力异常过渡带，异常值$(-1~3)×10^{-5}$m/s²。Cu元素异常二级浓度分带明显，Cu元素化探异常值$(22~34)×10^{-6}$。

41. 哈善牙台音高综合预测区（Ⅲ-11-139）

预测区面积为13.49km²，预测银资源量为72 362.330 6t。出露的地层为阿古鲁沟组二岩段及增隆昌组。该预测区内有北东向断层1条。区内航磁化极为低缓正负磁异常过渡带，异常值-100~100nT，剩余重力异常为重力低，异常值$(-1~1)×10^{-5}$m/s²。Cu元素异常三级浓度分带明显，铜元素化探异常值$(18~50.6)×10^{-6}$。

42. 大南沟综合预测区（Ⅲ-11-140）

预测区面积为78.72km²，预测铜资源量为235 196.472 7t，硫铁资源量为129.816×10⁴t，铅资源量为15 053t，锌资源量为88 116t，银资源量为67.27t。出露的地层为阿古鲁沟组一、二、三岩段。区内有北东向断层1条。区内航磁化极为低缓正磁异常，异常值0~100nT，剩余重力异常为重力高，异常值$(2~10)×10^{-5}$m/s²；Cu元素异常二级浓度分带明显。

43. 头分子村东综合预测区（Ⅲ-11-141）

预测区面积为66.25km²，预测硫铁资源量为643.4×10⁴t，铅资源量为18 651t，锌资源量为109 182t。出露地层主体位于中元古界渣尔泰山群阿古鲁沟组一岩段，局部见增隆昌组，南侧被下白垩统固阳组不整合覆盖，重力异常为正负过渡区，航磁异常不明显，化探异常零星分布，规模小、强度低，找矿潜力差。

44. 东升庙综合预测区（Ⅲ-11-142）

预测区面积为 161.97km²，预测铜资源量为 43 364.16t，磷资源量为 455.11×10⁴t，硫铁资源量为 21 058.06×10⁴t，铅资源量为 525 909t，锌资源量为 3 078 609t，银资源量为 12.4t，铁资源量为 112×10⁴t。出露的地层主要为中元古界渣尔泰山群阿古鲁沟组、增隆昌组，外围被下白垩统李三沟组、中—下侏罗统五当沟组不整合覆盖。矿化主要产于阿古鲁沟组二岩段，预测区总体上呈北东向带状展布，南东侧为河套盆地，北西侧为高山山脉。重力上显示为正负转换的梯度带上，航磁为正磁异常区，一般为 200～400nT，化探异常各元素套合好，规模较大，强度较高，与其他各异常区套合好，找矿潜力较大。

45. 王成沟综合预测区（Ⅲ-11-143）

预测区面积为 96.46km²，预测硫铁资源量为 317.89×10⁴t，铅资源量为 30 714t，锌资源量为 179 799t。出露的地层主体为中元古界渣尔泰山群阿古鲁沟组、书记沟组、增隆昌组等，岩体多为元古宙、太古宙变质侵入体，构造线以东西向为主，地层内部褶皱构造发育，航磁异常低缓，重力高，化探异常不明显，找矿潜力差。

46. 乌勒扎尔综合预测区（Ⅲ-11-144）

预测区面积为 54.12km²，预测硫铁资源量为 848.717×10⁴t，铅资源量为 11 520t，锌资源量为 67 435t。出露的地层主要为乌拉山岩群，北部出露石炭纪二长花岗岩，南部出露石炭纪石英闪长岩。预测区总体上呈北东向带状展布，构造线主体为北东向，次级为北西向断裂。重力上为高值区，显示该区为基底隆起区，航磁为北东向低缓正磁异常区，一般为 100～300nT，化探异常各元素套合好，规模较大，强度较高，主要分布在该区的北半部，与其他各异常区套合好，找矿潜力较大。

47. 2162 高程点北综合预测区（Ⅲ-11-145）

预测区面积为 2.96km²，预测铁资源量为 23.2×10⁴t。矿床主要赋存在渣尔泰山群阿古鲁沟组二岩段，航磁化极等值线起始值在 −80nT 以上，剩余重力异常起始值在 0nT 以上。预测区下游见重砂异常，因此该最小预测区有一定的找矿潜力。

48. 炭窑口综合预测区（Ⅲ-11-146）

预测区面积为 74.29km²，预测铜资源量为 428 198.41t，磷资源量为 61.84×10⁴t，硫铁资源量为 6 600.222×10⁴t，铅资源量为 55 052t，锌资源量为 851 455t，银资源量为 122.46t，铁资源量为 190×10⁴t。南东侧为河套盆地，北西侧为高山。构造线主体为北东向，次级为北西向断裂。重力上显示为正负异常转换的梯度带上，航磁为正磁异常区，一般为 200～400nT，化探异常规模较小，强度较低，找矿潜力较大。

49. 呼和赛尔音阿木北综合预测区（Ⅲ-11-147）

预测区面积为 7.69km²，预测磷资源量为 448.15×10⁵t。区内主要出露中元古界长城系白云鄂博群尖山组。受区域构造影响，区内构造线总体走向北东向。北东向次级褶皱构造是区内的主要控矿构造。航磁异常比较明显，但与磷矿的找矿指示意义不大，重力为低缓负异常。

50. 阿贵庙综合预测区（Ⅲ-11-148）

预测区面积为 1.83km²，预测磷资源量为 50.113×10⁴t。区内主要出露中元古界长城系白云鄂博群尖山组。受区域构造影响，区内构造线总体走向北东向。北东向次级褶皱构造是区内的主要控矿构造。航磁异常比较明显，但与磷矿的找矿指示意义不大，重力为明显的正异常。

51. 哈拉陶勒盖北综合预测区（Ⅲ-11-149）

预测区面积为 0.08km², 预测磷资源量为 16.53×10⁴t。区内主要出露中元古界长城系白云鄂博群尖山组。重力异常不明显。

52. 南寺综合预测区（Ⅲ-11-150）

预测区面积为 12.32km², 预测磷资源量为 2 451.42×10⁴t。区内主要出露中元古界长城系白云鄂博群尖山组。重力异常不明显。

53. 毛呼都格综合预测区（Ⅲ-11-151）

预测区面积为 31.56km², 预测金资源量为 10 642.68kg。出露地层主要为新元古界白云鄂博群比鲁特组、哈拉霍疙特组，局部可见二叠纪闪长岩。金矿体主要赋存在比鲁特组地层中。该区是进一步寻找新矿体的有利地区。

三、与海西期基性岩浆活动有关的铜、镍、铂矿床成矿系列

本系列共圈定 7 个预测综合区（图 13-17）。

1. 塔拉呼都格西综合预测区（Ⅲ-11-152）

预测区面积为 144.119 783km², 预测镍资源量为 8 774.5t, 铜资源量为 6 623.77t。预测区出露的地层为白云鄂博群尖山组、哈拉霍疙特组碳酸盐岩、砂-泥岩建造及上侏罗统大青山组砂砾岩。侵入岩为呈岩脉或岩支状出露的中元古代辉长岩。小南山铜镍矿位于该区，同时有铜矿点 2 处。区内航磁化极为负磁异常，异常值 $-150 \sim -100$ nT；剩余重力异常为重力梯级带，异常值 $(-5 \sim 3) \times 10^{-5}$ m/s²。Cu 元素异常三级浓度分带明显，Cu 元素化探异常值 $(22 \sim 36.50) \times 10^{-6}$。

2. 阿尔嘎查西综合预测区（Ⅲ-11-153）

预测区面积为 2.13km², 预测镍资源量为 6 955.2002t。预测区主要出露中元古代基性岩，剩余重力异常起始值在 $(-1 \sim 1) \times 10^{-5}$ m/s² 之间，含矿地质体分布于 Ni 元素化探异常区内。

3. 克布综合预测区（Ⅲ-11-154）

预测区面积为 135.253 449km², 预测镍资源量为 4 651.20t, 铜资源量为 4 121.659 7t。预测区出露的地层为白云鄂博群尖山组，哈拉霍疙特组碳酸盐岩、砂-泥岩建造。侵入岩为近东西向展布的中元古代辉长岩及二叠纪石英二长闪长岩。克布铜镍矿位于该区，亦有铜矿点 3 处。区内航磁化极为负磁异常，异常值 $-100 \sim 0$ nT；剩余重力异常为重力高，异常值 $(2 \sim 5) \times 10^{-5}$ m/s²。Cu 元素异常三级浓度分带明显，Cu 元素化探异常值 $(22 \sim 39) \times 10^{-6}$。

4. 布郎呼都格综合预测区（Ⅲ-11-155）

预测区面积为 108.867 814 3km², 预测镍资源量为 1 877.26t, 铜资源量为 1 980.11t。预测区出露的地层为白云鄂博群哈拉霍疙特组碳酸盐岩、砂-泥岩建造。侵入岩为岩株状的中元古代辉长岩及花岗岩，蚀变类型以硅化为主。区内航磁化极为正磁异常，异常值 $100 \sim 150$ nT，剩余重力异常为重力高，异常值 $(6 \sim 8) \times 10^{-5}$ m/s²。Cu 元素异常三级浓度分带明显，Cu 元素化探异常值 $(22 \sim 38) \times 10^{-6}$。

5. 波日音布拉格东综合预测区（Ⅲ-11-156）

预测区面积为 131.678 618km², 预测铜资源量为 130.49t。预测区出露的地质体为早石炭世辉长岩、二叠纪石英二长闪长岩。北东向平移断层截切北西向断层。区内航磁化极为正磁异常，异常值 0～100nT，剩余重力异常为重力高，异常值 $(3\sim6)\times10^{-5}$ m/s²。Cu 元素异常三级浓度分带明显，Cu 元素化探异常值 $(18\sim42)\times10^{-6}$。

6. 小南山铜镍矿综合预测区（Ⅲ-11-157）

预测区面积为 136.95km²，预测镍资源量为 29 437.28t，铜资源量为 9 047.570 3t。

7. 乌勒扎尔北东 6.4km（欧布拉格）综合预测区（Ⅲ-11-158）

预测区面积为 1.3km²，预测镍资源量为 7 117.200 2t。预测区出露的地质体主要为二叠纪超基性—基性岩，有别力盖庙矿点。区内航磁化极异常值 25～100nT；剩余重力异常值 $(9\sim15)\times10^{-5}$ m/s²，处于大面积高值正异常区内；处于 Ni 元素化探异常平稳过渡带上，异常值 $(9.9\sim14)\times10^{-9}$。

四、与印支期酸性岩浆作用有关的钼、铅、锌、金矿床成矿系列

本系列共圈定综合预测区 36 个（图 13-17）。

1. 宫忽洞综合预测区（Ⅲ-11-159）

预测区面积为 51.11km²，预测铜资源量为 89 802.52t。区内出露的地层为中新元古界白云鄂博群胡吉尔图组灰色藻席纹层灰岩及粉晶灰岩；南部为早—晚三叠世二长花岗岩；该预测区内有北西向断层 1 条，近东西向断层 6 条。胡吉尔图组中有铜矿床 1 处，航磁化极为低负磁异常，异常值 -100～0nT，剩余重力异常为重力高，异常值 $(-1\sim1)\times10^{-5}$ m/s²。Cu 元素异常一级浓度分带明显，Cu 元素化探异常值 $(10\sim22)\times10^{-6}$。

2. 额尔登敖包苏综合预测区（Ⅲ-11-160）

预测区面积为 8.56km²，预测铜资源量为 2 987.7t。矿床主要赋存在中新元古界渣尔泰山群增隆昌组及书记沟组中，化探异常起始值在 34×10^{-6} 以上，因此该最小预测区有一定的找矿潜力。

3. 查汉朝鲁综合预测区（Ⅲ-11-161）

预测区面积为 10.92km²，预测铜资源量为 5 718.38t。出露早—晚三叠世二长花岗岩，航磁化极为正磁异常，异常值 0～100nT，剩余重力异常为重力低，异常值 $(-5\sim-3)\times10^{-5}$ m/s²。Cu 元素异常一级浓度分带明显，Cu 元素化探异常值 $(10\sim22)\times10^{-6}$。

4. 逯明沟综合预测区（Ⅲ-11-162）

预测区面积为 33.73km²，预测钼资源量为 146 521.41t。区内主要出露晚侏罗世中粗粒似斑状二长花岗岩，侵入中太古界；似斑状中粗粒二长花岗岩内外接触带上发育的主要围岩蚀变有高岭土化、绢云母化、绿帘石化、绢英岩化、云英岩化、硅化、黄铁矿化、褐铁矿化、锰矿化等。

5. 前北沟综合预测区(Ⅲ-11-163)

预测区面积为 70.21km², 预测金资源量为 3065kg。出露的地层主要为乌拉山岩群, 有已知矿床存在, 整体呈圆形, 面积较小, 存在 Au 单元素异常特征, 由此认为本区具有较好的找矿潜力。

6. 大罗沟村东综合预测区(Ⅲ-11-164)

预测区面积为 144.81km², 预测金资源量为 42 294kg。出露的地层主要为乌拉山岩群, 存在已知矿点, 存在明显的 Au 单元素异常, 区南部有一条大致为东西向断层存在, 对成矿具有良好的控制作用。该区东段航磁异常明显, 具有良好的找矿潜力。

7. 印山湾村北西综合预测区(Ⅲ-11-165)

预测区面积为 20.26km², 预测金资源量为 2457kg。分布面积较大, 主要出露的地层为乌拉山岩群, 区内有水系通过, 由此认为本区具有一定的找矿潜力。

8. 白银厂汉乡综合预测区(Ⅲ-11-166)

预测区面积为 22.76km², 预测金资源量为 1315kg。出露的地层主要为乌拉山岩群, 存在重砂异常特征及局部航磁化极异常特征, 由此认为本区具有较好的找矿潜力。

9. 林场综合预测区(Ⅲ-11-167)

预测区面积为 37.1km², 预测金资源量为 6770kg。出露的地层主要为乌拉山岩群, 有已知矿床存在, 整体呈圆形, 面积较小, 存在 Au 单元素异常特征, 由此认为本区具有较好的找矿潜力。

10. 腮忽洞村综合预测区(Ⅲ-11-168)

预测区面积为 131.27km², 预测金资源量为 20 098kg。区内主要地层为乌拉山岩群, 有已知矿床存在, 区内有水系发育, 存在 Au 单元素异常特征, 由此认为本区具有较好的找矿潜力。

11. 羊圈湾综合预测区(Ⅲ-11-169)

预测区面积为 8.09km², 预测金资源量为 981kg。出露的地层主要为乌拉山岩群, 南部可见呈东西向展布的蚀变带发育, 由此认为本区具有一定的找矿潜力。

12. 五道沟北综合预测区(Ⅲ-11-170)

预测区面积为 37.38km², 预测金资源量为 6080kg。区内有已知矿点, 出露的地层主要为乌拉山岩群, 存在航磁化极异常特征, 由此认为本区具有较好的找矿潜力。

13. 白洞渠村东综合预测区(Ⅲ-11-171)

预测区面积为 13.67km², 预测金资源量为 5299kg。局部出露地层为乌拉山岩群, 预测区存在 Au 单元素化探异常特征, 由此认为本区具有一定的找矿潜力。

14. 曹四夭村综合预测区(Ⅲ-11-172)

预测区面积为 92.46km², 预测钼资源量为 1 380 936.125t。曹四夭钼矿在本预测区内, 产于早白垩世灰白色、浅肉红色花岗斑岩与集宁岩群黄土窑岩组的接触带上, 围岩蚀变主要有高岭土化、绢云母化、绿帘石化、绢英岩化、云英岩化、硅化、黄铁矿化、褐铁矿化、锰矿化等。花岗斑岩呈多斑及少斑结构, 目

前控制储量在 100×10^4 t 以上。

15. 卓资县西综合预测区（Ⅲ-11-173）

预测区面积为 54.13km²，预测金资源量为 8047kg。出露的地层主要为乌拉山岩群，区内于北部和中部可见贯穿全区的近东西向断层发育，局部见航磁化极异常特征，由此认为本区具有一定的找矿潜力。

16. 铁面苦巨综合预测区（Ⅲ-11-174）

预测区面积为 16.24km²，预测金资源量为 3278kg。出露的地层主要为乌拉山岩群，预测区存在 Au 单元素异常特征及航磁化极异常特征，由此认为本区具有一定的找矿潜力。

17. 水涧沟东综合预测区（Ⅲ-11-175）

预测区面积为 20.64km²，预测金资源量为 5009kg。出露的地层为乌拉山岩群，该预测区南北部皆存在近东西向断裂构造，其中北部为推断隐伏断层，存在明显的 Au 单元素异常，由此认为本区具有良好的找矿潜力。

18. 沙金套海苏木盖沙图综合预测区（Ⅲ-11-176）

预测区面积为 86.3km²，预测铜资源量为 ≤1 054.62t。盖沙图铜矿位于本区，主要赋存在中新元古界渣尔泰山群增隆昌组及书记沟组与二叠纪花岗闪长岩接触带中，化探异常明显。预测区局部及下游存在重砂异常，因此该最小预测区找矿潜力极大。

19. 新地沟村综合预测区（Ⅲ-11-177）

预测区面积为 1.5km²，预测金资源量为 109kg。出露的地层主要为乌拉山岩群。预测区局部存在航磁化极异常特征，由此认为本区具有一定的找矿潜力。

20. 五道沟综合预测区（Ⅲ-11-178）

预测区面积为 24.46km²，预测金资源量为 1412kg。出露的地层主要为乌拉山岩群，局部可见蚀变带发育，由此认为本区具较好的找矿潜力。

21. 乌尔土沟口子综合预测区（Ⅲ-11-179）

预测区面积为 6.4km²，预测金资源量为 2481kg。出露的地层主要为乌拉山岩群，预测区东部存在 Au 单元素异常，存在明显的航磁化极、剩余重力异常特征，由此认为本区具有较好的找矿潜力。

22. 黄花台村西综合预测区（Ⅲ-11-180）

预测区面积为 3.22km²，预测金资源量为 520kg。出露的地层主要为乌拉山岩群，化探异常明显具有较好的成矿潜力。

23. 哈尔图南东综合预测区（Ⅲ-11-181）

预测区面积为 87.56km²，预测金资源量为 5429kg。出露的地层主要为乌拉山岩群，存在 Au 单元素异常特征，由此认为本区具有较好的找矿潜力。

24. 万家沟村北综合预测区（Ⅲ-11-182）

预测区面积为 4.63km²，预测金资源量为 1572kg。出露的地层主要为乌拉山岩群，预测区存在 Au

单元素化探异常特征,局部存在航磁化极、剩余重力异常,区内有 2 条东西向的断裂通过,估计对成矿及控矿起到一定的作用,由此认为本区具有一定的找矿潜力。

25. 后头号综合预测区（Ⅲ-11-183）

预测区面积为 12.57km²,预测金资源量为 3657kg。出露的地层主要为乌拉山岩群,预测区存在航磁化极异常特征,由此认为本区具有一定的找矿潜力。

26. 城塔汉综合预测区（Ⅲ-11-184）

预测区面积为 40.1km²,预测金资源量为 4858kg。出露的地层主要为乌拉山岩群,根据遥感资料,区内有隐伏断裂呈东西向发育,预测区局部存在航磁化极、剩余重力异常特征,由此认为本区具有一定的找矿潜力。

27. 阿嘎如泰苏木北东综合预测区（Ⅲ-11-185）

预测区面积为 230.76km²,预测金资源量为 93 576kg。出露的地层主要为乌拉山岩群,存在显著的 Au 单元素化探异常；据遥感资料推断,该区有 1 条东西向隐伏断层通过,具有较好的成矿构造环境,因此,认为该区具有良好的找矿前景。

28. 大苏计综合预测区（Ⅲ-11-186）

预测区面积为 8.94km²,预测金资源量为 499kg,钼资源量为 56 982.16t。大苏计钼矿在本区内,钼矿床产在石英斑岩、正长花岗（斑）岩体内,受斑岩体的严格控制。地表均为氧化矿,地表含矿斑岩体呈北东向椭圆状分布,长度和宽度均大于 500m。围岩蚀变主要为高岭土化、绿帘石化、硅化等。航磁化极显示负异常,剩余重力正、负异常大多呈等轴状、条带状、串珠状。矿区内化探元素异常强度普遍不高,仅 Mo 元素有明显的浓度分带,Mo、Pb、Zn、W 元素套合好。

29. 图克木苏得尔图综合预测区（Ⅲ-11-187）

预测区面积为 79.83km²,预测铜资源量为 22 762.72t。预测区主要赋存在中新元古界渣尔泰山群增隆昌组及书记沟组与二叠纪花岗闪长岩接触带中,矿体呈透镜状、层状产于灰岩、矽卡岩中,矿石矿物有黄铜矿、磁黄铁矿、黄铁矿、方铅矿、闪锌矿,局部见星点浸染状黄铜矿和方铅矿。脉石矿物主要为透辉石、石榴石、石英、方解石,其次有绿泥石、黑云母、角闪石等。局部形成工业矿体。该区内有铜矿化点 1 处,化探异常起始值在 42×10^{-6} 以上。预测区见重砂异常。

30. 沙巴嘎图呼木北西综合预测区（Ⅲ-11-188）

预测区面积为 24.97km²,预测铜资源量为 5 938.86t。预测区主要出露中新元古界渣尔泰山群增隆昌组及书记沟组与二叠纪花岗闪长岩接触带中,化探异常起始值在 18×10^{-6} 以上,因此该最小预测区有一定的找矿潜力。

31. 李家沟综合预测区（Ⅲ-11-189）

预测区面积为 9.64km²,预测金资源量为 3269kg。预测区内存在航磁化极、剩余重力异常,化探元素异常套合较好,由此认为本区具有一定的找矿潜力。

32. 九龙湾乡综合预测区（Ⅲ-11-190）

预测区面积为 83.97km²,预测钼资源量为 56 631.78t。预测区主要赋存在晚侏罗世石英斑岩与中太古代花岗片麻岩建造内外接触带中,围岩蚀变有高岭土化、绢云母化、绿帘石化、绢英岩化、云英岩化、硅化、黄铁矿化、褐铁矿化、锰矿化等。

33. 扣克陶勒盖综合预测区(Ⅲ-11-191)

预测区面积为 50.66km², 预测铜资源量为 16 774.4t。预测区主要赋存在中新元古界渣尔泰山群增隆昌组及书记沟组与二叠纪花岗闪长岩接触带中, 矿体呈透镜状、层状产于灰岩、矽卡岩中, 矿石矿物有黄铜矿石、磁黄铁矿、黄铁矿、方铅矿、闪锌矿,局部见星点浸染状黄铜矿和方铅矿。脉石矿物主要为透辉石、石榴石、石英、方解石,其次有绿泥石、黑云母、角闪石等。局部形成工业矿体。该区内有铜矿化点 1 处,化探异常起始值在 18×10^{-6} 以上。预测区局部及下游存在重砂异常。

34. 敖龙图综合预测区(Ⅲ-11-192)

预测区面积为 31.39km², 预测铜资源量为 5 442.17t。预测区主要赋存在中新元古界渣尔泰山群增隆昌组及书记沟组与二叠纪花岗闪长岩接触带中,化探异常起始值在 18×10^{-6} 以上。预测区下游见重砂异常,因此该最小预测区有一定的找矿潜力。

35. 元山子乡综合预测区(Ⅲ-11-193)

预测区面积为 35.64km², 预测区钼资源量为 179 155.38t。预测区主要赋存在晚侏罗世粗粒似斑状花岗岩与中太古代花岗片麻岩建造内外接触带中,围岩蚀变有高岭土化、绢云母化、绿帘石化、绢英岩化、云英岩化、硅化、黄铁矿化、褐铁矿化、锰矿化等。

36. 朱沿沟综合预测区(Ⅲ-11-194)

预测区面积为 91.49km², 预测区钼资源量为 670 057.13t。预测区主要赋存在晚侏罗世粗粒似斑状花岗岩与中太古代花岗片麻岩建造内外接触带中,围岩蚀变有高岭土化、绢云母化、绿帘石化、绢英岩化、云英岩化、硅化、黄铁矿化、褐铁矿化、锰矿化等。

五、与燕山期酸性岩浆活动有关的金、银、钨、钼矿床成矿系列

本系列共圈定综合预测区 23 个。

1. 白石头洼综合预测区(Ⅲ-11-195)

预测区面积为 71.89km², 预测钨资源量为 23 334.18t。本预测区为白石头洼中型钨矿床所在区, 出露的地层为中元古代白云鄂博群呼吉尔图组二、三岩段, 重力剩余异常起始值为 $(-4\sim2)\times10^{-5}\text{m/s}^2$, 化探综合异常 W 元素起始值为 $(2\sim4.1)\times10^{-6}$, 具好的找矿潜力。

2. 西壕堑沟村综合预测区(Ⅲ-11-196)

预测区面积为 0.72km², 预测铅资源量为 186t, 锌资源量为 166t, 银资源量为 1.79t。预测区大部分被新近系宝格达乌拉组覆盖。Pb 元素化探异常起始值大于 23×10^{-6}, Zn 元素化探异常起始值大于 30×10^{-6}, 该区紧邻 Cu、Pb、Ag、Nb 元素乙级综合异常, 具有较好的找矿潜力。

3. 南壕堑综合预测区(Ⅲ-11-197)

预测区面积为 11.57km², 预测铅资源量为 4003t, 锌资源量为 3582t, 银资源量为 38.53t。见北东

向糜棱岩带与断裂,普遍具遥感羟基异常,位于Cu、Pb、Au、W、Ag、Zn、La、Nb、Th、Y元素甲级综合异常上,Pb元素化探异常起始值大于23×10^{-6},Zn元素化探异常起始值大于40×10^{-6},具有较好的找矿潜力。

4. 西海子村综合预测区(Ⅲ-11-198)

预测区面积为$21.29km^2$,预测铅资源量为1056t,锌资源量为944t,银资源量为10.15t。预测区大部分被中新世玄武岩覆盖,位于Cu、Pb、Au、W、Ag、Zn、La、Nb、Th、Y元素甲级综合异常上,Pb元素化探异常起始值大于7.1×10^{-6},Zn元素化探异常起始值大于89×10^{-6},具有一定的找矿潜力。

5. 石壕村综合预测区(Ⅲ-11-199)

预测区面积为$41.11km^2$,预测铅资源量为6135t,锌资源量为5490t,银资源量为59.04t。预测区被中新世玄武岩覆盖,有遥感解译岩体,位于Cu、Au、W、Zn、Ag、Zr、La、Nb元素乙级综合异常上。Pb元素化探异常起始值大于14×10^{-6},Zn元素化探异常起始值大于40×10^{-6},具有较好的找矿潜力。

6. 白音不浪村综合预测区(Ⅲ-11-200)

预测区面积为$11.86km^2$,预测铅资源量为4102t,锌资源量为3671t,银资源量为39.48t。区内见大理岩,主要被中新世玄武岩覆盖,位于Cu、Pb、Au、W、Ag、Zn、La、Nb、Th、Y元素甲级综合异常上,Pb元素化探异常起始值大于27×10^{-6},Zn元素化探异常起始值大于40×10^{-6},具有较好的找矿潜力。

7. 大西沟综合预测区(Ⅲ-11-201)

预测区面积为$60.26km^2$,预测铅资源量为10 206t,锌资源量为9133t,银资源量为98.22t。预测区主要被中新世玄武岩覆盖,位于Cu、Pb、Au、W、Ag、Zn、La、Nb、Th、Y元素甲级综合异常上,Pb元素化探异常起始值大于9.5×10^{-6},Zn元素化探异常起始值大于89×10^{-6},具有较好的找矿潜力。

8. 二道洼村综合预测区(Ⅲ-11-202)

预测区面积为$8.69km^2$,预测铅资源量为1502t,锌资源量为1344t,银资源量为14.46t。被中新世玄武岩与上新世宝格达乌拉组覆盖,Pb元素化探异常起始值大于14×10^{-6},Zn元素化探异常起始值大于193×10^{-6},具有较好的找矿潜力。

9. 永丰村综合预测区(Ⅲ-11-203)

预测区面积为$22.26km^2$,预测铅资源量为3035t,锌资源量为2715t,银资源量为29.21t。主要被中新世玄武岩覆盖,有遥感解译岩体,位于Cu、Pb、Au、W、Ag、Zn、La、Nb、Th、Y元素甲级综合异常上,Pb元素化探异常起始值大于20×10^{-6},Zn元素化探异常起始值大于76×10^{-6},具有较好的找矿潜力。

10. 羊场沟村综合预测区(Ⅲ-11-204)

预测区面积为$13.59km^2$,预测铅资源量为3216t,锌资源量为2878t,银资源量为30.95t。出露中太古代变质岩系与早白垩纪含煤岩系,位于Cu、Pb、Au、W、Ag、Zn、La、Nb、Th、Y元素甲级综合异常上,Pb元素化探异常起始值大于37×10^{-6},Zn元素化探异常起始值大于40×10^{-6},具有较好的找矿潜力。

11. 快乐村综合预测区(Ⅲ-11-205)

预测区面积为$2.73km^2$,预测铅资源量为347t,锌资源量为311t,银资源量为3.34t。出露有铅锌矿的赋矿岩石大理岩,大部分被中新世玄武岩覆盖,普遍具遥感羟基异常,位于Cu、Pb、Au、W、Ag、Zn、

La、Nb、Th、Y 元素甲级综合异常上，Pb 元素化探异常起始值大于 14×10^{-6}，Zn 元素化探异常起始值大于 40×10^{-6}，具有一定的找矿潜力。

12. 梁二虎沟综合预测区（Ⅲ-11-206）

预测区面积为 $16.58\mathrm{km}^2$，预测铅资源量为 1737t，锌资源量为 1555t，银资源量为 16.72t。预测区大部分被中新世玄武岩覆盖，局部被新近系宝格达乌拉组覆盖，位于 Cu、Au、W、Zn、Ag、Zr、La、Nb 元素乙级综合异常上，Pb 元素化探异常起始值大于 0.8×10^{-6}，Zn 元素化探异常起始值大于 111×10^{-6}，找矿潜力一般。

13. 大梁村综合预测区（Ⅲ-11-207）

预测区面积为 $45.48\mathrm{km}^2$，预测铅资源量为 7928t，锌资源量为 7094t，银资源量为 76.29t。被第四系全新统覆盖，Pb 元素化探异常起始值大于 12×10^{-6}，Zn 元素化探异常起始值大于 121×10^{-6}，找矿潜力一般。

14. 李清地综合预测区（Ⅲ-11-208）

预测区面积为 $53.85\mathrm{km}^2$，预测铅资源量为 19 256t，锌资源量为 17 231t，银资源量为 175.61t。李清地铅锌银矿床位于本区内。出露有铅锌矿的赋矿岩石大理岩，与成矿关系密切的上侏罗统白音高老组流纹质火山岩，大部分具有遥感羟基异常，位于 Cu、Zn、Zr、La、Nb、Th、U、Y 元素乙级综合异常上，Pb 元素化探异常起始值大于 23×10^{-6}，Zn 元素化探异常起始值大于 40×10^{-6}，找矿潜力巨大。

15. 合井村综合预测区（Ⅲ-11-209）

预测区面积为 $5.88\mathrm{km}^2$，预测铅资源量为 446t，锌资源量为 399t，银资源量为 4.29t。被中新世玄武岩覆盖，位于 Cu、Au、W、Zn、Ag、Zr、La、Nb 元素乙级综合异常上，Pb 元素化探异常起始值大于 0.3×10^{-6}，Zn 元素化探异常起始值大于 111×10^{-6}，具有一定找矿潜力。

16. 北夭村综合预测区（Ⅲ-11-210）

预测区面积为 $11.13\mathrm{km}^2$，预测铅资源量为 844t，锌资源量为 756t，银资源量为 8.13t。预测区大部分被中新世玄武岩覆盖，局部被上新世宝格达乌拉组覆盖，位于 Cu、Au、W、Zn、Ag、Zr、La、Nb 元素乙级综合异常上。Pb 元素化探异常起始值大于 0.8×10^{-6}，Zn 元素化探异常起始值大于 102×10^{-6}，具有一定的找矿潜力。

17. 鄂卜坪乡综合预测区（Ⅲ-11-211）

预测区面积为 $6.73\mathrm{km}^2$，预测铅资源量为 858t，锌资源量为 767t，银资源量为 8.25t。大部分被片麻岩覆盖，大部分有遥感羟基异常，位于 Cu、Zn、Zr、La、Nb、Th、U、Y 元素乙级综合异常上，Pb 元素化探异常起始值大于 23×10^{-6}，Zn 元素化探异常起始值大于 111×10^{-6}，具有一定找矿潜力。

18. 厂汉梁村综合预测区（Ⅲ-11-212）

预测区面积为 $71.4\mathrm{km}^2$，预测铅资源量为 3101t，锌资源量为 2774t，银资源量为 29.84t。预测区大部分被片麻岩覆盖，位于 Cu、Zn、Zr、La、Nb、Th、U、Y 元素乙级综合异常上，Pb 元素化探异常起始值大于 10×10^{-6}，Zn 元素化探异常起始值大于 102×10^{-6}，具有较好的找矿潜力。

19. 大泉村综合预测区（Ⅲ-11-213）

预测区面积为 $41.81\mathrm{km}^2$，预测铅资源量为 4187t，锌资源量为 3747t，银资源量为 40.3t。预测区大部分被中新世玄武岩覆盖,位于 Cu、Zn、Zr、La、Nb、Th、U、Y 元素乙级综合异常上,Pb 元素化探异常起始值大于 $5.7×10^{-6}$,Zn 元素化探异常起始值大于 $102×10^{-6}$,具有一定的找矿潜力。

20. 羊圈沟综合预测区(Ⅲ-11-214)

预测区面积为 $23.96km^2$,预测铅资源量为 3052t,锌资源量为 2731t,银资源量为 29.37t。预测区大部分被中新世玄武岩与上新世宝格达乌拉组覆盖,位于 Cu、Au、W、Zn、Ag、Zr、La、Nb 元素乙级综合异常上,Pb 元素化探异常起始值大于 $5.7×10^{-6}$,Zn 元素化探异常起始值大于 $102×10^{-6}$,具有一定的找矿潜力。

21. 长胜夭综合预测区(Ⅲ-11-215)

预测区面积为 $3.71km^2$,预测铅资源量为 472t,锌资源量为 422t,银资源量为 4.54t。预测区大部分被中新世玄武岩覆盖,Pb 元素化探异常起始值大于 $89×10^{-6}$,Zn 元素化探异常起始值大于 $89×10^{-6}$,具有一定的找矿潜力。

22. 小东沟综合预测区(Ⅲ-11-216)

预测区面积为 $45.04km^2$,预测铅资源量为 1423t,锌资源量为 1273t,银资源量为 13.79t。预测区大部分被片麻岩覆盖,区内见 2 条北西向产出的闪长岩脉,有遥感解译岩体,Pb 元素化探异常起始值大于 $90×10^{-6}$,Zn 元素化探异常起始值大于 $65×10^{-6}$,具有一定的找矿潜力。

23. 柏宝庄乡综合预测区(Ⅲ-11-217)

预测区面积为 $13.69km^2$,预测铅资源量为 1037t。预测区大部分被中新世玄武岩覆盖,见有中新世玄武岩火山口及北西向断裂,部分具有遥感羟基异常,位于 Cu、Pb、Zn、Au、Zr、Nb、Ag 元素乙级综合异常上,Pb 元素化探异常起始值大于 $90×10^{-6}$,Zn 元素化探异常起始值大于 $89×10^{-6}$,找矿潜力一般。

第四节 多矿种综合靶区部署建议

成矿带工作程度比较高,本次工作共划分了 38 个综合勘查靶区部署。其中 16 个为预查区,16 个普查区,6 个详查区(表 13-13,图 13-18)。

表 13-13 Ⅲ-11 成矿带综合勘查靶区部署(按成矿系列)预测资源量统计表

序号	编号	名称	面积(km^2)	等级	预测矿种及资源量	勘查部署建议
1	Ⅲ-12-1	毛呼都格	640.28	预查	铁矿 1 280.027 金矿 45 761.6 磷矿 20 118.8	本区未开展1:5万区域地质调查工作,应先进行基础地质调查,查明本区基本地质情况,安排中小比例尺的、基础的地质、物探、化探、遥感等工作,缩小找矿靶区
2	Ⅲ-12-2	白彦花	282.11	预查	金矿 9 306.77 磷矿 31 251.1 稀土矿 25 748 059.2 铁矿 51 216.73 铜矿 130.5	本区已开展白云鄂博、达扎尔、阿尔呼都格庙、满都拉苏木等幅的1:5万区域地质调查工作,应先在未开展1:5万区域地质调查地区开展基础地质调查工作,查明本区基本地质情况;安排中小比例尺的、基础的地质、物探、化探、遥感等工作,缩小找矿靶区

续表 13-13

序号	编号	名称	面积(km²)	等级	预测矿种及资源量	勘查部署建议
3	Ⅲ-12-3	查汉浩饶图西南	103.85	普查	金矿 3 888.1 磷矿 6 785.5 铁矿 23 840.36	本区已开展上河沙图等幅的1:5万区域地质调查工作,应先在未开展1:5万区域地质调查地区开展基础地质调查工作,查明本区基本地质情况;区内可进一步安排中大比例尺的地质、物探、化探工作进行普查
4	Ⅲ-12-4	黄花滩北	206.66	预查	铁矿 5 016.24	本区未开展1:5万区域地质调查工作,应先进行基础地质调查,查明本区基本地质情况,安排中小比例尺的、基础的地质、物探、化探、遥感等工作,缩小找矿靶区
5	Ⅲ-12-5	小南山铜镍矿	199.33	普查	镍矿 29 437.3 铜矿 9 047.6	本区未开展1:5万区域地质调查工作,应先进行基础地质调查,查明本区基本地质情况,安排中小比例尺的、基础的地质、物探、化探、遥感等工作,缩小找矿靶区
6	Ⅲ-12-6	白石头洼	84.84	详查	钨矿 23 334.2	本区未开展1:5万区域地质调查工作,应先进行基础地质调查,查明本区基本地质情况,安排大比例尺的地质、物探、化探等工作,必要时,可采用槽探、井探、钻探等手段,寻找隐伏的工业矿体
7	Ⅲ-12-7	双盛美乡	2 654.52	普查	金矿 93 658.7 磷矿 01 080 铁矿 7 833.23 镍矿 528.4 铜矿 101.7	本区已开展城圐圙、哈尼河、大巴音查汗、格尔楚鲁等幅的1:5万区域地质调查工作,应先在未开展1:5万区域地质调查地区开展基础地质调查工作,查明本区基本地质情况;区内可进一步安排中大比例尺的地质、物探、化探工作进行普查
8	Ⅲ-12-8	红格塔拉种羊场	142.76	普查	铁矿 326.8	本区未开展1:5万区域地质调查工作,应先进行基础地质调查,查明本区基本地质情况;区内可进一步安排中大比例尺的地质、物探、化探工作进行普查
9	Ⅲ-12-9	乌珠尔嘎查	344.63	预查	硫铁矿 5 298.2 铅矿 15 857 锌矿 92 823 镍矿 3 774.5 铜矿 623.77	本区未开展1:5万区域地质调查工作,应先进行基础地质调查,查明本区基本地质情况,安排中小比例尺的、基础的地质、物探、化探、遥感等工作,缩小找矿靶区
10	Ⅲ-12-10	哈日温都尔	328.88	普查	铁矿 4 155.51 金矿 4 435.38	本区已开展大巴音查汗、格尔楚鲁等幅的1:5万区域地质调查工作,应先在未开展1:5万区域地质调查地区开展基础地质调查工作,查明本区基本地质情况;区内可进一步安排中大比例尺的地质、物探、化探工作进行普查
11	Ⅲ-12-11	乌兰忽洞	669.02	预查	硫铁矿 2 206.17 铅矿 25 582 锌矿 49 753 铁矿 147.232	本区未开展1:5万区域地质调查工作,应先进行基础地质调查,查明本区基本地质情况,安排中小比例尺的、基础的地质、物探、化探、遥感等工作,缩小找矿靶区
12	Ⅲ-12-12	三合明	911.01	预查	铁矿 9 462.244	本区已开展双玉成、召河庙等幅的1:5万区域地质调查工作,应先在未开展1:5万区域地质调查地区开展基础地质调查工作,查明本区基本地质情况;安排中小比例尺的、基础的地质、物探、化探、遥感等工作,缩小找矿靶区

续表 13-13

序号	编号	名称	面积（km²）	等级	预测矿种及资源量	勘查部署建议
13	Ⅲ-12-13	新地沟	721.55	预查	铁矿 5 349.371 金矿 4 864.16	本区已开展金盆、大同营等幅的1:5万区域地质调查工作,应先在未开展1:5万区域地质调查地区开展基础地质调查工作,查明本区基本地质情况;安排中小比例尺的、基础的地质、物探、化探、遥感等工作,缩小找矿靶区
14	Ⅲ-12-14	李清地	1 841.9	普查	金矿 3772 磷矿 29.2 稀土矿 104.37 铅矿 45 407 银矿 10 633.28 铁矿 241.169	本区未开展1:5万区域地质调查工作,应先进行基础地质调查,查明本区基本地质情况,区内可进一步安排中大比例尺的地质、物探、化探工作进行普查
15	Ⅲ-12-15	布拉格西南	525.08	详查	硫铁矿 81 748.1 铁矿 20 456 铜矿 2 128 577.75 银矿 72 971.1 锌矿 982 666 铅矿 750 278	本区已开展帮帮乃别力切尔等幅的1:5万区域地质调查工作,应先在未开展1:5万区域地质调查地区开展基础地质调查工作,查明本区基本地质情况;安排大比例尺的地质、物探、化探等工作,必要时,可采用槽探、井探、钻探等手段,寻找隐伏的工业矿体
16	Ⅲ-12-16	东升庙	588.72	详查	硫铁矿 292 961.75 铅矿 616 099 锌矿 4 135 756 镍矿 7 117.20 铁矿 892.097 铜矿 471 562.57 磷矿 5 169.50 银矿 134.86	本区已开展乌盖公社、永丰四队、东升庙等幅的1:5万区域地质调查工作,应先在未开展1:5万区域地质调查地区开展基础地质调查工作,查明本区基本地质情况;安排大比例尺的地质、物探、化探等工作,必要时,可采用槽探、井探、钻探等手段,寻找隐伏的工业矿体
17	Ⅲ-12-17	哈尔陶勒盖	90.22	预查	硫铁矿 8 456.71 铅矿 25 310 锌矿 148 162	本区已开展哈尔额尔给、新建营等幅的1:5万区域地质调查工作,应先在未开展1:5万区域地质调查地区开展基础地质调查工作,查明本区基本地质情况;安排中小比例尺的、基础的地质、物探、化探、遥感等工作,缩小找矿靶区
18	Ⅲ-12-18	乌兰呼都格	134.25	普查	银矿 22.95 铜矿 80 230.5 硫铁矿 106 608.29 铅矿 257 665 锌矿 1 508 344	本区已开展份子地、呼勒斯太沟等幅的1:5万区域地质调查工作,应先在未开展1:5万区域地质调查地区开展基础地质调查工作,查明本区基本地质情况;区内可进一步安排中大比例尺的地质、物探、化探工作进行普查
19	Ⅲ-12-19	巴音乌兰	303.56	预查	铜矿 118 806.66 硫铁矿 91 877.60 铅矿 211 101 锌矿 1 235 765 银矿 33.98	本区未开展1:5万区域地质调查工作,应先进行基础地质调查,查明本区基本地质情况,安排中小比例尺的、基础的地质、物探、化探、遥感等工作,缩小找矿靶区
20	Ⅲ-12-20	台路沟	316.9	普查	硫铁矿 3 837.59 铅矿 44 496 锌矿 260 477 银矿 21.99 铜矿 76 883.31	本区已开展德岭山、圆圆补隆等幅的1:5万区域地质调查工作,应先在未开展1:5万区域地质调查地区开展基础地质调查工作,查明本区基本地质情况;区内可进一步安排中大比例尺的地质、物探、化探工作进行普查

续表 13-13

序号	编号	名称	面积 (km²)	等级	预测矿种及资源量	勘查部署建议
21	Ⅲ-12-21	伊和敖包村	1 208.18	详查	硫铁矿 137 513.34 铅矿 567 484 锌矿 3 863 471 铁矿 7 565.034 铜矿 364 726.85 银矿 566.0	本区已开展西圪堵、二十四分子、王如地、店梁、小余太等幅的1:5万区域地质调查工作地区开展基础地质调查工作，应先在未开展1:5万区调地区开展基础地质调查工作，查明本区基本地质情况；安排大比例尺的地质、物探、化探等工作，必要时，可采用槽探、井探、钻探等手段，寻找隐伏的工业矿体
22	Ⅲ-12-22	头分子村东	752.47	普查	金矿 183 硫铁矿 9 612.82 铅矿 49 365 锌矿 288 981 铁矿 3 799.611	本区已开展台梁、店梁等幅的1:5万区域地质调查工作，应先在未开展1:5万区域地质调查地区开展基础地质调查工作，查明本区基本地质情况；区内可进一步安排中大比例尺的地质、物探、化探工作进行普查
23	Ⅲ-12-23	十八顷壕南	384.46	普查	金矿 44 086 铁矿 881.639	本区已开展明安、小余太、毛家圪堵等幅的1:5万区域地质调查工作，应先在未开展1:5万区域地质调查地区开展基础地质调查工作，查明本区基本地质情况；区内可进一步安排中大比例尺的地质、物探、化探工作进行普查
24	Ⅲ-12-24	大南沟	199.65	预查	铁矿 13.660 铜矿 235 196.47 硫铁矿 298.16 铅矿 15 053 锌矿 88 116 银矿 57.27	本区已开展西永兴、固阳等幅的1:5万区域地质调查工作，应先在未开展1:5万区域地质调查地区开展基础地质调查工作，查明本区基本地质情况；安排中小比例尺的、基础的地质、物探、化探、遥感等工作，缩小找矿靶区
25	Ⅲ-12-25	腮忽洞村	1 762.13	预查	金矿 28 013 铁矿 3 031.89	本区未开展1:5万区域地质调查工作，应先进行基础地质调查，查明本区基本地质情况，安排中小比例尺的、基础的地质、物探、化探、遥感等工作，缩小找矿靶区
26	Ⅲ-12-26	五道沟村西	677.87	预查	金矿 12 199 铁矿 2 791.29	本区已开展庙底、毕克旗、毫沁营子等幅的1:5万区域地质调查工作，应先在未开展1:5万区域地质调查地区开展基础地质调查工作，查明本区基本地质情况；安排中小比例尺的、基础的地质、物探、化探、遥感等工作，缩小找矿靶区
27	Ⅲ-12-27	新地沟	1 019.58	普查	金矿 16 168 磷矿 14 547.3	本区已开展三道营、西孟县窑、大榆树等幅的1:5万区域地质调查工作，应先在未开展1:5万区域地质调查地区开展基础地质调查工作，查明本区基本地质情况；区内可进一步安排中大比例尺的地质、物探、化探工作进行普查
28	Ⅲ-12-28	大苏计	396.93	普查	金矿 499 钼矿 56 982.1 磷矿 95.6 铅矿 1524 银矿 43.5	本区未开展1:5万区域地质调查工作，应先进行基础地质调查，查明本区基本地质情况，区内可进一步安排中大比例尺的地质、物探、化探工作进行普查
29	Ⅲ-12-29	九龙湾乡	1 900.04	普查	磷矿 2 483.9 稀土矿 2 022.79 铁矿 15.99 钼矿 56 631.8 铅矿 5224 银矿 50.2	本区未开展1:5万区域地质调查工作，应先进行基础地质调查，查明本区基本地质情况，区内可进一步安排中大比例尺的地质、物探、化探工作进行普查

续表 13-13

序号	编号	名称	面积 (km²)	等级	预测矿种及资源量	勘查部署建议
30	Ⅲ-12-30	北夭村	915.21	预查	磷矿 37.6 钼矿 146 521.4 铅矿 6937 银矿 66.8	本区未开展1:5万区域地质调查工作,应先进行基础地质调查,查明本区基本地质情况,安排中小比例尺的、基础的地质、物探、化探、遥感等工作,缩小找矿靶区
31	Ⅲ-12-31	大梁村	245.71	普查	钼矿 1 380 936.15 铅矿 7928 银矿 76.29 稀土矿 546.7	本区未开展1:5万区域地质调查工作,应先进行基础地质调查,查明本区基本地质情况,区内可进一步安排中大比例尺的地质、物探、化探工作进行普查
32	Ⅲ-12-32	三道沟	1 599.56	详查	磷矿 1 156.2 稀土矿 2 312.42 铁矿 12 434.23 钼矿 849 212.5 铅矿 472 银矿 4.5	本区已开展店子村、浑源窑等幅的1:5万区域地质调查工作,应先在未开展1:5万区域地质调查地区开展基础地质调查工作,查明本区基本地质情况;安排大比例尺的地质、物探、化探等工作,必要时,可采用槽探、井探、钻探等手段,寻找隐伏的工业矿体
33	Ⅲ-12-33	呼和赛尔音阿木北	121.6	普查	磷矿 4 481.5 铜矿 41 054.6	本区未开展1:5万区域地质调查工作,应先进行基础地质调查,查明本区基本地质情况,区内可进一步安排中大比例尺的地质、物探、化探工作进行普查
34	Ⅲ-12-34	阿贵庙	847	预查	磷矿 5 176.6 铁矿 155.24 铜矿 50 918.1	本区未开展1:5万区域地质调查工作,应先进行基础地质调查,查明本区基本地质情况,安排中小比例尺的、基础的地质、物探、化探、遥感等工作,缩小找矿靶区
35	Ⅲ-12-35	乌日图高勒嘎查北	1 581.83	详查	金矿 99 714 铁矿 12 186.95	本区已开展哈业脑包、包头市等幅的1:5万区域地质调查工作,应先在未开展1:5万区域地质调查地区开展基础地质调查工作,查明本区基本地质情况;安排大比例尺的地质、物探、化探等工作,必要时,可采用槽探、井探、钻探等手段,寻找隐伏的工业矿体
36	Ⅲ-12-36	西壕	1 620.57	普查	金矿 19 804 铁矿 5823	本区已开展包头市、大南窑子、大庙、大老虎店、石拐矿区、尧子等幅的1:5万区域地质调查工作,应先在未开展1:5万区域地质调查地区开展基础地质调查工作,查明本区基本地质情况;区内可进一步安排中大比例尺的地质、物探、化探工作进行普查
37	Ⅲ-12-37	壕赖沟	336.72	预查	金矿 3269 铁矿 2 067.64	本区已开展东河区、公积坂等幅的1:5万区域地质调查工作,应先在未开展1:5万区域地质调查地区开展基础地质调查工作,查明本区基本地质情况;安排中小比例尺的、基础的地质、物探、化探、遥感等工作,缩小找矿靶区
38	Ⅲ-12-38	于咀陶	165.58	预查	铁矿 1.69	本区未开展1:5万区域地质调查工作,应先进行基础地质调查,查明本区基本地质情况,安排中小比例尺的、基础的地质、物探、化探、遥感等工作,缩小找矿靶区

注:表中资源量单位铁、稀土矿为"$\times 10^4$t",金为"kg",其他为"t"。

第十三章 华北陆块北缘成矿带（Ⅲ-11）预测成果

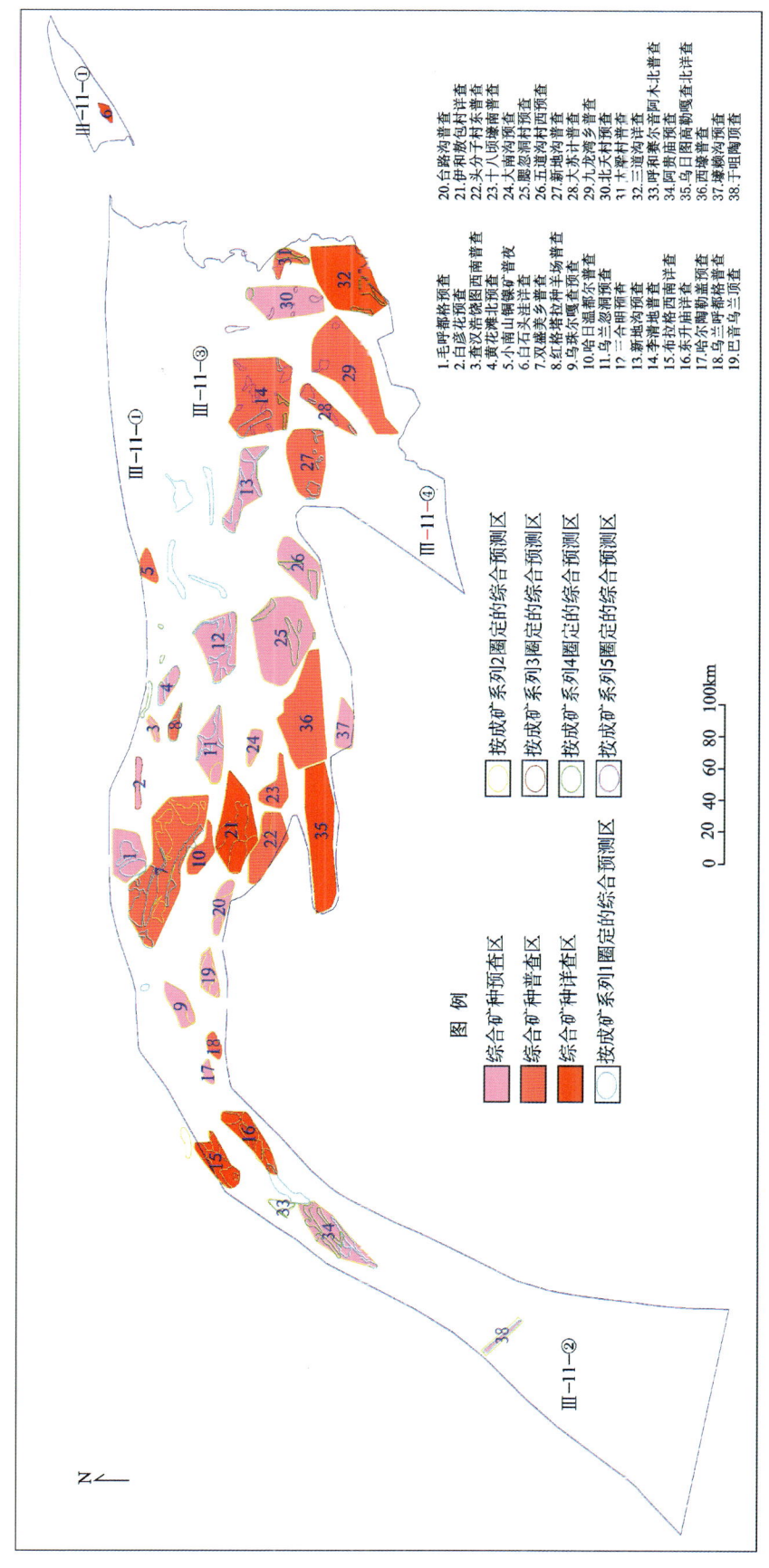

图 13-18 Ⅲ-11成矿带综合勘查工作部署区与按成矿系列圈定综合预测区相关图

第十四章 鄂尔多斯西缘成矿带(Ⅲ-12)预测成果

第一节 区域成矿背景

一、成矿地质条件

1. 区域地质背景

鄂尔多斯盆地西缘位于华北陆块的西部,西邻阿拉善地块,东为鄂尔多斯盆地,北为狼山造山带,南为秦祁昆碰撞带。它处于我国东部环太平洋构造域与西部古特提斯-喜马拉雅构造域的多期反复交替拉张和挤压作用相互影响、互为补偿的结合区,属于贺兰山被动陆缘盆地四级构造单元。

该成矿带总体以贺兰山-桌子山为主体。基底岩系为太古宇乌拉山岩群(原千里山岩群),其上被中元古界不整合覆盖。中元古界发育西勒图组和王全口组,为浅海相石英岩建造、泥页岩建造、镁质碳酸盐岩建造,显示了封闭的断陷盆地的沉积环境。寒武系和奥陶系为浅海相碳酸盐岩建造。其上平行不整合覆盖石炭系、二叠系,为海陆交互相或陆相含煤建造,三叠系为湖沼相含煤建造、碎屑岩建造。

2. 矿产分布特征

本成矿带内已发现的矿产有磷、铁、铅锌等;共22处矿产地,优势矿种为磷矿。本成矿带矿产地一般沿深断裂带两侧呈线型带状分布;以贺兰山北北东向构造带为界,其东侧分布有与太古庙(或元古宙)变质火山作用有关的左列胡都格磷矿和洪哲、巨喜木铁矿(小型);太古宙—古元古代基底隆起区分布太古宙—古元古代条带状铁、磷矿床,绿岩型金矿床;中生代褶冲带内的前寒武纪基底隆起区分布早古生代与火山作用、变质沉积作用有关的铁矿床及磷矿床。

3. 成矿亚带及成矿系列划分

成矿带未进一步划分成矿亚带,代表性的矿床主要有热液型代兰塔拉铅锌钼矿床、沉积变质型千里山铁矿床、沉积型正目观磷矿床、沉积变质型磷矿床,划分为4个成矿系列(表14-1,图14-1)。

表14-1 鄂尔多斯西缘成矿带(Ⅲ-12)矿床成矿系列一览表

矿床成矿系列	成矿元素	矿床	类型	矿床式	成矿时代
与太古庙(或元古宙)受变质火山沉积作用有关的铁、磷矿床成矿系列	P	左列胡都格	沉积变质型	左列胡都格式	太古宙
	Fe	查干郭勒、哈龙拐、采台山、千里沟	沉积变质型	鞍山式	

续表 14-1

矿床成矿系列	成矿元素	矿床	类型	矿床式	成矿时代
与早古生代火山作用、变质沉积作用有关的磷矿床成矿系列	P	正目观、南寺、雀子窑沟	沉积型	正目观式	K-Ar法：965～963Ma
与晚古生代沉积作用有关的铁矿床成矿系列	Fe	雀儿沟、黑龙贵	沉积型	雀儿沟式	石炭纪
与燕山期酸性岩浆活动有关的铁、铅、锌矿床成矿系列	Pb、Zn	代兰塔拉、其日格	热液型	代兰塔拉式	燕山期
	Fe	棋盘井	热液型	棋盘井式	燕山期

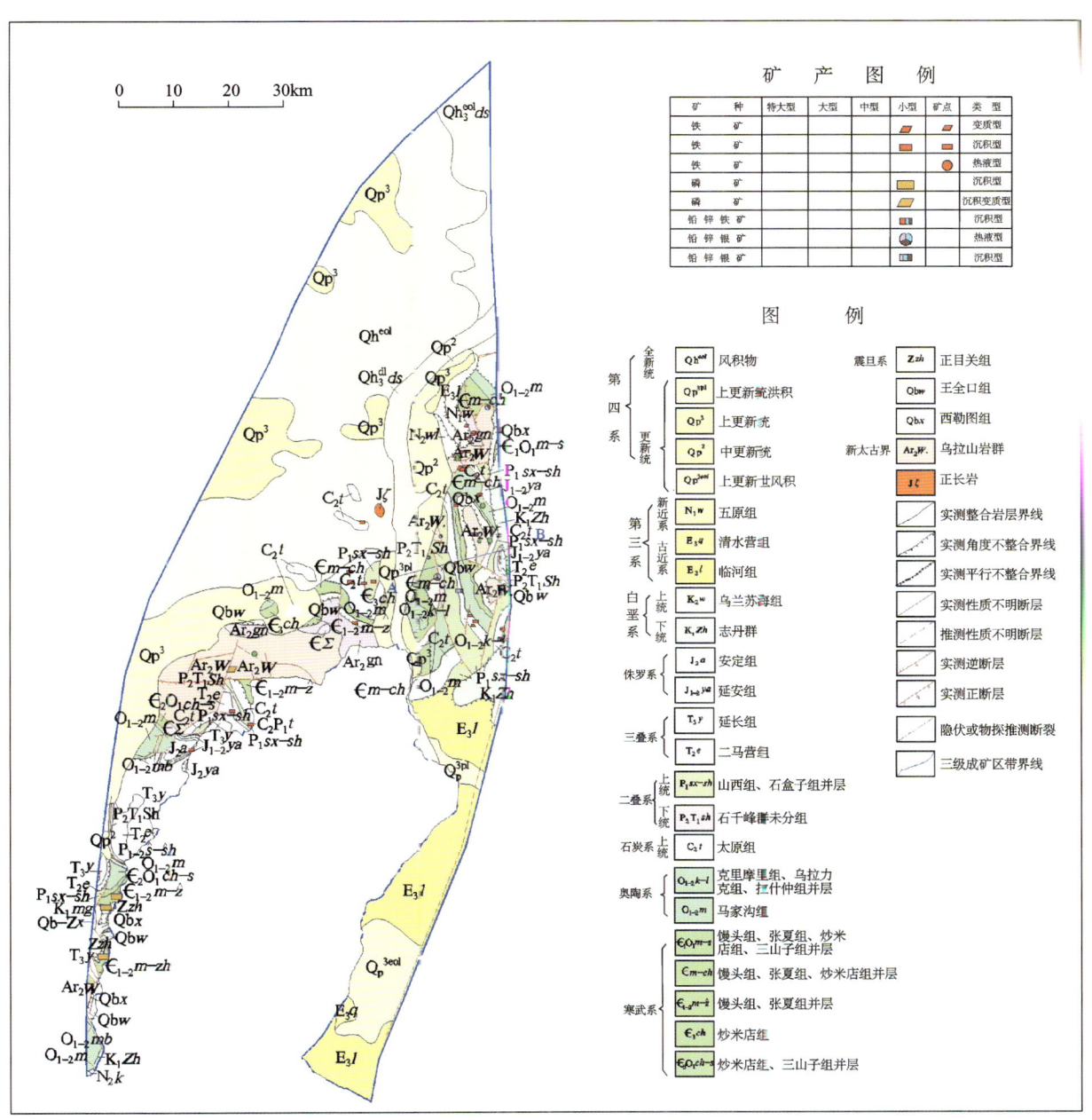

图 14-1 鄂尔多斯西缘成矿带（Ⅲ-12）区域地质矿产图

二、重力特征

在布格重力异常图上,该区域北部重力低值区,为河套盆地区。南部重力场总体反映为重力高异常区,分东西两个片区:西部重力异常呈北北东向展布,局部异常呈不规则面状或等轴状;东部呈东近南北走向,局部异常呈哑铃型。西部高值区地表主要出露太古宇乌拉山群,推断重力高异常与乌拉山岩群有关;东部高值区,地质环境复杂,地层从太古宙、元古宙、古生代均有出露,显然重力高异常与其有关,分布其间的重力低异常为中新生代山间盆地引起。

该区太古宙的基底岩系控制着本区沉积变质型铁、磷矿的分布,另外前寒武纪地层是铁、磷矿床的主要含矿层位,所以在上所述重力高值区或剩余重力正异常区应注意铁、磷等矿床的寻找(图14-2)。

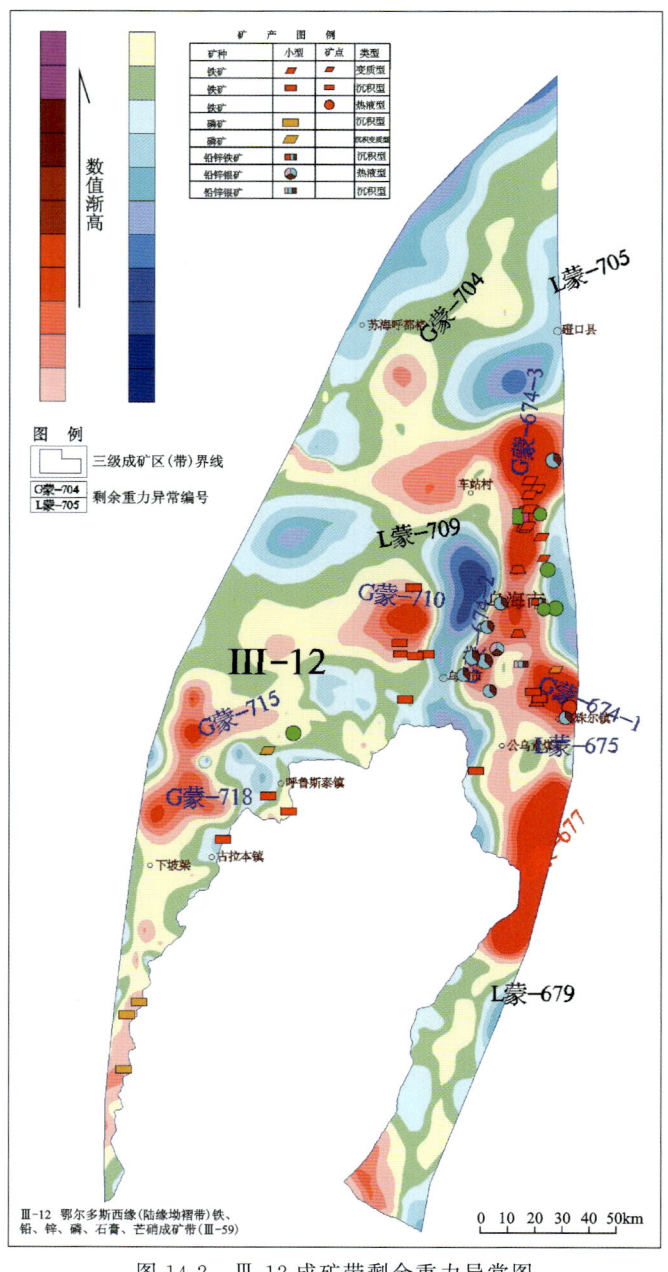

图 14-2　Ⅲ-12 成矿带剩余重力异常图

三、航磁特征

在航磁 ΔT 等值线平面图(图 14-3)上,成矿带内以平缓负异常为主,形态简单,中部有不规则椭圆形正磁异常,梯度变化不大。航磁 ΔT 化极等值线平面图上,成矿带北侧为椭圆形正磁异常,南侧为负异常。

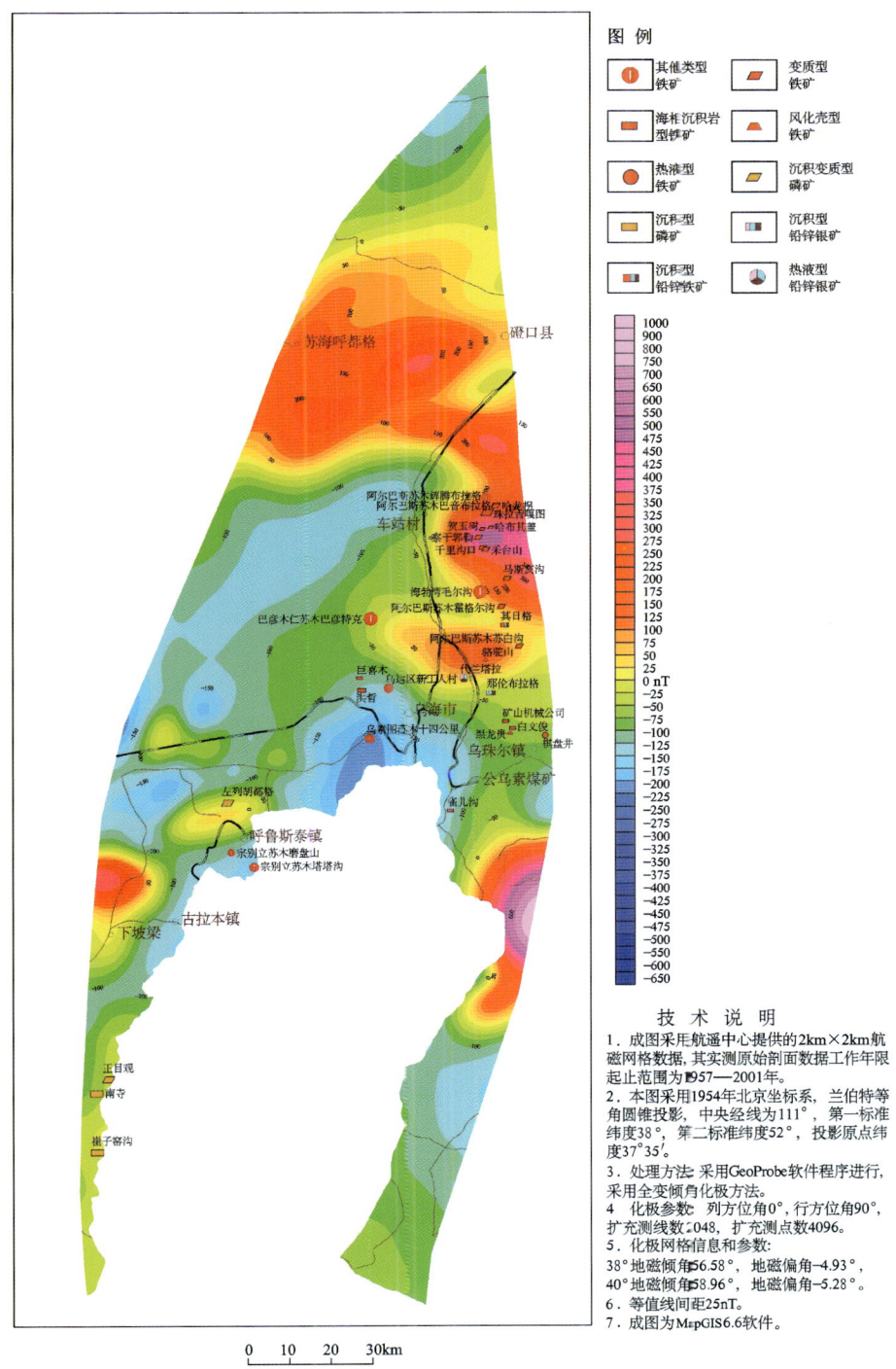

图 14-3 鄂尔多斯西缘成矿带(Ⅲ-12)航磁化极 ΔT 等值线平面图

四、区域遥感特征

成矿带内解译出中小型构造百余条,其中中型构造有北北西向、北北东向及北东方向,各方向断裂相互交会,形成南北向狭长构造带,小型构造主要分布于该带区域内,南部也有较密集的小型构造成片分布,构造格架清晰。区内环形构造较少,为中生代花岗岩类引起(图14-4)。

遥感带状要素主要为寒武系、奥陶系,主要分布在成矿带东南部,呈带状沿南北方向延展,分布其中的小型构造相交错断形成的构造夹角处分布有较大面积的含矿地层,带状要素走向与该区的构造格架相一致,在构造复杂处形成多边形构造区间,有利于该地层含矿物质的富集。含矿地层的形成与构造运动有很大的关系,尤其是深断裂活动成为成矿物质从深部向浅部运移和富集提供了可能的通道。羟基异常集中在南部,其他区域零星分布。铁染异常呈零星分布。

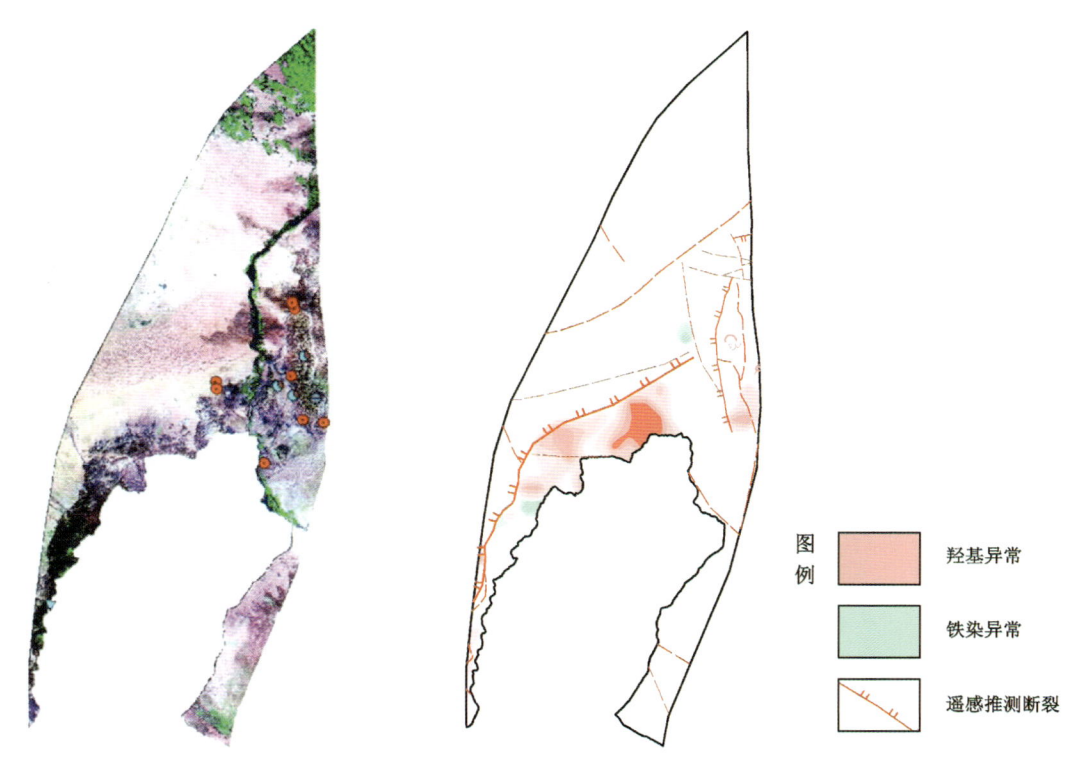

图14-4　Ⅲ-12成矿带遥感影像图(左)及综合异常图(右)

第二节　重要矿产预测评价模型

成矿带涉及矿种主要有铁矿、磷矿、铅锌矿,矿产预测类型主要有沉积变质型、沉积型、热液型,共划分了4个成矿系列。

一、与太古庙(或元古宙)受变质火山沉积作用有关的铁、磷矿床成矿系列预测评价模型

该成矿系列的铁、磷矿在成矿带不具找矿潜力,本区内亦无典型矿床,仅以左列胡都格磷矿为代表,建立地质-物探-遥感模型。矿床赋存在中元古界乌拉山岩群中,所在地区的重力、航磁均较平缓,遥感羟基、铁染异常零星分布。

二、与早古生代火山作用、变质沉积作用有关的磷矿床成矿系列预测评价模型

成矿带中矿产预测类型为沉积型磷矿,以正目观磷矿为代表(表14-2,图14-5)。

表14-2 与早古生代火山作用、变质沉积作用有关的沉积型磷矿预测要素表

区域成矿要素		描述内容	要素类别
特征描述		沉积型磷矿床(正目观-崔子窑沟)	
地质环境	大地构造位置	Ⅱ华北陆块区,Ⅱ-5鄂尔多斯陆块,Ⅱ-5-2贺兰山被动陆源盆地	重要
	成矿区(带)	Ⅰ-4滨太平洋成矿域,Ⅱ-4华北成矿省,Ⅲ-12鄂尔多斯西缘(台褶带)铁、铅、锌、磷、石膏、芒硝成矿带(Ⅲ-12),贺兰山-乌海铁、铅、锌、磷、石膏、芒硝、煤成矿亚带(Ⅲ-13-①),Ⅴ-1正目观-崔子窑沟磷矿集区	重要
	成矿环境	潮坪相	重要
	含矿岩系	下寒武统馒头组一岩段,含矿层由含磷砾岩、钙质磷灰细砂岩和磷块岩组成	重要
	成矿时代	寒武纪	重要
矿床特征	矿体形态	矿体呈层状、似层状	次要
	岩石类型	含磷砾岩、含磷细砂岩、钙质磷灰岩	重要
	岩石结构	变余泥质结构、变晶结构	次要
	矿物组合	主要为磷灰石、石英、黑云母、铁闪石;次为少量锰土、铁质、碳质、褐铁矿及微量绢云母、绿帘石	重要
	结构构造	砂状、砂粒状结构	次要
	蚀变特征	轻微绢云化	次要
	控矿条件	赋矿地质体为下寒武统馒头组一岩段,主要岩性为钙质砂岩、砂质灰岩。成矿后的断裂构造对先成矿体起到了破坏作用	必要

续表 14-2

区域成矿要素		描述内容	要素类别
特征描述		沉积型磷矿床（正目观-崔子窑沟）	
区内相同类型矿产		成矿区（带）内有3处中型矿床	重要
地球物理特征	重力	布格重力相对较高的异常区边缘，剩余重力正异常区。磷矿附近重力值 Δg $(-160\sim-158)\times10^{-5}\mathrm{m/s^2}$	重要
	航磁	预测工作区磁异常幅值范围为$-100\sim120\mathrm{nT}$，预测区磁异常平缓，以负异常为主。正目观磷矿区位于预测工作区东部，磁场背景为平缓负磁异常区，在$-20\mathrm{nT}$等值线附近	次要

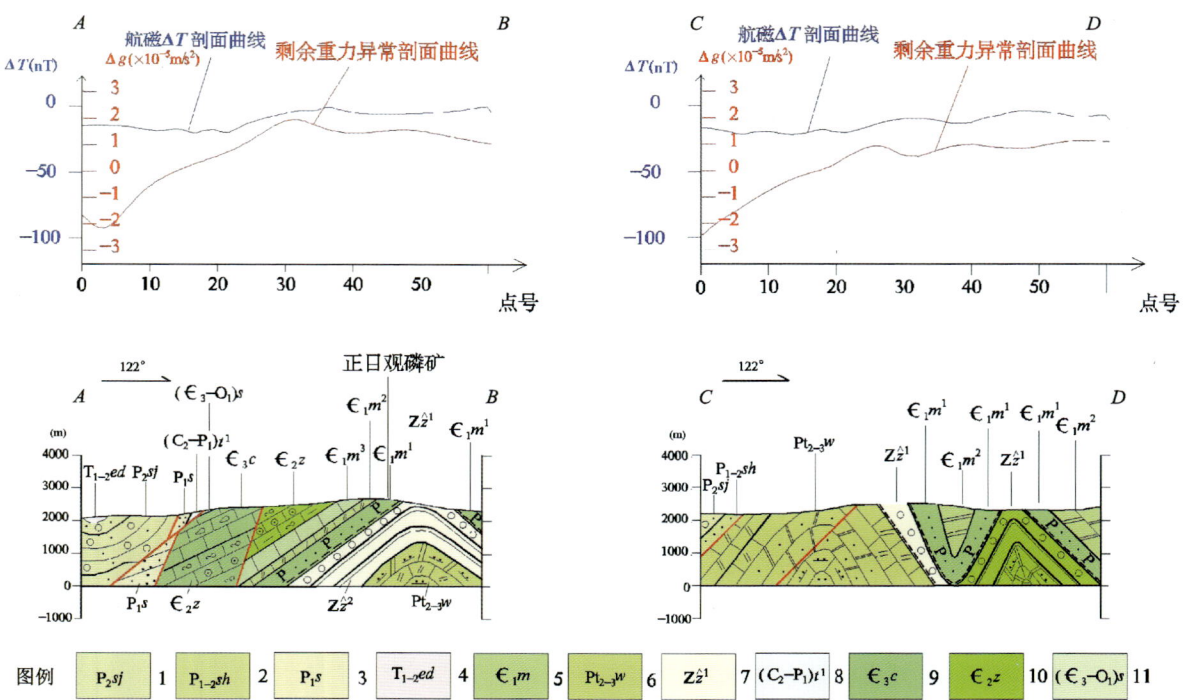

图 14-5　与早古生代火山作用、变质沉积作用有关的沉积型磷矿预测模型图

1.孙家沟组；2.石盒子组；3.山西组；4.二段井组；5.馒头组；6.王全口组；7.正目观组；8.太原组；9.炒米店组；10.张夏组；11.三山子组

三、与晚古生代沉积作用有关的铁矿床成矿系列预测评价模型

成矿带中矿产预测类型为沉积型铁矿，以雀儿沟铁矿为代表（表14-3，图14-6）。

表 14-3　与晚古生代沉积作用有关的沉积型铁矿预测要素表

区域成矿要素		描述内容	要素类别
地质环境	大地构造位置	华北陆块,晋冀陆块,吕梁碳酸盐岩台地	必要
	成矿区(带)	滨太平洋成矿域(Ⅰ-4),华北成矿省(Ⅱ-14),鄂尔多斯西缘(台褶带)铁、铅、锌、磷、石膏、芒硝成矿带(Ⅲ-12)	必要
	区域成矿类型及成矿期	华北地台石炭纪陆表海沉积型;海西中期	必要
控矿地层条件	赋矿地质体	上石炭统太原组及推测地层	重要
区内相同类型矿产		成矿区(带)内有 1 处铁矿点	重要
航磁异常		本溪组地层航磁异常不太明显,航磁异常起始值大于 100nT	重要
重力异常		剩余重力异常起始值大于 $2\times10^{-5}m/s^2$	必要

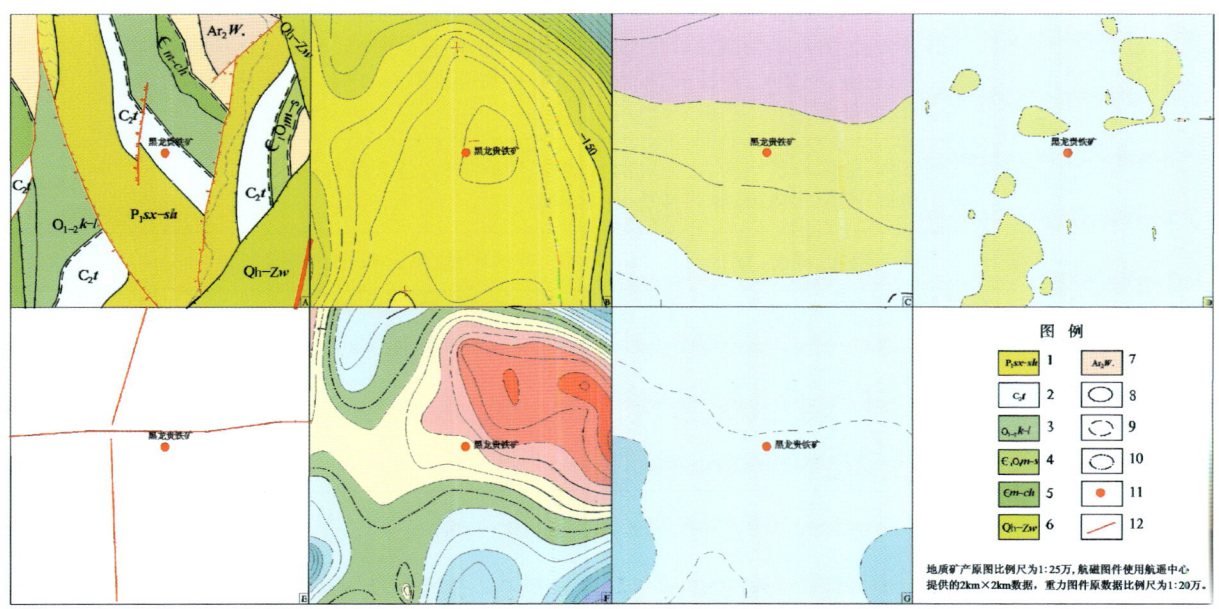

图 14-6　与晚古生代沉积作用有关的铁矿(雀儿沟)所在区域剖析图

A.地质矿产图;B.布格重力异常图;C.航磁 ΔT 等值线平面图;D.航磁 ΔT 化极垂向一阶导数等值线平面图;E.重磁推断地质构造图;F.剩余重力异常图;G.航磁 ΔT 化极等值线平面图

1.山西组、石盒子组并层:山西组为粉砂质黏土岩、石盒子组为砂岩等;2.太原组:砂岩、粉砂岩、页岩、铝土岩夹灰岩及煤层;3.克里摩里组、乌拉力克组、拉什仲组并层:碳质、硅质页岩,粉砂岩等;4.馒头组、张夏组、炒米店组、三山子组并层:灰岩、白云岩、白云质灰岩;5.馒头组、张夏组、炒米店组并层:砂页岩夹灰岩、白云岩;6.王全口组:灰岩、白云质灰岩、白云岩;7.乌拉山岩群:角闪斜长片麻岩、磁铁石英岩、大理岩、变粒岩;8.正等值线及注记;9.负等值线及注记;10.零等值线及注记;11.黑龙贵铁矿;12.推断三级断裂

四、与燕山期酸性岩浆活动有关的铁、铅、锌矿床成矿系列预测评价模型

成矿带中矿产预测类型为热液型铁、铅锌矿,以代兰塔拉铅锌矿为代表(表14-4,图14-7)。

表14-4　Ⅲ-12成矿带热液型铁、铅锌矿预测要素表

区域成矿要素		内容描述	要素类别
特征描述		沉积-热液改造型(代兰塔拉)	
地质环境	构造背景	Ⅱ华北陆块区,Ⅱ-5鄂尔多斯陆块,Ⅱ-5-1贺兰山被动陆缘盆地(Pt_1)	必要
	成矿环境	灰岩破碎带中	必要
	成矿时代	早侏罗世	必要
矿床特征	矿体形态	矿体呈似层状,部分呈脉状	
	岩石类型	灰岩	重要
	岩石结构	粒状变晶结构,块状、层状、角砾状构造	次要
	矿物组合	黄铁矿、闪锌矿、方铅矿,其次有磁黄铁矿及微量黄铜矿;金属氧化矿物有白铅矿、铅矾、菱锌矿、赤铁矿、褐铁矿;脉石矿物有方解石、白云石、石英及少量重晶石、云母等	重要
	结构构造	结构:他形粒状结构、定向乳滴状结构、压碎结构、包含结构;构造:浸染状构造、脉状构造、块状构造	次要
	蚀变特征	矽卡岩化、硅化、绿帘石化、绿泥石化、黄铁矿化、绢云母化和碳酸盐化	次要
	控矿条件	寒武纪、奥陶纪灰岩;近南北向和北西向断裂	必要
地球物理特征	重力异常	布格重力异常低值区	次要
	航磁异常	磁异常幅值范围在-150~450nT之间,背景值为0~100nT	重要

第三节　预测成果及综合成矿区特征

一、按成矿系列划分

成矿带主要预测矿种有磷矿、铅矿、锌矿、铁矿等,共圈定22个综合预测区,预测磷资源量 $5\,293.4\times10^4$ t,铅 5.74×10^4 t,铁 592.9×10^4 t,锌 8.77×10^4 t。按成矿系分述如下。

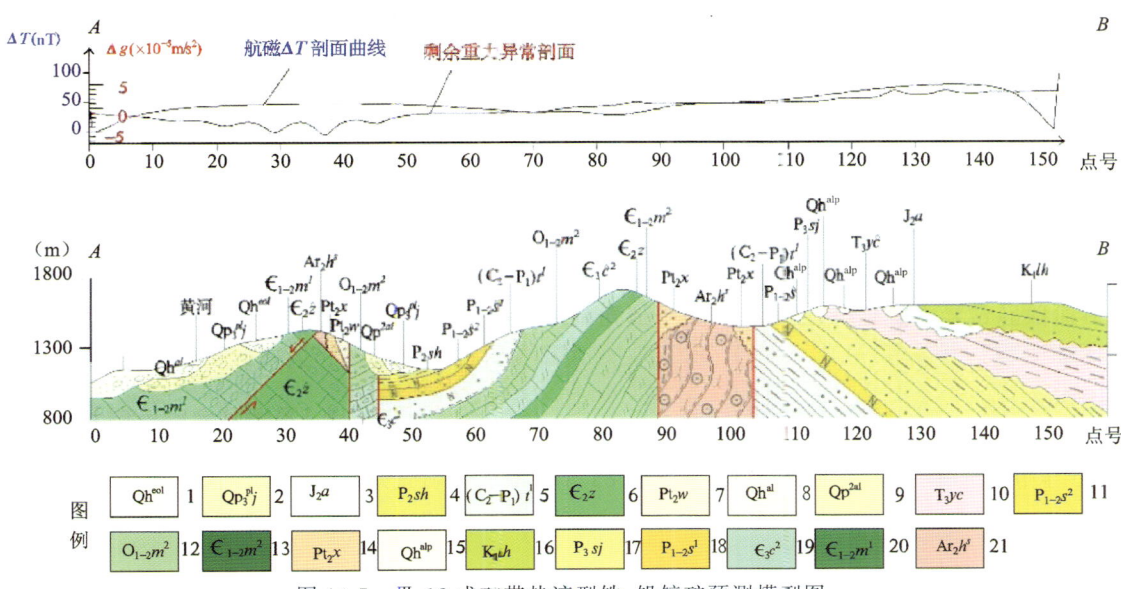

图 14-7　Ⅲ-12 成矿带热液型铁、铅锌矿预测模型图

1.全新统风积；2.更新统洪积；3.安定组；4.石盒子组；5.太原组一岩段；6.张夏组；7.王全口组；8.全新统冲洪积；9.更新统冲积；10.延长组 11.山西组二岩段；12.马家沟组二岩段；13.馒头组二岩段；14.西勒图组；15.全新统冲洪积；16.罗汉洞组；17.石千峰群；18.山西组一岩段；19.炒米店组三岩段；20.馒头组一岩段；21.下白窑子岩组

二、与太古宙(或元古宙)受变质火山沉积作用有关的铁、磷矿床成矿系列

该成矿系列有变质沉积型磷矿、铁矿 2 个预测矿种，磷矿主体预测区分布于Ⅲ-4 区块内，铁矿主体预测区分布于Ⅲ-13 区块内，在本成矿带内无成矿远景，未作成矿预测。

三、与早古生代火山作用、变质沉积作用有关的磷矿床成矿系列

本成矿带内矿产预测类型为沉积型磷矿，共划分了 2 个综合预测区。

1. 正目观综合预测区(Ⅲ-12-1)

预测区面积为 29.91km²，预测磷资源量为 1 492.84×10⁴t。该区出露下寒武统馒头组一岩段，含矿层由含磷砾岩、钙质磷灰细砂岩和磷块岩组成，位于布格重力相对较高的异常区边缘，剩余重力正异常区。

2. 崔子窑综合预测区(Ⅲ-11-2)

预测区面积为 16.69km²，预测磷资源量为 3 800.57×10⁴t。该区出露下寒武统馒头组一岩段，含矿层由含磷砾岩、钙质磷灰细砂岩和磷块岩组成，位于布格重力相对较高的异常区边缘，剩余重力正异常区。

四、与晚古生代沉积作用有关的铁矿床成矿系列

本成矿带内矿产预测类型为沉积型铁矿,共划分了7个综合预测区(图14-8)。

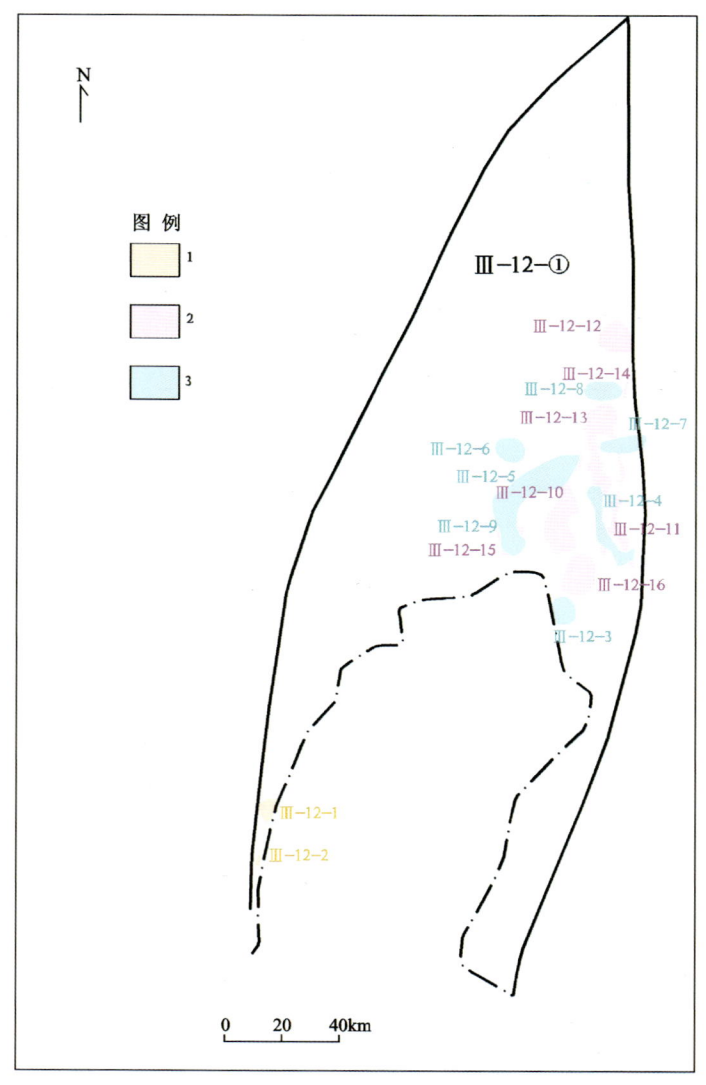

图 14-8　Ⅲ-12 综合预测区分布图

1.与太古宙(或元古宙)受变质火山沉积作用有关的铁、磷矿床成矿系列综合预测区;2.与晚古生代沉积作用有关的铁矿床成矿系列综合预测区;3.与燕山期酸性岩浆活动有关的铁、铅、锌矿床成矿系列综合预测区

1. 雀儿沟综合预测区(Ⅲ-11-3)

预测区面积为 $59.95km^2$,预测铁资源量为 $23.75×10^4 t$。该区处在推测上石炭统太原组灰褐色粉砂质页岩、细砂岩、碳质页岩互层夹深灰色结晶灰岩、铁质岩;灰黑色粉砂质页岩夹灰白色中细粒长石石英砂岩、铁质岩中。区内有低缓航磁化极3处。

2. 友谊农厂综合预测区(Ⅲ-12-4)

预测区面积为 $100.21km^2$,预测区铁资源量为 $7.96×10^4 t$。该区处在上石炭统太原组灰褐色粉砂

质页岩、细砂岩、碳质页岩互层夹深灰色结晶灰岩、铁质岩;灰黑色粉砂质页岩夹灰白色中细粒长石石英砂岩、铁质岩中。区内有低缓航磁化极1处。

3. 海勃湾综合预测区（Ⅲ-12-5）

预测区面积为184.65km^2,预测铁资源量为24.42×10^{4}t。该区处在上石炭统太原组灰褐色粉砂质页岩、细砂岩、碳质页岩互层夹深灰色结晶灰岩、铁质岩;灰黑色粉砂质页岩夹灰白色中细粒长石石英砂岩、铁质岩中。区内有航磁化极2处。

4. 海勃湾综合预测区（Ⅲ-12-6）

预测区面积为66.93km^2,预测铁资源量为1 409.1×10^{4}t。该区处在推测上石炭统太原组灰褐色粉砂质页岩、细砂岩、碳质页岩互层夹深灰色结晶灰岩、铁质岩;灰黑色粉砂质页岩夹灰白色中细粒长石石英砂岩、铁质岩中。区内有铁矿点1处,低缓航磁化极2处,具有找矿潜力。

5. 海勃湾综合预测区（Ⅲ-12-7）

预测区面积为62.34km^2,预测铁资源量为0.62×10^{4}t。该区处在推测上石炭统太原组灰褐色粉砂质页岩、细砂岩、碳质页岩互层夹深灰色结晶灰岩、铁质岩;灰黑色粉砂质页岩夹灰白色中细粒长石石英砂岩、铁质岩中。区内有低缓航磁化极2处。

6. 千里山综合预测区（Ⅲ-12-8）

预测区面积为64.96km^2,预测铁资源量为1.05×10^{4}t。该区处在推测上石炭统太原组灰褐色粉砂质页岩、细砂岩、碳质页岩互层夹深灰色结晶灰岩、铁质岩;灰黑色粉砂质页岩夹灰白色中细粒长石石英砂岩、铁质岩中。区内有较高航磁化极2处。

7. 化工厂综合预测区（Ⅲ-12-9）

预测区面积为124.06km^2,预测铁资源量为6.47×10^{4}t。该区处在上石炭统太原组灰褐色粉砂质页岩、细砂岩、碳质页岩互层夹深灰色结晶灰岩、铁质岩;灰黑色粉砂质页岩夹灰白色中细粒长石石英砂岩、铁质岩中。区内有铁矿点1处,低缓航磁化极1处,具有找矿潜力。

五、与燕山期酸性岩浆活动有关的铁、铅、锌矿床成矿系列

成矿带中矿产预测类型有热液型铁、铅锌矿,共圈定了7个综合预测区(图14-8)。

1. 友谊农厂1综合预测区（Ⅲ-12-10）

预测区面积为175.95km^2,预测铅资源量为32 906.4t,锌资源量为50 237.83t。铅矿羊场西(A1506602001)已探明金属量铅28 924.53t,锌44 295.15t。出露地层为寒武纪、奥陶纪灰岩,区内有小型矿产地1处,矿化点1处,航磁化极等值线起始值在100～150nT之间;剩余重力异常值在(0～3)×10^{-5}m/s^{2}之间;有北西向遥感解译断层、近南北向重力推断断层通过。

2. 友谊农厂 2 综合预测区(Ⅲ-12-11)

预测区面积为 84.08km², 预测铅资源量为 4 799.97t, 锌资源量为 7 326.27t。该区出露的地层为寒武纪、奥陶纪灰岩, 航磁化极等值线起始值在 $-100\sim 0$nT 之间; 剩余重力异常值在 $(2\sim 7)\times 10^{-5}$m/s² 之间; 有北东向、近南北向遥感解译断层通过。

3. 昌呼克综合预测区(Ⅲ-12-12)

预测区面积为 91.1km², 预测铅资源量为 2 681.27t, 锌资源量为 4 092.47t。该区出露的地层为寒武纪、奥陶纪灰岩, 航磁化极等值线起始值在 $150\sim 300$nT 之间; 剩余重力异常值在 $(4\sim 9)\times 10^{-5}$m/s² 之间; 有北西向、北东向遥感解译断层通过。

4. 千里山综合预测区(Ⅲ-12-13)

预测区面积为 194.8km², 预测铅资源量为 13 586.75t, 锌资源量为 20 737.67t。该区出露的地层为寒武纪、奥陶纪灰岩, 航磁化极等值线起始值在 $100\sim 300$nT 之间; 剩余重力异常值在 $(1\sim 5)\times 10^{-5}$m/s² 之间; 有北西向、北东向遥感解译断层通过。

5. 哈沙图综合预测区(Ⅲ-12-14)

预测区面积为 6.41km², 预测铅资源量为 231.42t, 锌资源量为 353.22t。该区近北东向分布, 出露的地层为寒武纪灰岩, 航磁化极等值线起始值在 $250\sim 350$nT 之间; 剩余重力异常值在 $(-2\sim 1)\times 10^{-5}$m/s² 之间; 有北东向遥感解译断层通过。

6. 化工厂 1 综合预测区(Ⅲ-12-15)

预测区面积为 55.76km², 预测铅资源量为 979.95t, 锌资源量为 1 495.71t。该区出露的地层为寒武纪灰岩, 航磁化极等值线起始值在 $-100\sim 0$nT 之间; 剩余重力异常值在 $(-2\sim -1)\times 10^{-5}$m/s² 之间; 有北东向、北西向遥感解译断层通过。

7. 化工厂 2 综合预测区(Ⅲ-12-16)

预测区面积为 118.95km², 预测铅资源量为 2 253.55t, 锌资源量为 3 439.63t。该区出露的地层为寒武纪、奥陶纪灰岩, 航磁化极等值线起始值在 $-150\sim -100$nT 之间; 剩余重力异常值在 $(-4\sim 1)\times 10^{-5}$m/s² 之间; 有北东向、北西向遥感解译断层及北西向重力推断断层通过。

第四节 多矿种综合靶区部署建议

Ⅲ-12 成矿带共划分 2 个综合勘查部署靶区, 面积均较大。其中正目观-崔子窑沟及代兰塔拉勘查部署区已有正目观磷矿、崔子窑沟磷矿、代兰塔拉铅锌矿等矿, 工作程度较高, 可以进行详查及普查工作(图 14-9, 表 14-10)。

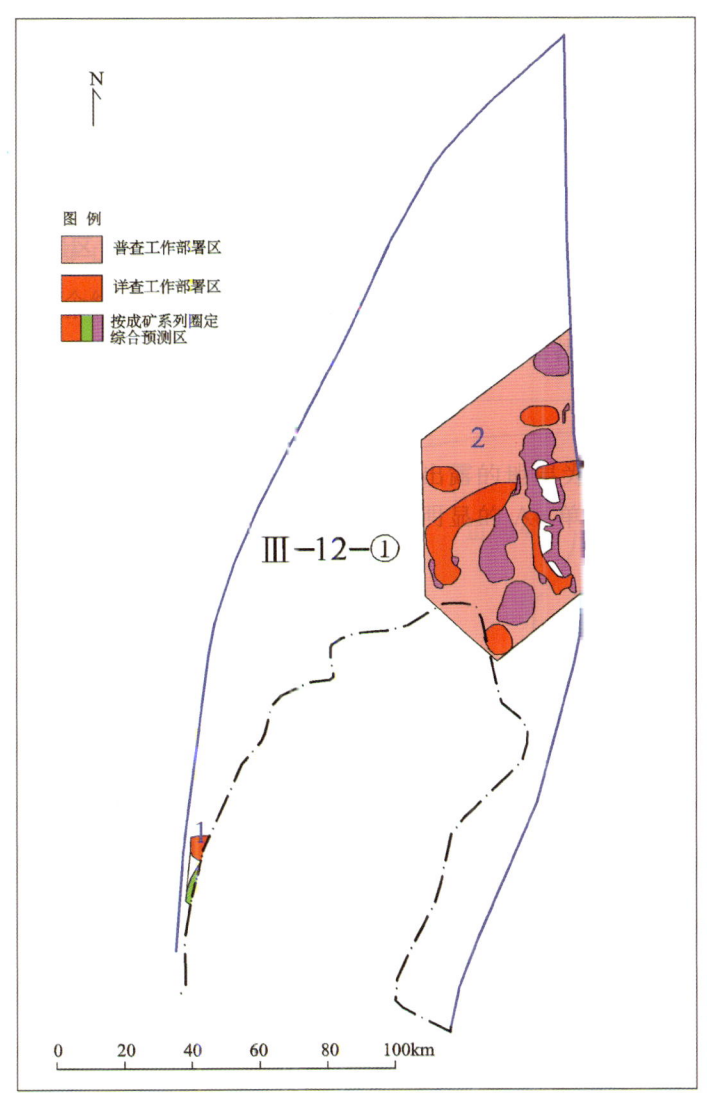

图 14-9　Ⅲ-12 成矿带综合勘查部署靶区与按成矿系列圈定综合预测区相关图

表 14-10　Ⅲ-12 成矿带综合勘查工作部署建议一览表

序号	编号	名称	等级	矿种	预测资源量	勘查工作部署建议
1	Ⅲ-13-1	正目观-崔子窑沟磷矿详查区	详查	磷矿	$5293.41×10^4$ t	本区未开展1:5万区域地质调查工作,应先进行基础地质调查,查明本区基本地质情况,安排大比例尺的地质、物探、化探等工作,必要时,可采用槽探、井探、钻探等手段,寻找隐伏的工业矿本
2	Ⅲ-13-2	代兰塔拉铅锌矿普查区	普查	铁矿	$52.787×10^4$ t	本区已开展碱柜车站、白子地、海勃湾市、教子沟、乌海市、乌仁都喜、乌达、老石旦红旗煤矿、阿尔巴斯、石嘴山等幅的1:5万区域地质调查工作,应先在未开展1:5万区域地质调查的区域,查明基本地质情况;区内可进一步安排中大比例尺的地质、物探、化探工作进行普查
				铅锌矿	铅 57 439.31 t	
					锌 87 682.8 t	

第十五章 山西(断隆)成矿带(Ⅲ-14)预测成果

第一节 区域地质背景

一、成矿地质条件

1. 区域地质背景

山西(断隆)铁、铝土矿、石膏、煤、煤层气成矿带(Ⅲ-14),构造单元属于华北陆块区-晋冀陆块-吕梁碳酸盐岩台地。

该成矿带主要出露沉积岩地层,火山岩、侵入岩、变质岩均不发育。

以近南北向黄河为界,成矿带东部主要出露寒武系馒头组、张夏组、炒米店组,奥陶系三山子组、马家沟组,地层产状平缓或近水平。西部主要出露石炭系太原组,二叠系山西组、榆树湾组,地层向西缓倾。地形整体东高、西低,形成原因为南北向西倾正断层阶梯式下落。三叠系石千峰组分布于成矿带南西。白垩系志丹群见于成矿带北西,沿沟谷分布,不整合覆盖于石炭系、二叠系之上,主要岩石为杂色砂质泥岩、砂砾岩、含砾砂岩等。

第四纪黄土覆盖全区,沿沟谷分布第四纪冲洪积,局部地区有小面积风成砂土。

区内构造较为简单。寒武系、奥陶系和石炭系产状整体近水平,局部有挠曲。二叠系山西组微倾斜,向上产状逐渐变陡。断裂构造由于区内大面积黄土覆盖,不太发育。主要见北东向、北西向正断层,少见南北向和北东东向断层(图15-1)。

2. 矿产分布特征

该成矿带共涉及铁、铝、硫铁矿3个矿种,共6个矿产地,分别为城坡铝土矿、焦稍沟铝土矿、西磁窑沟铁矿、戚家沟硫铁矿、房塔沟硫铁矿和榆树湾硫铁矿。铝土矿分布在成矿带中部石炭系太原组之下的本溪组底部铝土页岩中,硫铁矿分布在成矿带南部石炭系太原组中。

二、重力特征

该区域只开展了1:50万重力测量。

成矿带位于Ⅲ-11之南清水河地区,面积较小,约200km²。区域上属于布格重力异常相对高值区,

第十五章 山西（断隆）成矿带（Ⅲ-14）预测成果

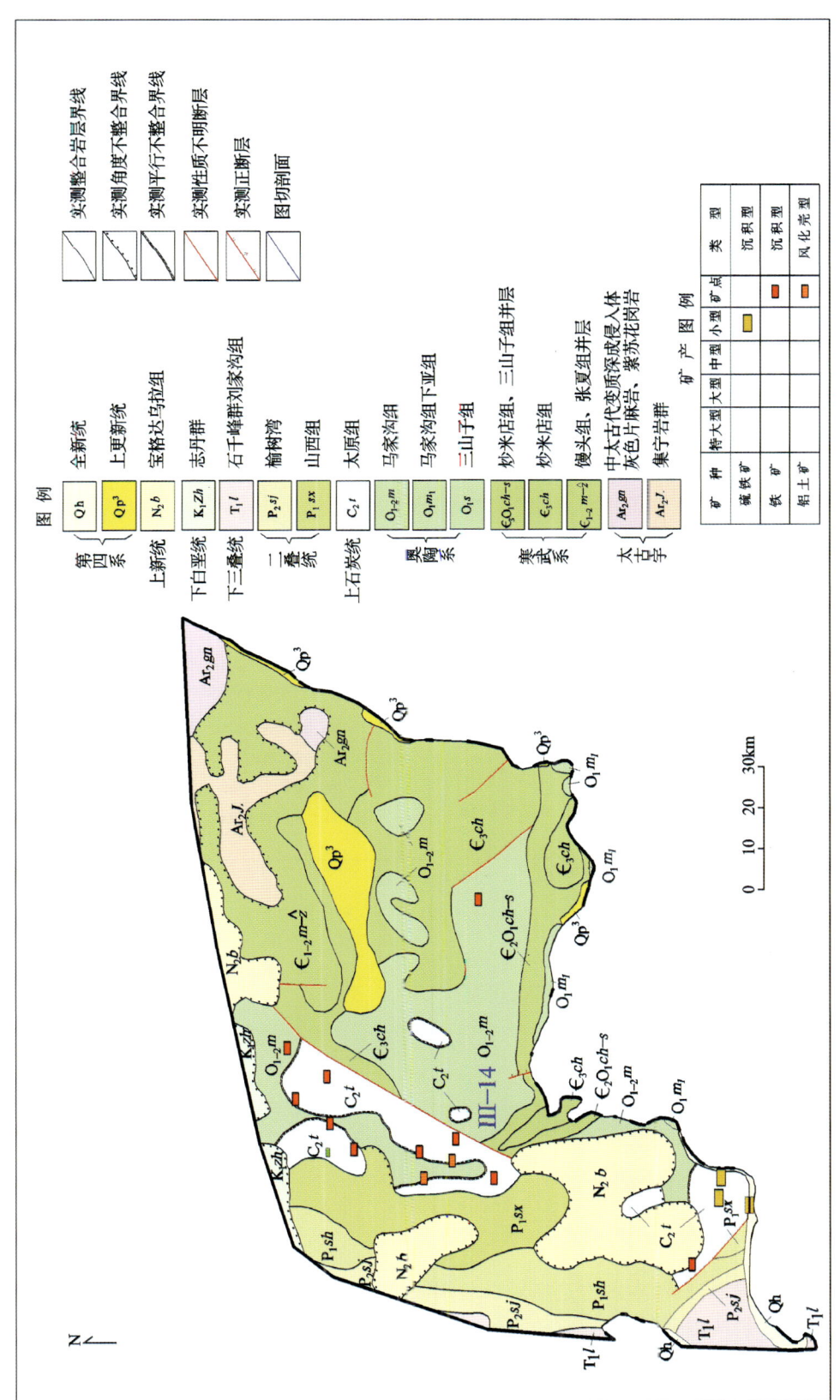

图 15-1 山西（断隆）成矿带（Ⅲ-14）区域地质矿产图

由西到东场值呈增高趋势(图15-2),东部出露早古生代、太古宙地层,太古宙地层出露区形成明显的局部重力高异常,对应剩余重力正异常。西部主要出露二叠系及第三系,重力场相对平稳,是沉积变质型铁矿的集中分布区。

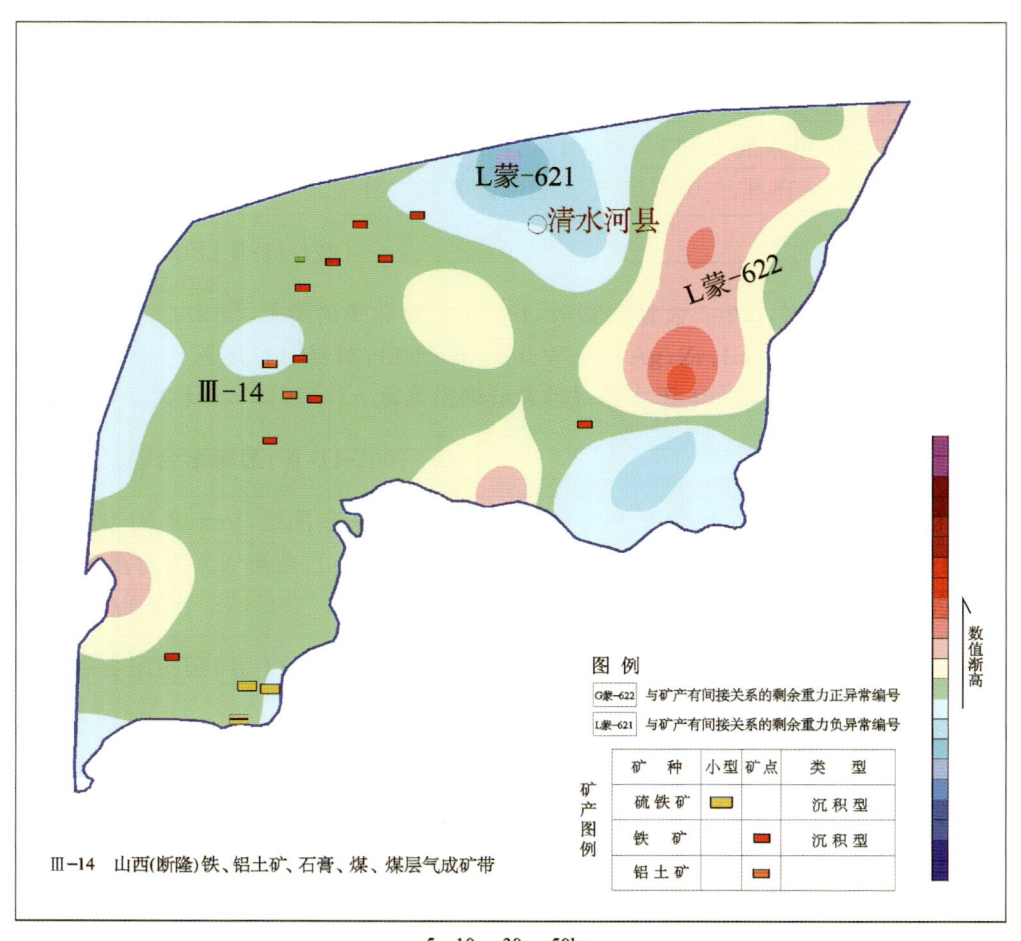

图15-2 山西(断隆)成矿带(Ⅲ-14)剩余重力异常图

三、航磁特征

在航磁ΔT等值线平面图上,带内主要为低缓负异常。化极后,负异常强度增大(图15-3)。

四、区域遥感特征

根据对线性要素解译分析,本区构造格局以北东向山前断裂为主,在遥感影像上(图15-4),线性影像平直,切断山脊,断裂两侧色调、影像有较大的差别,断裂迹象明显。对环形构造进行解译分析发现,主要是褶皱引起的环形构造,且有的是由浅成、超浅成火山岩体引起的环形构造和与隐伏岩体有关的环形构造。解译带要素主要为石炭系太原组,其下为与矿有关的本溪组,岩性为铝土岩及铝土页岩,矿种为铝土矿。

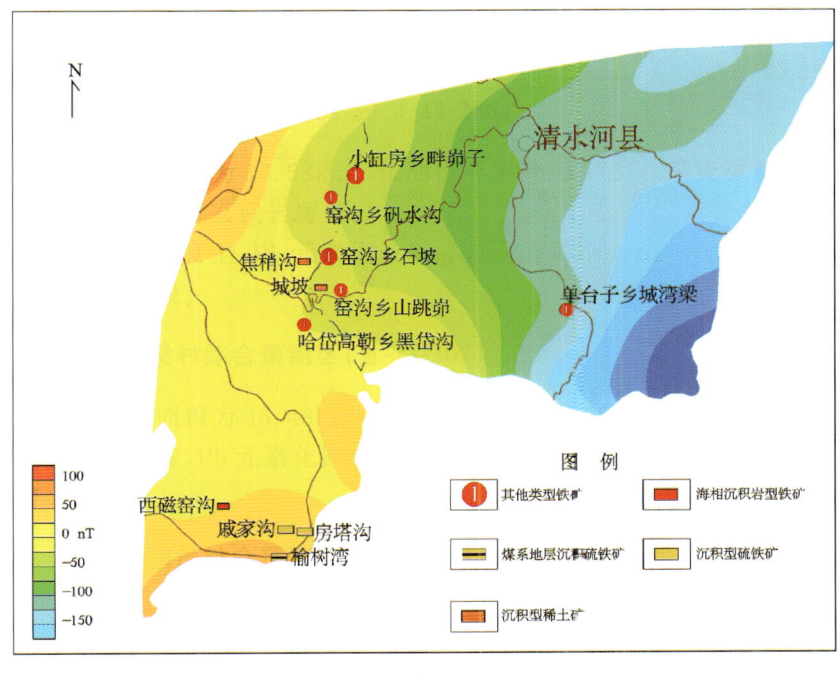

图 15-3　山西(断隆)成矿带(Ⅲ-14)航磁 ΔT 等值线平面图

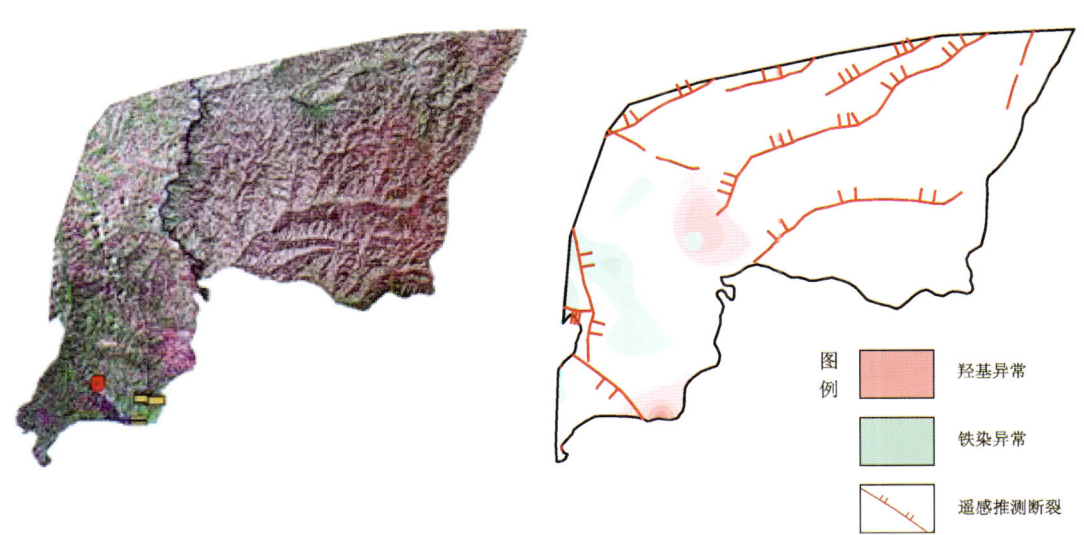

图 15-4　山西(断隆)成矿带(Ⅲ-14)遥感影像图(左)及综合异常图(右)

第二节　重要矿种预测评价模型

Ⅲ-14 成矿带主要有 2 种矿产预测类型:沉积型、风化壳型,涉及的矿种主要有铁矿、铝矿、硫铁矿。以城坡铝土矿和榆树湾硫铁矿为代表总结本成矿带预测要素及预测模型(表 15-1,图 15-5)。

表 15-1　Ⅲ-14 成矿带沉积型铝、硫铁矿、铁矿预测要素表

区域预测要素		描述内容	
矿种		（城坡）铝矿	（榆树湾）硫铁矿
地质环境	大地构造位置	华北陆块区，晋冀陆块，吕梁碳酸盐岩台地（Pz$_1$）（吕梁陆缘古岩浆弧 Pt$_1$）	
	成矿区（带）	滨太平洋成矿域（叠加在古亚洲成矿域之上）（Ⅰ-4），华北成矿省（Ⅱ-14），山西（断隆）铁、铝土矿、石膏、煤、煤层气成矿带（Ⅲ-14）	
	区域成矿类型及成矿期	风化壳型；中石炭世	沉积型；石炭纪
控矿地质条件	赋矿地质体	石炭系本溪组	石炭系本溪组底部铝土页岩
区内主要矿产		2 处铝矿点，3 处小型硫铁矿	
重力特征		预测区内布格重力异常变化较平稳，总体由东南向西北重力场值逐渐增加，剩余重力异常小于 0	

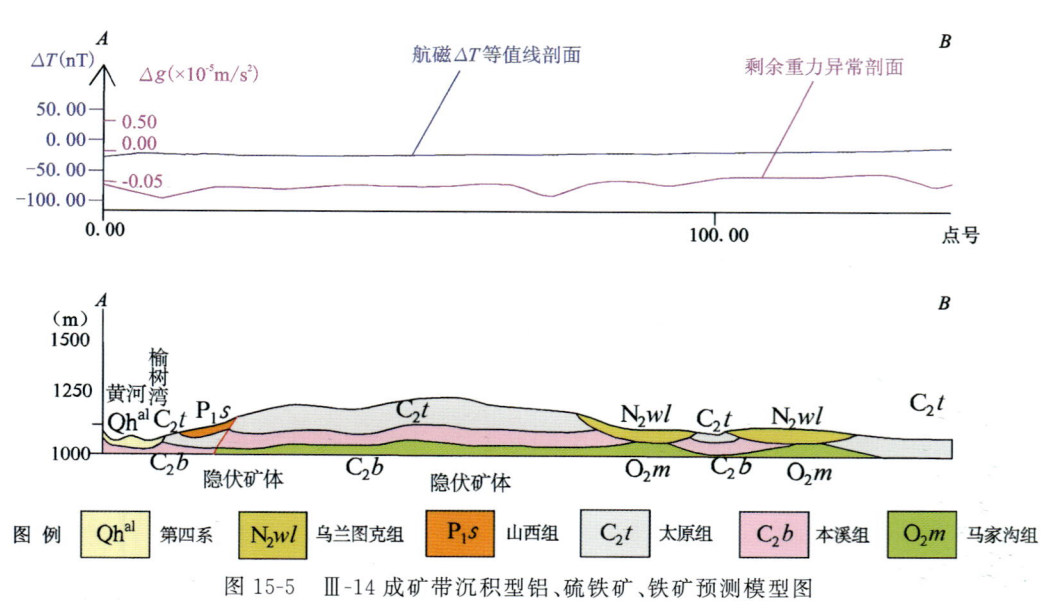

图 15-5　Ⅲ-14 成矿带沉积型铝、硫铁矿、铁矿预测模型图

第三节　预测成果及综合预测区特征

成矿带涉及的矿种有铁、铝、硫铁矿等，矿产预测类型为沉积型，共圈定综合预测区 12 个（图 15-6），预测铝土资源量 361×10^4 t，预测硫铁资源量 896.5×10^4 t，预测铁资源量 70.6×10^4 t。

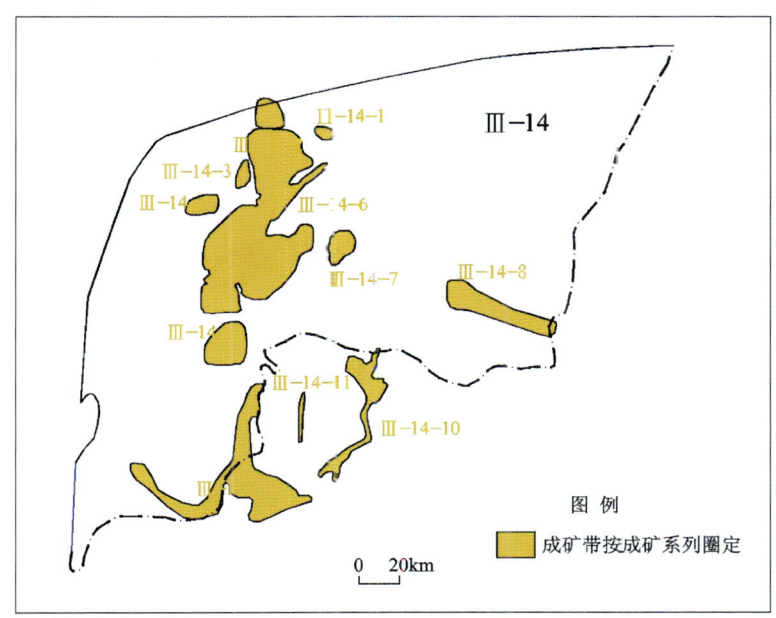

图 15-6　Ⅲ-14 成矿带按成矿系列圈定分布图

1. 马次梁北西综合预测区（Ⅲ-14-1）

预测区面积为 4.43km², 预测铁资源量为 2.97×10⁴t。该预测区处在上石炭统本溪组灰色石英砂岩、灰黑色页岩及煤层，局部夹褐铁矿、含铁砂岩和含铁砂砾岩透镜体中。区内有铁矿点 1 处，航磁化极 1 处，具有找矿潜力。

2. 窑沟乡综合预测区（Ⅲ-14-2）

预测区面积为 104.26km²，预测硫铁资源量为 227.297×10⁴t，铝资源量为 75.39×10⁴t，铁资源量为 18.23×10⁴t。该预测区矿床赋存在古太古界兴和岩群含铁麻粒岩中，剩余重力异常等值线起始值在 $(2\sim6)\times10^{-5}$ m/s² 之间。具较好的找矿潜力。

3. 马家圪旦综合预测区（Ⅲ-14-3）

预测区面积为 7.26km²，预测硫铁资源量为 14.18×10⁴t，铁资源量为 0.85×10⁴t。该预测区处在上石炭统本溪组灰色石英砂岩、灰黑色页岩及煤层，局部夹褐铁矿、含铁砂岩和含铁砂砾岩透镜体中。区内有铁矿点 1 处，低缓航磁化极 1 处，具有找矿潜力。

4. 阳坡梁综合预测区（Ⅲ-14-4）

预测区面积为 12.2km²，预测铁资源量为 2.15×10⁴t。该预测区处在上石炭统本溪组灰色石英砂岩、灰黑色页岩及煤层，局部夹褐铁矿、含铁砂岩和含铁砂砾岩透镜体中。区内有航磁化极 1 处，具有找矿潜力。

5. 城坡综合预测区（Ⅲ-14-5）

预测区面积为 151.78km²，预测硫铁资源量为 180.089×10⁴t，铝资源量为 153.85×10⁴t，铁资源量

为 $31.08×10^4$t。该预测区处在上石炭统本溪组灰色石英砂岩、灰黑色页岩及煤层,局部夹褐铁矿、含铁砂岩和含铁砂砾岩透镜体中。区内有铁矿点 1 处,航磁化极 2 处,具有找矿潜力。

6. 正岇沟北西综合预测区(Ⅲ-14-6)

预测区面积为 $11.23km^2$,预测铁资源量为 $2.12×10^4$t。该预测区处在上石炭统本溪组灰色石英砂岩、灰黑色页岩及煤层,局部夹褐铁矿、含铁砂岩和含铁砂砾岩透镜体中。区内有低缓航磁化极 1 处,具有找矿潜力。

7. 桦树塔乡南综合预测区(Ⅲ-14-7)

预测区面积为 $15.25km^2$,预测硫铁资源量为 $163.144×10^4$t,铁资源量为 $2.27×10^4$t。该预测区处在上石炭统本溪组灰色石英砂岩、灰黑色页岩及煤层,局部夹褐铁矿、含铁砂岩和含铁砂砾岩透镜体中。区内有航磁化极 1 处,具有找矿潜力。

8. 海子沟综合预测区(Ⅲ-14-8)

预测区面积为 $48.43km^2$,预测铁资源量为 $2.31×10^4$t。该预测区矿床赋存在古太古界兴和岩群含铁麻粒岩中,已知小型铁矿床 3 处,航磁化极异常等值线起始值绝大部分在 -40nT 以上,剩余重力异常等值线起始值在 $(6\sim15)×10^{-5}m/s^2$ 之间,具很大的找矿潜力。

9. 刘家壕综合预测区(Ⅲ-14-9)

预测区面积为 $33.38km^2$,预测铁资源量为 $1.43×10^4$t。该预测小区矿床赋存在古太古界兴和岩群含铁麻粒岩中,剩余重力异常等值线起始值在 $(9\sim10)×10^{-5}m/s^2$ 之间,具较好的找矿潜力。

10. 陈家营乡北综合预测区(Ⅲ-14-10)

预测区面积为 $37.46km^2$,预测铝资源量为 $95.68×10^4$t。该区出露石炭系本溪组地层及第四系,重力异常为低缓正异常。

11. 万家寨镇东综合预测区(Ⅲ-14-11)

预测区面积为 $2.99km^2$,预测铝资源量为 $2.3×10^4$t。该区出露石炭系本溪组及第四系,重力异常为低缓正异常。

12. 戚家沟综合预测区(Ⅲ-14-12)

预测区面积为 $119.02km^2$,预测硫铁资源量为 $311.8×10^4$t,铝资源量为 $34.11×10^4$t,铁资源量为 $9.23×10^4$t。该预测区处在上石炭统本溪组灰色石英砂岩、灰黑色页岩及煤层,局部夹褐铁矿、含铁砂岩和含铁砂砾岩透镜体中。

第四节 多矿种综合靶区部署建议

成矿带共划分了2个综合勘查部署区(图15-7,表15-2)。其中城坡-焦稍沟勘查部署区已有城坡铝土矿、焦稍沟铝土矿等成型矿山,而房塔沟-榆树湾勘查部署区内分布榆树湾硫铁矿、房塔沟硫铁矿、咸家沟硫铁矿等成型矿山,两个综合勘查部署区均有一定工作程度,其外围可进一步安排中大比例尺的地质、物探、化探工作进行普查,必要时,可采用槽探、井探、钻探等手段,寻找隐伏的工业矿体。

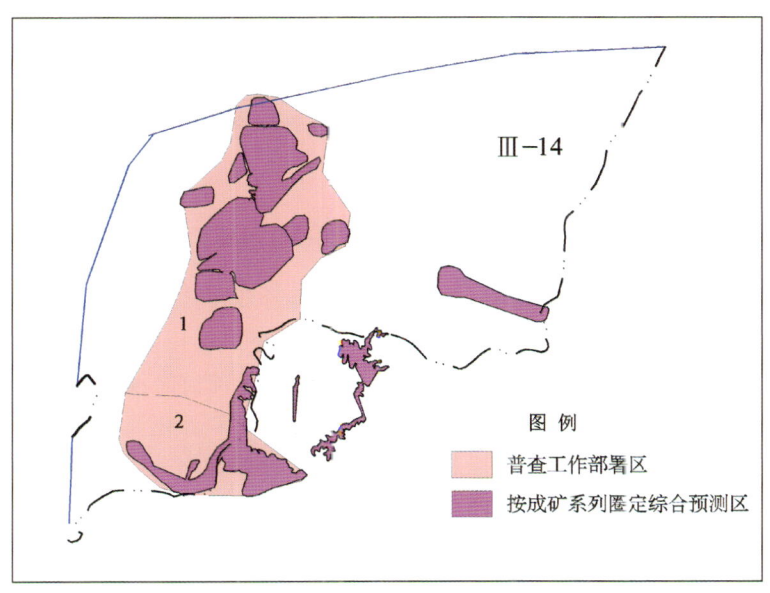

图15-7 Ⅲ-14成矿带综合勘查部署区分布图

表15-2 Ⅲ-14成矿带综合勘查部署区预测资源量统计表

序号	编号	名称	面积（km²）	等级	涉及矿种	预测资源量（×10⁴ t）	勘查工作区部署建议
1	Ⅲ-15-1	城坡-焦稍沟	838.69	普查	铁矿	59.1	其外围可进一步安排中大比例尺的地质、物化探工作进行普查,必要时,可采用槽探、井探、钻探等手段,寻找隐伏的工业矿体
					铝矿	229.2	
					硫铁矿	584.7	
2	Ⅲ-15-2	房塔沟-榆树湾	286.80	普查	铁矿	9.2	
					铝矿	34.1	
					硫铁矿	311.8	

第十六章　内蒙古自治区预测成果汇总分析

第一节　重要矿种矿产预测类型统计分析

一、典型矿床预测类型统计分析

全国矿产潜力资源评价项目对内蒙古自治区铁、铝、铜、金、铅锌、钨、锑、稀土、银、钼、镍、锡、锰、铬、磷、硫铁矿、萤石、菱镁矿、重晶石等20个重要矿种进行了成矿规律研究及矿产潜力评价,共选择了149个典型矿床,划分了158个预测类型,对应"全国重要矿产预测类型划分方案"划分的预测类型为13个(表16-1)。根据"省级重要矿种矿产预测成果汇总方案"要求,在省级Ⅲ级或Ⅳ级成矿区(带)的基础上编制矿产预测类型谱系表,重点强调成矿时代和所属成矿区(带)以及主要预测要素。

以典型矿床数量为X轴,矿产预测类型为Y轴作条形图及饼状图(图16-1、图16-2),可以看出,选取的典型矿床中,与岩浆热液有关的热液型矿床数量最多,其次为矽卡岩型矿床,二者超过典型矿床数量的1/3,加上其余与岩浆及岩浆热液有关的矿床(花岗岩型、岩浆型、斑岩型等),占全区典型矿床数量的一半以上,说明大多数已探明的典型矿床与侵入岩及其围岩有关,预测时需提取与侵入岩浆热液有关的多重地质体要素;此外,沉积变质型典型矿床占12%,与火山热液有关的火山岩型、次火山岩型的典型矿床占16%,需分别在变质建造构造图、火山岩岩性岩相图、火山岩构造图等预测底图中提取相关信息。

表 16-1　典型矿床预测类型分布表

预测类型	典型矿床数量(个)	所占百分比(%)
沉积型	5	3.36
沉积变质型	18	12.08
花岗-绿岩型	1	0.67
矽卡岩型	21	14.09
岩浆热液型	37	24.83
花岗岩型	8	5.37
斑岩型	15	10.07
岩浆型	10	6.71
破碎蚀变岩型	2	1.34

续表 16-1

预测类型	典型矿床数量(个)	所占百分比(%)
蛇绿岩型	4	2.68
火山岩型	14	9.40
陆相火山-次火山型	10	6.71
风化壳型	4	2.68

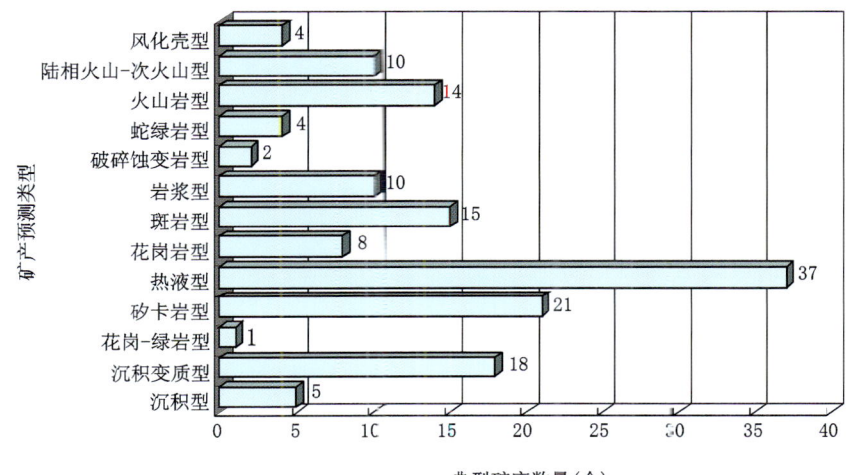

图 16-1　内蒙古自治区 20 个矿种典型矿床预测类型数量分布图

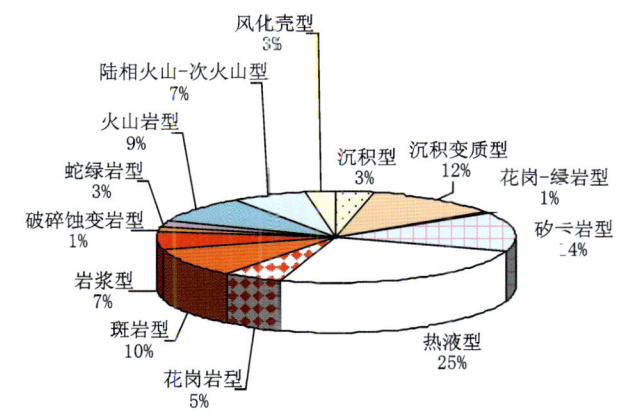

图 16-2　内蒙古自治区 20 个矿种典型矿床预测类型比例示意图

二、矿产地预测类型统计分析

据《内蒙古自治区矿产资源储量表》(截至 2010 年底)，本次工作的 20 个矿种的矿产地及近年新发现的矿产地共有 862 个，涉及 16 种预测类型(表 16-2)，其中伟晶岩型、残积型矿床不具代表性，砂矿型主要为砂金矿床，本次工作未进行资源量预测，选取的典型矿床预测类型与矿产地的矿产预测类型是一致的。以典型矿床数量为 X 轴，矿产预测类型为 Y 轴作条形图及饼状图(图 16-3、图 16-4)，可以看出，与岩浆热液有关的热液型矿床数量最多，为 325 个，占总数的 39%，其次为沉积变质型矿床，共 286 个，占总数的 33%，热液型矿床加上其余与岩浆及岩浆热液有关的矿床(矽卡岩型、花岗岩型、岩浆型、斑岩型等),占全区典型矿床数量的一半以上,与选取的典型矿床的预测类型相比较,沉积变质型典型矿床所占的比例小于矿产地预测类型所占的比例,说明沉积变质型的矿床虽然数量多,但预测要素变化不大。其余预测类型矿床所占比例基本与典型矿床一致,说明典型矿床选取较为合理。

表 16-2　内蒙古自治区主要矿产地预测类型分布表

矿产预测类型	矿产地数量(个)	所占百分比(%)
沉积型	35	4.06
沉积变质型	286	33.14
花岗-绿岩型	2	0.23
矽卡岩型(接触交代型)	60	6.95
岩浆热液型	325	37.66
花岗岩型	18	2.09
斑岩型	21	2.43
岩浆型	34	3.94
破碎蚀变岩型	10	1.16
蛇绿岩型	11	1.27
火山岩型	20	2.32
陆相火山-次火山型	5	0.58
风化壳型	7	0.81
残积型	2	0.23
砂矿型	26	3.01
伟晶岩型	1	0.12

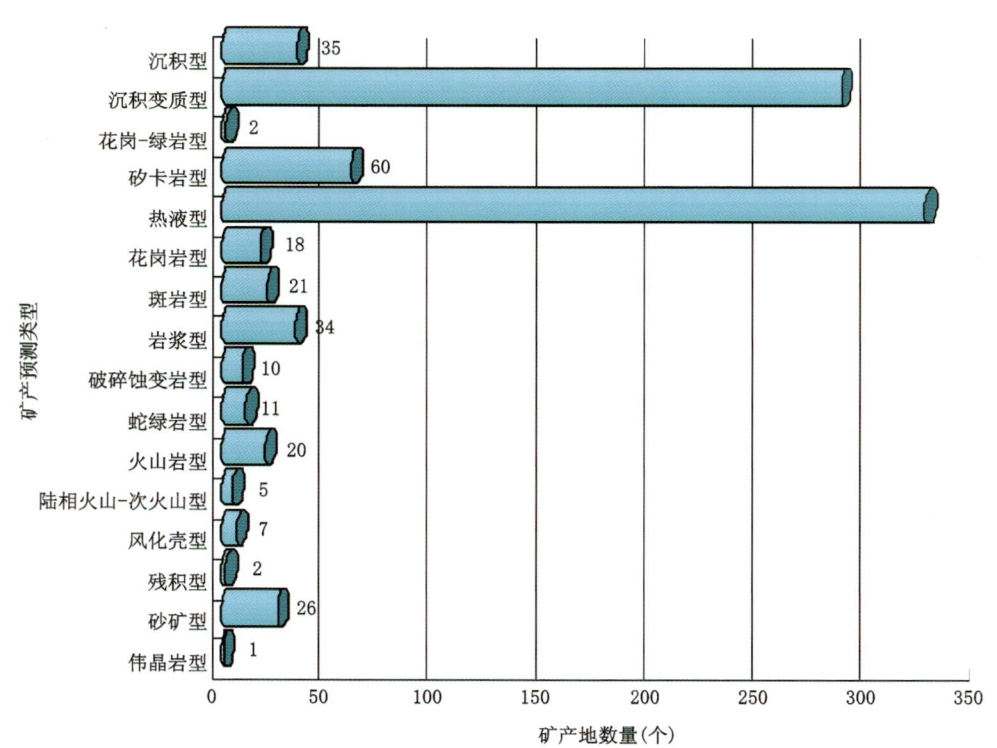

图 16-3　内蒙古自治区 20 个矿种矿产地预测类型数量分布图

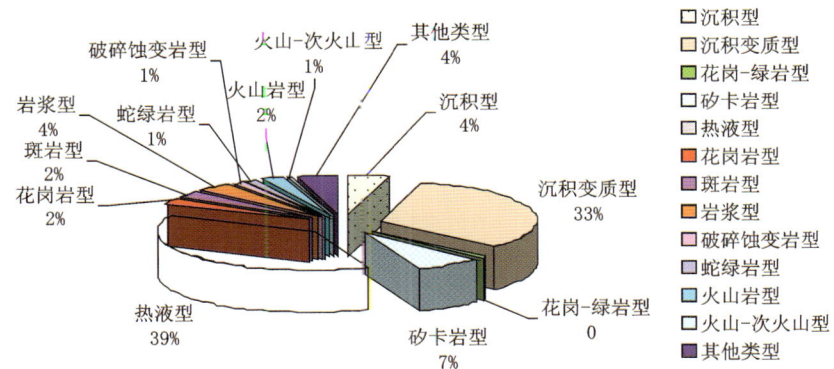

图 16-4　内蒙古自治区 20 个矿种主要矿产地预测类型比例示意图

三、不同成矿时代矿产预测类型统计分析

对全区 862 个矿产地的预测类型按不同成矿时代进行统计,作球形图(图 16-5),球粒大小表达矿床个数。沉积变质型矿床的成矿时代主要集中在太古宙,以太古宙变质岩中的沉积变质型铁矿为主;与岩浆热液有关的矿床成矿时代集中在加里东期、海西期、燕山期,尤其是燕山期热液型矿床,达 368 个,是内蒙古自治区热液型矿床的主要成矿期,喜马拉雅期则主要形成冲积型的砂金矿床。

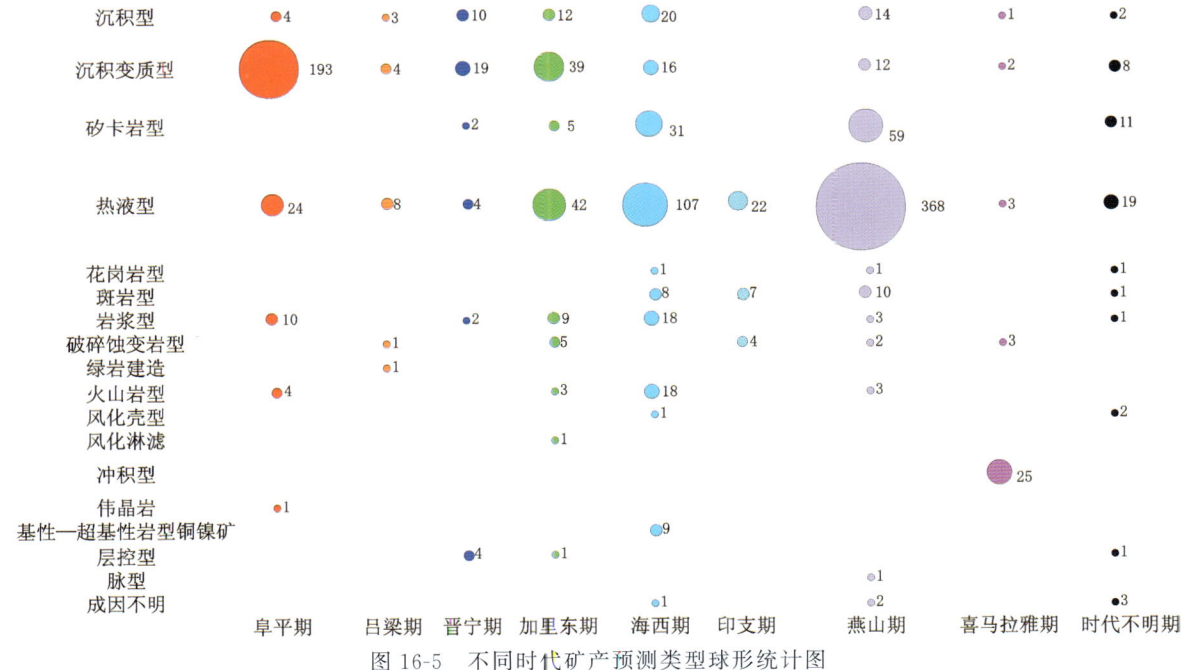

图 16-5　不同时代矿产预测类型球形统计图

四、Ⅲ级成矿区(带)矿产预测类型统计分析

内蒙古自治区共划分了 14 个Ⅲ级成矿区(带)(图 16-6)。对全区 862 个矿产地的预测类型按Ⅲ级成矿区(带)进行统计,作球形图(图 16-7),球粒大小表示矿床个数。Ⅲ-8、Ⅲ-10、Ⅲ-11 成矿区(带)中所

含矿床数量较多,Ⅲ-8区(带)矿产预测类型以热液型、矽卡岩型矿床为主,Ⅲ-10成矿区(带)矿产预测类型以热液型、沉积变质型矿床为主,Ⅲ-11成矿区(带)矿产预测类型以沉积变质型、热液型矿床为主,其余矿产预测类型在各成矿区(带)均有零星分布。

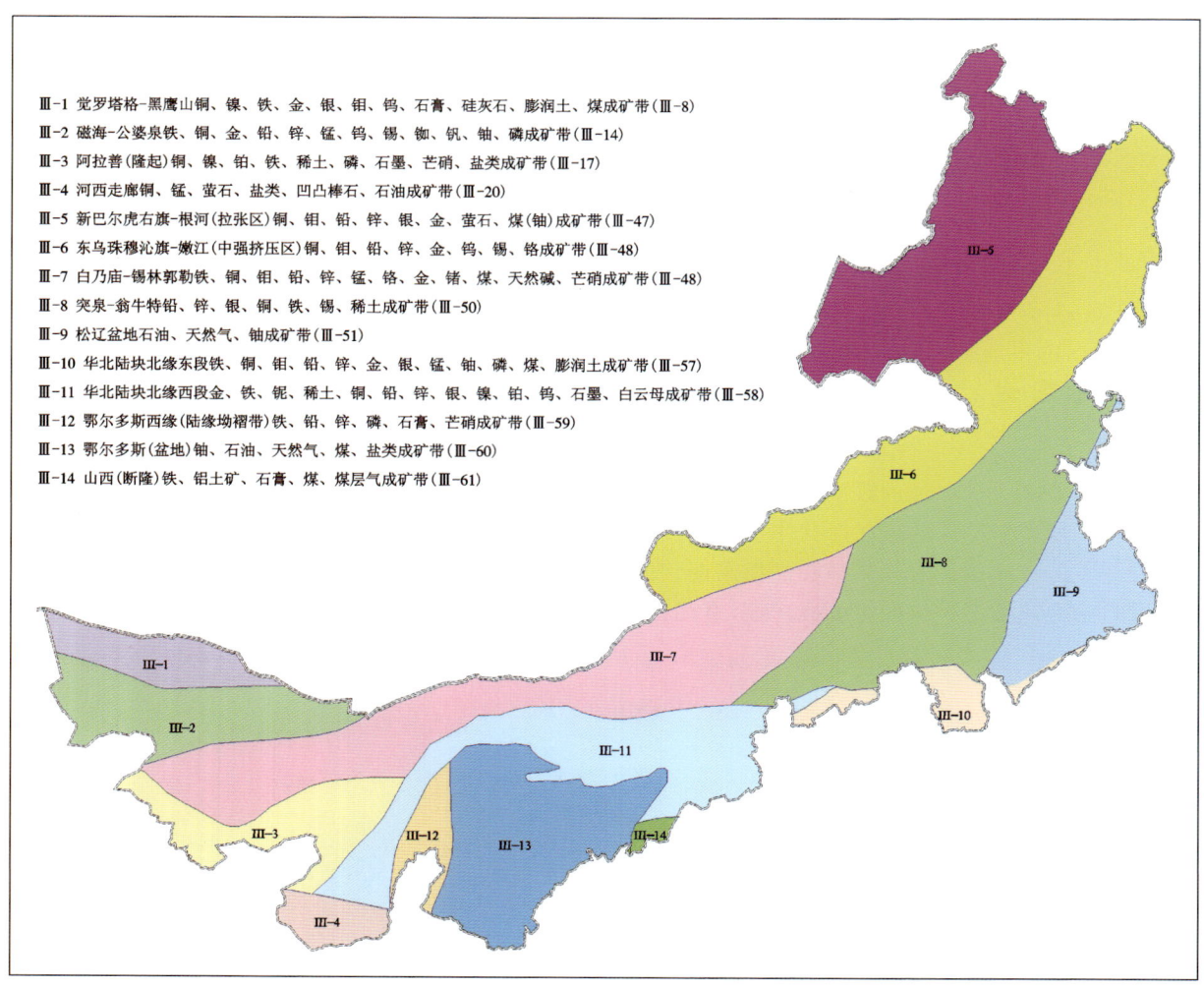

图16-6 内蒙古自治区Ⅲ级成矿区(带)划分简图

第二节 预测区成果统计分析

一、最小预测区(1级预测区)汇总

对内蒙古自治区20个矿种最小预测区(1级)进行统计,共圈定最小预测区5038个,其中A类894个,占总数的17.75%;B类1641个,占总数的32.57%;C类2503个,占总数的49.68%。最小预测区级别划分是按照成矿有利条件、预测依据、成矿匹配程度等条件来划分的,本次工作A、B、C类最小预测区所占比例较为合理。

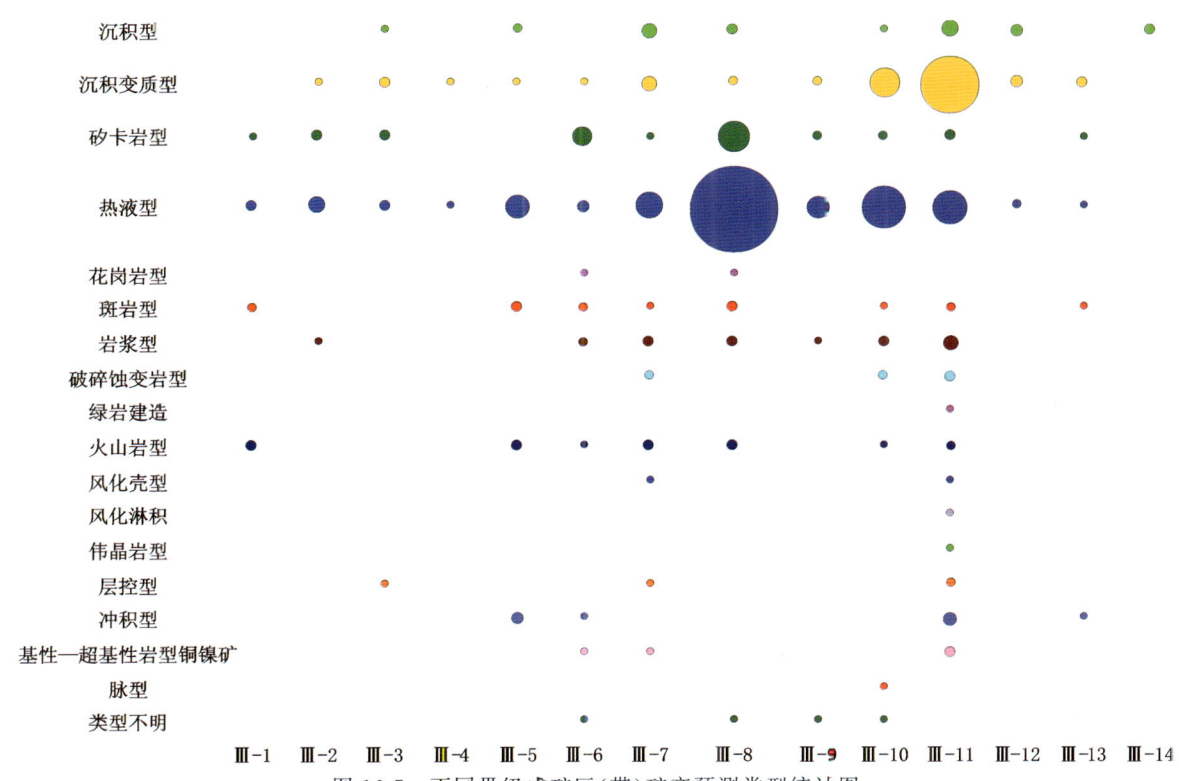

图 16-7 不同Ⅲ级成矿区(带)矿产预测类型统计图

1. 各Ⅲ级成矿区(带)最小预测区汇总

以成矿区(带)为 X 轴,以不同级别最小预测区个数为 Y 轴作条形图(图 16-8),每个Ⅲ级成矿区(带)中 A 类数量＜B 类数量＜C 类数量,且所占比例较为合理。图中Ⅲ-8(林西-孙吴铅、锌、铜、钼、金成矿带)、Ⅲ-11(华北陆块北缘西段金、铁、铌、稀土、铜、铅、锌、银、镍、铂、钨、石墨、白云母成矿带)区(带)中最小预测区数量最多,说明这两个Ⅲ级区(带)是成矿最为有利、预测依据较多、成矿匹配程度较高的地区。

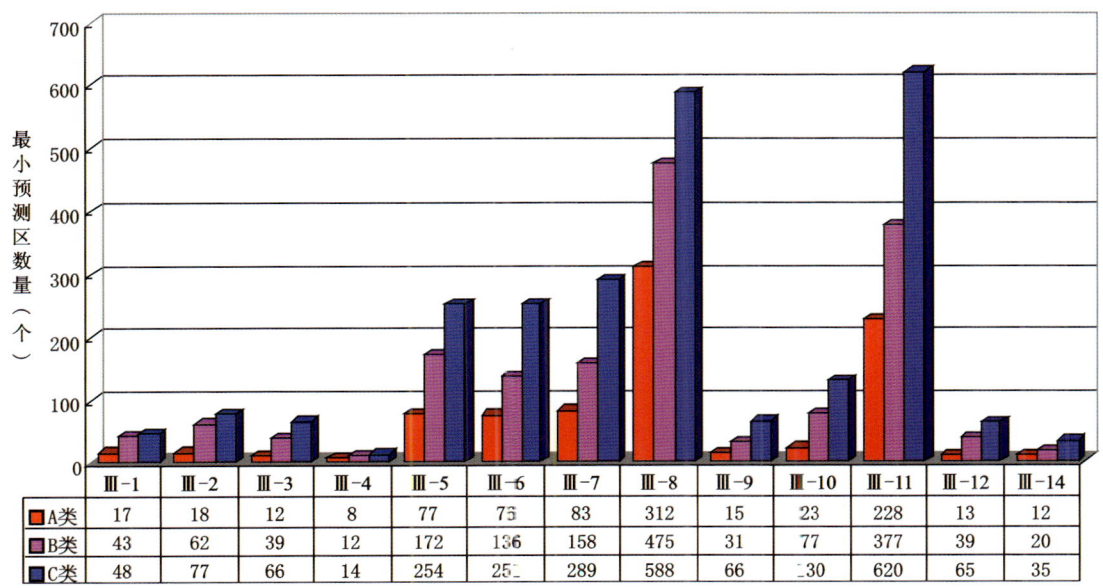

图 16-8 Ⅲ级成矿区(带)最小预测区统计图

根据目前已发现的矿产地资料表明,这两个成矿区(带)也是内蒙古自治区最重要的成矿区(带);此外Ⅲ-5[新巴尔虎右旗(拉张区)铜、钼、铅、锌、金、萤石、煤(铀)成矿带]、Ⅲ-6[东乌珠穆沁旗-嫩江(中强挤压区)铜、钼、铅、锌、金、钨、锡、铬成矿带]、Ⅲ-7[阿巴嘎-霍林河铬、铜、(金)、锗、煤、天然碱、芒硝成矿带]所含最小预测区数量较多,也是内蒙古自治区较为重要的成矿带,根据近年开展的地质矿产勘查工作资料,在以上3个成矿带有重大突破。

2. 不同矿产预测类型最小预测区汇总

(1)铁矿:铁矿按矿产预测类型对最小预测区数量的统计(表16-3,图16-9),共圈定最小预测区1328个,其中沉积变质型铁矿最小预测区639个,占总数的48.12%;沉积型43个,占总数的3.24%;风化壳型24个,占总数的1.81%;火山岩型242个,占总数的18.22%;矽卡岩型380个,占总数的28.61%。铁矿最小预测区以沉积变质型铁矿为主,矽卡岩型、火山岩型铁矿最小预测区数量也较多。

表16-3 铁矿预测类型最小预测区统计表

编号	矿产预测类型	最小预测区数量(个)			
		A类	B类	C类	总计
1	沉积变质型	128	188	323	639
2	沉积型	11	15	17	43
3	风化壳型	5	9	10	24
4	火山岩型	16	59	167	242
5	矽卡岩型	66	114	200	380

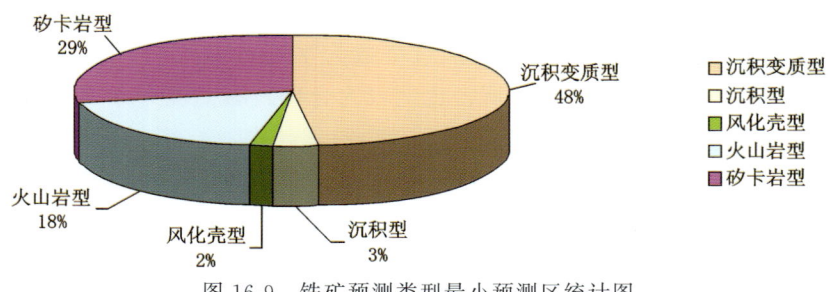

图16-9 铁矿预测类型最小预测区统计图

(2)锰矿:锰矿划分为沉积变质型锰矿、火山岩型锰矿两种预测类型,锰矿最小预测区以火山岩型锰矿为主,占65.14%,其余为沉积变质型锰矿(表16-4)。

表16-4 锰矿预测类型最小预测区统计表

编号	矿产预测类型	最小预测区数量(个)			
		A类	B类	C类	总计
1	沉积变质型锰矿	6	10	22	38
2	火山岩型锰矿	7	22	42	71

(3)钼矿:钼矿划分为斑岩型钼矿、沉积变质型钼矿、热液型钼矿、矽卡岩型钼矿4种预测类型(表16-5,图16-10),最小预测区以斑岩型钼矿为主,已发现的钼矿床中以斑岩型钼矿为主。

表 16-5 钼矿预测类型最小预测区统计表

编号	矿产预测类型	最小预测区数量（个）			
		A类	B类	C类	总计
1	斑岩型钼矿	32	71	104	207
2	沉积变质型钼矿	4	6	7	17
3	岩浆热液型钼矿	4	22	11	37
4	矽卡岩型钼矿	3	9	31	43

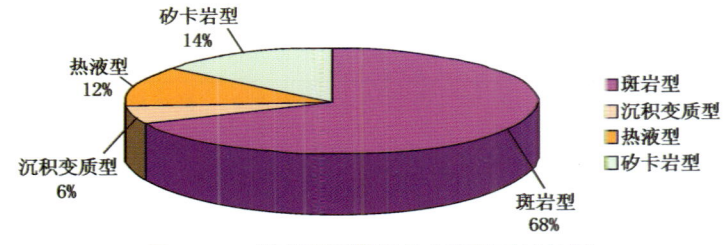

图 16-10 钼矿预测类型最小预测区统计图

（4）镍矿：镍矿划分为沉积变质型镍矿、风化壳型镍矿、基性—超基性铜-镍硫化物型镍矿 3 种预测类型，最小预测区以基性—超基性铜-镍硫化物型镍矿为主，与基性—超基性岩体的零星分布有关（表 16-6）。

表 16-6 镍矿预测类型最小预测区统计表

编号	矿产预测类型	最小预测区数量（个）			
		A类	B类	C类	总计
1	沉积变质型镍矿	4	6	7	17
2	风化壳型镍矿	5	11	11	27
3	基性—超基性铜-镍硫化物型镍矿	7	20	20	47

（5）铅锌矿：铅锌矿划分为沉积变质型铅锌矿、火山岩型铅锌矿、热液型铅锌矿、矽卡岩型铅锌矿 4 种矿产预测类型（表 16-7，图 16-11）。热液型铅锌矿、火山岩型铅锌矿占 78.71%，主要集中在大兴安岭地区，主要是与燕山期岩浆-火山热液有关的矿产预测类型。

表 16-7 铅锌矿预测类型最小预测区统计表

编号	矿产预测类型	最小预测区数量（个）			
		A类	B类	C类	总计
1	沉积变质型铅锌矿	7	12	9	28
2	火山岩型铅锌矿	19	51	75	145
3	岩浆热液型铅锌矿	64	102	103	269
4	矽卡岩型铅锌矿	20	25	39	84

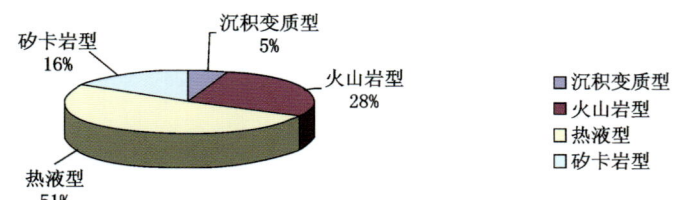

图 16-11　铅锌矿预测类型最小预测区统计图

(6)铜矿:铜矿划分了 6 种矿产预测类型(表 16-8,图 16-12),热液型铜矿最小预测区数量最多,占总数的 1/3;矽卡岩型、斑岩型、火山岩型铜矿所占比例比较接近,分别为 14%、19%、20%;沉积变质型铜矿、基性—超基性铜-镍硫化物型铜矿较少,所占比例分别为 6%、8%。

表 16-8　铜矿预测类型最小预测区统计表

编号	矿产预测类型	最小预测区数量(个)			
		A 类	B 类	C 类	总计
1	斑岩型铜矿	11	27	35	73
2	沉积变质型铜矿	5	6	14	25
3	火山岩型铜矿	19	24	36	79
4	基性—超基性铜-镍硫化物型铜矿	3	18	10	31
5	岩浆热液型铜矿	22	40	64	126
6	矽卡岩型铜矿	8	24	22	54

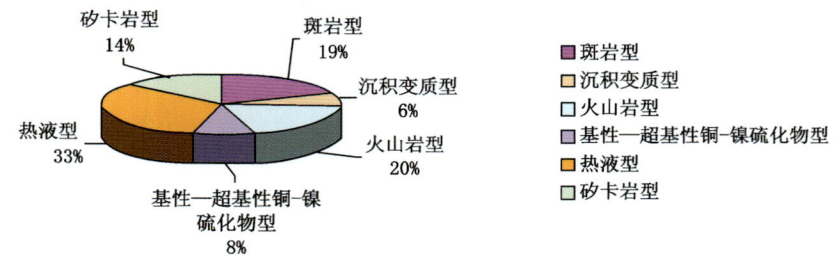

图 16-12　铜矿预测类型最小预测区统计图

(7)锡矿:锡矿划分为花岗岩型、热液型、矽卡岩型 3 种矿产预测类型。矽卡岩型锡矿最小预测区数量最多,所占比例为 51.09%;其次为花岗岩型,占 32.07%;热液型锡矿占 16.85%。从各矿产预测类型 A、B、C 类最小预测区所占比例可以看出,热液型锡矿的最小预测区成矿条件较为有利(表 16-9)。

表 16-9　锡矿预测类型最小预测区统计表

编号	矿产预测类型	最小预测区数量(个)			
		A 类	B 类	C 类	总计
1	花岗岩型锡矿	8	18	33	59
2	热液型锡矿	11	11	9	31
3	矽卡岩型锡矿	13	28	53	94

(8)金矿:金矿划分为斑岩型、风化壳型、花岗岩型、火山岩型、破碎蚀变岩型、热液型 6 种矿产预测类型。热液型金矿最小预测区数量最多,所占比例达 65%(表 16-10,图 16-13)。

表 16-10　金矿预测类型最小预测区统计表

编号	矿产预测类型	最小预测区数量（个）			
		A类	B类	C类	总计
1	斑岩型金矿	2	6	19	27
2	风化壳型金矿	2	9	14	25
3	花岗岩型金矿	1	1	5	7
4	火山岩型金矿	6	13	41	60
5	破碎蚀变岩型金矿	14	30	20	64
6	岩浆热液型金矿	61	116	155	332

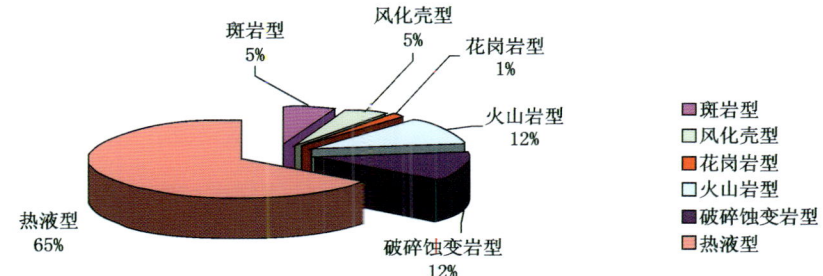

图 16-13　金矿预测类型最小预测区统计图

（9）银矿：银矿共划分为火山岩型银矿、热液型银矿 2 种矿产预测类型（表 16-11），两种预测类型的最小预测区数量较为接近。

表 16-11　银矿预测类型最小预测区统计表

编号	矿产预测类型	最小预测区数量（个）			
		A类	B类	C类	总计
1	火山岩型银矿	17	39	55	111
2	热液型银矿	33	37	28	98

（10）稀土矿：对照全国矿产预测类型，划分为沉积变质型稀土矿、岩浆型稀土矿 2 种预测类型（表 16-12）。沉积变质型稀土矿以白云鄂博式为主，最小预测区数量虽比岩浆型稀土矿少，但估算的资源量较大。

表 16-12　稀土矿预测类型最小预测区统计表

编号	矿产预测类型	最小预测区数量（个）			
		A类	B类	C类	总计
1	沉积变质型稀土矿	2	4	6	12
2	岩浆型稀土矿	3	3	15	21

（11）磷矿：磷矿划分为沉积变质型磷矿、沉积型磷矿、岩浆型磷矿 3 种矿产预测类型（表 16-13）。其中以岩浆型磷矿最小预测区所占数量较多，其次为沉积变质型磷矿，沉积型磷矿最小预测区数量最少。

表 16-13　磷矿预测类型最小预测区统计表

编号	矿产预测类型	最小预测区数量（个）			
		A 类	B 类	C 类	总计
1	沉积变质型磷矿	2	4	43	49
2	沉积型磷矿	4	3	3	10
3	岩浆型磷矿	6	29	59	94

（12）硫铁矿：硫铁矿划分为 5 种矿产预测类型（表 16-14），沉积型硫铁矿最小预测区数量占 1/3 以上；其次为火山岩型、沉积变质型硫铁矿的最小预测区数量，分别为 26％、20％；矽卡岩型、热液型硫铁矿最小预测区数量最少，分别为 10％、9％。

表 16-14　硫铁矿预测类型最小预测区统计表

编号	矿产预测类型	最小预测区数量（个）			
		A 类	B 类	C 类	总计
1	沉积变质型硫铁矿	7	12	9	28
2	沉积型硫铁矿	7	13	26	46
3	火山岩型硫铁矿	11	6	19	36
4	岩浆热液型硫铁矿	5	5	3	13
5	矽卡岩型硫铁矿	1	1	12	14

（13）其他矿种：铬铁矿、锑矿、钨矿、铝土矿、萤石矿、重晶石、菱镁矿的最小预测区均只有一种矿产预测类型（表 16-15）。

表 16-15　铬、锑、钨等矿种预测类型最小预测区统计表

编号	矿产预测类型	最小预测区数量（个）			
		A 类	B 类	C 类	总计
1	岩浆型（蛇绿岩型）铬铁矿	24	28	39	91
2	热液型锑矿	1	2	6	9
3	花岗岩型钨矿	17	49	58	124
4	风化壳型铝土矿	3	5	7	15
5	热液型萤石矿	45	84	153	282
6	热液型重晶石	1	2	4	7
7	热液型菱镁矿	1	2	4	7

二、2 级预测区成果汇总

1. 内蒙古自治区 2 级预测区成果汇总

根据全国矿产资源潜力评价项目矿产预测技术要求，成果图表达内容包括三级远景区，1 级为最小

预测区,2级由2个或2个以上空间上相对集中的最小预测区组成。在最小预测区的基础上进行归并,形成2级预测区(表16-16)。将5038个最小预测区归并为2442个2级预测区,其中A类预测区631个、B类预测区496个、C类预测区1315个。

表16-16 2级预测区数量汇总表

矿种	2级预测区数量(个)				最小预测区数量(个)
	A类	B类	C类	总计	
铁矿	152	96	288	536	1328
铬矿	4	9	29	42	91
锰矿	18	14	8	40	109
铜矿	17	45	125	187	388
铅矿	82	48	54	184	526
锌矿	82	48	54	184	526
钨矿	13	4	55	72	124
锑矿	1	—	—	1	9
钼矿	36	43	79	158	304
镍矿	6	10	6	22	91
锡矿	37	1	—	38	184
金矿	26	46	312	384	515
银矿	70	51	44	165	209
铝土矿	2	3	3	8	15
稀土矿	2	2	19	23	33
磷矿	—	—	153	153	153
硫铁矿	45	32	21	98	137
萤石	37	43	57	137	282
重晶石	—	—	7	7	7
菱镁矿	1	1	1	3	7
总计	631	496	1315	2442	5038

2. Ⅲ级成矿区(带)2级预测区汇总

按照Ⅲ级成矿区(带)对2级预测区数量进行统计(图16-14),并与最小预测区(1级预测区)进行对比,二者所含预测区比例基本一致,Ⅲ-8区(带)所含2级预测区比例相对较少,表明在该成矿区(带)内的最小预测区比较集中,归并为2级预测区后数量相对减少较多;Ⅲ-11、Ⅲ-6、Ⅲ-5、Ⅲ-7、Ⅲ-2成矿区(带)中C类预测区所占比例较大,表明最小预测区相距比较远,分布零散,不宜进行归并。2级预测区的统计结果可作为勘查工作部署建议的依据。

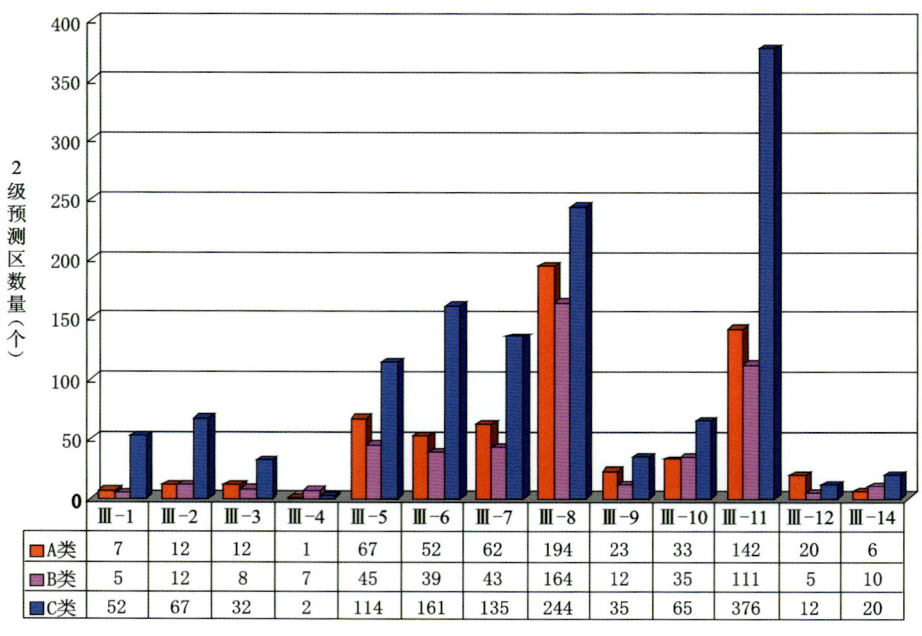

图 16-14　Ⅲ级成矿区(带)2级预测区统计图

三、预测工作区汇总

1. 全区预测工作区汇总

本次工作预测的 20 个矿种共划分预测工作区 177 个,其中:铁矿 27 个,金矿 22 个,铜矿 19 个,铅锌矿 15 个,钨矿 5 个,稀土矿 4 个,磷矿 6 个,锡矿 7 个,银矿 8 个,钼矿 15 个,镍矿 10 个,锰矿 5 个,铬铁矿 6 个,硫铁矿 7 个,萤石矿 17 个,铝土矿、锑矿、重晶石、菱镁矿各 1 个(图 16-1~图 16-4)。

2. Ⅲ级成矿区(带)预测工作区汇总

各Ⅲ级成矿区(带)中预测工作区汇总(表 16-17,图 16-15)结果表明,Ⅲ-7、Ⅲ-8、Ⅲ-11 成矿区(带)中涉及的预测工作区、矿种最多,Ⅲ-7 成矿区(带)涉及 10 个矿种的 32 个预测工作区,Ⅲ-8 成矿区(带)涉及 13 个矿种的 34 个预测工作区,Ⅲ-11 成矿区(带)涉及 15 个矿种的 31 个预测工作区;其次为Ⅲ-5、Ⅲ-6 成矿区(带),Ⅲ-5 成矿区(带)涉及 11 个矿种的 19 个预测工作区,Ⅲ-6 成矿区(带)涉及 13 个矿种的 26 个预测工作区。

表 16-17　Ⅲ级成矿区(带)预测工作区统计表

成矿区(带)编号	成矿区(带)名称	预测工作区(个)	
Ⅲ-1	觉罗塔格-黑鹰山铜、镍、铁、金、银、钼、石膏成矿带	钼1个,金1个,铜1个,钨1个,铁2个	6
Ⅲ-2	磁海-公婆泉铁、铜、金、铅、锌、钨、锡、铷、钒、铀、磷成矿带	金1个,锑1个,萤石2个,铁1个,镍1个	6
Ⅲ-3	阿拉善(台隆)铜、镍、铂、铁、金、稀土、磷成矿带	金1个,磷1个,稀土1个,铁3个	6

续表 16-17

成矿区(带)编号	成矿区(带)名称	预测工作区(个)	
Ⅲ-4	河西走廊铁、锰、钼、镍、萤石、盐、凹凸棒石成矿带	镍2个,钼2个	4
Ⅲ-5	巴尔虎右旗(拉张区)铜、钼、铅、锌、金、萤石、煤、(铀)成矿带	萤石2个,铜1个,铅锌2个,硫铁矿1个,锰1个,金4个,钼3个,铁2个,锡1个,银2个	19
Ⅲ-6	东乌珠穆沁旗-嫩江(中强挤压区)铜、钼、铅、锌、金、钨、锡、铬成矿带	金2个,铜4个,钨1个,铬1个,锡1个,硫铁矿2个,铅锌4个,钼5个,镍2个,银1个,重晶石1个,铁2个	26
Ⅲ-7	白乃庙-锡林郭勒铁、铜、钼、铅、锌、锰、铬、金、锗、煤、天然碱、芒硝成矿带	金7个,铁5个,锰2个,镍1个,萤石7个,铜6个,钼1个,铬1个,硫铁矿1个,菱镁矿1个	32
Ⅲ-8	林西-孙吴铅、锌、铜、钼、金成矿带	钼2个,钨4个,萤石3个,铬3个,银4个,锡4个,稀土1个,铅锌5个,硫铁矿1个,镍1个,铜3个,铁3个	34
Ⅲ-9	通辽科尔沁盆地煤油气成矿亚带		
Ⅲ-10	华北陆块北缘东段铁、铜、钼、铅、锌、金、银、锰、磷、煤、膨润土成矿带	金2个,萤石2个,铜1个,铁2个,铅锌1个,钨1个	9
Ⅲ-11	华北陆块北缘金、铁、铌、稀土、铜、铅、锌、银、镍、铂、钨、石墨、白云母成矿带	铁6个,铅锌2个,锰2个,锡1个,铜3个,镍3个,金4个,磷4个,钼1个,稀土2个,萤石1个,硫铁矿1个,银1个	31
Ⅲ-12	鄂尔多斯西缘(台褶带)铁、铅、锌、磷、石膏、芒硝成矿带	磷1个,铅锌1个	2
Ⅲ-13			
Ⅲ-14	山西(断隆)铁、铝土矿、石膏、煤、煤层气成矿带	铝1个,铁1个,硫铁矿1个	3

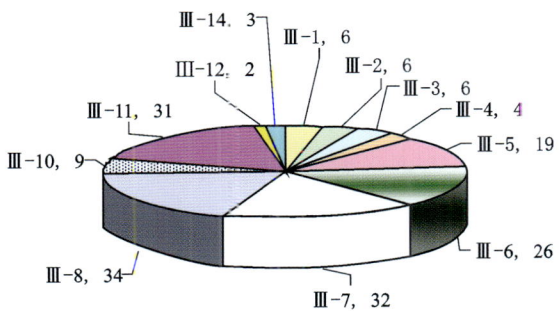

图 16-15　Ⅲ级成矿区(带)预测工作区统计图

3. 不同矿产预测类型预测工作区汇总

根据不同矿种的 52 个矿产预测区类型对预测工作区进行汇总,不区分矿种的矿产预测类型归纳为 13 种(表 16-18,图 16-16),与前述(本章第一节)中矿产地矿产预测类型进行对比,包含了内蒙古自治区选取的典型矿床所有的矿产预测类型,每个矿产预测类型的预测工作区数量与典型矿床数量相吻合,预测工作区预测类型确定正确。

表 16-18 矿产预测类型预测工作区统计表

编号	矿产预测类型	预测工作区(个)	编号	矿产预测类型	预测工作区(个)	编号	矿产预测类型	预测工作区(个)	编号	矿产预测类型	预测工作区(个)
1	沉积变质型铁矿	7	14	风化壳型镍矿	2	27	花岗岩型钨矿	5	40	沉积变质型稀土矿	2
2	沉积型铁矿	2	15	基性—超基性铜-镍硫化物型镍矿	6	28	花岗岩型锡矿	4	41	岩浆型稀土矿	2
3	风化壳型铁矿	1	16	沉积变质型镍矿	2	29	热液型锡矿	1	42	沉积变质型磷矿	2
4	火山岩型铁矿	5	17	沉积变质型铅锌矿	1	30	矽卡岩型锡矿	2	43	沉积型磷矿	2
5	矽卡岩型铁矿	12	18	火山岩型铅锌矿	4	31	斑岩型金矿	1	44	岩浆型磷矿	2
6	沉积变质型锰矿	2	19	热液型铅锌矿	7	32	风化壳型金矿	1	45	沉积变质型硫铁矿	1
7	火山岩型锰矿	3	20	矽卡岩型铅锌矿	3	33	花岗岩型金矿	1	46	沉积型硫铁矿	2
8	岩浆型(蛇绿岩型)铬矿	6	21	斑岩型铜矿	4	34	火山岩型金矿	3	47	火山岩型硫铁矿	2
9	斑岩型钼矿	11	22	沉积变质型铜矿	1	35	破碎蚀变岩型金矿	4	48	热液型硫铁矿	1
10	沉积变质型钼矿	2	23	火山岩型铜矿	5	36	热液型金矿	12	49	矽卡岩型硫铁矿	1
11	热液型钼矿	1	24	基性—超基性铜-镍硫化物型铜矿	2	37	火山岩型银矿	5	50	热液型萤石矿	17
12	矽卡岩型钼矿	1	25	热液型铜矿	4	38	热液型银矿	3	51	热液型重晶石	1
13	热液型锑矿	1	26	矽卡岩型铜矿	3	39	风化壳型铝矿	1	52	热液型菱镁矿	1

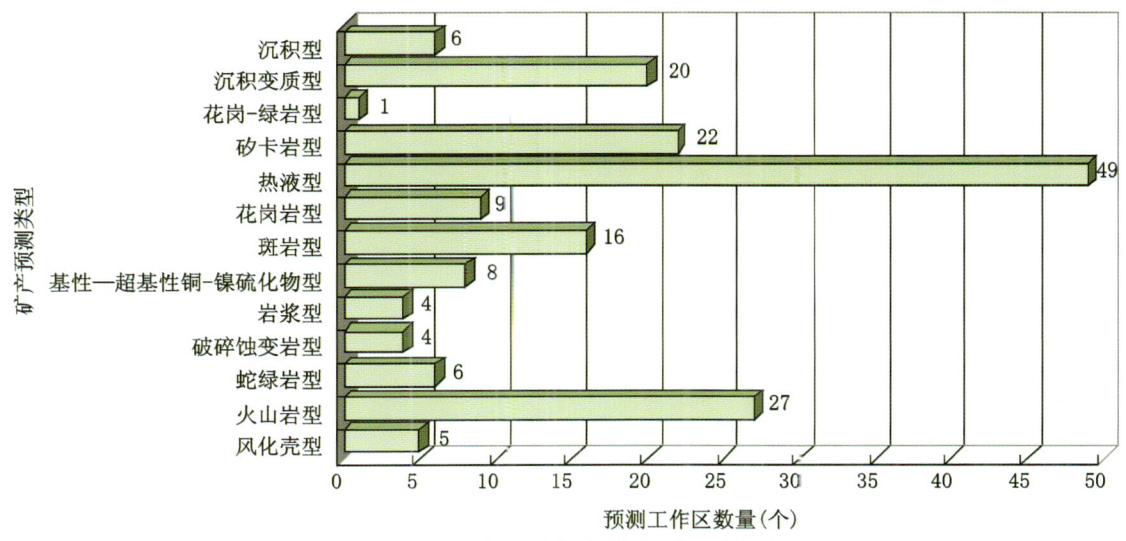

图 16-16 矿产预测类型预测工作区统计图

第三节 预测资源量成果统计分析

一、查明资源量汇总

根据《内蒙古自治区矿产资源储量表》(截至 2010 年底),收集补充近年来新发现但未上表的矿产地资料,汇总已探明资源总量(表 16-19)。

表 16-19 内蒙古自治区已探明资源量一览表

矿种	已探明资源量 (截至 2010 年底储量表)	近年新增矿产地及资源量	已探明资源总量
铁矿	矿石量 407 749×10^4 t		
铬矿	矿石储量 192.2×10^4 t	铬矿新增矿产地贺白区、察汗胡勒,新增资源量 54.9×10^4 t	247.1×10^4 t
锰矿	矿石储量 1404.8×10^4 t		
铜矿	6 674 566t	新增矿产地罕达盖、亚干、别力盖庙、敖瑙达巴、八八一,新增资源量 157 582t	6 832 148t
铅矿	10 291 755t		
锌矿	21 744 218t		
钨矿	124 992t	新增矿产地乌日尼图,新增资源量 58 155t	183 147t
锑矿	907t		
钼矿	1 134 186t	新增矿产地乌兰德勒、曹四夭、查干花、岔路口、迪安钦阿木、乌日尼图,新增资源量 3 286 167t	4 420 353t
镍矿	101 972t	新增矿产地别力盖庙、达布逊、亚干,新增资源量 133 008t	234 980t

续表 16-19

矿种	已探明资源量 (截至 2010 年底储量表)	近年新增矿产地及资源量	已探明资源总量
锡矿	403 140t	新增矿产地千斤沟,新增资源量 1535t,已探明资源量 404 675t	
金矿	465 851kg;岩金 38 605kg	新增岩金矿产地古利库、三个井、特拜、红格尔、别力盖庙,新增岩金资源量 19 963kg	岩金 485 814kg
银矿	315 22t	新增银矿产地二道河	
铝土矿	1 062.6×10⁴t		
稀土矿	稀土氧化物 180 654 079t	新增矿产地桃花拉山,已探明资源总量 180 684 244t,新增资源量 30 165t	
磷矿	27 763.4×10⁴t	新增矿产地正目观、盘路沟、左列胡都格、南寺、崔子窑沟、西大旗、官屯堡窑,新增资源量 5 329.6×10⁴t	33 093×10⁴t
硫铁矿	矿石量 60 783.6×10⁴t	新增矿产地十五里墩、乌兰赤海,新增资源量 587.9×10⁴t	61 371.5×10⁴t
萤石矿	矿石量 2 671.7×10⁴t	新增矿产地巴音哈太、白彦敖包、跃进、哈达汉、白音锡勒牧场,新增资源量 85.9×10⁴t	27 576t
重晶石	0	新增矿产地巴升河,新增资源量 1.96×10⁴t	1.96×10⁴t
菱镁矿	0	新增矿产地察汗奴鲁,新增资源量 143.9×10⁴t	143.9×10⁴t

二、预测资源量汇总

对全区铁、铜等 20 个矿种预测成果按预测精度、预测深度、预测方法类型、可利用性、最小预测区级别、资源量可信度分别进行预测资源总量汇总,并对汇总结果分别进行评价分析。

(一)按预测精度

将 20 个矿种的预测资源量按预测精度分类统计,对比不同精度预测资源量所占的比例,统计结果见表 16-20 及图 16-17。

表 16-20 全区 20 个矿种按预测精度分类统计一览表

矿种	预测资源量			总计
	334-1	334-2	334-3	
铁矿(×10⁴t)	134 806.924	191 846.18	262 551.823	589 204.927
铬矿(×10⁴t)	220.11	443.196	215.129	878.435
锰矿(×10⁴t)	1 031.698	2 805.682	140.205	3 977.585
铜矿(t)	4 180 229	1 883 652	5 839 636	11 903 516
铅矿(t)	6 476 680	1 314 070	5 067 001	12 857 751
锌矿(t)	17 309 151	3 450 472	10 970 628	31 730 252
钨矿(t)	146 140.5	106 232.8	166 875.79	419 249.19
锑矿(t)	1 144.15	0	8 026.8	9 170.95
钼矿(t)	2 865 227.88	3 142 003.12	2 222 894.07	8 230 125.07

续表 16-20

矿种	预测资源量			总计
	334-1	334-2	334-3	
镍矿(t)	189 288	38 939	379 001	607 227
锡矿(t)	596 457.49	493 548.824	763 964.58	1 853 970.9
金矿(kg)	173 591	266 064	365 051	804 705
银矿(t)	38 342.62	15 486.84	20 335.82	74 165.29
铝土矿(×10⁴t)	148.13	5.73	207.47	361.33
稀土矿(t)	235 579 305.00	22 911 267.00	65 777.00	258 556 349.00
磷矿(×10⁴t)	6 816.36	4 336.78	48 955	60 108.14
硫铁矿(×10⁴t)	46 696.151	8 671.908	26 631.422	81 999.481
萤石矿(×10⁴t)	4 033.075	1 091.601	1 512.556	6 637.232
重晶石(×10⁴t)	1.602	0	4.128	5.73
菱镁矿(×10⁴t)	257.299	0	134.078	391.377

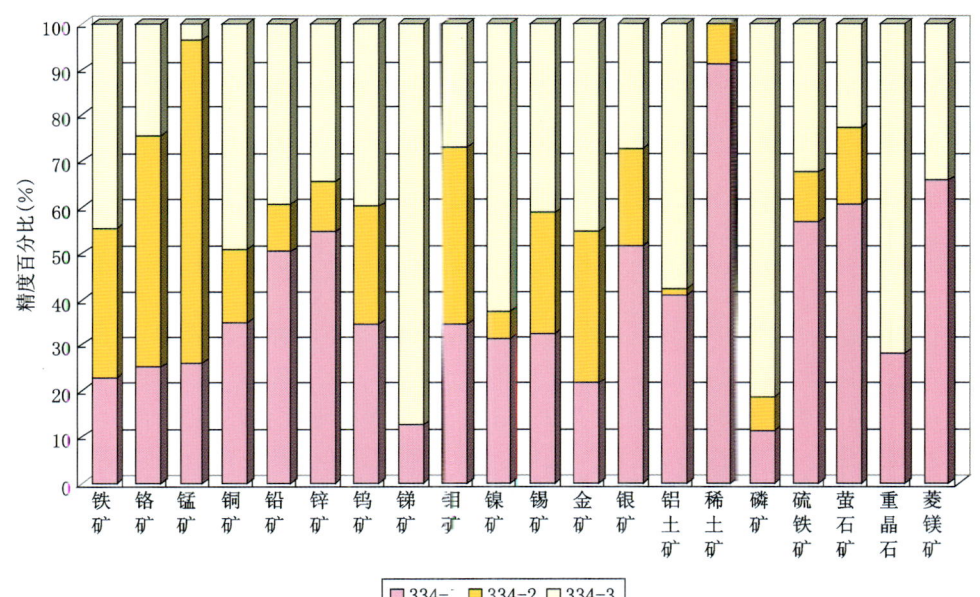

图 16-17　内蒙古自治区 20 个矿种预测资源量按精度分布图

1. 黑色金属

铁矿、铬铁矿、锰矿的 334-1 预测资源量所占比例基本一致，即已知矿田或已知矿床深部及外围以及已有矿床的最小预测区范围内的预测资源量占 22% 左右；铬铁矿、锰矿的 334-2 预测资源量达一半以上，表明铬铁矿、锰矿在同时具备直接（包括含矿层位、矿点、矿化点、重要找矿线索等）和间接找矿标志（物探、化探、遥感、自然重砂等异常）的地区蕴含大量的预测资源量；铁矿的 334-3 预测资源量所占比例较高，是由于铁矿分布较铬铁矿、锰矿广泛，约 45% 的预测资源量分布在只有间接找矿标志的区域。

2. 有色金属

铅、锌矿的 334-1 预测资源量在 50% 左右，最小预测区内具有工业价值的铅锌矿矿产地较多，且资料精度大于或等于1:5万,工作程度较高,应注重在已知矿床的深部和外围进行勘查工作部署;铜、钼、钨、镍、锡矿的334-1预测资源量在30%以上,也应在已有矿床的预测区范围内部署勘查工作,钼、钨矿的334-2预测资源量所占比例也大于其他矿种,预测区资料精度大于或等于1:5万,尚未发现具有工业价值的矿产地或已发现具有工业价值的矿产地但预测区资料精度小于1:5万的地区;锑矿在内蒙古自治区只有1个已探矿产地,位于已知矿床深部和外围的预测资源量占11%,预测工作区内工作程度较低,预测资料精度小于1:5万,且只有间接找矿标志的最小预测单元内预测资源量,因此其余预测资源量精度均为334-3。

3. 贵金属

金矿334-1预测资源量为20%,334-2为33%,334-3为47%,预测资料精度小于1:5万,且只有间接找矿标志的地区分布有大量的预测资源量。银矿334-1预测资源量比例占50%,与铅锌矿有着类似的特征。

4. 稀土矿

稀土矿334-1预测资源量近90%,根据近年矿区勘查资料,在白云鄂博稀土矿深部有了重大进展,预测资源量主要集中在已知矿区的深部及外围含矿建造的分布范围内。

5. 非金属

萤石矿、硫铁矿、菱镁矿334-1预测资源量在55%~64%,集中在具有工业价值的矿产地或已知矿床深部及外围,硫铁矿、萤石矿10%的334-2预测资源量分布在同时具备直接和间接找矿标志的最小预测单元内。

(二)按深度

按预测深度500m以浅、500~1000m、1000~2000m分别对各矿种预测资源量进行汇总统计,并对其预测资源量在预测深度方面的分布特征进行分析总结(表16-21,图16-18)。铬铁矿、锰矿、锑矿、镍矿、铝土矿、重晶石、菱镁矿的预测资源量均在500m以浅,与含矿地质体出露零星、面积、厚度较小等特征及已有矿床的勘探深度较浅有关;铅锌矿、钨矿、金矿、银矿、萤石矿的预测资源量多数集中在500m以浅的区域,500~1000m深度的预测资源量所占比例小于20%,锡矿、磷矿、硫铁矿500~1000深度的预测资源量在30%左右,1000~2000m没有预测资源量,表明这些矿产目前勘探深度小于2000m或已进行勘探的含矿建造深度小于2000m;稀土矿、铁矿、铜矿、钼矿预测资源量在1000~2000m深度有分布,表明这几种矿产目前的勘探深度已达1000m为以上,含矿建造厚(深)度较大,尤其是稀土矿在1000~2000m的预测资源量较大。

表16-21 内蒙古自治区20个矿种预测资源量按深度分类统计一览表

矿种	预测资源量		
	500m以浅	1000m以浅	2000m以浅
铁矿($\times 10^4$t)	468 498.1	546 934.9	589 204.9
铬矿($\times 10^4$t)	878.4	878.4	878.4
锰矿($\times 10^4$t)	3 977.6	3 977.6	3 977.6
铜矿(t)	8 431 911	11 223 043	11 903 516

续表 16-21

矿种	预测资源量		
	500m 以浅	1000m 以浅	2000m 以浅
铅矿(t)	11 401 443	12 834 273	12 857 751
锌矿(t)	26 207 842	31 678 059	31 730 252
钨矿(t)	345 365	419 249	419 249
锑矿(t)	9171	9171	9171
钼矿(t)	4 762 203	6 746 968	8 230 125
镍矿(t)	606 781	607 227	607 227
锡矿(t)	1 354 989	1 853 971	1 853 971
金矿(kg)	742 512	804 706	804 706
银矿(t)	71 340	74 138	74 165
铝土矿(×10⁴t)	465 511	0	0
稀土矿(t)	68 121 791	138 832 849	258 556 349
磷矿(×10⁴t)	44 526	60 108	60 108
硫铁矿(×10⁴t)	57 282.4	81 999.5	81 999.5
萤石矿(×10⁴t)	2 082.3	6 637.2	6 637.2
重晶石(×10⁴t)	5.7	5.7	5.7
菱镁矿(×10⁴t)	391.4	391.4	391.4

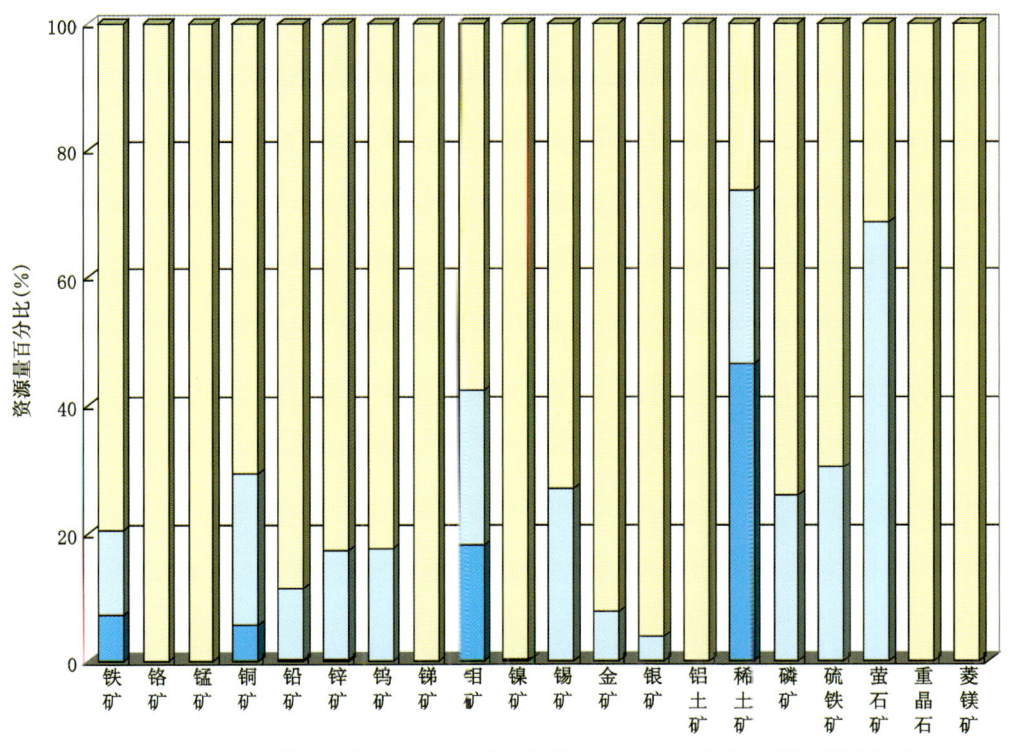

图 16-18 内蒙古自治区 20 个矿种预测资源量按深度分布图

(三) 按矿产预测类型

1. 黑色金属

铁矿划分了5种矿产预测类型：沉积型、沉积变质型、火山岩型、矽卡岩型、风化壳型，其中沉积型、风化壳型所占比例很小，不足0.2%，预测资源量主要为沉积变质型、火山岩型、矽卡岩型；铬铁矿只有1种矿产预测类型，即蛇绿岩型；锰矿划分了2种预测类型，即沉积变质型、陆相火山-次火山岩型，其中沉积变质型预测资源量占91.94%，可作为锰矿主要的找矿类型（图16-19）。

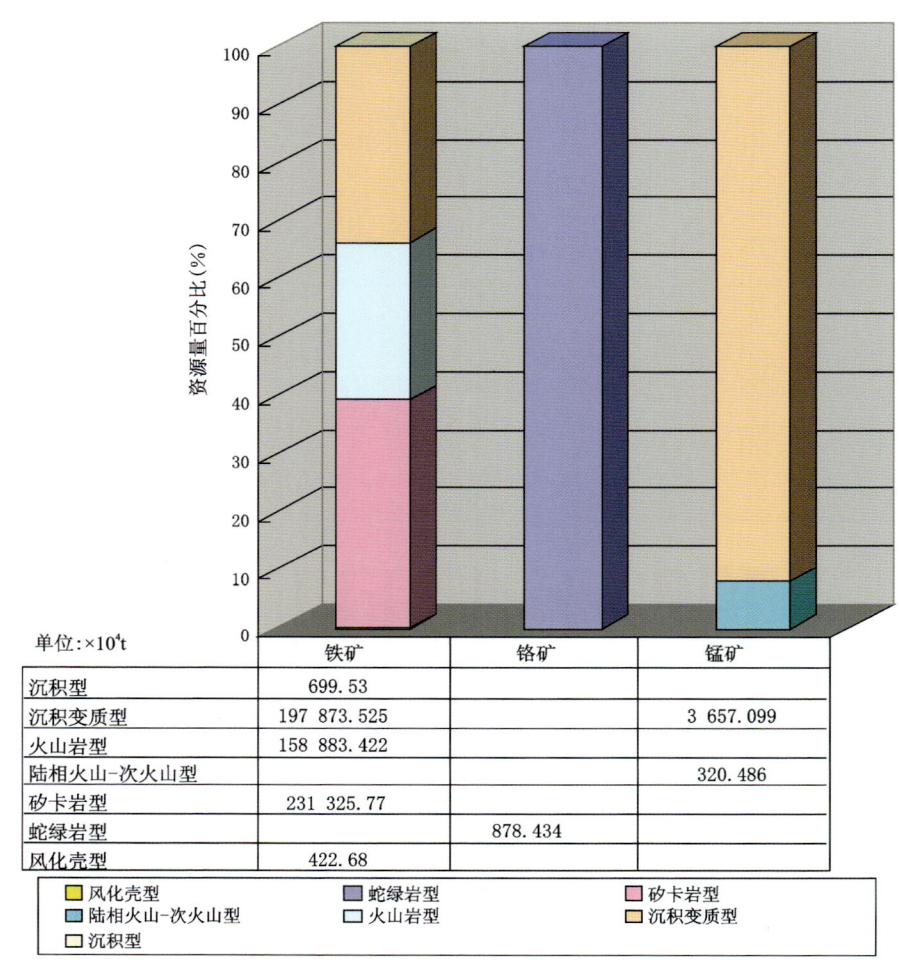

图16-19 黑色金属预测资源量按矿产预测类型统计图

2. 铜、铅、锌、银、镍

铅、锌、银常共（伴）生在一起，所划分的矿产预测类型一致，划分了5种类型：沉积变质型、矽卡岩型、热液型、陆相火山-次火山型、火山岩型。铅、锌不同矿产预测类型的预测资源量所占比例相似，但也有差别，热液型铅矿的预测资源量比例高于锌矿，而沉积变质型铅矿的预测资源量比例则低于锌矿；银矿预测资源量中，热液型银矿所占比例最高达52.29%，其次为陆相火山-次火山银矿的预测资源量，占33.1%；镍矿预测资源量中，基性—超基性铜-镍硫化物型占55%，其次为风化壳型，占41.76%，其余3.24%为风化壳型（图16-20）。

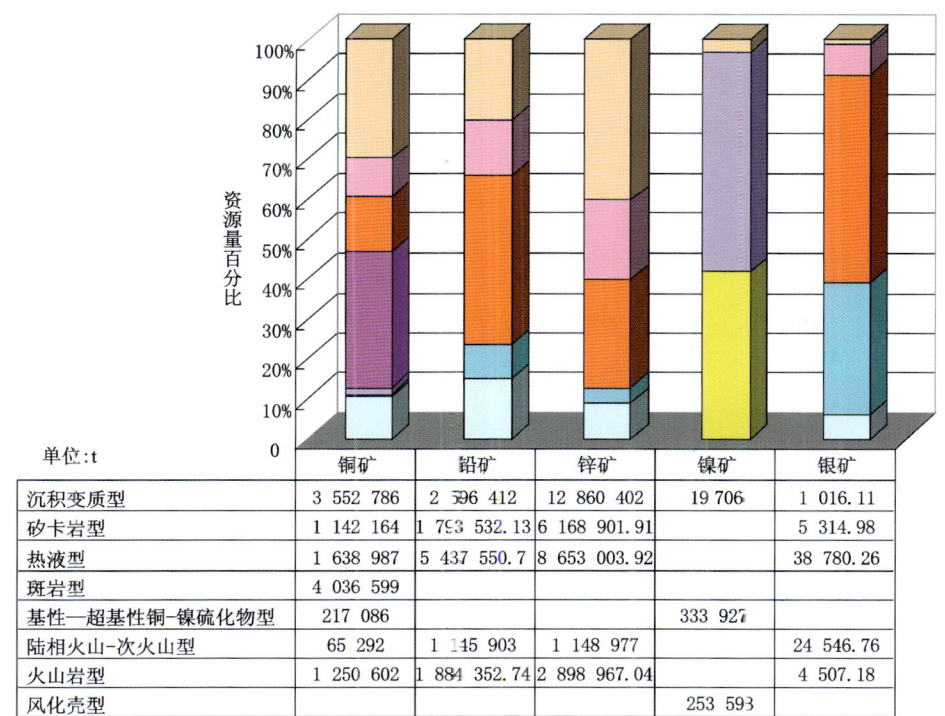

图 16-20　铜、铅、锌、银、镍预测资源量按矿产预测类型统计图

3. 钨、锡、钼

钼矿划分了 5 种矿产预测类型：沉积变质型、矽卡岩型、热液型、斑岩型、火山岩型，其中以斑岩型钼矿预测资源量为主，达 96.53%；钨矿预测资源量只有 1 种矿产预测类型，即花岗岩型；锡矿划分了矽卡岩型、花岗岩型、热液型 3 种矿产预测类型，以矽卡岩型锡矿预测资源量为主，占预测总量的 92.8%（图 16-21）。

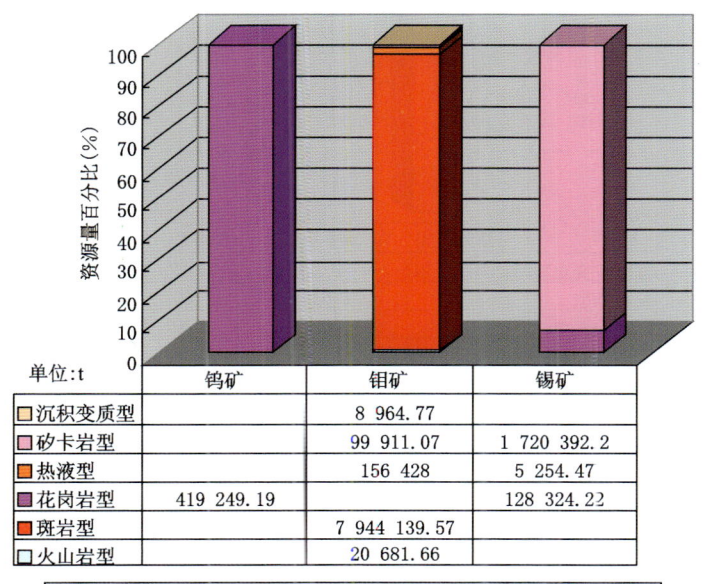

单位:t	钨矿	钼矿	锡矿
沉积变质型		8 964.77	
矽卡岩型		99 911.07	1 720 392.2
热液型		156 428	5 254.47
花岗岩型	419 249.19		128 324.22
斑岩型		7 944 139.57	
火山岩型		20 681.66	

图 16-21　钨、锡、钼预测资源量按矿产预测类型统计图

4. 金矿

金矿共划分了 6 种矿产预测类型(表 16-22,图 16-22):破碎蚀变岩型、热液型、花岗绿岩型、火山岩型、风化壳型、斑岩型。以热液型金矿预测资源量为主,占预测总量的 79%,其次为火山岩型、斑岩型金矿,预测资源量分别占 7%、9%。

表 16-22 按矿产预测类型金矿预测资源量统计表

预测类型	破碎蚀变岩型	热液型	花岗-绿岩型	火山岩型	风化壳型	斑岩型	合计
金矿(t)	14 359	642 078	6022	53 575	18 899	69 772	804 706

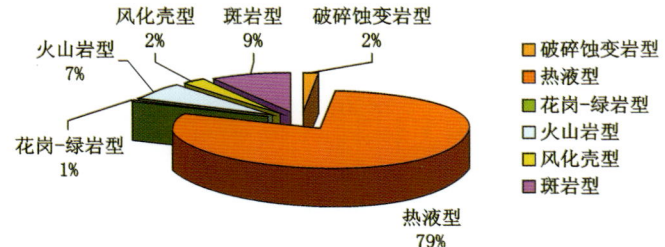

图 16-22 金矿预测资源量按矿产预测类型统计图

5. 稀土矿、磷矿、硫铁矿

稀土矿包括沉积变质型、岩浆型 2 种矿产预测类型,磷矿包括沉积变质型、沉积型、岩浆型 3 种矿产预测类型,硫铁矿包括沉积变质型、沉积型、火山岩型、矽卡岩型、热液型 5 种矿产预测类型。3 种矿产的预测资源量均以沉积变质型为主,占预测总量的 90%左右(图 16-23)。

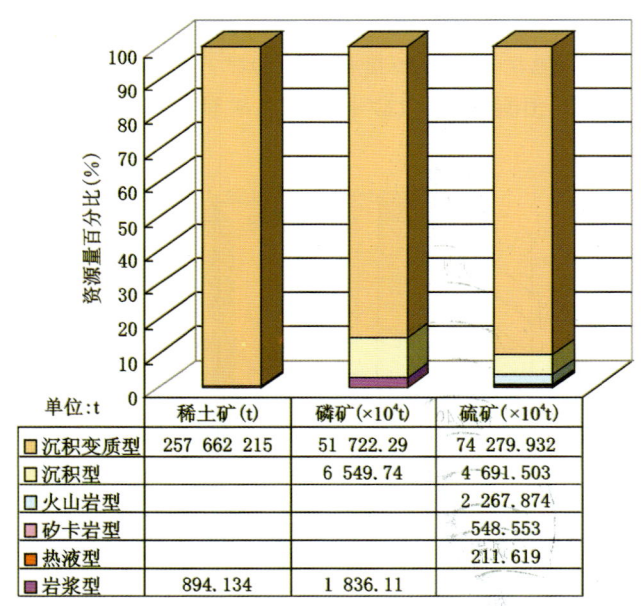

图 16-23 稀土、磷、硫铁矿预测资源量按矿产预测类型统计图

6. 锑矿、铝土矿、萤石矿、重晶石、菱镁矿

这 5 类矿产均只有 1 种矿产预测类型,热液型锑矿预测资源量为 9 170.95 t,风化壳型铝土矿预测资源量为 361.33×10^4 t,热液型萤石矿预测资源量为 6 637.232×10^4 t,热液型重晶石矿预测资源量为

5.73×10^4 t,热液型菱镁矿预测资源量为 391.377×10^4 t。

(四)按预测方法类型

本次工作的 20 个矿种涉及 6 种预测方法类型,分别为沉积型、变质型、侵入岩体型、火山岩型、复合内生型和层控内生型。各矿种分别按预测方法类型进行汇总统计分析(表 16-23,图 16-24)。

表 16-23　内蒙古自治区 20 个矿种预测资源量按预测方法类型分类统计一览表

矿种	预测资源量					
	沉积型	变质型	侵入岩体型	火山岩型	复合内生型	层控内生型
铁矿($\times10^4$t)	104 509.493	94 063.561	228 104.89	158 883.422	3 643.56	
铬矿($\times10^4$t)			878.435			
锰矿($\times10^4$t)		3 657.099		250.963	69.523	
铜矿(t)	4 686 886		4 253 686	181 794	2 781 151	
铅矿(t)	2 596 412		5 828 716.52	2 952 126.74	1 480 495.31	
锌矿(t)	12 860 402		12 876 933.03	3 978 033.04	2 014 883.8	
钨矿(t)			419 249.2			
锑矿(t)			9 170.95			
钼矿(t)	99 911.07		8 100 567.57		29 646.43	
镍矿(t)		19 706	587 521			
锡矿(t)			1 801 375		52 595.81	
金矿(kg)		6022	53 575.44	123 390.88	380 102.7	241 614.62
银矿(t)		1 016.11	26 285.41	4 507.18	42 356.59	
铝土矿($\times10^4$t)	361.32					
稀土矿(t)	257 480 600	181 615	849 191		44 943	
磷矿($\times10^4$t)	6 549.74	51 722.29			1 836.11	
硫铁矿($\times10^4$t)	4 691.503	74 279.932	211.619	2 267.874	548.553	
萤石矿($\times10^4$t)			1 187.203			5 450.029
重晶石($\times10^4$t)			5.73			
菱镁矿($\times10^4$t)			391.377			

1. 黑色金属

铁矿涉及预测方法类型较全面,侵入岩体型预测资源量最多,占近 40%,以矽卡岩型为主;其次为火山型铁矿,沉积变质型铁矿已探明的矿床数量较多,但预测资源量仅占 20% 左右;目前本区已发现的铬矿成因均为蛇绿岩型,预测方法类型为侵入岩体型;锰矿的预测资源量与其矿产预测类型相对应,以沉积变质型预测资源量为主。

2. 有色金属

有色金属预测资源量分布规律明显,铜、铅、锌等矿种常常共(伴)生在一起,按预测方法类型汇总的预测资源量有相似的规律,主要为侵入岩体型和沉积型,预测资源量高于其他预测方法类型预测资源量;钨、钼、镍、锑、锡等高温元素矿种的大部分预测资源量则为侵入岩体型。

3. 贵金属

金、银预测资源量以复合内生型为主,与已探明的矿床多以地层、岩浆岩、构造"三位一体"控矿为主相吻合,层控内生型金矿预测资源量占总量的30%,蕴含极大的找矿潜力;银矿与铅、锌、铜矿共(伴)生在一起,与其具有相似的分布规律,除沉积变质型外,以侵入岩体型预测资源量最多,占预测总量的1/3以上。

4. 稀土矿

沉积型稀土矿预测资源量在本区占绝对优势,主要集中于白云鄂博地区,预测资源量也主要分布在白云鄂博式稀土矿的深部及外围。

5. 非金属矿

硫铁矿和磷矿以复合内生型为主,萤石矿主要是层控内生型,而菱镁矿及重晶石矿在本区分布较少,均只有一个预测工作区,预测方法类型为侵入岩体型。

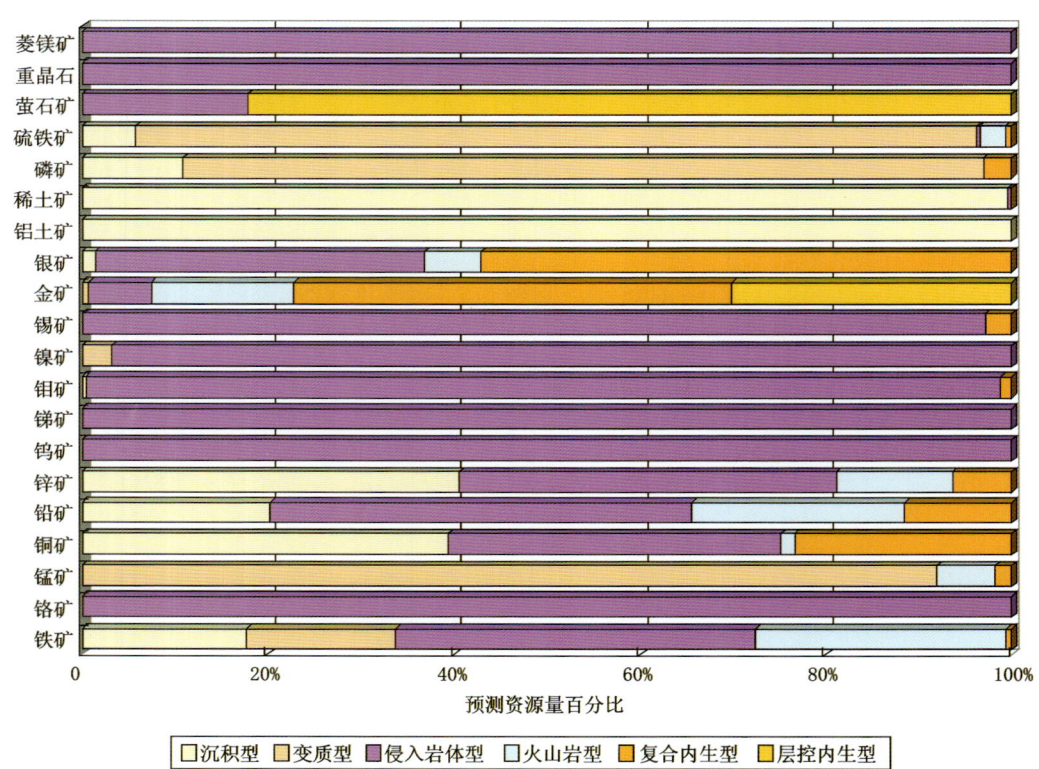

图 16-24　内蒙古自治区 20 个矿种预测资源量按预测方法类型分布图

(五)按可利用性

依据各矿种最小预测区深度可利用性、当前开采经济条件可利用性、矿石可选性、外部交通水电环境可利用性,按权重进行取数对各矿种预测资源量进行可利用性估算(表 16-24,图 16-25)。磷矿、铝土矿的预测资源量中暂不可利用的预测资源量多于可利用的预测资源量,是由于可利用性受品位的制约比较明显,而且各个矿床(点)品位变化系数较大,每个预测工作区中品位变化程度参差不齐,预测资源量也达不到可开采的规模等因素造成的。除磷矿、铝土矿外,其他矿种均为可利用性预测资源量大于暂不可利用资源量。

表 16-24　内蒙古自治区 20 个矿种预测资源量按可利用性分类统计一览表

矿种	预测资源量	
	可利用	暂不可利用
铁矿($\times 10^4$t)	193 141.991	396 062.934
铬矿($\times 10^4$t)	710.978	167.457
锰矿($\times 10^4$t)	3 906.699	70.886
铜矿(t)	7 281 092	4 622 424
铅矿(t)	3 779 412.53	4 078 338.04
锌矿(t)	21 923 993.13	9 806 258.74
钨矿(t)	370 283.75	31 924.73
锑矿(t)	9 170.95	0.00
钼矿(t)	5 821 864.23	1 408 260.85
镍矿(t)	424 856.00	182 371.00
锡矿(t)	1 097 794	756 176.9
金矿(kg)	466 621.34	336 831.07
银矿(t)	61 803.79	12 361.50
铝土矿($\times 10^4$t)	153.86	207.47
稀土矿(t)	258 445 913.00	110 436.00
磷矿($\times 10^4$t)	11 690.29	48 417.85
硫铁矿($\times 10^4$t)	57 379.645	24 619.836
萤石矿($\times 10^4$t)	5 664.07	973.162
重晶石($\times 10^4$t)	5.730	0.00
菱镁矿($\times 10^4$t)	391.377	0.00

(六)按预测区级别

预测区分类主要依据:①和模型区预测要素的匹配程度;②按预测资源量的大小进行分类;③矿体埋藏深度等因素。分别按照各单矿种最小预测区级别对预测资源量进行统计分析(表16-25,图16-26),铁、铬、铅、锌、镍、锡、银、铜、铝土、稀土、硫铁矿、萤石、菱镁矿均表现为 A 类预测资源量较高,说明以上矿种的预测资源量预测依据充分,成矿条件十分有利,成矿匹配程度高,资源潜力大或较大,埋深在可采深度以内,可获得明显经济效益,可建议优先安排普查或勘探的地区较多;锰、钼、金、钨、锑、重晶石矿的 B 类预测资源量所占比例较高,为成矿条件相对有利,有预测依据,成矿匹配程度高,可获得经济效益,可考虑安排工作的地区较多;磷、铝土矿的 C 类预测资源量所占比例较多,表明具成矿条件,有可能发现资源,可作为探索的地区或现有矿区外围和深部有预测依据,据目前资料认为资源潜力较小的地区较多。

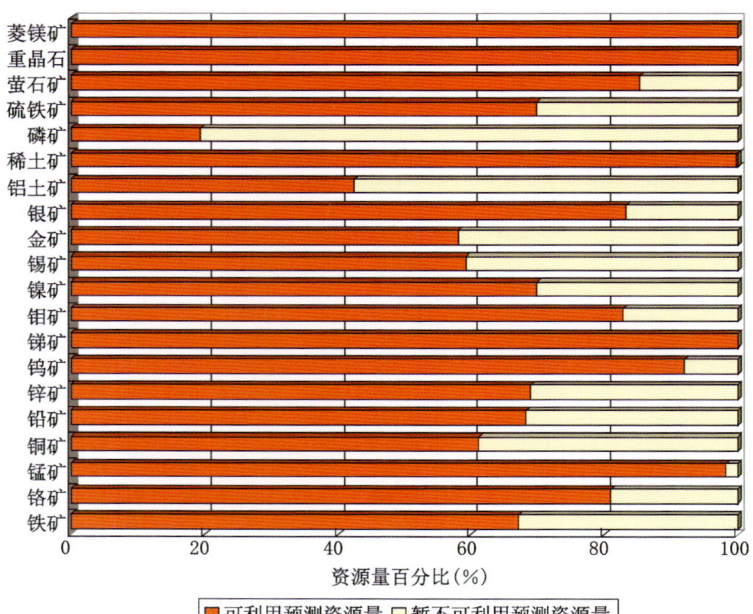

图 16-25　内蒙古自治区 20 个矿种预测资源量按可利用性分布图

表 16-25　内蒙古自治区 20 个矿种预测资源量按最小预测区级别分类统计一览表

矿种	预测资源量		
	A 类	B 类	C 类
铁矿（×10⁴ t）	258 437.291	174 549.298	156 218.337
铬矿（×10⁴ t）	412.11	302.879	163.446
锰矿（×10⁴ t）	1 047.775	1 414.477	1 515.333
铜矿（t）	5 007 735	2 665 454	4 230 327
铅矿（t）	7 379 209.31	3 327 065.3	2 151 475.96
锌矿（t）	19 641 704.5	7 511 536.52	4 577 010.85
钨矿（t）	161 679.9	158 571.32	98 997.94
锑矿（t）	1 144.15	5 430.46	2 596.16
钼矿（t）	2 949 889.57	2 810 128.33	2 470 107.19
镍矿（t）	265 874	211 806	129 548
锡矿（t）	1 164 426.59	439 482.32	250 062.01
金矿（kg）	258 436.36	299 305.77	246 962.7
银矿（t）	43 629.97	17 416.58	13 118.74
铝土矿（×10⁴ t）	148.13	81.11	132.09
稀土矿（t）	235 579 305	10 953 660	12 023 390
磷矿（×10⁴ t）	8 005.44	5 481.46	46 621.24
硫铁矿（×10⁴ t）	53 387.369	21 277.082	7 335.03
萤石矿（×10⁴ t）	4 985.718	508.295	1 143.219
重晶石（×10⁴ t）	1.602	2.731	1.397
菱镁矿（×10⁴ t）	257.299	117.534	16.544

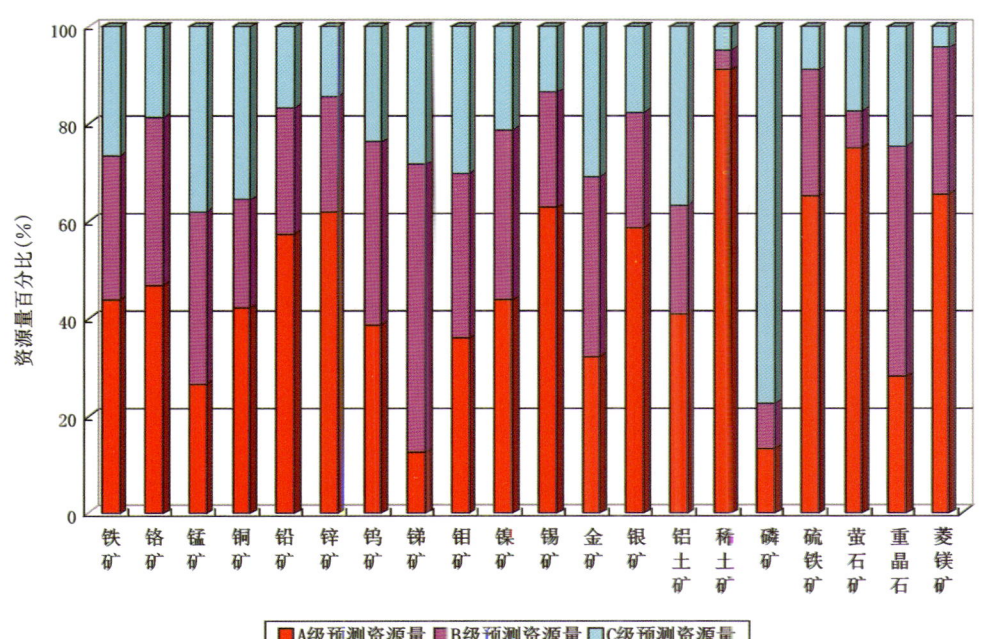

图 16-26 内蒙古自治区 20 个矿种预测资源量按最小预测区级别分布图

(七) 按资源量可信度

运用矿产资源评价软件(MRAS),根据各矿种最小预测区的面积、深度、含矿系数、资源量等因素的可信度计算出最小预测区预测资源量的综合可信度,并按照综合可信度将资源量分为 3 个级别汇总统计(表 16-26,图 16-27),即综合可信度≥0.75、综合可信度≥0.5、综合可信度≥0.25。

表 16-26 内蒙古自治区 20 个矿种预测资源量按可信度分类统计一览表

矿种	预测资源量		
	可信度≥0.75	可信度≥0.5	可信度≥0.25
铁矿($\times 10^4$ t)	172 063.7	261 732.0	435 804.8
铬矿($\times 10^4$ t)	412.477	861.181	878.435
锰矿($\times 10^4$ t)	420.184	622.898	2 582.55
铜矿(t)	825 640.2	4 725 228	11 300 969
铅矿(t)	4 857 556	8 592 873	12 630 120
锌矿(t)	13 571 495	23 490 214	31 302 351
钨矿(t)	131 096.2	246 310.8	406 423
锑矿(t)	1 144.15	9 048.45	9 163.05
钼矿(t)	1 469 164	5 010 003	7 826 159
镍矿(t)	36 920	128 853	299 738
锡矿(t)	612 144	1 205 036	1 853 971

续表 16-26

矿种	预测资源量		
	可信度≥0.75	可信度≥0.5	可信度≥0.25
金矿（kg）	240 729	226 390.9	312 196.8
银矿（t）	28 104.25	42 306.47	63 279.56
铝土矿（×10⁴t）	133.43	148.13	361.33
稀土矿（t）	235 579 305	246 444 952	258 556 349
磷矿（×10⁴t）	6 043.25	8 598.06	60 108.14
硫铁矿（×10⁴t）	50 946.12	73 203.17	81 239.31
萤石矿（×10⁴t）	2 064.055	4 443.562	6 637.232
重晶石（×10⁴t）	1.602	1.602	5.73
菱镁矿（×10⁴t）	257.299	257.299	391.377

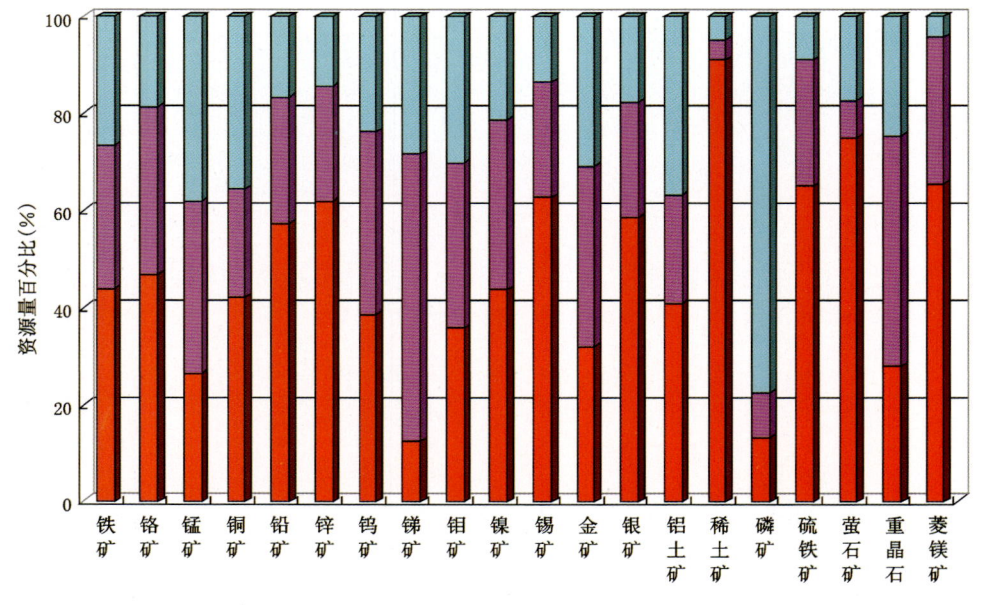

图 16-27　内蒙古自治区 20 个矿种预测资源量按可信度分布图

稀土矿、硫铁矿、菱镁矿综合可信度≥0.75 的预测资源量占 50% 以上，表明以上 3 个矿种含矿地质体查明可靠程度较高，也与矿种分布在固定的范围有关；多数矿种综合可信度≥0.75 的预测资源量在 20%～40%，说明这些矿种在最小预测区的面积、深度、含矿系数、资源量等方面尚存在不确定的因素；锰、铜、锑、钼、磷综合可信度≥0.75 的预测资源量较小，是由于化探信息对寻找铜、钼矿床具有明显的指示意义，据化探信息圈定的最小预测区在面积、深度方面的可信度值不高，其余矿种也是由于地表有一定的覆盖而降低了面积可信度。铁、铅锌、金等重要矿种可信度≥0.5 的预测资源量均超过各矿种总预测资源量的 50%，表明本次预测成果较为可靠，可作为内蒙古自治区下一步找矿工作部署的可靠参考。

(八)Ⅲ级成矿带预测资源量统计分析

将铁、铜、金、钼等20个矿种预测资源量按三级成矿带进行统计(表16-27),图16-28中,横轴代表各预测矿种,纵轴代表预测资源量的百分比,图中不同颜色的曲线分别代表14个Ⅲ级成矿区(带),由图可以看出:内蒙古自治区的矿产多分布于Ⅲ-6、Ⅲ-8、Ⅲ-11成矿带,即Ⅲ-6东乌珠穆沁旗-嫩江(中强挤压区)铜、钼、铅、锌、金、钨、锡、铬成矿带,Ⅲ-8 突泉-翁牛特铅、锌、银、铜、铁、锡、稀土成矿带,Ⅲ-11 华北陆块北缘西段金、铁、铌、稀土、铜、铅、锌、银、镍、铂、钨、石墨、白云母成矿带,尤其是Ⅲ-8、Ⅲ-11成矿带不仅涉及预测矿种较多,且预测资源量也很大,远远高于其他三级成矿带,因此是内蒙古自治区最重要的Ⅲ级成矿带。

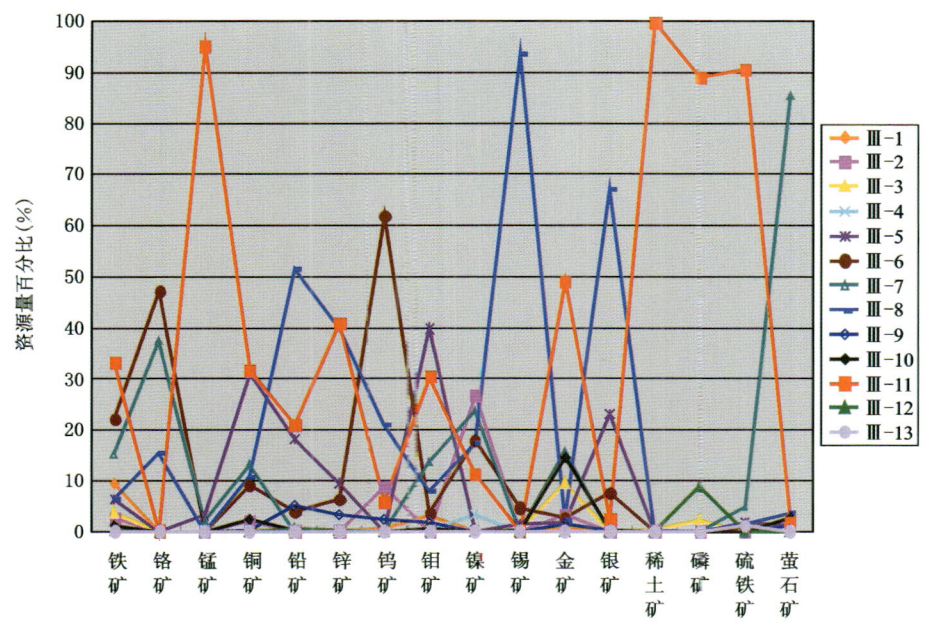

图16-28 内蒙古自治区20个矿种预测资源量按三级成矿区(带)分布图

Ⅲ-1 觉罗塔格-黑鹰山铜、镍、铁、金、银、钼、钨、石膏、硅灰石、膨润土、煤成矿带中主要有铁、铜、钼、钨、金矿分布,优势矿种是铁、钼矿,主要为矽卡岩型矿产,各矿种预测资源量较小;Ⅲ-2 磁海-公婆泉铁、铜、金、铅、锌、锰、钨、锡、铷、钒、铀、磷成矿带中主要有钨、镍、铁、铜、金等矿种,其中镍矿的预测资源量占全区镍矿预测资源量的25%,主要集中在亚干地区,是全区寻找镍矿最有利的成矿区(带);Ⅲ-3 阿拉善(隆起)铜、镍、铂、铁、稀土、磷、石墨、芒硝、盐类成矿亚带中分布有铁、金、稀土等矿种,以金矿预测资源量为主,其他矿种预测资源量较小;Ⅲ-4 河西走廊铁、锰、萤石、盐类、凹凸棒石、石油成矿带内预测资源量以元山子沉积(变质)型钼、镍矿预测资源量为主;全区各矿种预测资源量集中分布于Ⅲ-5、Ⅲ-6、Ⅲ-7、Ⅲ-8、Ⅲ-9、Ⅲ-10、Ⅲ-11成矿带中,其中Ⅲ-5 新巴尔虎右旗-根河(拉张区)铜、钼、铅、锌、银、金、萤石、煤(铀)成矿带中,钼矿的预测资源量占全区钼矿预测资源量的近40%,银矿约占23%,是寻找钼、银矿的有利成矿带;60%的钨矿预测资源量、48%的铬铁矿预测资源量集中于Ⅲ-6成矿带,Ⅲ-7 白乃庙-锡林郭勒铁、铜、钼、铅、锌、锰、铬、金、锗、煤、天然碱、芒硝成矿带中分布有37%的铬铁矿预测资源量,23%的镍矿预测资源量,87%的萤石预测资源量,15%的铁、金预测资源量,是寻找萤石矿最有利的成矿区(带),也是寻找铬铁矿、镍矿、铁矿、金矿的主要成矿区(带);Ⅲ-8 突泉-翁牛特铅、锌、银、铜、铁、锡、稀土成矿带是本区铅、锌、银、锡等矿种最有找矿潜力的成矿带,94%的锡预测资源量、67%的银矿预测资源量、半数左右的铅锌矿预测资源量均分布在该区,此外,还分布有部分铬铁矿、铜矿、镍矿、钼矿的预测资源量;Ⅲ-9 松辽盆地石油、天然气、铀成矿区,Ⅲ-10 华北陆块北缘东段铁、铜、钼、铅、锌、金、银、锰、

表16-27 内蒙古自治区20个矿种预测资源量按Ⅲ级成矿区(带)分布一览表

矿种	Ⅲ-1	Ⅲ-2	Ⅲ-3	Ⅲ-4	Ⅲ-5	Ⅲ-6	Ⅲ-7	Ⅲ-8	Ⅲ-9	Ⅲ-10	Ⅲ-11	Ⅲ-12	Ⅲ-13	Ⅲ-14	总计
铁矿($\times 10^4$ t)	54 574.9	15 086.2	21 780.9		36 832.5	130 643	89 638.7	37 642.8	201.6	6 582.6	195 522	628.9		70.6	589 204.9
铬矿($\times 10^4$ t)						413.6	329.2	135.6							878.4
锰矿($\times 10^4$ t)					123.4		76.8				3 777.4				3 977.6
铜矿(t)	9673	224 074			3 705 500	1 083 835	1 560 507	1 275 768	7130	271 171	3 765 859				11 903 516
铅矿(t)					2 337 218	493 977		6 617 647	645 853	31 076	2 674 541	57 439			12 857 751
锌矿(t)					2 983 233	1 987 943		12 676 641	1 020 045	44 394	12 930 313	87 683			31 730 252
钨矿(t)	2070	36 775				258 783		88 191	10 096		23 334				419 249
钼矿(t)	241 389			8965		292 377	1 113 541	655 965	126 678	31 742	2 490 284				8 230 125
镍矿(t)		161 895		19 706		108 820	143 238	105 360			68 207				607 227
锡矿(t)					27 656	84 471		1 736 580		5263					1 853 971
金矿(kg)	4390	25 371	75 833		13 039	20 448	126 978	17 419	10 618	116 526	394 082				804 705
银矿(t)					17 061	5553		49 708	44	40	1758				74 165
稀土矿(t)			181 615					849 191			257 525 543				258 556 349
磷矿(t)			1 256.3					1 206.6			53 558.4	5 293.4			60 108.1
硫铁矿($\times 10^4$ t)					1 272.9	548.6	3795				74 279.9			896.5	81 999.5
萤石矿($\times 10^4$ t)		121.8	176.1		78.9		5 669.2	236.3	73.6	172.2	109				6 637.2
铝土矿($\times 10^4$ t)															
锑矿(t)														36.1	36.1
重晶石($\times 10^4$ t)		9171													9171
						5.7									5.7
菱镁矿($\times 10^4$ t)							391.4								391.4

铀、磷、煤、膨润土成矿带矿种分布较多，除Ⅲ-10成矿区(带)中分布有14%金矿预测资源量外，各矿种预测资源量较低；Ⅲ-11华北陆块北缘西段金、铁、铌、稀土、铜、铅、锌、银、镍、铂、钨、石墨、白云母成矿带是本区重要的矿产成矿带之一，除锡矿外所有矿种在本区均有分布，其中铁、锰、铜、铅锌、钼、金、稀二、磷、硫铁矿等矿种在该区的预测资源量较大，是未来寻找矿床的有利地区；Ⅲ-12鄂尔多斯西缘(陆缘坳褶带)铁、铅、锌、磷、石膏、芒硝成矿带，Ⅲ-13鄂尔多斯(盆地)铀、石油、天然气、煤、盐类成矿区，Ⅲ-14山西(断隆)铁、铝土矿、石膏、煤、煤层气成矿带中只有铁、铅锌、铝土矿等最小预测区分布，预测资源量均较低。

结束语

通过近 8 年的工作,取得的成果总结如下:

(1)系统汇总了铁、铝土、金、铜、铅、锌、钨、稀土、锑、磷、钼、银、镍、锰、锡、铬、萤石、硫铁矿、重晶石、菱镁矿 20 个矿种的潜力评价成果和数据,分别按照矿产预测类型、预测区、预测资源量对预测成果进行了统计分析。

(2)统计汇总了全区 20 个矿种的预测区数量成果,圈定最小预测区 5038 个,其中 A 类最小预测区 894 个,B 类最小预测区 1641 个,C 类最小预测区 2503 个。

(3)分全区和Ⅲ级成矿区(带)两个层次,对 20 个矿种按预测精度、预测深度、预测类型、可利用性、可信度等的预测资源量进行统计汇总分析,摸清了内蒙古自治区重要矿产资源的潜力及其空间分布特征。

(4)通过综合研究大地构造特征、区域矿产特征以及重力、航磁、化探、遥感等预测要素特征,提取了 14 个Ⅲ级成矿区(带)共 42 个成矿系列的预测要素,建立了相应的预测模型。

(5)依据 20 个矿种最小预测区空间分布特征,圈定了 1018 个综合预测区,编制了Ⅲ级成矿区(带)及内蒙古自治区按空间位置预测成果图;以成矿系列划分为基础,圈定成矿系列综合预测区 852 个,其中 A 级 95 个,B 级 234 个,C 级 523 个。编制了Ⅲ级成矿区(带)及内蒙古自治区按成矿系列预测成果图。

(6)汇总并分析了 20 个矿种的单矿种勘查部署建议,提出了内蒙古自治区综合矿产勘查部署建议及方案,共圈定今后工作部署区 146 个,其中预查区 93 个,普查区 42 个,详查区 11 个,编制了Ⅲ级成矿区(带)及内蒙古自治区未来勘查工作部署建议图,为未来矿产勘查工作提供依据。预测了内蒙古自治区矿产资源的勘查趋势,推断了开发产能增长趋势,设计了未来矿产资源开发基地的战略布局。

(7)本次进行的全区矿产资源潜力评价工作摸清了内蒙古自治区重要矿种的现有分布情况,铁、铜、铅锌、金、银、稀土、钨、铬铁矿、钼、镍、锡、锰、萤石、硫铁矿、重晶石等矿种是本区优势矿种,主要分布于Ⅲ-5 新巴尔虎右旗-根河(拉张区)铜、钼、铅、锌、银、金、萤石、煤(铀)成矿带,Ⅲ-6 东乌珠穆沁旗-嫩江(中强挤压区)铜、钼、铅、金、钨、锡、铬成矿带,Ⅲ-7 白乃庙-锡林郭勒铁、铜、钼、铅、锌、锰、铬、金、锗、煤、天然碱、芒硝成矿带,Ⅲ-8 突泉-翁牛特铅、锌、银、铜、铁、锡、稀土成矿带,Ⅲ-11 华北陆块北缘西段金、铁、铌、稀土、铜、铅、锌、镍、铂、钨、钼、石墨、白云母成矿带。

(8)根据煤炭资源潜力评价成果,共划分了 11 个赋煤带:海拉尔、大兴安岭中部、松辽盆地西部、大兴安岭南部、二连、阴山、鄂尔多斯盆地北缘、宁东南、桌子山-贺兰山、北山-潮水、香山。全区共筛选、圈出预测区 82 个,预测基本单元 136 个,预测面积 47 635.74 km^2,预测资源量 7 336.79×10^8 t。

(9)建立了矿产预测汇总成果数据库,为更好地规划、管理、保护和合理利用矿产资源,也为部署矿产资源勘查工作提供基础资料,为编制中长期发展规划提供科学依据。

由于内蒙古自治区地域广阔,东、南、西三面与黑龙江、吉林、辽宁、河北、山西、陕西、宁夏回族自治区、甘肃八省、自治区毗邻,东西跨度大,在资料收集方面工作量大,由于工作时间紧,任务重,有些新资料收集不够充分,还需在今后资源潜力评价常态化工作中,进一步对资料进行补充,完善预测成果。

主要参考文献

白大明,王彦鹏,牛颖智,等.内蒙古珠斯楞海尔罕斑岩型铜矿综合找矿方法[J].矿床地质,2005(S1):459-462.

白文吉,李行,Le Bel L,等.内蒙古贺根山蛇绿岩的铬铁矿床生成条件的讨论[J].中国地质科学院地质研究所所刊,1985(12):1-19.

曹积飞,李红阳,李英杰,等.综合物探方法在内蒙灰山铜镍矿找矿中的应用研究[J].西北地质,2011,44(1):77-84.

陈德潜,赵平,魏振国,等.论小坝梁铜矿床的海底火山热液成因[J].地球学报,1995,16(2):190-203.

陈殿芬,艾永德,李荫清,等.乌努格吐山斑岩铜钼矿床中金属矿物的特征[J].岩石矿物学,1996(4):346-354.

陈建平,陈勇,王全明,等.基于GIS的多元信息成矿预测研究——以赤峰地区为例[J].地学前缘,2008,15(4):18-26.

陈旺.小南山铜镍矿区及外围地质地球物理特征及其找矿方法试验研究[J].矿产地质,1997,11(61):347-352.

陈毓川.中国成矿体系与区域成矿评价(上、下)[M].北京:地质出版社,2007.

陈毓川.中国主要成矿区(带)矿产资源远景评价[M].北京:地质出版社,1999.

陈毓川,王登红.重要矿产和区域成矿规律研究技术要求[M].北京:地质出版社,2010.

陈毓川,王登红.重要矿产预测类型划分方案[M].北京:地质出版社,2010.

陈毓川,朱裕生.中国矿床成矿模式[M].北京:地质出版社,1993.

陈郑辉,陈毓川,王登红,等.矿产资源潜力评价示范研究——以南岭东段钨矿资源潜力评价为例[M].北京:地质出版社,2008.

陈郑辉,朱裕生,王保良,等.内蒙古主要成矿区(带)及其矿产资源潜力分析[J].西部资源,2005(7):4-9.

褚立国.内蒙古中西部黑色岩系铂族元素(PGE)成矿规律及找矿方向探讨[J].西部资源,2009(4):56-59.

褚少雄,曾庆栋,刘建明,等.西拉沐伦钼矿带车户沟侵入岩体型钼-铜矿床成矿流体特征及其地质意义[J].岩石学报,2010,26(8):2465-2481.

董青松,李志炜.中国镍矿床分类和成矿分区[J].中国矿业,2010,19(S1):135-137.

费红彩,童普,安国英,等.内蒙古霍各乞铜多金属矿床的含矿建造及矿床成因分析[J].现代地质,2004,18(1):32-40.

葛昌宝,张振法,冯贞,等.阿拉善地区找矿新进展——珠斯楞海尔罕铜多金属矿[J].内蒙古地质,2002(2):15-19.

郭义平,郭仁旺,贾晓芳,等.内蒙古苏尼特左旗哈拉图庙镍矿成因探讨[J].西部资源,2011(6):90-91.

韩庆军,邵济安.内蒙古喀喇沁地区早中生代闪长岩中麻粒岩捕虏体矿物化学及其变质作用温压条件[J].地球科学,2000,25(1):21-65.

韩庆军,邵济安.内蒙古喀喇沁早中生代闪长岩的岩石学、地球化学及其成因[J].岩石学报,2000,16(3):385-391.

贺会邦,杨绍祥.湖南张家界市三岔镍钼矿成矿地质特征[J].中国矿业,2011,20(7):69-73.

黑龙江省地质局.大兴安岭及其邻区区域地质与成矿规律[M].北京:地质出版社,1959.

黑龙江省地质局.大兴安岭区域地层[M].北京:地质出版社,1959.

黑龙江省地质矿产局.黑龙江省区域地质志[M].北京:地质出版社,1993.

黄喜峰,钱壮志,吴文奎,等.贺兰山小松山基性—超基性杂岩地球化学特征[J].地球科学与环境学报,2008,30(4):351-356.

吉林省地质矿产局.吉林省区域地质志[M].北京:地质出版社,1990.

件康林.阿拉善地区海西晚期花岗岩类岩石地球化学特征及其构造意义[D].西安:长安大学,2011.

江思宏,聂凤军,刘研,等.内蒙古小南山铂-铜-镍矿区辉长岩地球化学特征及成因[J].地球学报,2003,24(2):121-126.

金力夫,孙凤兴.内蒙乌努格吐山斑岩铜铂矿床地质及深部预测[J].长春地质学院院报,1990(120):161-67.

李丽,王育习,李行,等.一种新构造类型的含铜镍矿化基性—超基性杂岩体[J].西北地质,2010,43(3):47-56.

李诺,孙亚莉,李晶,等.内蒙古乌努格吐山斑岩铜钼矿床辉钼矿铼锇等时线年龄及其成矿地球动力学背景[J].岩石学报,2007,23(11):2881-2888.

李尚林,袁华钵,杨文瑞,等.内蒙古乌拉特中旗克布钴镍矿地质特征[J].矿物岩石地球化学通报,2011,30(增刊):68-69.

李文炎,余洪云.中国重晶石矿床[M].北京:地质出版社,1990.

辽宁省地质矿产局.辽宁省区域地质志[M].北京:地质出版社,1978.

辽宁省区域地层表编写组.东北地区区域地层表·辽宁省分册[M].北京:地质出版社,1978.

林棕.内蒙古东升庙硫多金属矿矿床地质特征及其形成机理[J].河北地质学院学报,1999(4):375-385.

刘光海,白大明.综合方法在勘查一个特殊的斑岩型铜银锡矿床中的应用[J].物探与化探,1994,18(2):121-130.

刘国军,王建平.内蒙古镁铁质-超镁铁质岩型铜镍矿床成矿条件与找矿远景分析[J].地质与勘探,2004,40(1):17-20.

卢记仁.中国岩浆铜镍矿床的成矿模式[J].地学研究,1993(27):78-84.

吕林素,刘裙,张作衡,等.中国岩浆型Ni-Cu-(PGE)硫化物矿床的时空分布及其地球动力学背景[J].岩石学报,2007,23(10):243-276.

吕蓉,郝俊峰,王彦鹏,等.内蒙古北山东段珠斯楞铜金矿床的基本特征[D].上海:中国科学院上海冶金研究所,2004.

马娟.内蒙古特颇格日图超基性岩特征及成矿潜力研究[D].成都:成都理工大学,2010.

孟祥化.沉积建造及沉积矿产分析[M].北京:地质出版社,1979.

孟祥化.沉积建造及其共生矿床分析[M].北京:地质出版社,1979.

内蒙古地质矿产局.内蒙古自治区区域地质志[M].北京:地质出版社,1991.

内蒙古地质矿产局.内蒙古自治区岩石地层[M].武汉:中国地质大学出版社,1996.

内蒙古自治区地矿局.全国地层多重划分对比研究内蒙古自治区岩石地层[M].武汉:中国地质大学出版社,1996.

聂凤军,孙浩.内蒙古别鲁乌图铜矿区电气石岩的发现及其意义[J].地质评论,1990,36(5):467-472.

聂凤军,裴荣富,吴良士,等.内蒙古朝鲁乌图晚古生代火山岩 Sm-Nd 同位素研究[J].岩石矿物学杂志,1994,13(4):289-296.

聂凤军,江思宏,张万益,等.内蒙古苏莫查干地区燕山期过铝质花岗岩研究[J].岩石矿物学杂志,2008,27(2):89-100.

聂凤军,许东青,江思宏,等.内蒙古苏莫查干敖包特大型萤石矿床地质特征及成因[J].矿床地质,2008,27(1):1-13.

聂凤军,许东青,江思宏,等.内蒙古苏莫查干敖包萤石矿区流纹岩锆石 SHRIMP 定年及地质意义[J].地质学报,2009,83(4):496-504.

聂凤军.内蒙古小东沟斑岩钼矿床地质特征及成因探讨[J].矿床地质,2007,26(6):609-620.

聂凤军.内蒙古小东沟斑岩型钼矿床辉钼矿铼-锇同位素年龄及地质意义[J].地质学报,2007,81(7):898-905.

宁奇生,唐克东,曹从周,等.大兴安岭区域地层[M].北京:地质出版社,1959.

宁夏回族自治区地质矿产局.宁夏回族自治区区域地质志[M].北京:地质出版社,1990.

宁夏回族自治区地质矿产局.宁夏回族自治区岩石地层[M].武汉:中国地质大学出版社,1994.

裴荣富,方如恒.华北地块北缘及其北侧金属矿床成矿系列与勘查[M].北京:地质出版社,1998.

裴荣富.中国矿床模式[M].北京:地质出版社,1995.

彭立人.怎样找菱镁矿[M].北京:地质出版社,1973.

秦克章,李惠民,李伟实,等.内蒙古乌努格吐山斑岩铜钼矿床的成岩、成矿时代[J].地质论评,1999,45(2):180-185.

秦克章,王之田,潘龙驹.满洲里-新巴尔虎右旗铜、钼、铅、锌、银带成矿条件与斑岩体含矿性评介标志[J].地质论评,1990(6):3-12.

秦克章,王之田.内蒙古乌努格吐山铜-钼矿床稀土元素的行为及意义[J].地质学报,1993(4):323-335.

芮宗瑶.华北陆块北缘及邻区有色金属矿床地质[M].北京:地质出版社,1994.

邵和明,张履桥.内蒙古自治区主要成矿区(带)和成矿系列[M].武汉:中国地质大学出版社,2016.

盛继福,傅先政,等.大兴安岭中段成矿环境与铜多金属矿床地质特征[M].北京:地震出版社,1999.

孙艳霞,张达,张寿庭,等.内蒙古小坝梁铜金矿床的硫、铅同位素特征和喷流沉积成因[J].地质找矿论丛,2009,24(4):282-285.

覃锋,刘建明,曾庆栋,等.内蒙古小东沟斑岩型钼矿床的成矿时代及成矿物质来源[J].现代地质,2008,22(2):173-180.

汤中立,任端进.中国硫化镍矿床类型及成矿模式[J].地质学报,1987(4):68-79.

王长明,邓军,张寿庭,等.内蒙古小坝梁铜金矿床的地质特征与喷流沉积成因[J].黄金地质,2007,28(6):9-12.

王登红,应立娟,王成辉,等.中国贵金属矿床的基本成矿规律与找矿方向[J].地学前缘,2007,14(5):71-81.

王辑,王保良,等.内蒙古渣尔泰山群与白云鄂博群时代对比及含矿性[M].呼和浩特:内蒙古人民出版社,1989.

王瑞廷,毛景文,柯洪,等.我国西部地区镍矿资源分布规律、成矿特征及勘查方向[J].矿产与地质,2003,17(s1):266-269.

王之田,潘龙驹.内蒙古满洲里-新巴尔虎右旗成矿区的成矿条件与模式[J].中国有色金属学报,1992(2):7-14.

魏文中.中国含铬铁矿超基性岩体的岩浆成分类型及成矿特征[J].中国地质科学院西安地质矿产研究所所刊,1981(3):18-35.

肖克炎.特征分析问题与对数线性模型研究及其应用[J].地球科学——中国地质大学学报,1995,20(2):185-190.

肖克炎,王勇毅,陈郑辉,等.中国矿产资源评价新技术与评价新模型[M].北京:地质出版社,2006.

谢成连,刘蕾,冷莹莹,等.内蒙阿右旗铁板井镍矿矿床特征及成因探讨[J].地质与勘探,2008,44(6):27-30.

谢从瑞,校培喜,由伟丰,等.香山群的解体及地层时代的重新厘定[J].地层学杂志,2010,34(4):410-415.

熊先孝,薛天星,商朋强,等.重要化工矿产资源潜力评价技术要求[M].北京:地质出版社,2010.

徐毅,赵鹏大,张寿庭,等.内蒙古小坝梁铜金矿地质特征与综合找矿模型[J].黄金地质,2008,29(1):12-16.

徐志刚,陈毓川,王登红,等.中国成矿区(带)划分方案[M].北京:地质出版社,2008.

晏惕非,吕福生,赵希兵.某细粒嵌布原生银锡矿的综合利用试验[J].矿产综合利用,1990(1):16-18.

杨芳林.东北地区铬铁矿床类型及其成因初步探讨[J].中国地质科学院沈阳地质矿产研究所所刊,1982(3):144-164.

杨合群,赵国斌,李英,等.新疆-甘肃-内蒙古衔接区古生代构造背景与成矿的关系[J].地质通报,2012,31(2-3):413-421.

叶天竺,肖克炎,严光生.矿床模型综合地质信息预测技术研究[J].地学前缘,2007,14(5):11-19.

叶天竺.固体矿产预测评价方法技术[M].北京:中国大地出版社,2004.

余金杰.霍各乞铜多金属矿床地质-地球化学特征及矿质来源[J].矿床地质,1993,12(1):67-76.

张德全.敖瑙达巴斑岩型锡多金属矿床地质特征[J].矿床地质,1993,4(2):10-19.

张连昌,吴华英,相鹏,等.中生代复杂构造体系的成矿过程与成矿作用——以华北大陆北缘西拉木伦钼铜多金属成矿带为例[J].岩石学报,2010,26(5):1351-1362.

张梅,杨晓泓,刘永惠.华北陆块北缘西段成矿远景区划分与找矿方向探讨[J].西部资源,2007,16(1):55-57.

张梦岩.大兴安岭及其邻区区域地质与成矿规律[M].北京:地质出版社,1959.

张万益,聂凤军,刘妍,等.内蒙古奥尤特乌拉铜-锌矿床绢云母^{40}Ar-^{39}Ar同位素年龄地质意义[J].地球导报,2008,29(5):592-598.

张彤,许立权,闫洁,等.内蒙古白云鄂博群金矿综合地质信息预测[J].吉林大学学报(地球科学版),2013,43(4):1246-1253.

赵明玉.得尔布干成矿带中段八大关-新峰山成矿地质条件分析[J].矿产与地质,2002,16(2):70-73.

朱裕生.中国主要成矿区(带)成矿地质特征及矿床成矿谱系[M].北京:地质出版社,2007.

Wan B,Ernst H,Zhang L C,et al. Rb-Sr geochronology of chalcopyrite from the Chehugou porphyry Mo-Cu deposit(Northeast China) and geochemical constraints on the origin of hosting granites[J]. Economic Geology,2009(104):351-363.

主要内部资料

内蒙古自治区陈巴尔虎旗"六一"硫铁矿补充勘探地质报告[R].化学工业部地质勘探公司黑龙江地质勘探大队,1985.

蔡顺宝.内蒙古呼伦贝尔盟科尔沁右翼前旗呼和哈达铬铁矿普查报告[R].白城地区地质大队三分队,1975.

查干哈达庙铜矿普查报告[R].内蒙古地质矿产勘查院,2001.

冯冶.内蒙古自治区巴彦淖尔盟乌拉特中旗索伦山地区超基性岩铬铁矿详细普查评价地质报告

[R]. 内蒙古地质局 205 地质队,1963.

甘肃阿右旗哈马胡头沟一带 1972 年磷矿普查勘探工作年度报告[R]. 甘肃地质局第 6 地质队,1973.

甘肃省阿拉善右旗桃花拉山稀有矿床地质普查报告[R]. 甘肃省地质局第四地质队,1973.

甘肃省额济纳旗七一山萤石矿区普查评价报告[R]. 甘肃地质局第四地质队,1975.

甘肃省额济纳旗神螺山玉石山萤石矿点初步普查报告[R]. 甘肃地质局第四地质队,1971.

黑龙江省陈巴尔虎旗六一矿区硫铁矿地质勘探总结报告[R]. 黑龙江省化工地质队,1978.

黄岗梁地区 1:5 万区调片区总结地质报告[R]. 内蒙古自治区第十地质矿产勘查开发院,1998.

吉林省科尔沁右翼中旗孟恩陶勒盖铅锌银矿外围普查找矿报告(1:5 万)[R]. 吉林省地质局第八地质大队,1979.

吉林省科尔沁右翼中旗孟恩套力盖矿区银铅锌矿地质勘探总结报告[R]. 吉林省地质局第十地质队,1978.

吉林省科右前旗呼和哈达铬矿地质详查报告[R]. 内蒙古自治区地质局 101 地质队一分队,1961.

吉林省科右前旗协林萤石矿区普查评价报告[R]. 吉林地质局白城地区综合地质大队,1972.

吉林省突泉县东长春岭铅矿点初步检查报告[R]. 吉林省地质局白城地区地质大队,1973.

矿产预测工作指南[R]. 中国地质调查局,2003.

李继宏. 内蒙古自治区克什克腾旗柯单山矿区铬铁矿详查报告[R]. 克什克腾旗易达矿业有限责任公司,2007.

李毓英,徐梦幻,史鸿英,等. 内蒙西部索伦山铬铁矿察汗奴鲁矿区地质勘探报告[R]. 内蒙古自治区地质局乌兰察布盟地质队(内部报告),1960.

李毓英,徐梦幻,吴勉,等. 内蒙西部索伦山铬铁矿察汗奴鲁矿区主矿菱镁矿地质勘探报告[R]. 内蒙古自治区地质局乌兰察布盟地质队(内部报告),1960.

李志泉. 索伦山地区菱镁矿普查评价地质报告[R]. 内蒙古自治区地质局 205 地质队(内部报告),1963.

辽宁省林西水头萤石矿普查评价报告[R]. 辽宁地质局第二地质大队,1977.

辽宁省翁牛特旗余家窝铺铅锌矿区详细普查地质报告[R]. 辽宁省地质局第一地质大队,1978.

刘国玺. 甘肃省额济纳旗月牙山—洗肠井一带普查报告[R]. 内蒙古自治区第四地质队,1976.

毛德宝,李俊建,张素兰. 内蒙古索伦山-东乌旗成矿带成矿环境、找矿方向及勘查技术方法研究成果报告[R]. 天津地质矿产研究所(内部报告),2007.

孟恩陶自治区勒盖铅锌矿区激发极化法 1972 年度工作总结[R]. 内蒙古自治区哲盟地质大队,1972.

内蒙古自治区敖汉旗金厂沟金矿区 35 号脉勘探报告[R]. 内蒙古自治区地质局 203 队,1968.

内蒙古自治区巴盟阿拉善旗贺兰山正目观磷矿区勘探地质报告[R]. 内蒙古自治区地质局 103 队,1960.

内蒙古自治区巴彦淖尔盟乌拉特中后联合旗西大旗磷矿普查报告[R]. 内蒙古自治区地质局 102 队,1959.

内蒙古自治区白云鄂博铁矿成矿地质条件、控矿因素及寻找富铁矿有利地段的研究[R]. 冶金部天津地质调查所,1981.

内蒙古自治区赤峰市郊车户沟铜钼矿详查地质报告[R]. 内蒙古自治区 113 探矿工程队,1992.

内蒙古自治区阿拉善盟额济纳旗阿木乌苏-老硐沟地区锑、金成矿带得遥感影像特征研究(供审稿)[R]. 内蒙古自治区地矿局地研队,1992.

内蒙古自治区阿拉善左旗白音乌拉山金多金属矿普查工作总结[R]. 内蒙古自治区国土资源勘查开发院,2003.

内蒙古自治区敖汉旗后公地铅锌矿阶段性工作总结[R]. 内蒙古自治区第十地质矿产勘查开发院,

2007.

内蒙古自治区敖汉旗金厂沟梁金矿区金矿资源储量核实报告[R].中国非金属工业协会矿物加工利用技术专业委员会,2002.

内蒙古自治区敖汉旗金厂沟梁金矿区钻探工程技术报告[R].内蒙古自治区地矿局113探矿工程队,1993.

内蒙古自治区敖汉旗撰山子金矿普查找矿报告[R].内蒙古自治区重工业厅地勘公司第五地勘队,1963.

内蒙古自治区巴林左旗白音诺尔铅锌矿区北矿带79～125勘探线17、18、19号脉群勘探地质报告[R].内蒙古自治区第三地勘院与巴林左旗白音诺尔铅锌矿,1995.

内蒙古自治区巴盟中后旗库伦敖包-巴彦珠尔和萤石矿普查评价报告[R].内蒙古自治区地质局105地质队,1975.

内蒙古自治区白乃庙-朱日卡铜矿Ⅳ级成矿区划说明书[R].内蒙古自治区103地质队,1980.

内蒙古自治区白云鄂博东介勒格勒铁矿稀土矿床地质普查报告[R].包头钢铁公司地质勘探公司第2队,1961.

内蒙古自治区白云鄂博铁矿稀有-稀土元素综合评价报告[R].内蒙古自治区地质局105地质队,1966.

内蒙古自治区包头市赛音乌苏—老羊壕—十八顷壕地区与金矿有关的花岗岩地质特征研究[R].内蒙古自治区地矿部矿床所,1991.

内蒙古自治区察右后旗察汗沟稀土矿普查评价报告[R].内蒙古自治区103地质队,1972.

内蒙古自治区察右中旗金盆砂金矿大西沟矿段初步地质勘探报告[R].中国人民武装警察部队黄金第11支队,1985.

内蒙古自治区潮格旗霍各乞铜多金属矿区一号矿床地质勘探总结报告[R].华北冶金勘探公司511队,1971.

内蒙古自治区达茂联合旗宫胡洞铜矿最终普查评价报告[R].内蒙古自治区地质局204队,1962.

内蒙古自治区达茂旗赛乌苏金矿32号脉群初步勘探地质报告[R].中国人民解放军基建工程兵00525部队,1984.

内蒙古自治区达茂旗乌花敖包地区9071金矿产地报告[R].核工业部西北地勘局208大队,1990.

内蒙古自治区大兴安岭铜多金属成矿带成矿远景区划——内蒙古大兴安岭铜多金属成矿带成矿地质条件、成矿规律及找矿方向总结(下册)[R].内蒙古、黑龙江、吉林省地质矿产局编,1983.

内蒙古自治区东乌旗阿尔哈达银多金属矿普查地质工作总结[R].中国冶金地质勘查工程总局第一地质勘查院,2005.

内蒙古自治区额尔古纳右旗恩和哈达河砂金矿区勘探地质报告[R].中国人民武装警察部队黄金第3支队,1991.

内蒙古自治区呼伦贝尔盟科尔沁右翼中旗布敦花铜矿地质普查报告[R].内蒙古自治区地质局呼盟地质队,1962.

内蒙古自治区化德县达盖滩萤石矿区详细普查地质报告[R].内蒙古自治区地质局111地质队,1982.

内蒙古自治区喀喇沁旗明干山铜矿详细普查报告[R].内蒙古自治区重工业厅地质勘探公司第五地质勘探队,1963.

内蒙古自治区狼山—白乃庙—白音诺尔地区多金属矿床规律及隐伏矿床预测研究[R].内蒙古自治区地质矿产局,1990.

内蒙古自治区狼山—渣尔泰山一带渣尔泰山群矿产资源概况及其找矿远景(多金属矿Ⅲ级成矿带成矿预测图)[R].内蒙古自治区地质局105地质队,1980.

内蒙古自治区商都县玻璃忽境公社杨家沟萤石矿普查报告[R].内蒙古自治区地质局103地质队,1971.

内蒙古自治区太仆寺旗东部萤石矿区初步普查评价报告[R].内蒙古自治区地质局111地质队,1977.

内蒙古自治区突泉县永安乡闹牛山铜矿床普查地质报告[R].内蒙古自治区有色地质勘探公司第7队,1989.

内蒙古自治区翁牛特旗天桥沟铅锌矿普查地质报告[R].内蒙古自治区有色地勘局第八队,1988.

内蒙古自治区乌拉特后旗楚鲁庙地区镍矿普查报告[R].宁夏核工业地质勘查院,2003.

内蒙古自治区乌拉特后旗霍各乞铜多金属矿区1号矿床3～16线（1630m标高以上）勘探地质报告[R].内蒙古自治区有色地勘局第一队,1992.

内蒙古自治区乌拉特后旗欧布拉格及其外围斑岩型铜、金矿普查总结报告[R].内蒙古自治区华域地矿勘查公司、北京矿产地质研究,2002.

内蒙古自治区乌拉特前旗红壕地区铜多金属矿产初步普查地质报告[R].内蒙古自治区105地质队,1985.

内蒙古自治区乌拉特前旗山片沟硫铁矿区详细普查地质报告[R].内蒙古自治区105地质队,1988.

内蒙古自治区乌拉特中旗巴音杭盖金矿区岩金地质普查报告[R].武警部队黄金第11支队,1996.

内蒙古自治区乌盟达茂联合旗黄花滩铜镍矿区普查报告[R].内蒙古自治区地质局乌盟地质队,1960.

内蒙古自治区西里庙-二连萤石成矿带地质特征及成矿规律研究报告[R].内蒙古自治区地质局102地质队,1992.

内蒙古自治区锡林郭勒盟北部多金属普查报告[R].内蒙古自治区地质局109队,1964.

内蒙古自治区锡盟北部小坝梁-朝不楞地区铜、多金属成矿地质条件及找矿方向研究报告[R].内蒙古自治区地矿局地研所,1994.

内蒙古自治区镶黄旗毫义哈达黑钨矿区详细普查地质报告[R].内蒙古自治区地质局111地质队（九院）,1982.

内蒙古自治区镶黄旗石匠山萤石矿初步普查评价报告[R].内蒙古自治区地质局111地质队,1972.

内蒙古自治区镶黄旗石匠山萤石矿区普查评价及1号脉勘探报告[R].内蒙古自治区地质局104地质队,1974.

内蒙古自治区新巴尔虎右旗甲乌拉银铅锌矿床6—20线勘探报告[R].黑龙江有色地勘局706队,1991.

内蒙古自治区兴和县三道沟磷矿区六号矿脉勘探报告[R].内蒙古自治区地质局102地质队,1972.

内蒙古自治区伊盟海勃湾市代兰塔拉铅锌矿详细普查评价报告[R].内蒙古自治区伊克昭盟108地质队,1971.

内蒙古自治区哲里木盟库伦旗大麦地黑钨矿矿床详细普查报告[R].哲里木盟公署地质局第1地质队,1960.

内蒙古自治区哲里木盟库伦旗汤家杖子黑钨矿矿床初步勘探报告[R].哲里木盟公署地质局第2地质队,1960.

内蒙古自治区哲盟库伦旗赵家湾子钨矿床普查评价报告[R].哲里木盟公署地质局第1地质队,1960.

内蒙古自治区准格尔旗房塔沟黄铁矿初步勘探地质报告[R].内蒙古自治区工业厅地质局703队,1956.

内蒙古自治区准格尔旗榆树湾乡浪上黄铁矿初步勘探地质报告[R]. 内蒙古自治区工业厅地质局703队,1956.

内蒙古自治区1:50万航空磁力异常图和1:100万布格重力异常图综合研究报告[R]. 内蒙古自治区第一物探化探队(内部报告),1983.

内蒙古自治区阿拉善右旗哈布达哈拉萤石矿普查地质报告[R]. 内蒙古自治区地质局108地质队,1984.

内蒙古自治区阿拉善右旗碱泉东南金矿普查报告[R]. 甘肃省核工业地质212大队,2003.

内蒙古自治区阿拉善右旗碱泉子2号岩金矿床详查报告[R]. 核工业部西北地勘局212队,1988.

内蒙古自治区阿拉善右旗下盐,路滩—东小湖一带镍、铜矿预查报告[R]. 甘肃秦祁力拓矿业勘查开发有限公司,2004.

内蒙古自治区阿拉善左旗恩格勒萤石矿东矿床详细普查地质报告[R]. 内蒙古自治区地矿局108地质队,1987.

内蒙古自治区阿拉善左旗元山子地区镍矿普查报告[R]. 银川高新区石金矿业有限公司,2003.

内蒙古自治区阿拉善左旗元山子矿区镍钼矿详查报告[R]. 包头市邦兴矿业有限公司,2007.

内蒙古自治区阿拉善左旗朱拉扎嘎及外围金矿评价报告[R]. 内蒙古自治区地质调查院,2001.

内蒙古自治区阿拉善左旗朱拉扎嘎金矿区地质普查报告[R]. 内蒙古自治区国土资源勘查开发院,1999.

内蒙古自治区阿拉善左旗珠拉扎噶矿区金矿资源储量核实报告[R]. 山东省第五地质矿产勘查院,2008.

内蒙古自治区阿鲁科尔沁旗敖瑙达巴矿区多金属矿区普查地质报告[R]. 内蒙古自治区地矿局115地质队,1993.

内蒙古自治区阿鲁科尔沁旗龙头山矿区Ⅰ号带银多金属矿详查报告[R]. 中国冶金地质勘查工程总局第一地质勘查院,2005.

内蒙古自治区阿鲁科尔沁旗斯劳根乌拉铅锌矿地质普查工作报告[R]. 内蒙古自治区龙旺地质勘查有限责任公司,2008.

内蒙古自治区阿鲁科尔沁旗乌兰哈达萤石矿普查地质报告[R]. 内蒙古自治区第十地质矿产勘查开发院,1999.

内蒙古自治区敖汉旗白马石沟矿区铜矿详查报告[R]. 内蒙古自治区物化天宝矿物资源有限公司,2006.

内蒙古自治区敖汉旗白音沟矿区铜矿普查报告[R]. 中国非金属矿协矿物利用专委会赤峰工作部,2005.

内蒙古自治区敖汉旗大甸子乡陈道沟萤石矿详查地质报告[R]. 内蒙古自治区地矿局第二区调队,1992.

内蒙古自治区敖汉旗东对面沟矿区金矿补充详查报告[R]. 内蒙古自治区天信地质勘查开发有限责任公司,2008.

内蒙古自治区敖汉旗丰收乡白杖子萤石矿详细普查地质报告[R]. 内蒙古自治区地矿局第3地质队,1990.

内蒙古自治区敖汉旗金厂沟梁金矿区26号脉带8号矿脉详细普查地质报告[R]. 内蒙古自治区地矿局第3地质队,1988.

内蒙古自治区敖汉旗金厂沟梁金矿区56号脉带勘探地质报告[R]. 内蒙古自治区地矿局第3地质大队,1987.

内蒙古自治区敖汉旗金厂沟梁金矿区57号矿脉勘探地质报告[R]. 内蒙古自治区地矿局第3地质大队,1984.

内蒙古自治区敖汉旗金厂沟梁金矿区金矿资源储量核实报告[R]. 内蒙古自治区金陶股份有限公司, 2005.

内蒙古自治区敖汉旗金厂沟梁西矿区金矿普查总结地质报告[R]. 内蒙古自治区地矿局第3地质大队, 1990.

内蒙古自治区敖汉旗撰山子矿区撰山子金(岩金)矿资源储量核实报告[R]. 内蒙古自治区物华天宝矿物资源有限公司, 2005.

内蒙古自治区巴林右旗巴彦塔拉苏木苏达勒萤石矿详查地质报告[R]. 内蒙古自治区地矿局第二区调队, 1989.

内蒙古自治区巴林左旗驼峰山矿区多金属硫铁矿普查报告[R]. 中化地质矿山总局内蒙古地质勘查院, 2007.

内蒙古自治区巴盟中后旗对门山硫锌矿床普查评价地质报告[R]. 内蒙古自治区地矿局108地质队, 1979.

内蒙古自治区包头市郊区乌拉山金矿区113号脉中矿段详查地质报告[R]. 内蒙古自治区地矿局105地质队, 1993.

内蒙古自治区包头市乌拉山金矿12号脉普查地质报告[R]. 内蒙古自治区第五地勘院, 1998.

内蒙古自治区察哈尔右翼中旗公忽洞矿区金矿详查报告[R]. 内蒙古自治区环地勘查测绘科技有限公司, 2008.

内蒙古自治区察右前旗李清地-九龙湾铅锌多金属矿普查报告[R]. 内蒙古自治区有色地质勘查局609队, 2006.

内蒙古自治区察右前旗李清地银矿区南矿带1~4线勘探报告[R]. 中国有色总公司内蒙地勘局609队, 1995.

内蒙古自治区察右中旗金盆金矿白银河矿段第四系砂金矿勘探地质报告[R]. 中国人民解放军00525部队, 1981.

内蒙古自治区察右中旗新地沟矿区上半沟矿段金矿普查报告[R]. 内蒙古自治区矿产实验研究所, 2003.

内蒙古自治区潮格旗炭窑口多金属矿区普查评价总结报告[R]. 冶金工业部华北冶金地质勘探公司511队, 1970.

内蒙古自治区潮格旗炭窑口磷硫多金属矿区一号磷铜锌矿床详细普查地质报告[R]. 内蒙古自治区地质局108地质队, 1980.

内蒙古自治区陈巴尔虎旗东方红萤石矿详细普查地质报告[R]. 内蒙古自治区地质局106地质队, 1981.

内蒙古自治区陈巴尔虎旗七一牧场北山矿区Ⅰ、Ⅱ矿段铅锌矿普查报告[R]. 内蒙古自治区第十地质矿产勘查开发院, 2005.

内蒙古自治区赤峰市敖汉旗撰山子金矿找矿评价报告[R]. 中国有色总公司内蒙古地勘公司第八队, 1984.

内蒙古自治区赤峰市松山区官地矿区Ⅳ号矿体银金矿资源储量核实报告[R]. 内蒙古自治区赤峰银海金业有限责任公司, 2003.

内蒙古自治区赤峰市元宝山区元宝山矿区金矿资源储量核实报告[R]. 赤峰市兴源矿业技术咨询服务有限责任公司, 2008.

内蒙古自治区达尔罕茂明安联合旗步龙土磷矿区北段详细勘探地质报告[R]. 内蒙古自治区地质局, 102地质队, 1980.

内蒙古自治区达尔罕茂明安联合旗查干哈达庙矿区铜矿详查报告[R]. 达茂联合旗鹏飞铜锌选矿有限责任公司, 2007.

内蒙古自治区达尔罕茂明安联合旗黑沙图萤石矿地质评价报告[R].华北冶金地质勘探公司511队,1971.

内蒙古自治区达尔罕茂明安联合旗乌花朝鲁矿区岩金矿普查报告[R].核工业208大队,2005.

内蒙古自治区达茂旗黄花滩铜镍矿地质普查总结报告[R].内蒙古自治区华域地质矿产勘查有限责任公司,2005.

内蒙古自治区达茂旗赛乌苏矿区32号脉群金矿资源储量核实报告[R].武警黄金二支队,2004.

内蒙古自治区磴口县盖沙图铜金矿普查总结报告[R].巴彦淖尔市岭原地质矿产勘查有限责任公司,2005.

内蒙古自治区磴口县盖沙图铜矿区详细普查报告[R].中国有色金属总公司内蒙古地勘公司第一队,1986.

内蒙古自治区东乌珠穆沁旗奥尤特乌拉铜多金属矿地质成果报告[R].内蒙古自治区有色地质矿产有限公司,2008.

内蒙古自治区东乌珠穆沁旗奥尤特乌拉铜多金属矿地质普查总结报告[R].内蒙古自治区华域地质矿产勘查有限责任公司,2005.

内蒙古自治区东乌珠穆沁旗查干敖包矿区铁锌矿资源储量核实报告[R].内蒙古自治区天信地质勘查开发有限责任公司,2009.

内蒙古自治区东乌珠穆沁旗朝不楞矿区一矿带铁锌多金属矿补充详查报告[R].内蒙古自治区内蒙古物华天宝矿物资源有限公司,2005.

内蒙古自治区东乌珠穆沁旗朝不楞矿区铁多金属矿详细普查地质报告[R].内蒙古自治区地质局109地质队,1982.

内蒙古自治区东乌珠穆沁旗迪彦钦阿木矿区多金属矿地质普查报告[R].内蒙古自治区地矿局第二物化探勘查院,1993.

内蒙古自治区东乌珠穆沁旗吉林宝力格矿区银矿详查报告[R].内蒙古自治区东乌珠穆沁旗天贺矿业有限责任公司,2005.

内蒙古自治区东乌珠穆沁旗沙麦矿区钨矿资源储量核实报告[R].内蒙古自治区赤峰地质矿产勘查开发院,2004.

内蒙古自治区东乌珠穆沁旗小坝梁矿区铜矿资源储量核实报告[R].赤峰兴源矿业技术咨询服务有限责任公司,2007.

内蒙古自治区额尔古纳市昆库力萤石矿详查地质报告[R].内蒙古自治区赤峰金源矿业开发有限责任公司,1990.

内蒙古自治区额尔古纳市小伊诺盖沟金矿普查地质报告[R].内蒙古自治区第十地质矿产勘查开发院,1999.

内蒙古自治区额济纳旗老硐沟金铅矿区详细普查地质报告[R].甘肃地矿局第四地质队,1984.

内蒙古自治区额济纳旗老硐沟矿区及外围黄金普查地质报告[R].内蒙古自治区地矿局108地质队,1991.

内蒙古自治区额济纳旗七一山钨钼矿区普查评价地质报告[R].甘肃省地矿局第四地质队,1983.

内蒙古自治区额济纳旗小狐狸山矿区铅锌钼矿详查报告[R].内蒙古自治区地质矿产勘查院,2008.

内蒙古自治区额济纳旗珠斯楞海尔罕矿区铜银铅金多金属矿普查报告[R].内蒙古自治区国土资源勘查开发院,2006.

内蒙古自治区鄂伦春自治旗哈达汗萤石矿普查地质报告[R].内蒙古自治区地矿局116地质队,1986.

内蒙古自治区二连白音脑包萤石矿普查报告[R].内蒙古自治区地矿局103地质队,1960.

内蒙古自治区固阳县上十二份子矿区金矿详查报告[R].核工业208大队,2008.

内蒙古自治区固阳县十八顷壕金矿储量核实报告[R].内蒙古自治区第一地质矿产勘查开发院,2005.

内蒙古自治区固阳县十八顷壕矿区金矿勘探地质报告[R].内蒙古自治区第一地质队,1987.

内蒙古自治区呼和浩特市郊区盘路构矿区磷矿地质普查报告[R].内蒙古自治区地质局106地质队,1975.

内蒙古自治区科尔沁右翼前旗六合屯萤石矿带中段详查地质报告[R].内蒙古自治区地矿局115地质队,1989.

内蒙古自治区科尔沁右翼中旗布敦花铜矿田隐伏铜矿成矿规律和成矿预测研究报告[R].内蒙古自治区地矿局115地质队,1994.

内蒙古自治区科尔沁右翼中旗扎木钦矿区15～22线铅锌矿详查报告[R].辽宁省第十地质大队,2006.

内蒙古自治区克什克腾旗拜仁达坝矿区银多金属矿详查报告[R].内蒙古自治区第九地质矿产勘查开发院,2004.

内蒙古自治区克什克腾旗哈达吐铅锌矿普查地质报告[R].内蒙古自治区地矿局第三地矿勘查开发院,1994.

内蒙古自治区克什克腾旗黄岗铁锡矿Ⅲ-2区锡矿Ⅰ号脉详查地质报告[R].内蒙古自治区赤峰地质矿产勘查开发院,1997.

内蒙古自治区林西县曹家屯矿区钼矿生产详查报告[R].林西县红杉矿业有限责任公司,内蒙古天信地质勘查开发有限责任公司,2008.

内蒙古自治区林西县官地乡大井矿区铜锡多金属矿(北)详查地质报告[R].华北有色地质勘查局综合普查大队,1990.

内蒙古自治区宁城县陈家杖子矿区金矿及外围普查报告[R].内蒙古自治区赤峰地质矿产勘查开发院,2006.

内蒙古自治区宁城县碾子沟萤石矿普查年度工作报告[R].内蒙古自治区第十地质矿产勘查开发院,2003.

内蒙古自治区宁城县桃海萤石矿2002年度普查工作报告[R].内蒙古自治区第十地质矿产勘查开发院,2003.

内蒙古自治区四子王旗白乃庙金矿21号脉详查及外围普查地质报告[R].内蒙古自治区地矿局103地质队,1990.

内蒙古自治区四子王旗白乃庙金矿26号脉勘探地质报告[R].内蒙古自治区103地质队,1981.

内蒙古自治区四子王旗白乃庙铜矿北矿带(八矿段)铜钼矿普查报告[R].内蒙古自治区103地质队,1977.

内蒙古自治区四子王旗白乃庙铜矿床地质特征及成矿规律研究[R].内蒙古自治区103地质队,1987.

内蒙古自治区四子王旗北敖包吐矿区萤石矿详细普查及外围萤石矿普查地质报告[R].内蒙古自治区地矿局102地质队,1988.

内蒙古自治区四子王旗苏莫查干敖包矿区萤石矿初步勘探地质报告[R].内蒙古自治区地矿局102地质队,1987.

内蒙古自治区四子王旗小南山铜镍矿地质普查总结报告[R].内蒙古自治区华域地质矿产勘查有限责任公司,2005.

内蒙古自治区四子王旗小南山铜镍矿综合勘探报告[R].内蒙古自治区103地质队,1974.

内蒙古自治区苏尼特右旗别鲁乌图矿区(不含原详查23～31线)铅锌铜硫矿勘探报告[R].苏尼特

右旗朱日和铜业有限责任公司,2010.

内蒙古自治区苏尼特右旗别鲁乌图铜多金属矿矿产资源储量核实报告[R].内蒙古自治区第四地勘院,2004.

内蒙古自治区苏尼特左旗哈拉图庙矿区镍矿详查报告[R].内蒙古自治区第四地质矿产勘查开发院,2010.

内蒙古自治区太仆寺旗白石头洼钨矿区二号脉补充地质工作报告[R].内蒙古自治区有色金属地质勘探局609队,1993.

内蒙古自治区太仆寺旗千斤沟矿区锡矿初步普查地质报告[R].内蒙古自治区109地质队,1987.

内蒙古自治区突泉县长春岭矿区银铅锌矿补充详查报告[R].兴安盟浩展地质勘查有限公司,2007.

内蒙古自治区突泉县闹牛山铜矿床普查报告[R].内蒙古自治区有色地勘局108队,1997.

内蒙古自治区翁牛特旗天桥沟矿区铅锌矿资源储量核实报告[R].内蒙古自治区有色地质勘查局108队,2007.

内蒙古自治区翁牛特旗余家窝铺矿区(0~8勘探线505~660m标高)铅锌矿新增资源储量报告[R].华北地质勘查局综合普查队,2007.

内蒙古自治区翁牛特旗余家窝铺铅锌矿1号矿体中段初步勘探地质报告[R].内蒙古自治区地矿局第三地质队,1987.

内蒙古自治区乌海市代兰塔拉矿区铅锌矿资源储量核实报告[R].内蒙古自治区第八地质矿产勘查院,2006.

内蒙古自治区乌拉特后旗宝格太庙地区铜多金属矿普查报告及下一步工作设计[R].内蒙古自治区巴盟岭原地质矿产勘查有限责任公司,2003.

内蒙古自治区乌拉特后旗别力盖庙矿区镍矿普查报告[R].巴彦淖尔市岭原地质矿产勘查有限责任公司,2006.

内蒙古自治区乌拉特后旗达布逊镍钴多金属矿普查(部分详查)阶段成果[R].内蒙古自治区第二地质矿产开发院,2010.

内蒙古自治区乌拉特后旗东升庙多金属硫铁矿区地质勘探报告[R].化学工业部地质勘探公司内蒙古地质勘探大队,1992.

内蒙古自治区乌拉特后旗东升庙多金属硫铁矿区富锌矿0~19号勘探线北翼资源储量核实报告[R].中化地质矿山总局内蒙古地质勘查院,2003.

内蒙古自治区乌拉特后旗额布图镍矿资源储量核实报告[R].内蒙古自治区第五地质矿产勘查开发院,2005.

内蒙古自治区乌拉特后旗霍各乞及外围铜多金属矿普查地质报告[R].内蒙古自治区巴盟岭原地质矿产勘查有限责任公司,2002.

内蒙古自治区乌拉特后旗霍各乞矿区一号矿床深部铜多金属矿详查报告[R].北京西蒙矿产勘查有限责任公司,2007.

内蒙古自治区乌拉特后旗霍各乞铜多金属矿区一号矿床——1~19线1834~1400m标高铜矿资源储量核实报告[R].内蒙古自治区巴盟岭原地质矿产勘查有限责任公司,2004.

内蒙古自治区乌拉特后旗欧布拉格矿区铜矿资源储量核实报告[R].内蒙古自治区有色地质勘查局511队,2006.

内蒙古自治区乌拉特后旗欧布拉格铜金矿普查总结报告[R].内蒙古自治区华域地质矿产勘查有限责任公司,2005.

内蒙古自治区乌拉特后旗乌兰呼都格铜多金属矿普查报告及下一步工作设计[R].内蒙古自治区巴盟岭原地质矿产勘查有限责任公司,2003.

内蒙古自治区乌拉特前旗乔二沟矿区锰矿详查报告[R].内蒙古自治区第五地质勘查开发院,

2007.

内蒙古自治区乌拉特中旗巴音哈太矿区萤石矿普查报告[R].中国冶金地质总局第一地质勘查院,2007.

内蒙古自治区乌拉特中旗巴音杭盖金矿区2号脉群岩金详查报告[R].中国人民武装警察部队黄金第11支队,1999.

内蒙古自治区乌拉特中旗东加干锰矿详细普查地质报告[R].内蒙古自治区105地质队,1987.

内蒙古自治区乌拉特中旗浩尧尔忽洞金矿床详查报告[R].宁夏核工业地质勘查院,2005.

内蒙古自治区乌拉特中旗浩尧尔忽洞矿区东矿带金矿详查报告[R].核工业西北地质局二一七大队,2002.

内蒙古自治区乌拉特中旗克布矿区镍矿详查报告[R].内蒙古自治区第五地质矿产勘查开发院,2007.

内蒙古自治区乌拉特中旗刘满壕萤石矿普查报告[R].内蒙古自治区第五地质矿产勘查开发院,2005.

内蒙古自治区西阿拉善左旗恩得尔台苏海—亚干一带铜金锰多金属预查续作评估报告[R].宁夏矿产地质调查院,2010.

内蒙古自治区西乌珠穆沁旗白音胡硕矿区锶矿详查报告[R].内蒙古自治区赤峰地质矿产勘查开发院,2008.

内蒙古自治区西乌珠穆沁旗道伦达坝铜多金属矿普查地质工作阶段总结[R].内蒙古自治区第九地质矿产勘查开发院,2001.

内蒙古自治区西乌珠穆沁旗道伦达坝铜多金属矿区7~15勘探线详查报告[R].内蒙古自治区赤峰地质矿产勘查开发院,2004.

内蒙古自治区西乌珠穆沁旗花敖包特矿区花敖包特山矿段、选厂东山北矿段铅锌银矿详查报告[R].内蒙古自治区玉龙矿业股份有限公司,2008.

内蒙古自治区西乌珠穆沁旗珠尔很沟矿区锌矿详查报告[R].华北地质勘察局519大队,2008.

内蒙古自治区锡林浩特市白音锡勒牧场萤石矿普查地质报告[R].内蒙古自治区矿业开发总公司,1999.

内蒙古自治区锡林浩特市毛登矿区锡矿详细普查地质报告[R].内蒙古自治区109地质队,1989.

内蒙古自治区锡林浩特市毛登小孤山北矿区锌锡矿详查报告[R].山东省鲁地矿业有限公司,2008.

内蒙古自治区锡林浩特市跃进萤石矿初步普查地质报告[R].内蒙古自治区地质局109地质队,1984.

内蒙古自治区镶黄旗哈达庙斑岩金矿详细普查地质报告[R].内蒙古自治区103地质队,1988.

内蒙古自治区新巴尔虎右旗额仁陶勒盖银矿普查报告[R].内蒙古自治区第六地质矿产勘查开发院,1994.

内蒙古自治区新巴尔虎右旗甲乌拉矿区外围铅锌银矿详查报告[R].黑龙江省有色金属地质勘查706队,2005.

内蒙古自治区新巴尔虎右旗甲乌拉银铅锌矿床6~5、20~26线勘探报告[R].黑龙江有色地勘局706队,1992.

内蒙古自治区新巴尔虎右旗乌努格吐山矿区铜钼矿勘探报告[R].北京金有地质勘查有限责任公司,2006.

内蒙古自治区牙克石市牧原镇旺石山萤石矿详查地质报告[R].内蒙古自治区地矿局116地质队,1991.

内蒙古自治区萤石成矿规律及找矿方向研究报告[R].内蒙古自治区地质研究队,1982.

内蒙古自治区扎兰屯市巴升河铁、重晶石矿点普查评价报告[R].黑龙江省冶金地质局地质公司第六地质队(内部报告),1971.

内蒙古自治区扎鲁特旗"八〇一"矿详查地质报告[R].吉林省地质局化探大队,1981.

内蒙古自治区扎鲁特旗富裕屯萤石矿详查地质报告[R].内蒙古自治区地矿局115地质队,1989.

内蒙古自治区昭乌达盟敖汉旗金厂沟梁金矿区26号矿脉地质勘探报告[R].内蒙古自治区地质局205地质队,1966.

内蒙霍各乞多金属矿区一号矿床1968年度总结报告[R].华北冶金地质勘探公司511队,1968.

内蒙乌兰察布盟白云鄂博矿区稀土元素普查总结报告[R].包头钢铁公司地质处,1956.

内蒙乌兰察布盟达尔罕茂明安联合旗黑沙图萤石矿区矿点检查报告[R].内蒙古自治区地质局207地质队,1961.

内蒙兴和县三道沟磷矿区六号脉勘探报告[R].内蒙古自治区地质局102队,1972.

内蒙伊盟海渤湾市代兰塔拉铅矿区地质调查总结[R].内蒙古自治区地质局208队,1967.

内蒙元山子矿化区普查评价报告[R].宁夏综合地质大队,1966.

内蒙昭盟敖汉旗金厂沟梁金矿普查勘探报告[R].内蒙古自治区地质局昭乌达盟地质队,1958.

内蒙昭乌达盟敖汉旗金厂沟梁金矿地质简报[R].内蒙古自治区地质局昭盟地质队,1962.

内蒙昭乌达盟敖汗旗金厂沟梁金矿区15号矿脉地质勘探报告[R].内蒙古自治区地质局203队,1968.

内蒙古四子王旗白乃庙金矿Ⅴ级成矿预测说明书[R].内蒙古自治区103地质队,1980.

内蒙古温都尔庙—白乃庙地区绿片岩系含金性研究[R].内蒙古自治区地矿局103地质队,1986.

内蒙古中部地区磷矿分布规律及找矿方向的初步认识[R].内蒙古自治区地质研究队磷矿组,1978.

内蒙古中部地区硫矿分布规律及找矿方向的初步认识[R].内蒙古自治区地质研究队硫矿组,1978.

内蒙古自治区化工矿产资料卡片(附化工矿产分布图)[Z].中化地质矿山总局内蒙古地质勘查院,1992.

内蒙古自治区矿产资源储量表:黑金属矿产分册[Z].内蒙古自治区国土资源厅,2010.

内蒙古自治区磷矿资源概况[Z].内蒙古自治区地质研究队,1978.

韩杰.内蒙古自治区四子王旗白乃庙铜矿床地质特征及成矿规律研究[R].内蒙古自治区103地质队,1987.

张焕军,等.内蒙古自治区锡林浩特市赫格敖拉矿区3756铬矿资源储量核实报告[R].锡林浩特市华东铬矿,2008.

孙月君,王志刚,张福,等.内蒙古自治区化工矿产资源一览表[Z].中化地质矿山总局内蒙古地质勘查院(内部资料),1992.

孙振江,张福江,赵向东,等.内蒙古自治区陈巴尔虎旗八八一金铜多金属矿普查报告[R].黑龙江省有色金属勘查局706队,2008.

王建平,李继洪,孙振江,等.内蒙古自治区陈巴尔虎旗八大关矿区铜钼矿资源储量核实报告[R].黑龙江省有色金属勘查局706队,2005.

锡林郭勒盟毛登铜矿区地质普查检查报告[R].内蒙古自治区地质局126地质队,1961.

张鹏程,卢树东,付友山,等.内蒙古自治区新巴尔虎右旗乌努格吐山矿区铜钼矿勘探报告[R].内蒙古自治区金域矿业有限公司,2003.

张志超,等.内蒙古自治区扎兰屯市巴升河地区普查地质报告[R].黑龙江省地质局第六队(内部报告),1978.

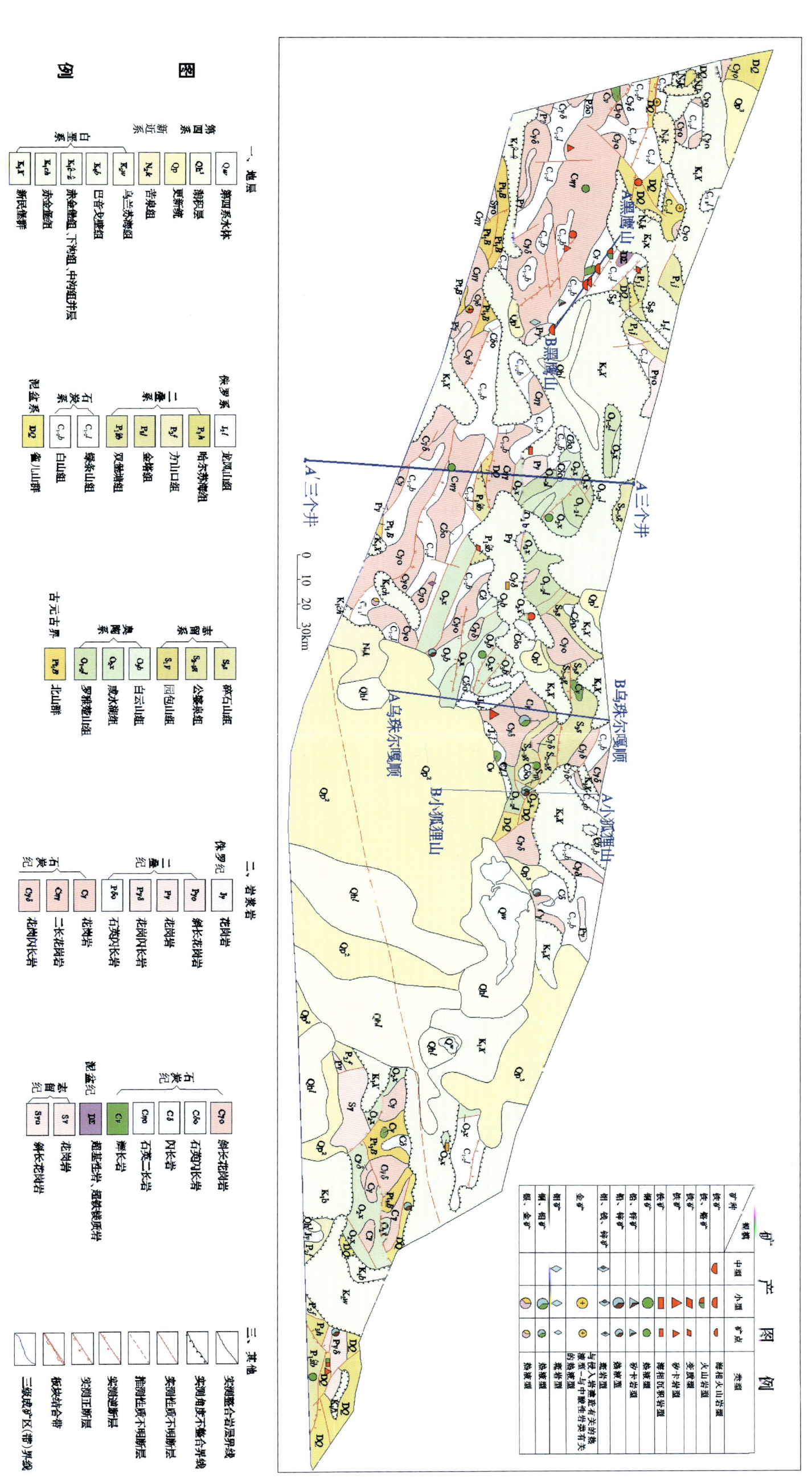

附图1 觉罗塔格-黑鹰山石膏成矿带（Ⅲ-1）区域地质矿产图

附图2 觉罗塔格-黑鹰山石膏成矿带（Ⅲ-1）化探综合异常图

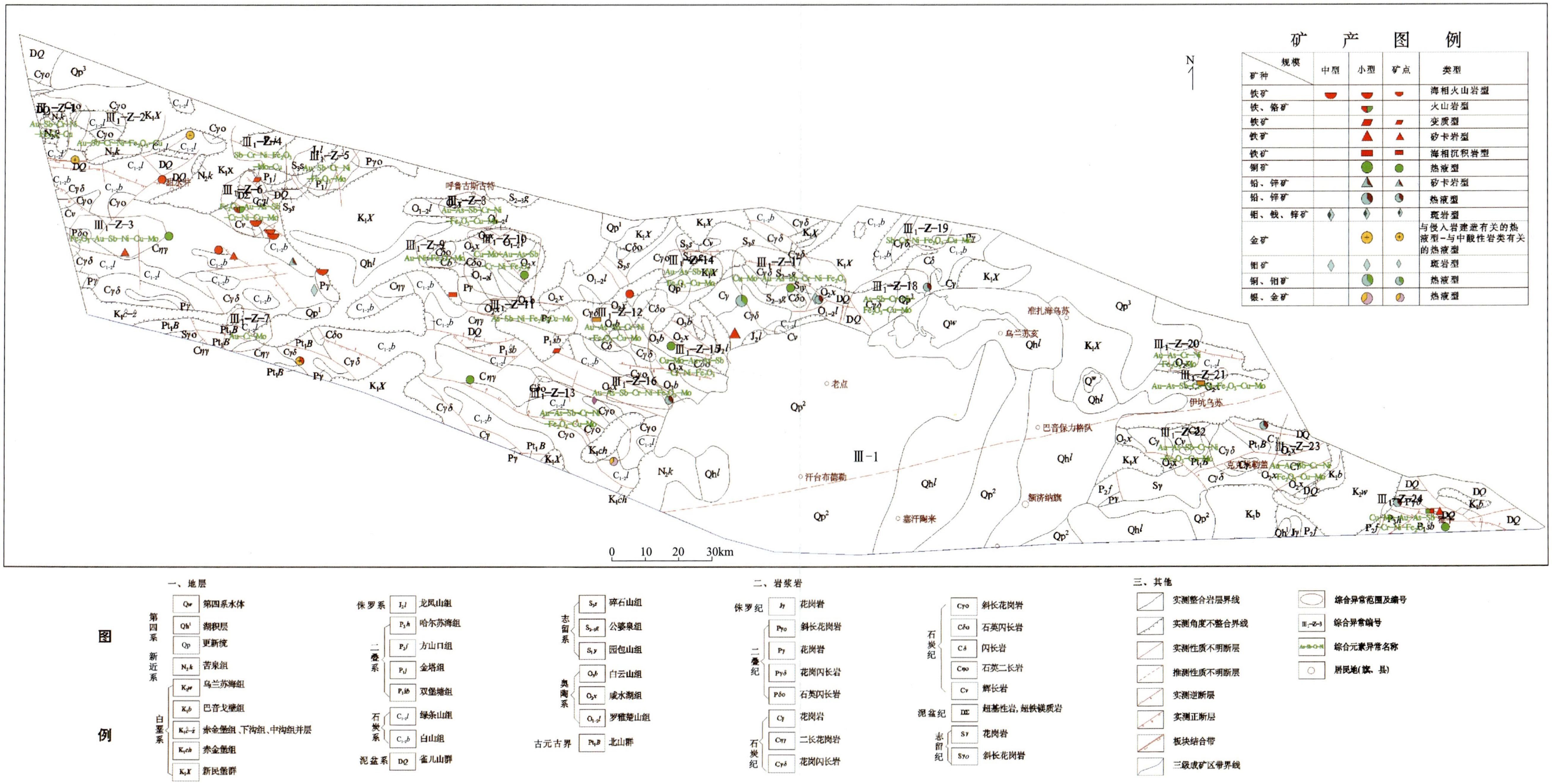

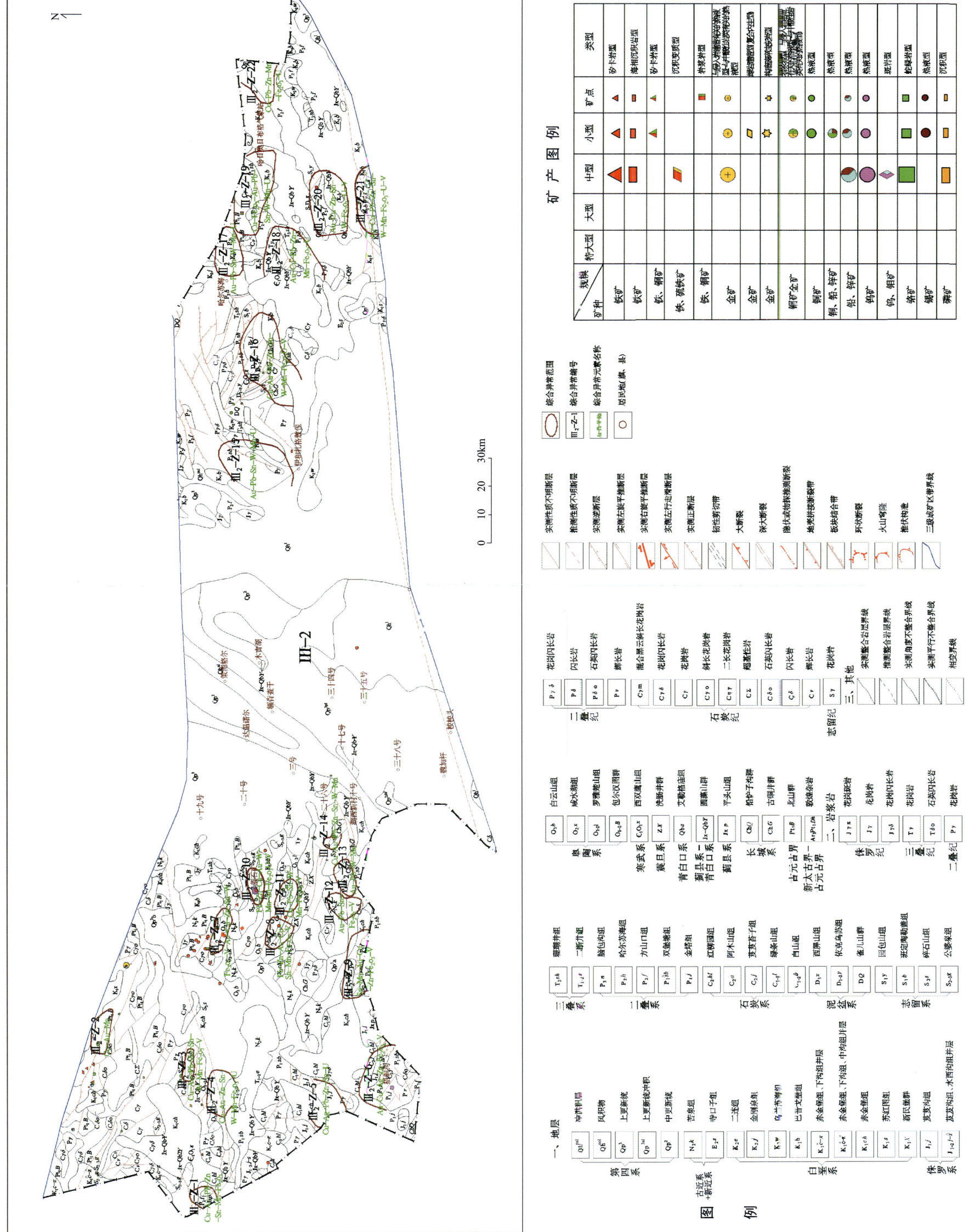

附图4 磁海-公婆泉成矿带（III-2）化探综合异常图

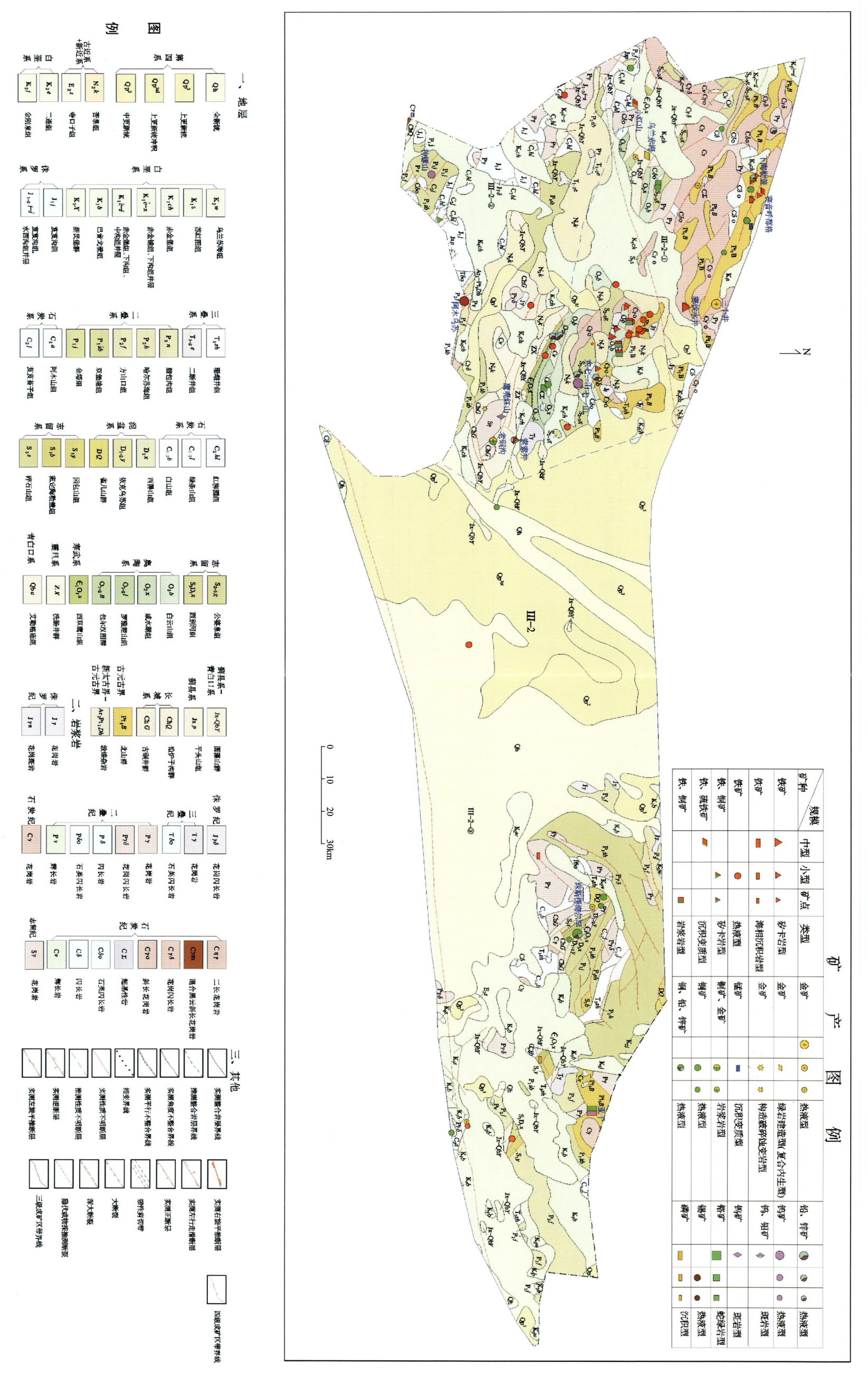

附图3 磁海-公婆泉成矿带（III-2）区域地质矿产图

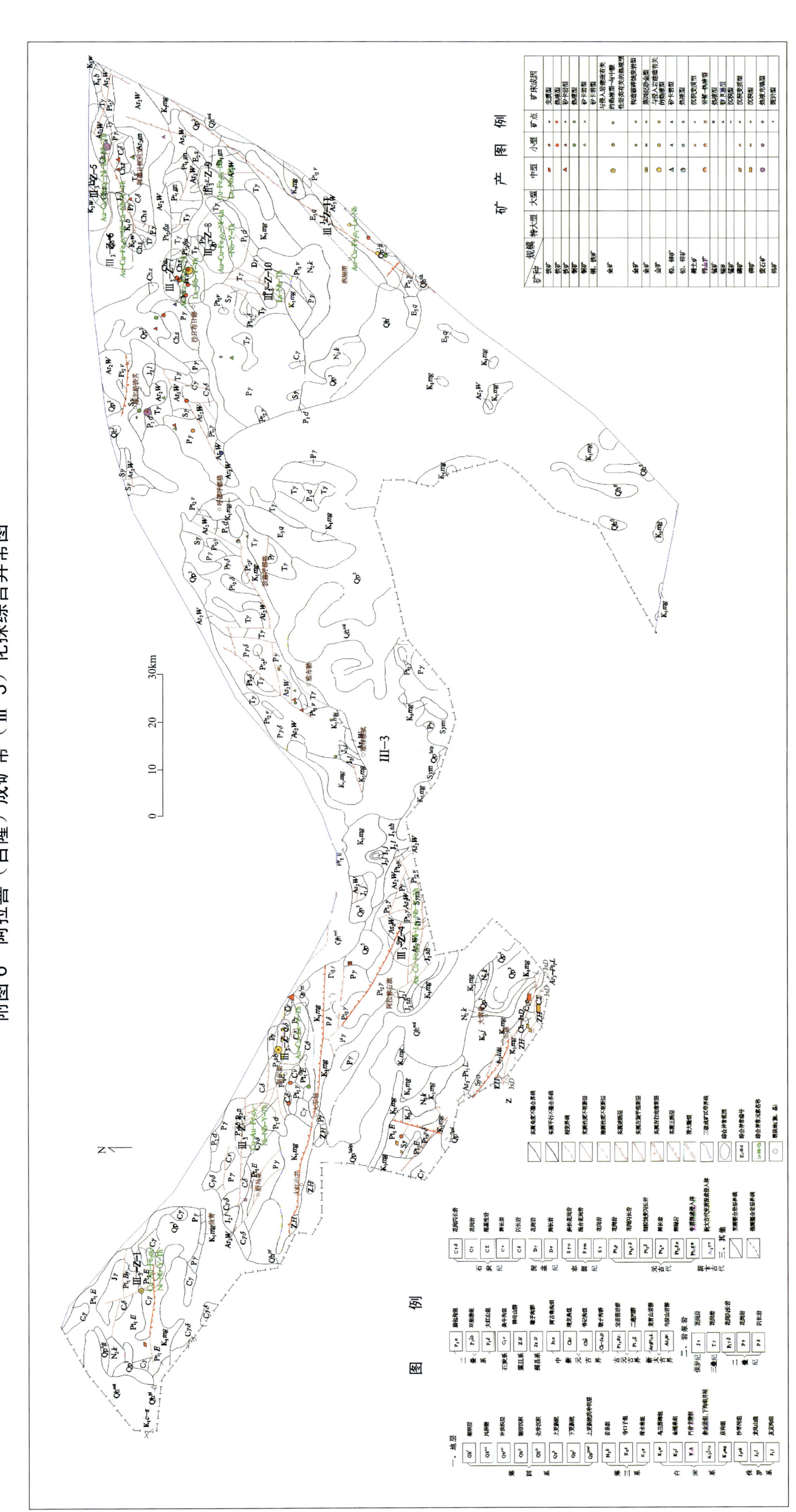

附图 6 阿拉善（台隆）成矿带（Ⅲ-3）化探综合异常图

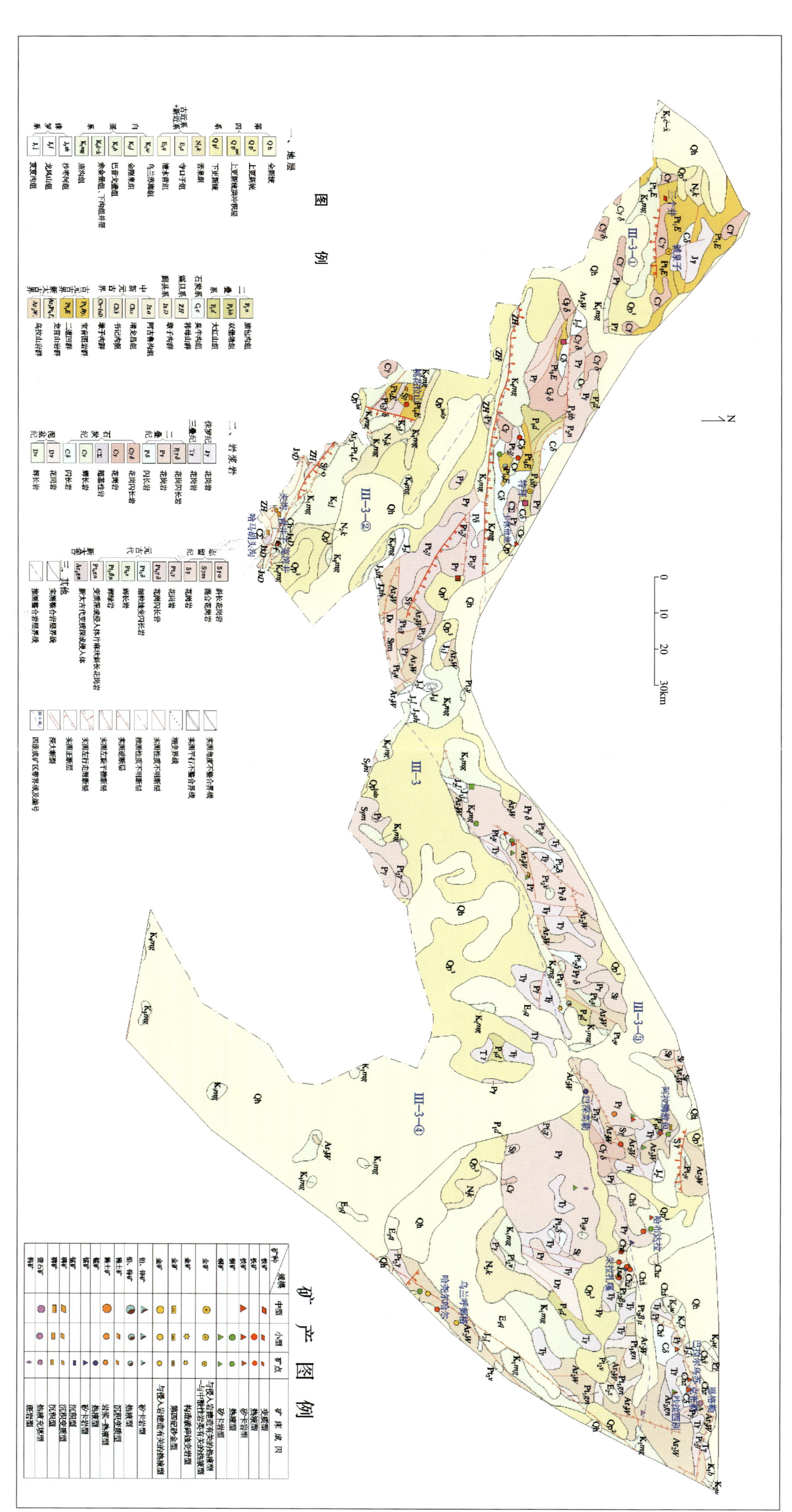

附图 5 阿拉善（台隆）成矿带（Ⅲ-3）区域地质矿产图

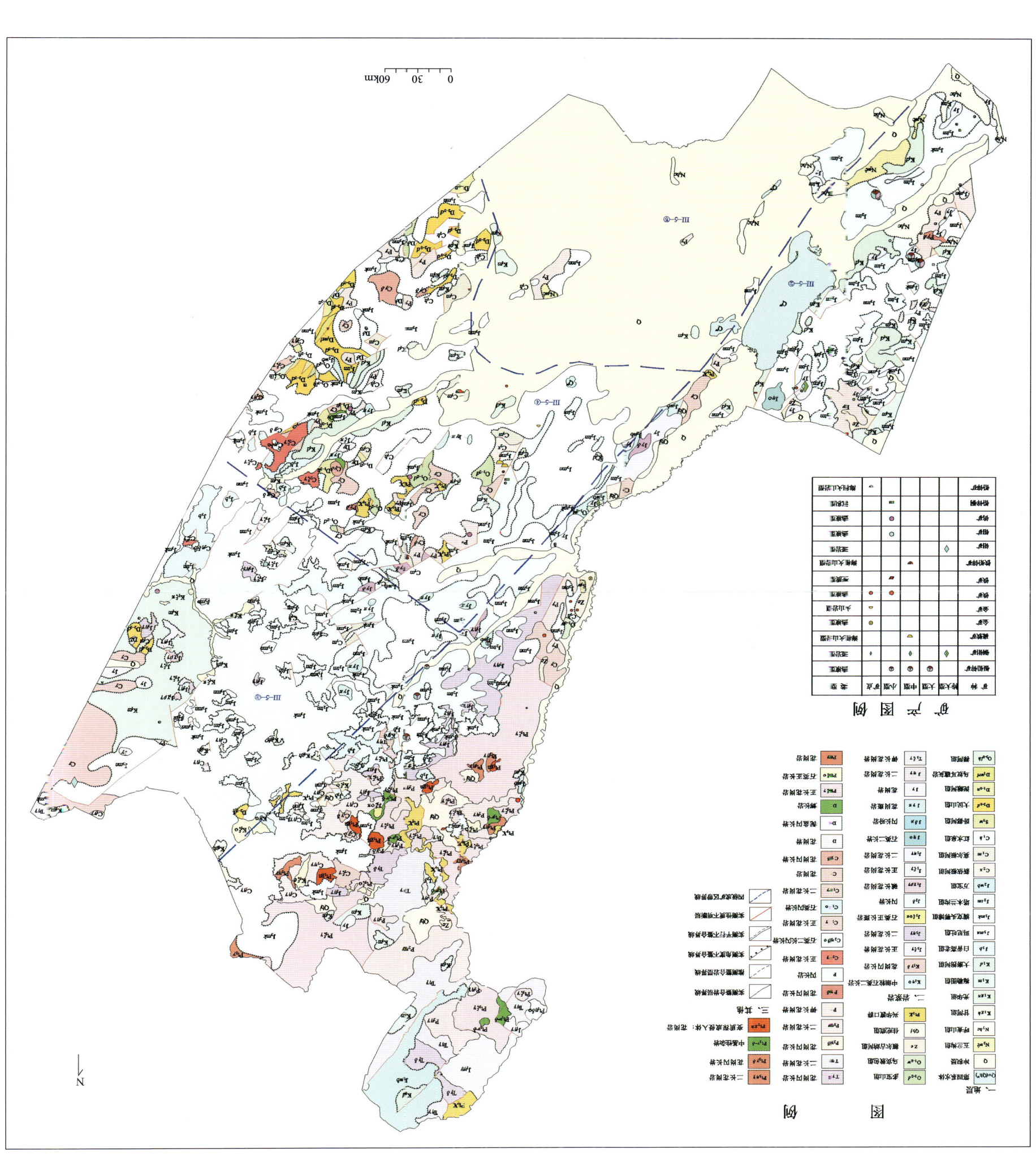

附图 8 鄂巴尔虎右旗（桥张区）成矿带（Ⅲ-5）区域地质矿产图

附图7 新巴尔虎右旗（拉张区）成矿带（Ⅲ-5）化探综合异常图

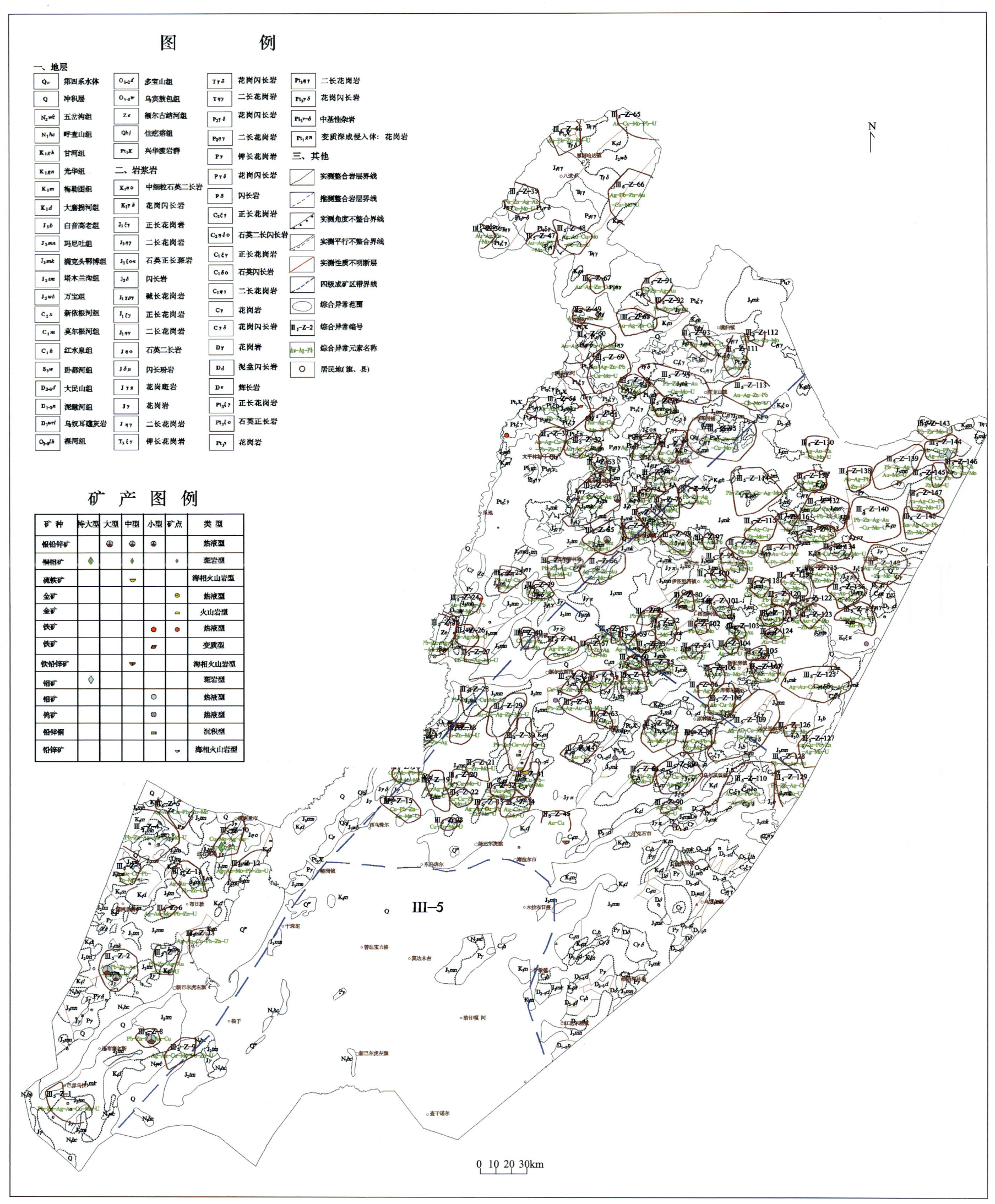

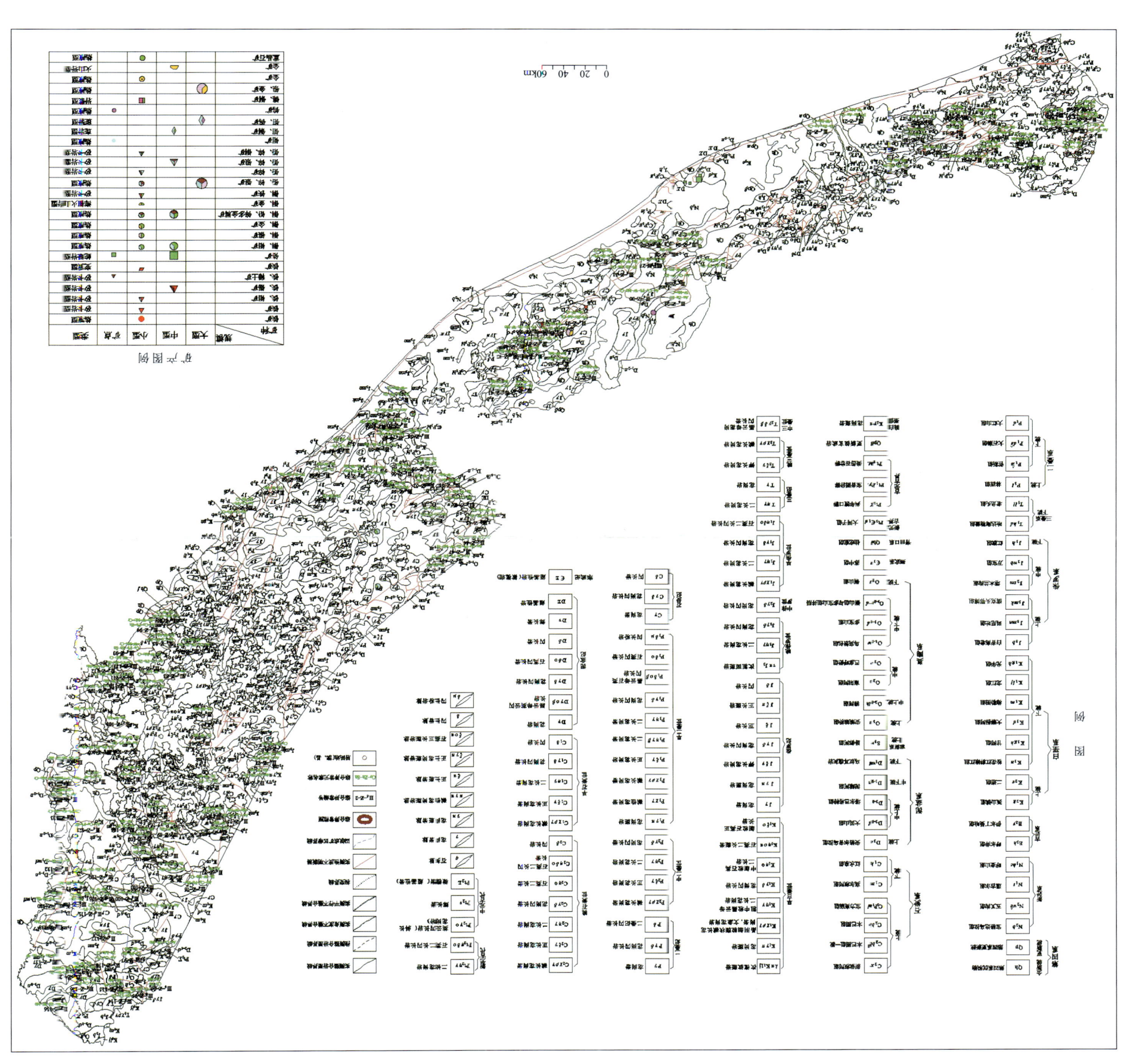

附图 10　余杭辖区瓶窑—临江段北岸（Ⅲ-6）化探综合异常图

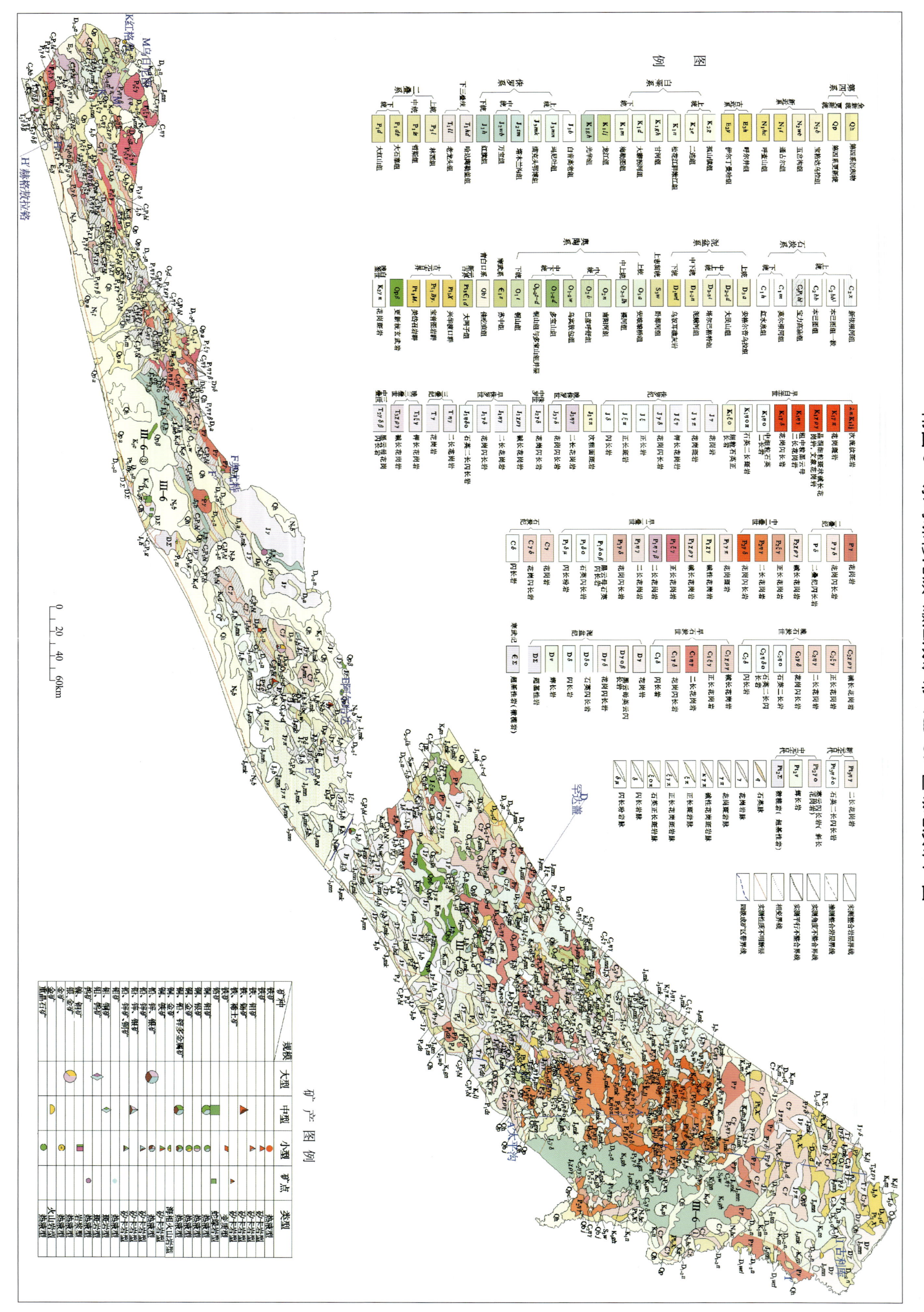

附图9 东乌珠穆沁旗-嫩江成矿带（Ⅲ-6）区域地质矿产图

附图 12 白乃庙-锡林郭勒成矿带（Ⅲ-7）化探综合异常图

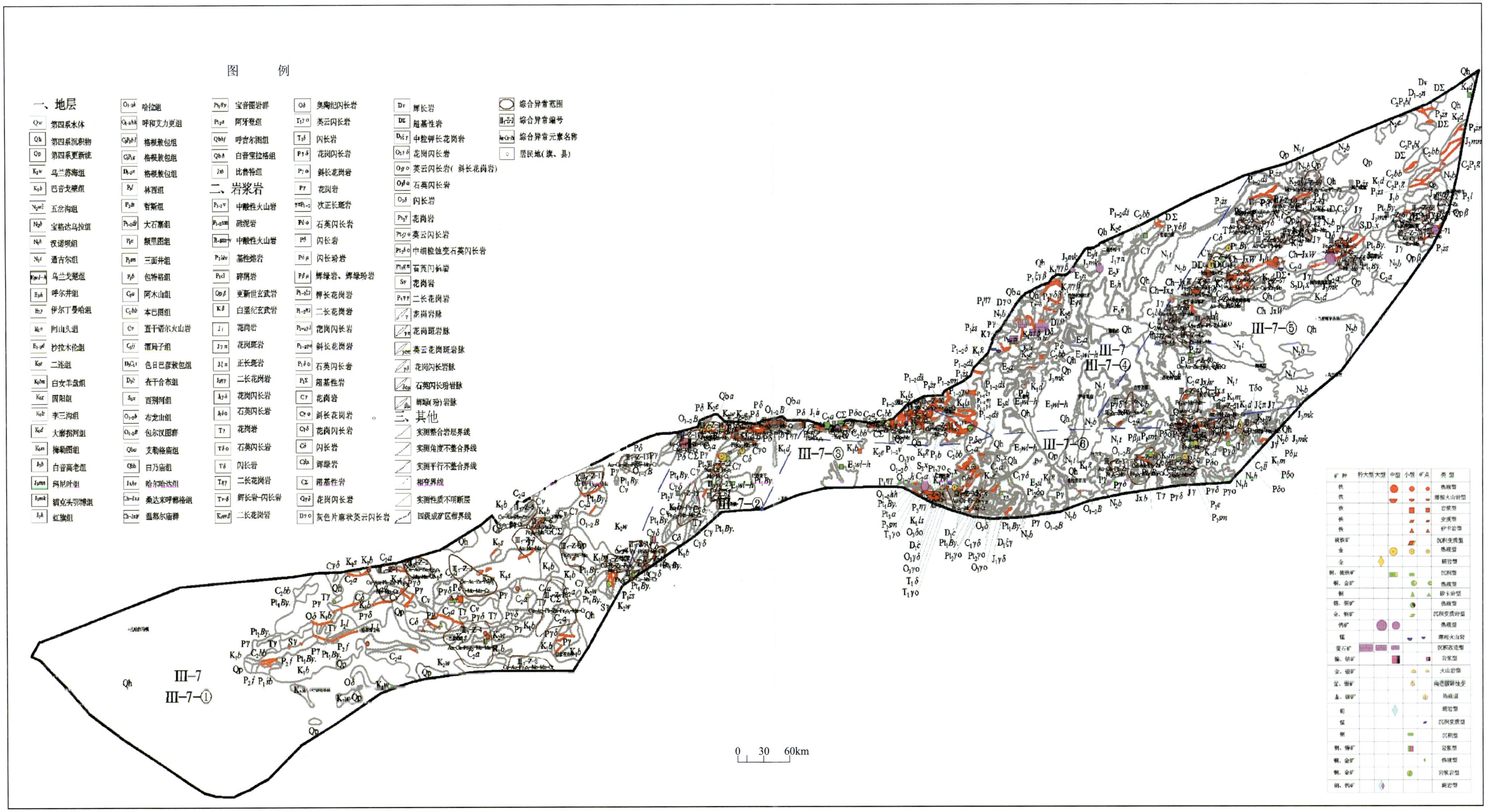

附图11 白乃庙-锡林郭勒成矿带（Ⅲ-7）区域地质矿产图

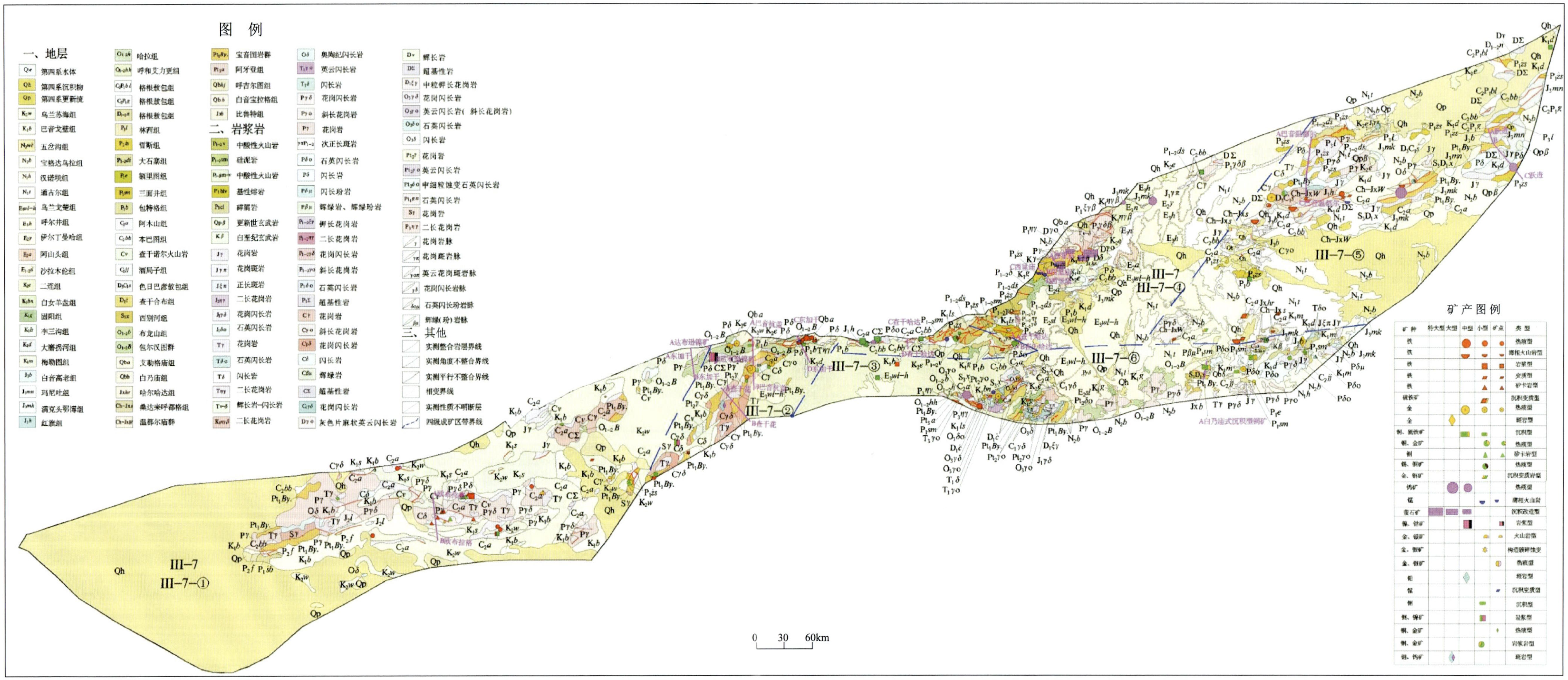

附图 14 突泉-翁牛特成矿带（Ⅲ-8）化探综合异常图

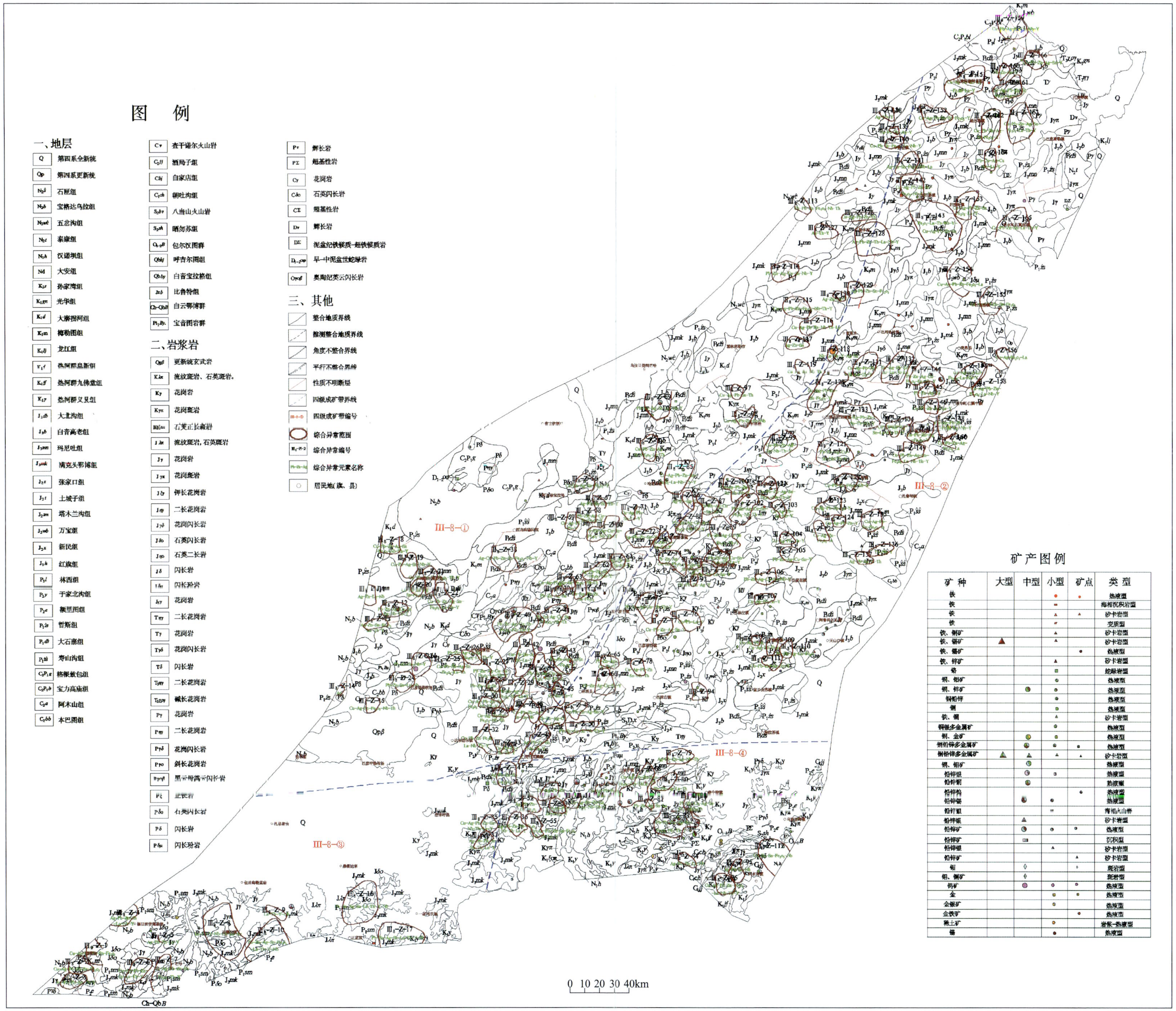

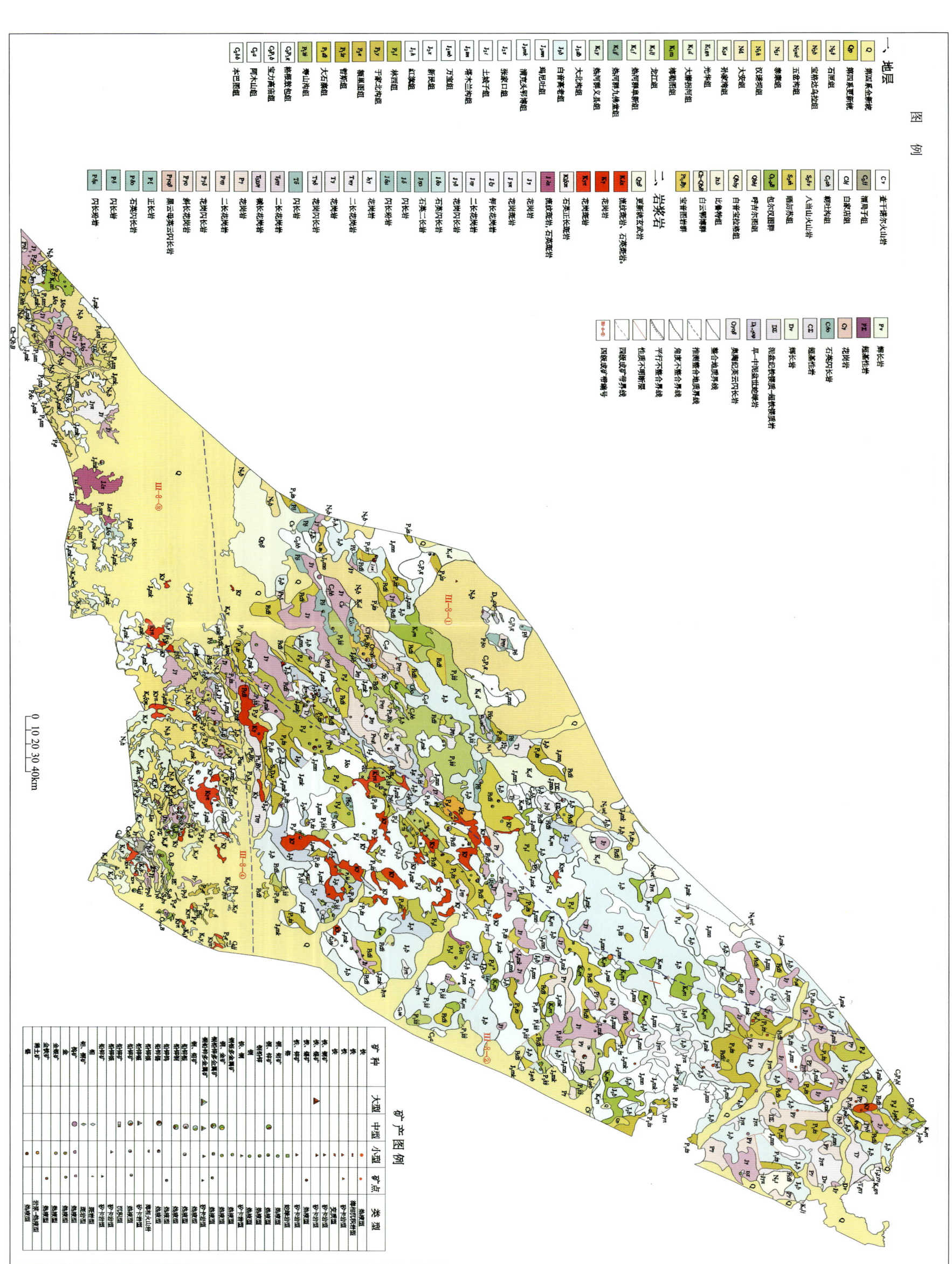

附图13 突泉-翁牛特成矿带（III-8）区域地质矿产图

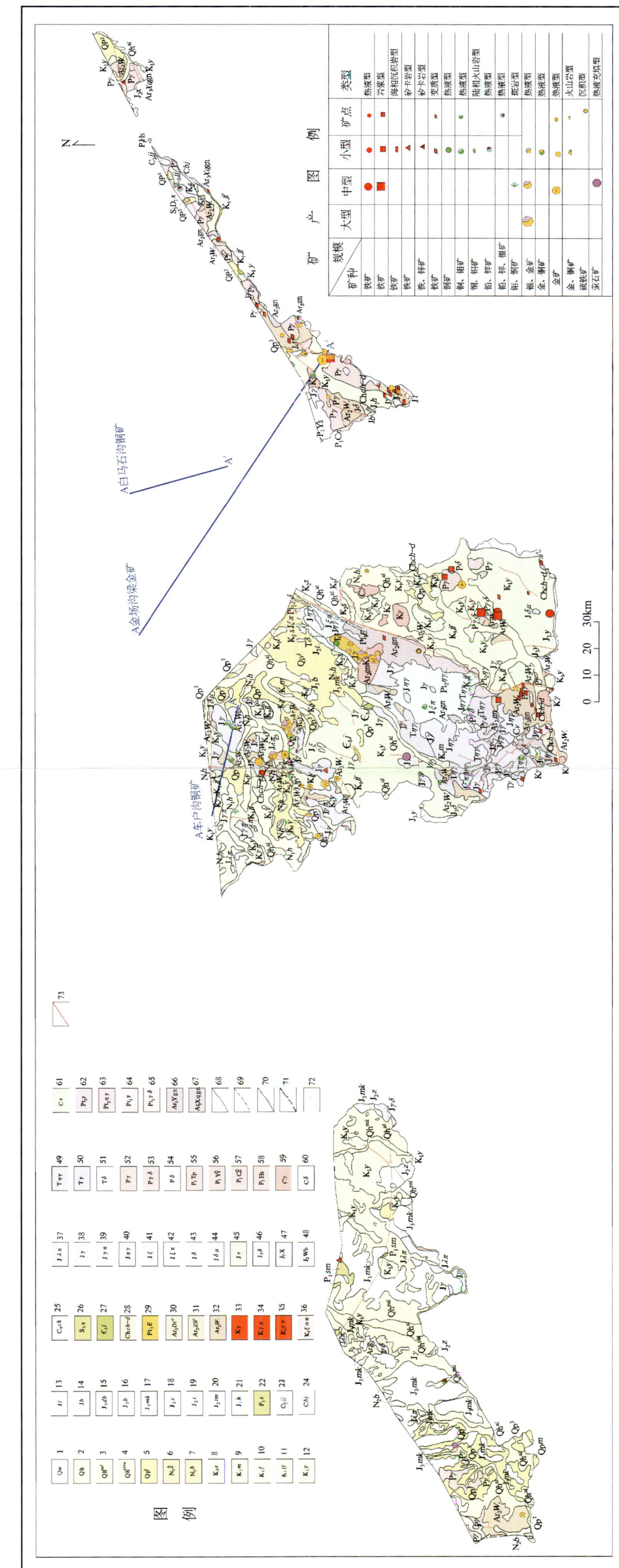

附图 15 松辽盆地石油、天然气、铀成矿区（Ⅲ-9）区域地质矿产图

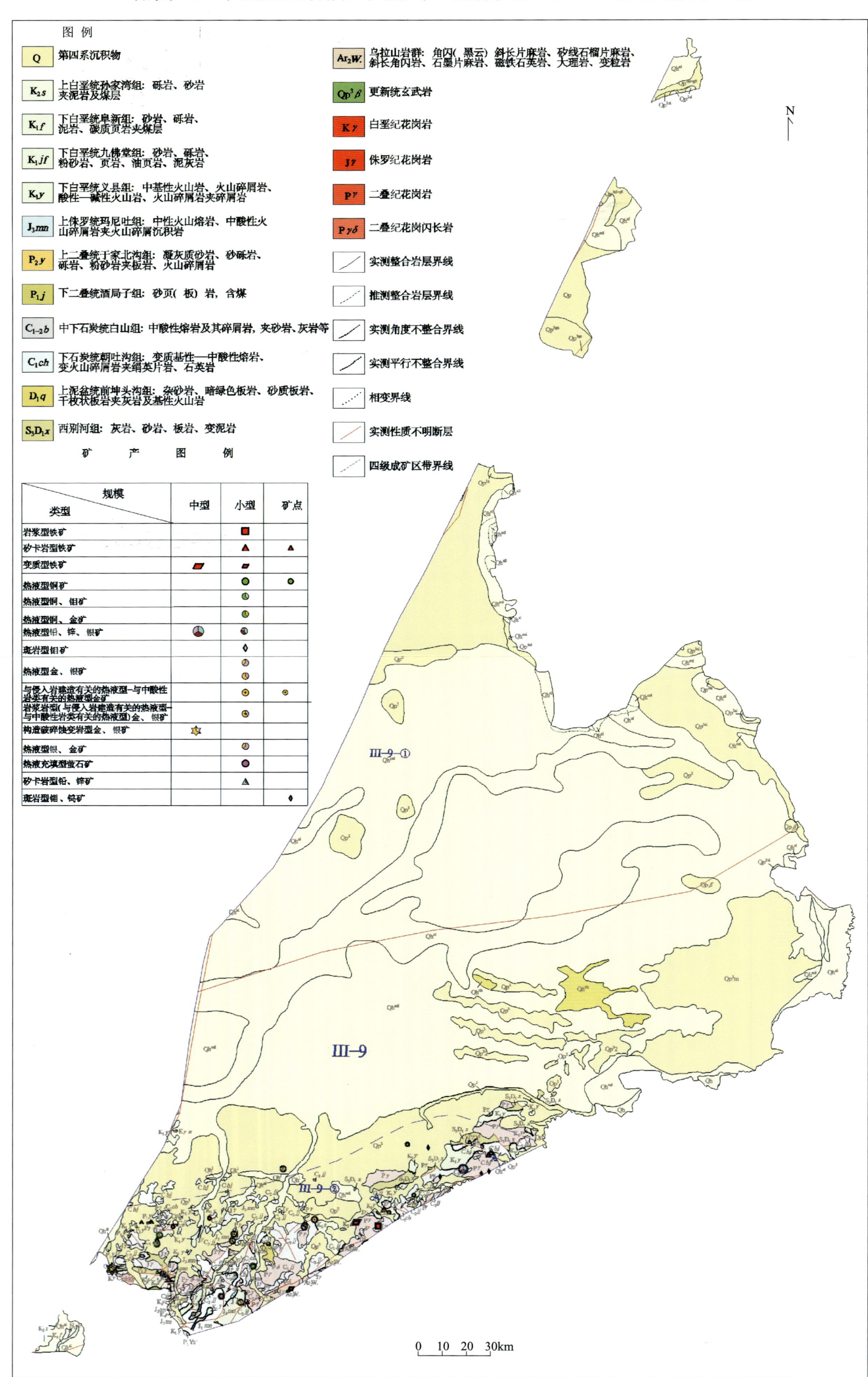

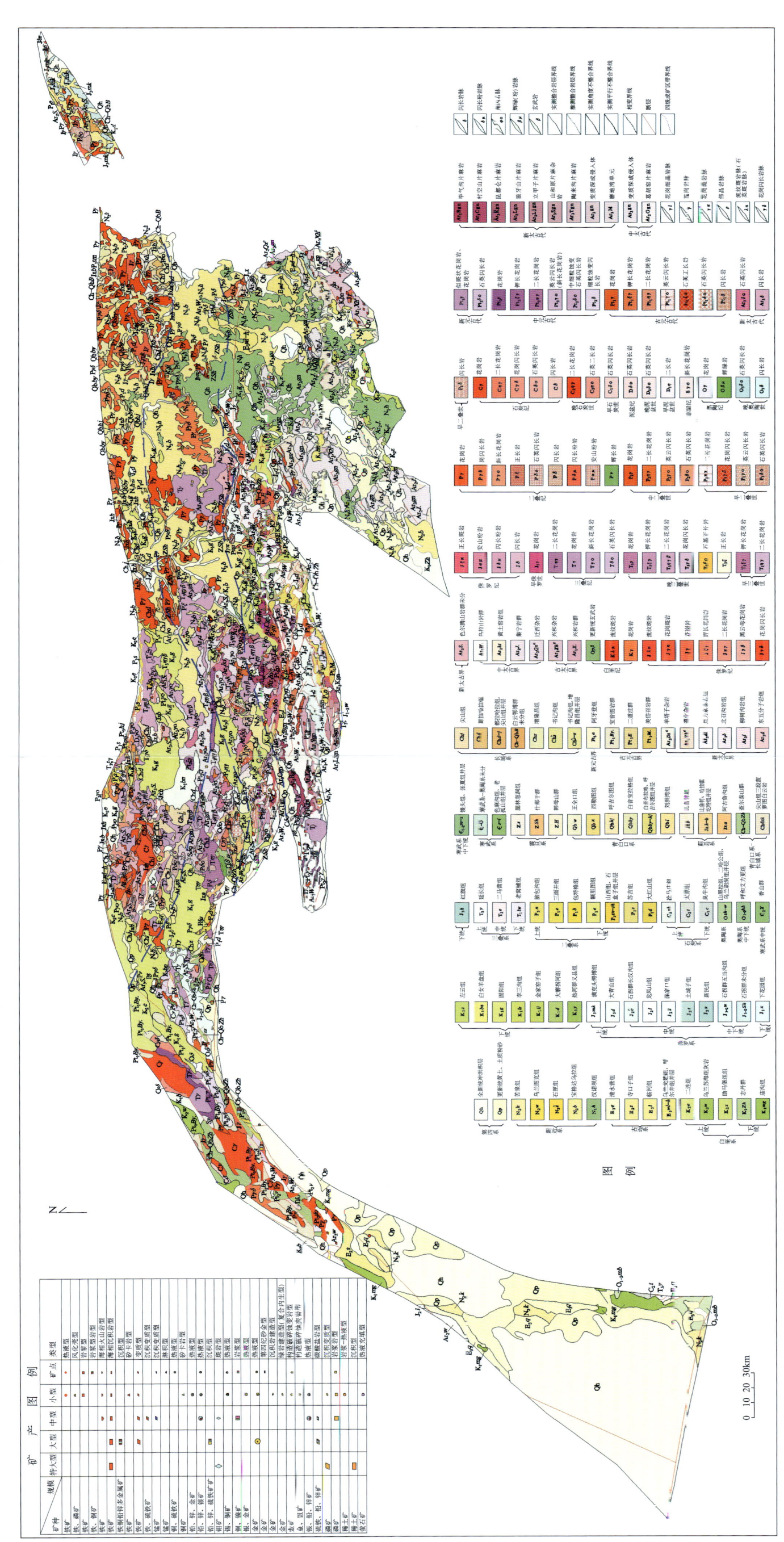

附图 18 华北陆块北缘成矿带（Ⅲ-11）区域地质图

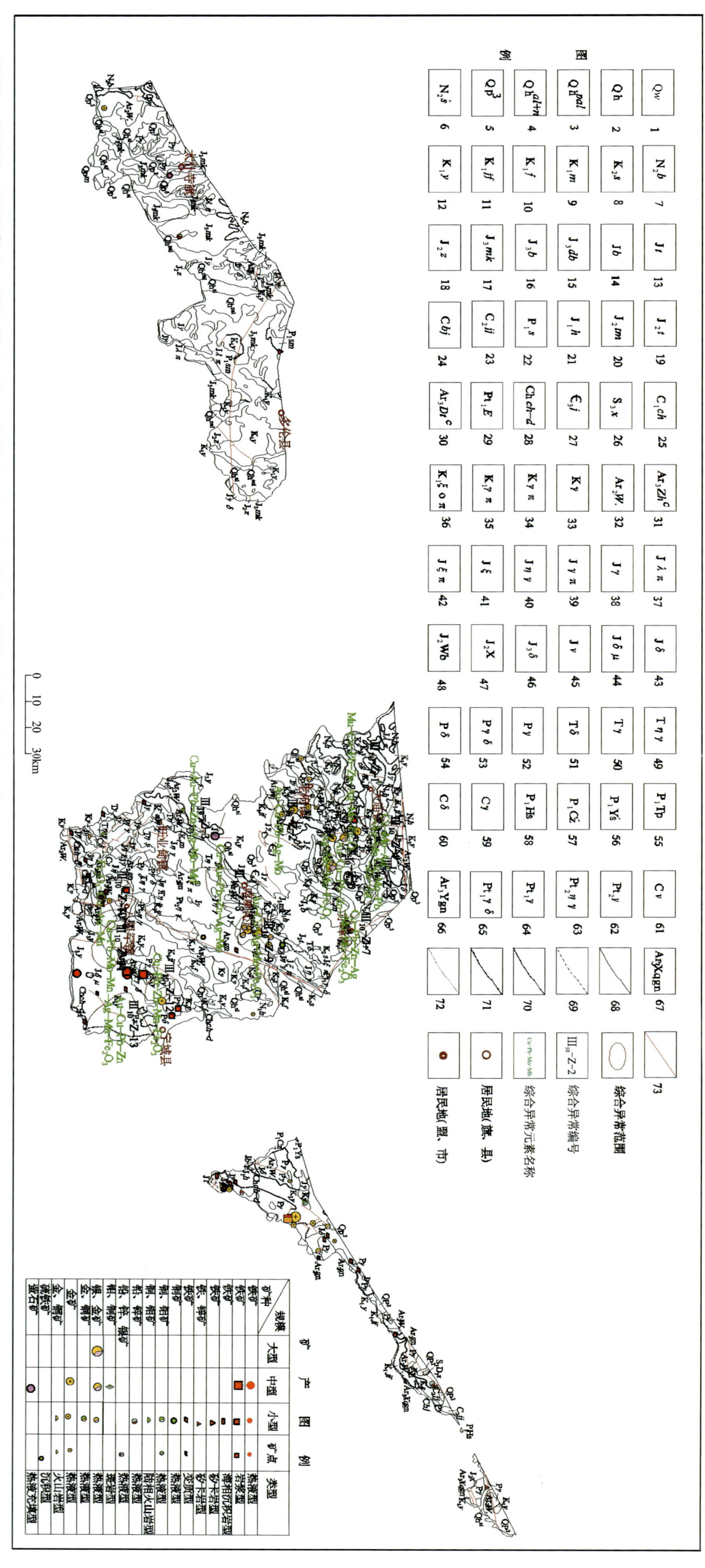

附图17 华北陆块北缘东段成矿带（III-10）化探综合异常图

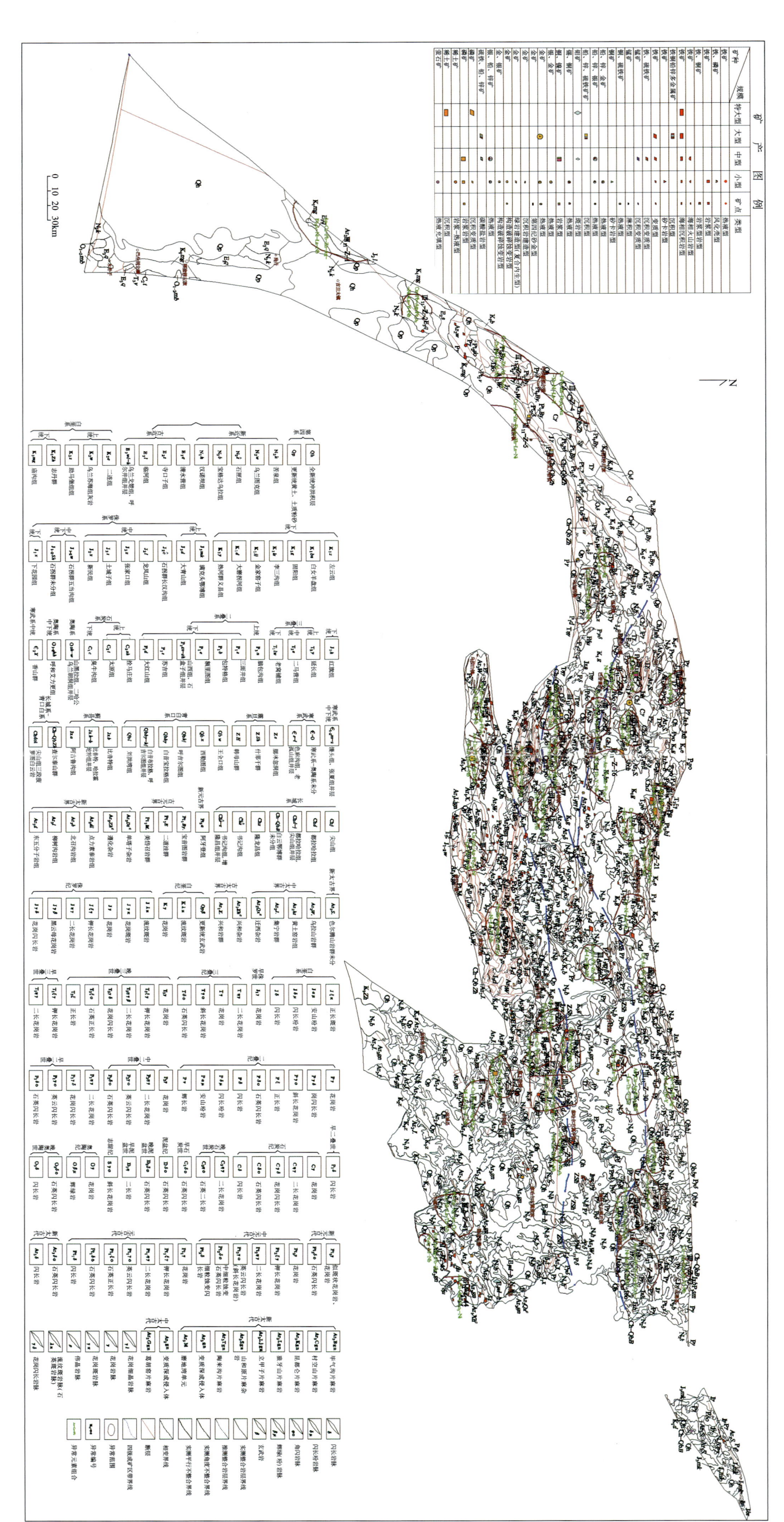

附图19 华北陆块北缘成矿带（Ⅲ-11）化探综合异常图